SHIGERU MIZUKI 7
KITARO

Aus dem Japanischen von **Gandalf Bartholomäus**
Lettering: **diceindustries**

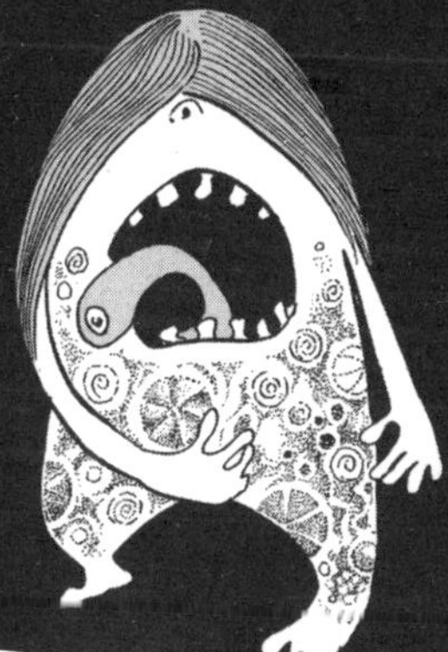

REPRODUKT

KITARO 7

INHALT

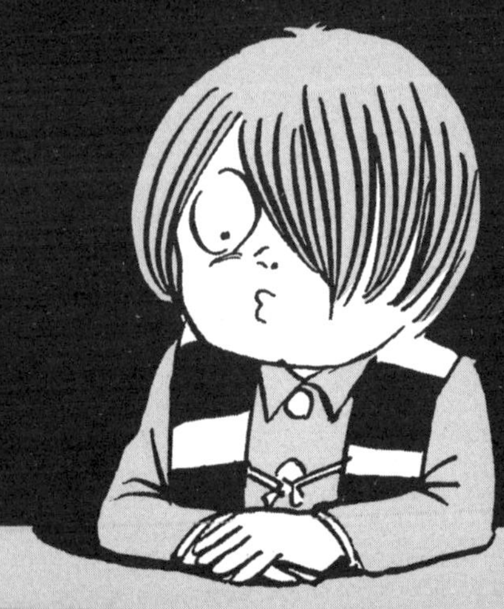

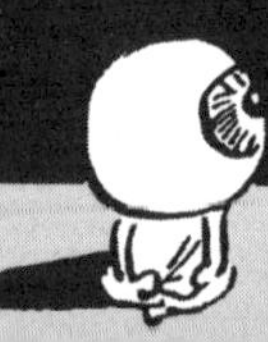

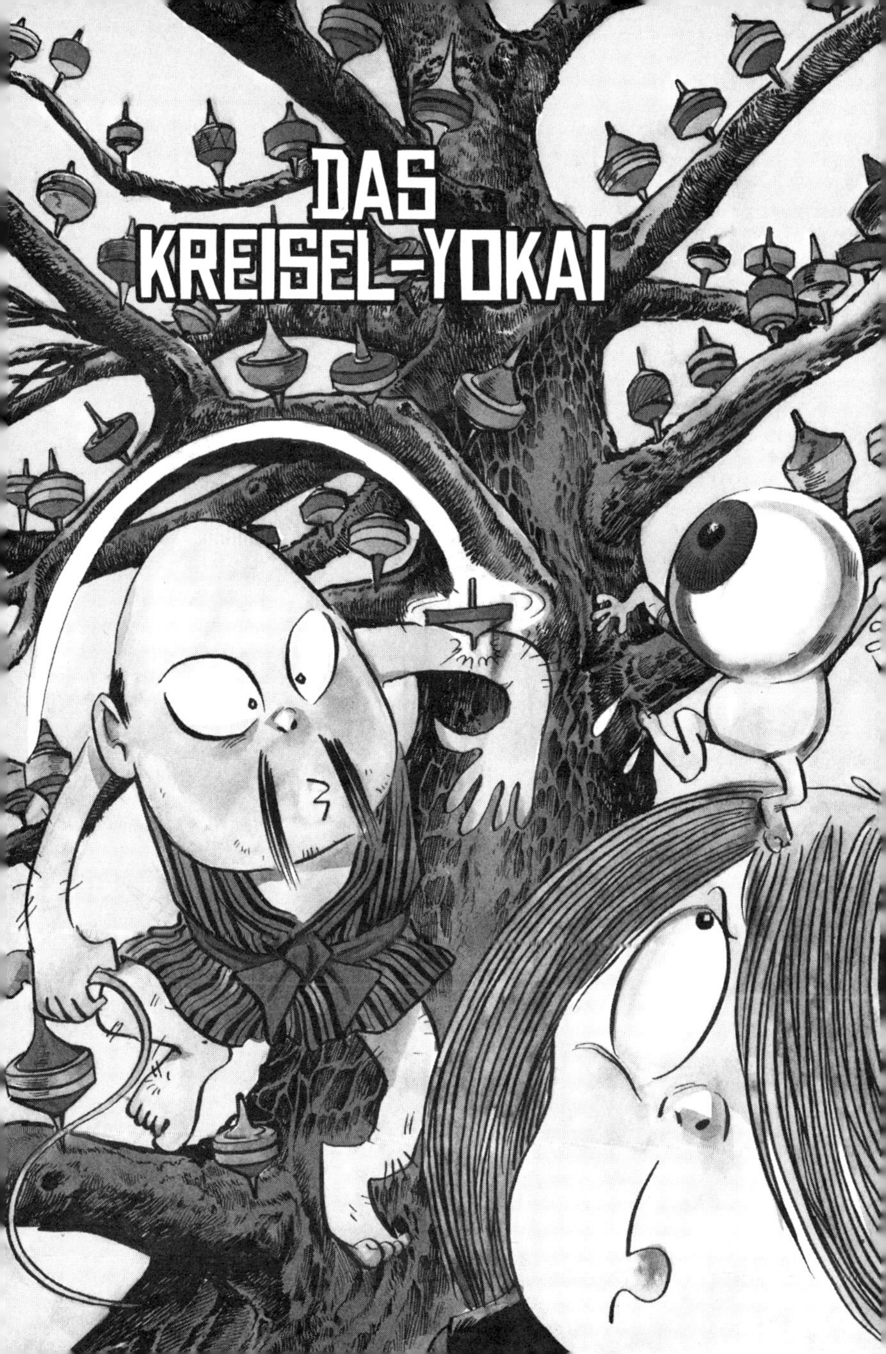
DAS KREISEL-YOKAI

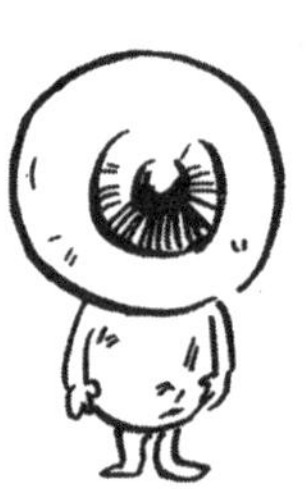

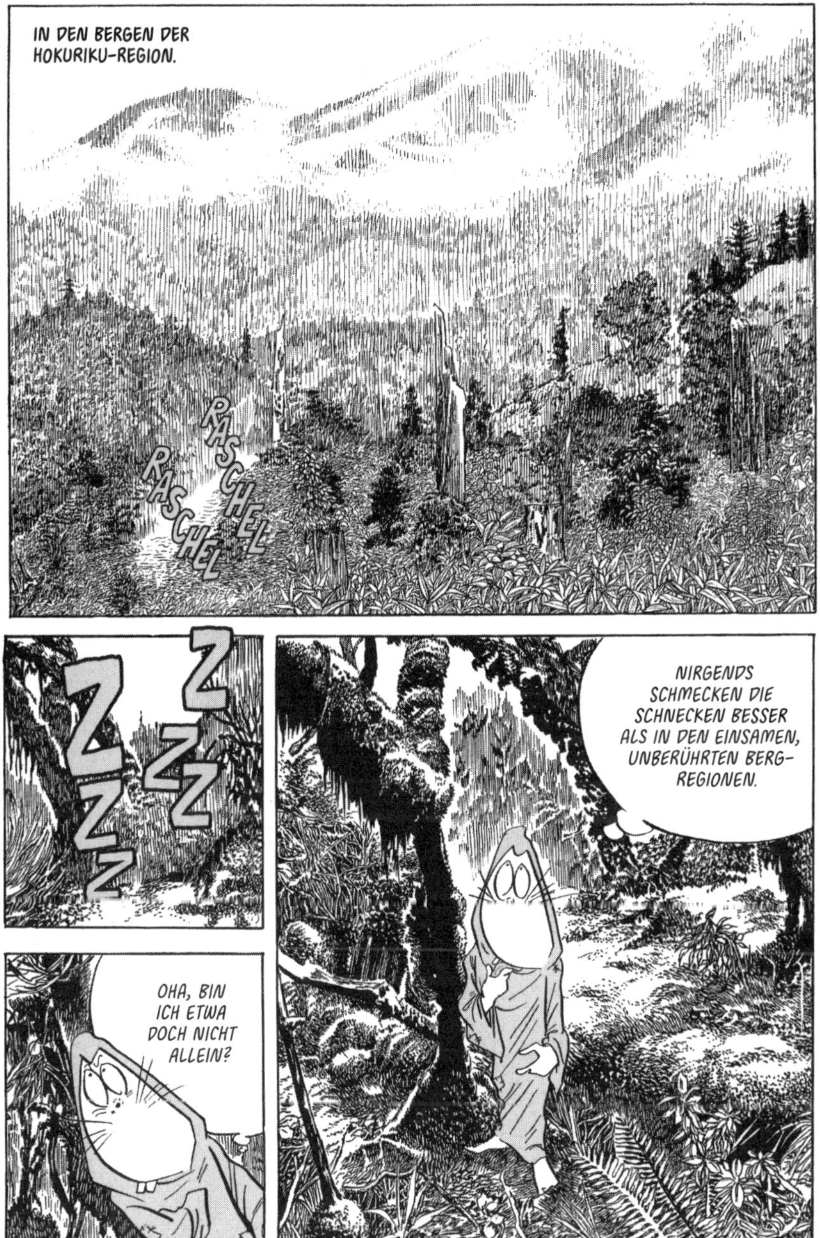

IN DEN BERGEN DER HOKURIKU-REGION.

RASCHEL
RASCHEL

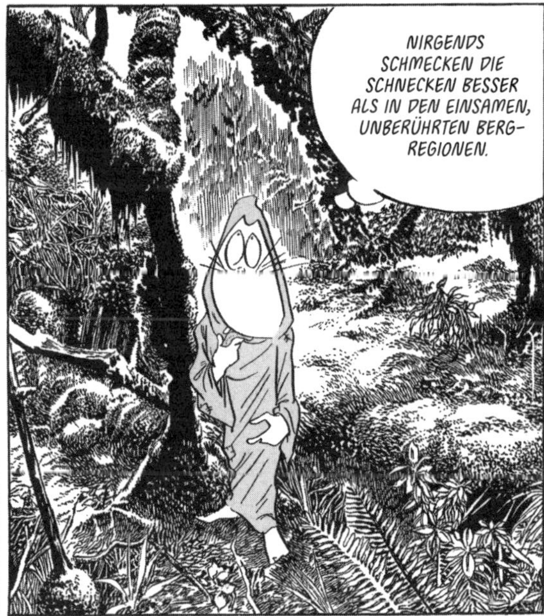

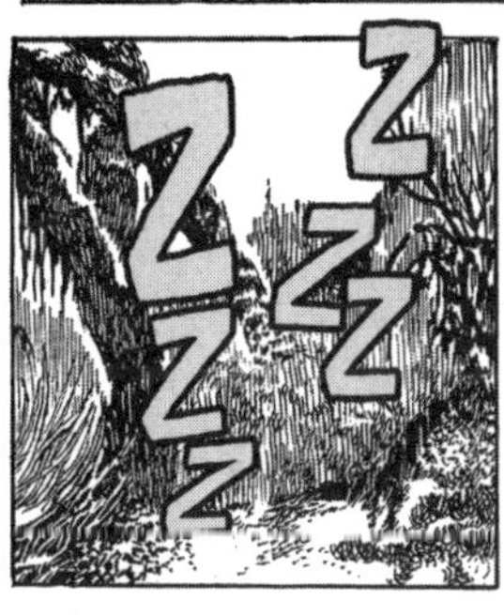

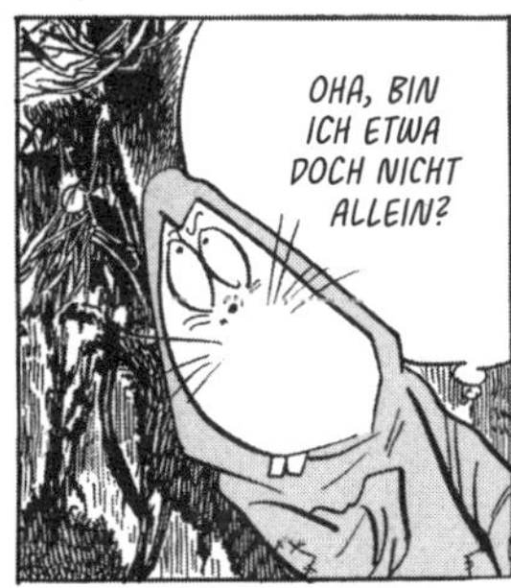

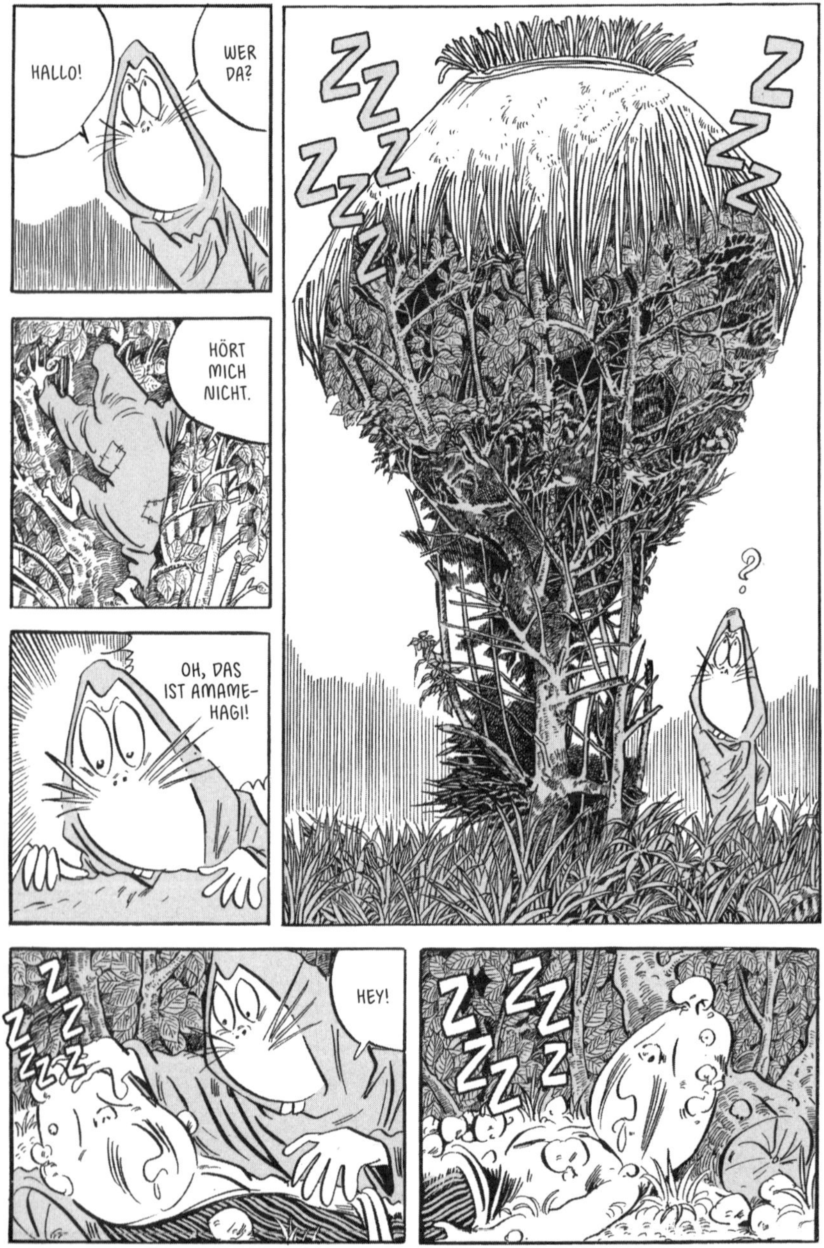

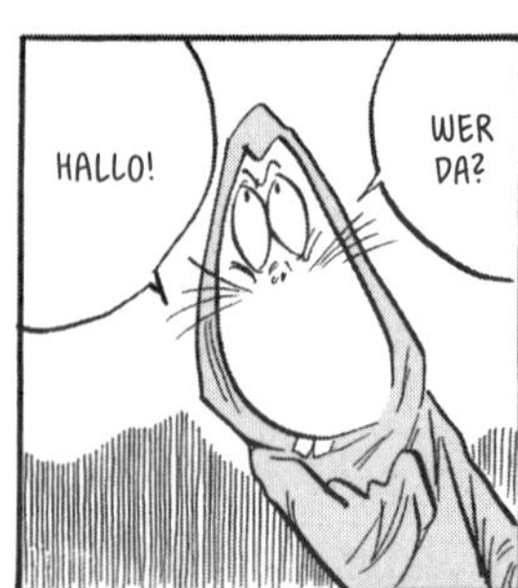
HALLO!
WER DA?

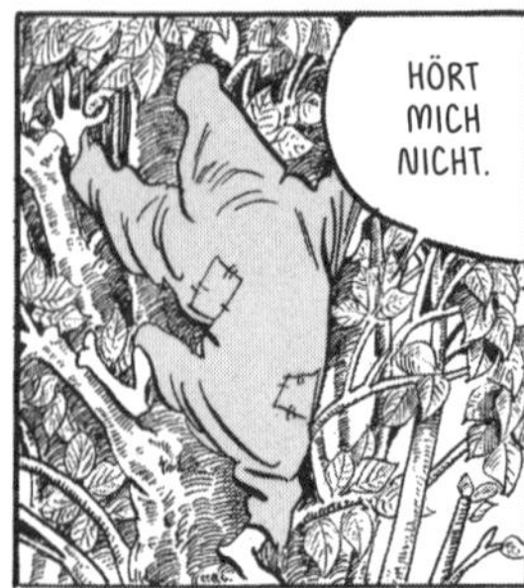
HÖRT MICH NICHT.

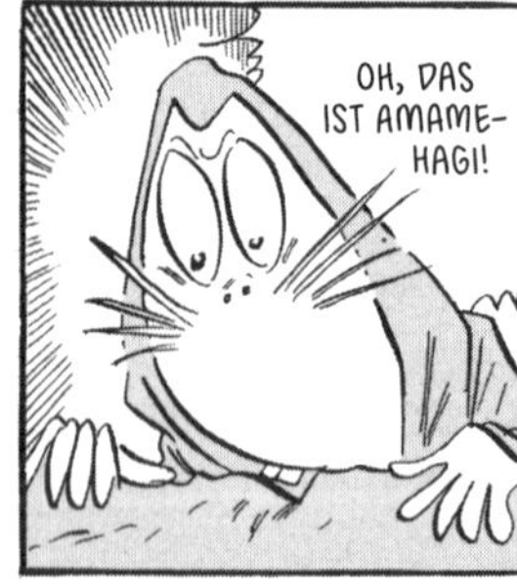
OH, DAS IST AMAME-HAGI!

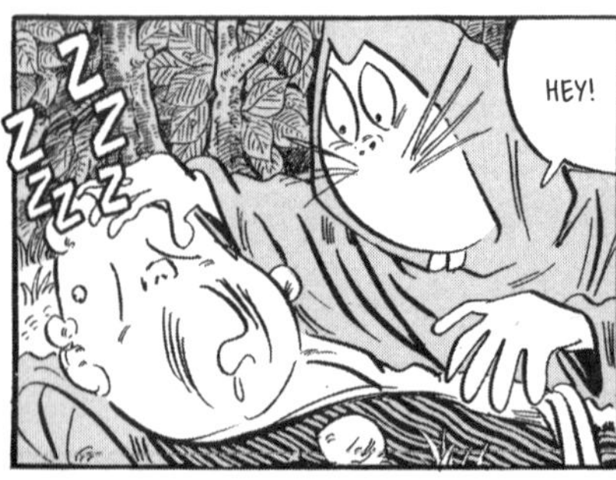
HEY!

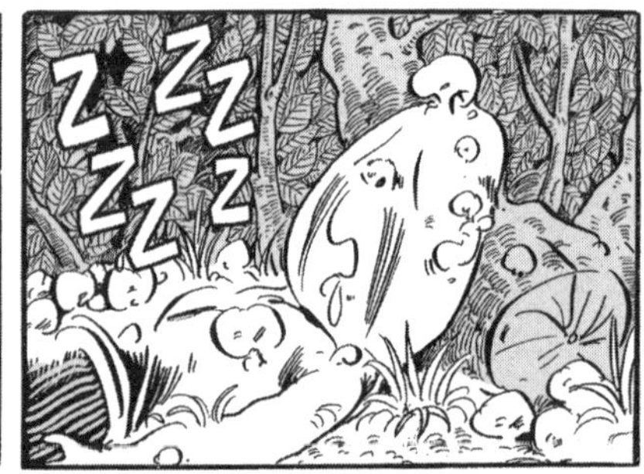

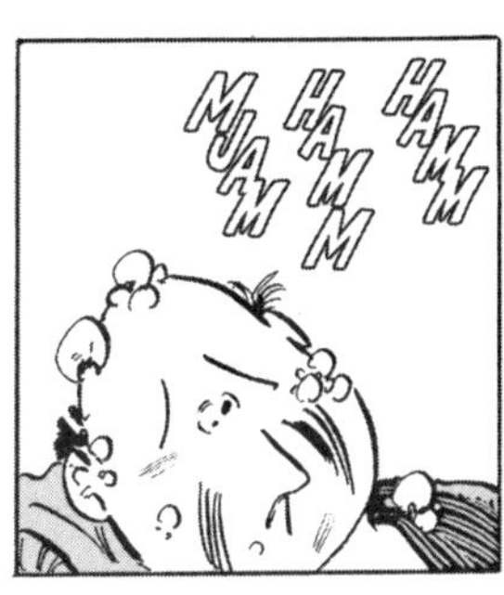
HAMM
HAMM
MJAMM

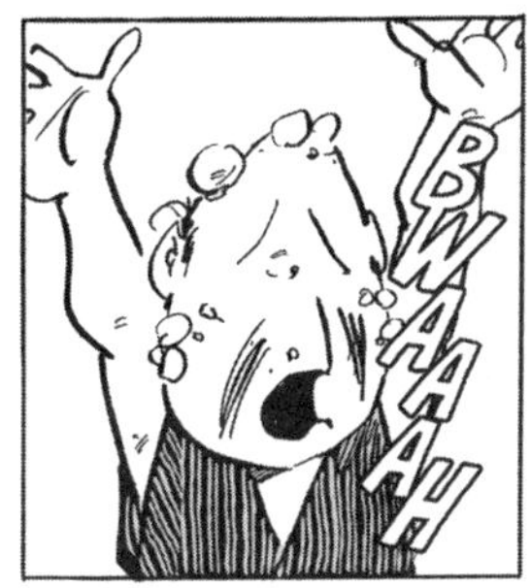
BWAAAAAH

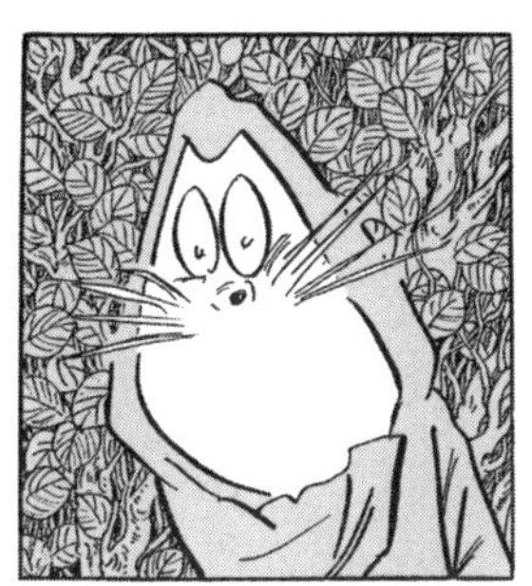

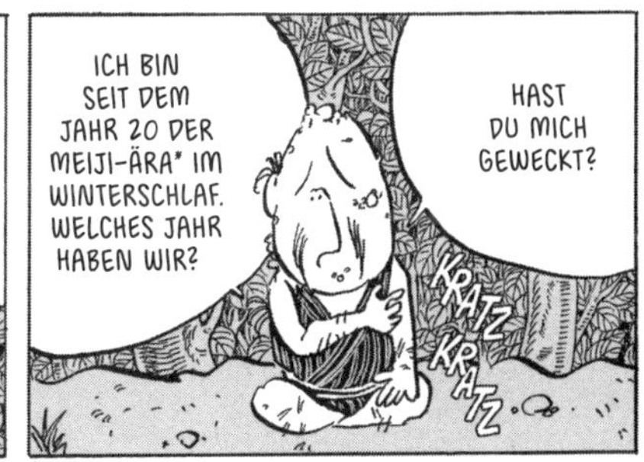
HAST DU MICH GEWECKT?
KRATZ KRATZ
ICH BIN SEIT DEM JAHR 20 DER MEIJI-ÄRA* IM WINTERSCHLAF. WELCHES JAHR HABEN WIR?

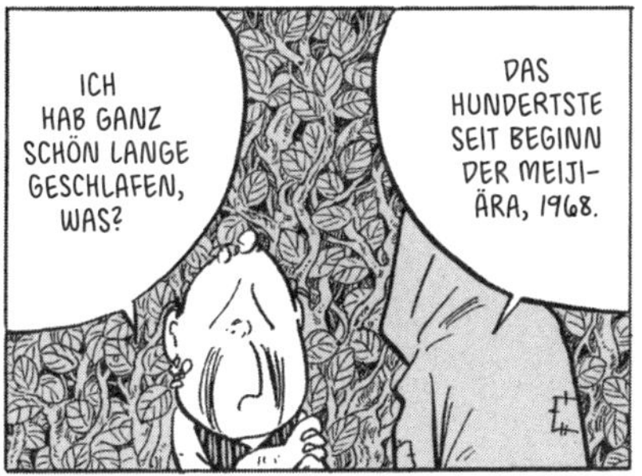
DAS HUNDERTSTE SEIT BEGINN DER MEIJI-ÄRA, 1968.
ICH HAB GANZ SCHÖN LANGE GESCHLAFEN, WAS?

* 1888

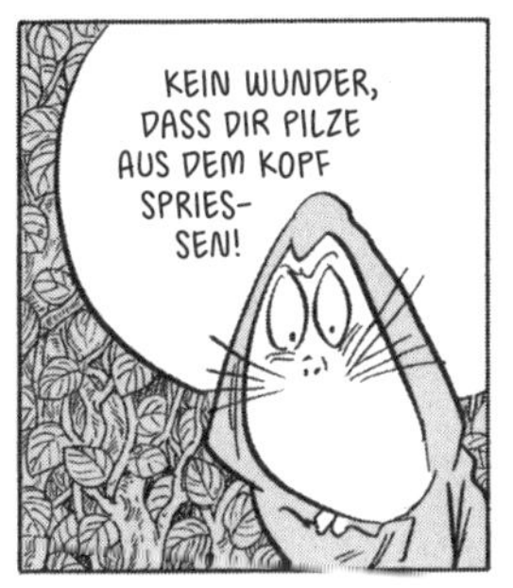
KEIN WUNDER, DASS DIR PILZE AUS DEM KOPF SPRIESSEN!

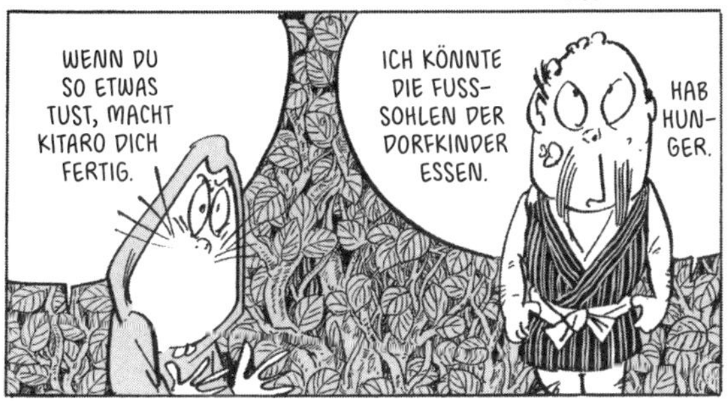
HAB HUNGER.
ICH KÖNNTE DIE FUSSSOHLEN DER DORFKINDER ESSEN.
WENN DU SO ETWAS TUST, MACHT KITARO DICH FERTIG.

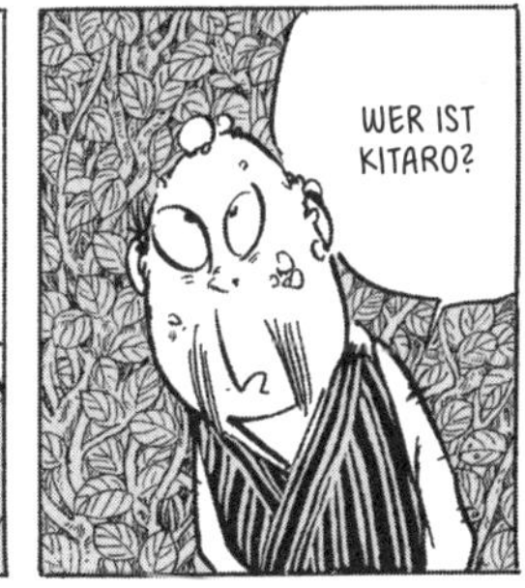
WER IST KITARO?

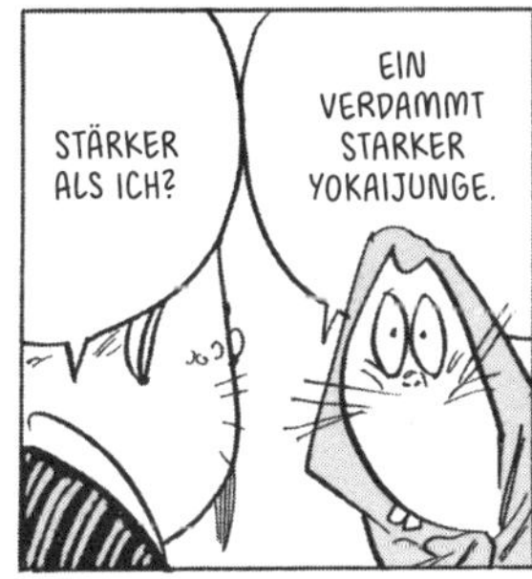
EIN VERDAMMT STARKER YOKAIJUNGE.
STÄRKER ALS ICH?

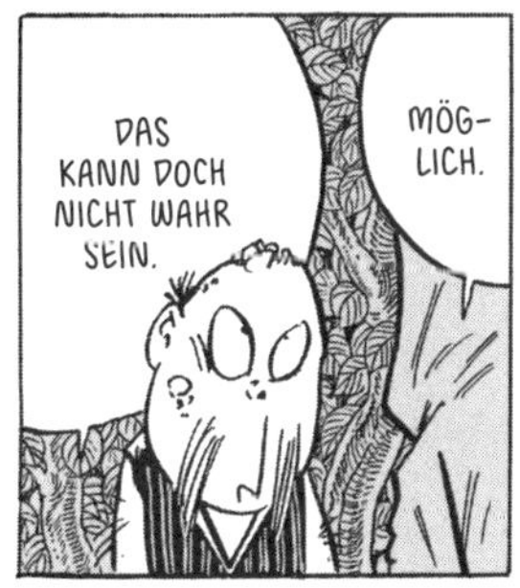
MÖGLICH.
DAS KANN DOCH NICHT WAHR SEIN.

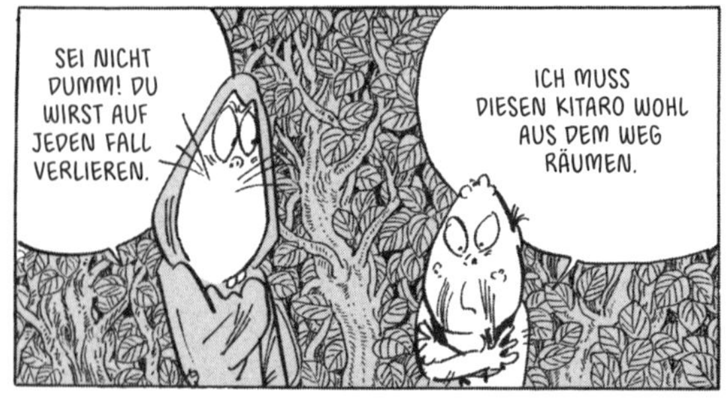
ICH MUSS
DIESEN KITARO WOHL
AUS DEM WEG
RÄUMEN.
SEI NICHT
DUMM! DU
WIRST AUF
JEDEN FALL
VERLIEREN.

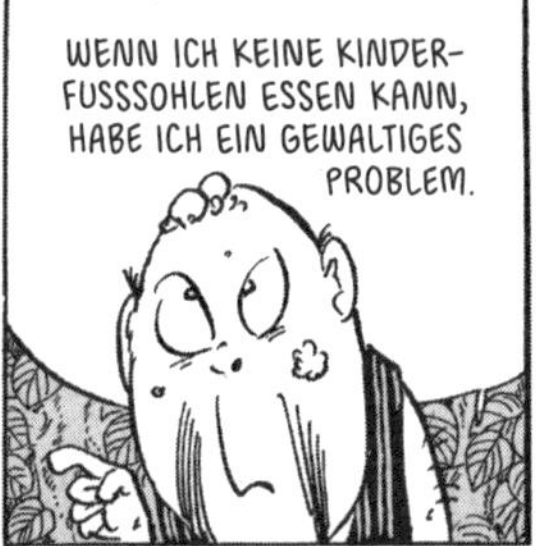
WENN ICH KEINE KINDER-
FUSSSOHLEN ESSEN KANN,
HABE ICH EIN GEWALTIGES
PROBLEM.

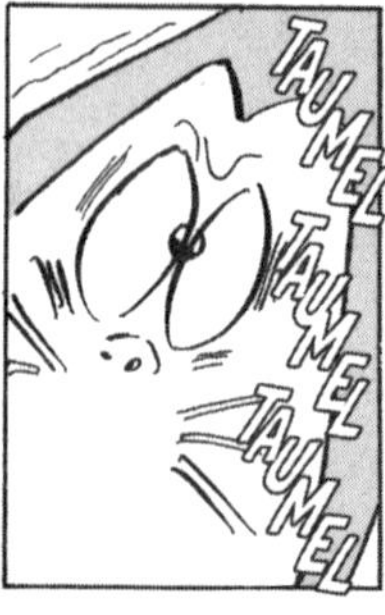
TAUMEL
TAUMEL
TAUMEL
TAUMEL

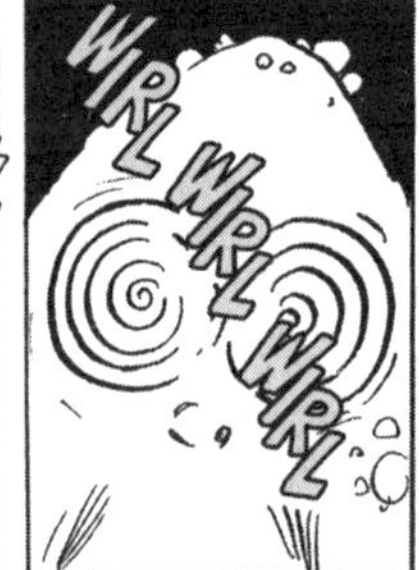
WIRL
WIRL
WIRL
WIRL

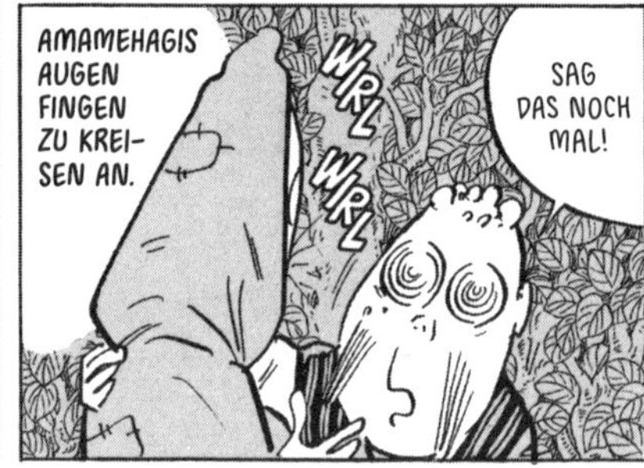
SAG
DAS NOCH
MAL!
WIRL
WIRL
AMAMEHAGIS
AUGEN
FINGEN
ZU KREI-
SEN AN.

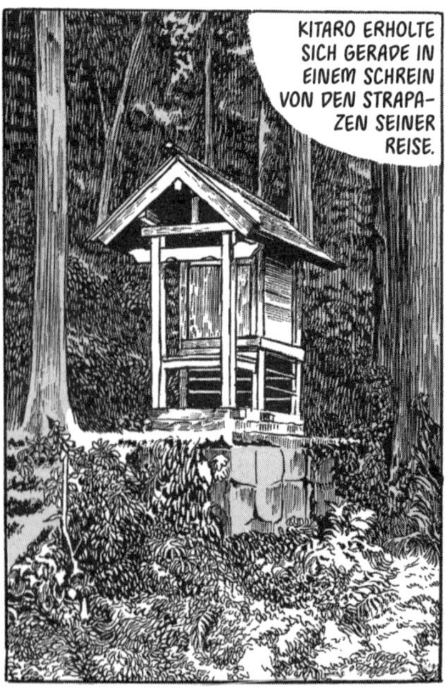
KITARO ERHOLTE
SICH GERADE IN
EINEM SCHREIN
VON DEN STRAPA-
ZEN SEINER
REISE.

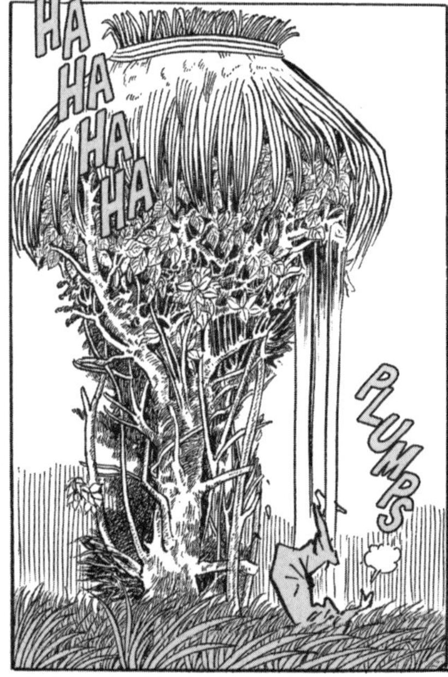
HA
HA
HA
HA
HA
PLUMPS

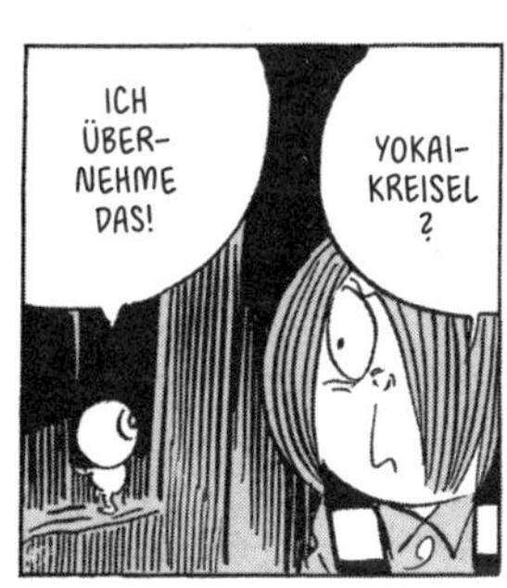
YOKAI-
KREISEL
?
ICH
ÜBER-
NEHME
DAS!
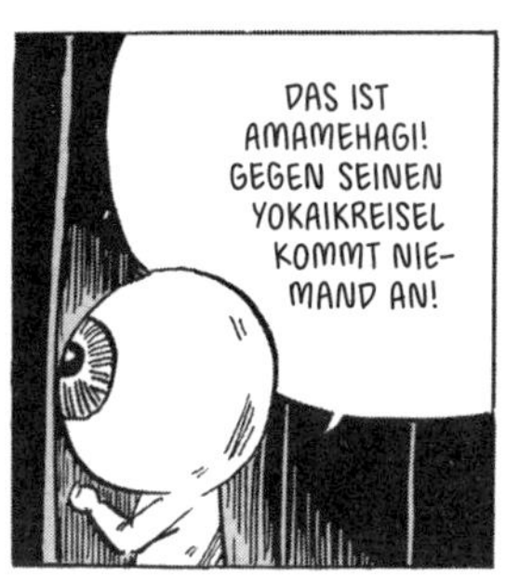
DAS IST
AMAMEHAGI!
GEGEN SEINEN
YOKAIKREISEL
KOMMT NIE-
MAND AN!
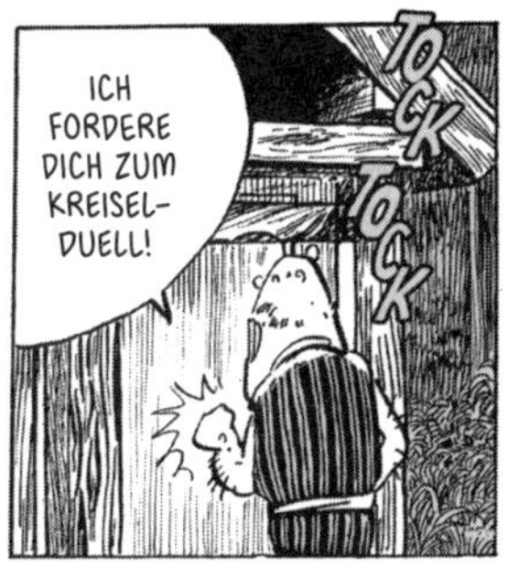
TOCK
TOCK
ICH
FORDERE
DICH ZUM
KREISEL-
DUELL!
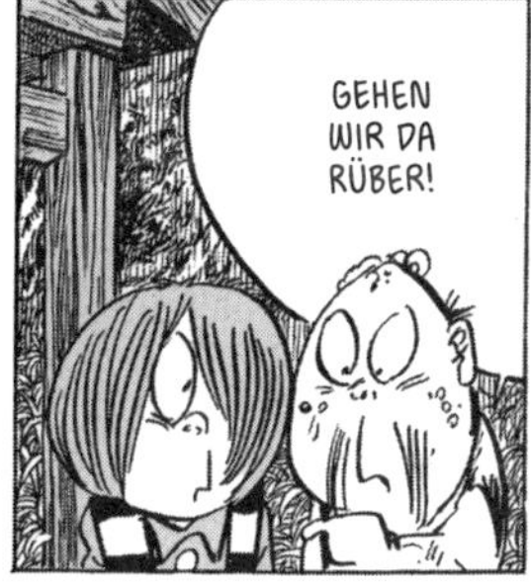
GEHEN
WIR DA
RÜBER!
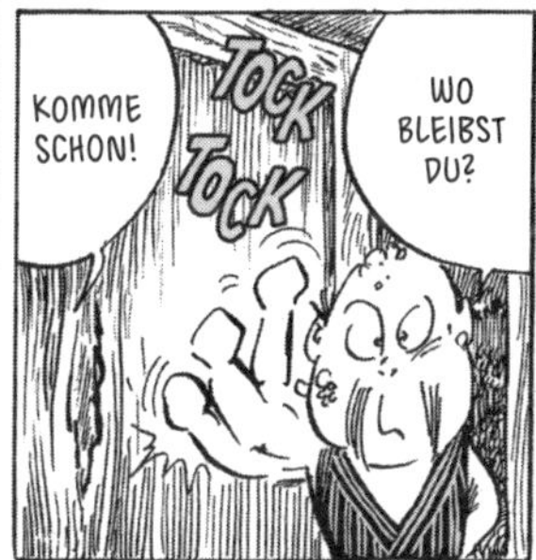
WO
BLEIBST
DU?
TOCK
TOCK
KOMME
SCHON!
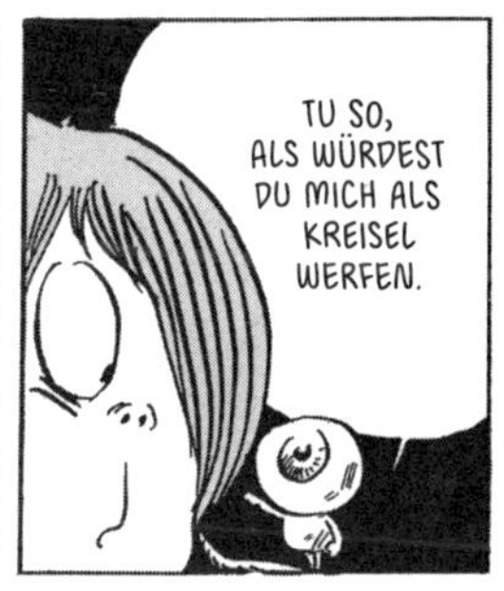
TU SO,
ALS WÜRDEST
DU MICH ALS
KREISEL
WERFEN.
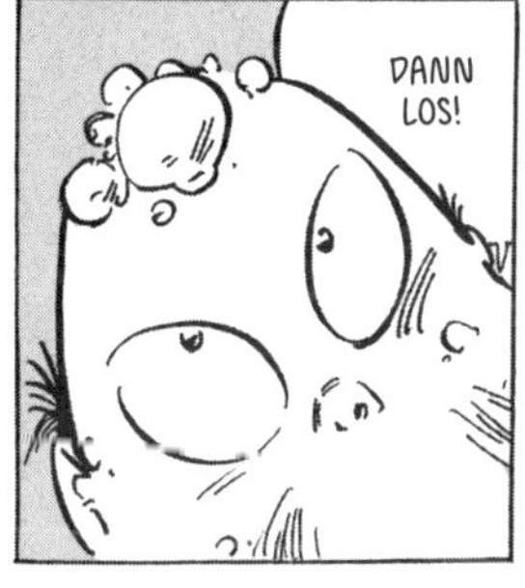
DANN
LOS!
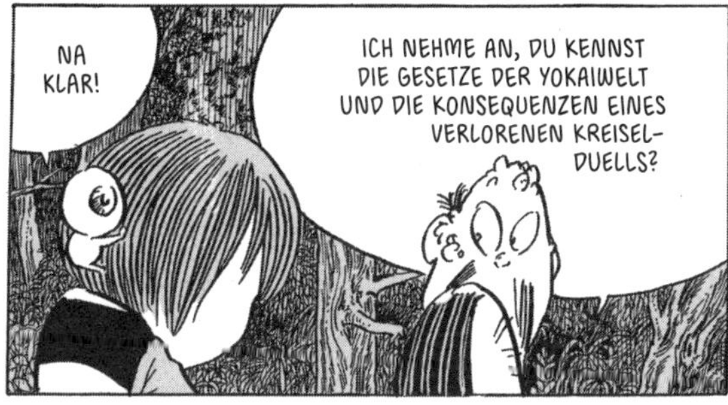
ICH NEHME AN, DU KENNST
DIE GESETZE DER YOKAIWELT
UND DIE KONSEQUENZEN EINES
VERLORENEN KREISEL-
DUELLS?
NA
KLAR!
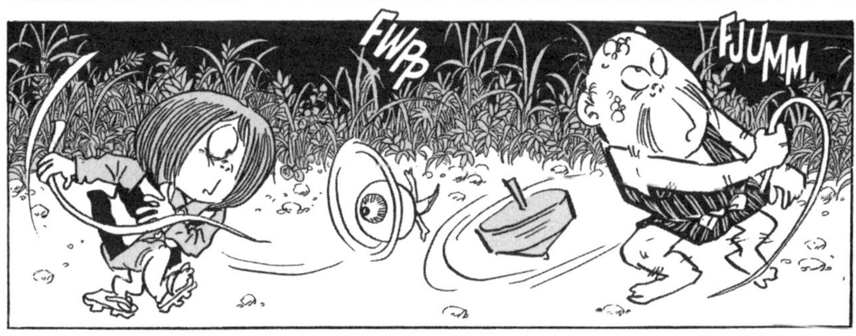
FJUMM
FWPP

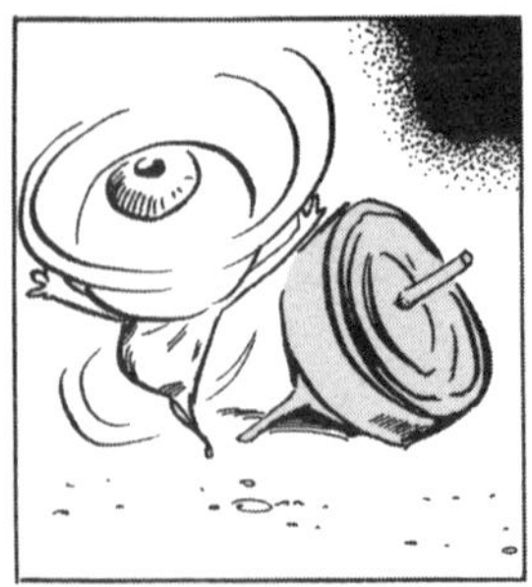

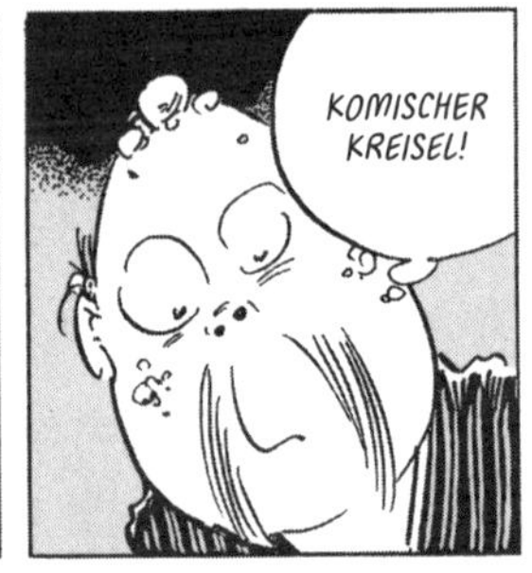

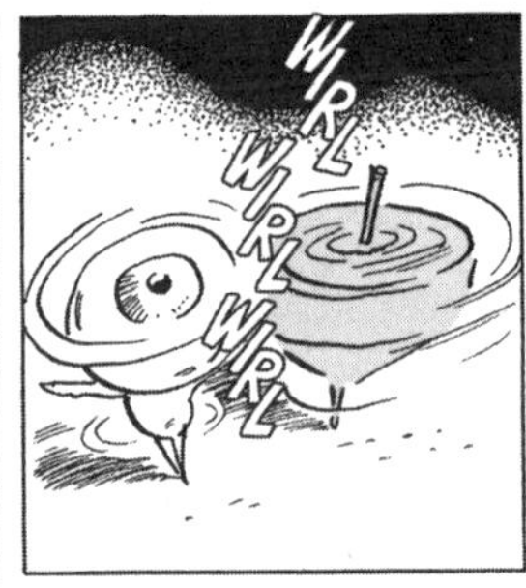

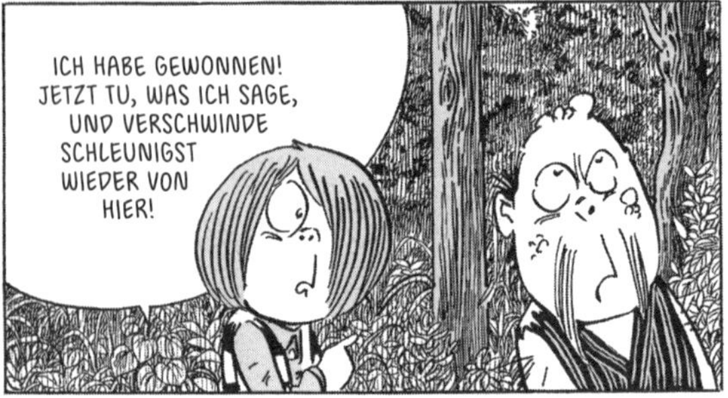

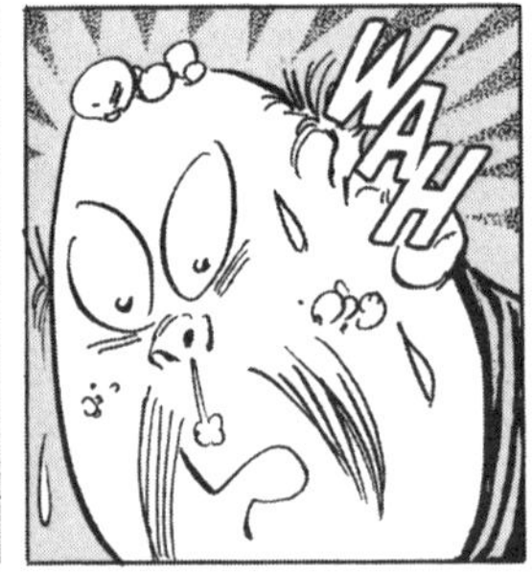

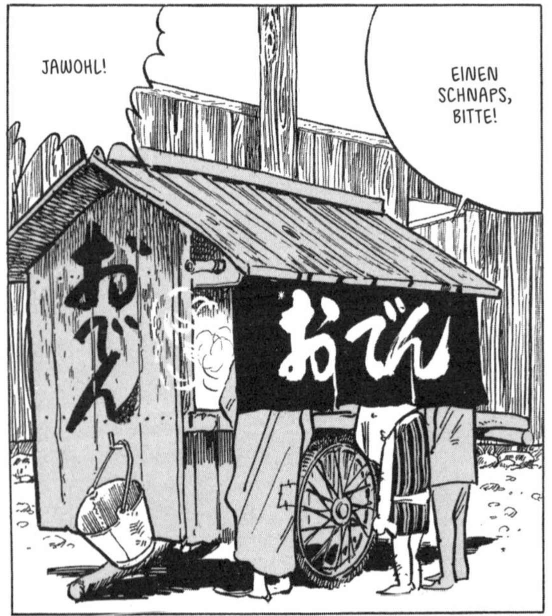

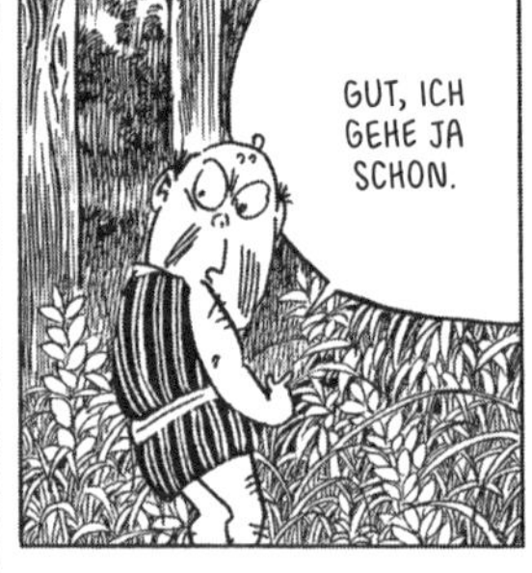

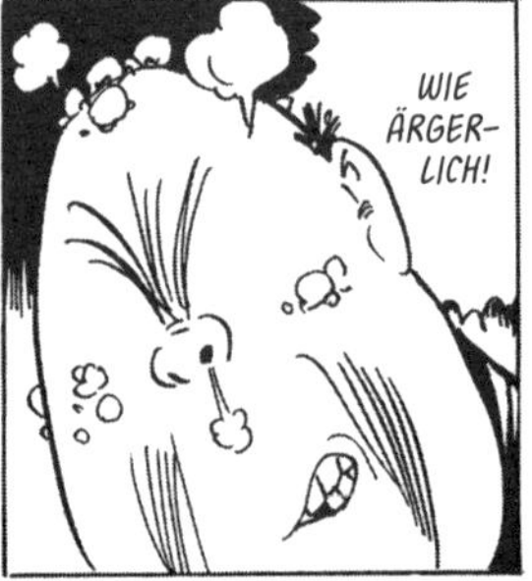

* ESSENSSTAND MIT JAPANISCHEM EINTOPF

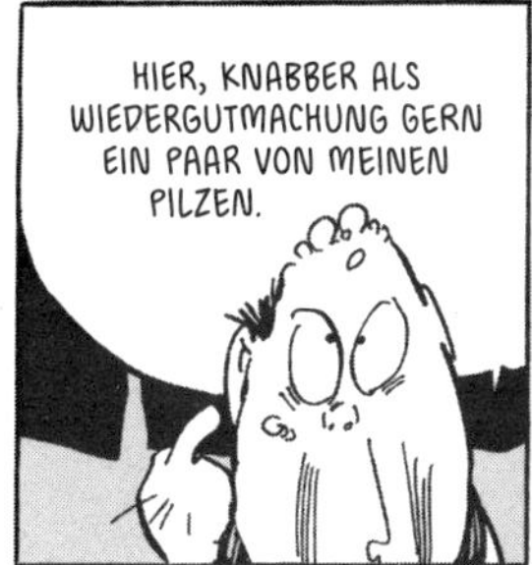

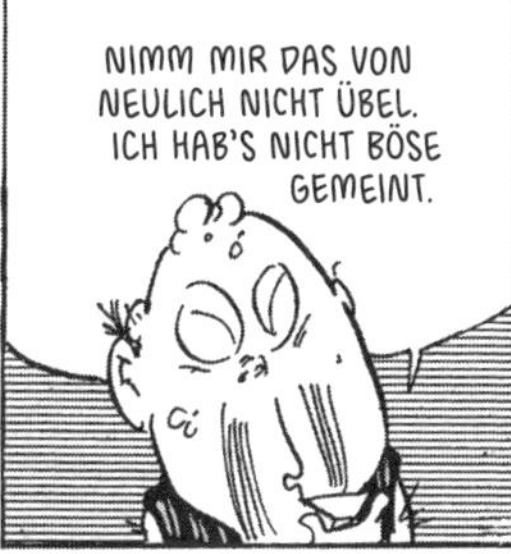

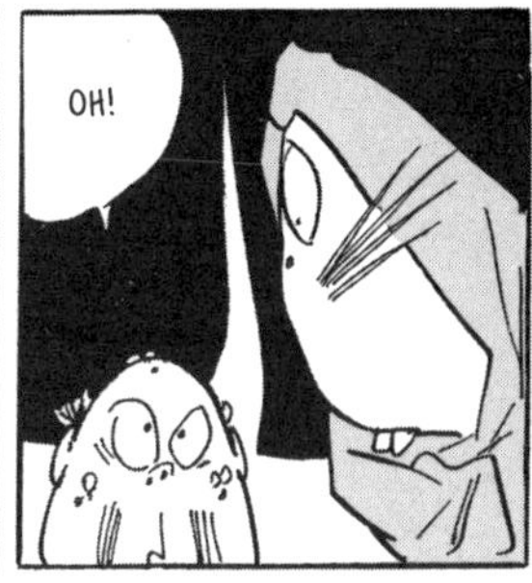

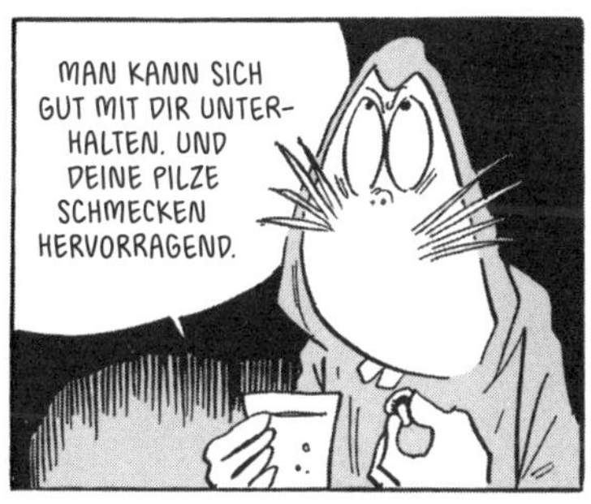

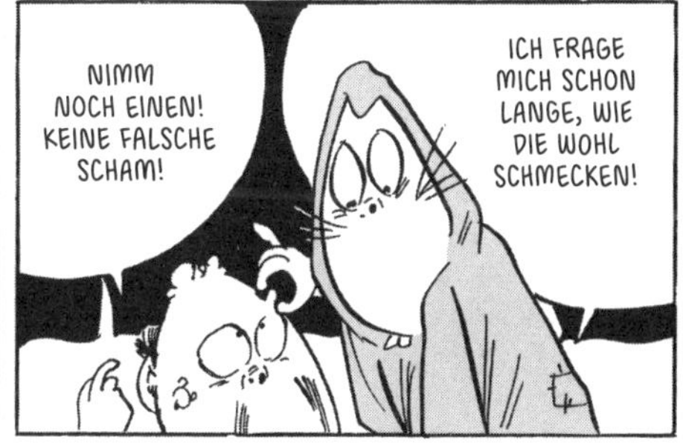

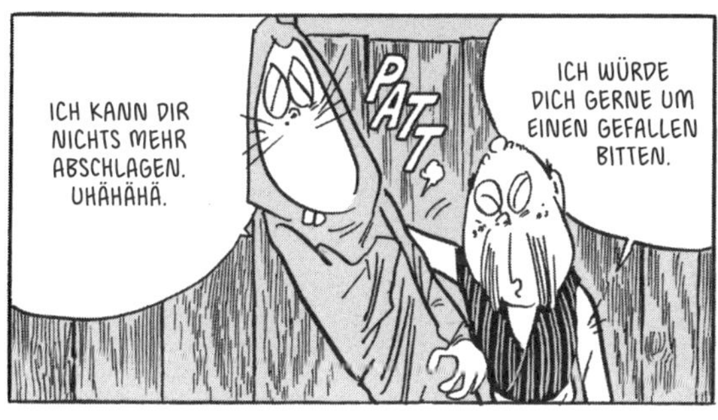

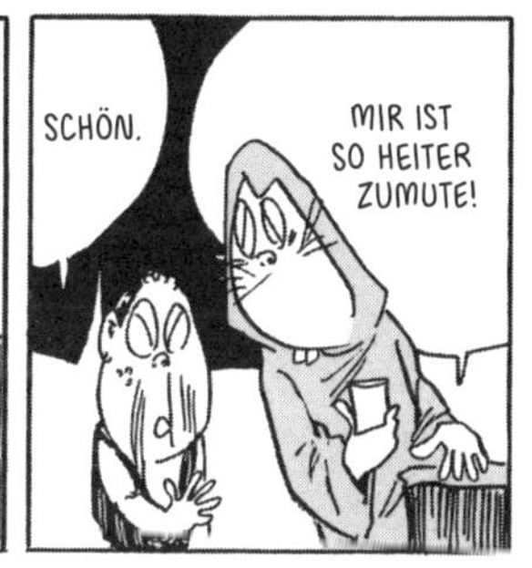

UNTER DEM EINFLUSS DER PILZE KONNTE DER RATTENMANN NICHT ANDERS, ALS AMAMEHAGI BLIND ZU GEHORCHEN. AM TAG DARAUF TÄUSCHTE ER KITARO UND LOCKTE IHN IN DIE SCHAUERLICHE SCHLUCHT DER PILZE.

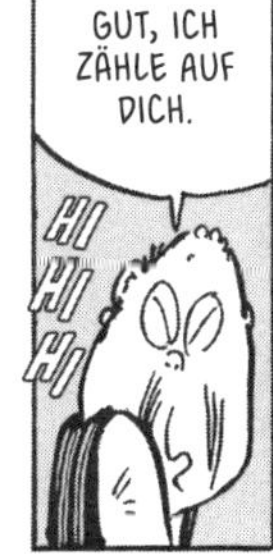

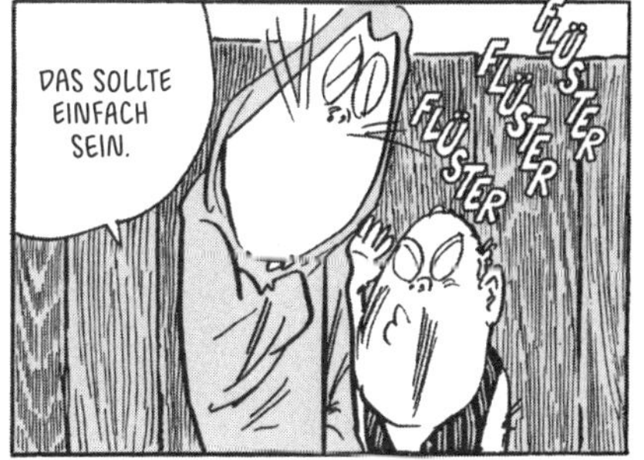

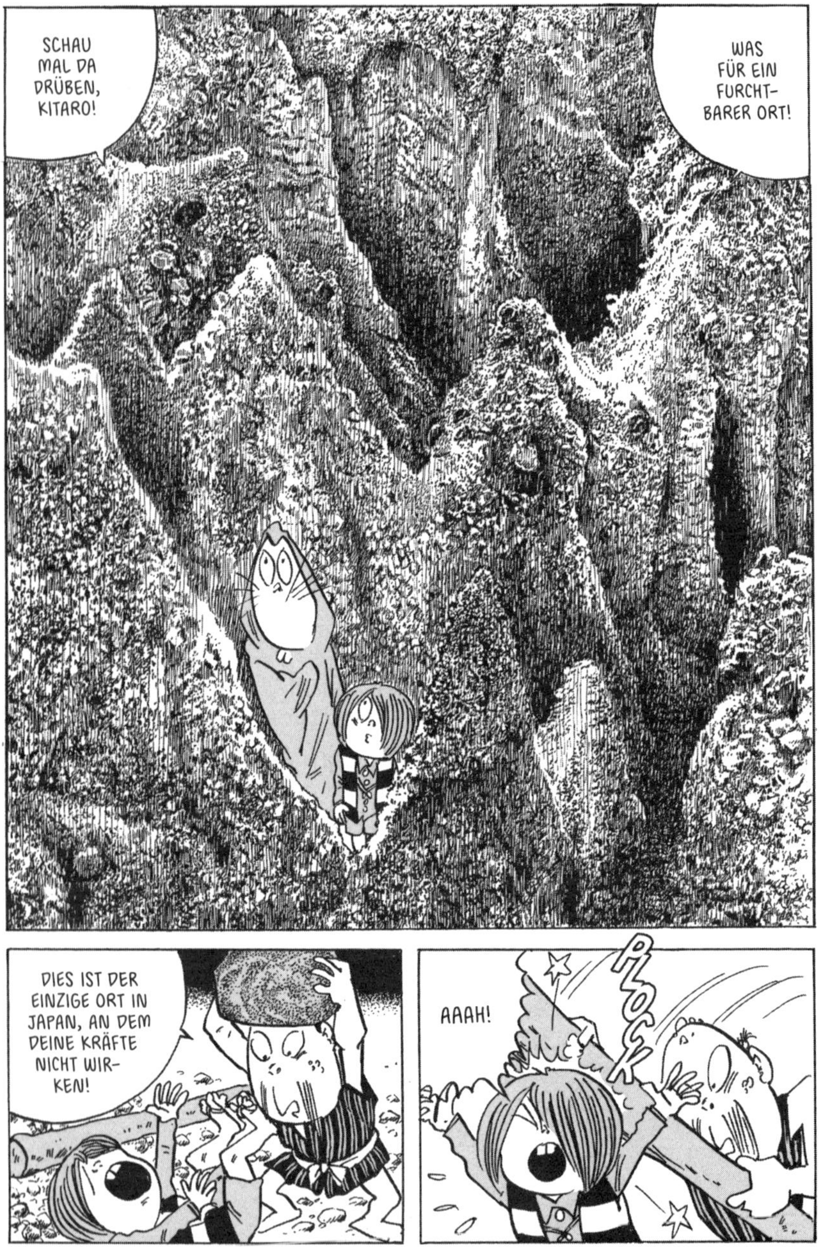

SCHAU MAL DA DRÜBEN, KITARO!
WAS FÜR EIN FURCHTBARER ORT!

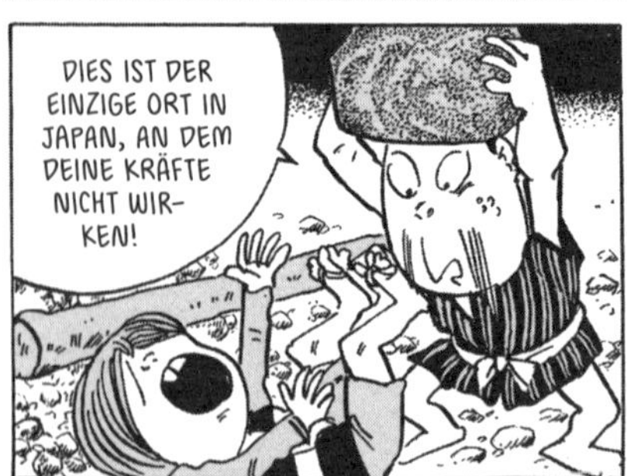
DIES IST DER EINZIGE ORT IN JAPAN, AN DEM DEINE KRÄFTE NICHT WIRKEN!

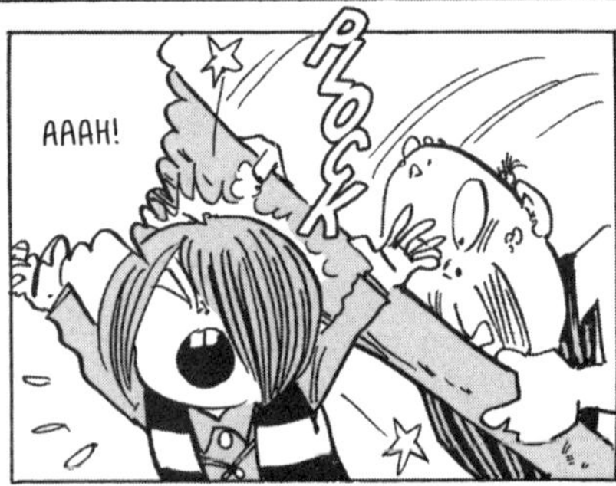
AAAH!
PLOCK

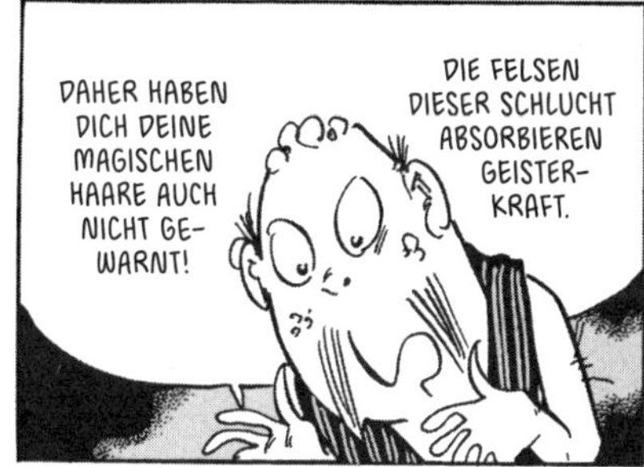
DIE FELSEN DIESER SCHLUCHT ABSORBIEREN GEISTER-KRAFT.
DAHER HABEN DICH DEINE MAGISCHEN HAARE AUCH NICHT GE-WARNT!

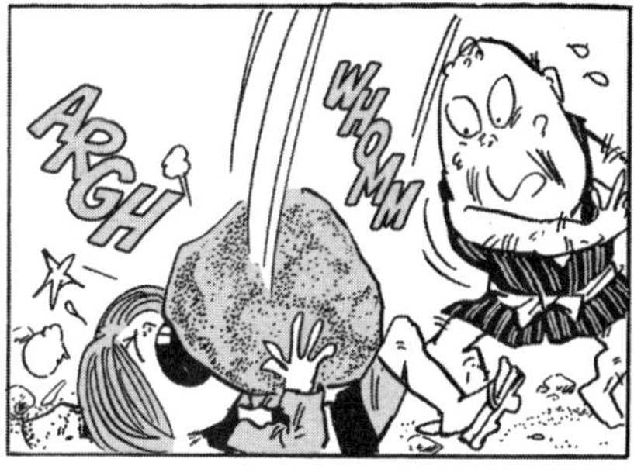
WHOMM
ARGH

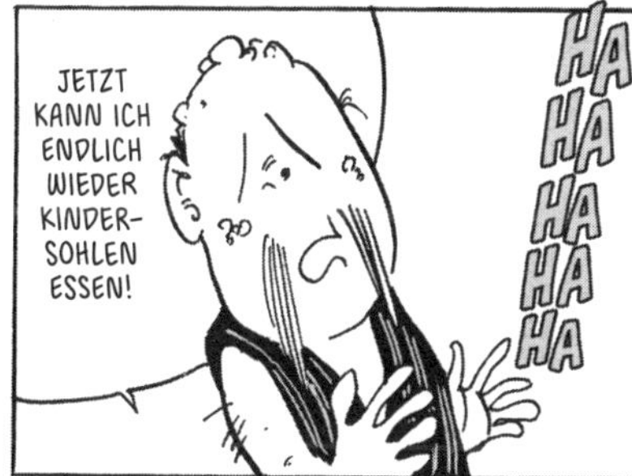
HA HA HA HA HA HA
JETZT KANN ICH ENDLICH WIEDER KINDER-SOHLEN ESSEN!

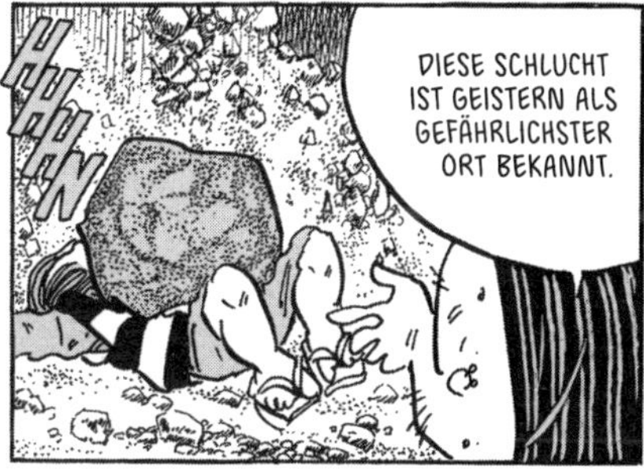
DIESE SCHLUCHT IST GEISTERN ALS GEFÄHRLICHSTER ORT BEKANNT.
HHHHN

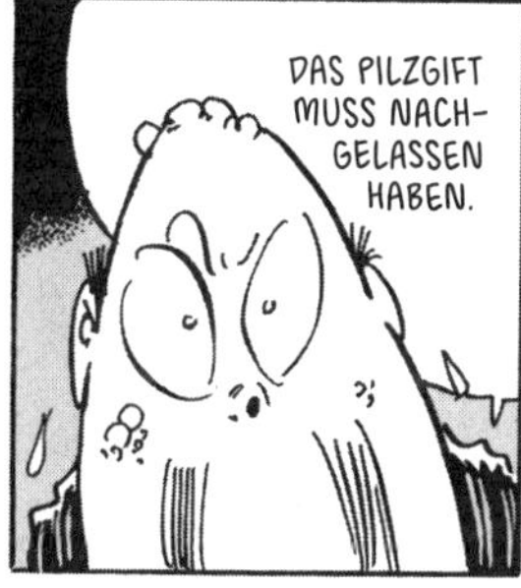
DAS PILZGIFT MUSS NACH-GELASSEN HABEN.

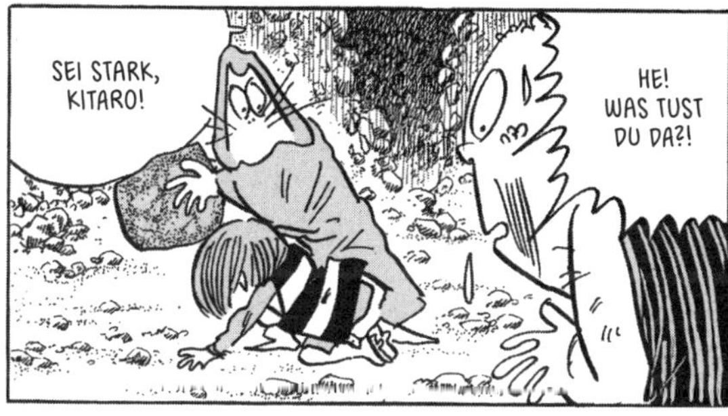
HE! WAS TUST DU DA?!
SEI STARK, KITARO!

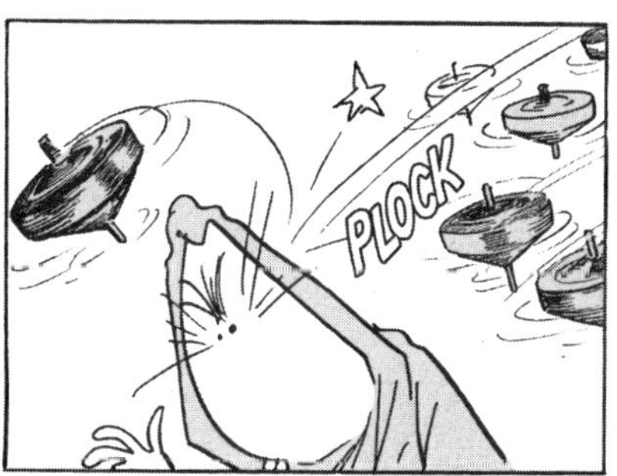
PLOCK

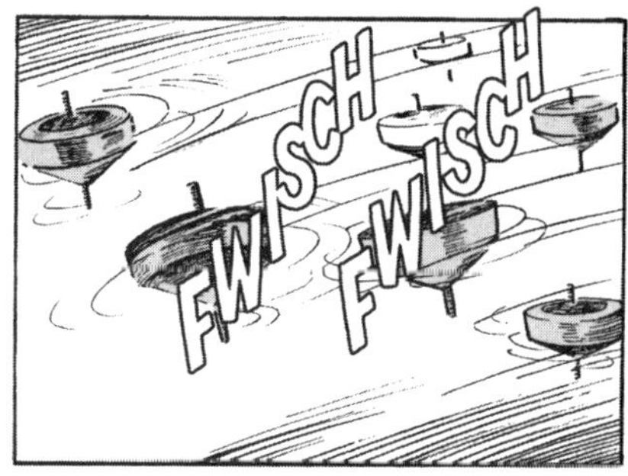
FWISCH
FWISCH

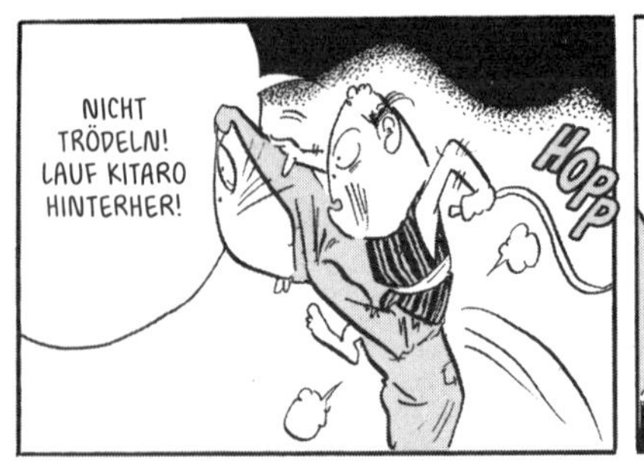
NICHT TRÖDELN! LAUF KITARO HINTERHER!
HOPP

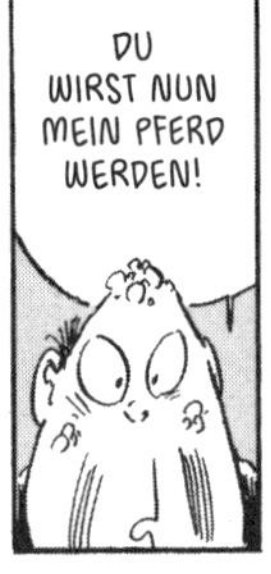
DU WIRST NUN MEIN PFERD WERDEN!

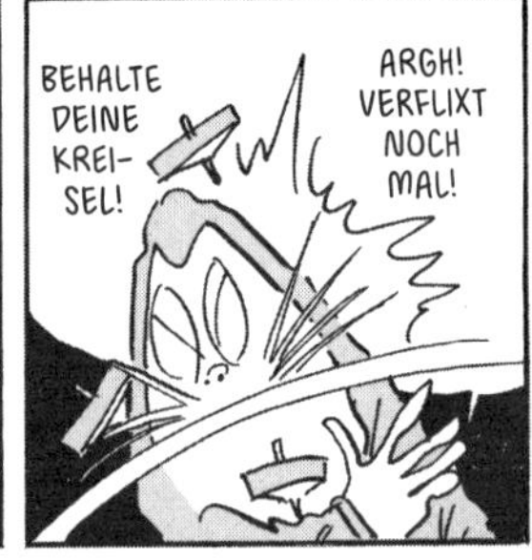
BEHALTE DEINE KREI-SEL!
ARGH! VERFLIXT NOCH MAL!

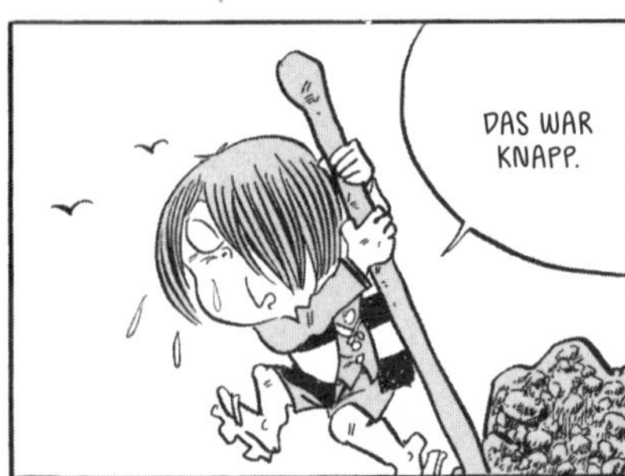
DAS WAR KNAPP.

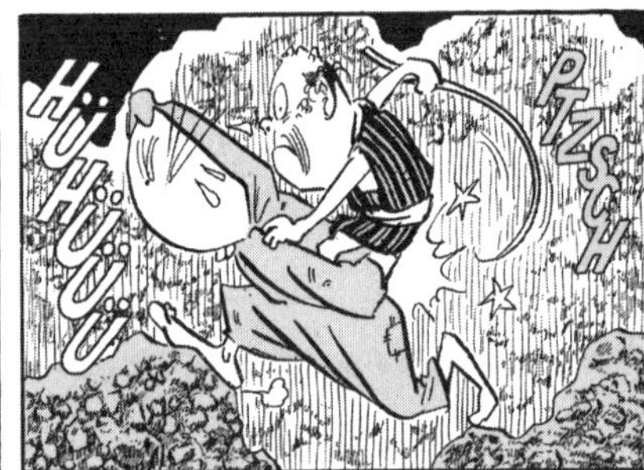
HÜHÜÜÜ
PTZSCH

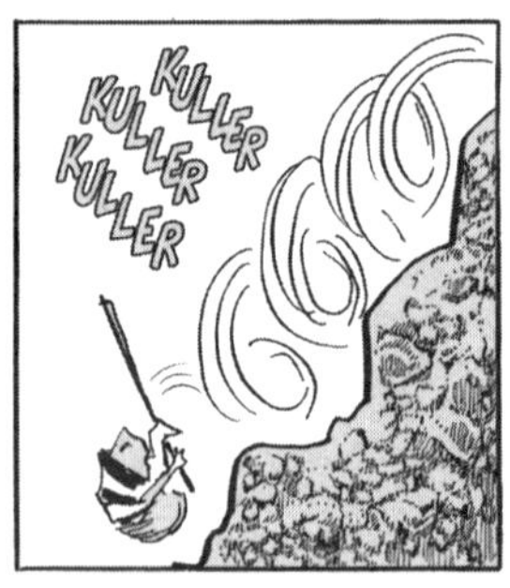
KULLER KULLER KULLER

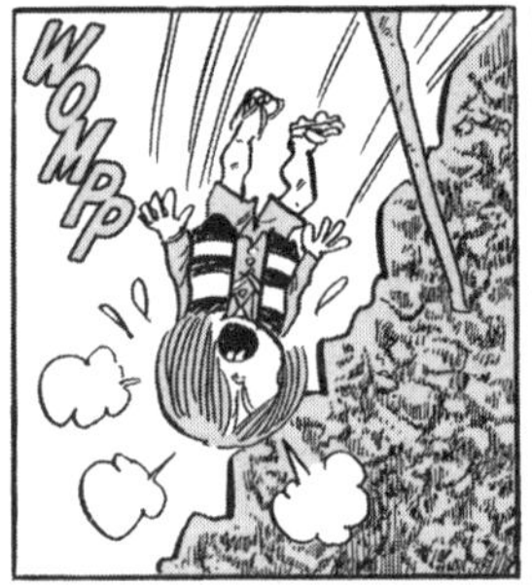
WOMPP

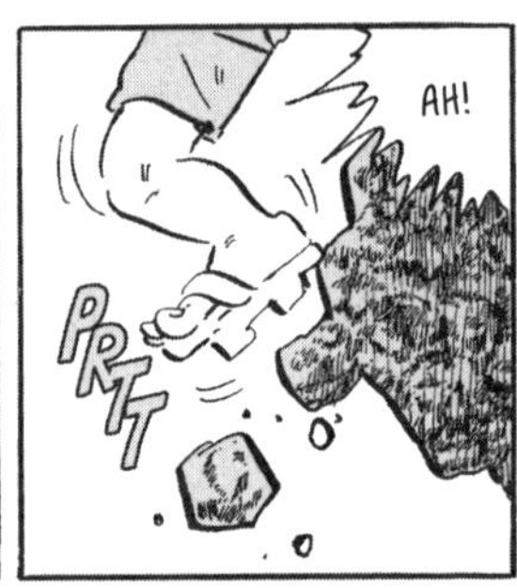
AH!
PRTT

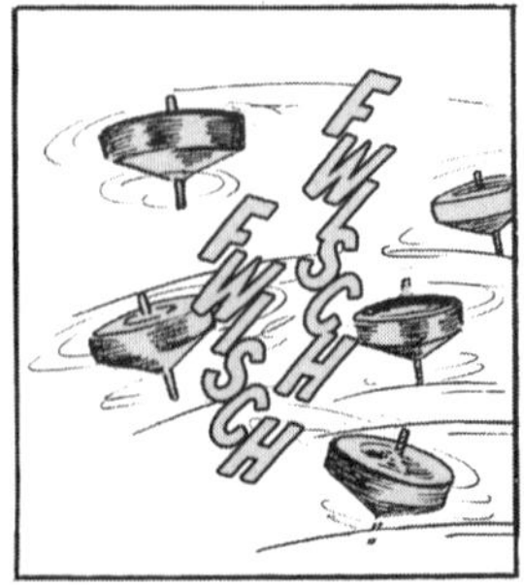
FWISCH FWISCH

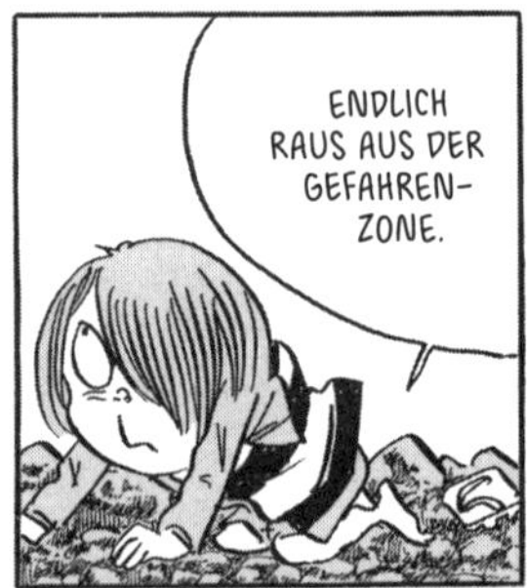
ENDLICH RAUS AUS DER GEFAHREN-ZONE.

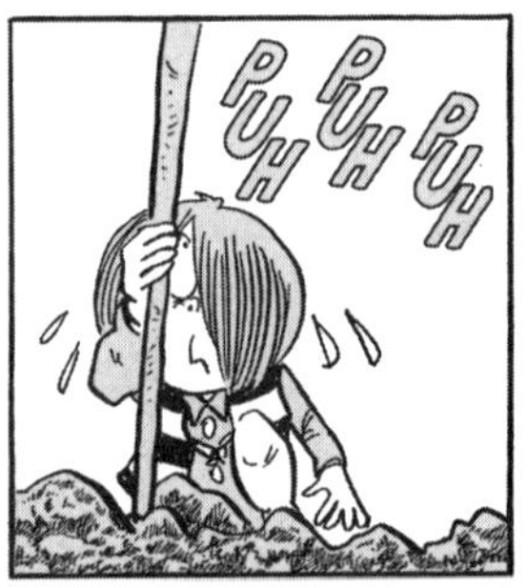
PUH PUH PUH

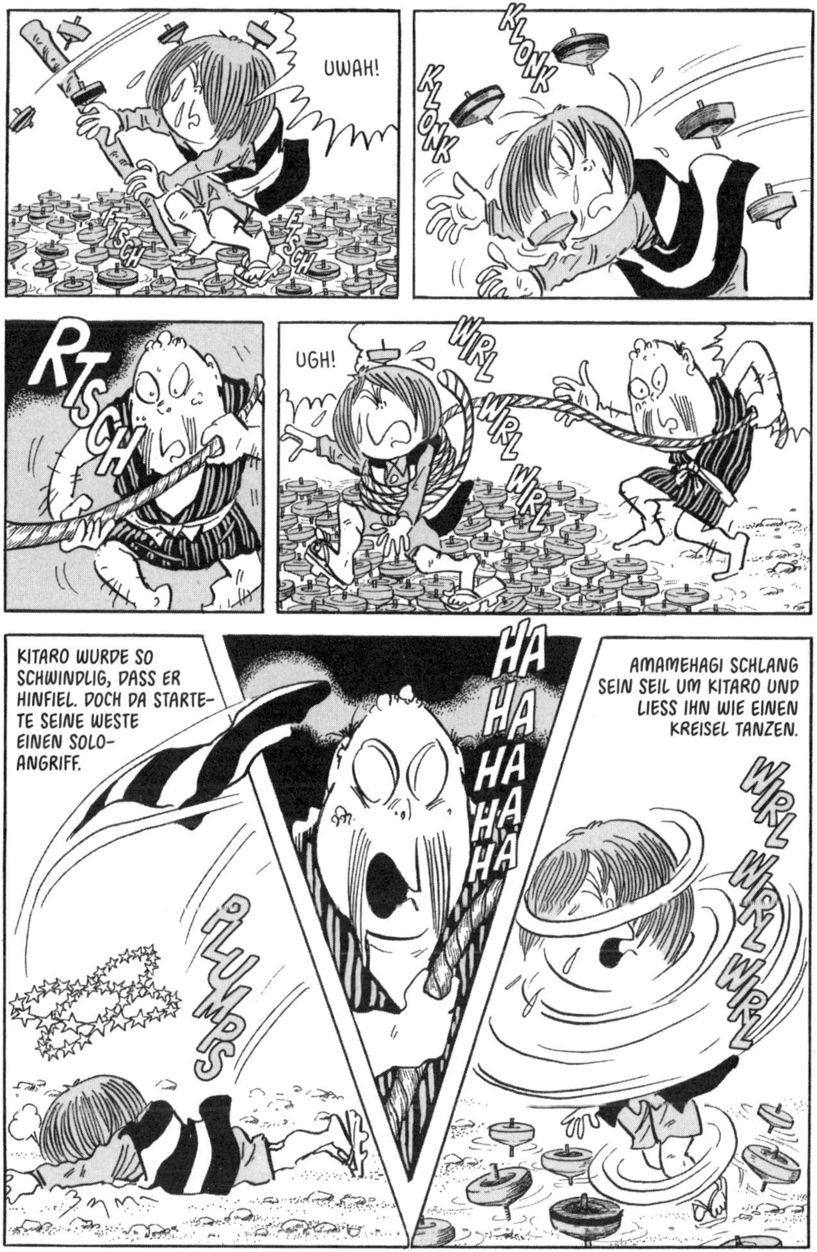

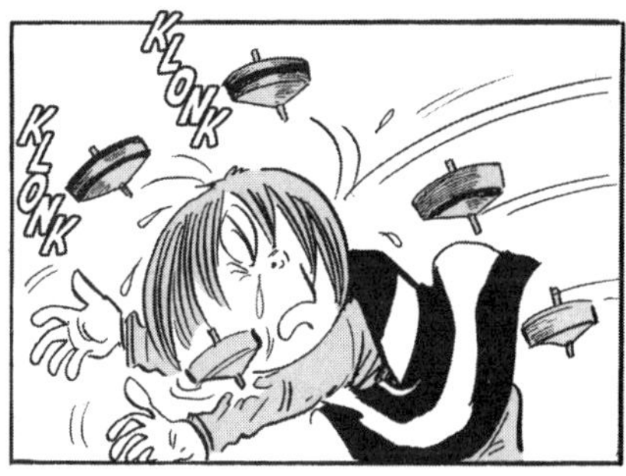

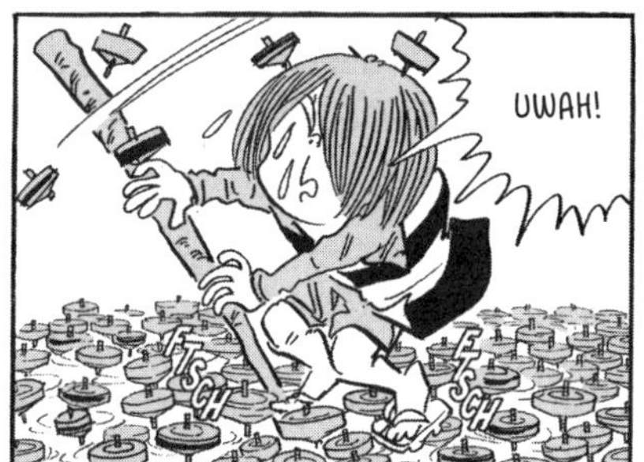

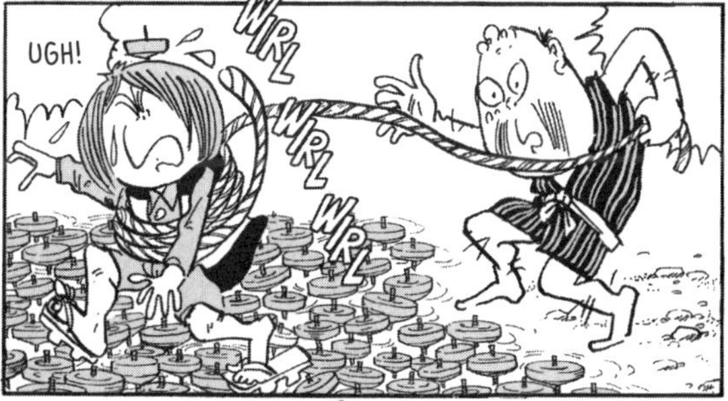

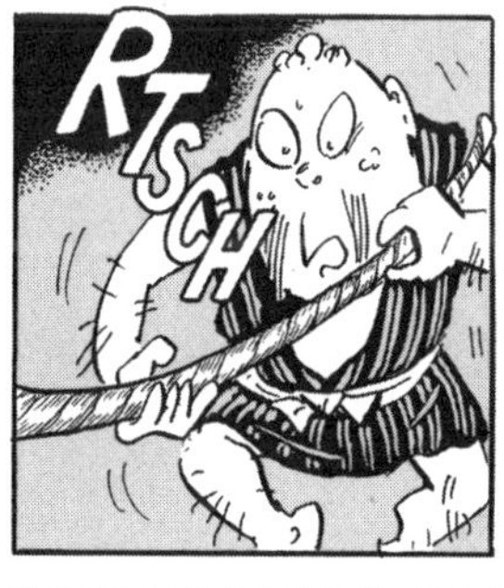

AMAMEHAGI SCHLANG SEIN SEIL UM KITARO UND LIESS IHN WIE EINEN KREISEL TANZEN.

WIRL WIRL WIRL

HA HA HA HA HA HA

KITARO WURDE SO SCHWINDLIG, DASS ER HINFIEL. DOCH DA STARTETE SEINE WESTE EINEN SOLO-ANGRIFF.

PLUMPS

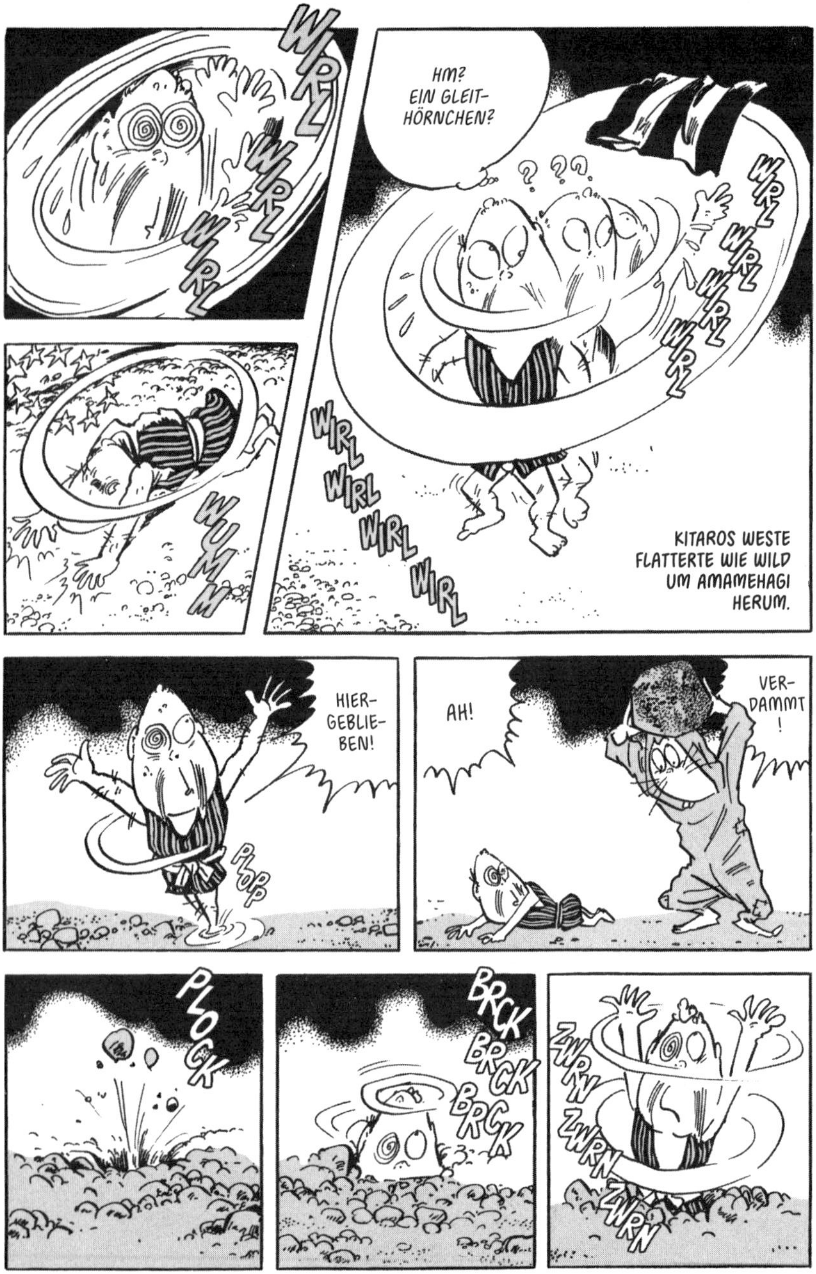

WIRL WIRL WIRL

HM? EIN GLEIT-HÖRNCHEN?

WIRL WIRL WIRL WIRL

WUMM

WIRL WIRL WIRL WIRL

KITAROS WESTE FLATTERTE WIE WILD UM AMAMEHAGI HERUM.

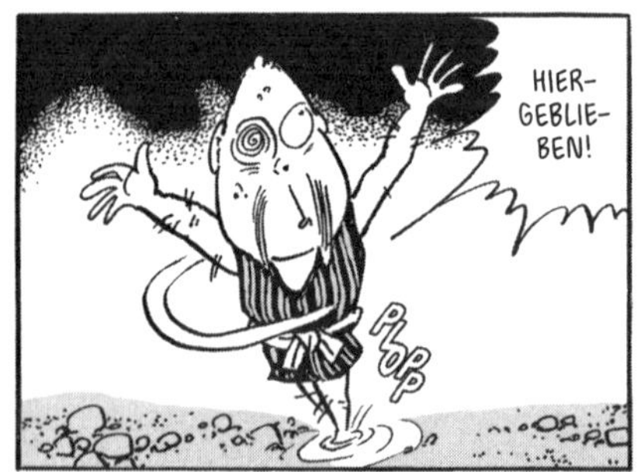

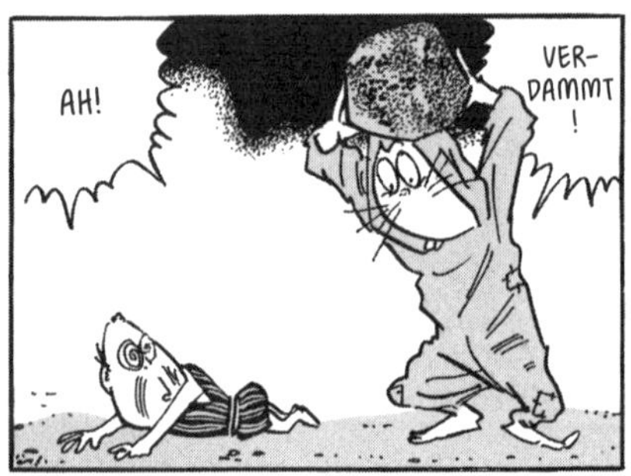

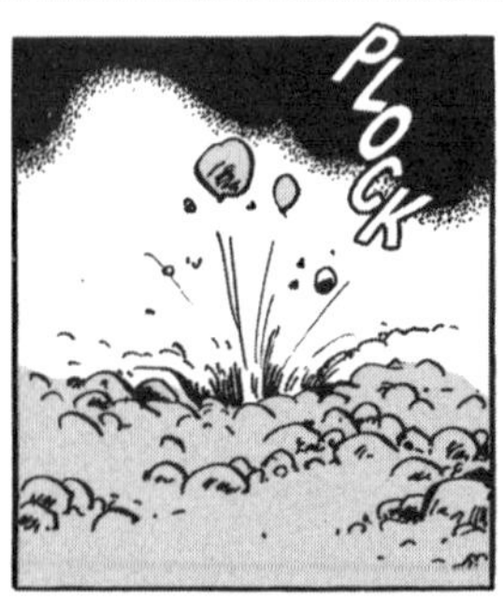

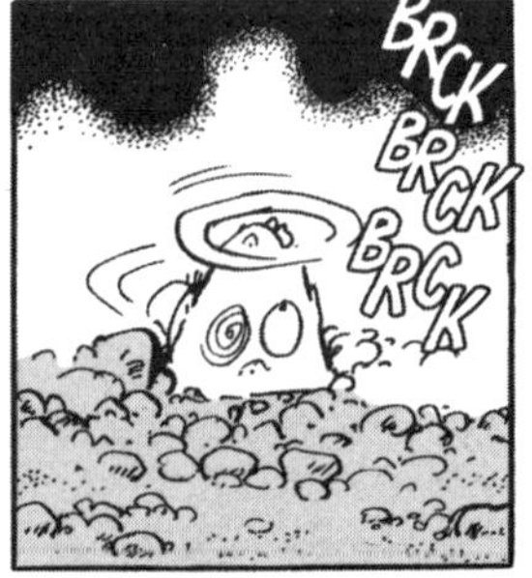

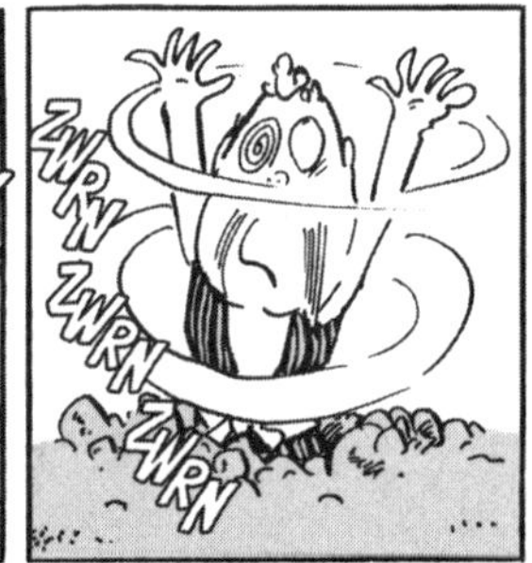

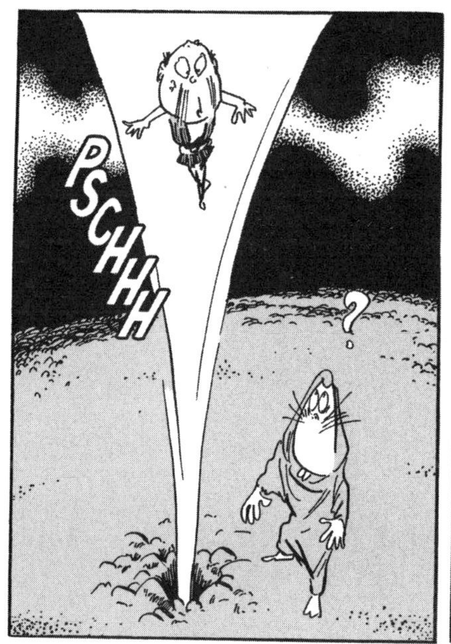
PSCHHHH
?

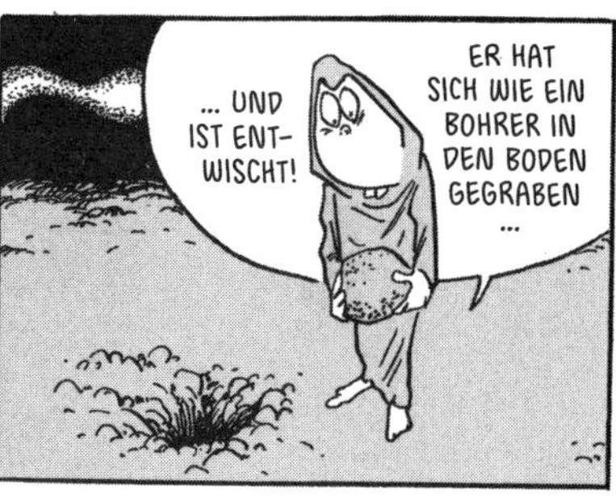
ER HAT SICH WIE EIN BOHRER IN DEN BODEN GEGRABEN ...
... UND IST ENT-WISCHT!

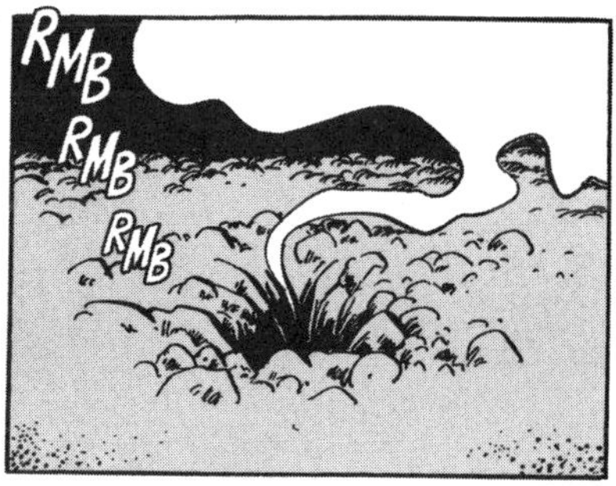
RMB
RMB
RMB

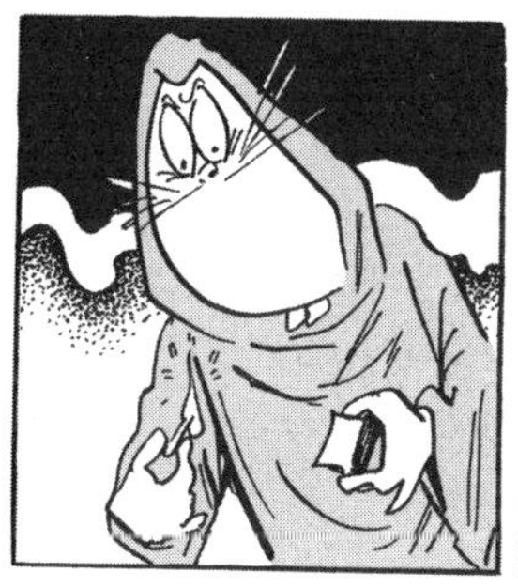

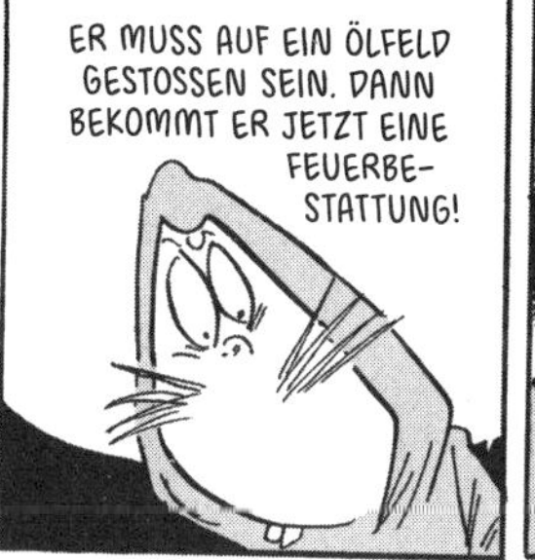
ER MUSS AUF EIN ÖLFELD GESTOSSEN SEIN. DANN BEKOMMT ER JETZT EINE FEUERBE-STATTUNG!

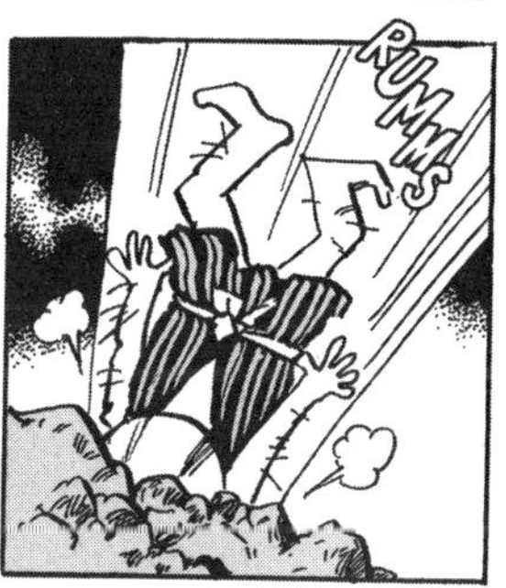
RUMMS

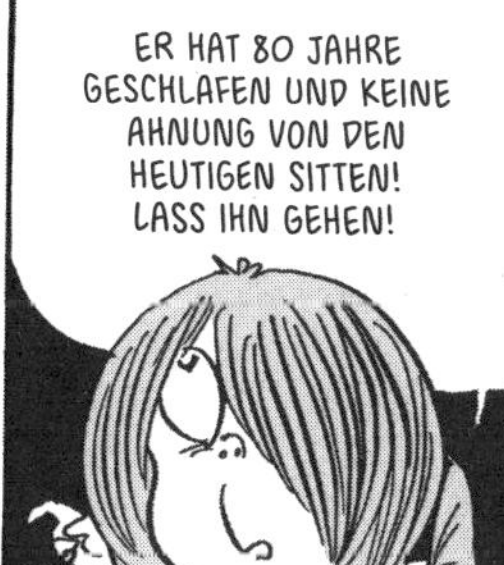
ER HAT 80 JAHRE GESCHLAFEN UND KEINE AHNUNG VON DEN HEUTIGEN SITTEN! LASS IHN GEHEN!

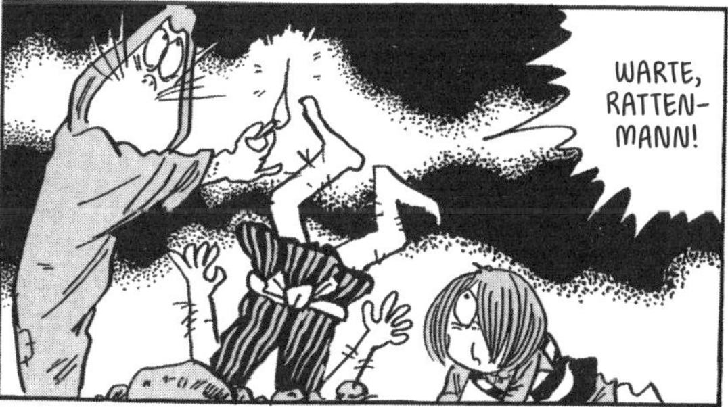
WARTE, RATTEN-MANN!

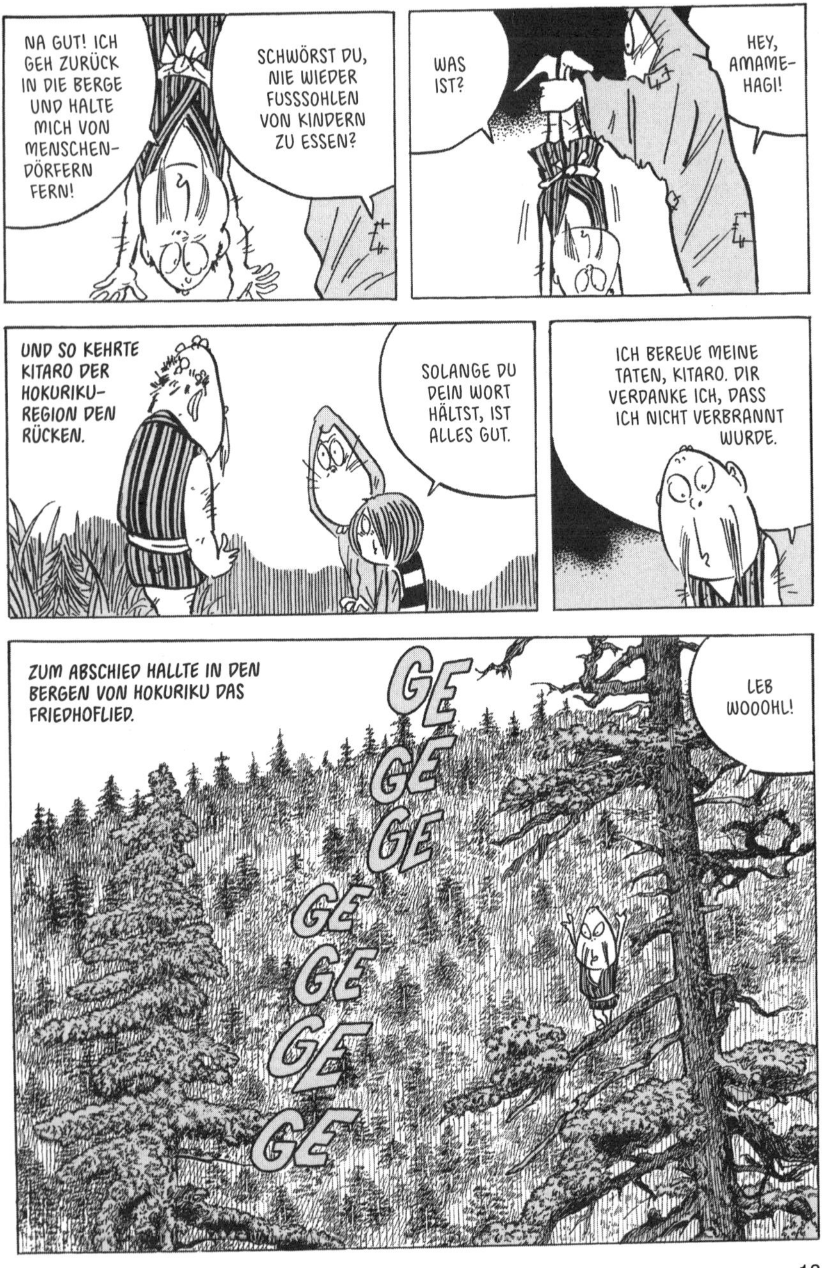

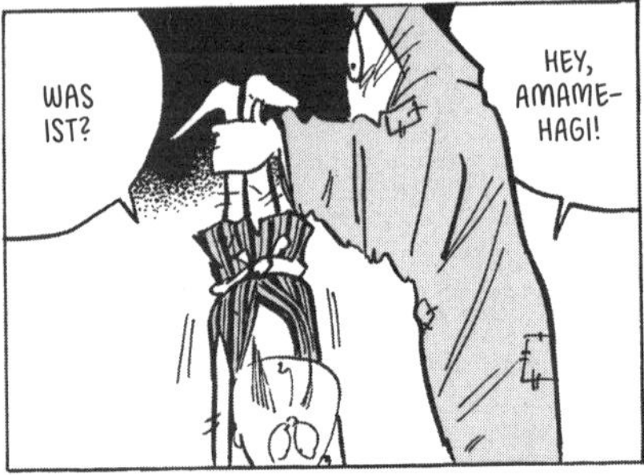

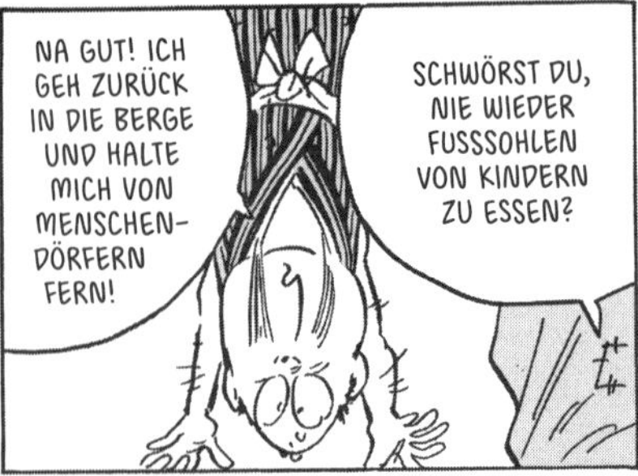

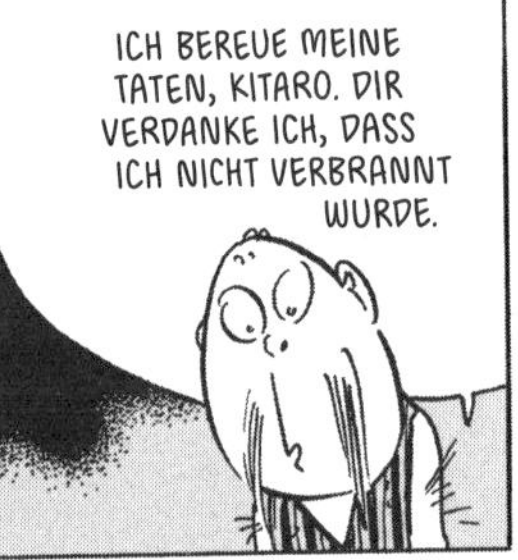

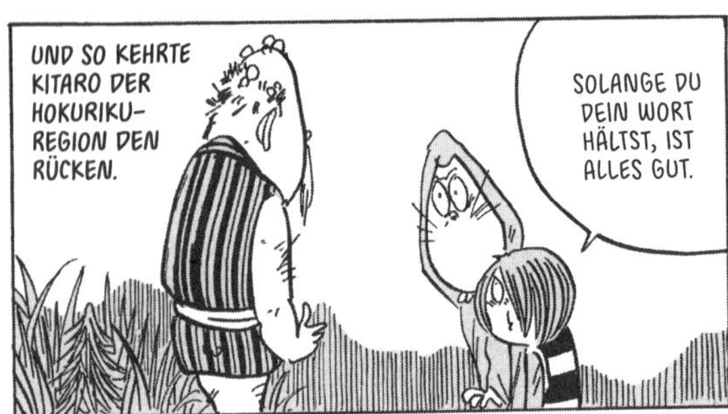

LEB WOOOHL!

ZUM ABSCHIED HALLTE IN DEN BERGEN VON HOKURIKU DAS FRIEDHOFLIED.

GE GE GE GE GE GE GE

Das Kreisel-Yokai – Ende

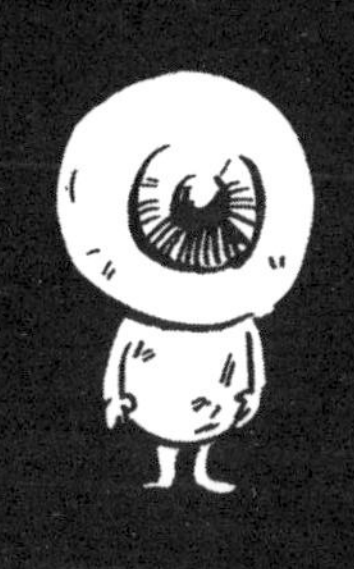

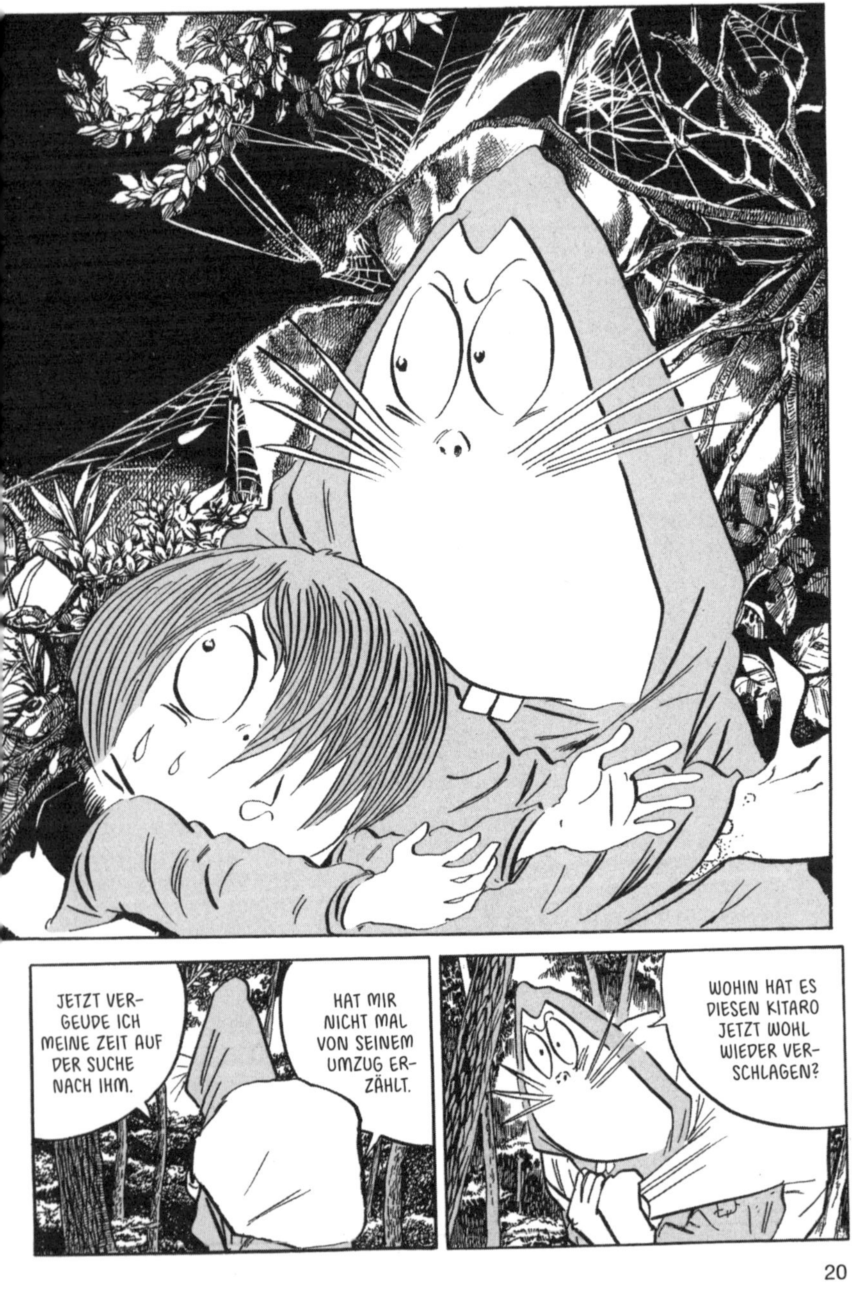

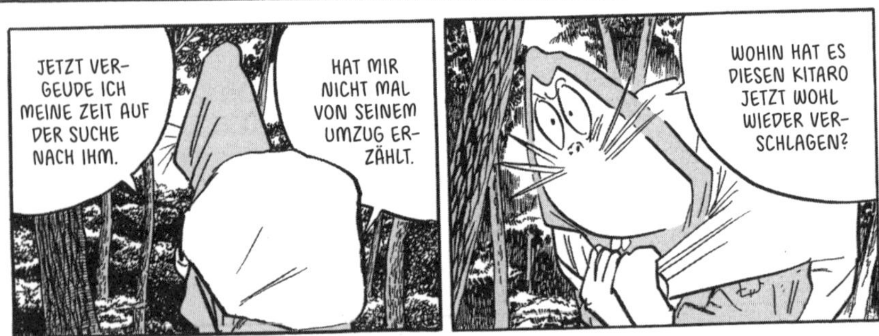
WOHIN HAT ES DIESEN KITARO JETZT WOHL WIEDER VERSCHLAGEN?
HAT MIR NICHT MAL VON SEINEM UMZUG ERZÄHLT.
JETZT VERGEUDE ICH MEINE ZEIT AUF DER SUCHE NACH IHM.

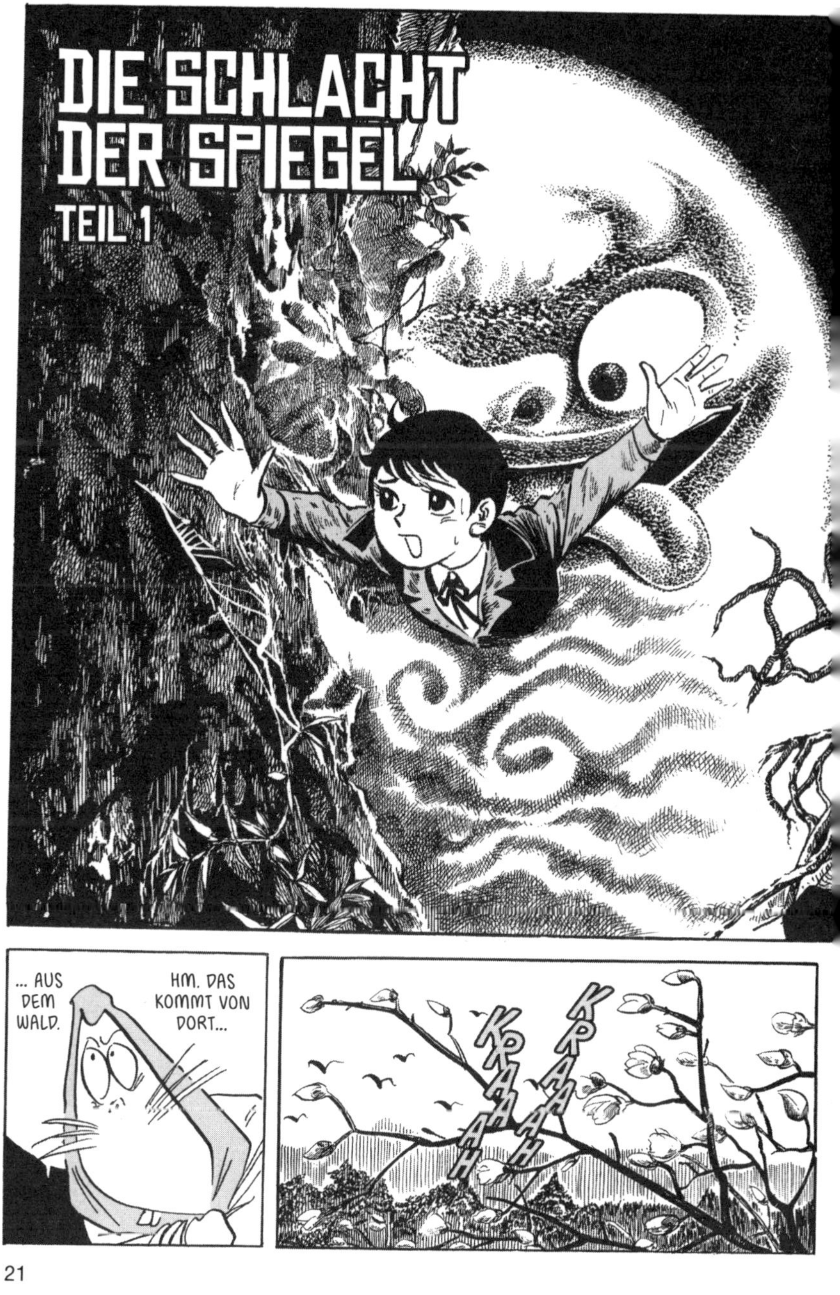

DIE SCHLACHT DER SPIEGEL

TEIL 1

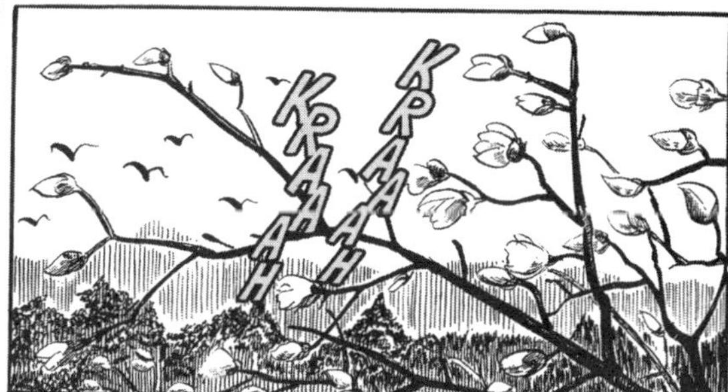

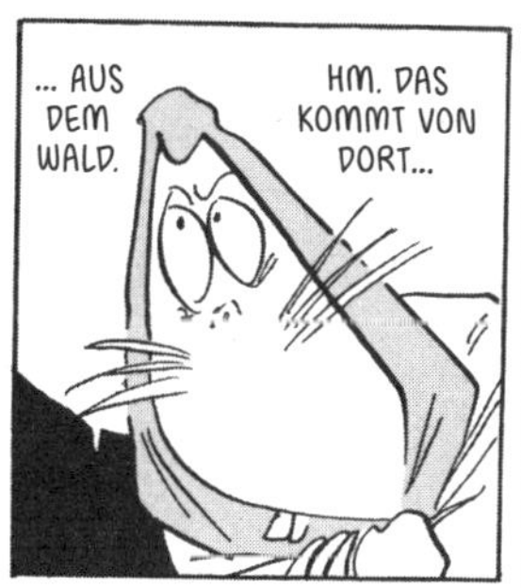

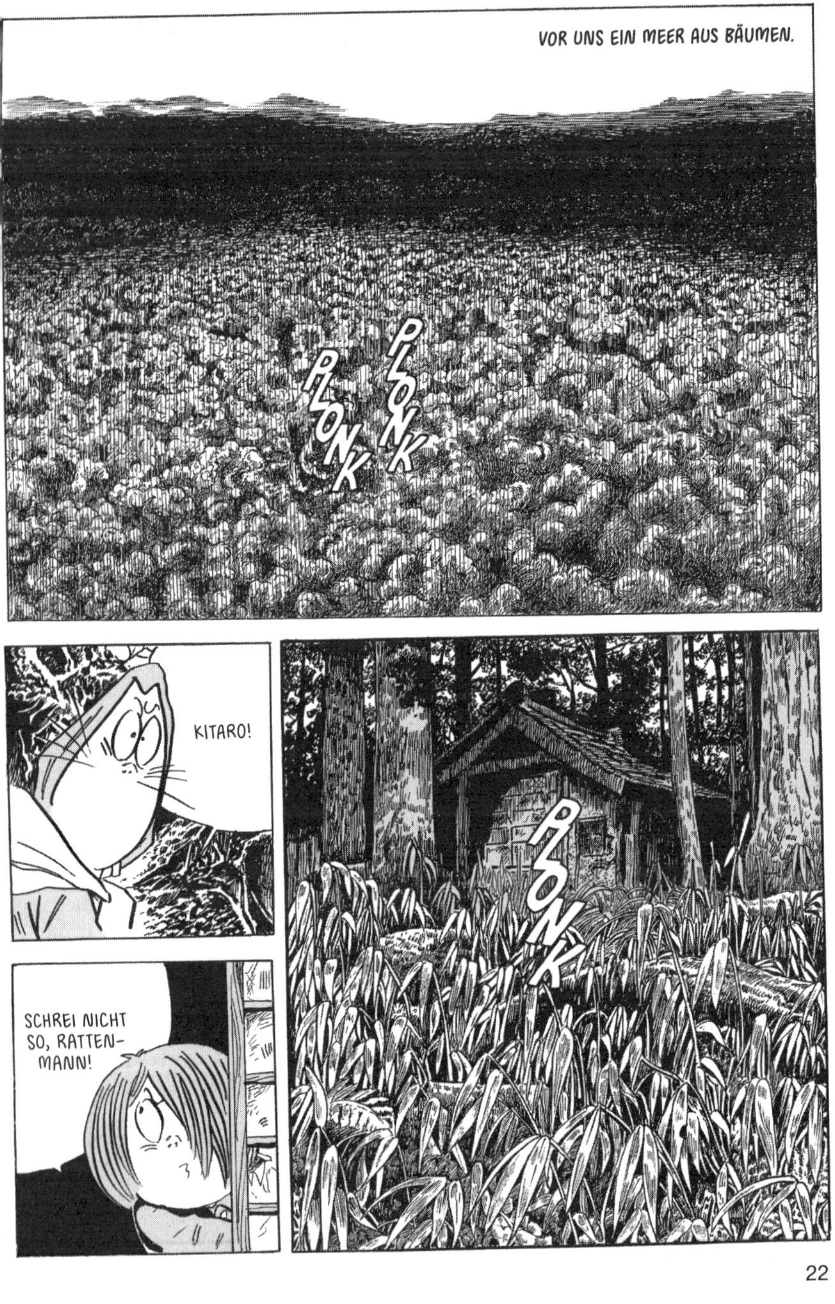

VOR UNS EIN MEER AUS BÄUMEN.

PLONK

PLONK

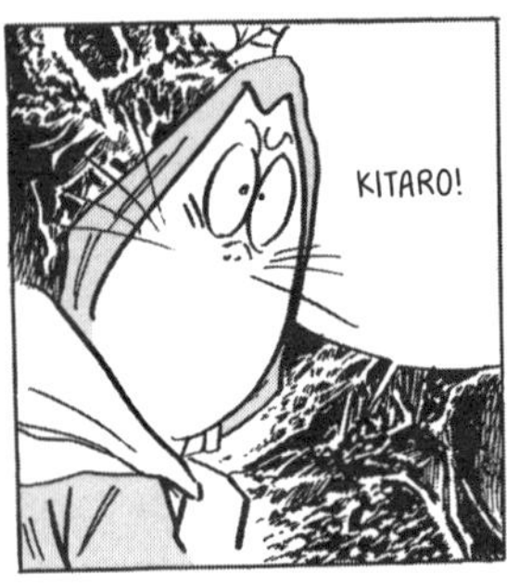

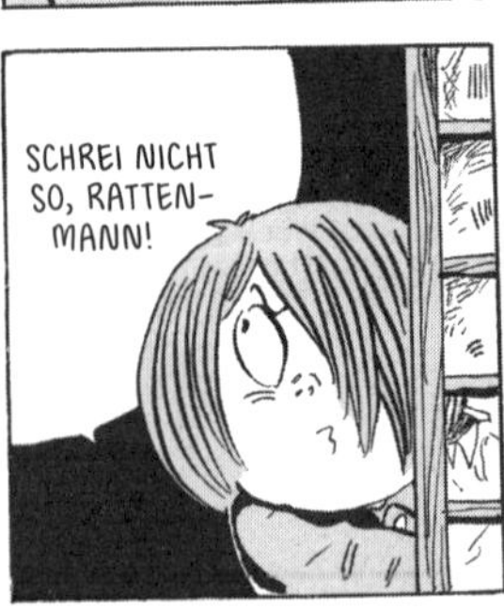

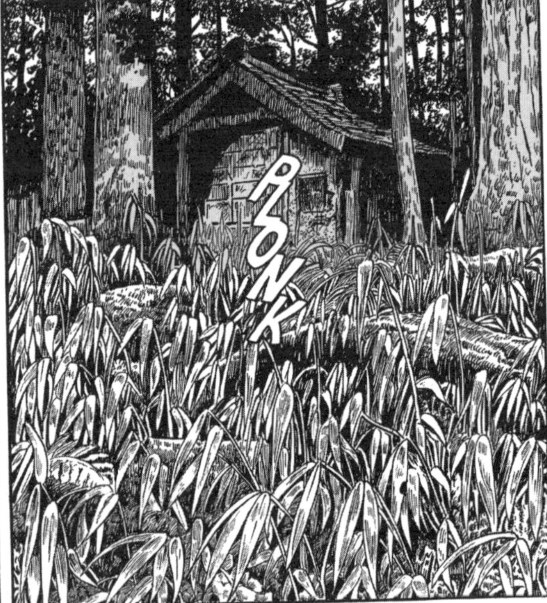

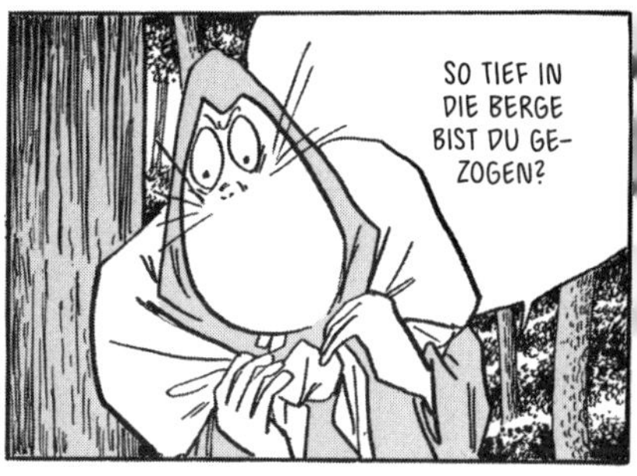
SO TIEF IN DIE BERGE BIST DU GEZOGEN?

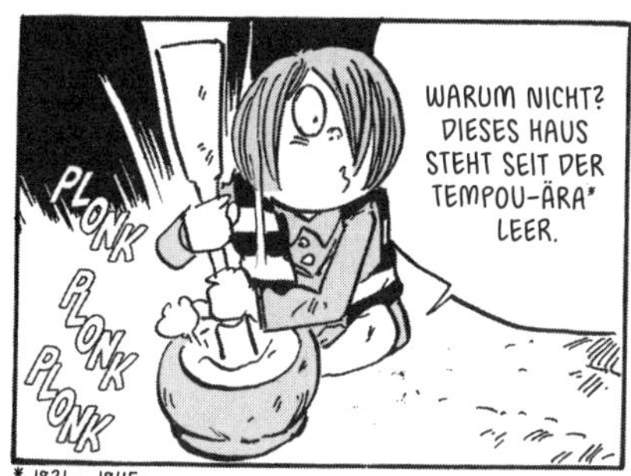
WARUM NICHT? DIESES HAUS STEHT SEIT DER TEMPOU-ÄRA* LEER.
PLONK
PLONK
PLONK

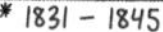
* 1831 – 1845

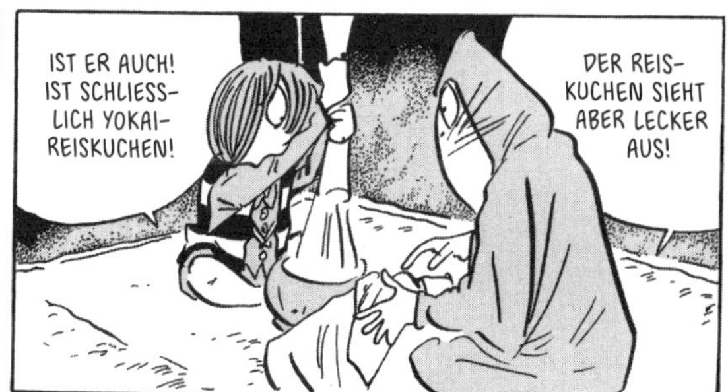
DER REISKUCHEN SIEHT ABER LECKER AUS!
IST ER AUCH! IST SCHLIESSLICH YOKAI-REISKUCHEN!

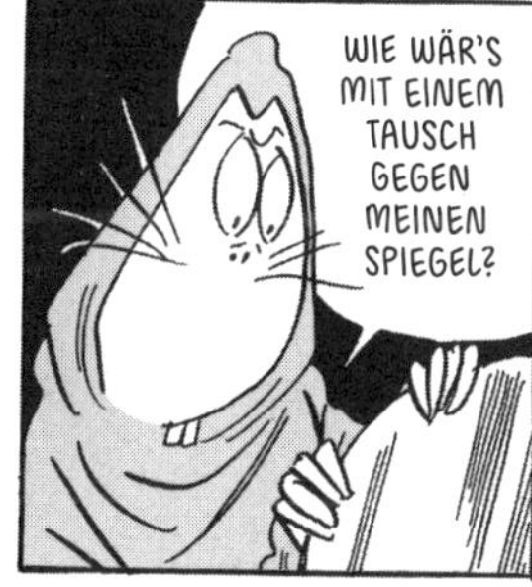
WIE WÄR'S MIT EINEM TAUSCH GEGEN MEINEN SPIEGEL?

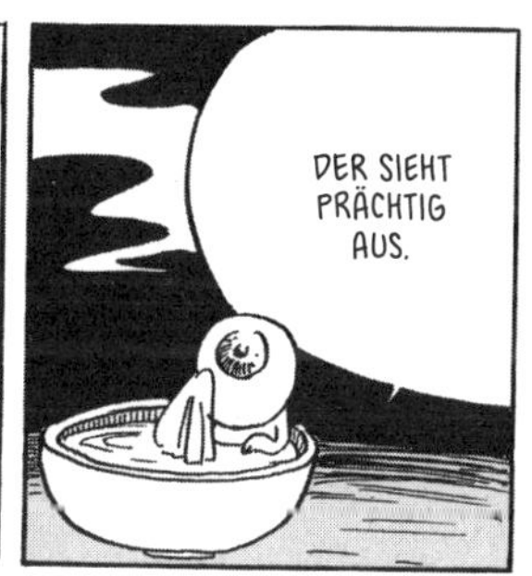
DER SIEHT PRÄCHTIG AUS.

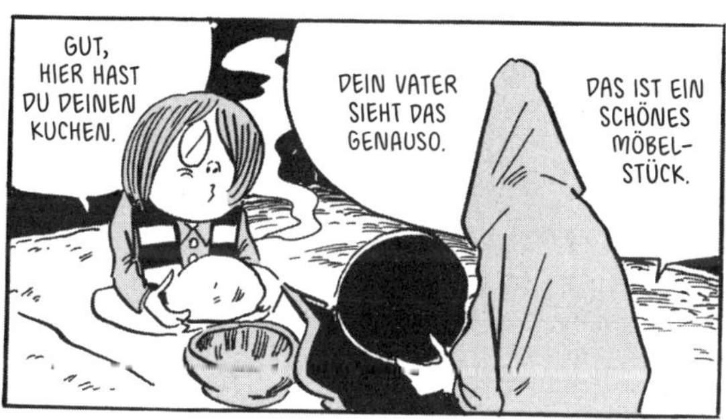
DAS IST EIN SCHÖNES MÖBELSTÜCK.
DEIN VATER SIEHT DAS GENAUSO.
GUT, HIER HAST DU DEINEN KUCHEN.

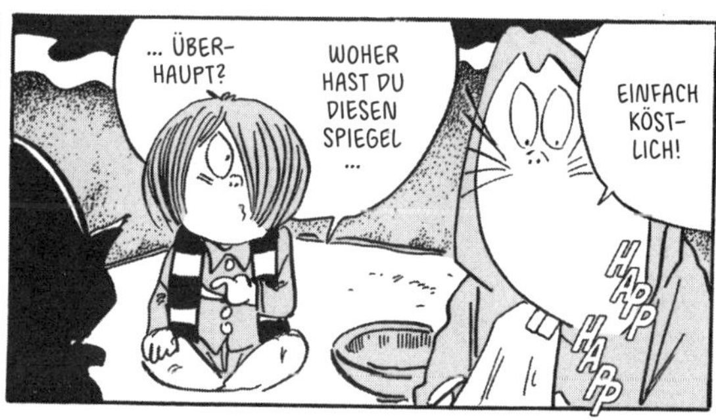
EINFACH KÖSTLICH!
HAPP
HAPP
WOHER HAST DU DIESEN SPIEGEL ...
... ÜBERHAUPT?

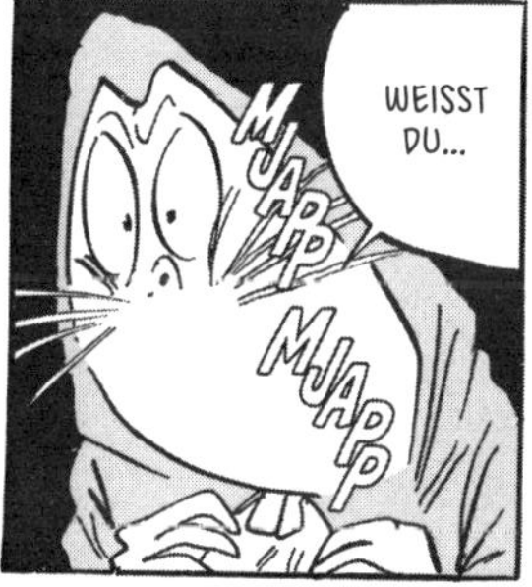
WEISST DU...
MJAPP
MJAPP

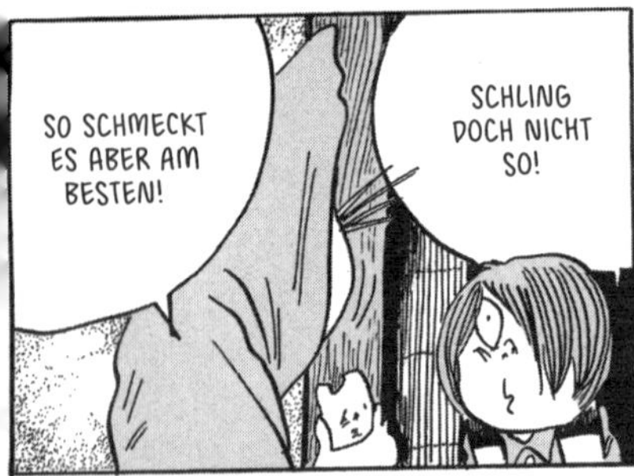
SCHLING DOCH NICHT SO!
SO SCHMECKT ES ABER AM BESTEN!

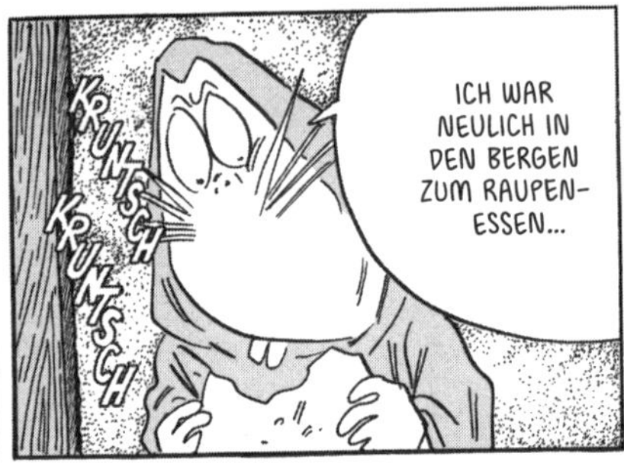
ICH WAR NEULICH IN DEN BERGEN ZUM RAUPEN-ESSEN...
KRUNTSCH KRUNTSCH

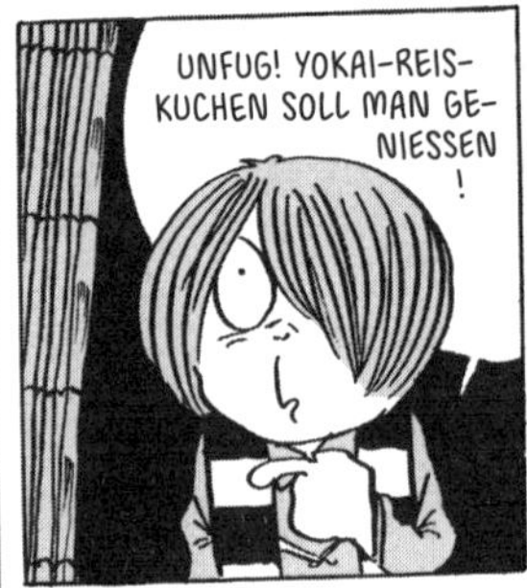
UNFUG! YOKAI-REIS-KUCHEN SOLL MAN GE-NIESSEN!

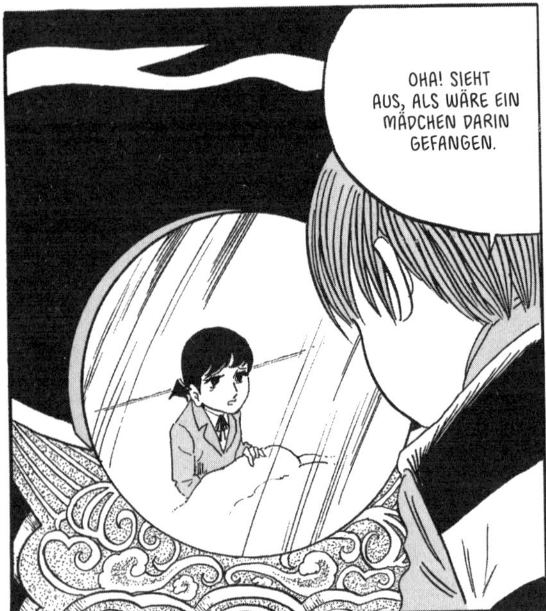
OHA! SIEHT AUS, ALS WÄRE EIN MÄDCHEN DARIN GEFANGEN.

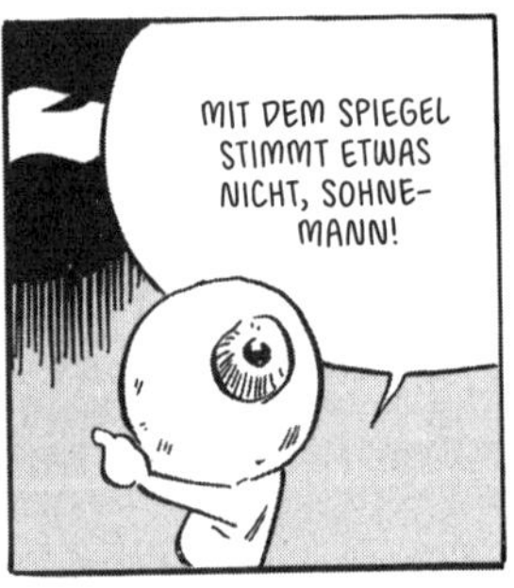
MIT DEM SPIEGEL STIMMT ETWAS NICHT, SOHNE-MANN!

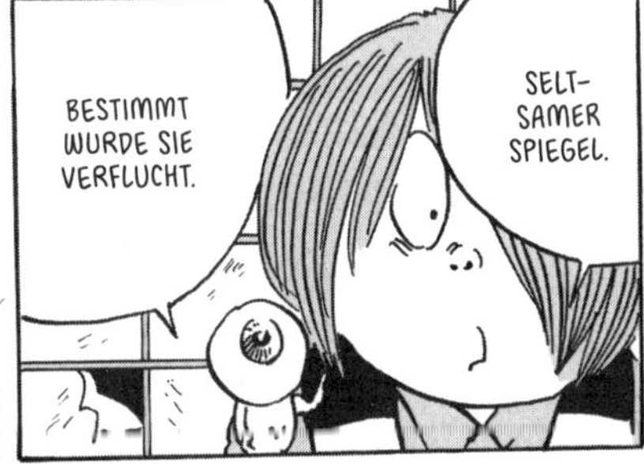
SELT-SAMER SPIEGEL.
BESTIMMT WURDE SIE VERFLUCHT.

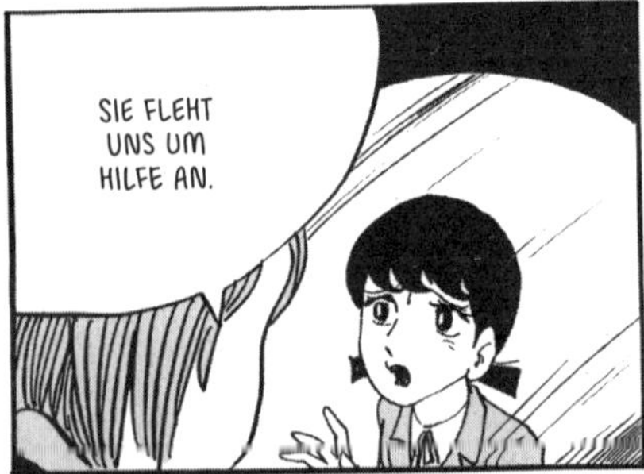
SIE FLEHT UNS UM HILFE AN.

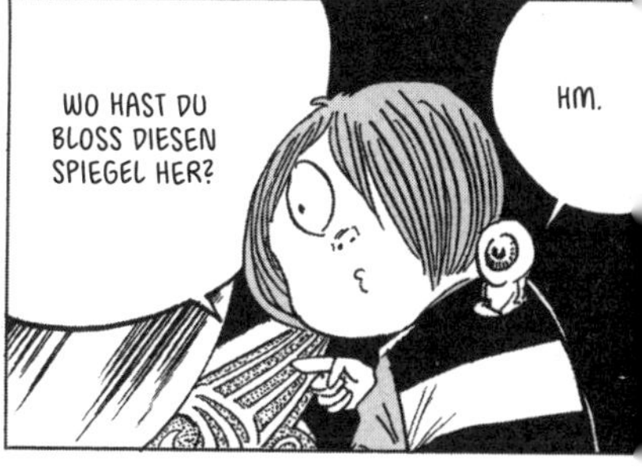

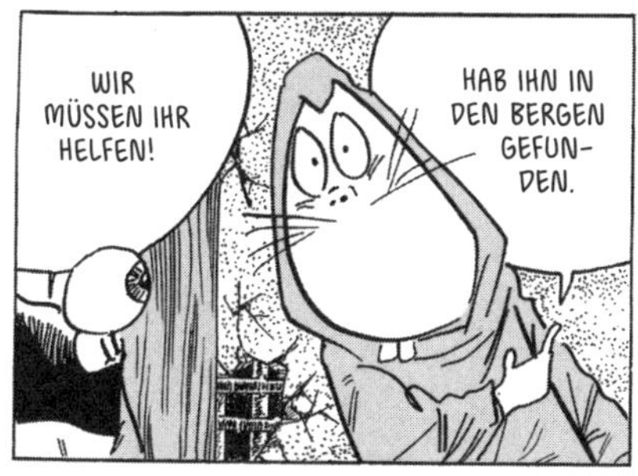

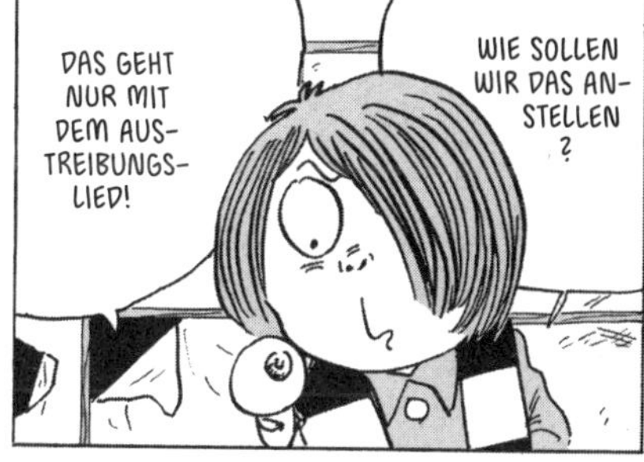

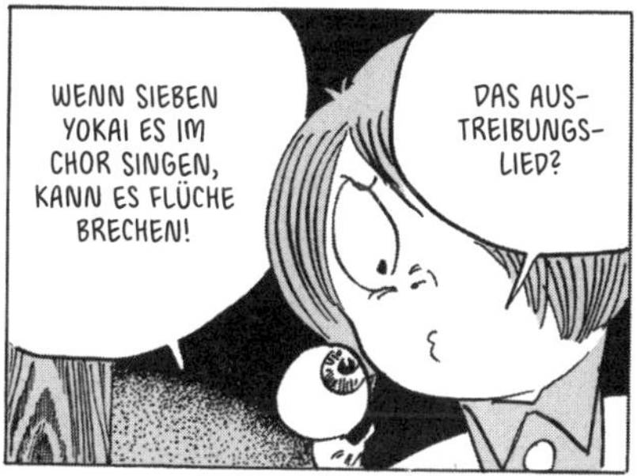

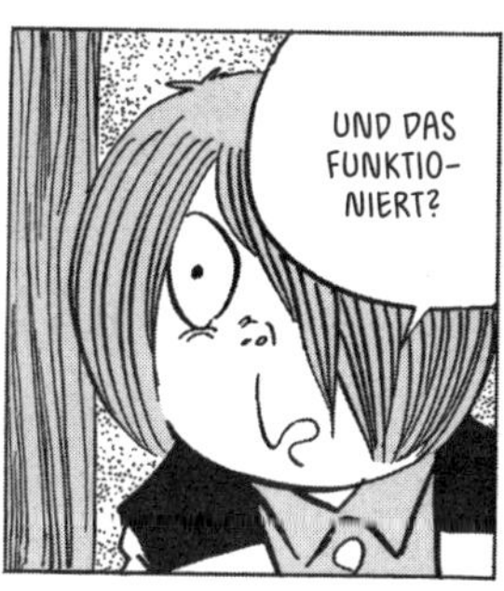

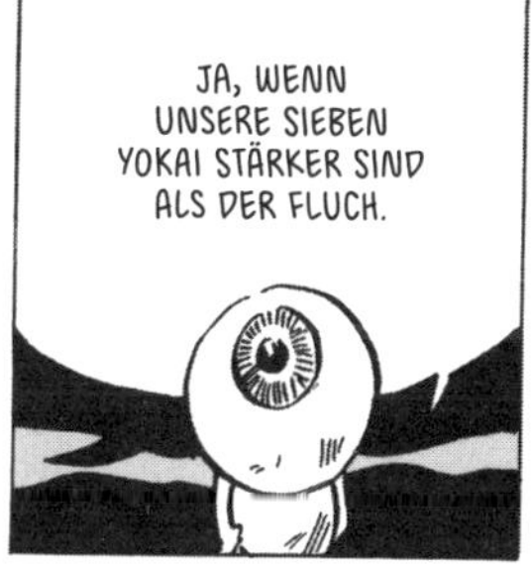

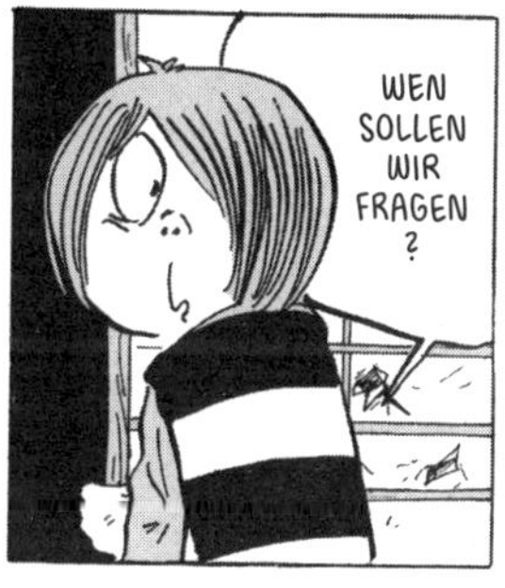

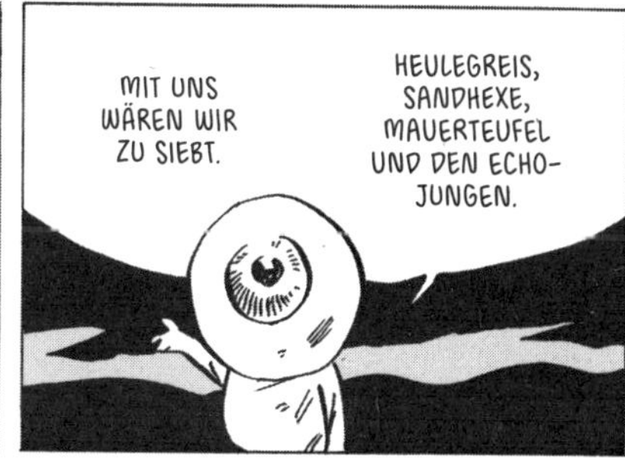

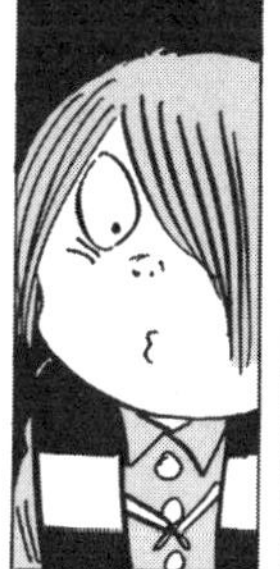

ÜBER DIE INSEKTENPOST WURDE UMGEHEND EINE VERSAMMLUNG EINBERUFEN. ÄHNLICH EINEM BUDDHISTISCHEN GEBET ERHOB SICH FROMMER CHORGESANG.

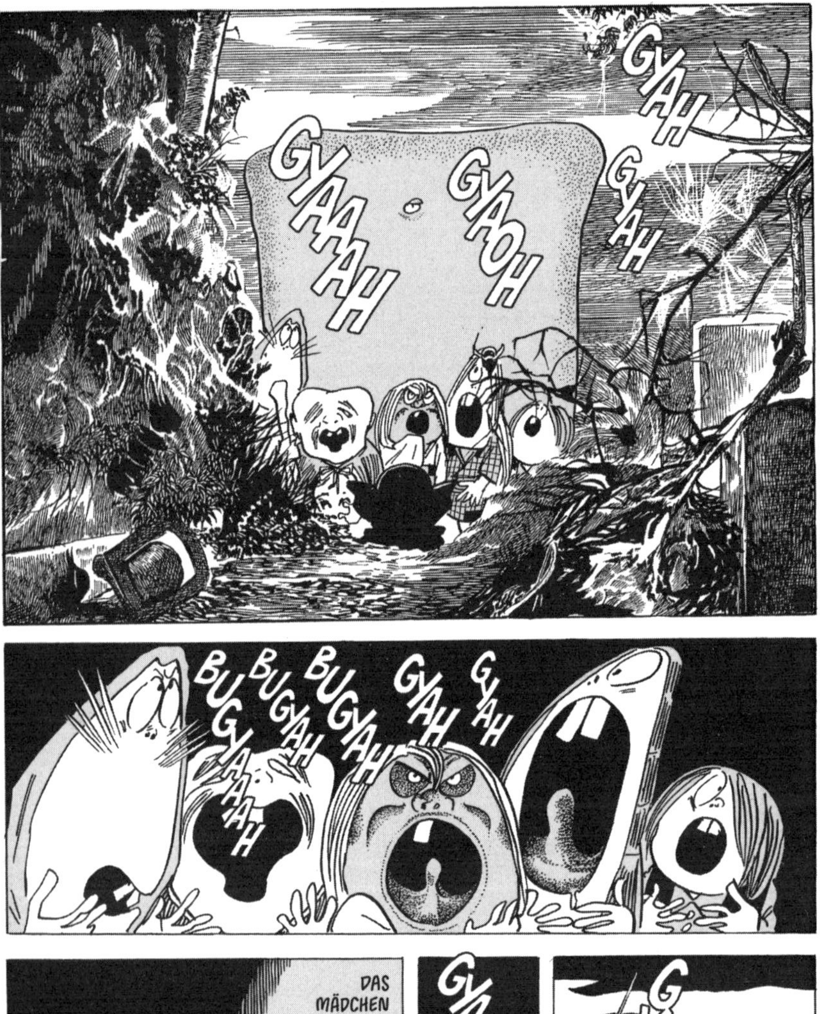

GYAH
GYAH
GYAOH
GYAAAH

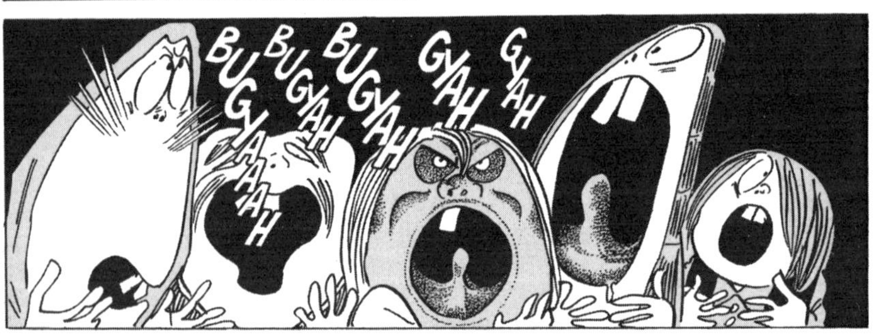
GYAH
GYAH
BUGYAH
BUGYAH
BUGYAAAAH

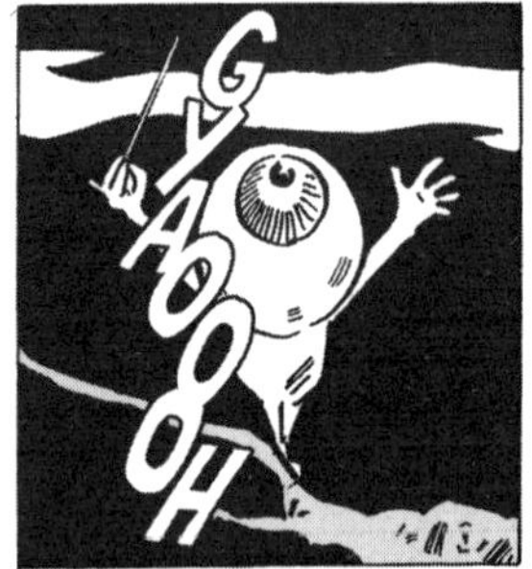
GYAOOOH

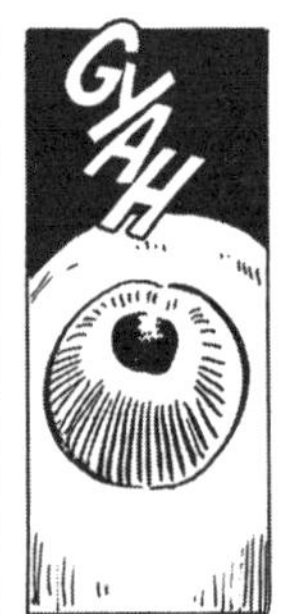
GYAH

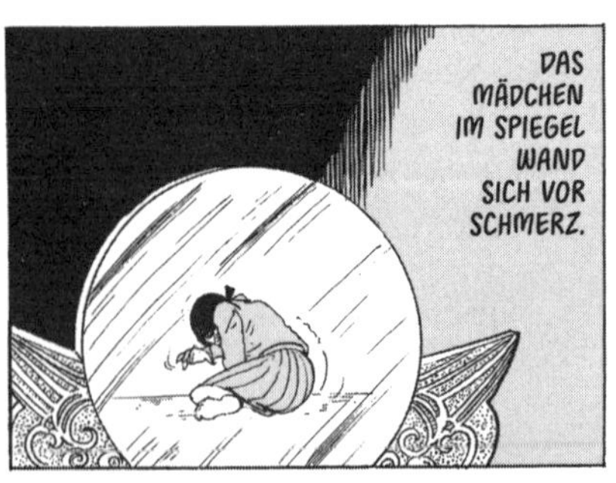
DAS MÄDCHEN IM SPIEGEL WAND SICH VOR SCHMERZ.

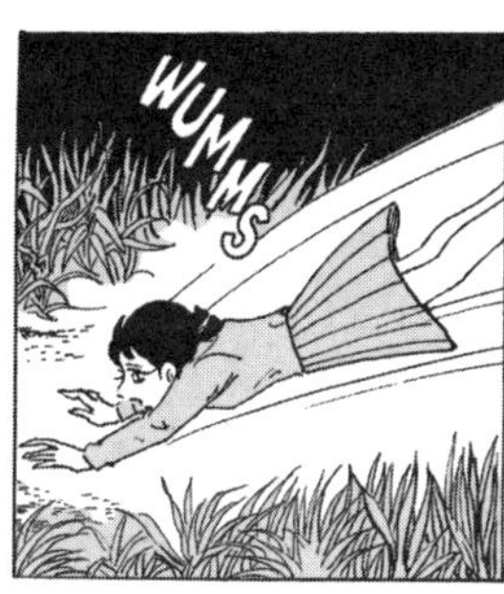
WUMMS

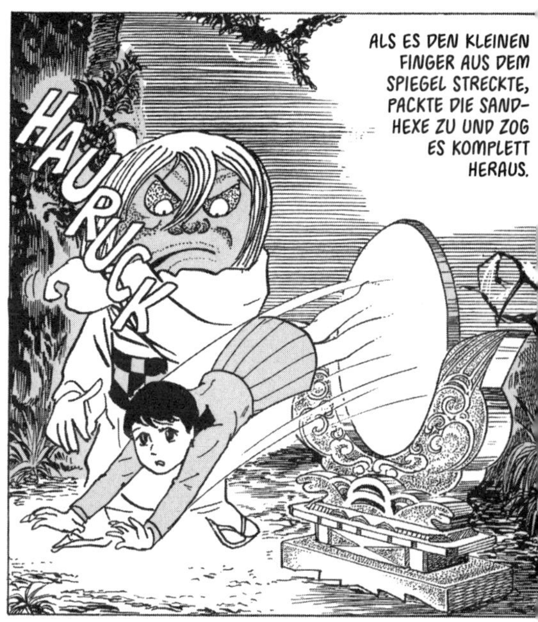
ALS ES DEN KLEINEN FINGER AUS DEM SPIEGEL STRECKTE, PACKTE DIE SAND-HEXE ZU UND ZOG ES KOMPLETT HERAUS.
HAURUCK

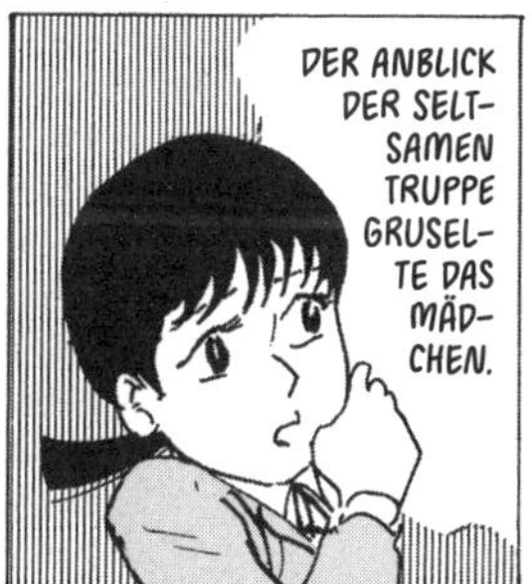
DER ANBLICK DER SELT-SAMEN TRUPPE GRUSEL-TE DAS MÄD-CHEN.

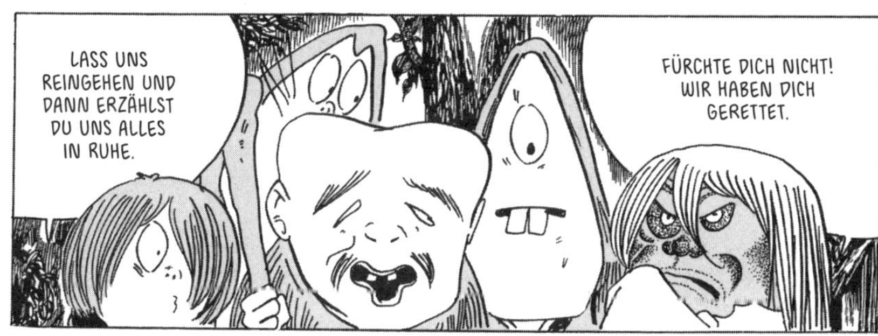
FÜRCHTE DICH NICHT! WIR HABEN DICH GERETTET.
LASS UNS REINGEHEN UND DANN ERZÄHLST DU UNS ALLES IN RUHE.

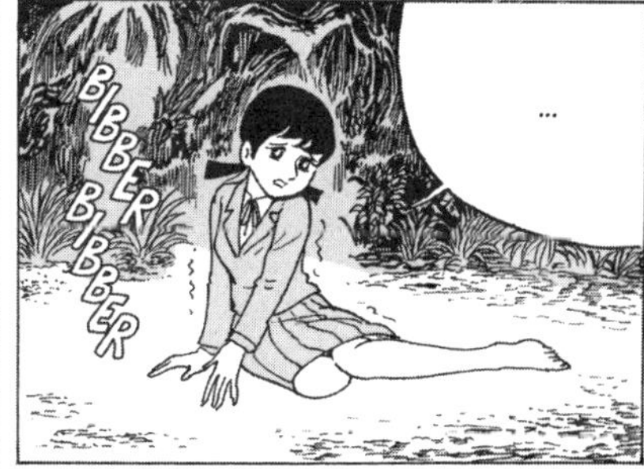
...
BIBBER BIBBER

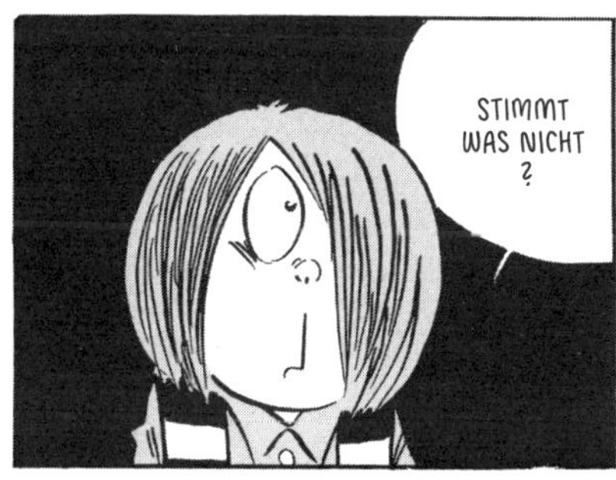
STIMMT WAS NICHT ?

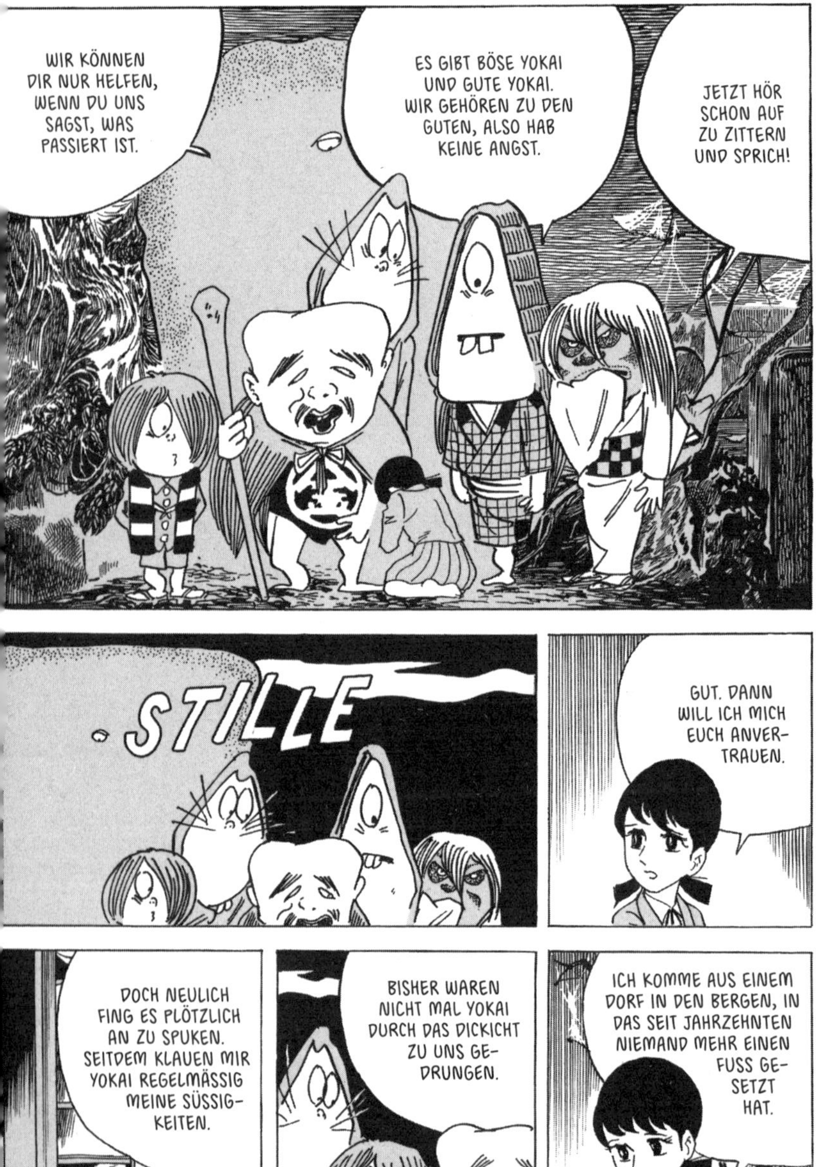

JETZT HÖR SCHON AUF ZU ZITTERN UND SPRICH!
ES GIBT BÖSE YOKAI UND GUTE YOKAI. WIR GEHÖREN ZU DEN GUTEN, ALSO HAB KEINE ANGST.
WIR KÖNNEN DIR NUR HELFEN, WENN DU UNS SAGST, WAS PASSIERT IST.

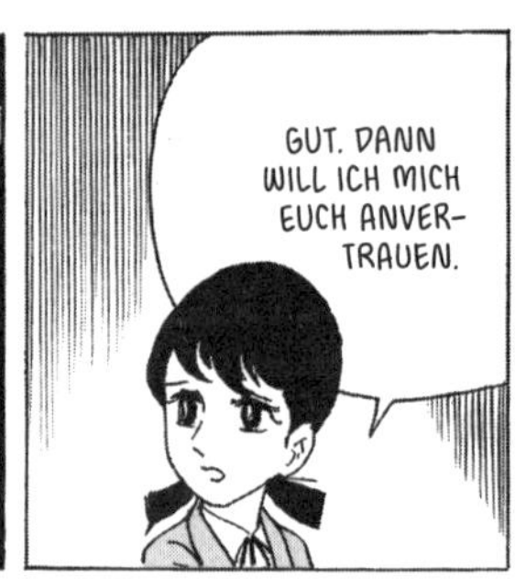

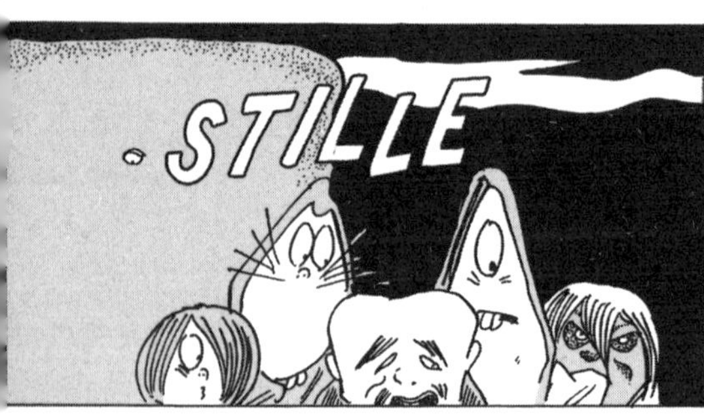

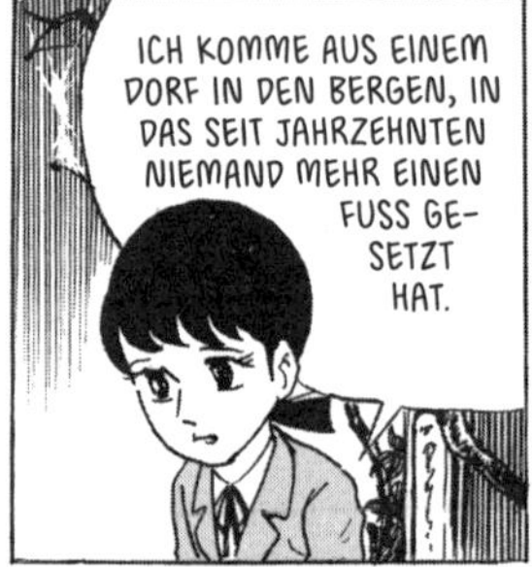

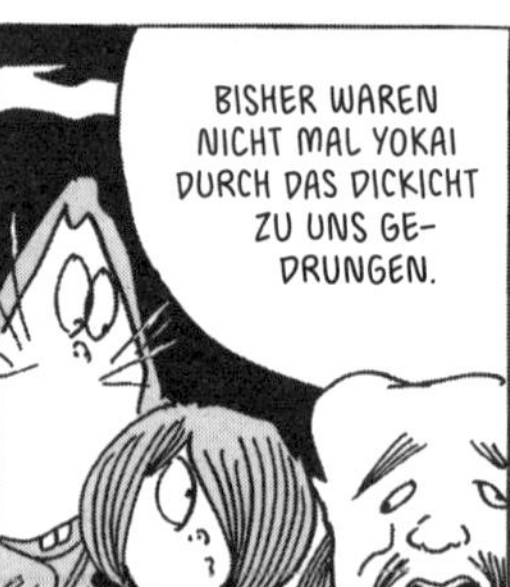

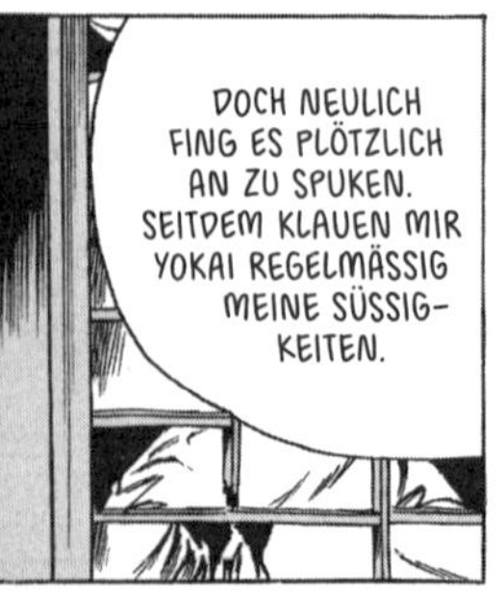

DOCH DANN TAUCHTE EIN YOKAI NAMENS UNGAIKYOU AUF, WELCHES AUCH „SPIEGEL HINTER DEN WOLKEN" GENANNT WIRD. ES BEFAHL MIR, SEINE BRAUT ZU WERDEN. ALS ICH ENTSETZT ABLEHNTE, BELEGTE ES DEN SPIEGEL, DER SEIT GENERATIONEN IM BESITZ MEINER FAMILIE IST, MIT EINEM FLUCH UND VERSCHWAND. SEITDEM SCHMERZT MEIN GANZER KÖRPER. ICH HABE EINEN ARZT AUSSERHALB DER BERGE AUFGESUCHT, ABER SELBST DER KONNTE MIR NICHT HELFEN. KEINE ZEHN PFERDE HÄTTEN MICH DAZU GEBRACHT, EIN YOKAI ZU HEIRATEN! ALSO HABE ICH DIE ZÄHNE ZUSAMMENGEBISSEN UND DIE QUALEN ERTRAGEN.

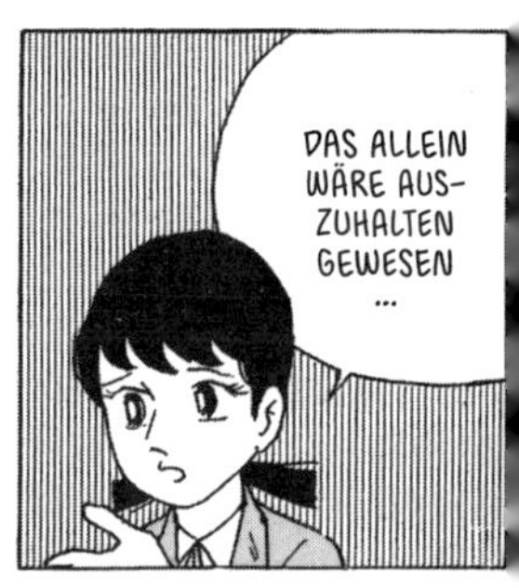

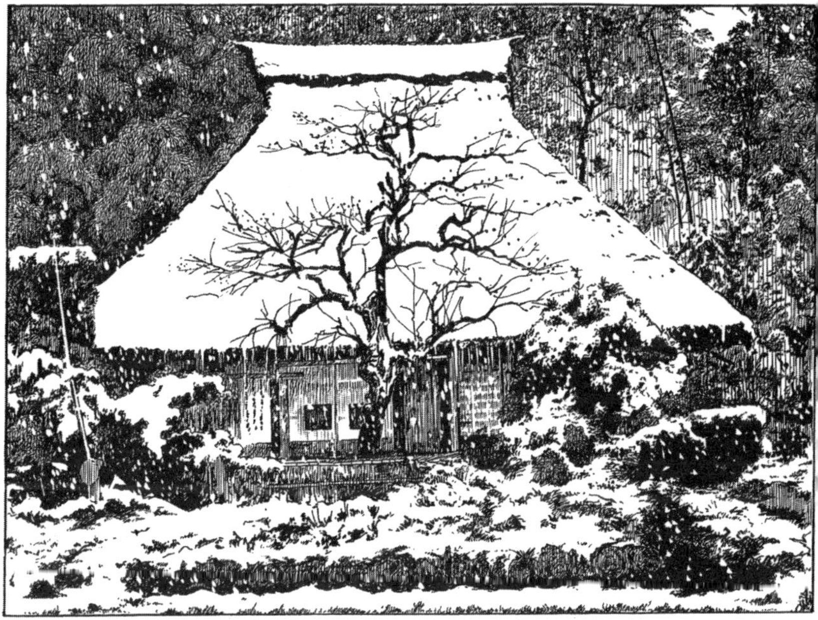

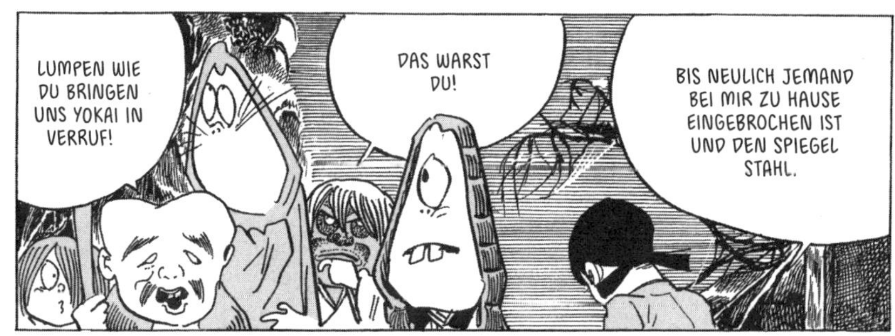

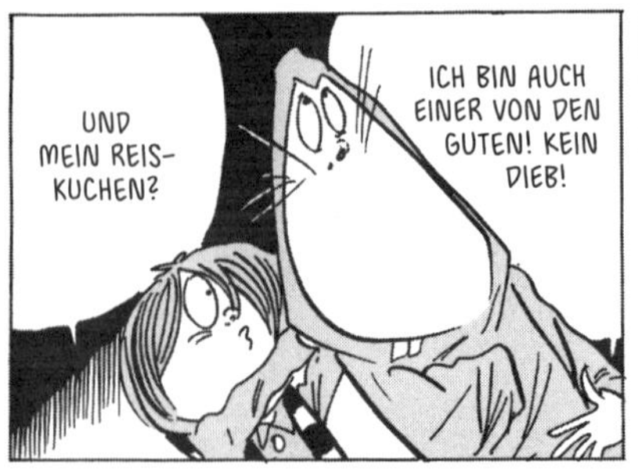
ICH BIN AUCH EINER VON DEN GUTEN! KEIN DIEB!
UND MEIN REIS-KUCHEN?

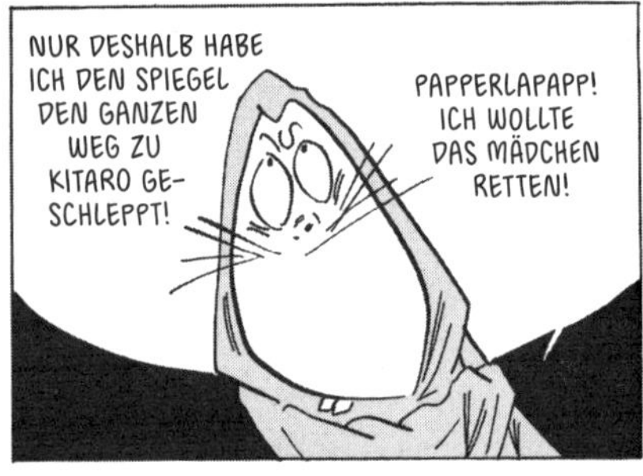
PAPPERLAPAPP! ICH WOLLTE DAS MÄDCHEN RETTEN!
NUR DESHALB HABE ICH DEN SPIEGEL DEN GANZEN WEG ZU KITARO GE-SCHLEPPT!

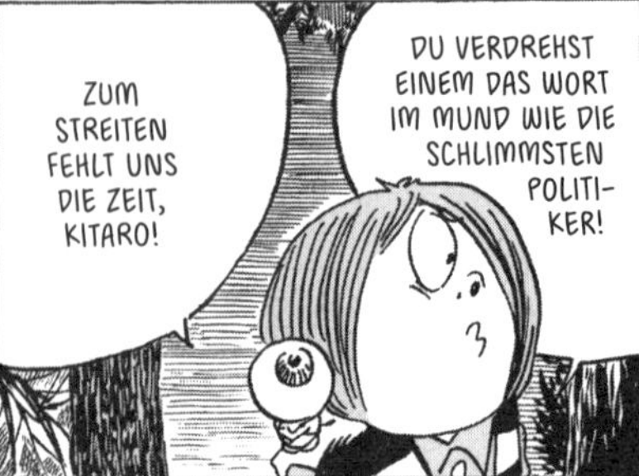
DU VERDREHST EINEM DAS WORT IM MUND WIE DIE SCHLIMMSTEN POLITI-KER!
ZUM STREITEN FEHLT UNS DIE ZEIT, KITARO!

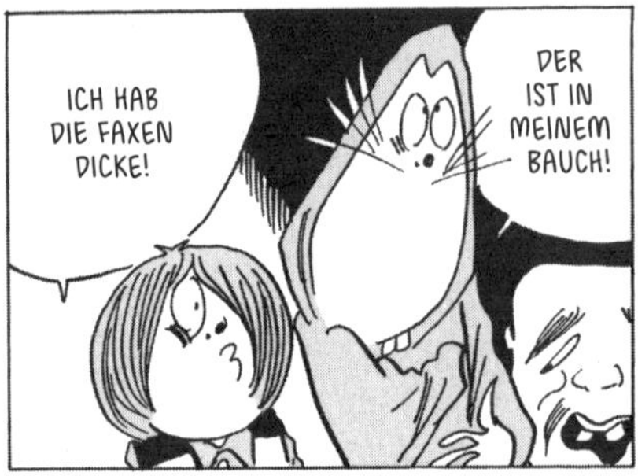
DER IST IN MEINEM BAUCH!
ICH HAB DIE FAXEN DICKE!

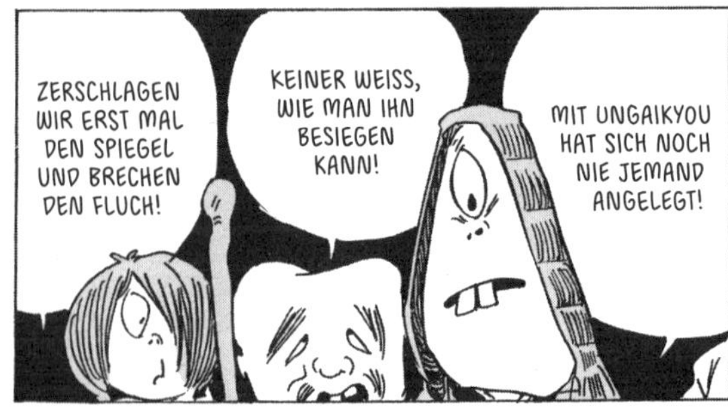
MIT UNGAIKYOU HAT SICH NOCH NIE JEMAND ANGELEGT!
KEINER WEISS, WIE MAN IHN BESIEGEN KANN!
ZERSCHLAGEN WIR ERST MAL DEN SPIEGEL UND BRECHEN DEN FLUCH!

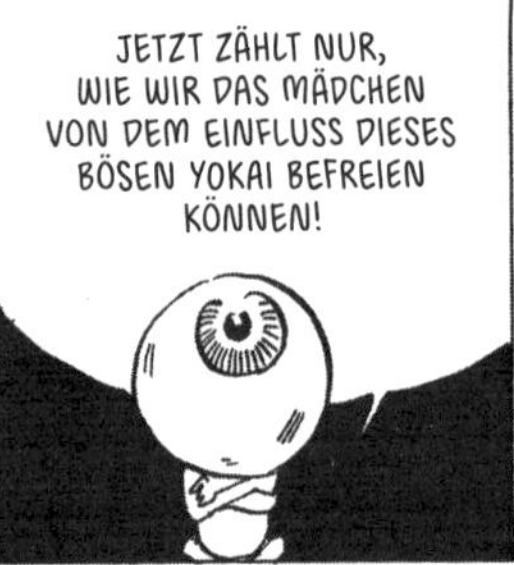
JETZT ZÄHLT NUR, WIE WIR DAS MÄDCHEN VON DEM EINFLUSS DIESES BÖSEN YOKAI BEFREIEN KÖNNEN!

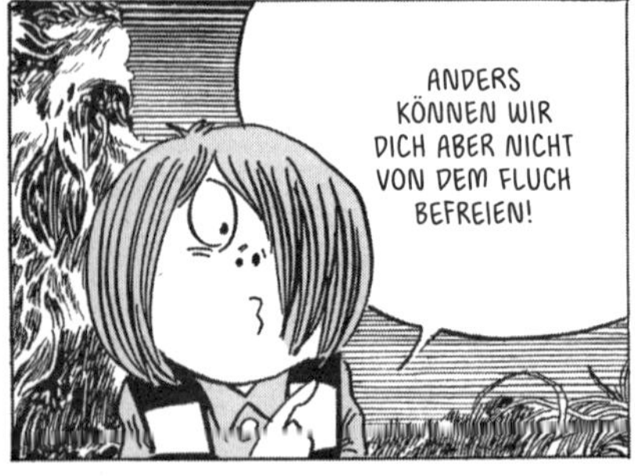
ANDERS KÖNNEN WIR DICH ABER NICHT VON DEM FLUCH BEFREIEN!

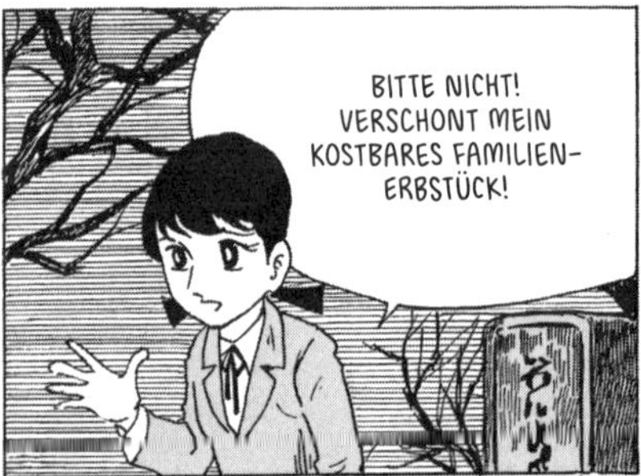
BITTE NICHT! VERSCHONT MEIN KOSTBARES FAMILIEN-ERBSTÜCK!

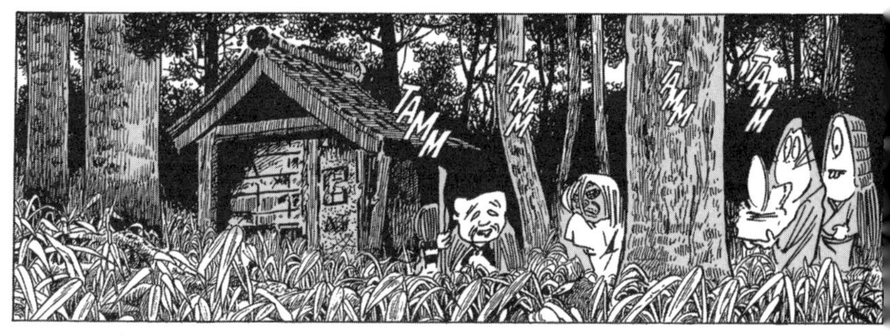

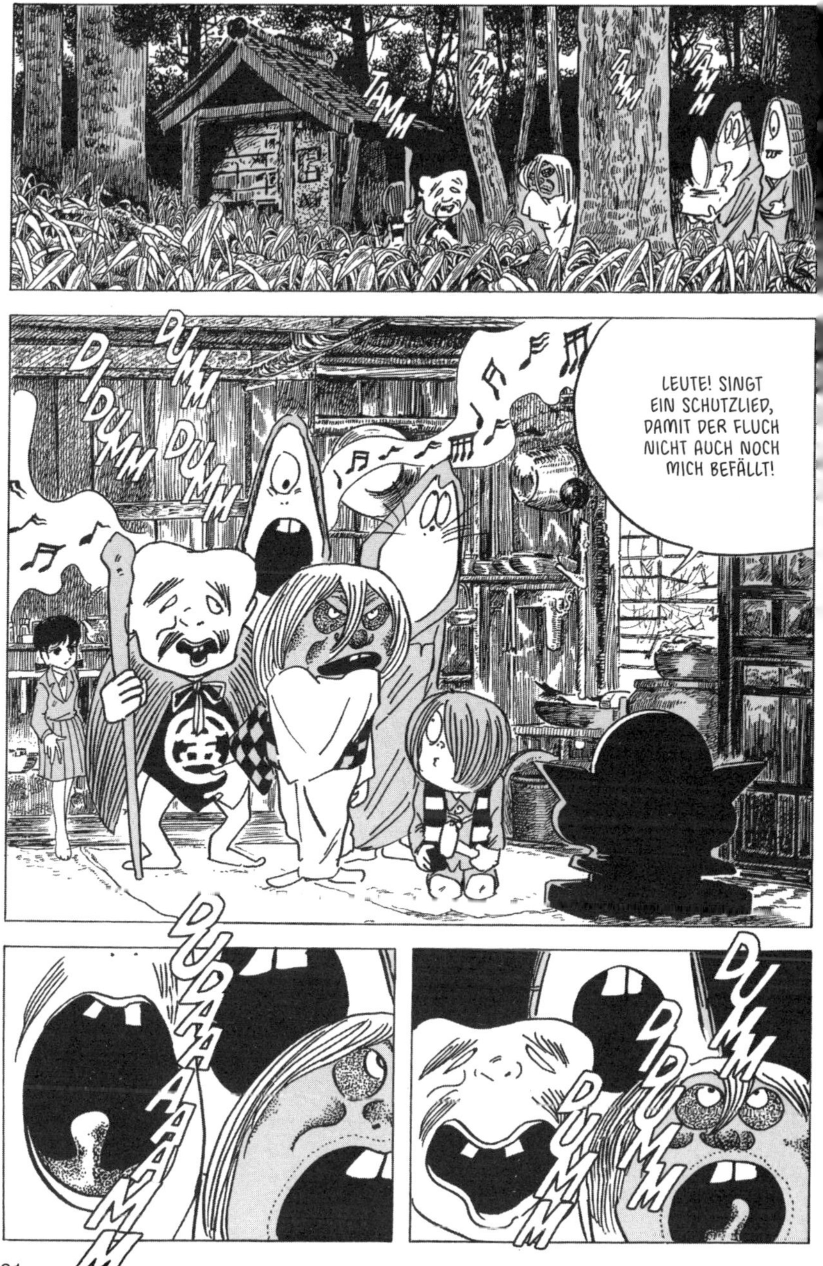

LEUTE! SINGT EIN SCHUTZLIED, DAMIT DER FLUCH NICHT AUCH NOCH MICH BEFÄLLT!
DUMM DUMM
DIDUMM

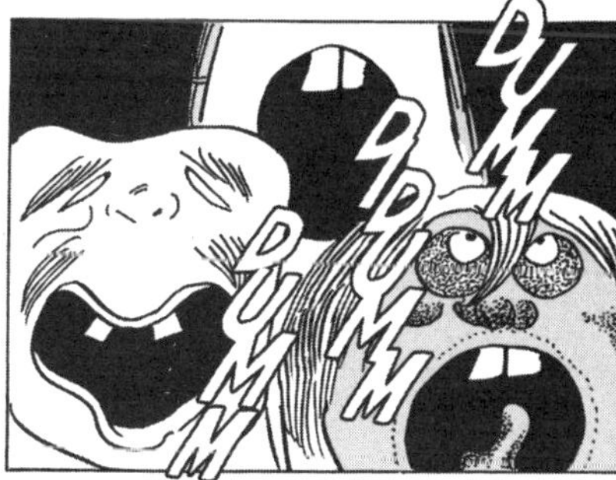

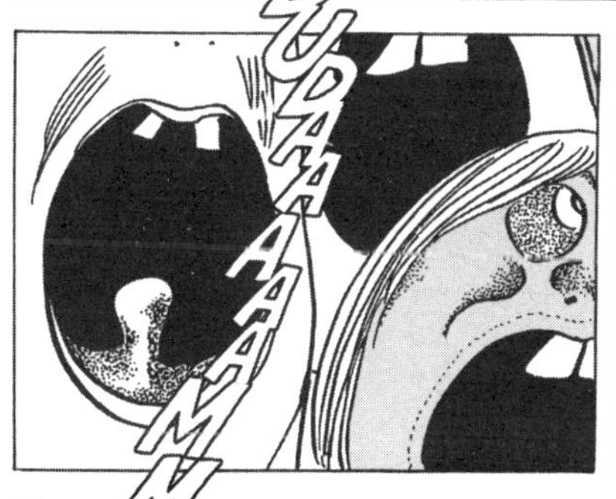

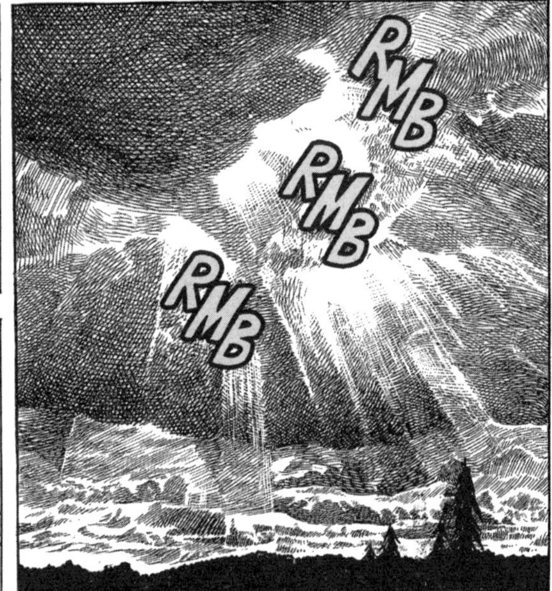
RMB
RMB
RMB

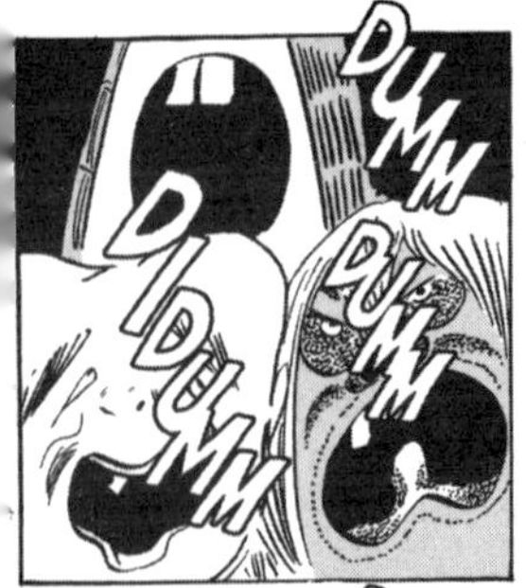
DUMM
DUMM
DIDUMM

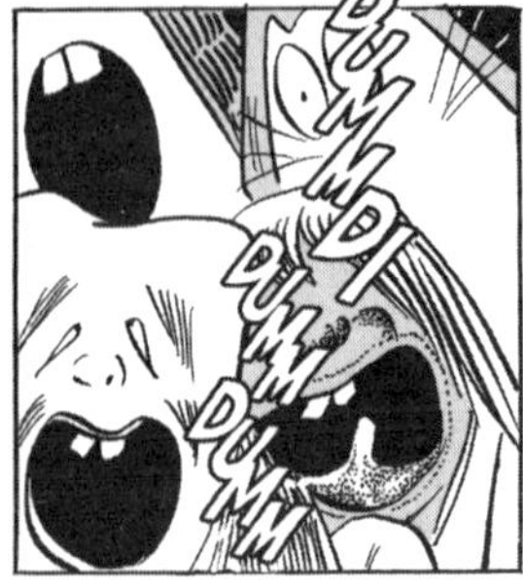
DUMMDI
DUMMDUMM

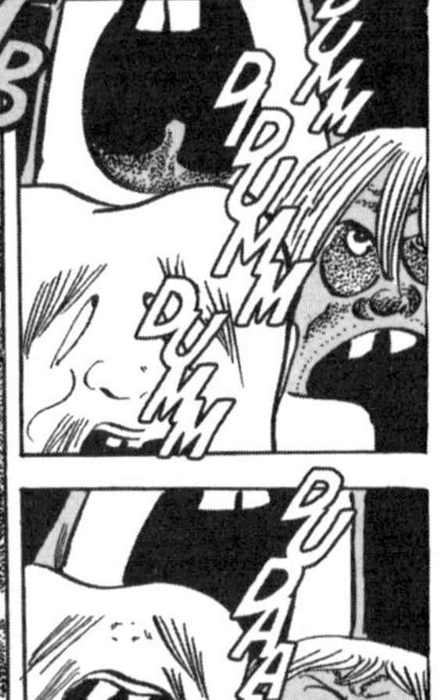
DUMM
DUDUMM
DUMM
DUDAAAAMMM

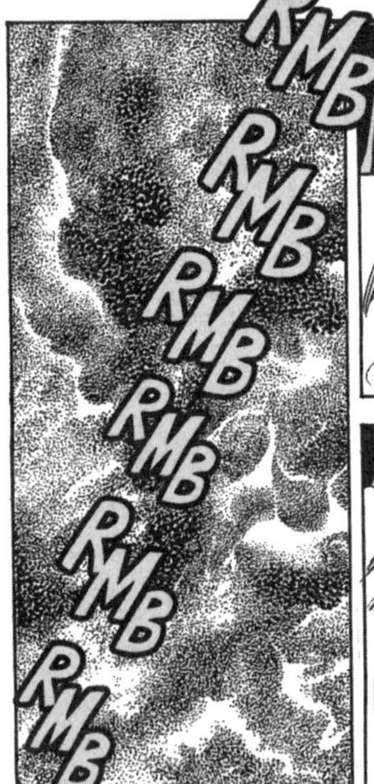
RMB
RMB
RMB
RMB
RMB
RMB

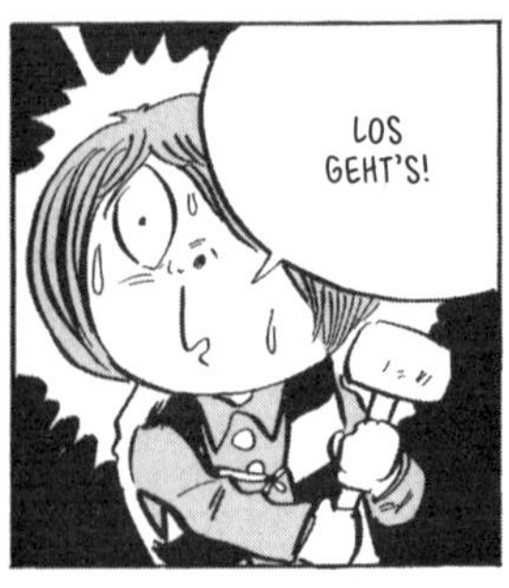
LOS GEHT'S!

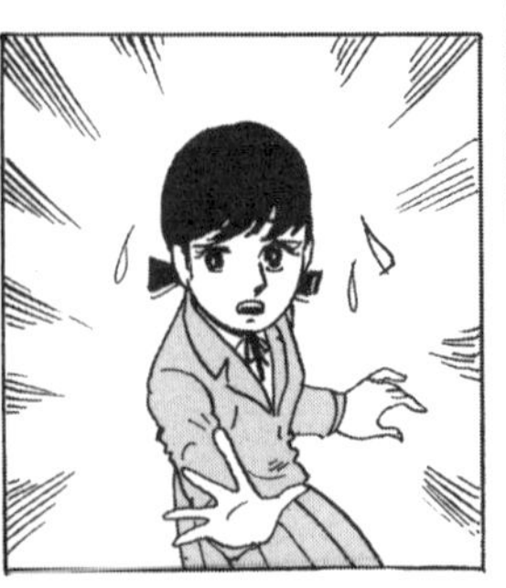

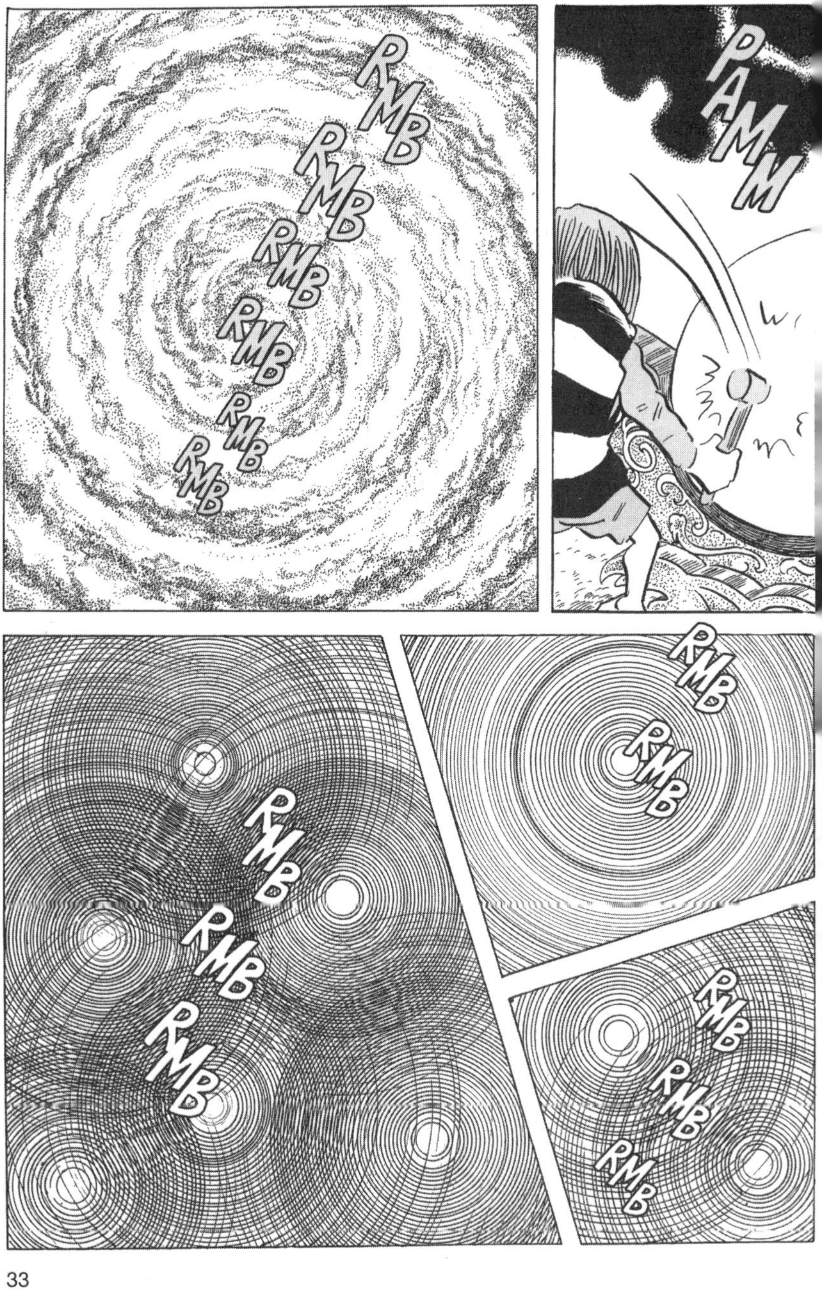

RMB
RMB
RMB
RMB
RMB
RMB
RMB

PAMM

RMB
RMB
RMB

RMB
RMB

RMB
RMB
RMB

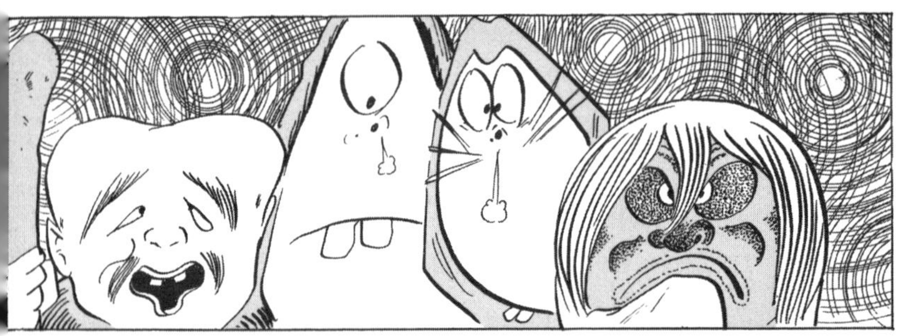

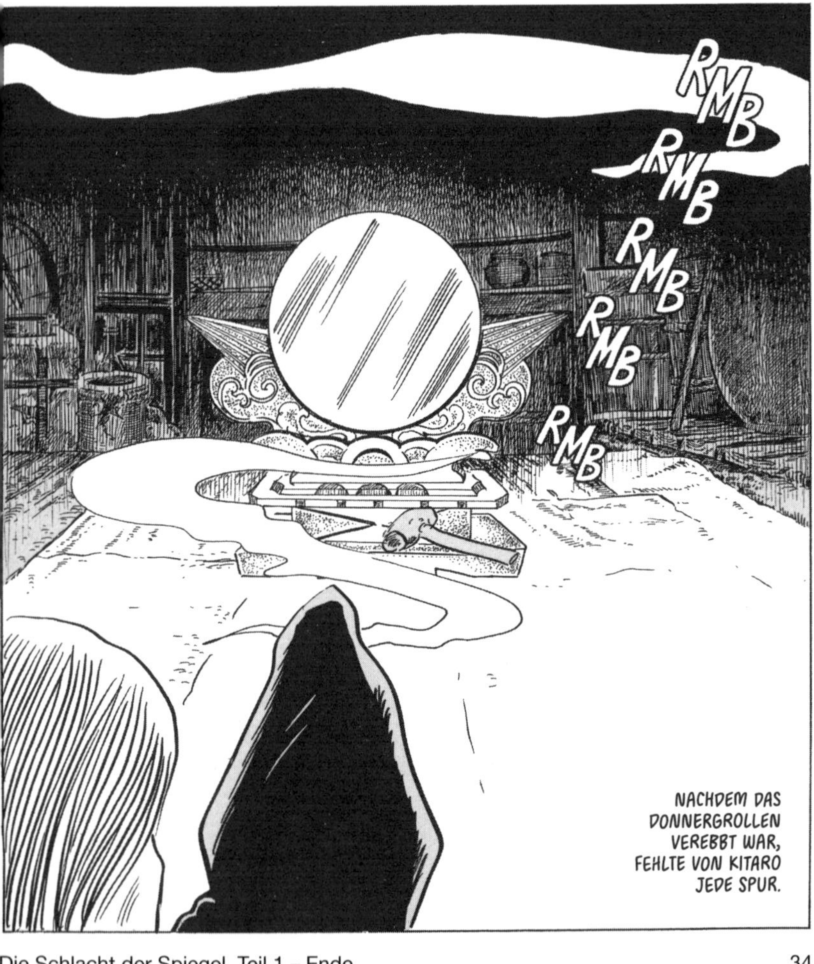

RMB
RMB
RMB
RMB
RMB

NACHDEM DAS DONNERGROLLEN VEREBBT WAR, FEHLTE VON KITARO JEDE SPUR.

Die Schlacht der Spiegel, Teil 1 – Ende

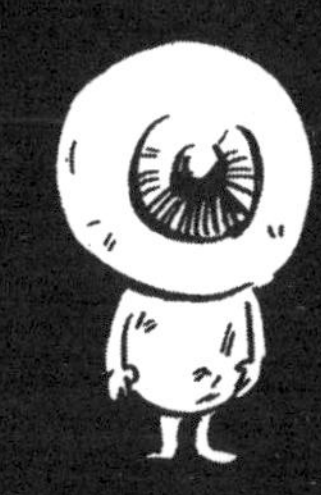

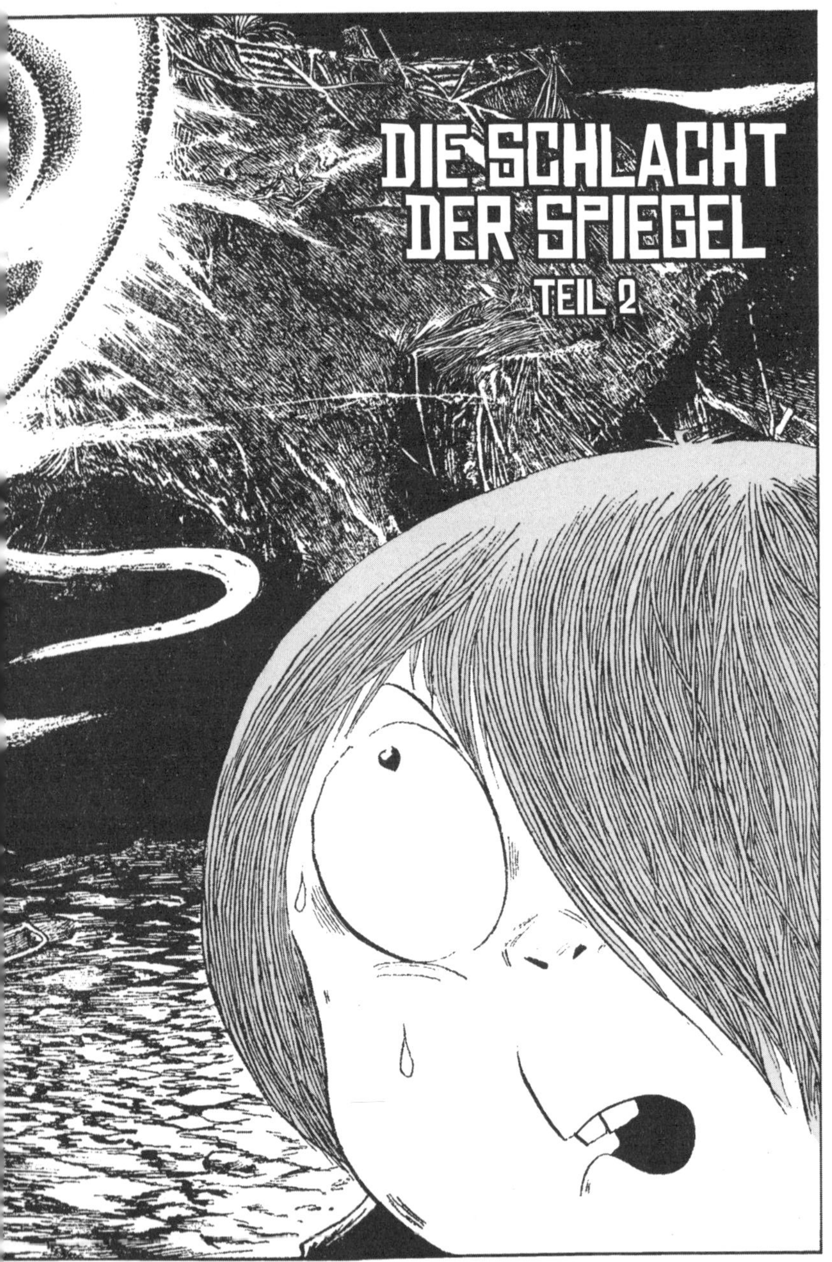
DIE SCHLACHT
DER SPIEGEL
TEIL 2

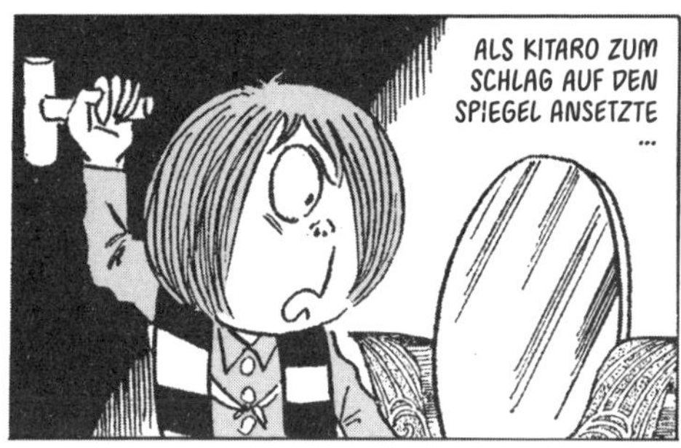
ALS KITARO ZUM SCHLAG AUF DEN SPIEGEL ANSETZTE ...

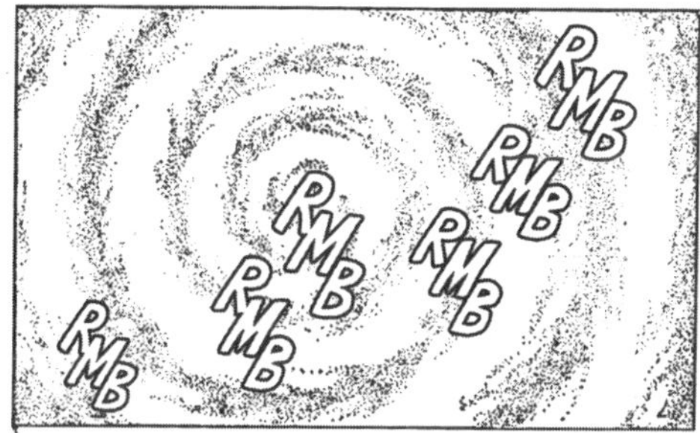
RMB
RMB
RMB
RMB
RMB
RMB

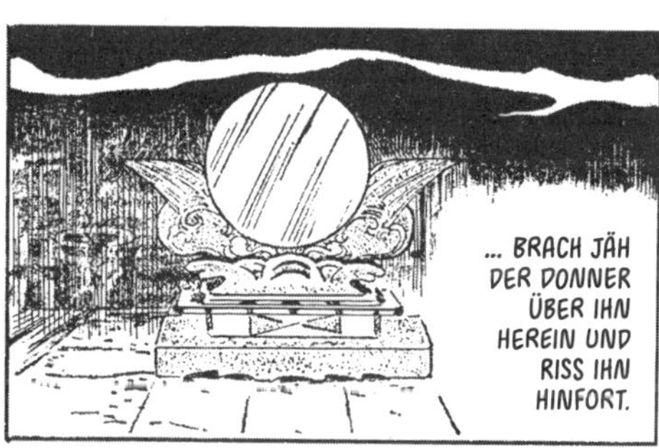
... BRACH JÄH DER DONNER ÜBER IHN HEREIN UND RISS IHN HINFORT.

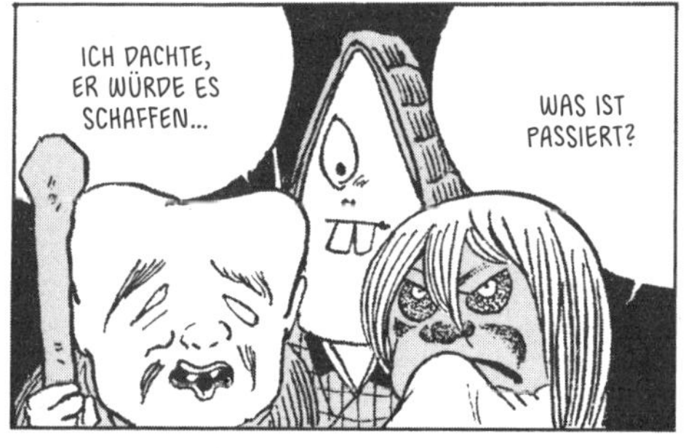
ICH DACHTE, ER WÜRDE ES SCHAFFEN...
WAS IST PASSIERT?

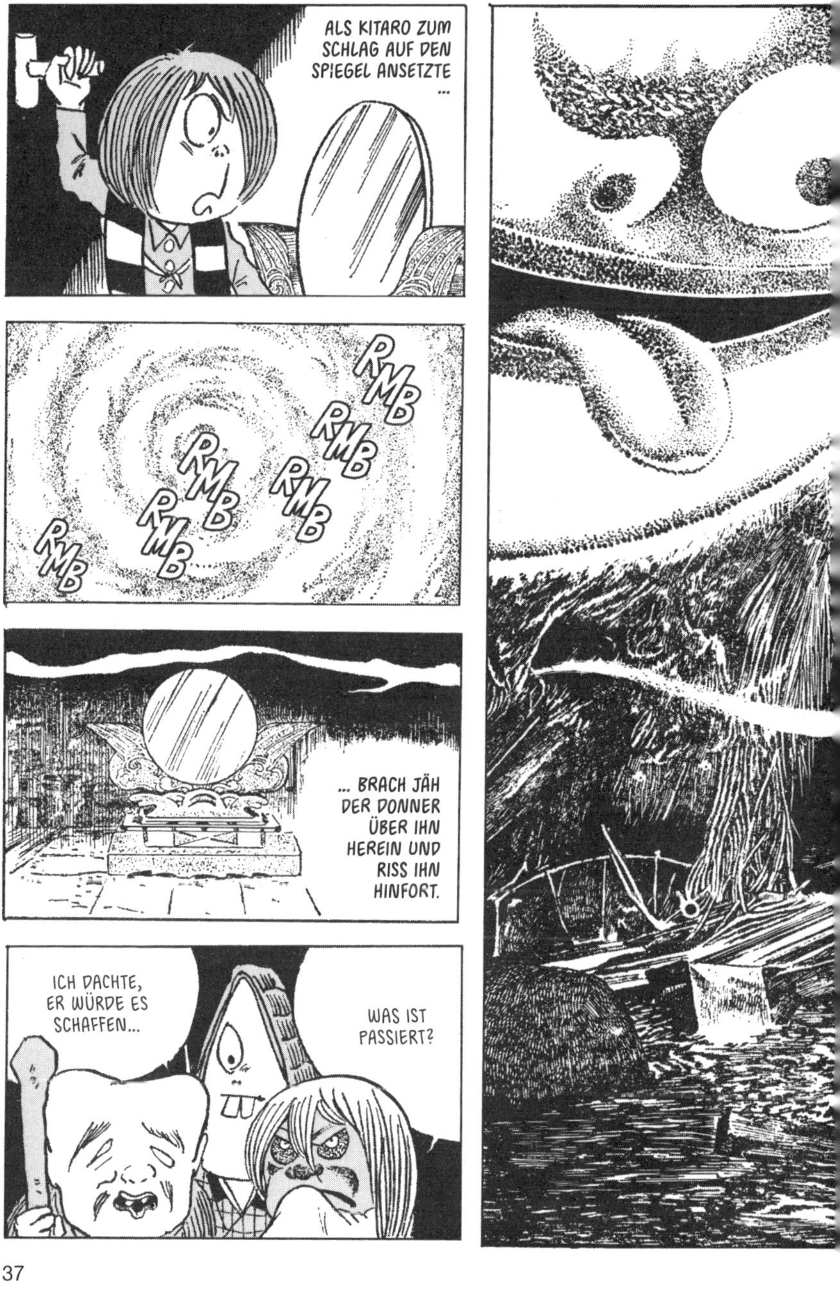

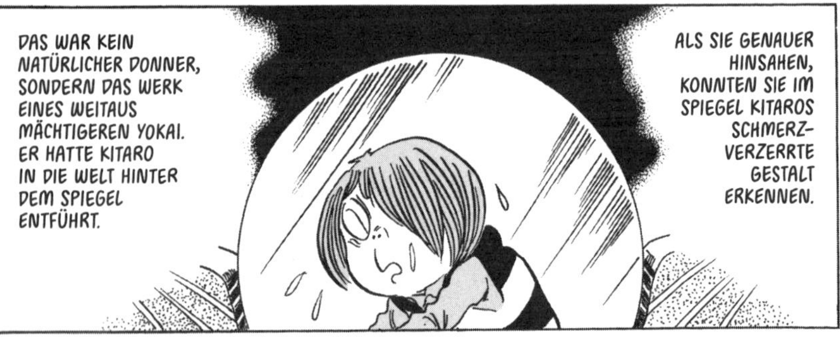
ALS SIE GENAUER HINSAHEN, KONNTEN SIE IM SPIEGEL KITAROS SCHMERZ-VERZERRTE GESTALT ERKENNEN.
DAS WAR KEIN NATÜRLICHER DONNER, SONDERN DAS WERK EINES WEITAUS MÄCHTIGEREN YOKAI. ER HATTE KITARO IN DIE WELT HINTER DEM SPIEGEL ENTFÜHRT.

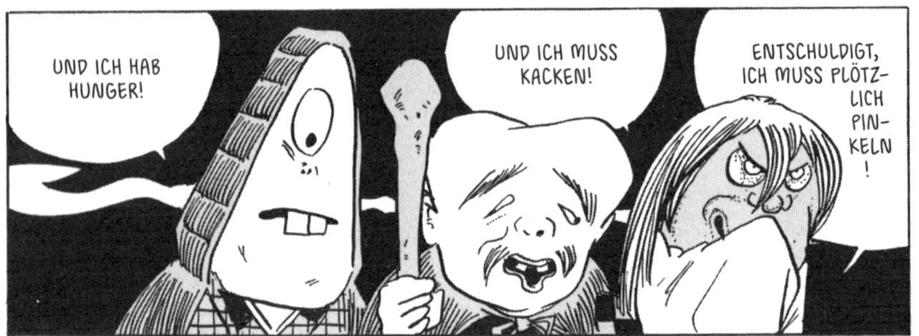
ENTSCHULDIGT, ICH MUSS PLÖTZ-LICH PIN-KELN!
UND ICH MUSS KACKEN!
UND ICH HAB HUNGER!

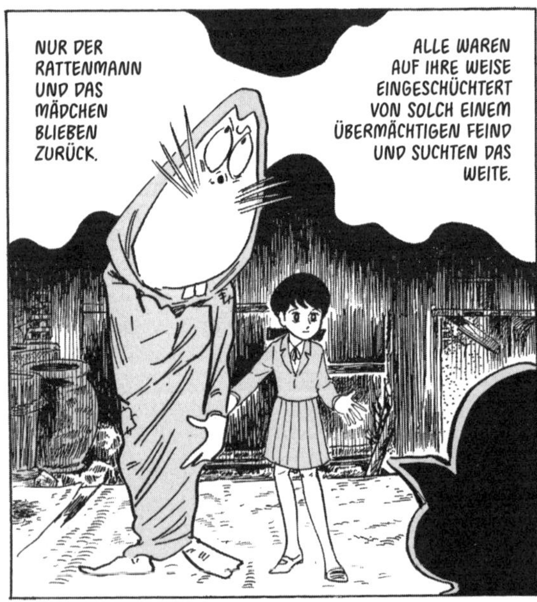
ALLE WAREN AUF IHRE WEISE EINGESCHÜCHTERT VON SOLCH EINEM ÜBERMÄCHTIGEN FEIND UND SUCHTEN DAS WEITE.
NUR DER RATTENMANN UND DAS MÄDCHEN BLIEBEN ZURÜCK.

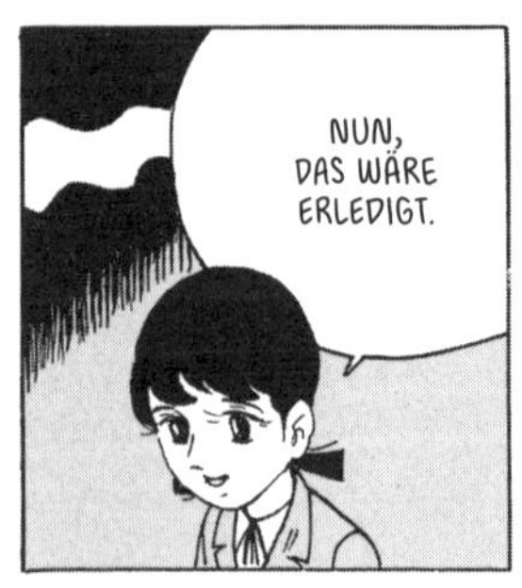
NUN, DAS WÄRE ERLEDIGT.

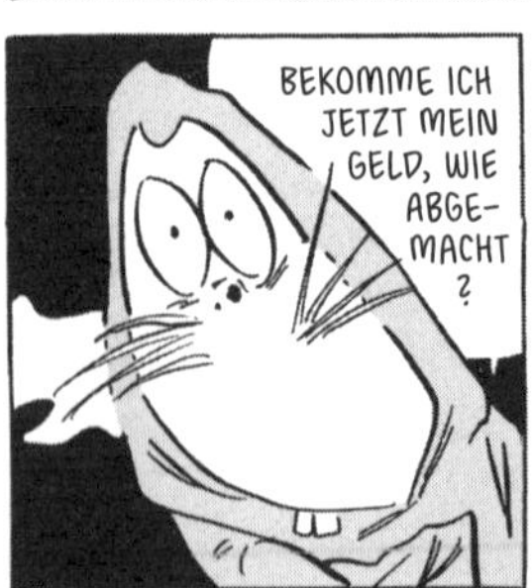
BEKOMME ICH JETZT MEIN GELD, WIE ABGE-MACHT?

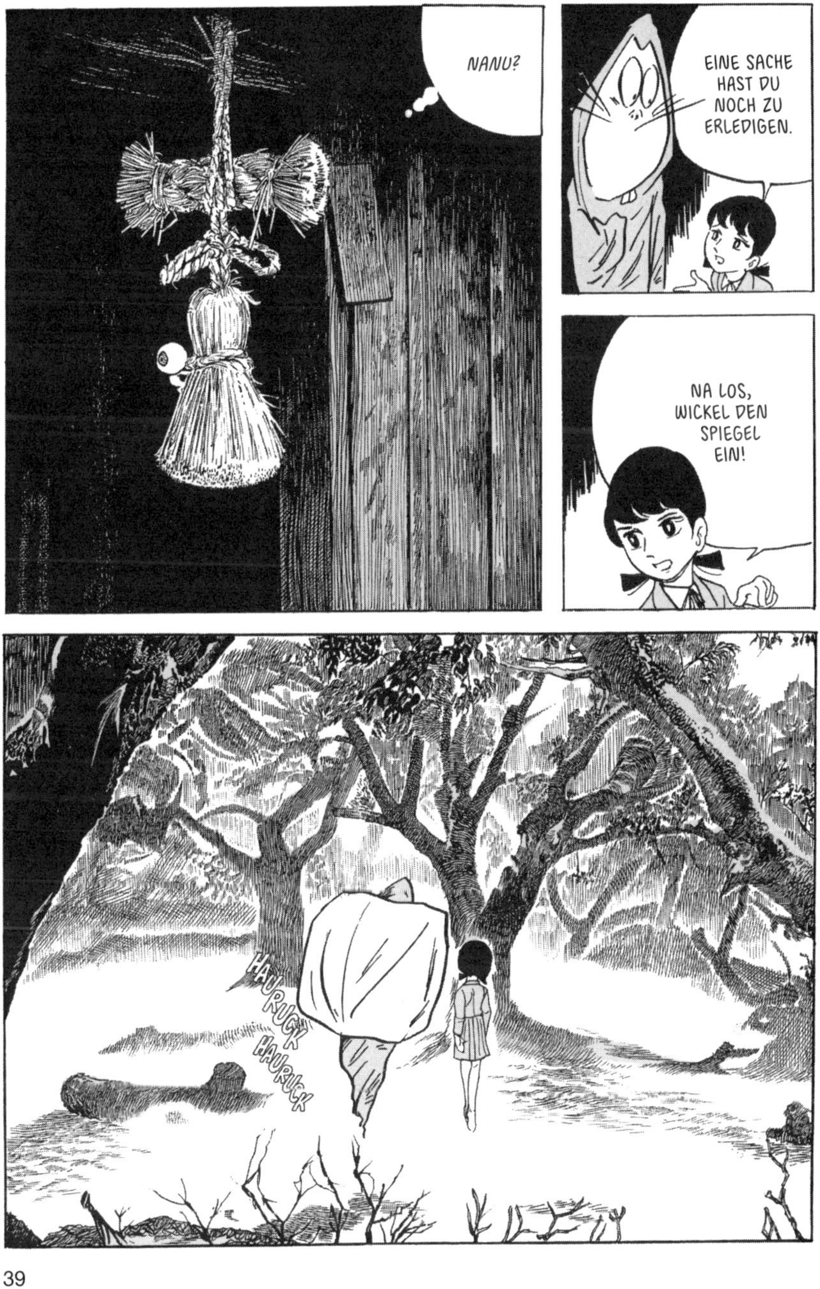

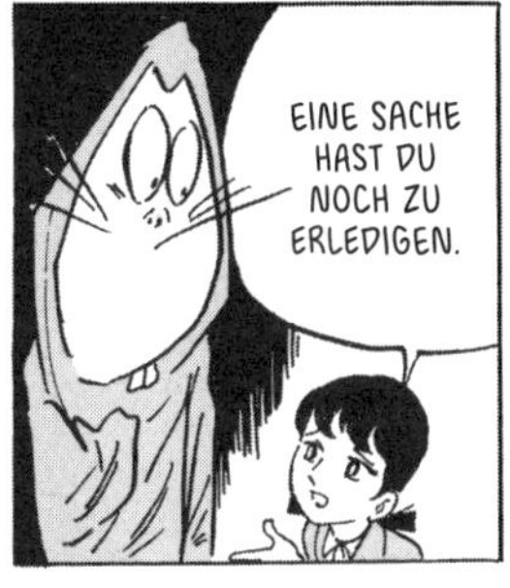
EINE SACHE HAST DU NOCH ZU ERLEDIGEN.

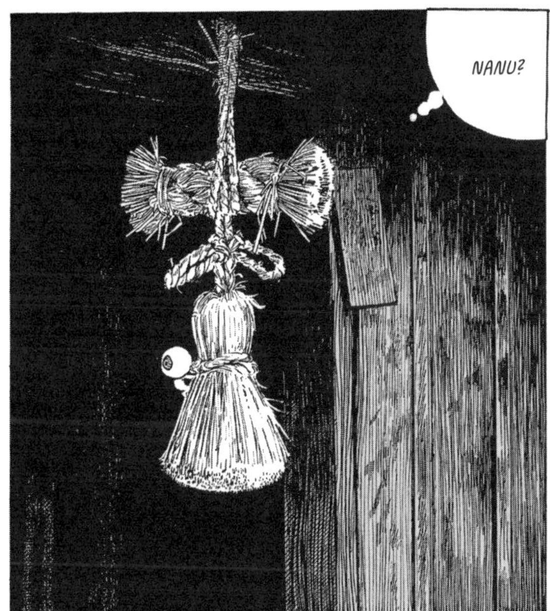
NANU?

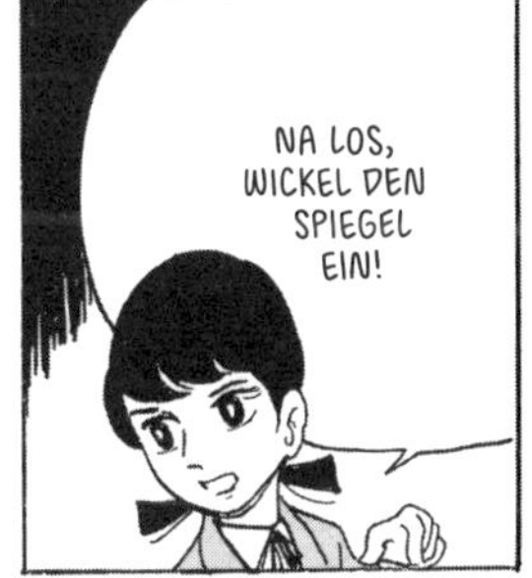
NA LOS, WICKEL DEN SPIEGEL EIN!

HAURUCK
HAURUCK

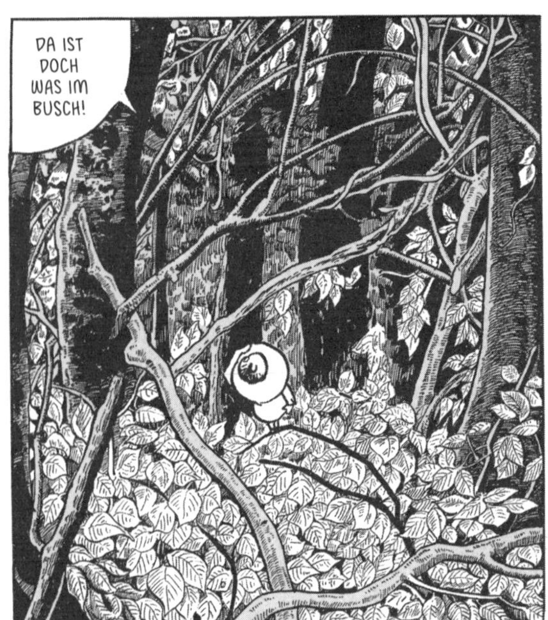
DA IST DOCH WAS IM BUSCH!

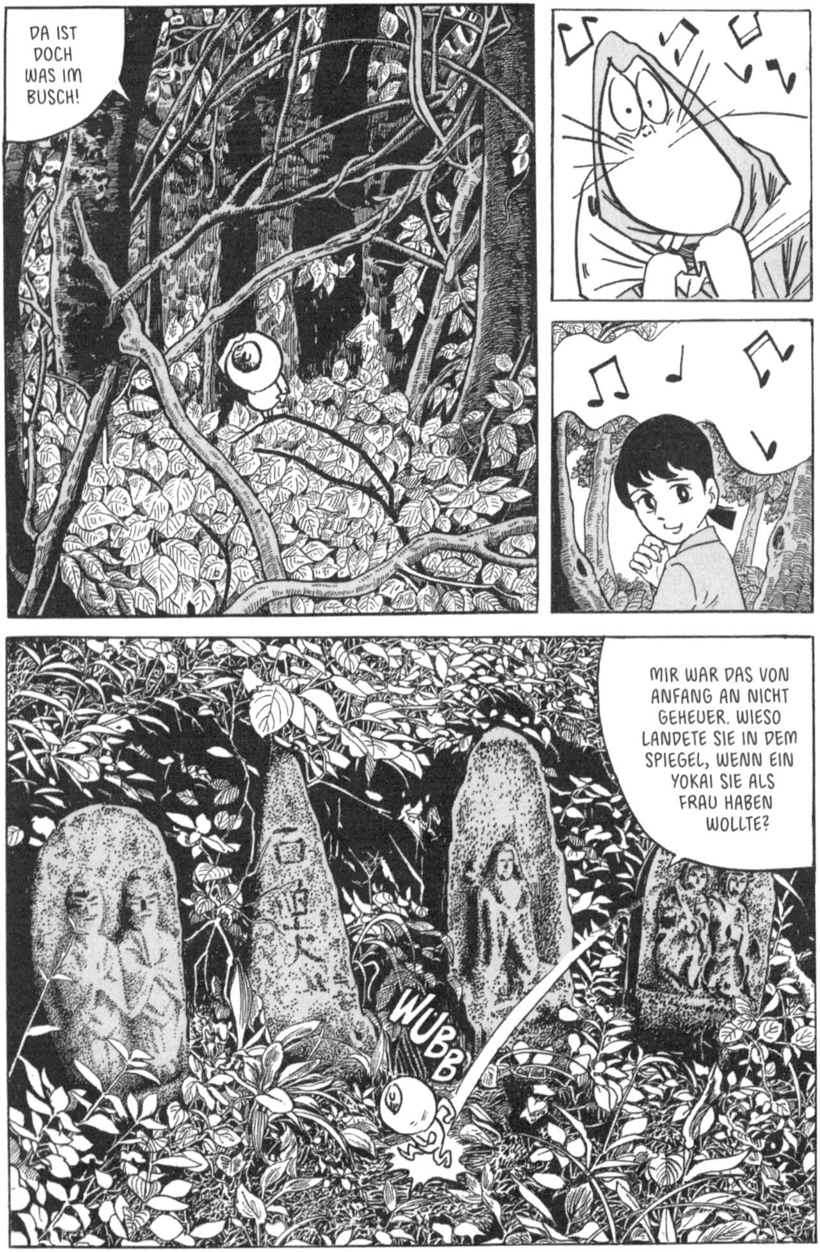

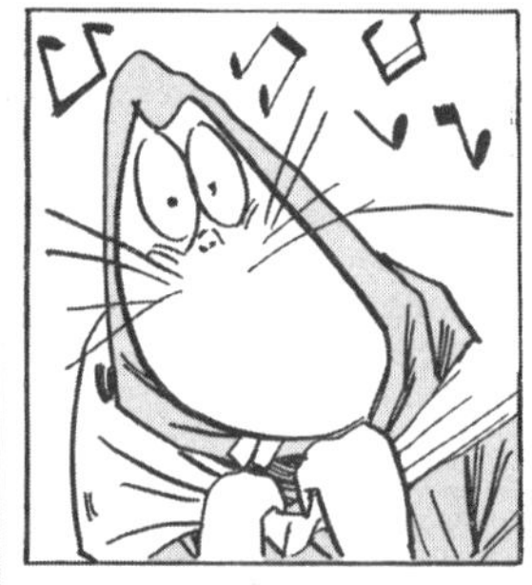

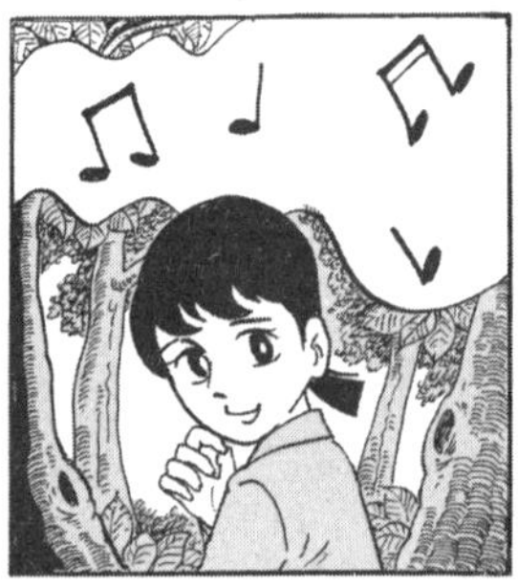

MIR WAR DAS VON ANFANG AN NICHT GEHEUER. WIESO LANDETE SIE IN DEM SPIEGEL, WENN EIN YOKAI SIE ALS FRAU HABEN WOLLTE?
WUBB

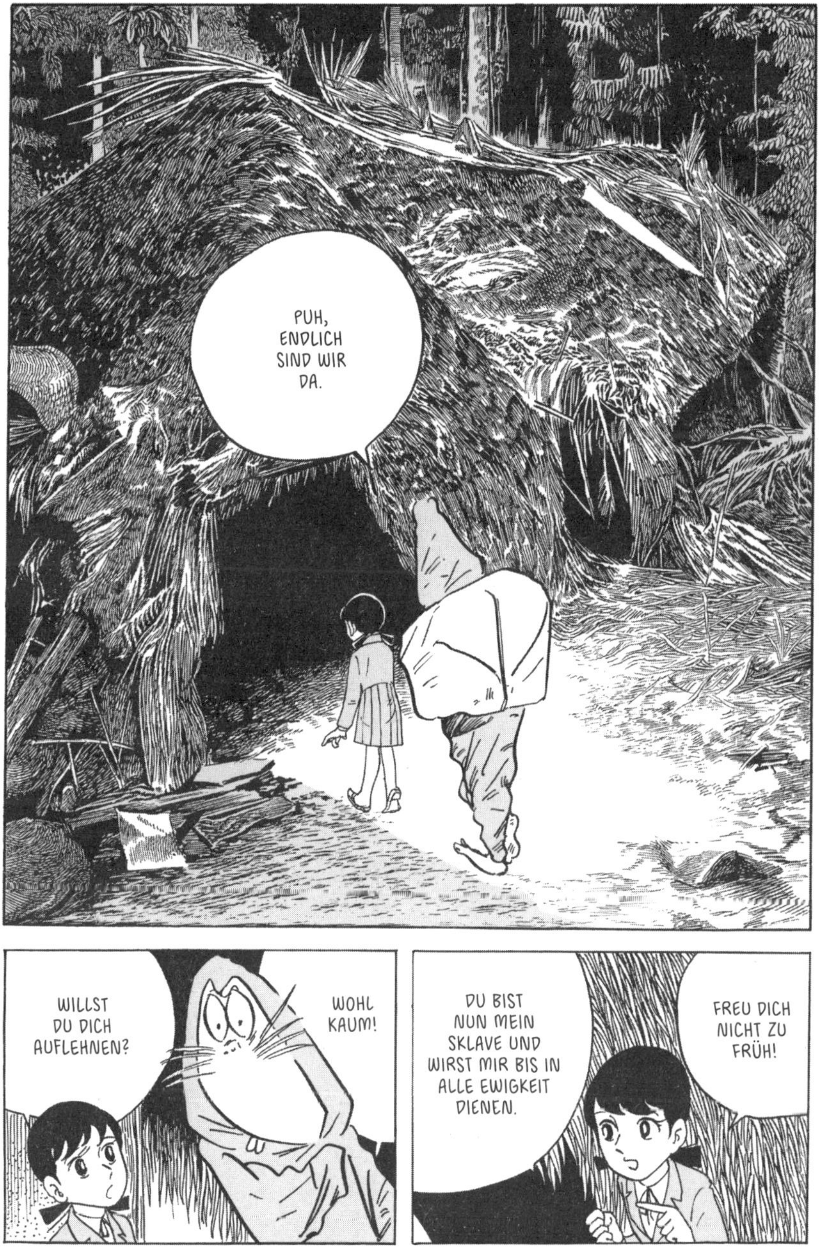

PUH,
ENDLICH
SIND WIR
DA.

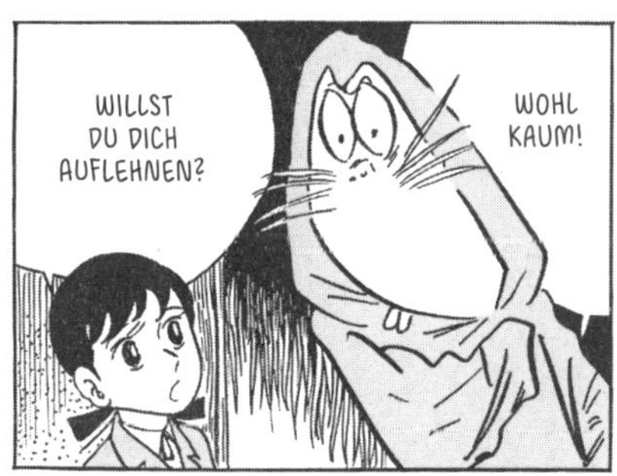

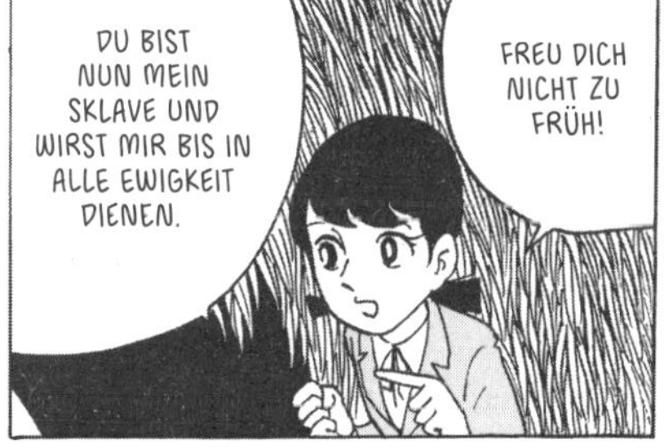

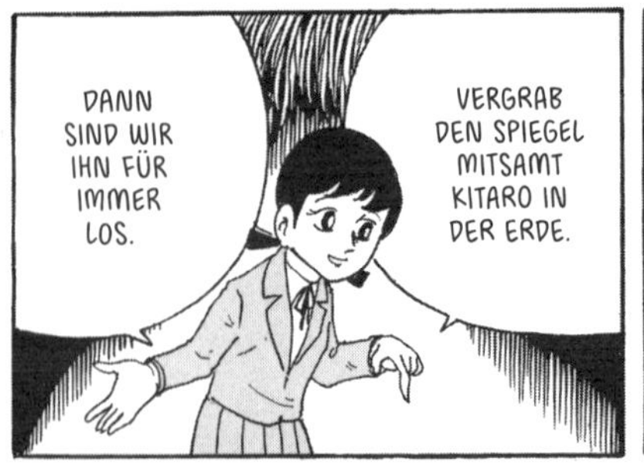
VERGRAB DEN SPIEGEL MITSAMT KITARO IN DER ERDE.
DANN SIND WIR IHN FÜR IMMER LOS.

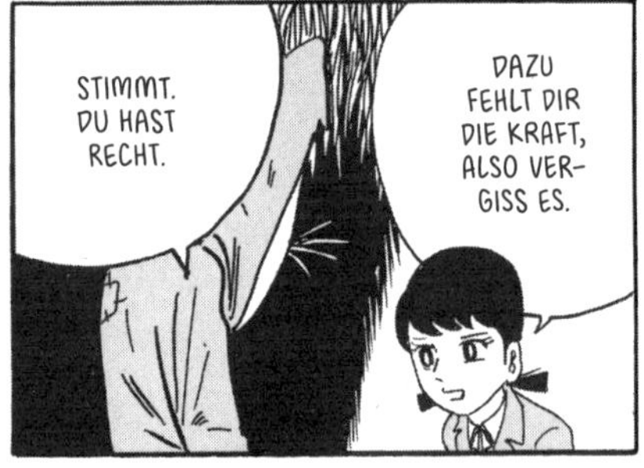
DAZU FEHLT DIR DIE KRAFT, ALSO VERGISS ES.
STIMMT. DU HAST RECHT.

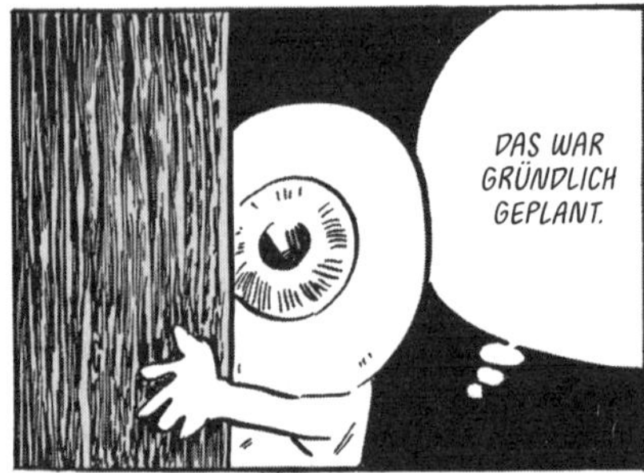
DAS WAR GRÜNDLICH GEPLANT.

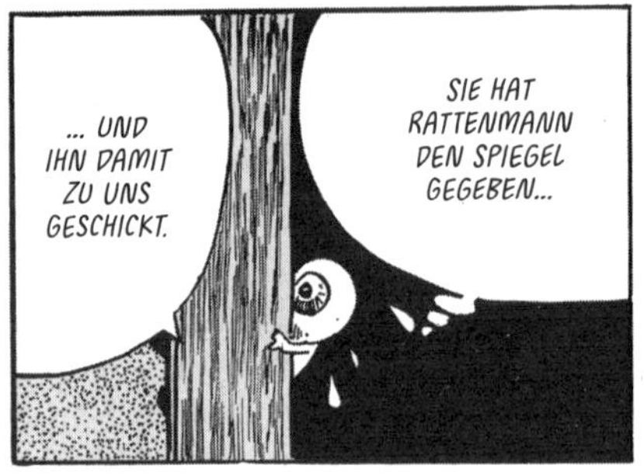
SIE HAT RATTENMANN DEN SPIEGEL GEGEBEN...
... UND IHN DAMIT ZU UNS GESCHICKT.

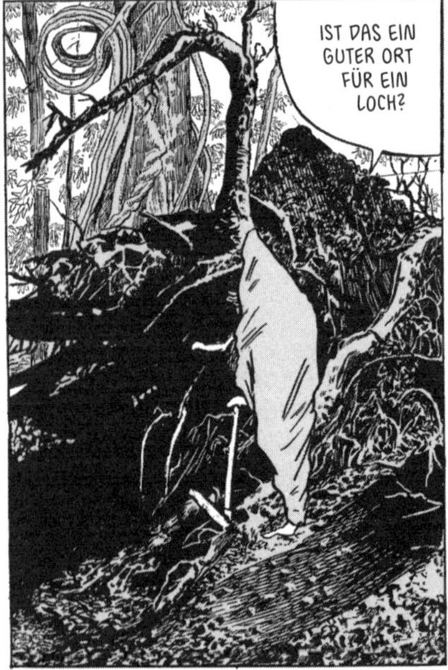
IST DAS EIN GUTER ORT FÜR EIN LOCH?

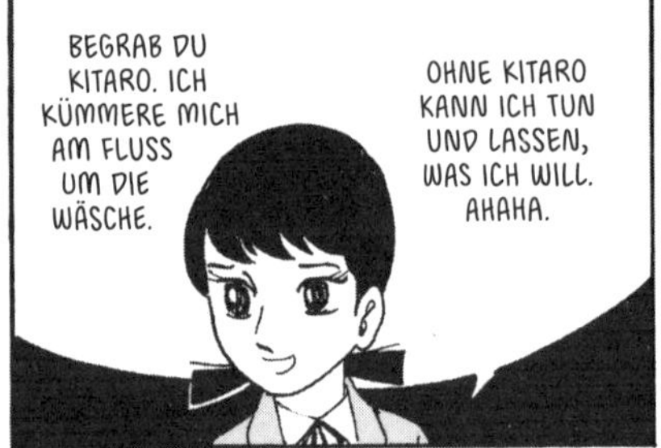
OHNE KITARO KANN ICH TUN UND LASSEN, WAS ICH WILL. AHAHA.
BEGRAB DU KITARO. ICH KÜMMERE MICH AM FLUSS UM DIE WÄSCHE.

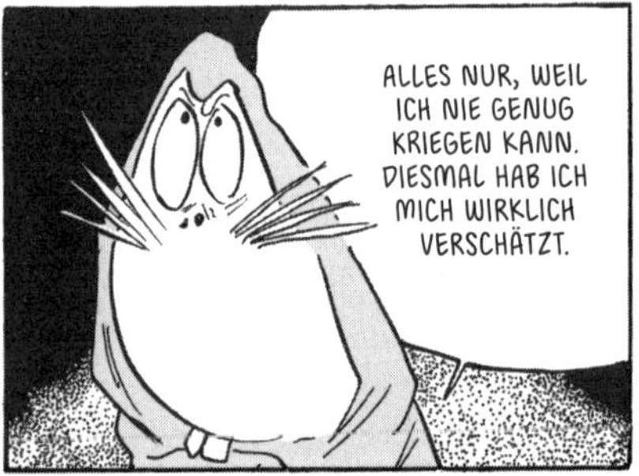
ALLES NUR, WEIL ICH NIE GENUG KRIEGEN KANN. DIESMAL HAB ICH MICH WIRKLICH VERSCHÄTZT.

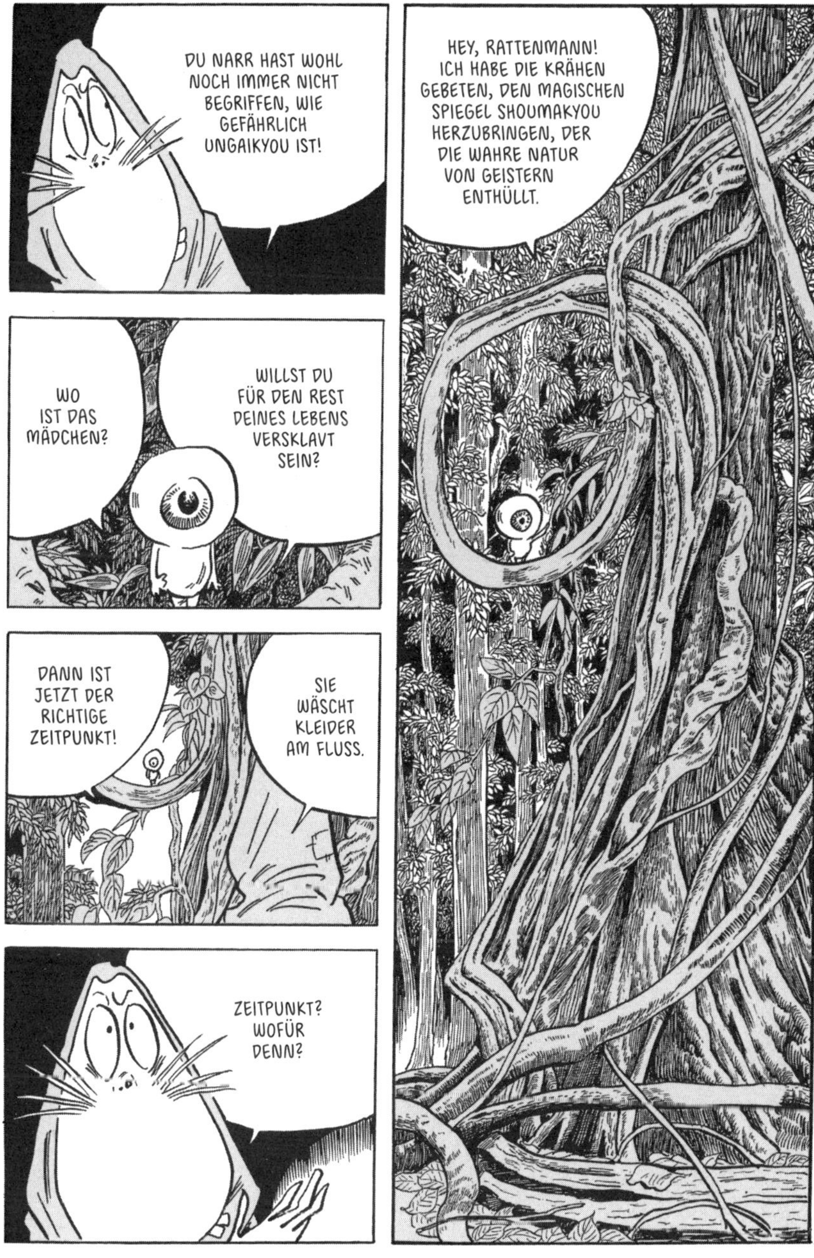

HEY, RATTENMANN! ICH HABE DIE KRÄHEN GEBETEN, DEN MAGISCHEN SPIEGEL SHOUMAKYOU HERZUBRINGEN, DER DIE WAHRE NATUR VON GEISTERN ENTHÜLLT.

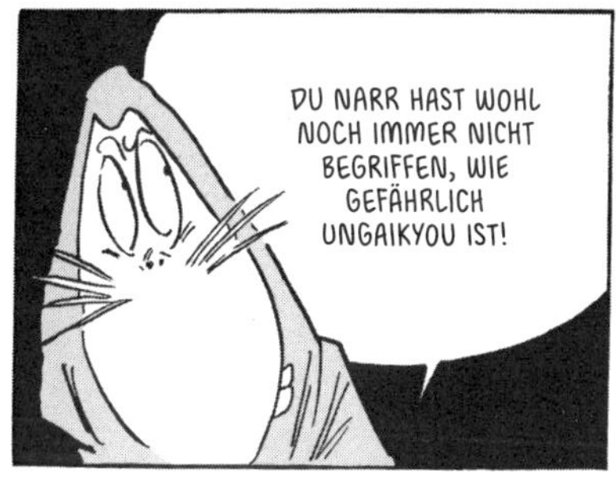
DU NARR HAST WOHL NOCH IMMER NICHT BEGRIFFEN, WIE GEFÄHRLICH UNGAIKYOU IST!

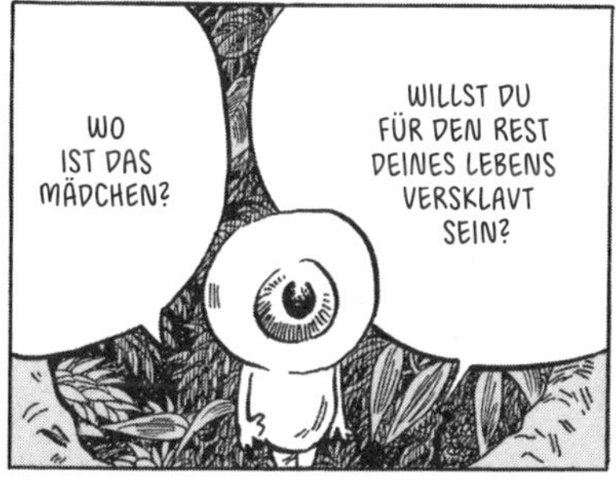
WILLST DU FÜR DEN REST DEINES LEBENS VERSKLAVT SEIN?
WO IST DAS MÄDCHEN?

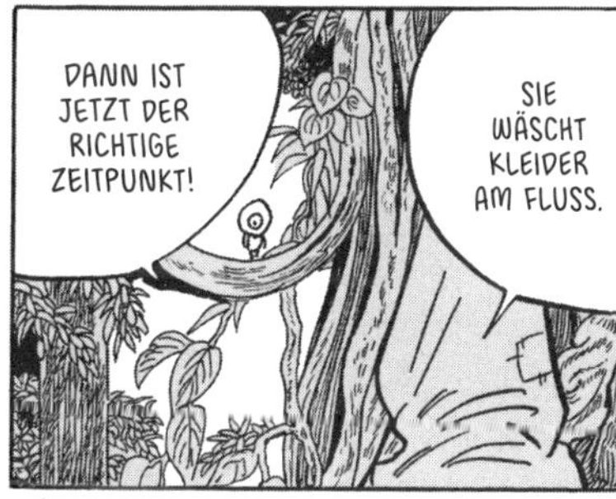
SIE WÄSCHT KLEIDER AM FLUSS.
DANN IST JETZT DER RICHTIGE ZEITPUNKT!

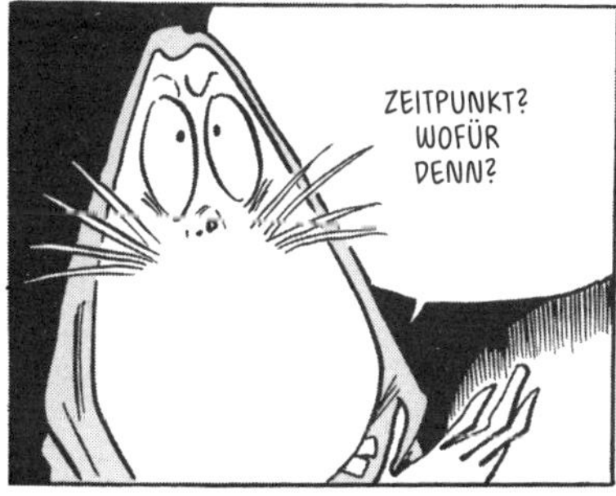
ZEITPUNKT? WOFÜR DENN?

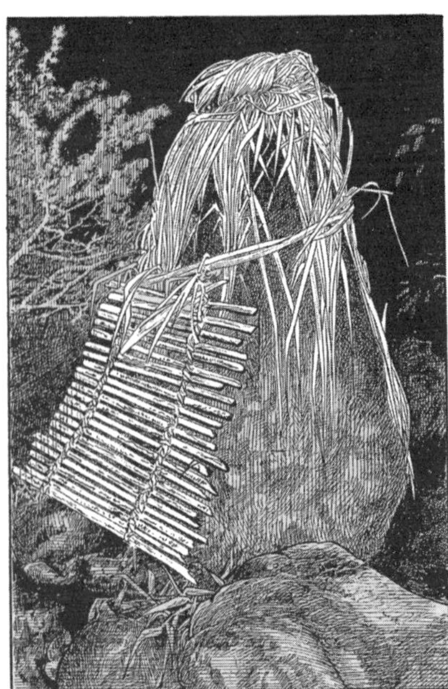

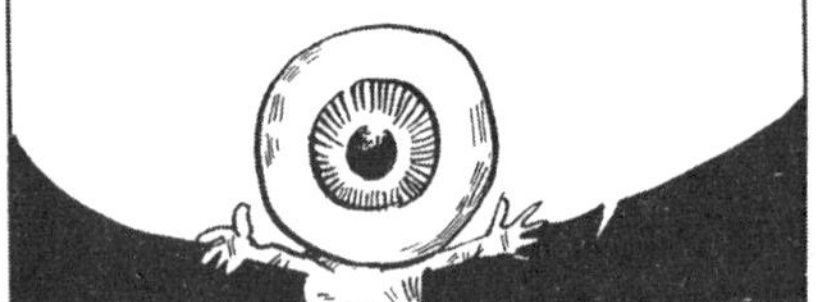
DER SPIEGEL SHOUMAKYOU ZEIGT DAS WAHRE GESICHT EINES JEDEN GEISTES. DAMIT KÖNNEN WIR KITARO RETTEN! UND WENN DU IHN AUF DEN ANDEREN SPIEGEL RICHTEST, WIRST AUCH DU WIEDER FREI SEIN.

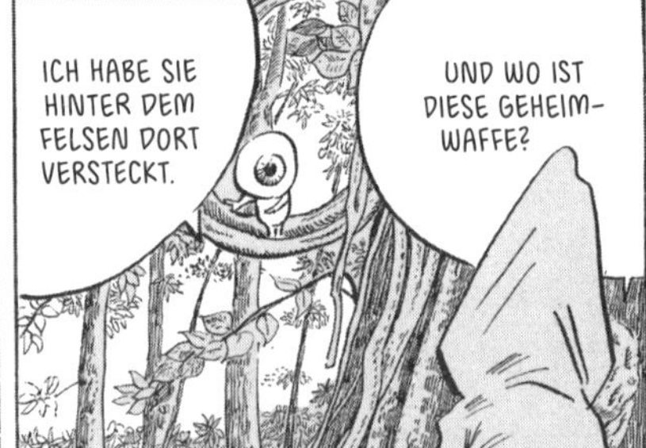
UND WO IST DIESE GEHEIM-WAFFE?
ICH HABE SIE HINTER DEM FELSEN DORT VERSTECKT.

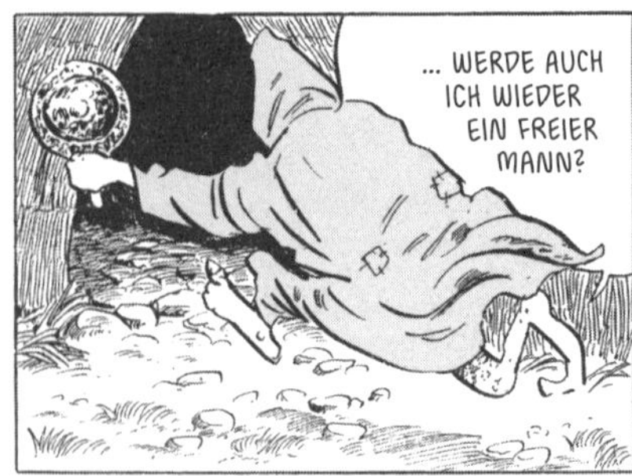
... WERDE AUCH ICH WIEDER EIN FREIER MANN?

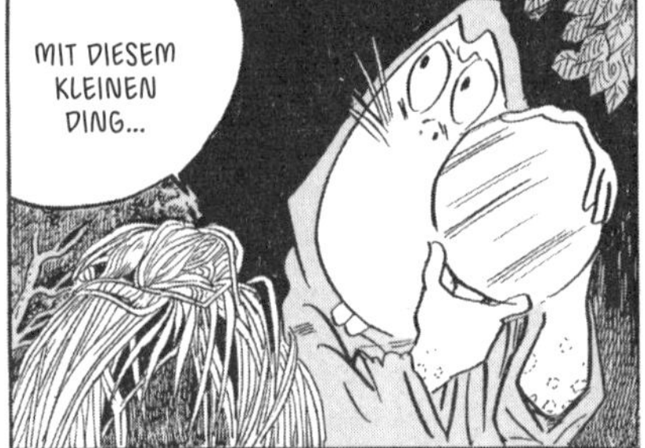
MIT DIESEM KLEINEN DING...

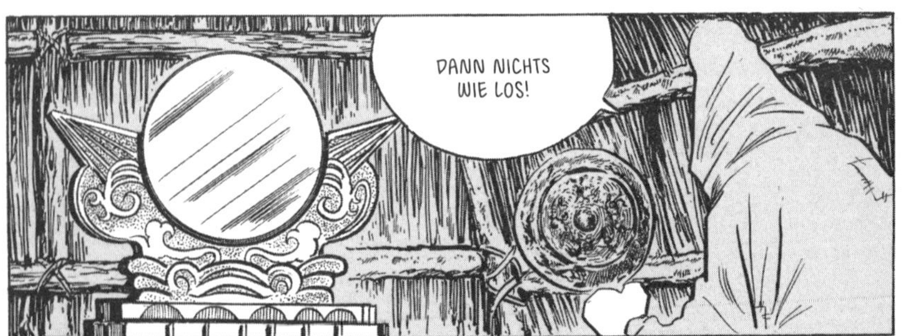
DANN NICHTS WIE LOS!

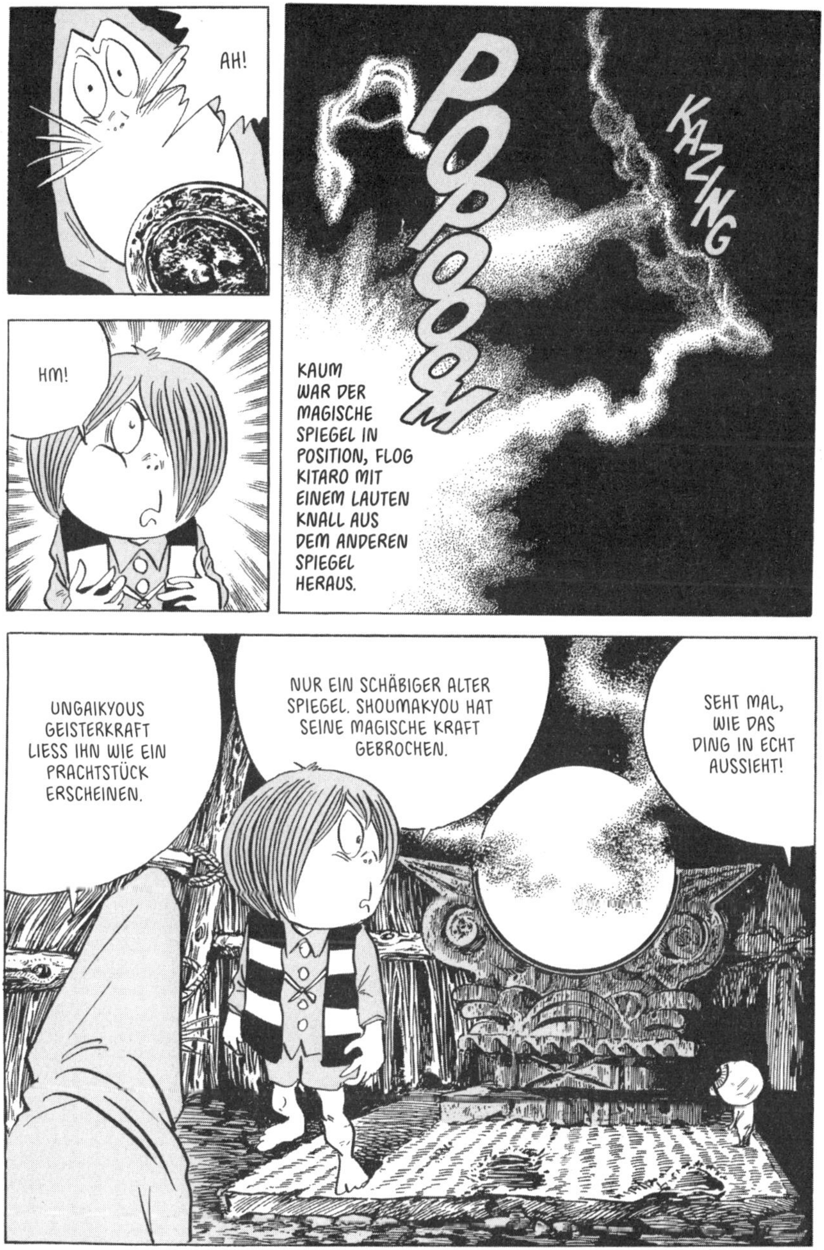

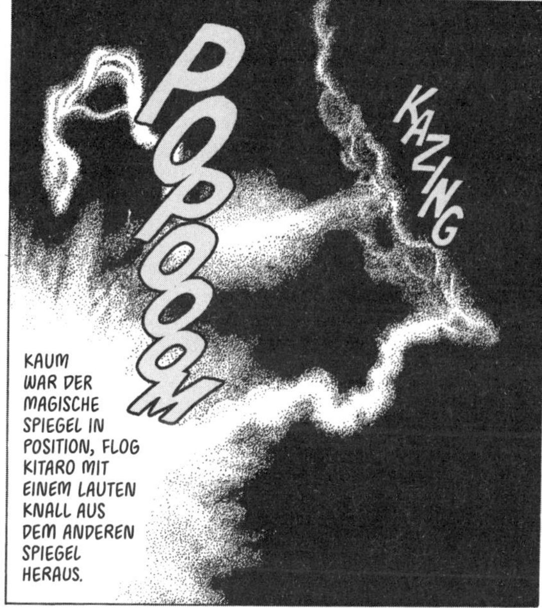

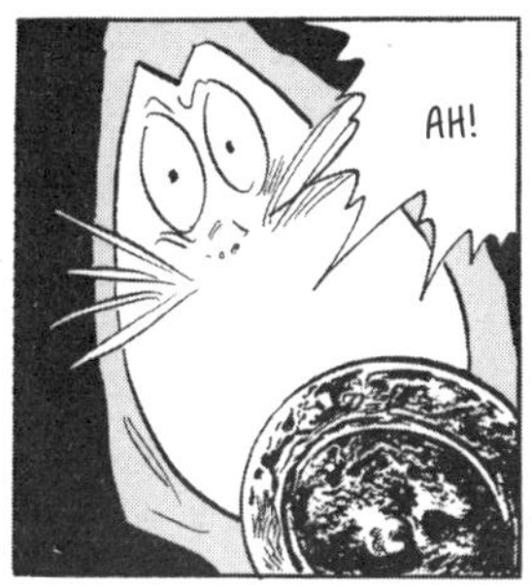

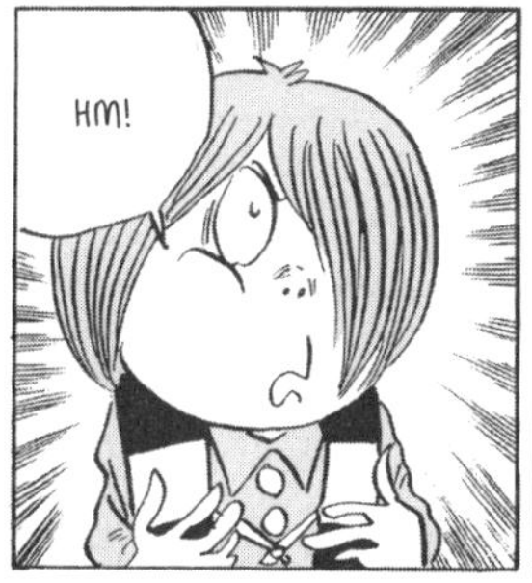

SEHT MAL, WIE DAS DING IN ECHT AUSSIEHT!

NUR EIN SCHÄBIGER ALTER SPIEGEL. SHOUMAKYOU HAT SEINE MAGISCHE KRAFT GEBROCHEN.

UNGAIKYOUS GEISTERKRAFT LIESS IHN WIE EIN PRACHTSTÜCK ERSCHEINEN.

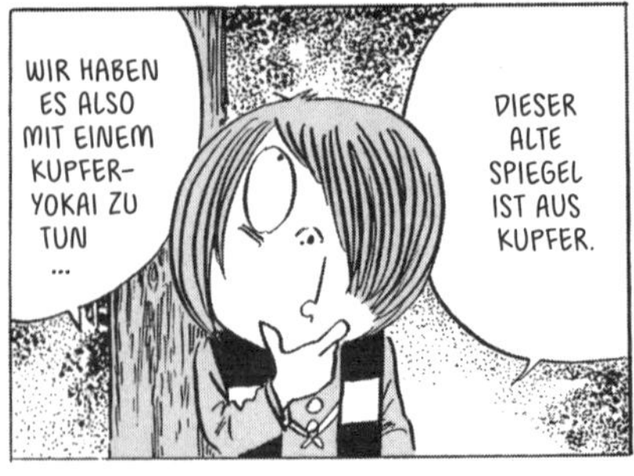
DIESER ALTE SPIEGEL IST AUS KUPFER.
WIR HABEN ES ALSO MIT EINEM KUPFER-YOKAI ZU TUN ...
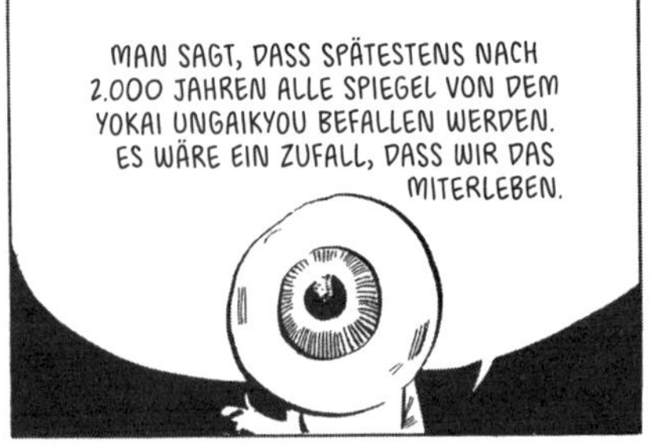
MAN SAGT, DASS SPÄTESTENS NACH 2.000 JAHREN ALLE SPIEGEL VON DEM YOKAI UNGAIKYOU BEFALLEN WERDEN. ES WÄRE EIN ZUFALL, DASS WIR DAS MITERLEBEN.
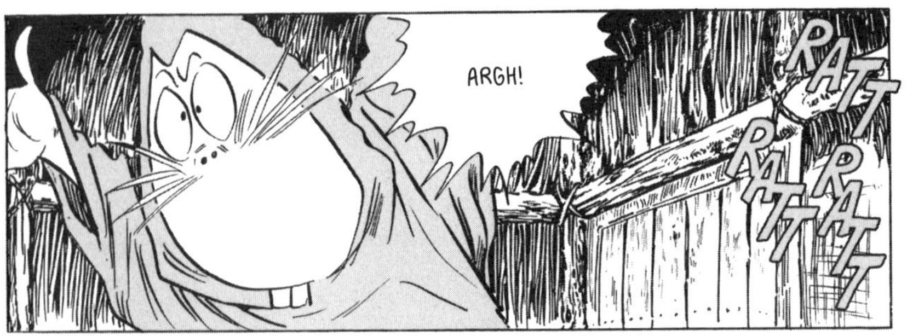
RATT RATT RATT RATT
ARGH!
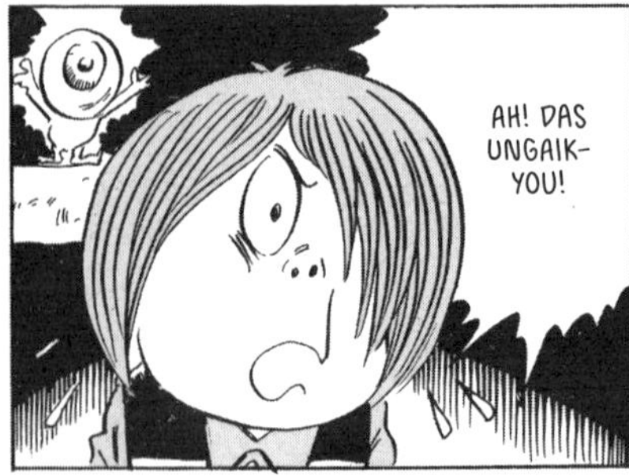
AH! DAS UNGAIK-YOU!
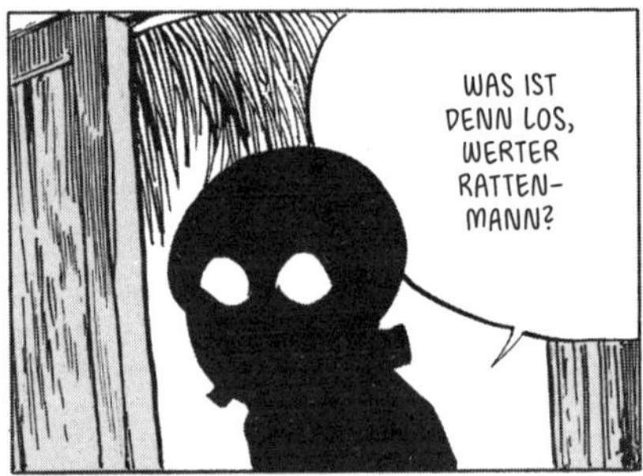
WAS IST DENN LOS, WERTER RATTEN-MANN?
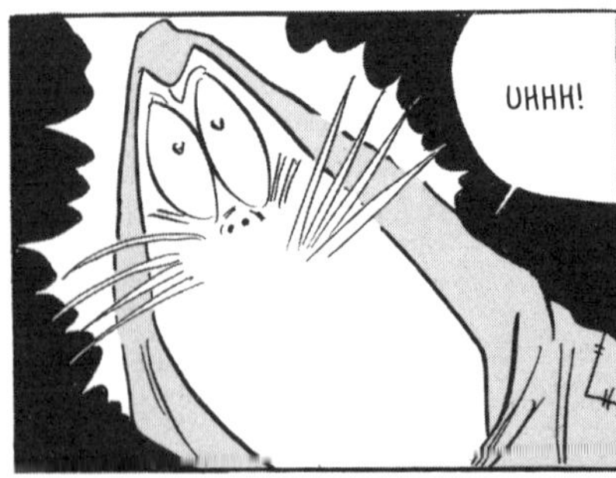
UHHH!
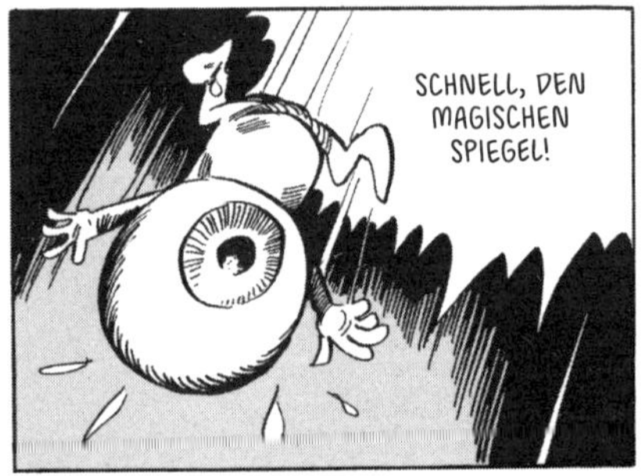
SCHNELL, DEN MAGISCHEN SPIEGEL!

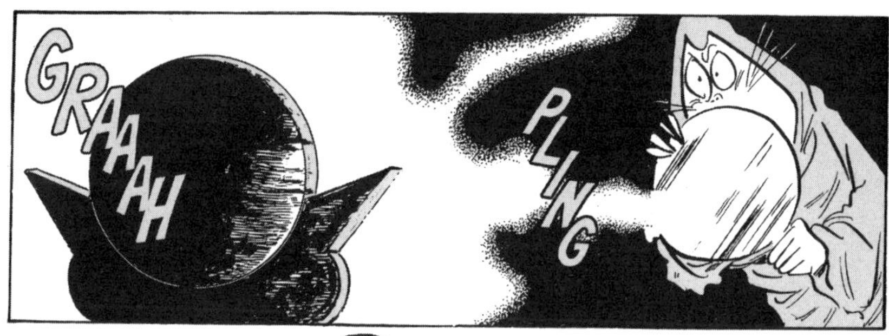
PLING
GRAAAAH

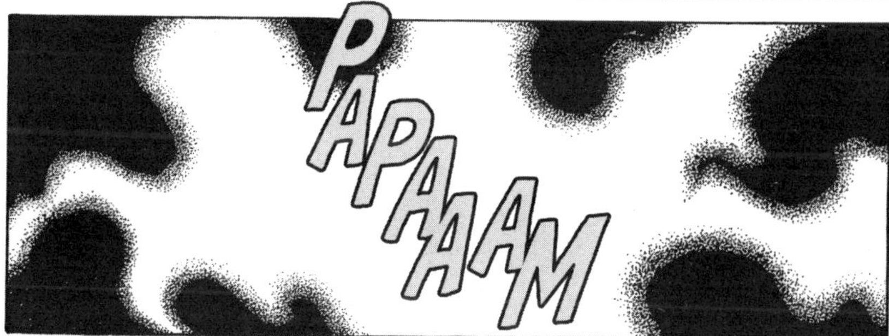
PAPAAAAM

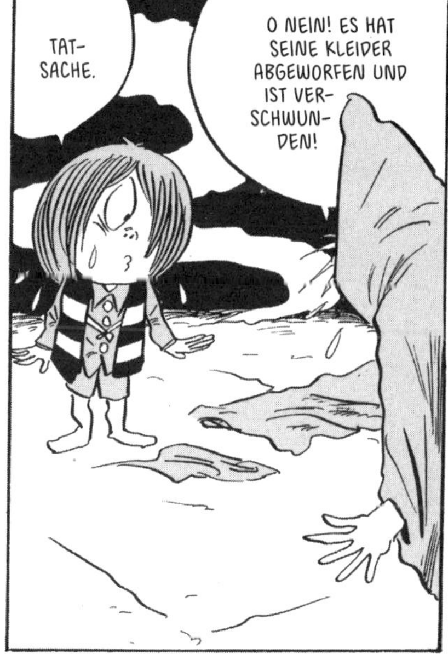
O NEIN! ES HAT SEINE KLEIDER ABGEWORFEN UND IST VERSCHWUNDEN!
TATSACHE.

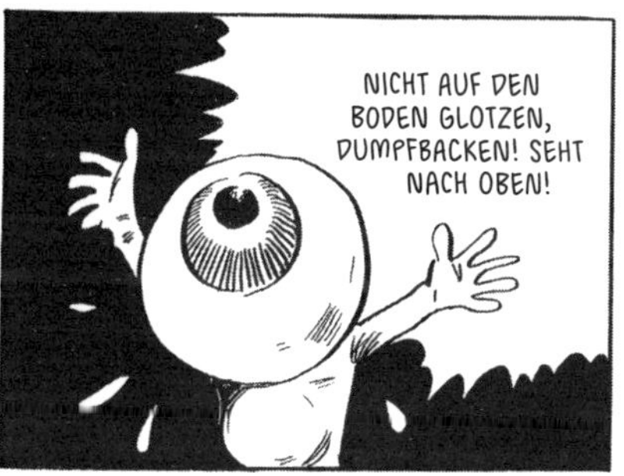
NICHT AUF DEN BODEN GLOTZEN, DUMPFBACKEN! SEHT NACH OBEN!

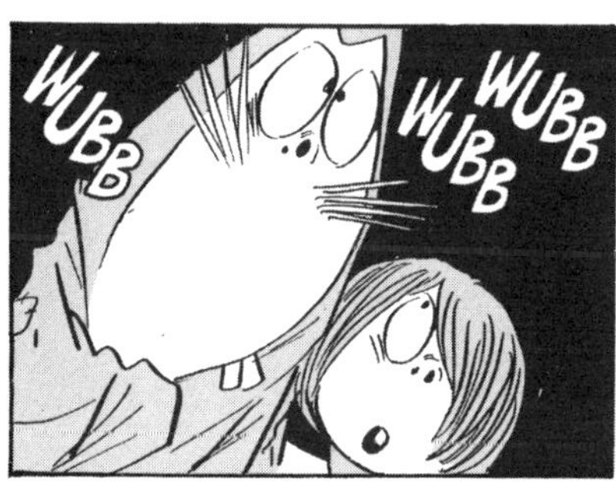
WUBB WUBB
WUBB

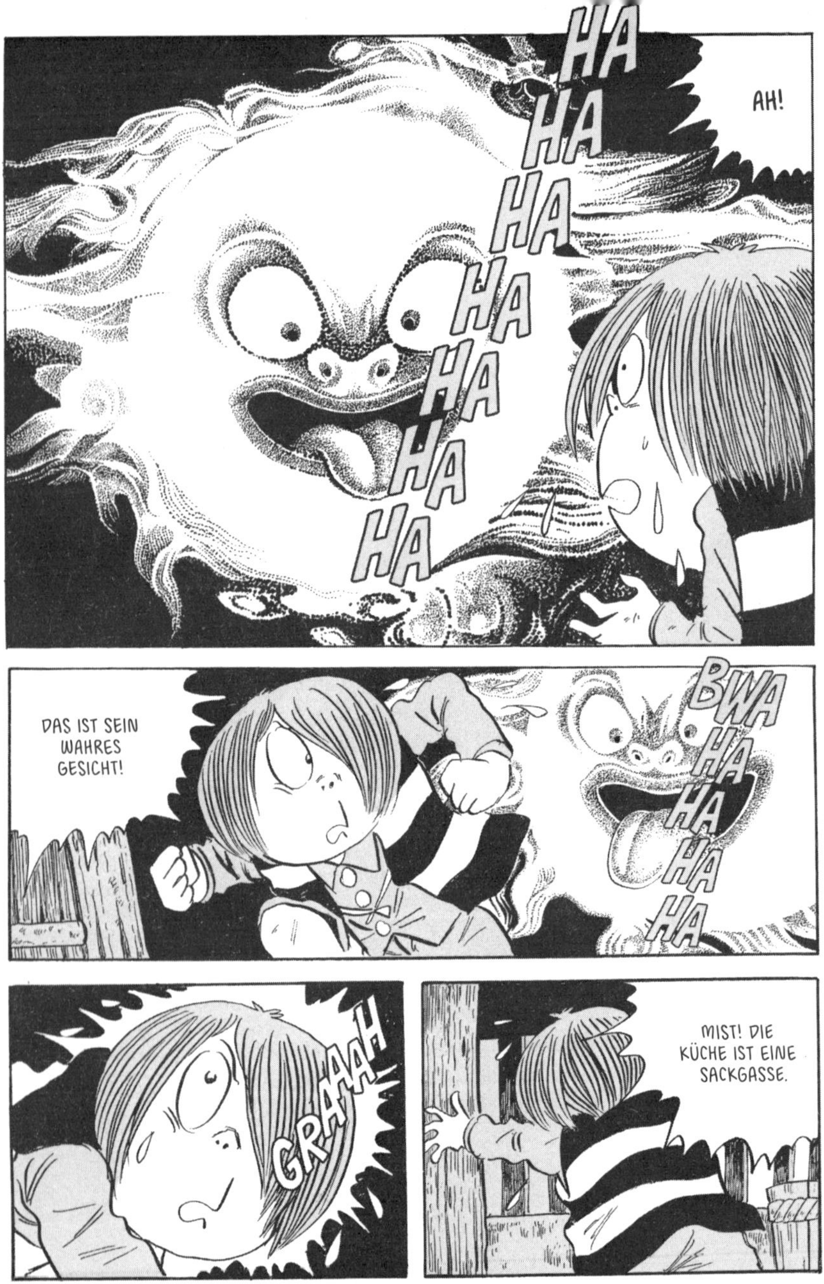

HA
HA
HA
HA
HA
HA
HA

AH!

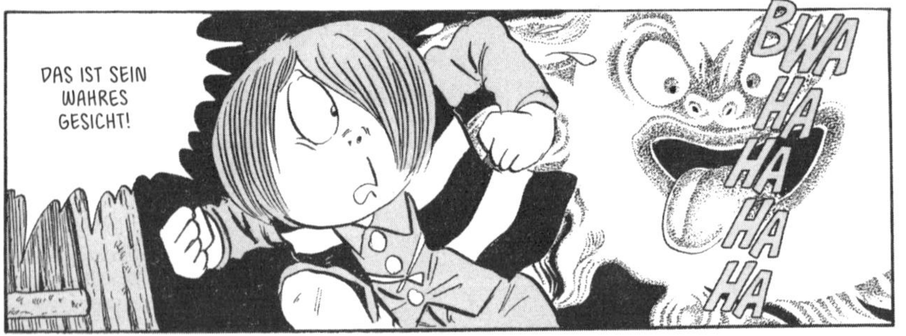

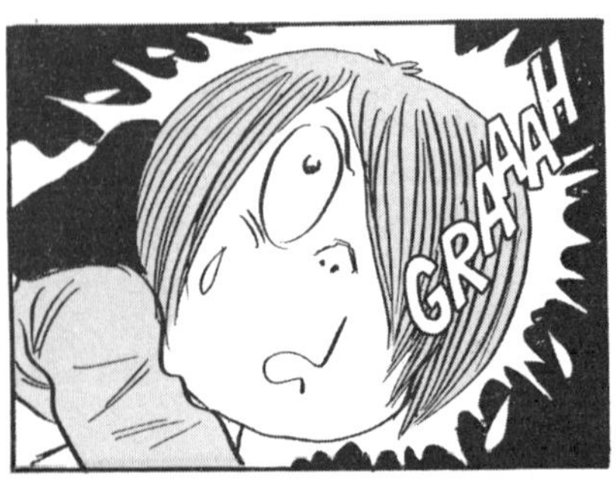

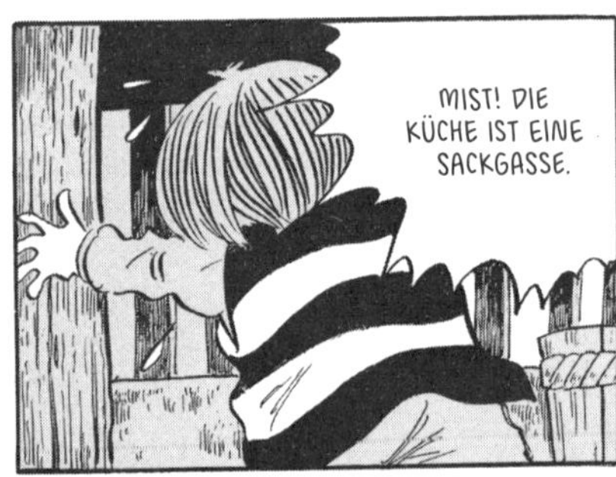

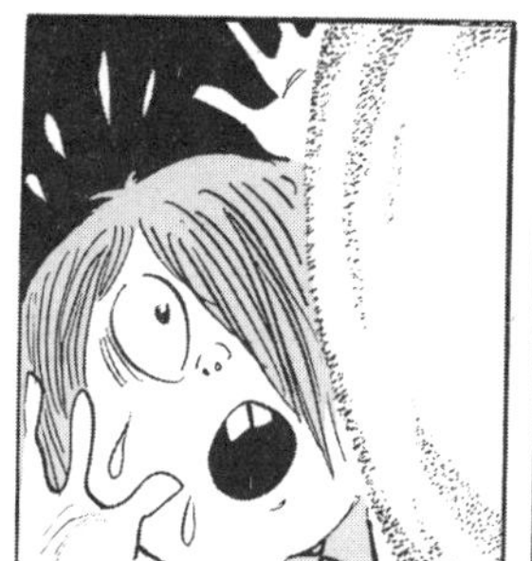
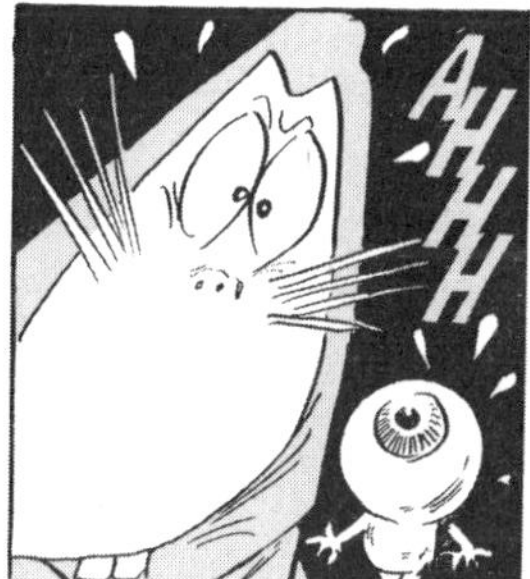
AHHH
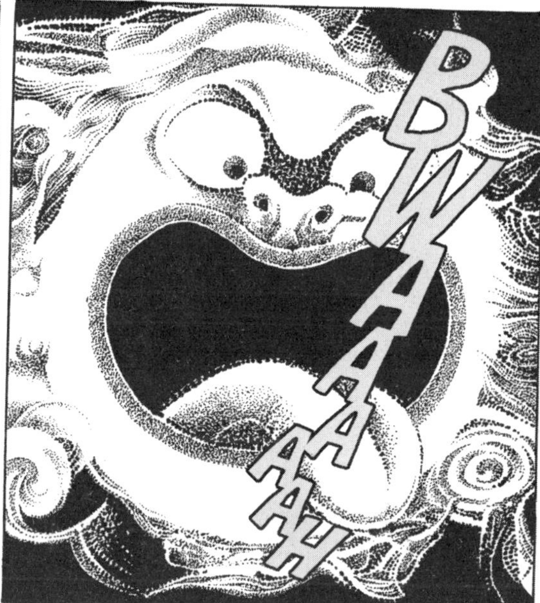
BWAAAAAH
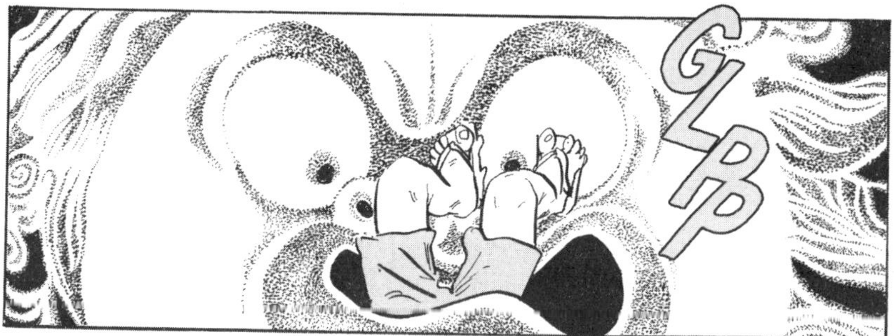
GLPP
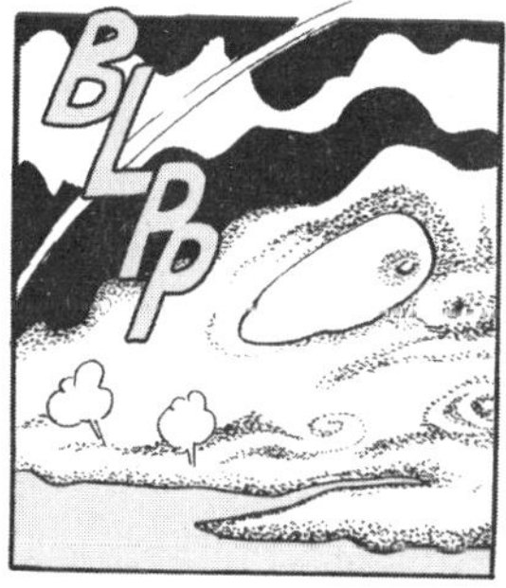
BLPP
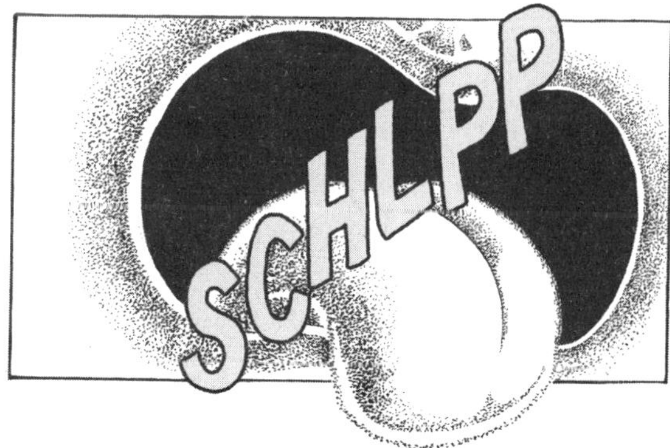
SCHLPP

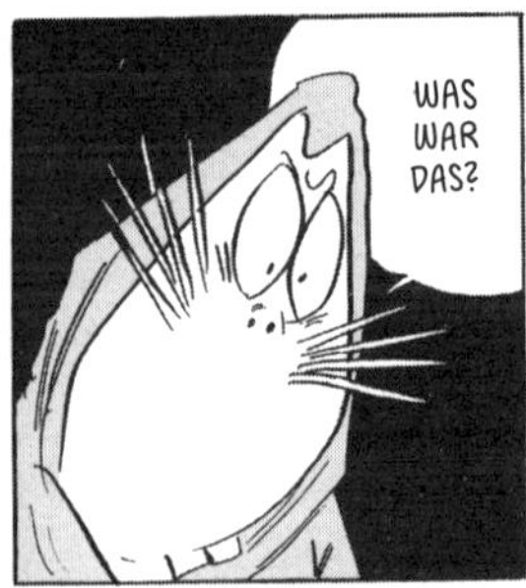

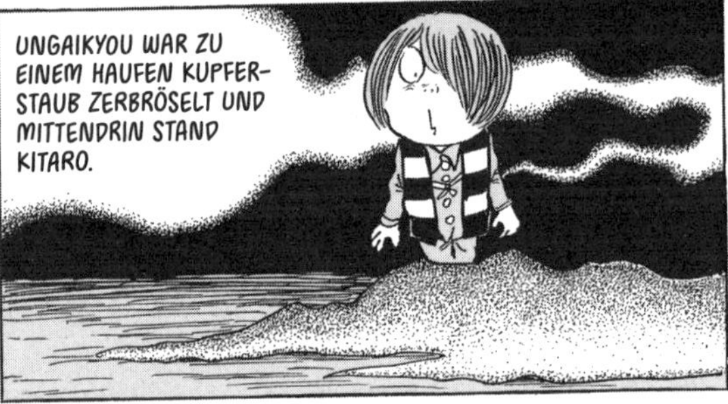

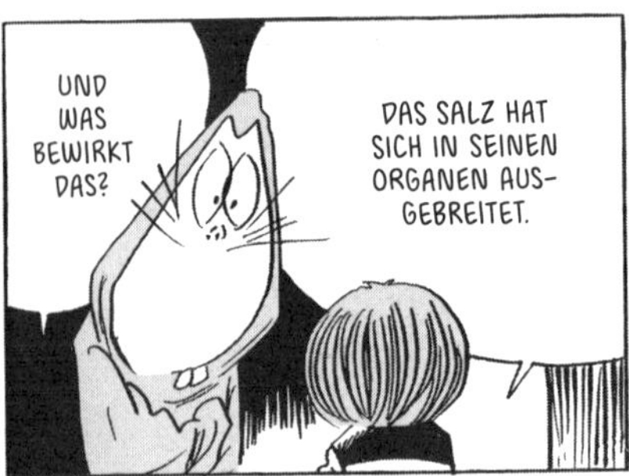

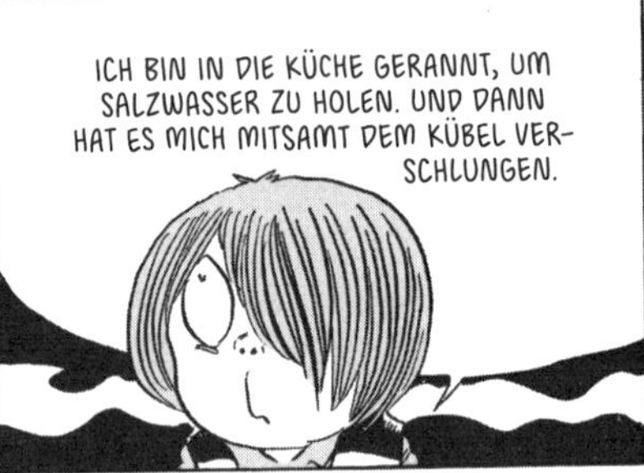

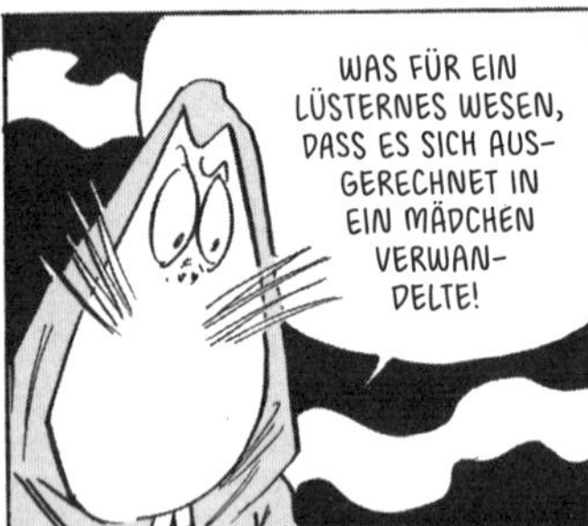

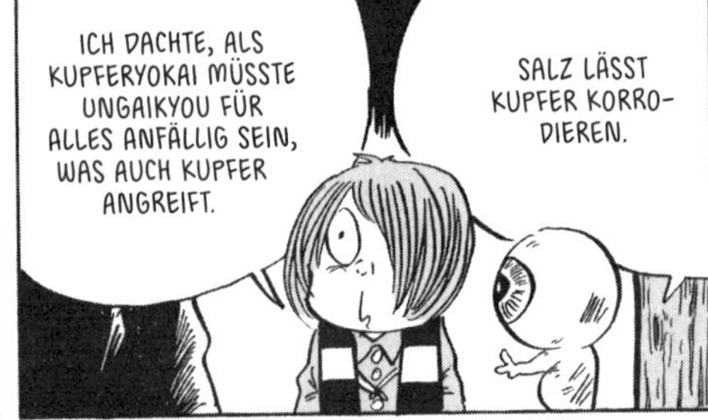

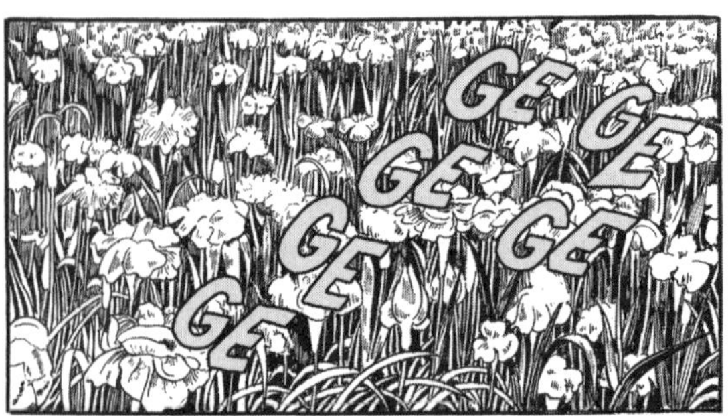

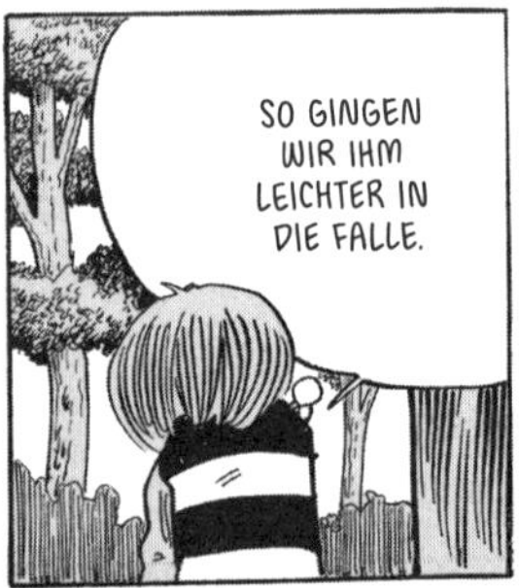

Die Schlacht der Spiegel – Ende

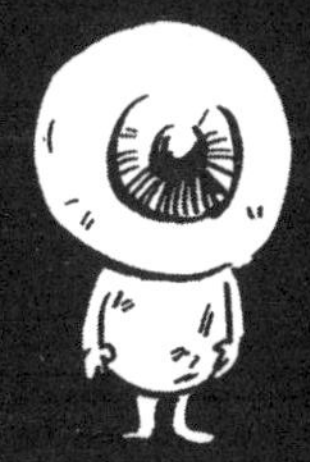

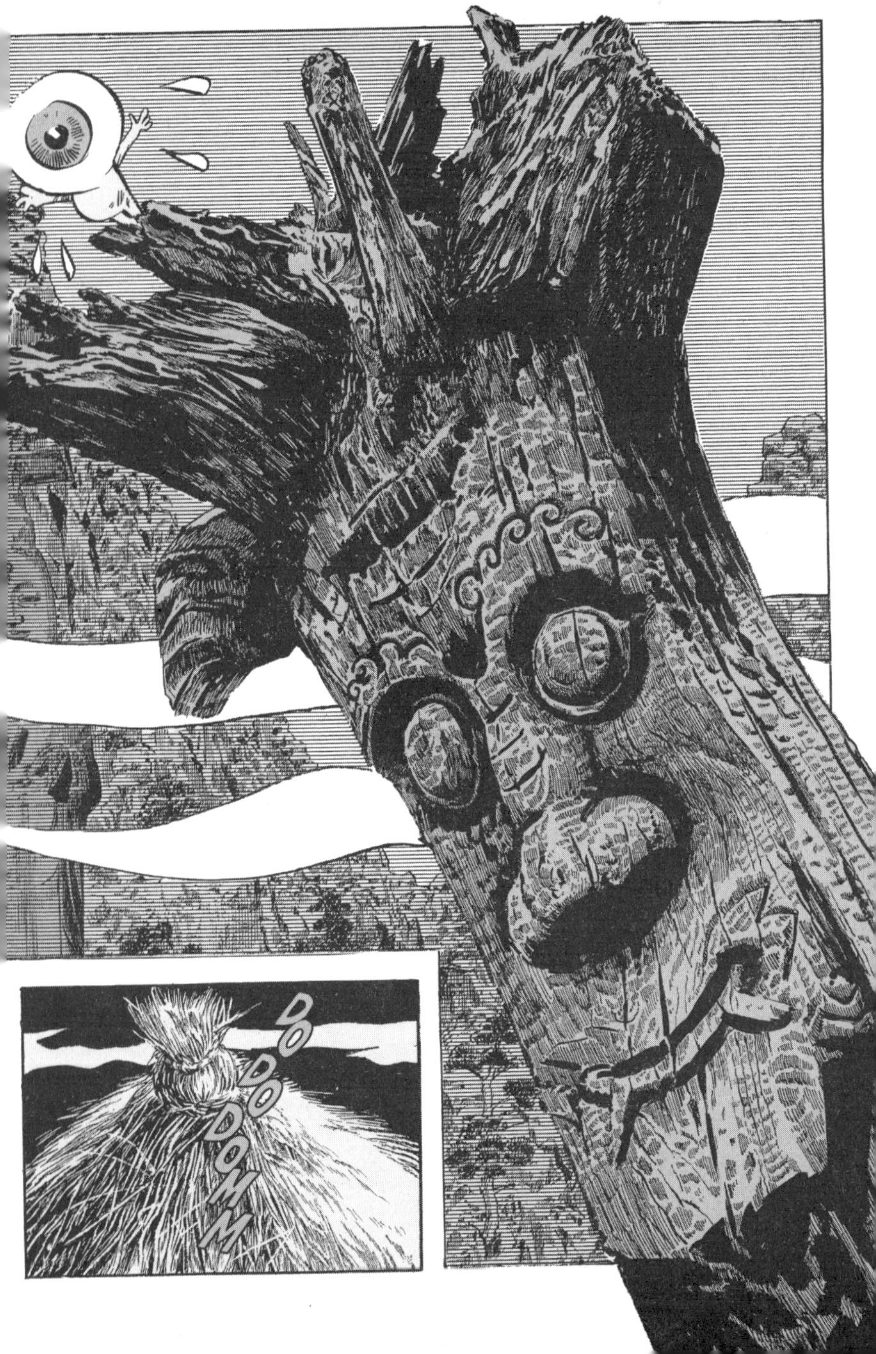
DODODOOM

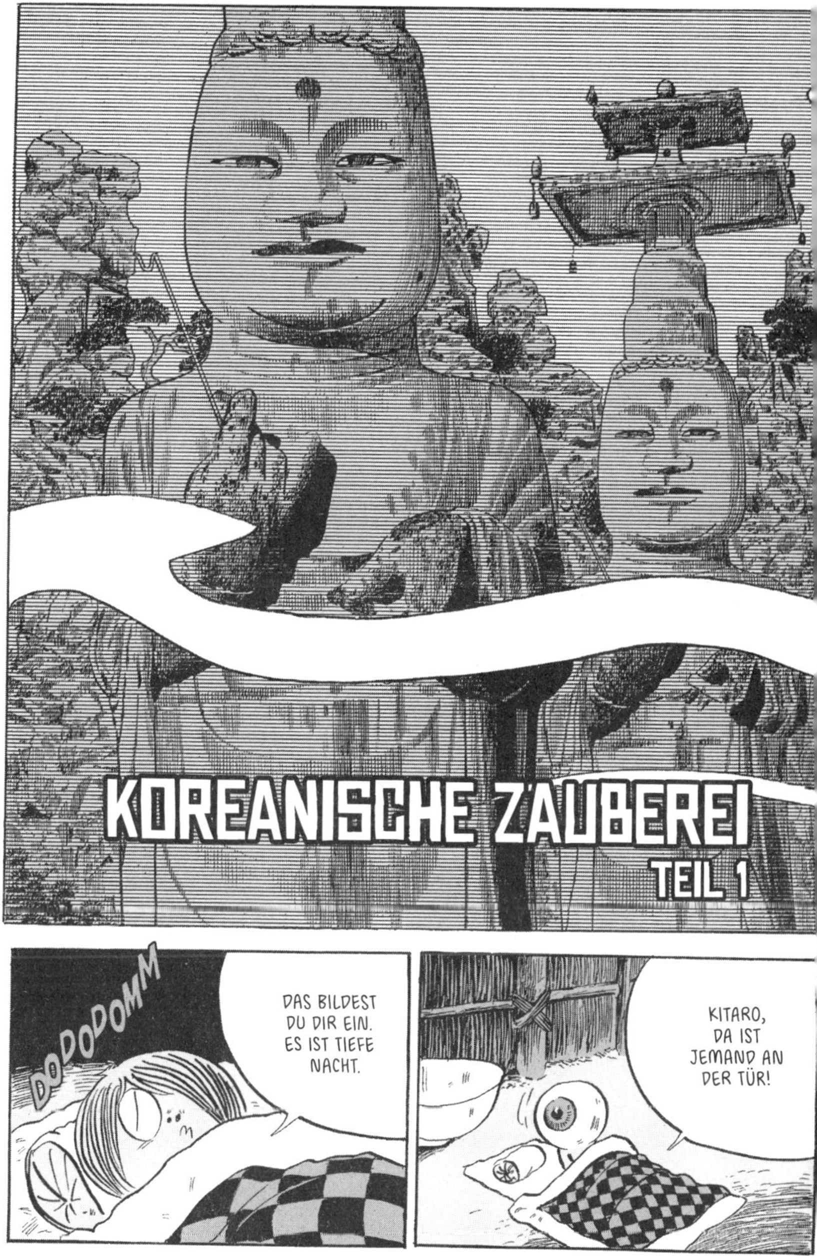

KOREANISCHE ZAUBEREI

TEIL 1

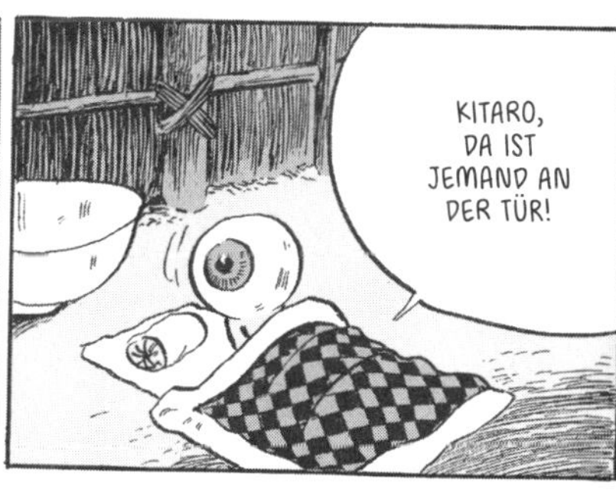

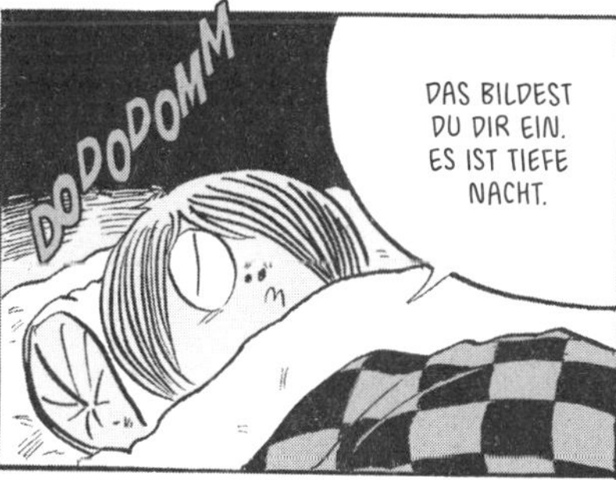

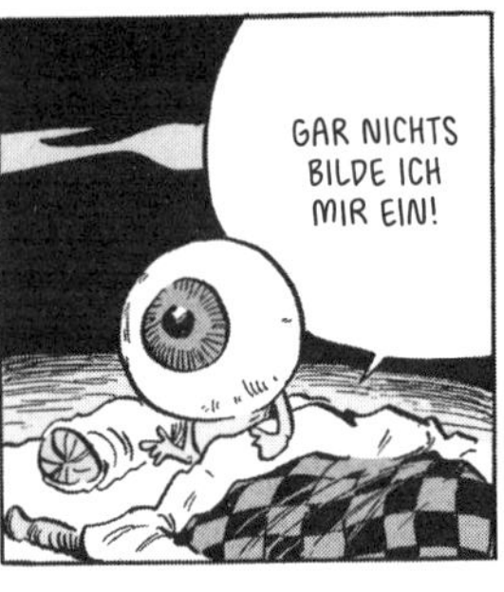
GAR NICHTS BILDE ICH MIR EIN!

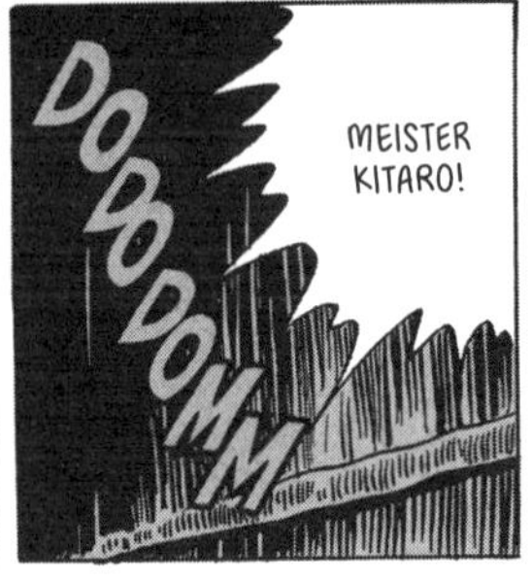
MEISTER KITARO!
DODODOMM

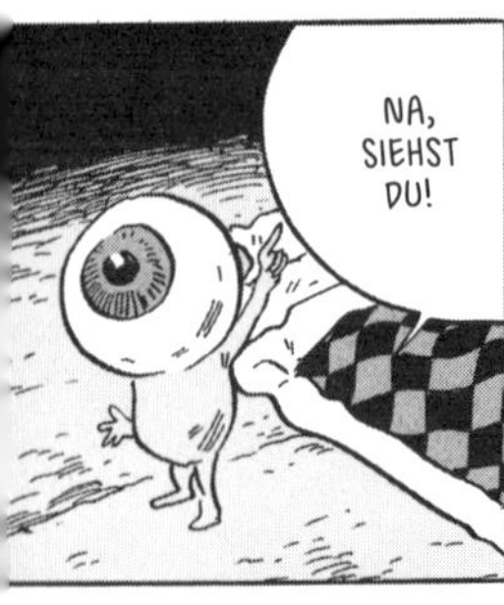
NA, SIEHST DU!

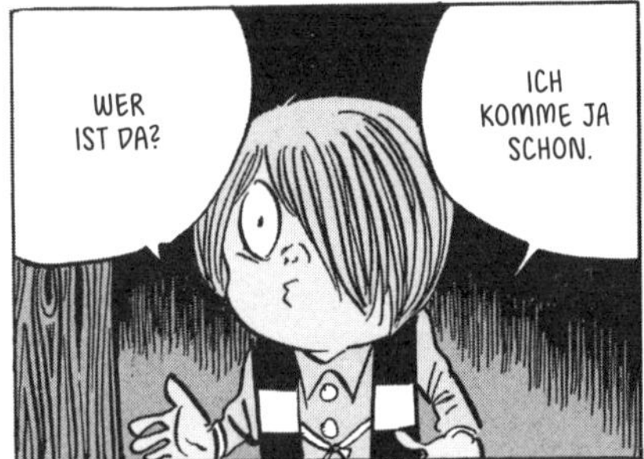
ICH KOMME JA SCHON.
WER IST DA?

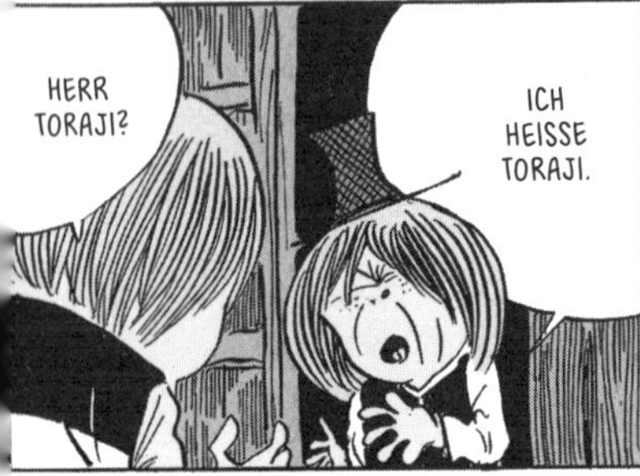
ICH HEISSE TORAJI.
HERR TORAJI?

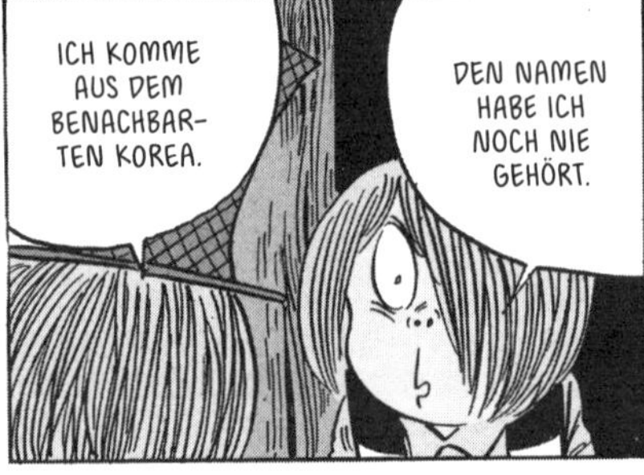
DEN NAMEN HABE ICH NOCH NIE GEHÖRT.
ICH KOMME AUS DEM BENACHBAR-TEN KOREA.

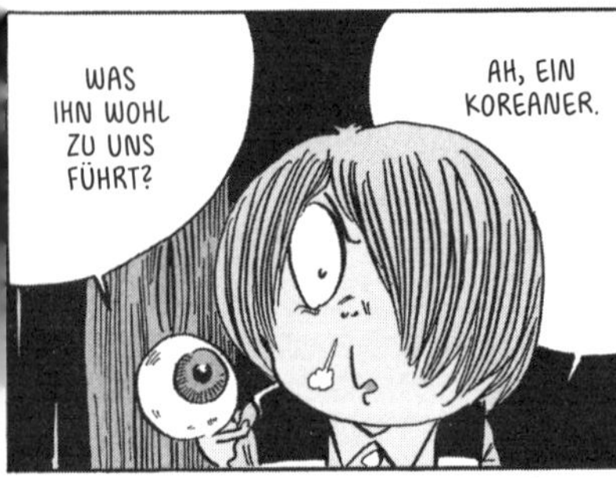
AH, EIN KOREANER.
WAS IHN WOHL ZU UNS FÜHRT?

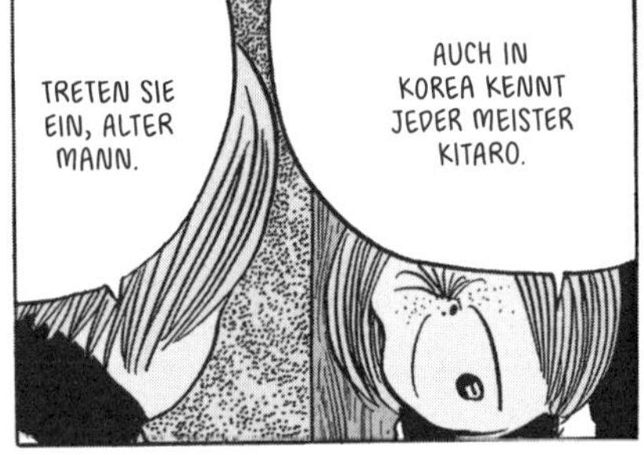
AUCH IN KOREA KENNT JEDER MEISTER KITARO.
TRETEN SIE EIN, ALTER MANN.

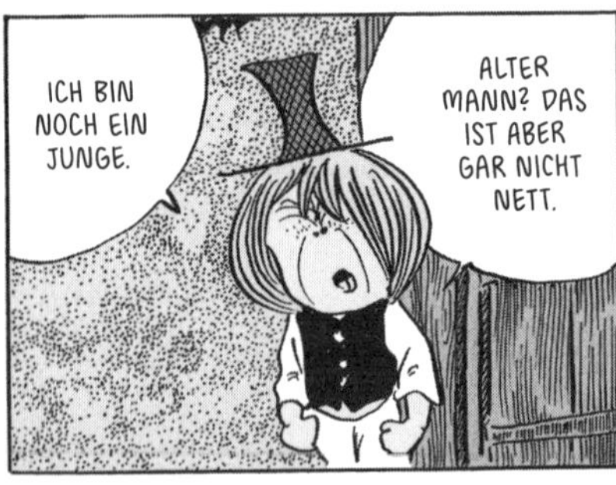
ALTER MANN? DAS IST ABER GAR NICHT NETT.
ICH BIN NOCH EIN JUNGE.

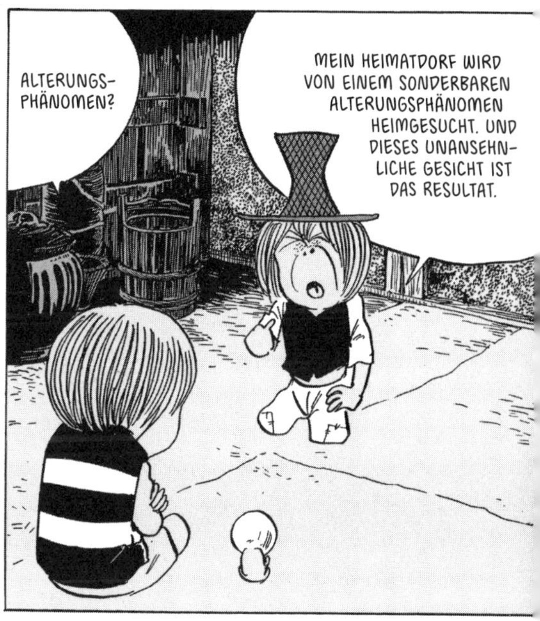
MEIN HEIMATDORF WIRD VON EINEM SONDERBAREN ALTERUNGSPHÄNOMEN HEIMGESUCHT. UND DIESES UNANSEHNLICHE GESICHT IST DAS RESULTAT.
ALTERUNGSPHÄNOMEN?

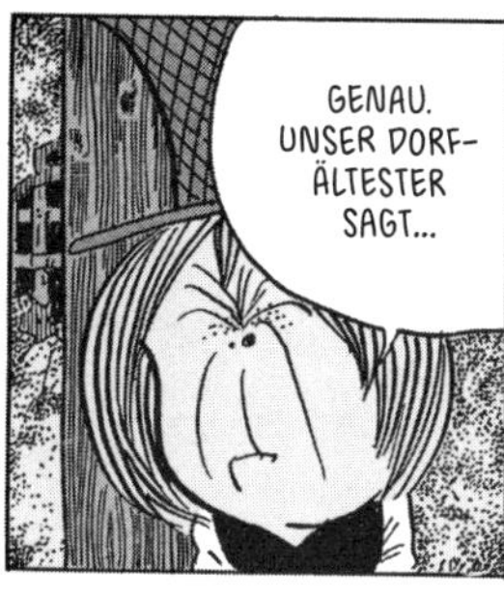
GENAU. UNSER DORFÄLTESTER SAGT...

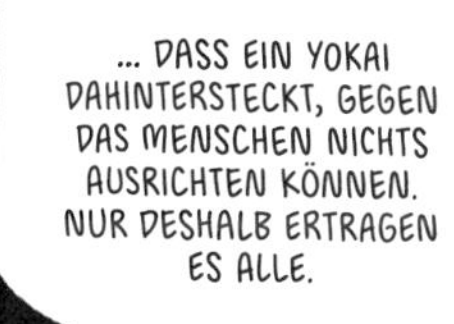
... DASS EIN YOKAI DAHINTERSTECKT, GEGEN DAS MENSCHEN NICHTS AUSRICHTEN KÖNNEN. NUR DESHALB ERTRAGEN ES ALLE.

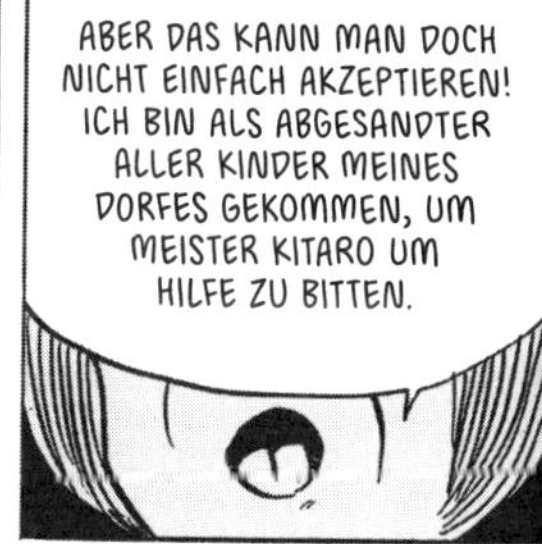
ABER DAS KANN MAN DOCH NICHT EINFACH AKZEPTIEREN! ICH BIN ALS ABGESANDTER ALLER KINDER MEINES DORFES GEKOMMEN, UM MEISTER KITARO UM HILFE ZU BITTEN.

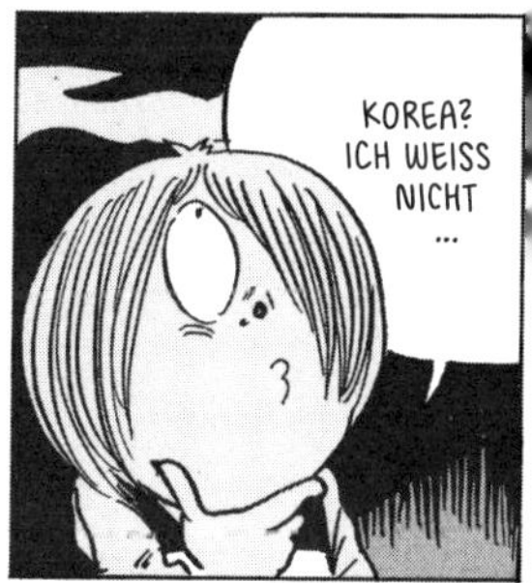
KOREA? ICH WEISS NICHT ...

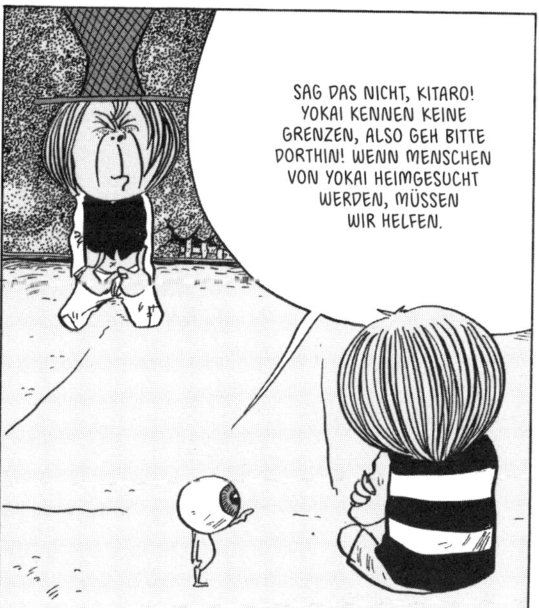
SAG DAS NICHT, KITARO! YOKAI KENNEN KEINE GRENZEN, ALSO GEH BITTE DORTHIN! WENN MENSCHEN VON YOKAI HEIMGESUCHT WERDEN, MÜSSEN WIR HELFEN.

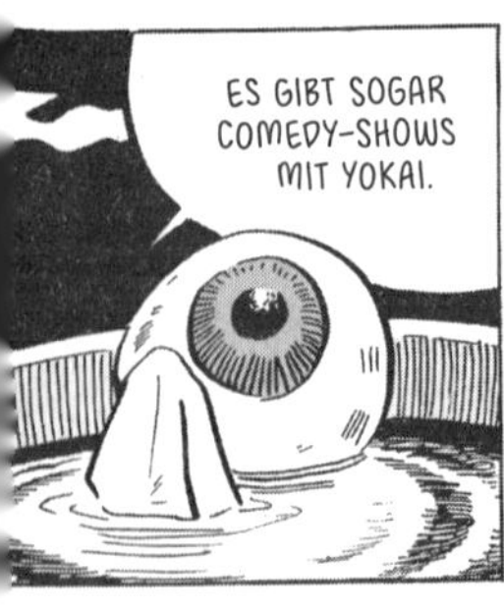
ES GIBT SOGAR COMEDY-SHOWS MIT YOKAI.

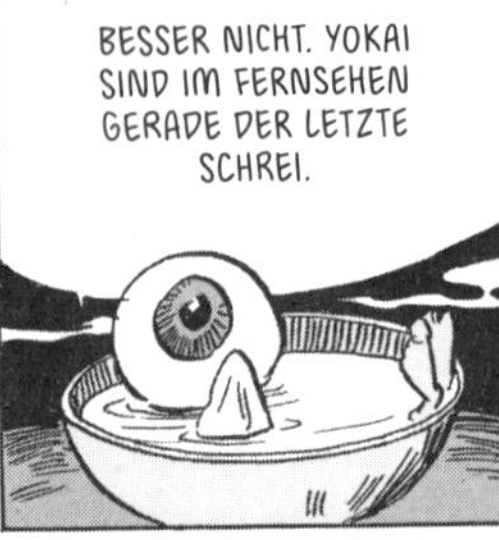
BESSER NICHT. YOKAI SIND IM FERNSEHEN GERADE DER LETZTE SCHREI.

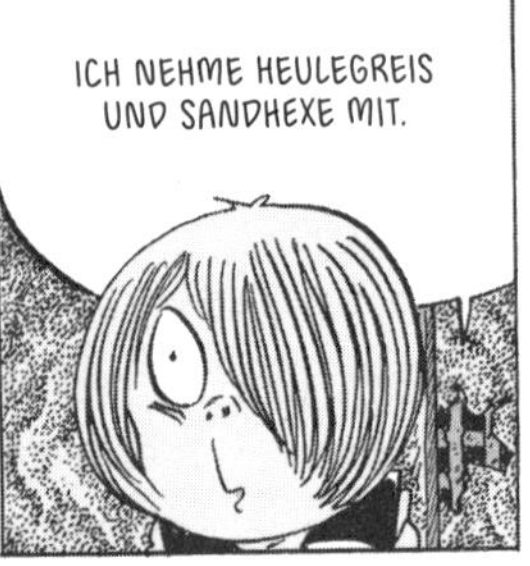
ICH NEHME HEULEGREIS UND SANDHEXE MIT.

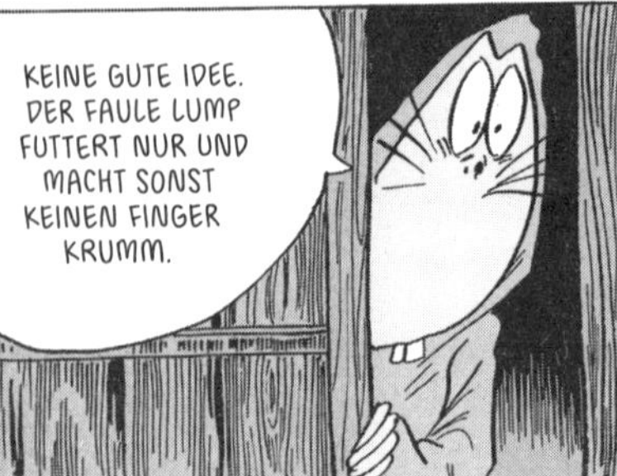
KEINE GUTE IDEE. DER FAULE LUMP FUTTERT NUR UND MACHT SONST KEINEN FINGER KRUMM.

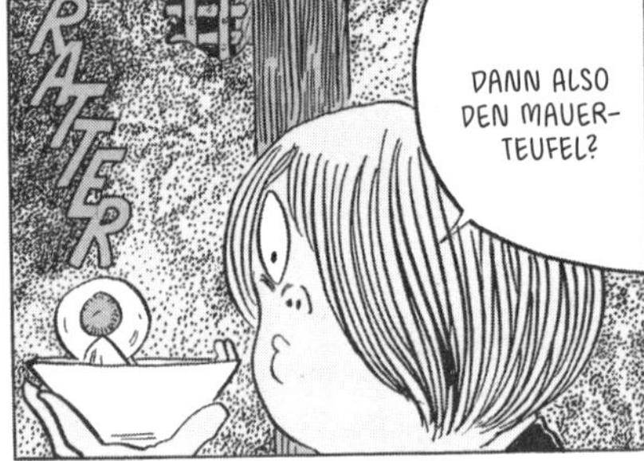
RATTER
DANN ALSO DEN MAUER-TEUFEL?

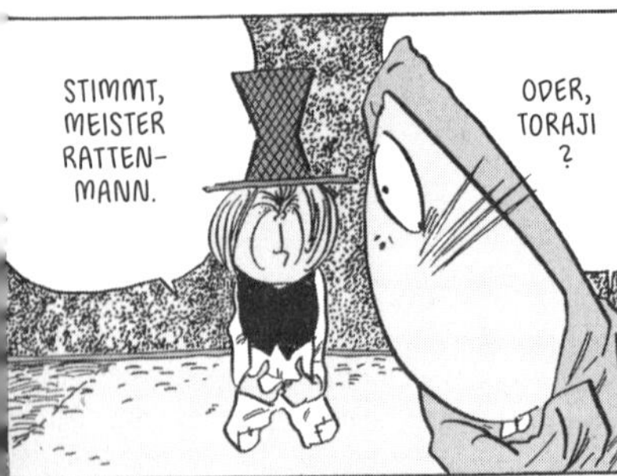
ODER, TORAJI ?
STIMMT, MEISTER RATTEN-MANN.

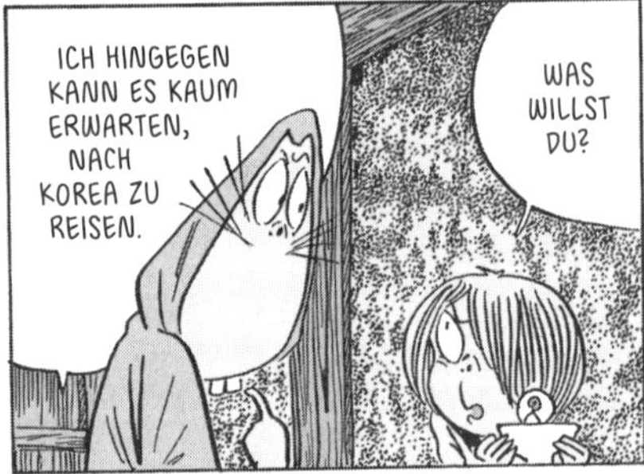
WAS WILLST DU?
ICH HINGEGEN KANN ES KAUM ERWARTEN, NACH KOREA ZU REISEN.

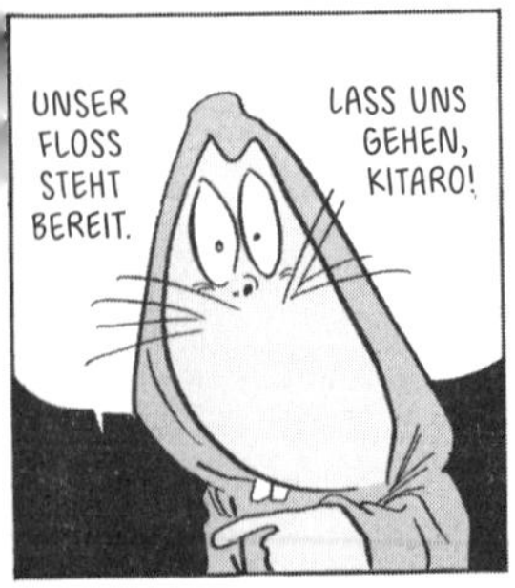
LASS UNS GEHEN, KITARO!
UNSER FLOSS STEHT BEREIT.

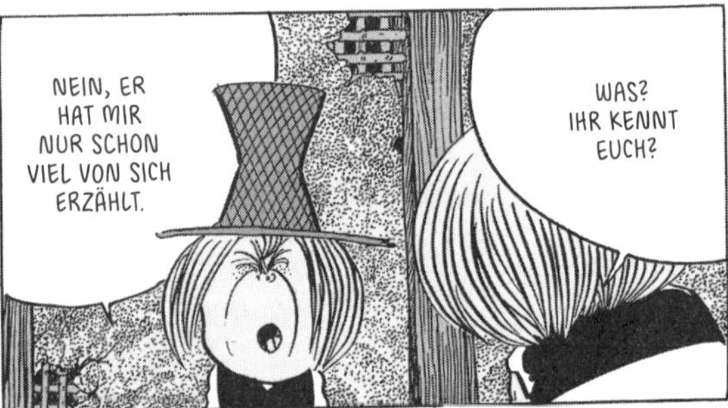
WAS? IHR KENNT EUCH?
NEIN, ER HAT MIR NUR SCHON VIEL VON SICH ERZÄHLT.

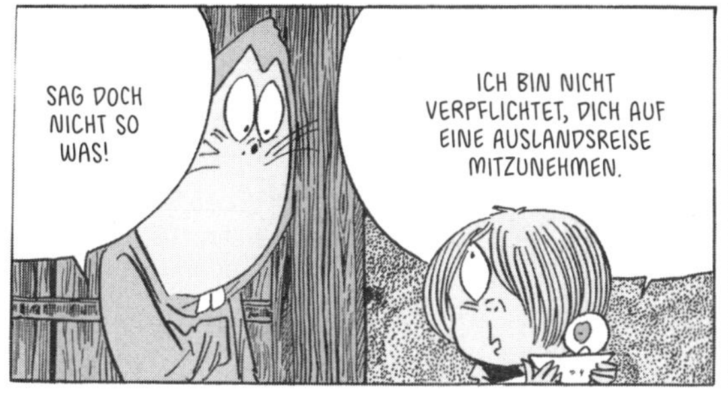
SAG DOCH NICHT SO WAS!
ICH BIN NICHT VERPFLICHTET, DICH AUF EINE AUSLANDSREISE MITZUNEHMEN.
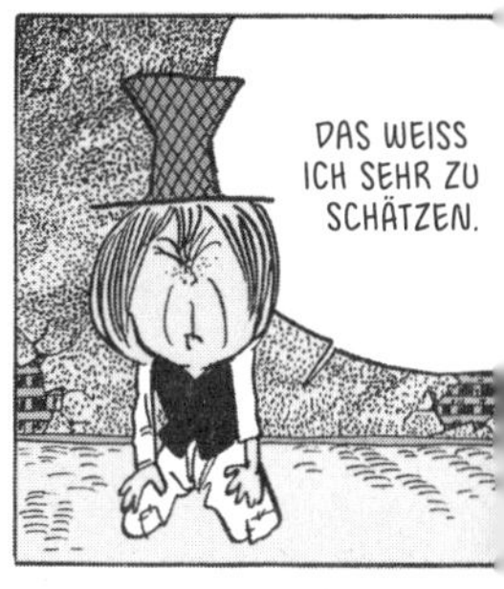
DAS WEISS ICH SEHR ZU SCHÄTZEN.
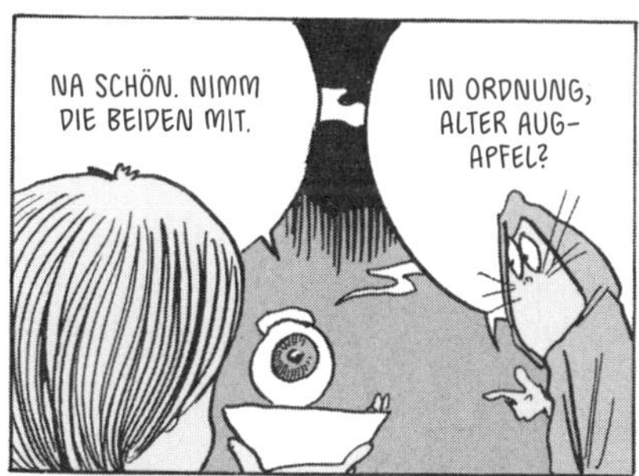
NA SCHÖN. NIMM DIE BEIDEN MIT.
IN ORDNUNG, ALTER AUG-APFEL?
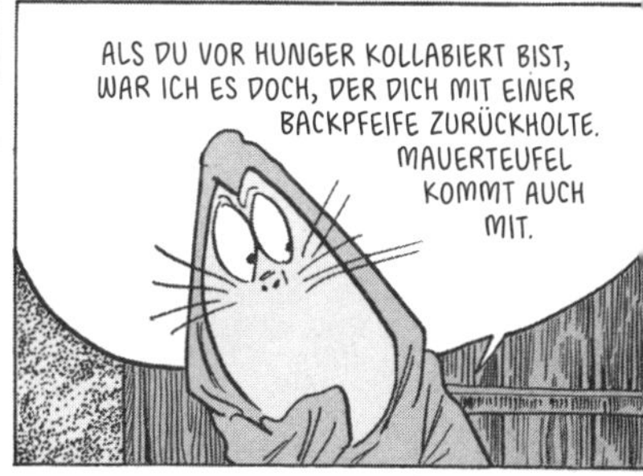
ALS DU VOR HUNGER KOLLABIERT BIST, WAR ICH ES DOCH, DER DICH MIT EINER BACKPFEIFE ZURÜCKHOLTE. MAUERTEUFEL KOMMT AUCH MIT.
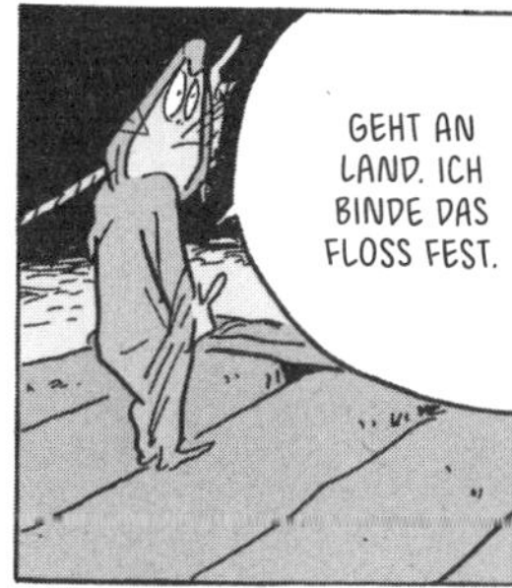
GEHT AN LAND. ICH BINDE DAS FLOSS FEST.
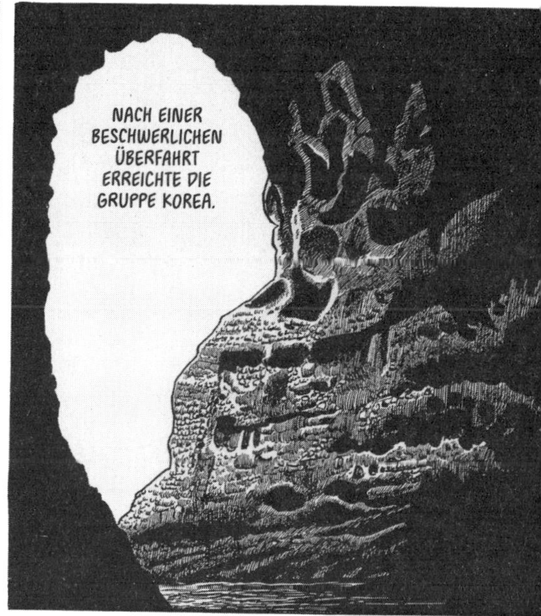
NACH EINER BESCHWERLICHEN ÜBERFAHRT ERREICHTE DIE GRUPPE KOREA.
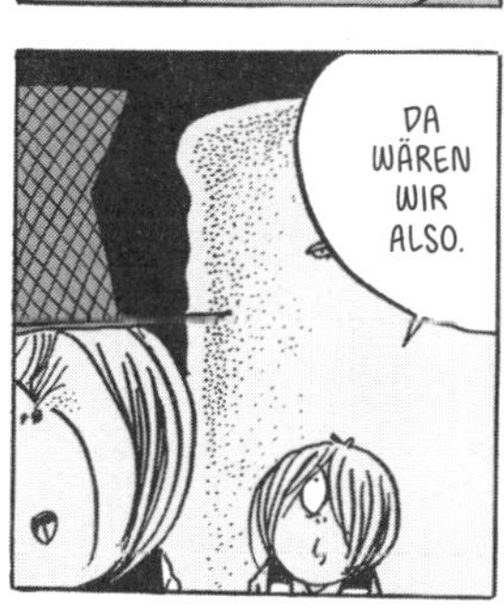
DA WÄREN WIR ALSO.

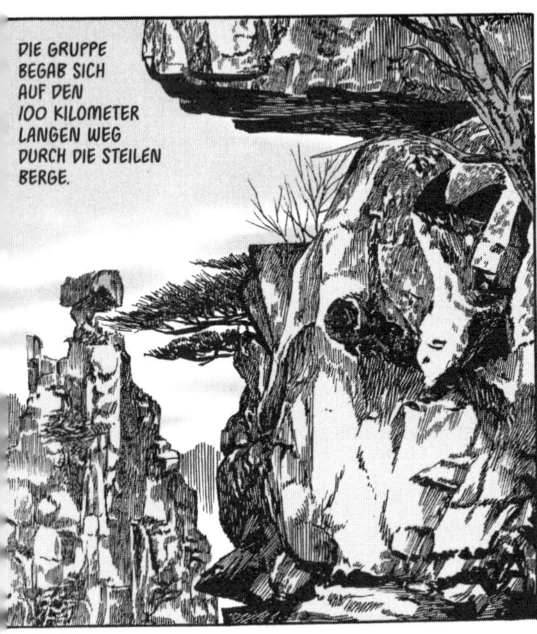
DIE GRUPPE BEGAB SICH AUF DEN 100 KILOMETER LANGEN WEG DURCH DIE STEILEN BERGE.

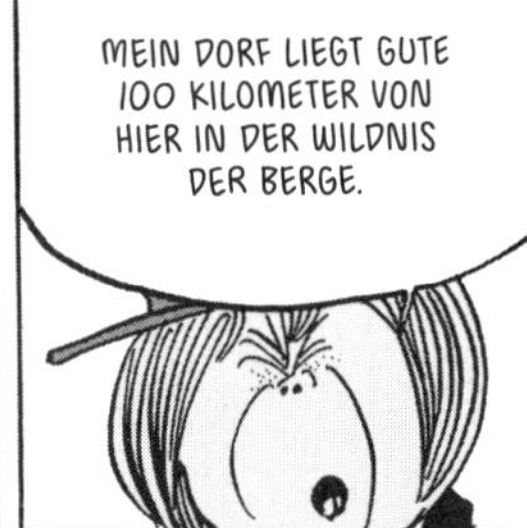
MEIN DORF LIEGT GUTE 100 KILOMETER VON HIER IN DER WILDNIS DER BERGE.

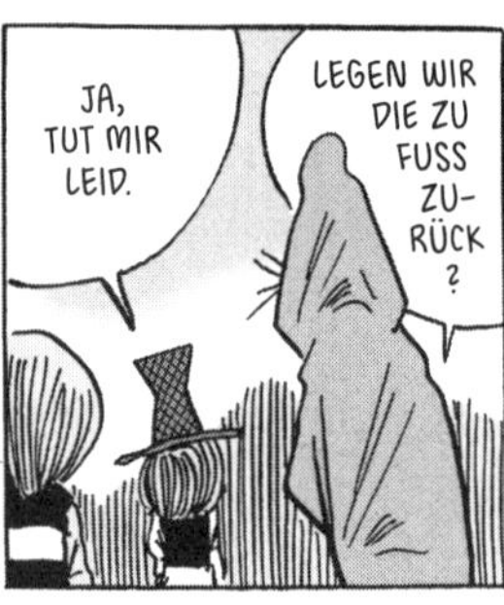
LEGEN WIR DIE ZU FUSS ZURÜCK?
JA, TUT MIR LEID.

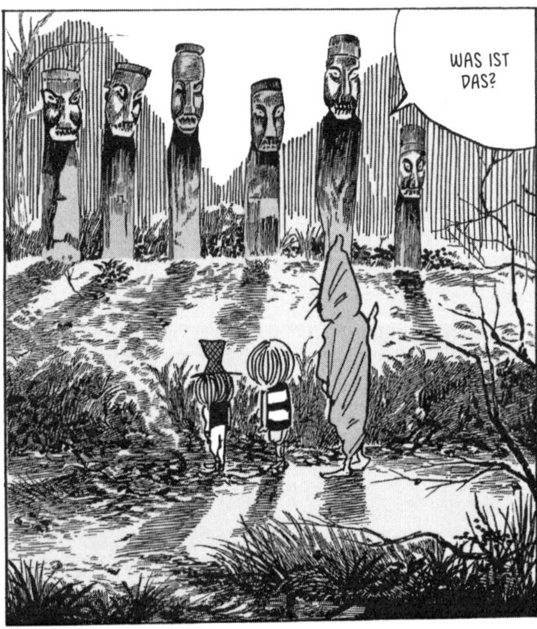
WAS IST DAS?

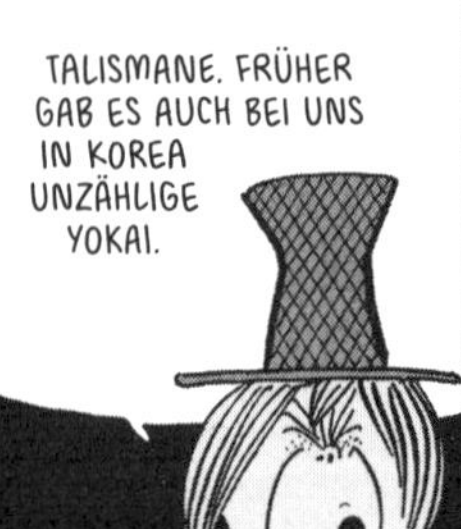
TALISMANE. FRÜHER GAB ES AUCH BEI UNS IN KOREA UNZÄHLIGE YOKAI.

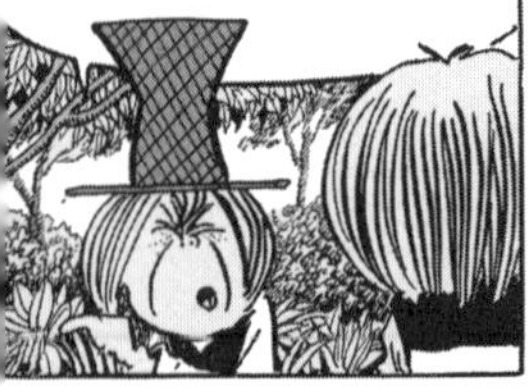
BEI DEM GROSSEN TALISMAN DORT LIEGT DER EINGANG ZU MEINEM DORF.

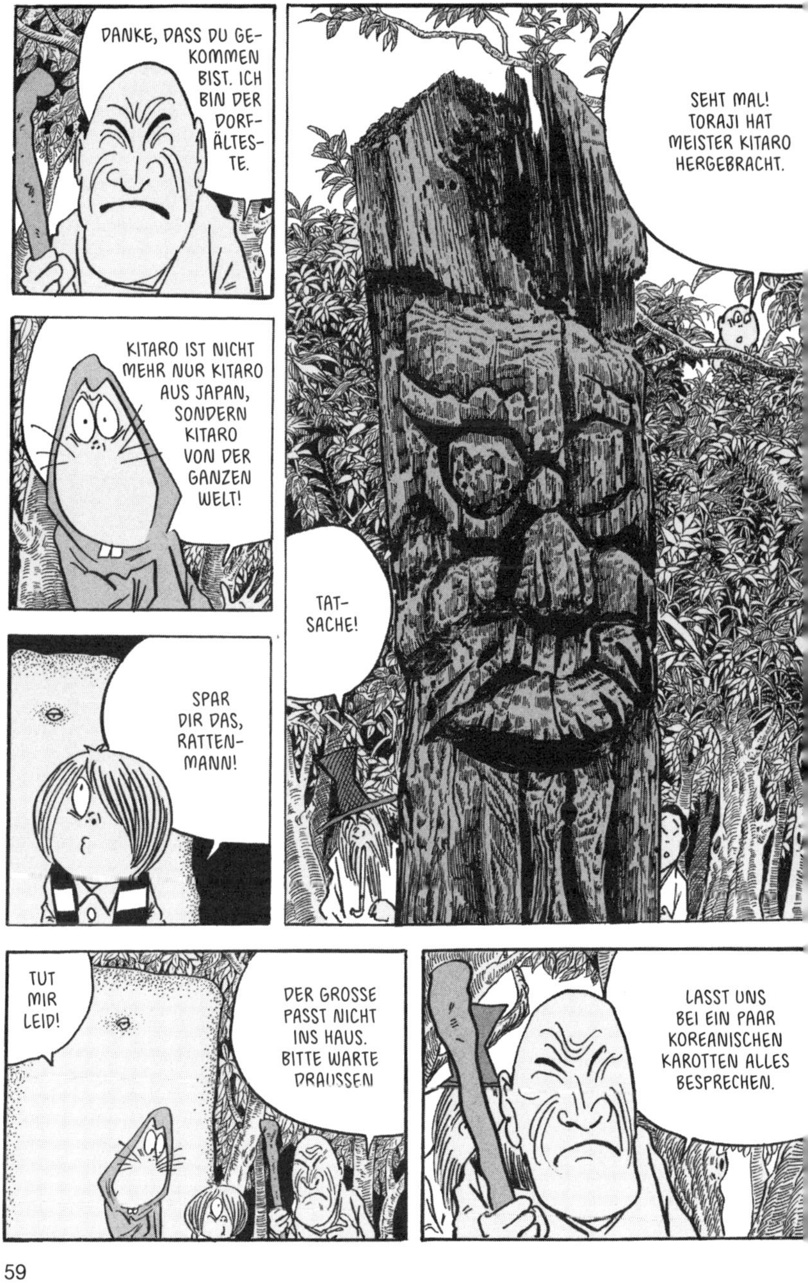

SEHT MAL! TORAJI HAT MEISTER KITARO HERGEBRACHT.

TATSACHE!

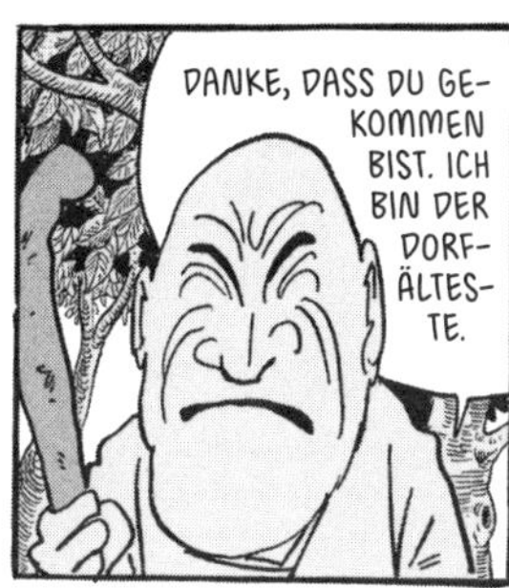

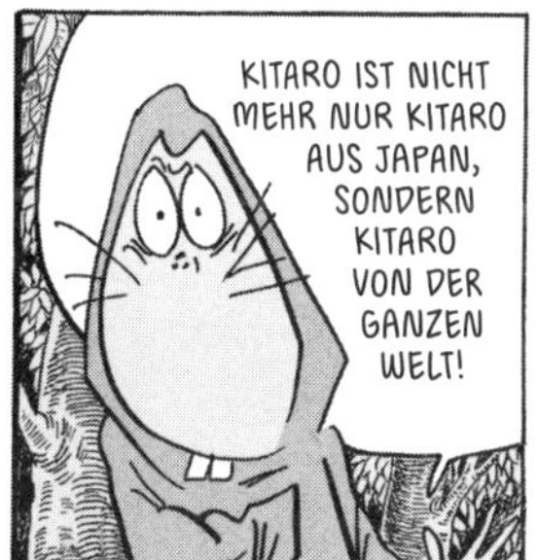

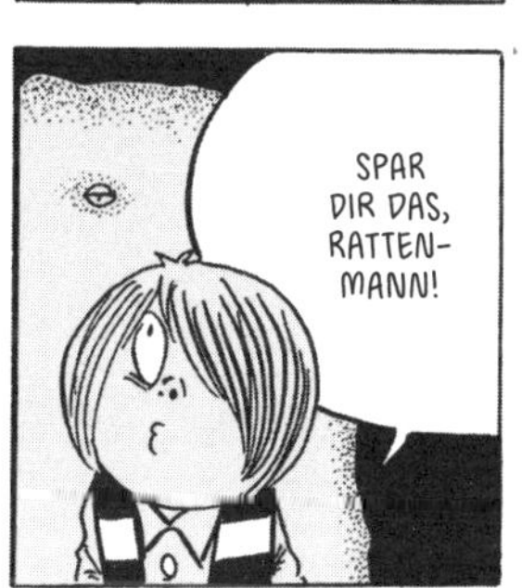

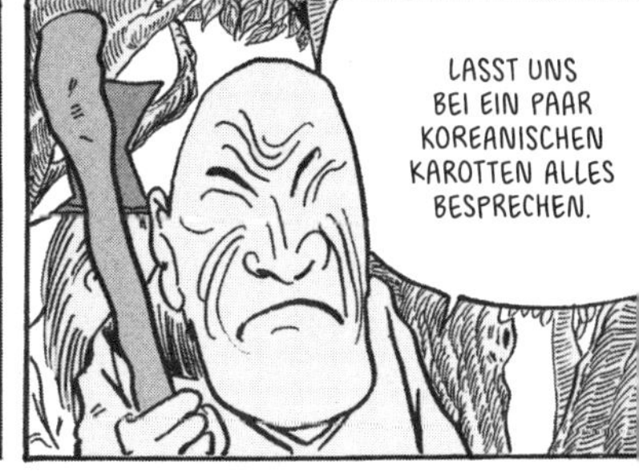

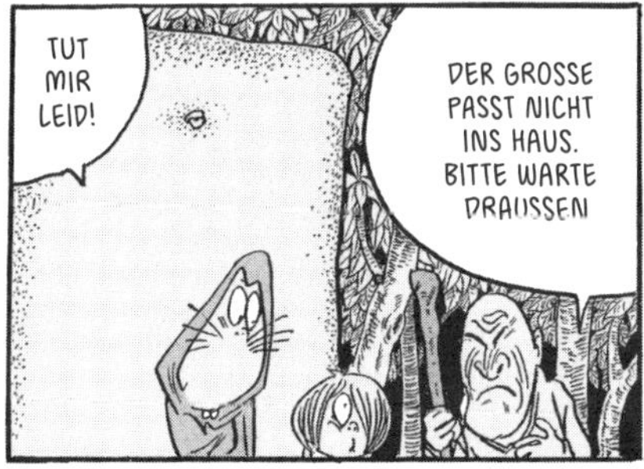

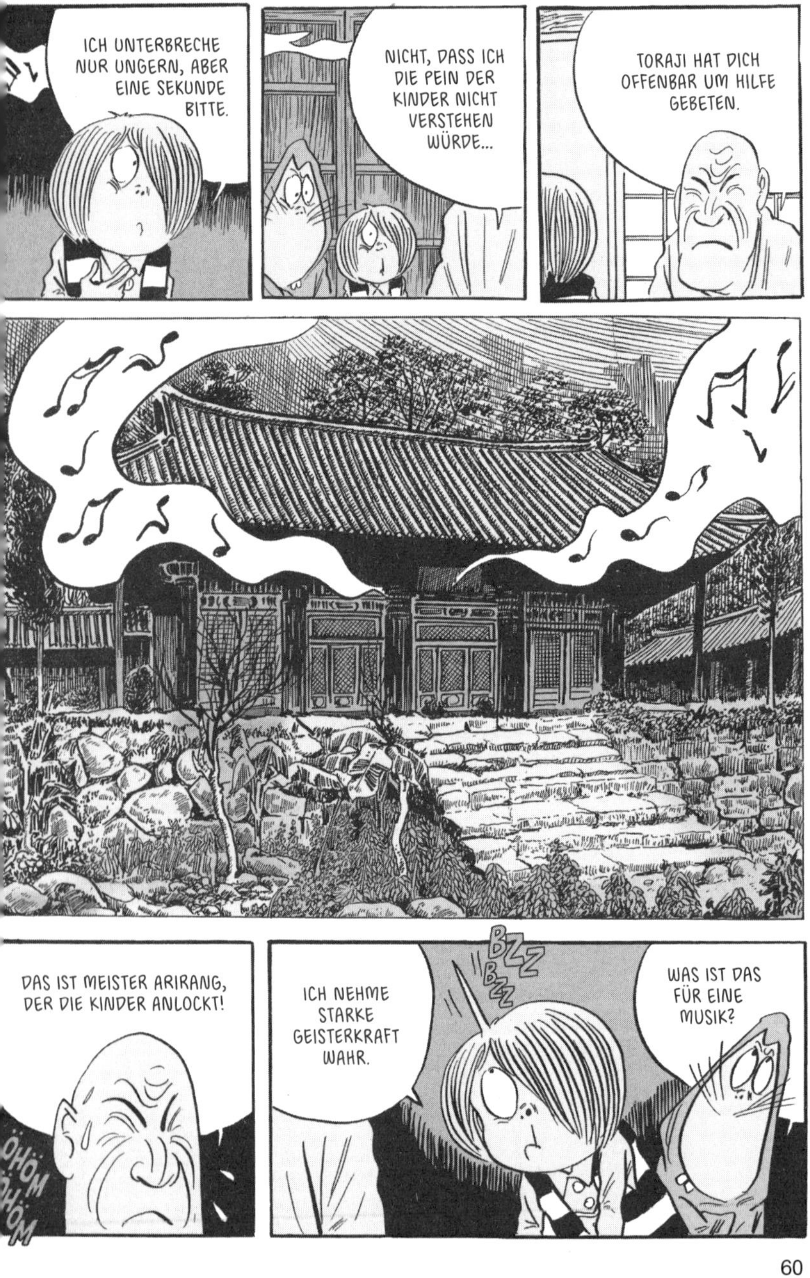

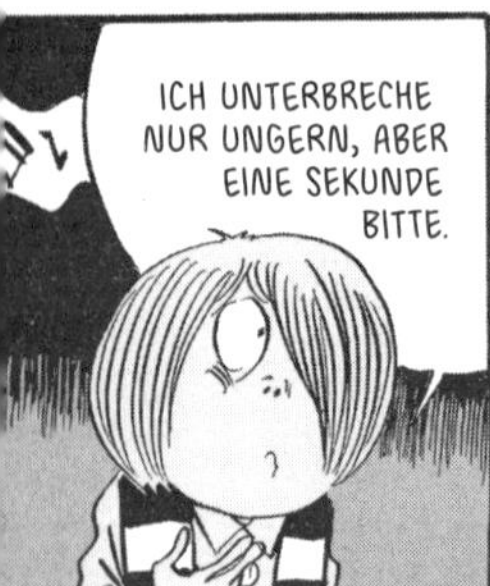
ICH UNTERBRECHE NUR UNGERN, ABER EINE SEKUNDE BITTE.

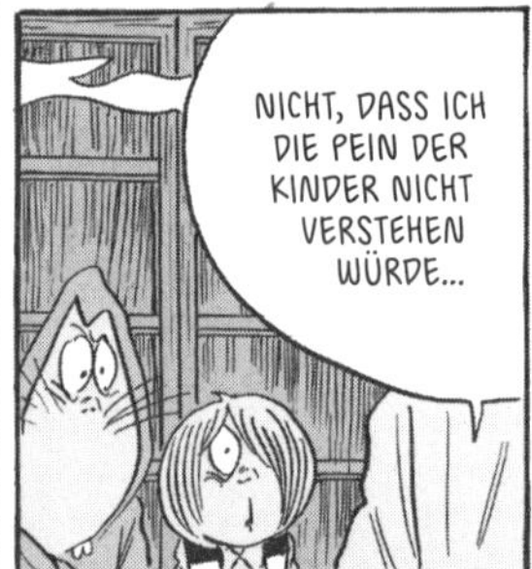
NICHT, DASS ICH DIE PEIN DER KINDER NICHT VERSTEHEN WÜRDE...

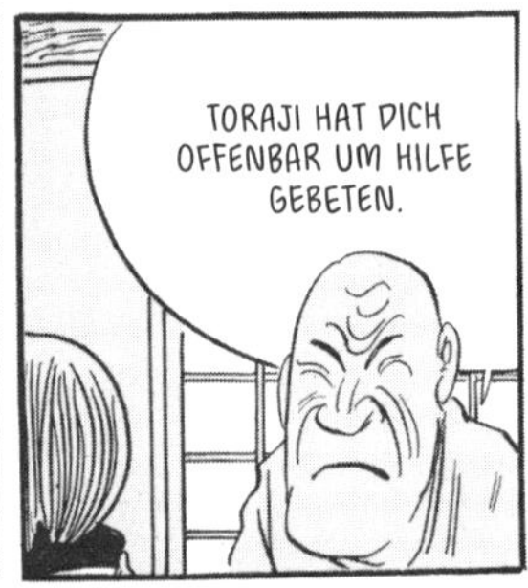
TORAJI HAT DICH OFFENBAR UM HILFE GEBETEN.

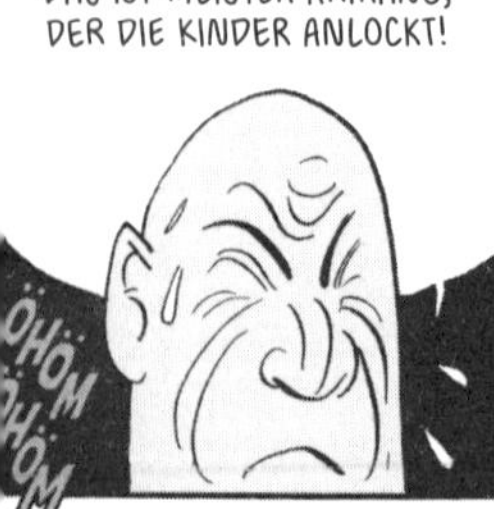
DAS IST MEISTER ARIRANG, DER DIE KINDER ANLOCKT!
ÖHÖM
ÖHÖM

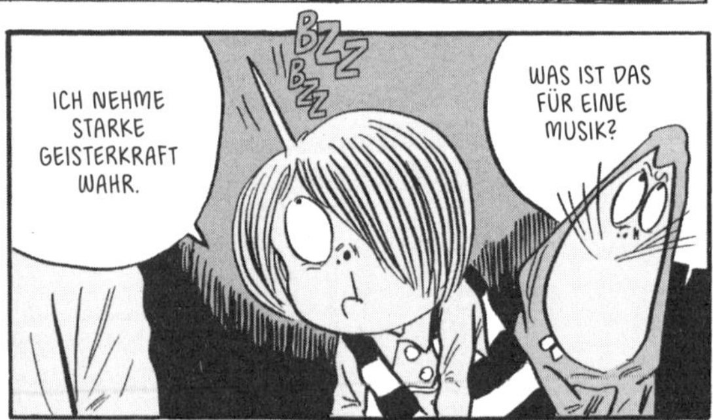
ICH NEHME STARKE GEISTERKRAFT WAHR.
BZZ
BZZ
WAS IST DAS FÜR EINE MUSIK?

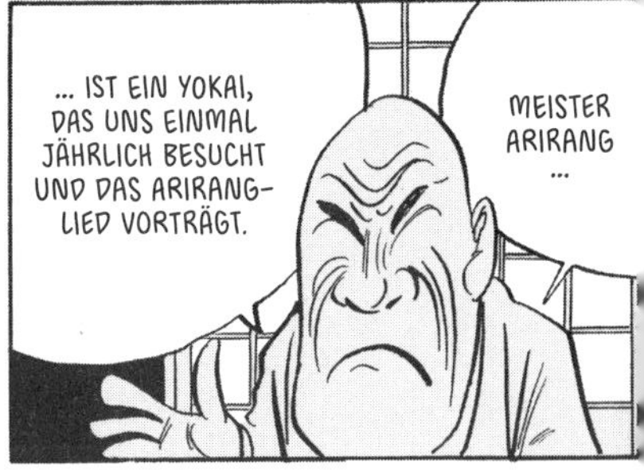
MEISTER ARIRANG ...
... IST EIN YOKAI, DAS UNS EINMAL JÄHRLICH BESUCHT UND DAS ARIRANG-LIED VORTRÄGT.

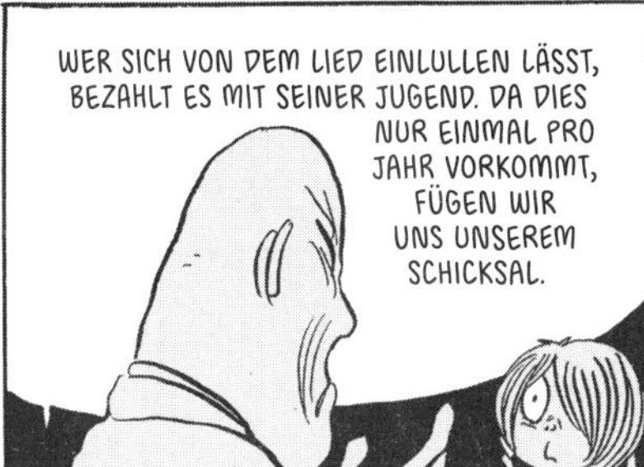
WER SICH VON DEM LIED EINLULLEN LÄSST, BEZAHLT ES MIT SEINER JUGEND. DA DIES NUR EINMAL PRO JAHR VORKOMMT, FÜGEN WIR UNS UNSEREM SCHICKSAL.

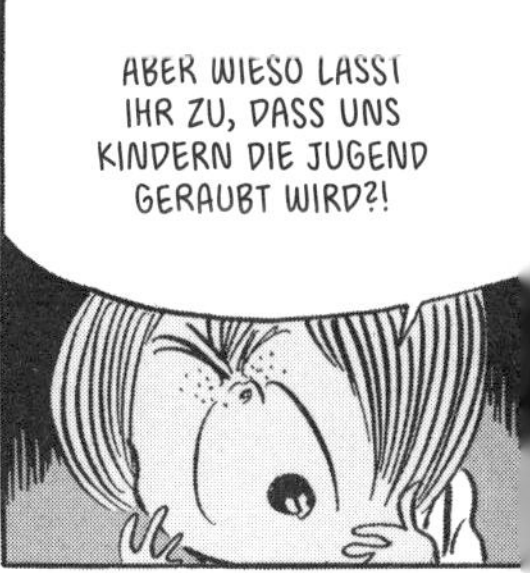
ABER WIESO LASST IHR ZU, DASS UNS KINDERN DIE JUGEND GERAUBT WIRD?!

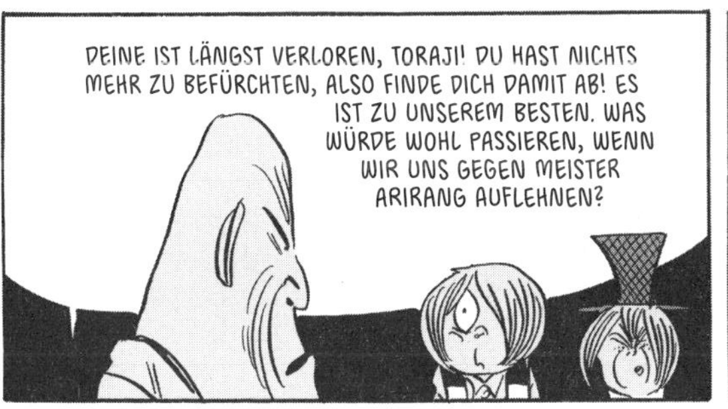
DEINE IST LÄNGST VERLOREN, TORAJI! DU HAST NICHTS MEHR ZU BEFÜRCHTEN, ALSO FINDE DICH DAMIT AB! ES IST ZU UNSEREM BESTEN. WAS WÜRDE WOHL PASSIEREN, WENN WIR UNS GEGEN MEISTER ARIRANG AUFLEHNEN?

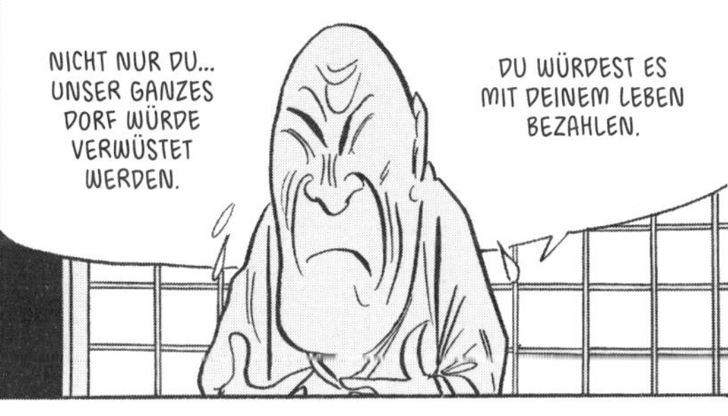
DU WÜRDEST ES MIT DEINEM LEBEN BEZAHLEN.
NICHT NUR DU... UNSER GANZES DORF WÜRDE VERWÜSTET WERDEN.

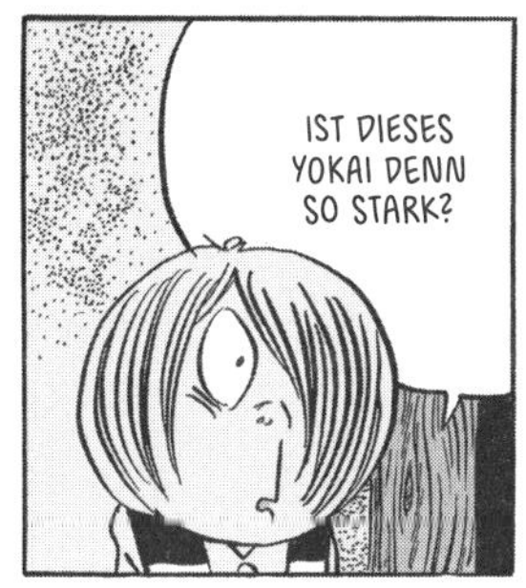
IST DIESES YOKAI DENN SO STARK?

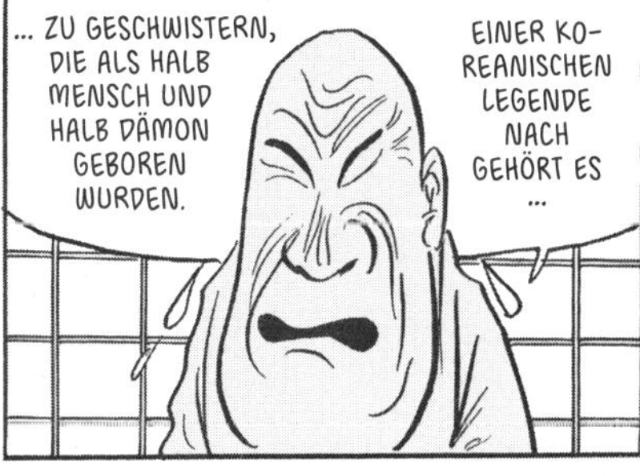
EINER KO-REANISCHEN LEGENDE NACH GEHÖRT ES ...
... ZU GESCHWISTERN, DIE ALS HALB MENSCH UND HALB DÄMON GEBOREN WURDEN.

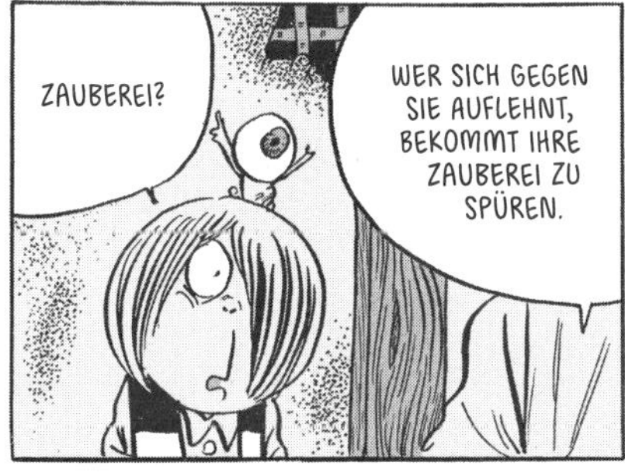
WER SICH GEGEN SIE AUFLEHNT, BEKOMMT IHRE ZAUBEREI ZU SPÜREN.
ZAUBEREI?

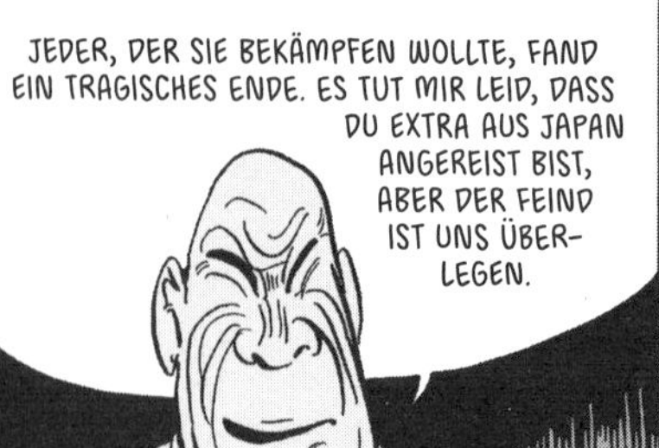
JEDER, DER SIE BEKÄMPFEN WOLLTE, FAND EIN TRAGISCHES ENDE. ES TUT MIR LEID, DASS DU EXTRA AUS JAPAN ANGEREIST BIST, ABER DER FEIND IST UNS ÜBERLEGEN.

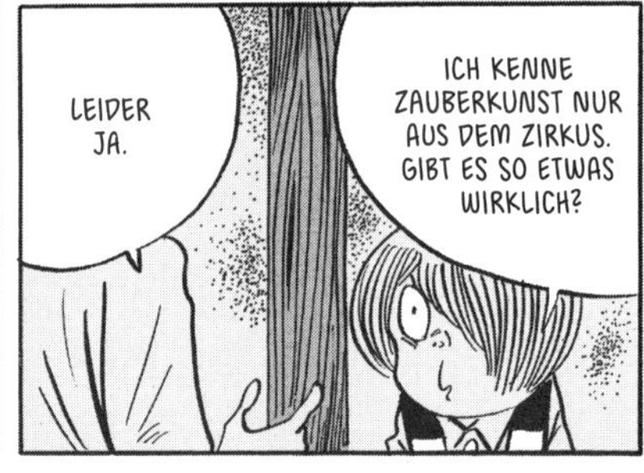
ICH KENNE ZAUBERKUNST NUR AUS DEM ZIRKUS. GIBT ES SO ETWAS WIRKLICH?
LEIDER JA.

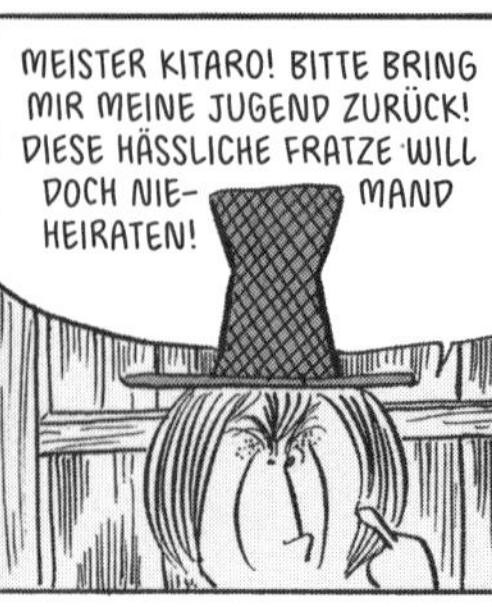
MEISTER KITARO! BITTE BRING MIR MEINE JUGEND ZURÜCK! DIESE HÄSSLICHE FRATZE WILL DOCH NIEMAND HEIRATEN!

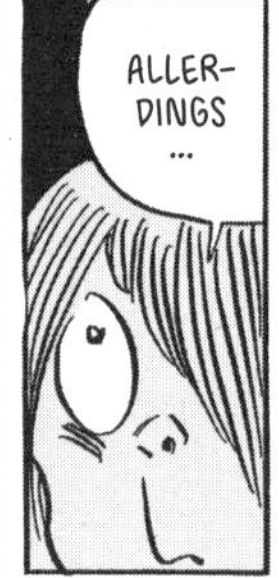
ALLERDINGS ...

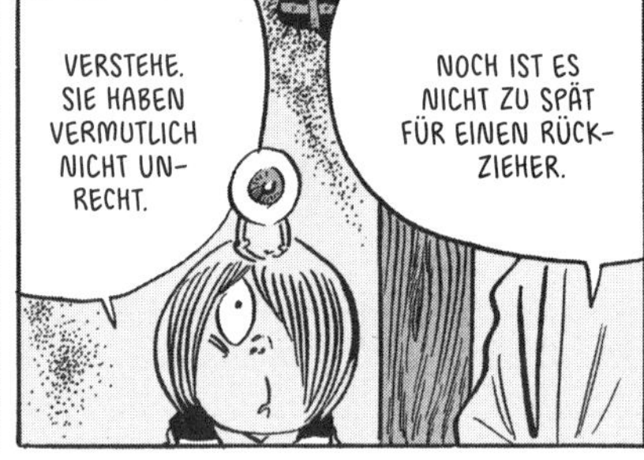
NOCH IST ES NICHT ZU SPÄT FÜR EINEN RÜCKZIEHER.
VERSTEHE. SIE HABEN VERMUTLICH NICHT UNRECHT.

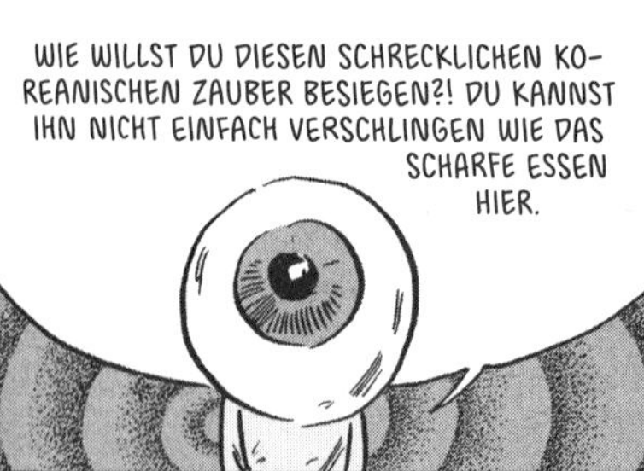
WIE WILLST DU DIESEN SCHRECKLICHEN KOREANISCHEN ZAUBER BESIEGEN?! DU KANNST IHN NICHT EINFACH VERSCHLINGEN WIE DAS SCHARFE ESSEN HIER.

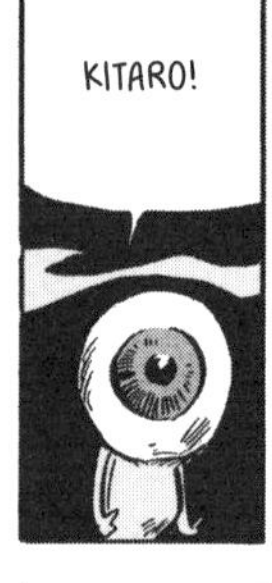
KITARO!

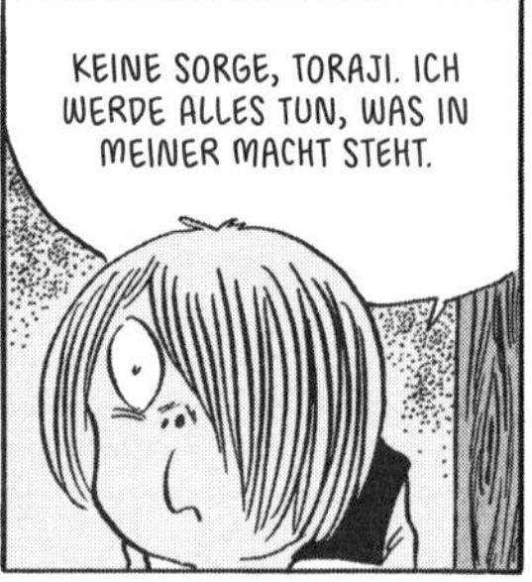
KEINE SORGE, TORAJI. ICH WERDE ALLES TUN, WAS IN MEINER MACHT STEHT.

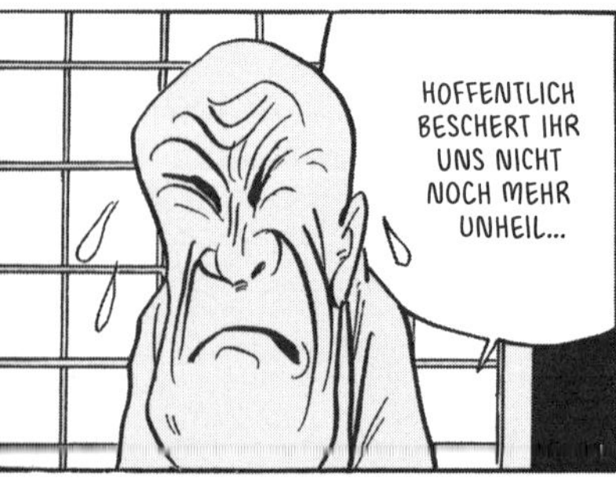
HOFFENTLICH BESCHERT IHR UNS NICHT NOCH MEHR UNHEIL...

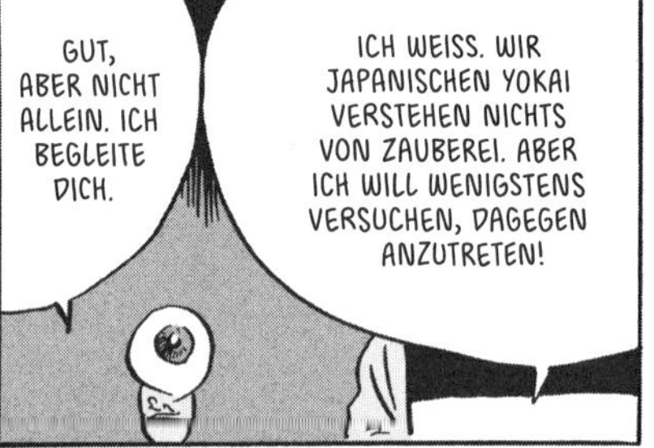
ICH WEISS. WIR JAPANISCHEN YOKAI VERSTEHEN NICHTS VON ZAUBEREI. ABER ICH WILL WENIGSTENS VERSUCHEN, DAGEGEN ANZUTRETEN!
GUT, ABER NICHT ALLEIN. ICH BEGLEITE DICH.

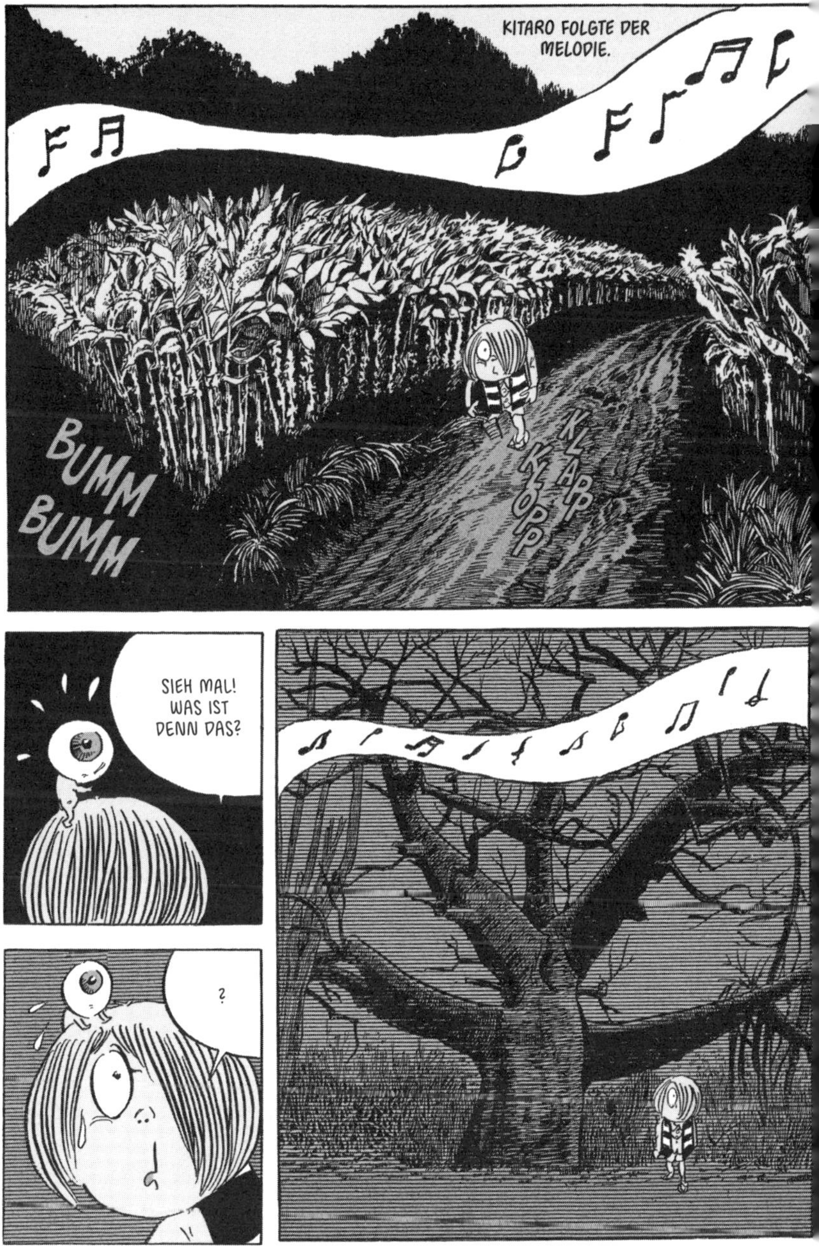

KITARO FOLGTE DER MELODIE.

BUMM BUMM

KLAPP KLOPP

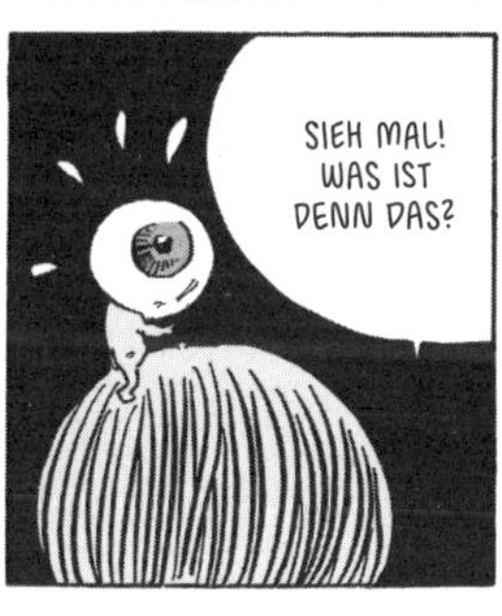

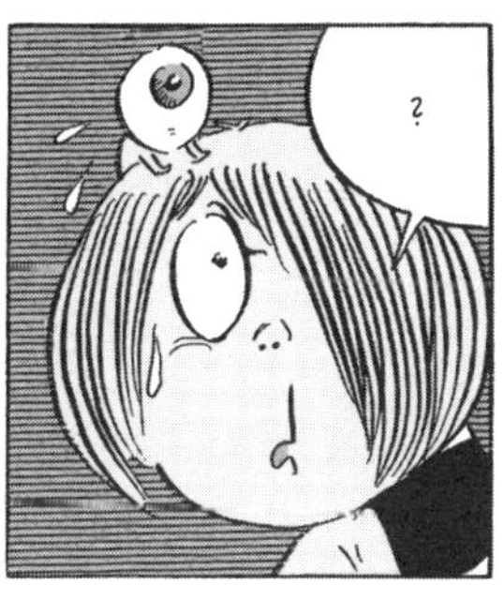

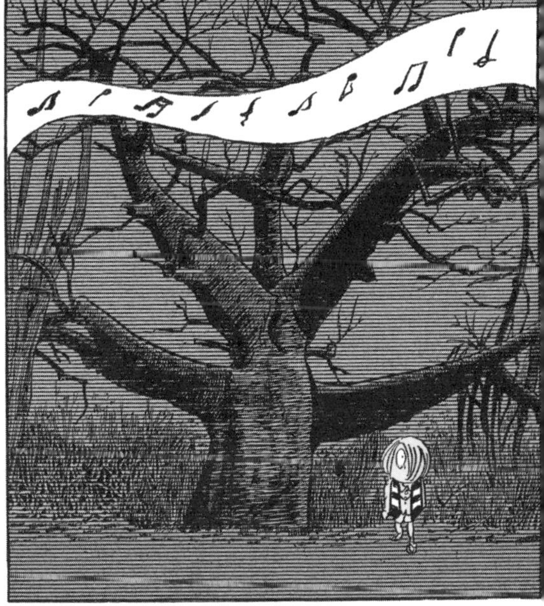

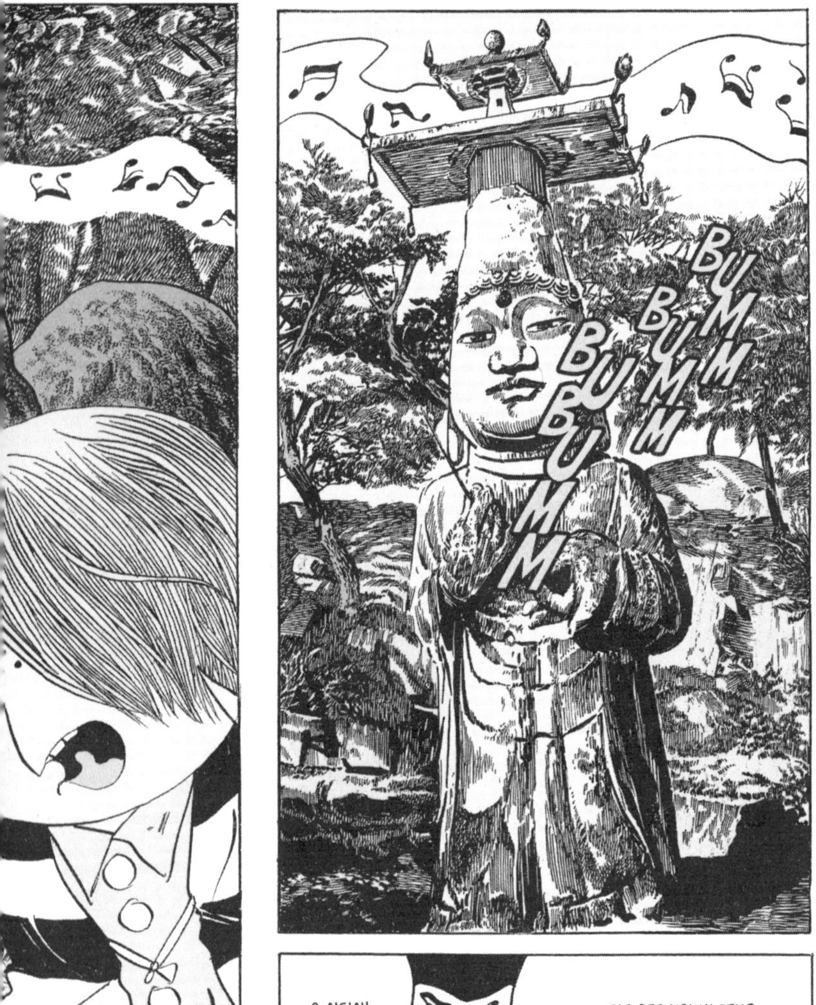

BUMM
BUMM
BUBUMM

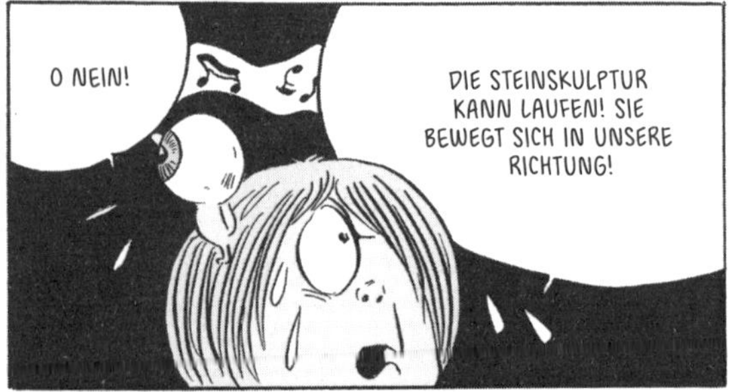

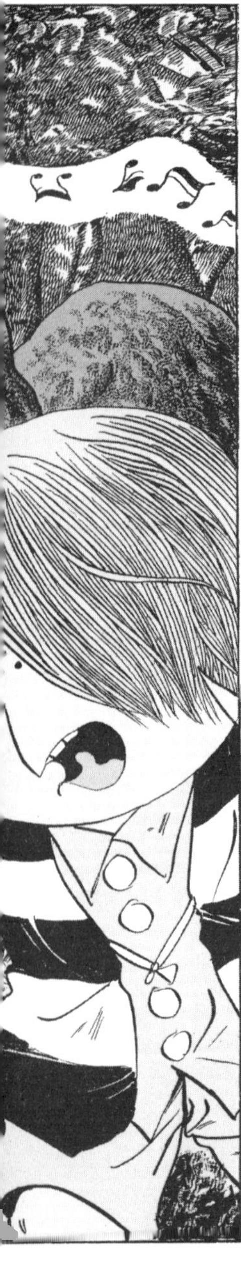

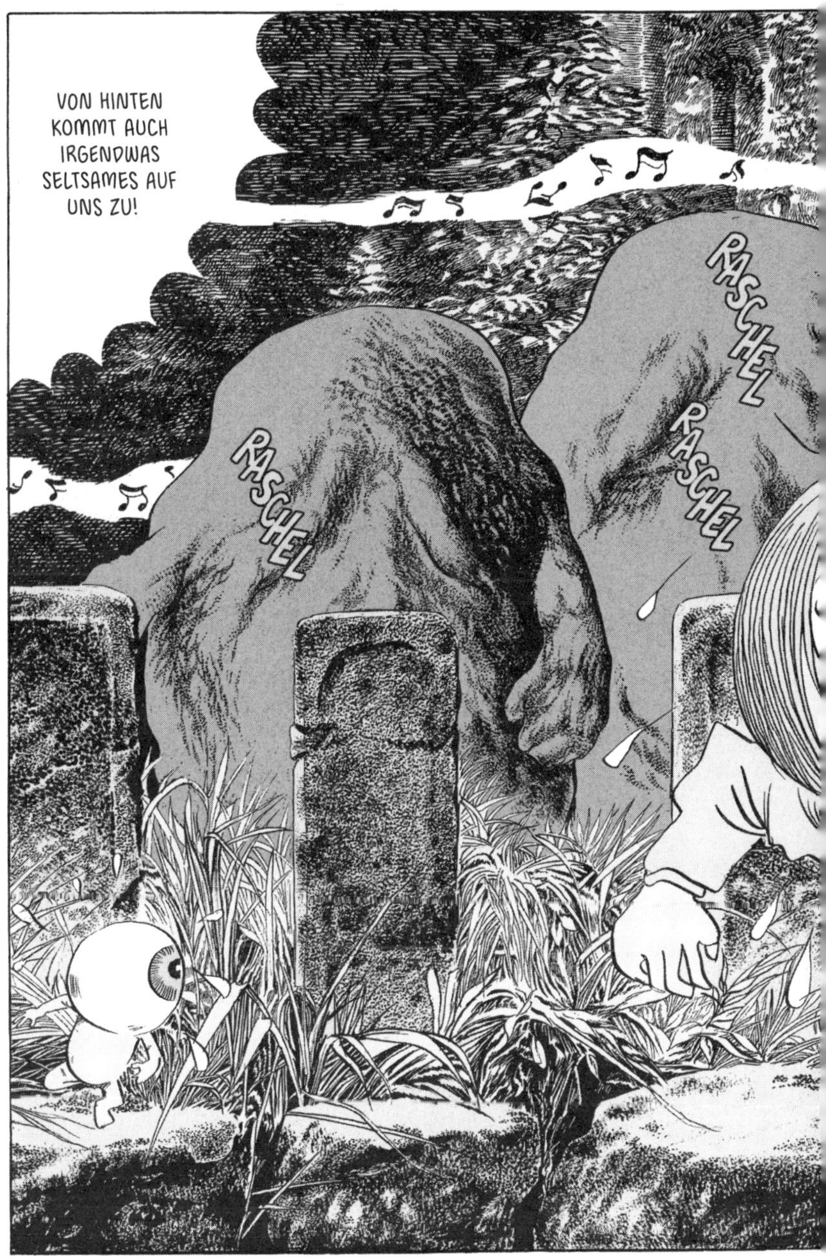
VON HINTEN KOMMT AUCH IRGENDWAS SELTSAMES AUF UNS ZU!
RASCHEL
RASCHEL
RASCHEL
RASCHEL

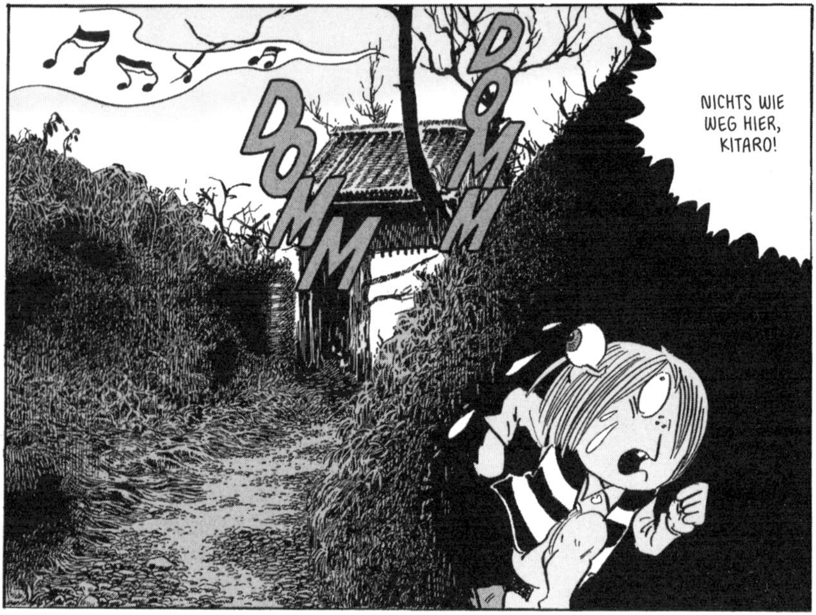

Koreanische Zauberei, Teil 1 – Ende

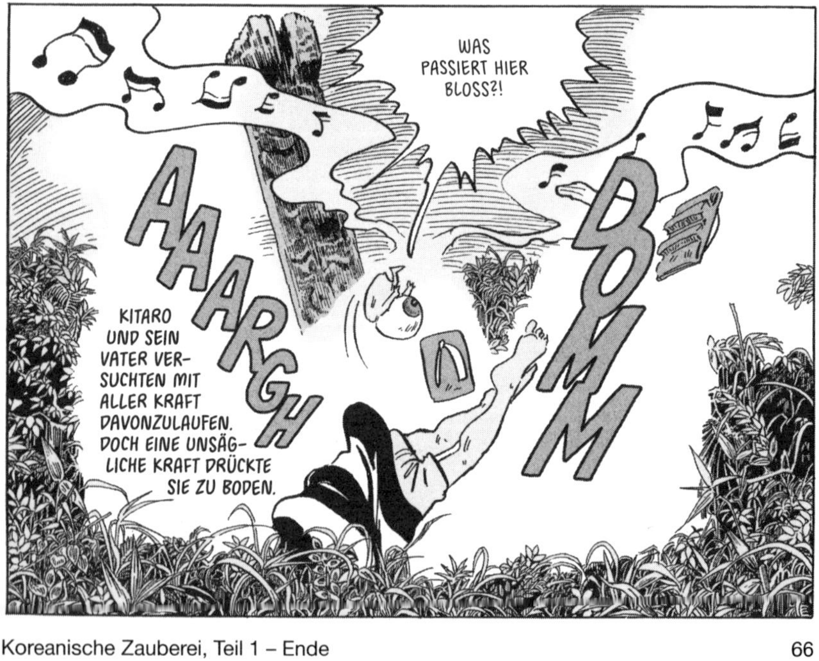

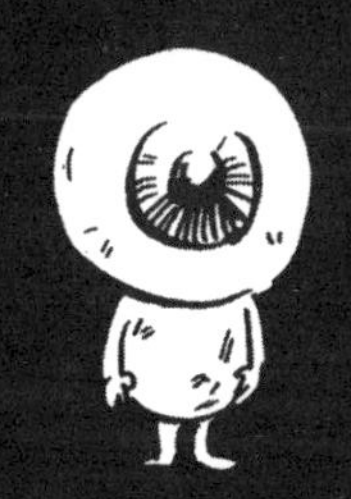

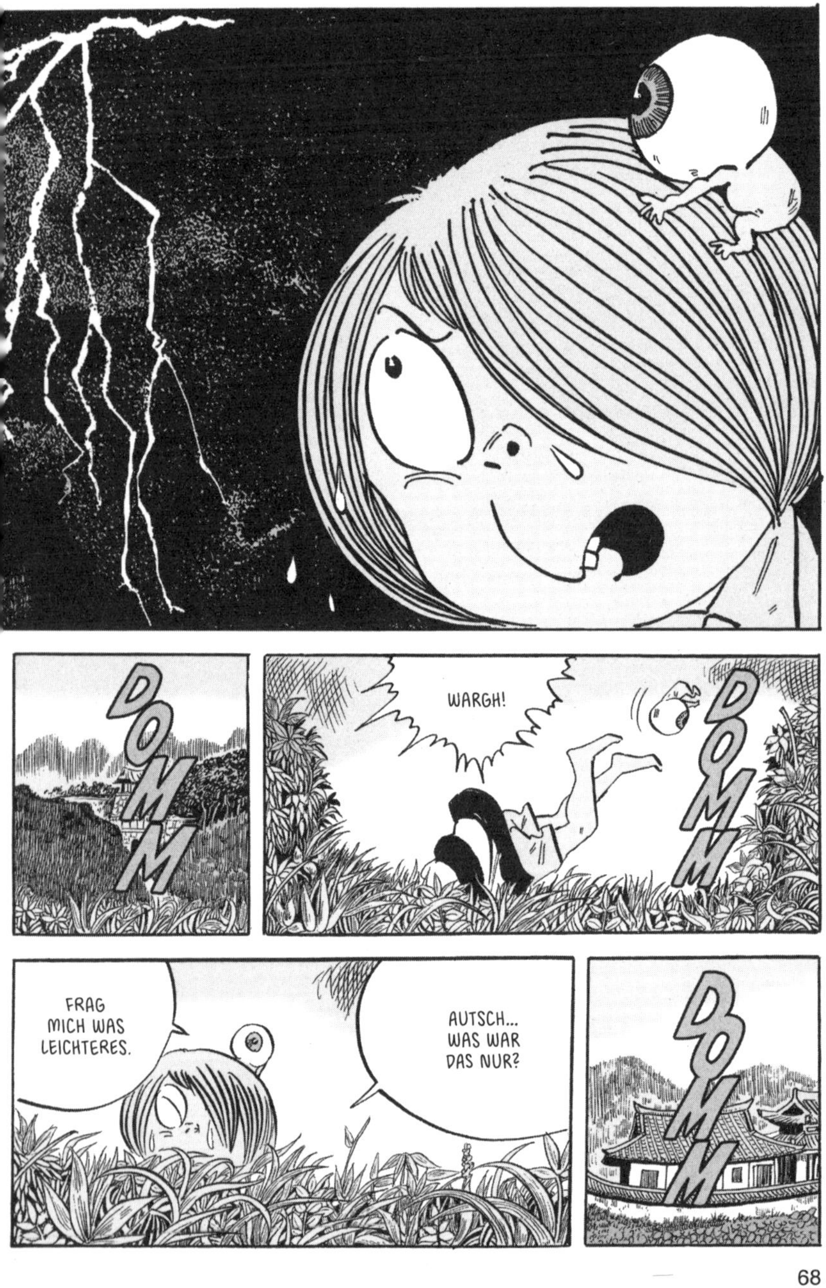

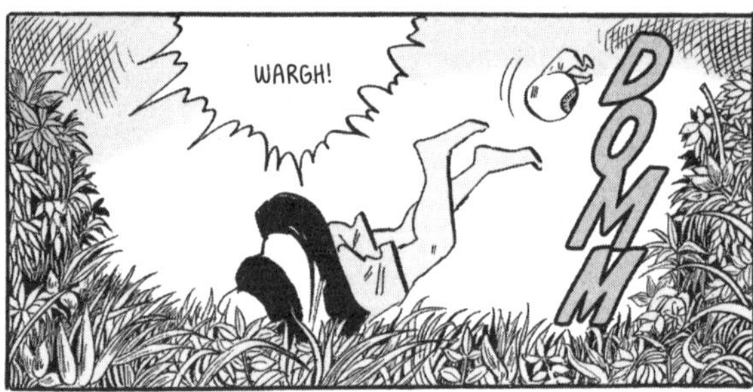
WARGH!
DOMM

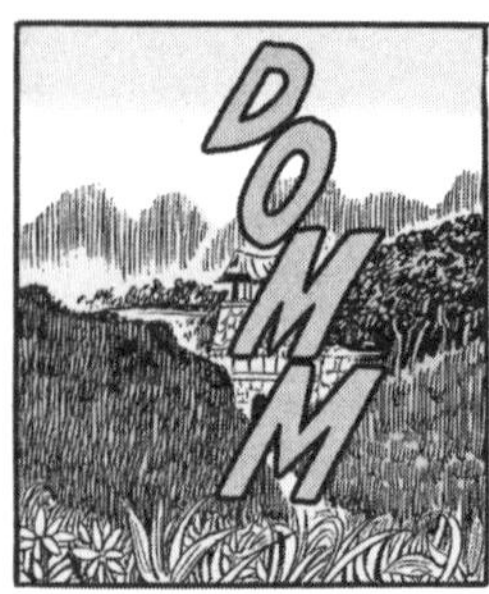
DOMM

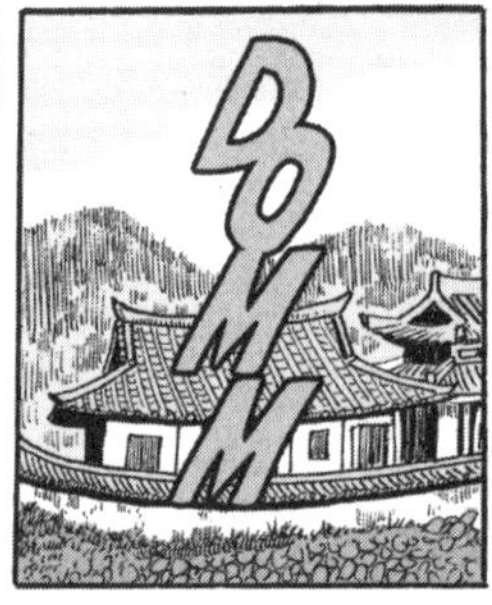
DOMM

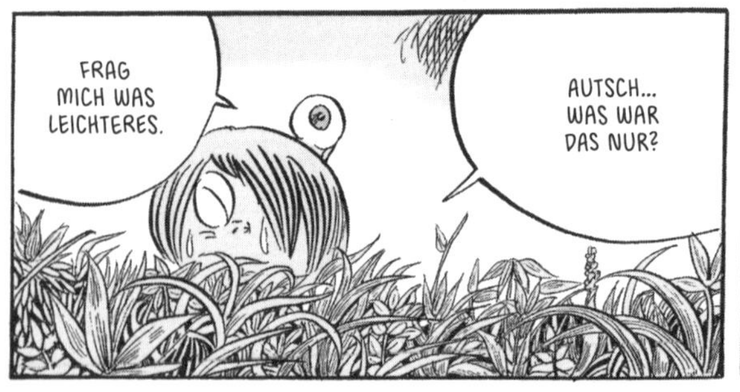
AUTSCH... WAS WAR DAS NUR?
FRAG MICH WAS LEICHTERES.

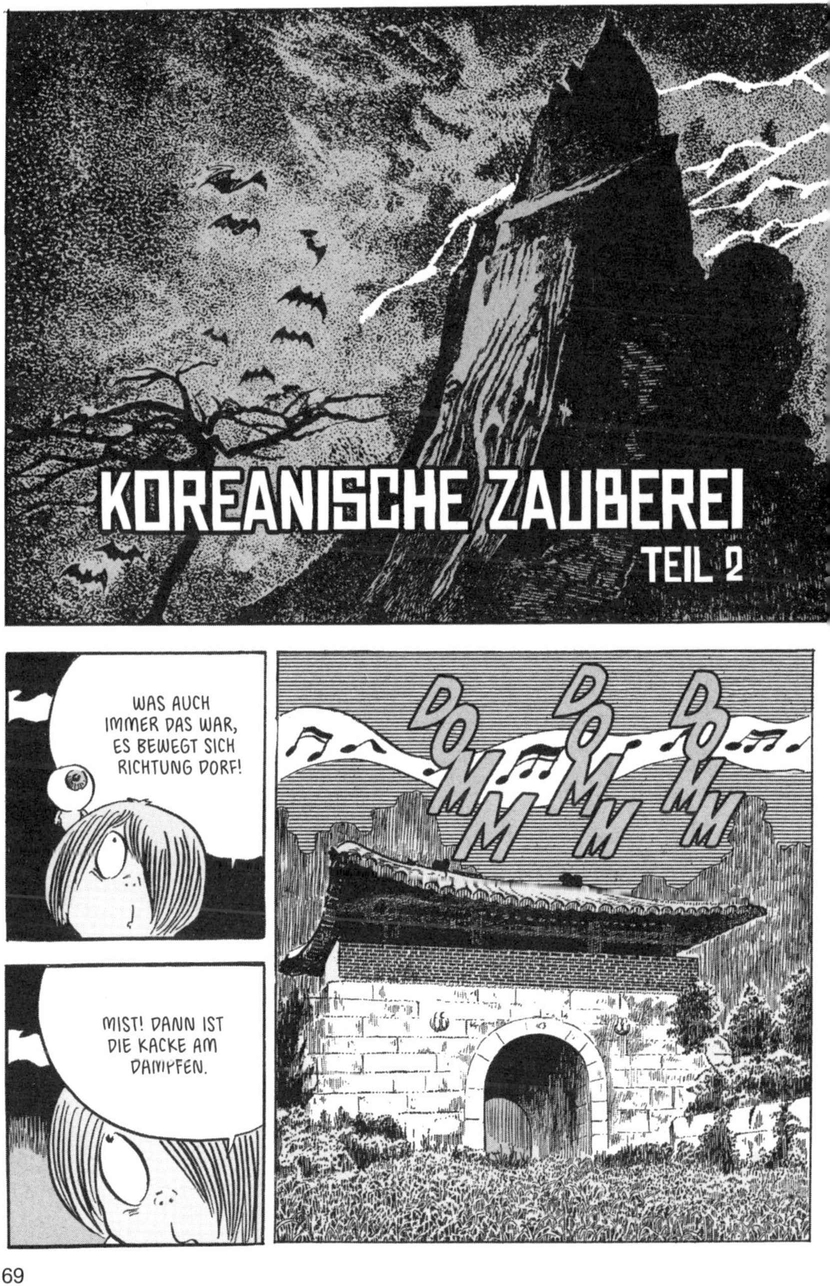

KOREANISCHE ZAUBEREI
TEIL 2

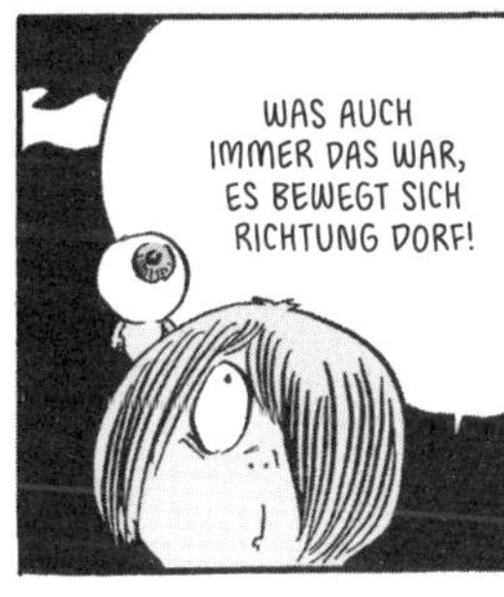

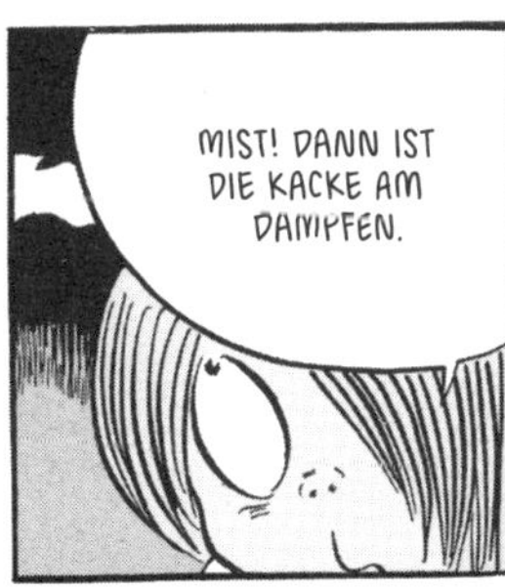

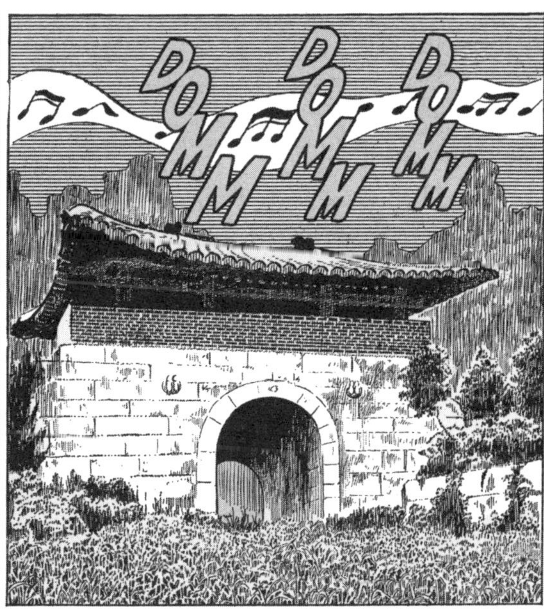

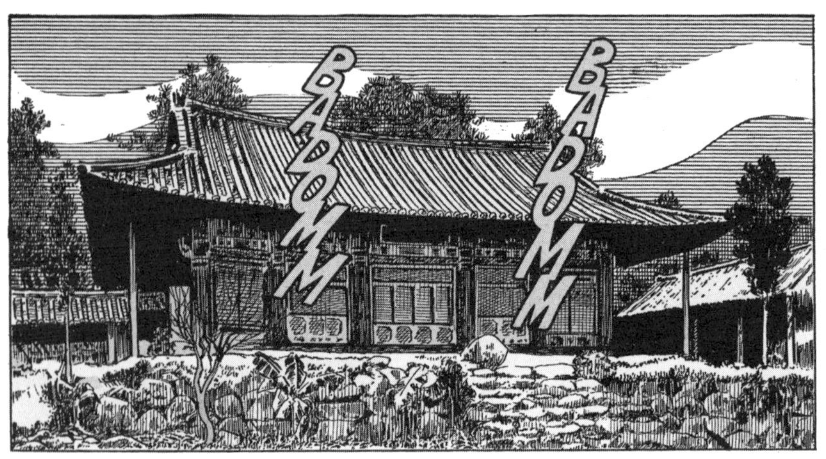
BADOMM
BADOMM

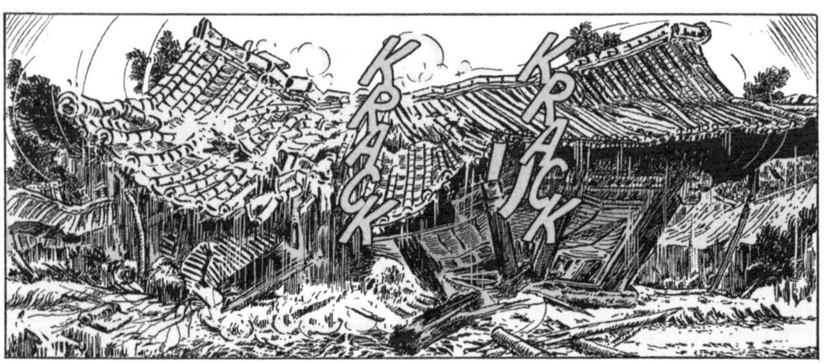
KRACK
KRACK

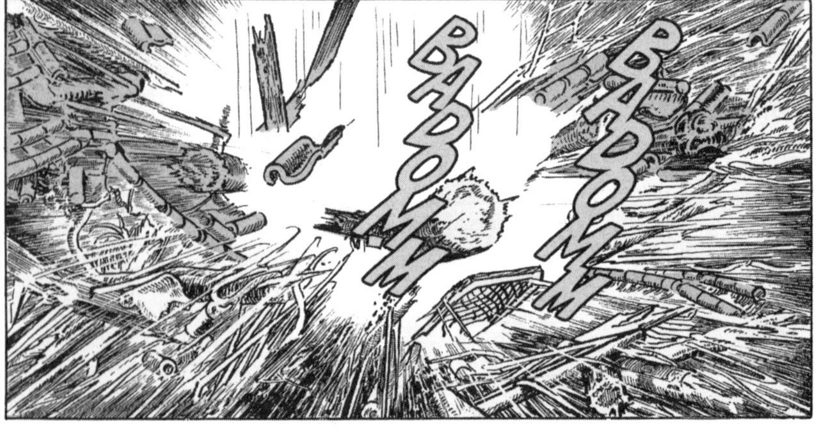
BADOMM
BADOMM

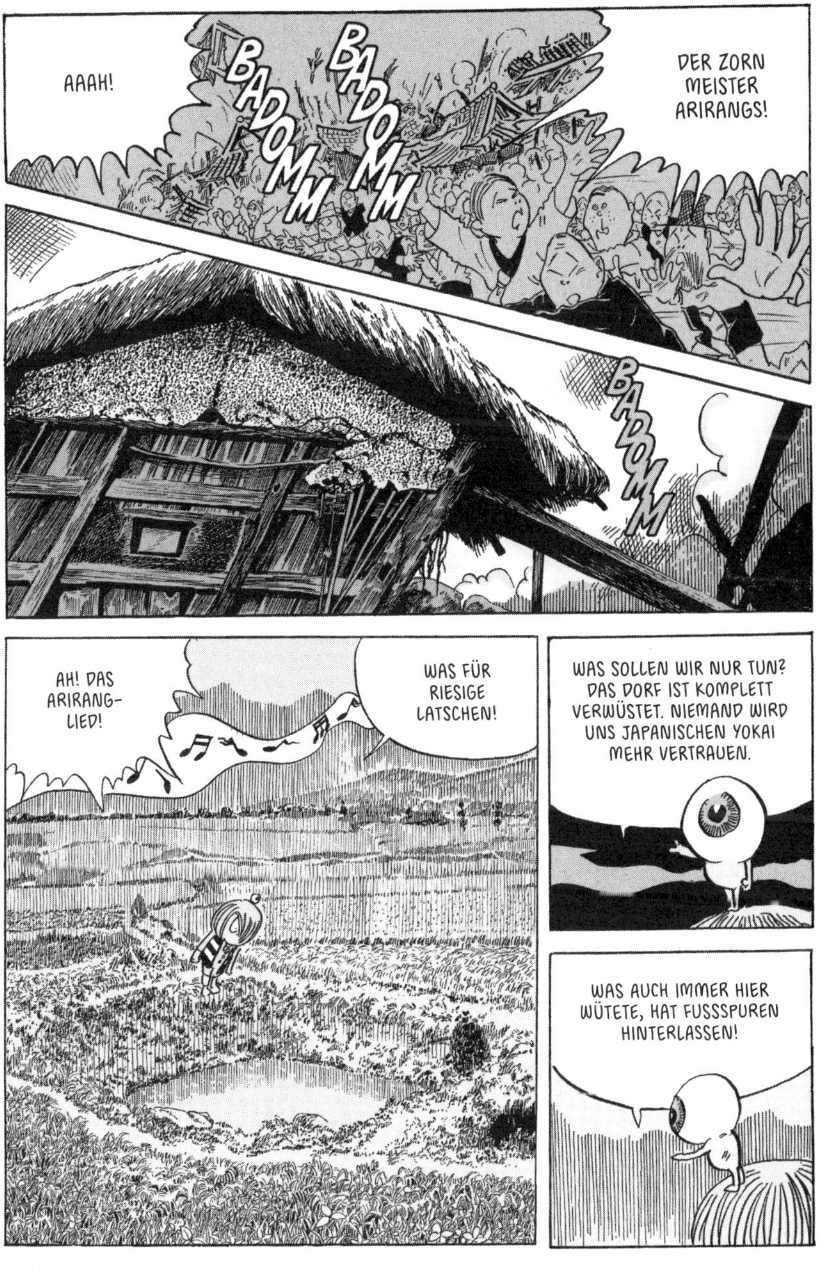

AAAH!

BADOMM BADOMM

DER ZORN MEISTER ARIRANGS!

BADOMM

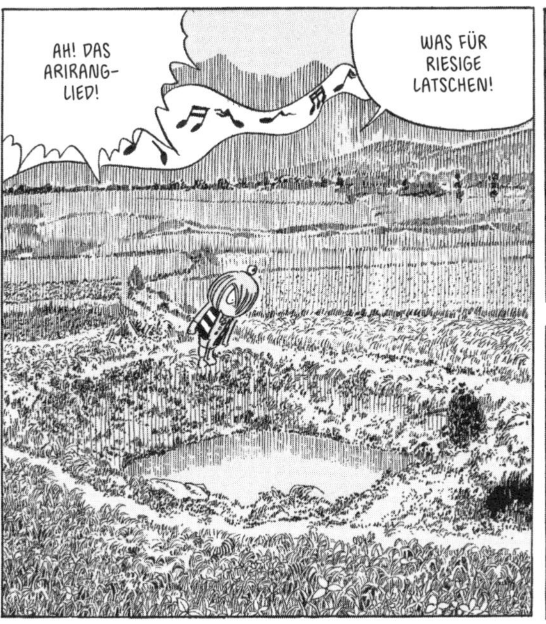

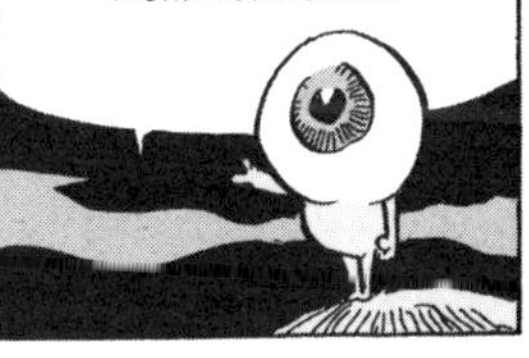

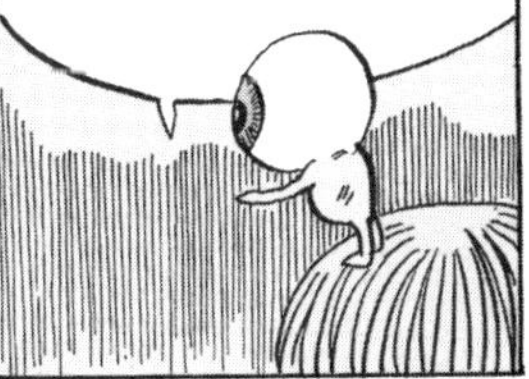

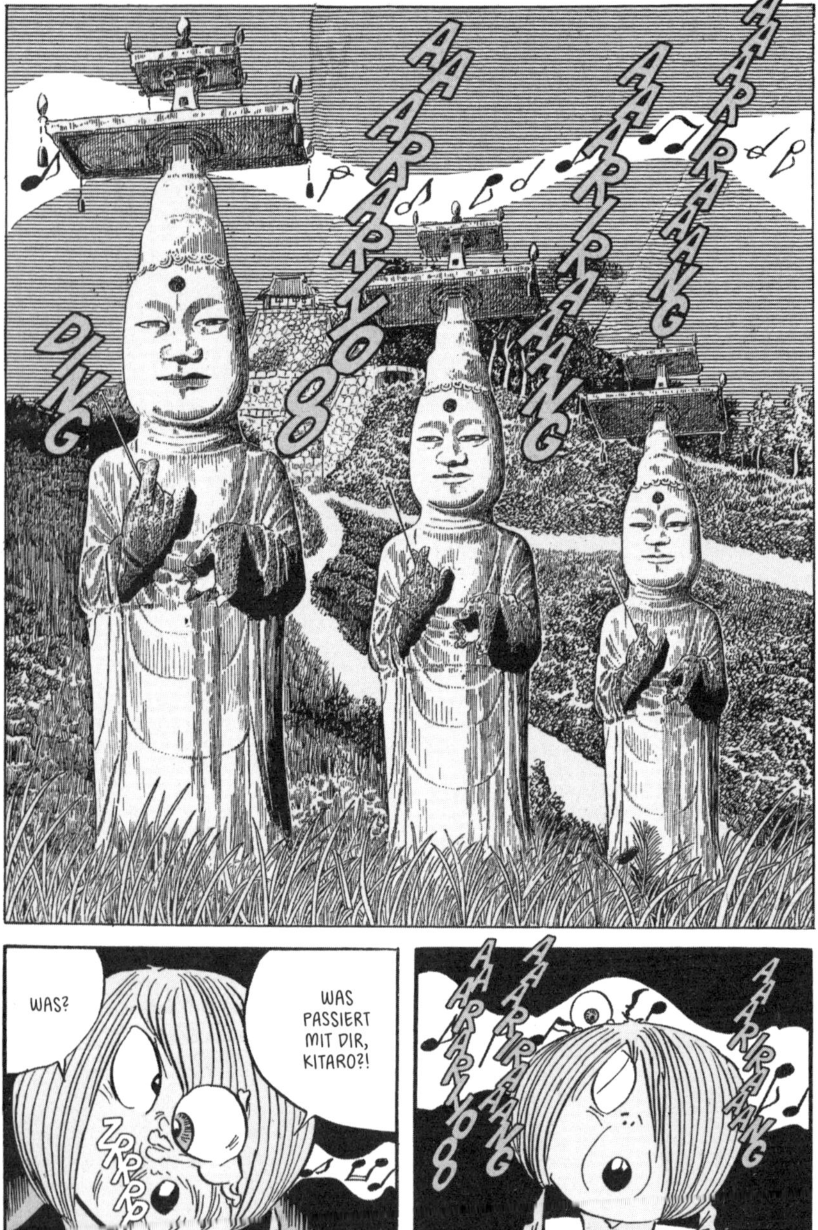

DING
AAARARIYO8
AAARIRAAANG
AAARIRAAANG

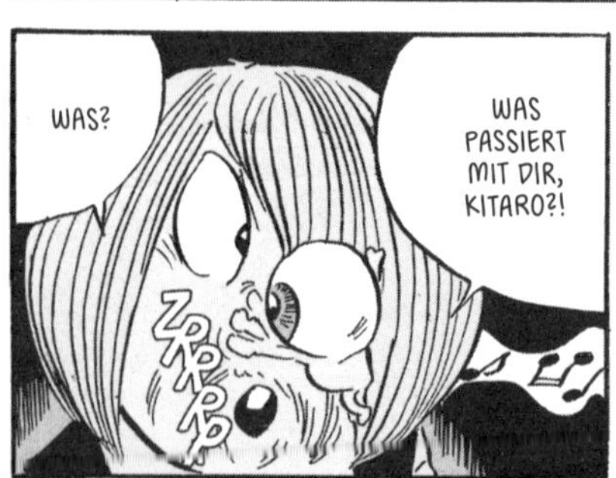

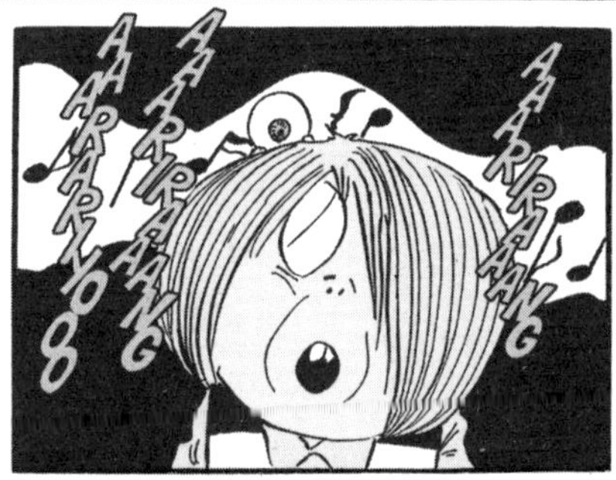

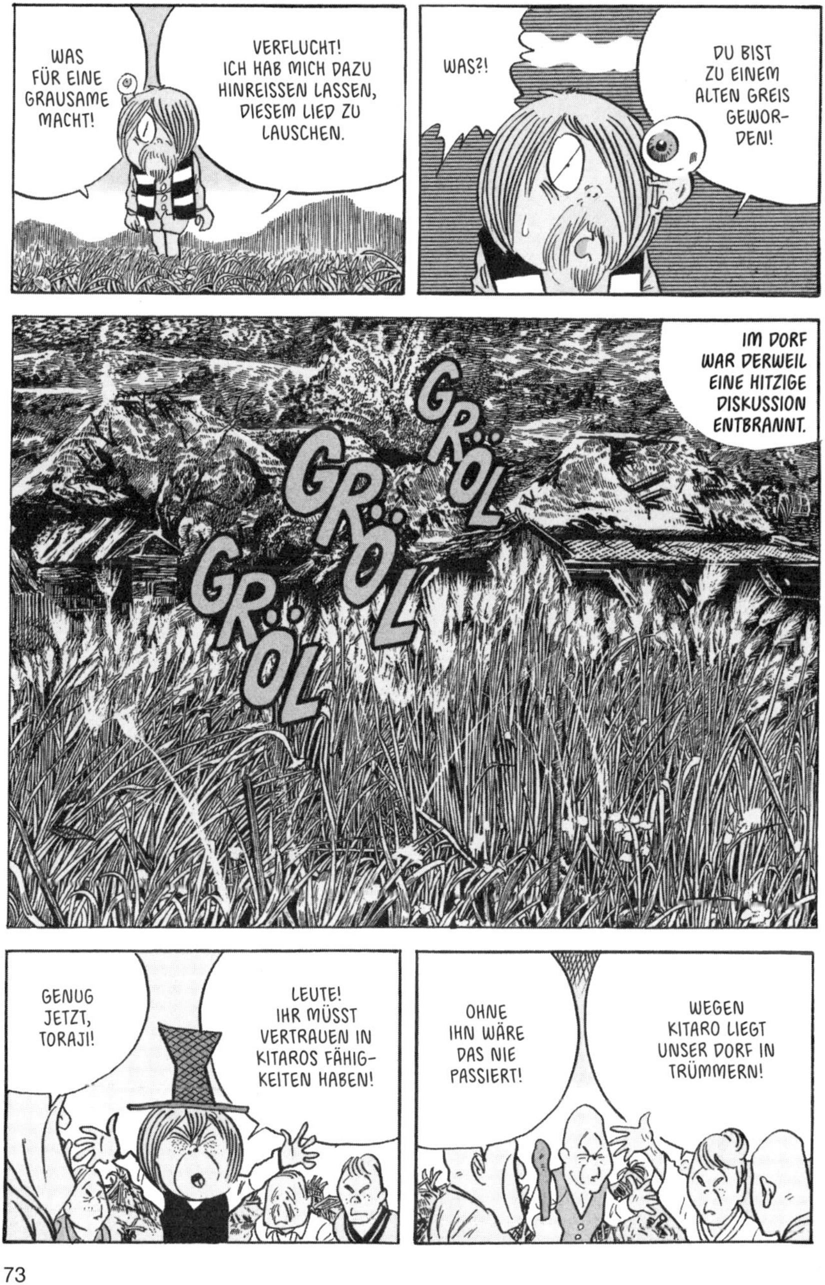

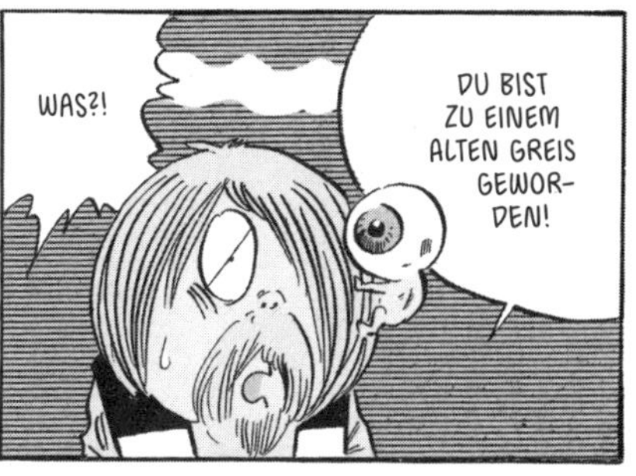
DU BIST ZU EINEM ALTEN GREIS GEWORDEN!
WAS?!

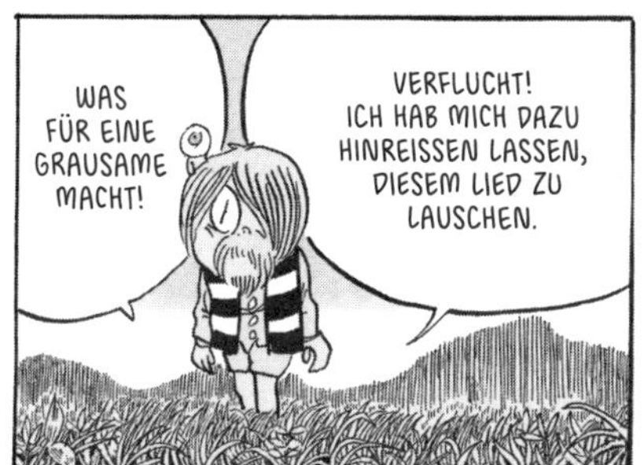
VERFLUCHT! ICH HAB MICH DAZU HINREISSEN LASSEN, DIESEM LIED ZU LAUSCHEN.
WAS FÜR EINE GRAUSAME MACHT!

IM DORF WAR DERWEIL EINE HITZIGE DISKUSSION ENTBRANNT.
GRÖL
GRÖL
GRÖL

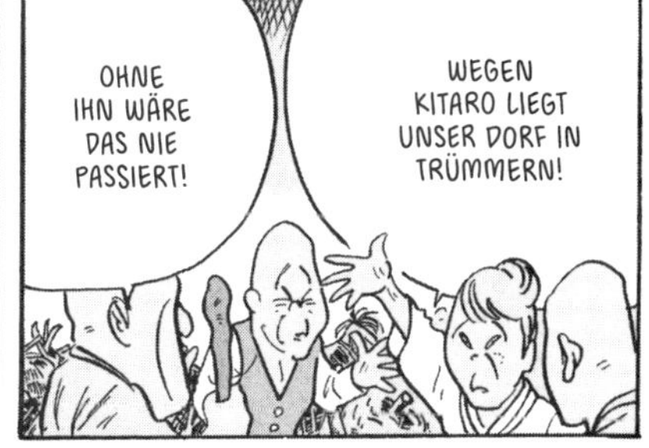
WEGEN KITARO LIEGT UNSER DORF IN TRÜMMERN!
OHNE IHN WÄRE DAS NIE PASSIERT!

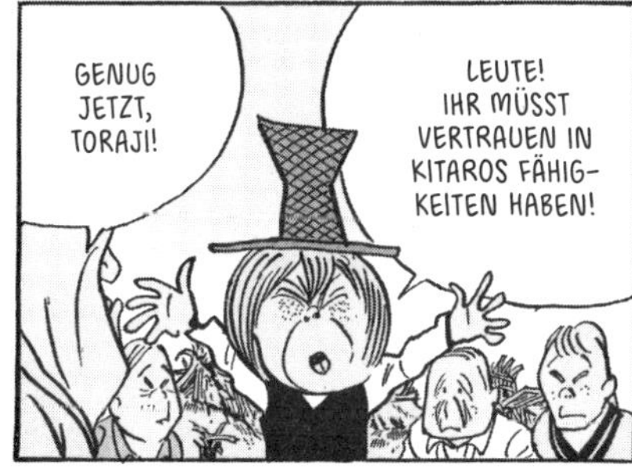
LEUTE! IHR MÜSST VERTRAUEN IN KITAROS FÄHIGKEITEN HABEN!
GENUG JETZT, TORAJI!

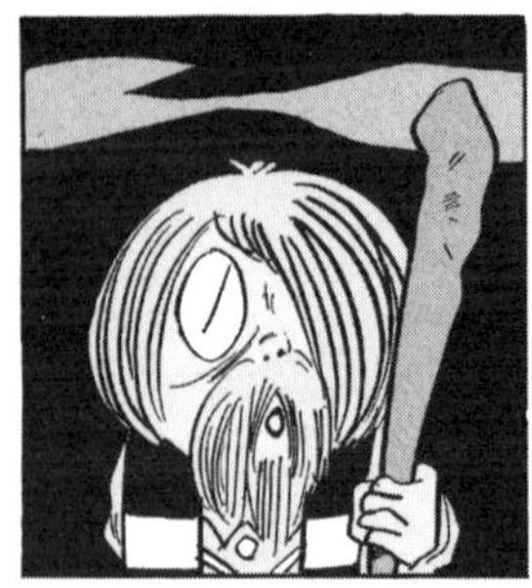

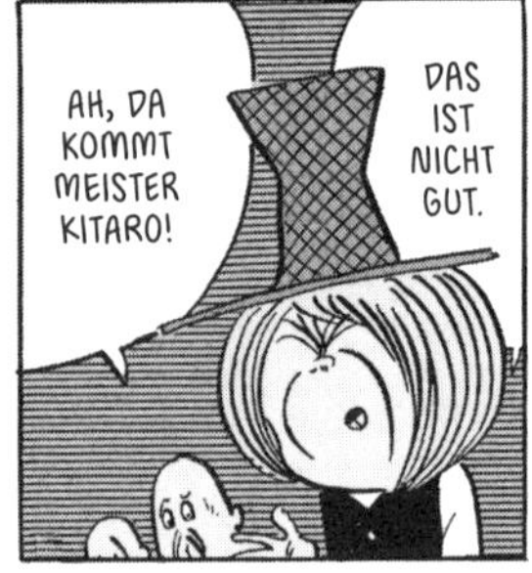

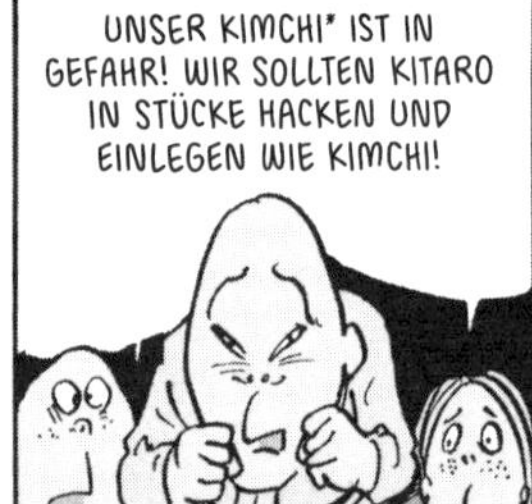

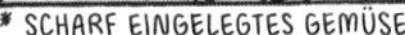
* SCHARF EINGELEGTES GEMÜSE

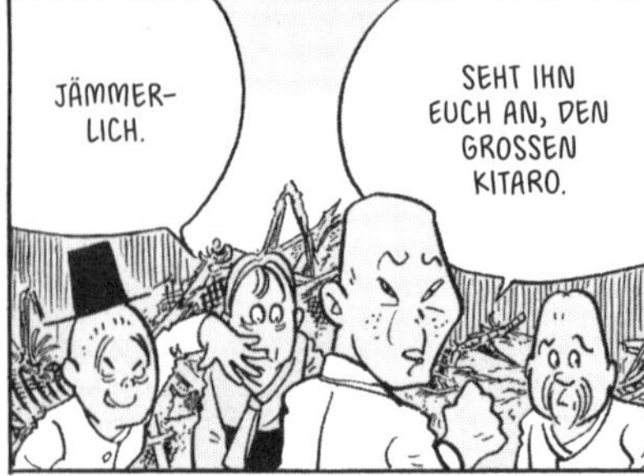

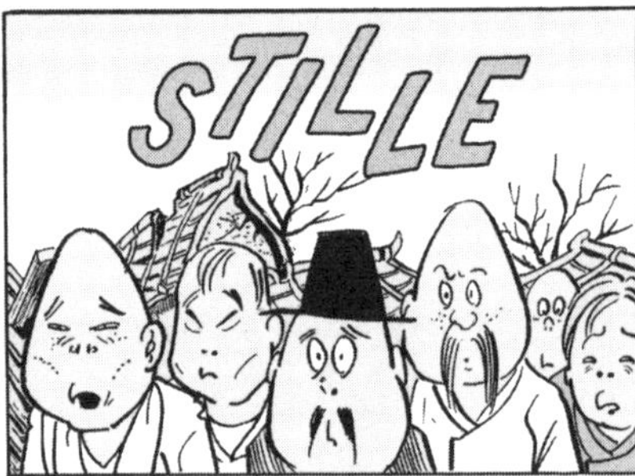

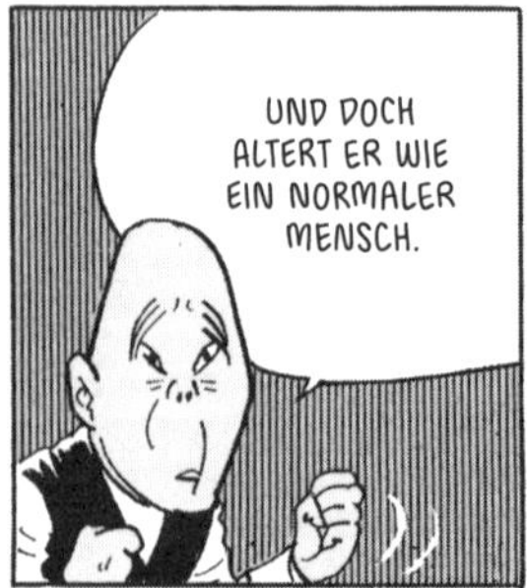

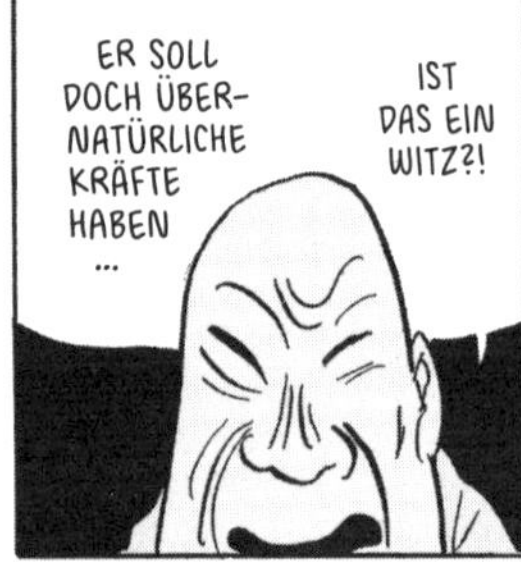

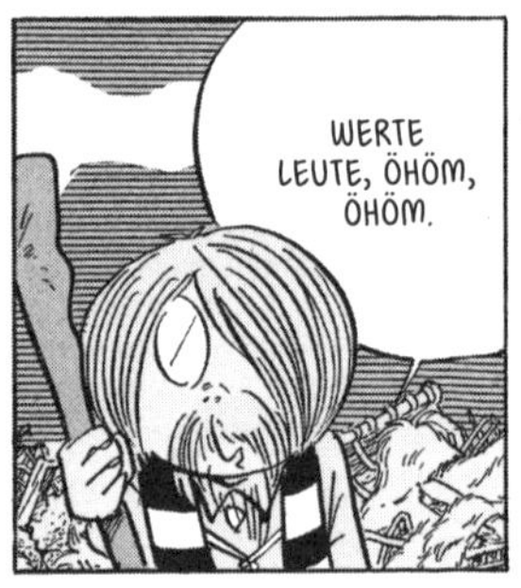

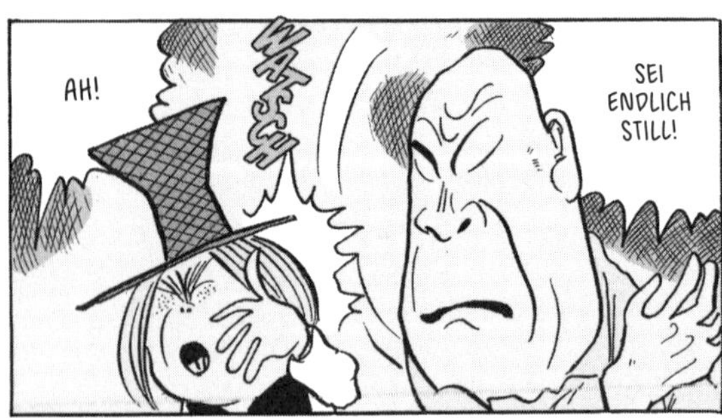

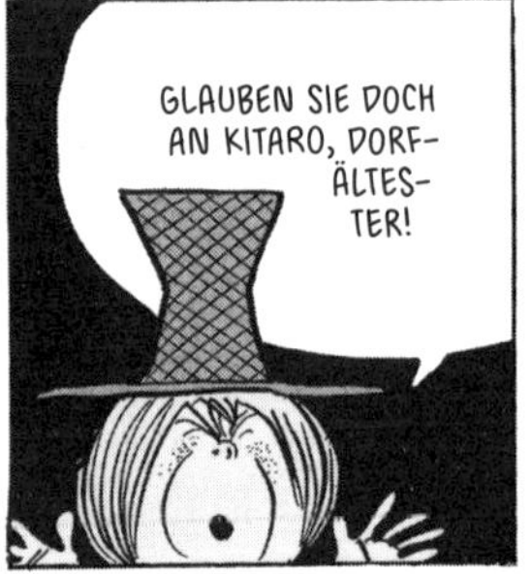

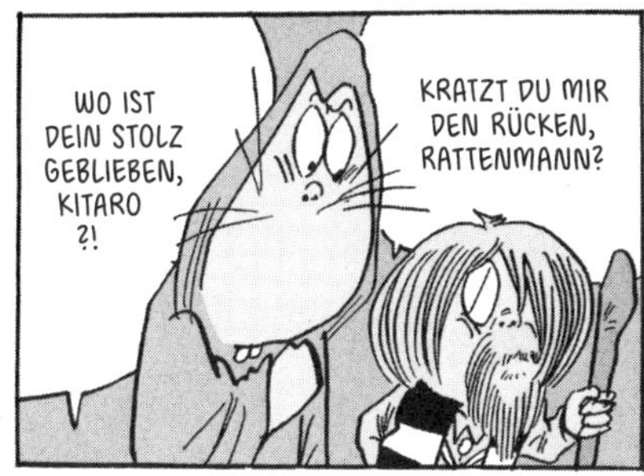
WO IST DEIN STOLZ GEBLIEBEN, KITARO ?!
KRATZT DU MIR DEN RÜCKEN, RATTENMANN?

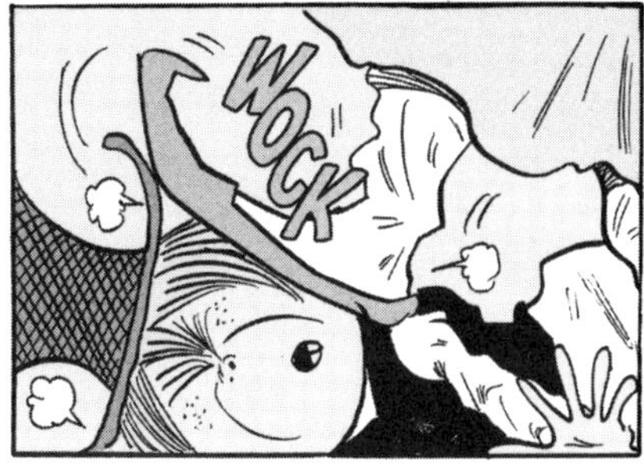
WOCK

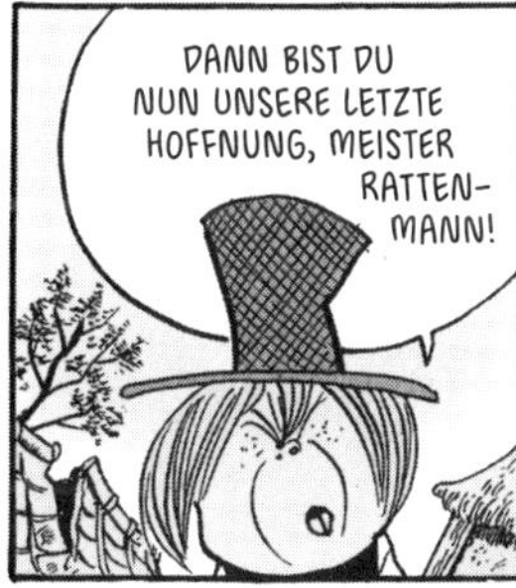
DANN BIST DU NUN UNSERE LETZTE HOFFNUNG, MEISTER RATTEN-MANN!

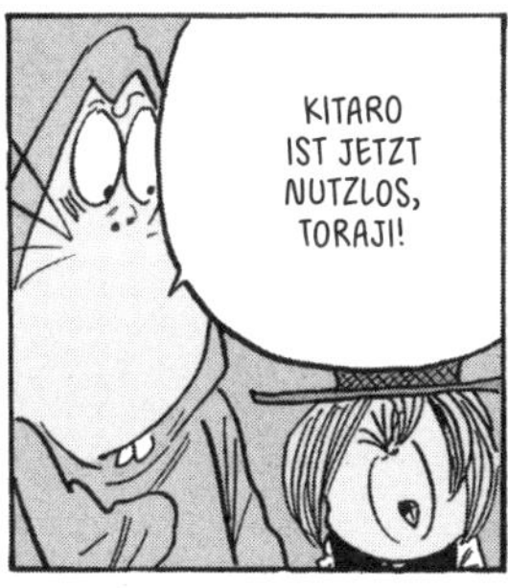
KITARO IST JETZT NUTZLOS, TORAJI!

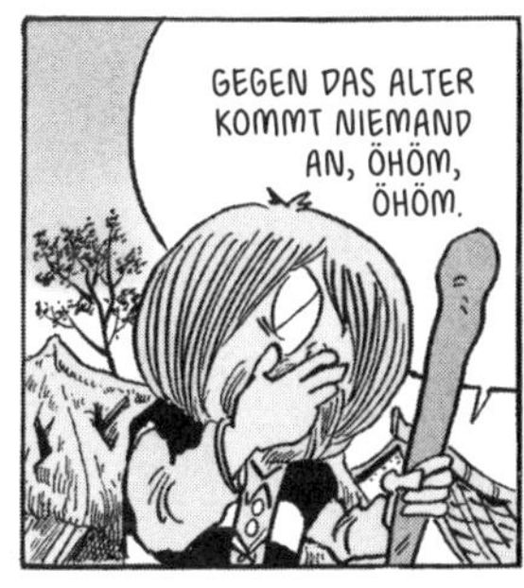
GEGEN DAS ALTER KOMMT NIEMAND AN, ÖHÖM, ÖHÖM.

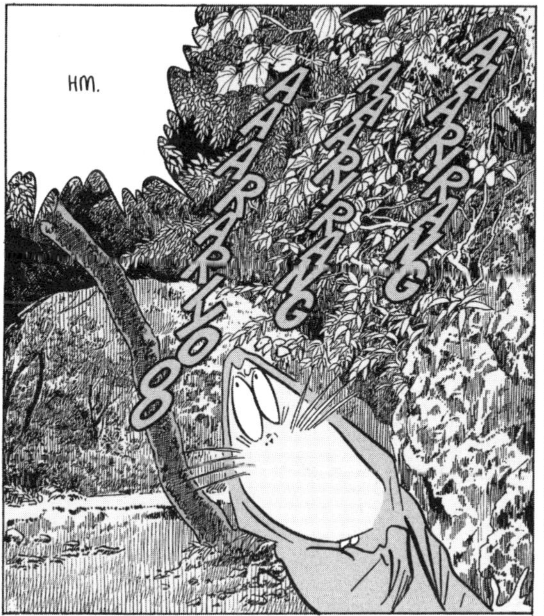
HM.

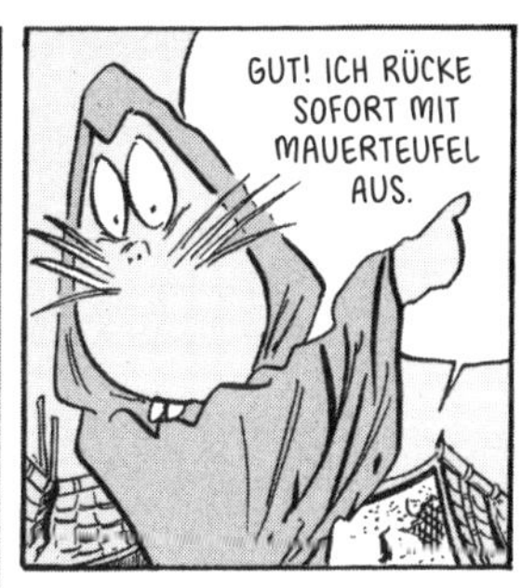
GUT! ICH RÜCKE SOFORT MIT MAUERTEUFEL AUS.

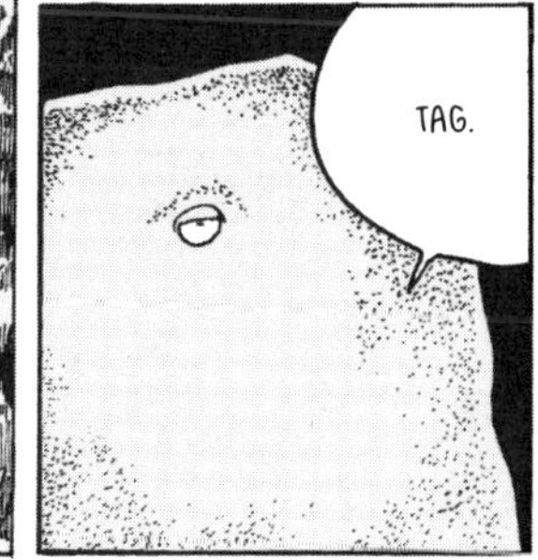
TAG.

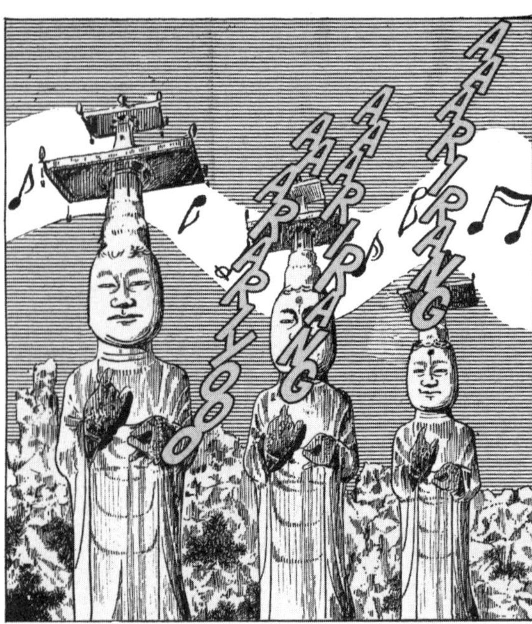
AAARIRANG
AAARIRANG
AAARARIYOOO

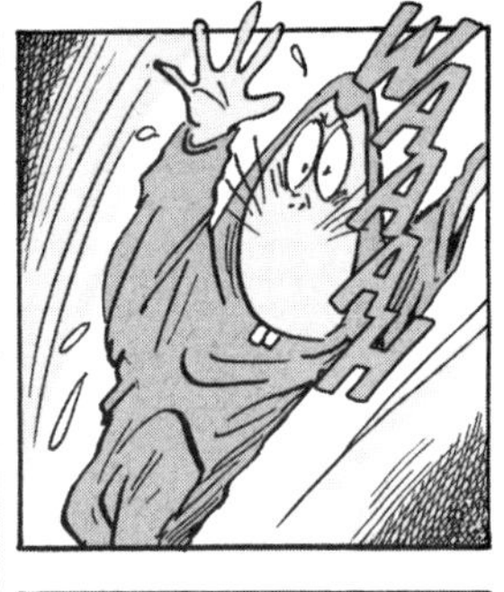
WAAAAH

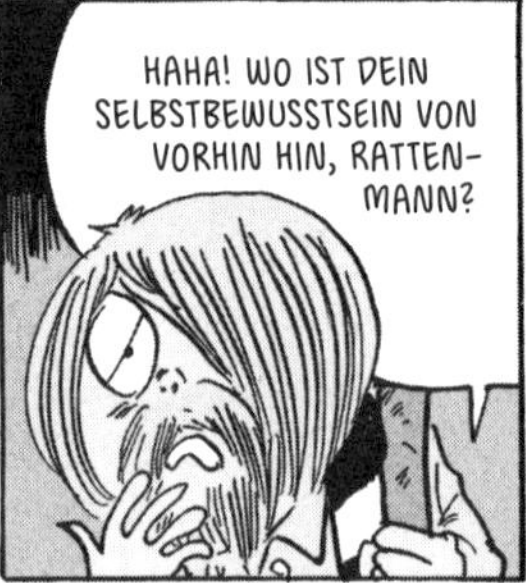
HAHA! WO IST DEIN SELBSTBEWUSSTSEIN VON VORHIN HIN, RATTEN-MANN?

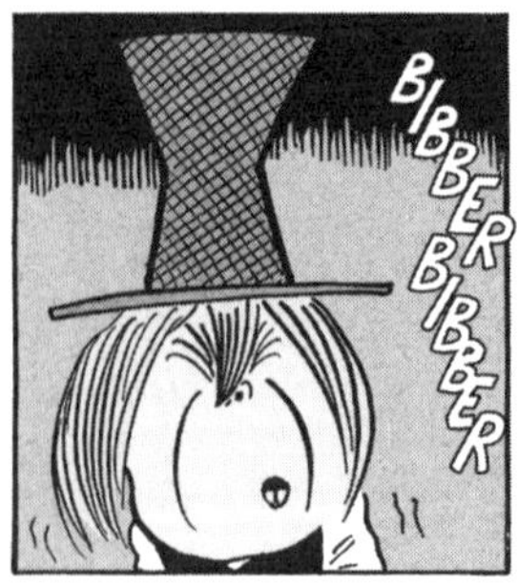
BIBBER BIBBER

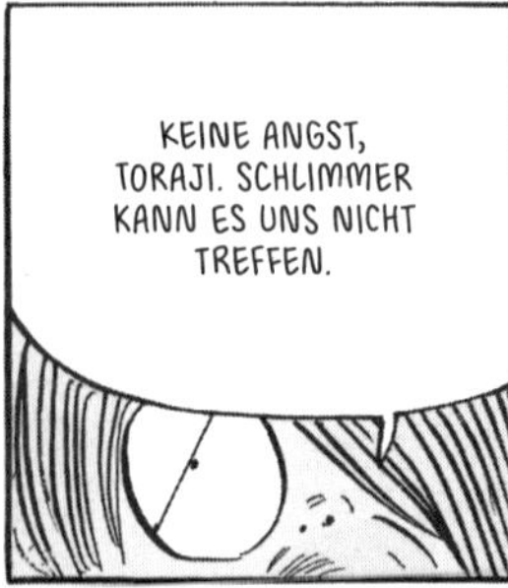
KEINE ANGST, TORAJI. SCHLIMMER KANN ES UNS NICHT TREFFEN.

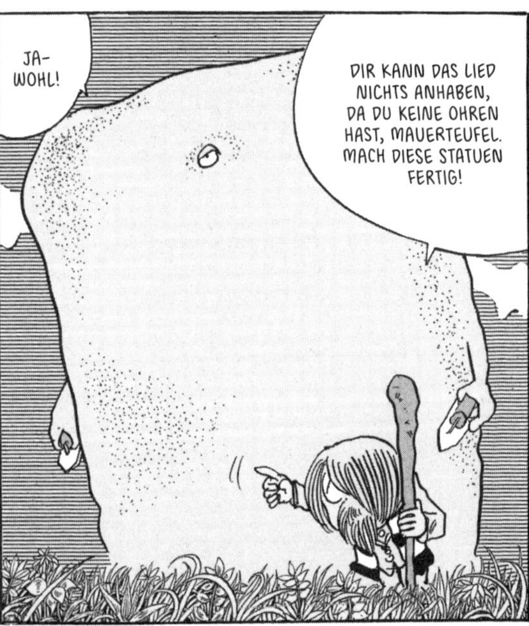
DIR KANN DAS LIED NICHTS ANHABEN, DA DU KEINE OHREN HAST, MAUERTEUFEL. MACH DIESE STATUEN FERTIG!
JA-WOHL!

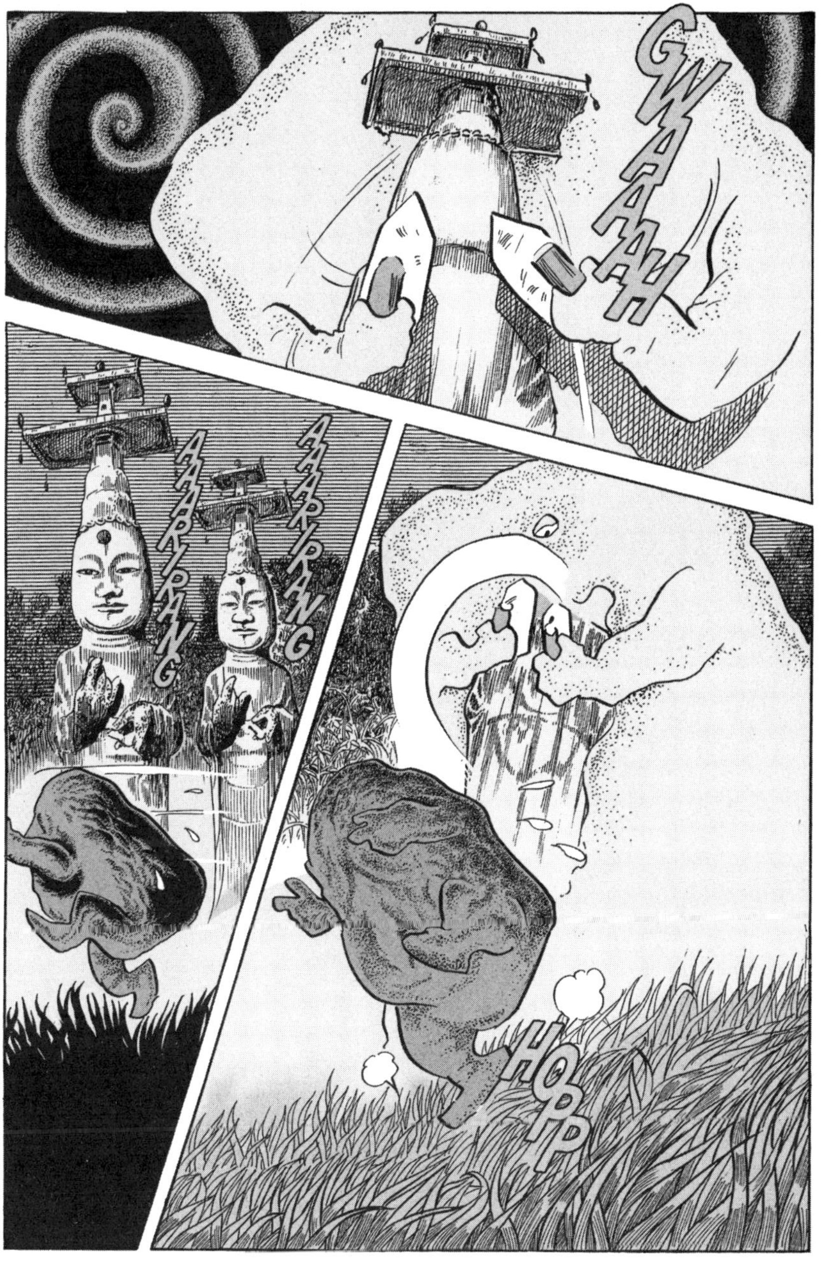
GWAAAAH
AAARIRANG
AAARIRANG
HOPP

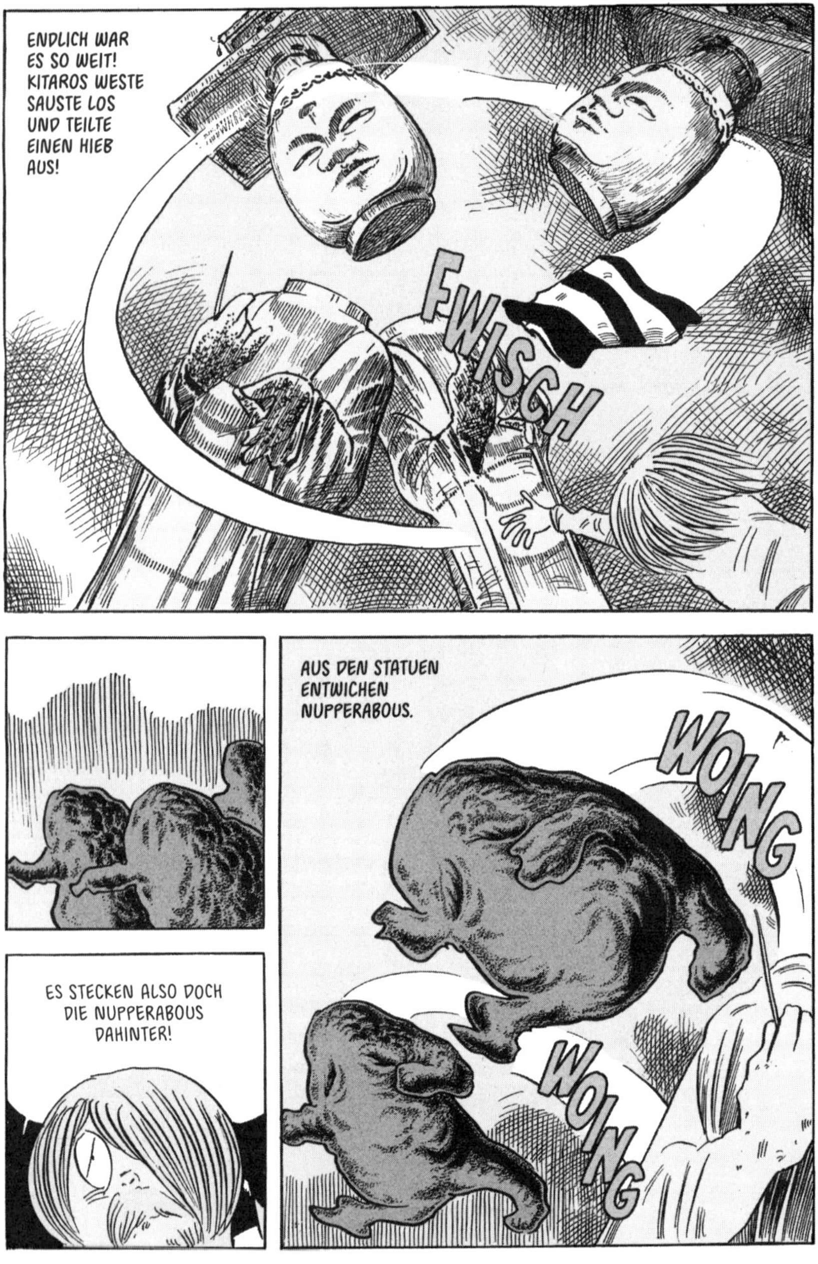

ENDLICH WAR ES SO WEIT! KITAROS WESTE SAUSTE LOS UND TEILTE EINEN HIEB AUS!

FWISCH

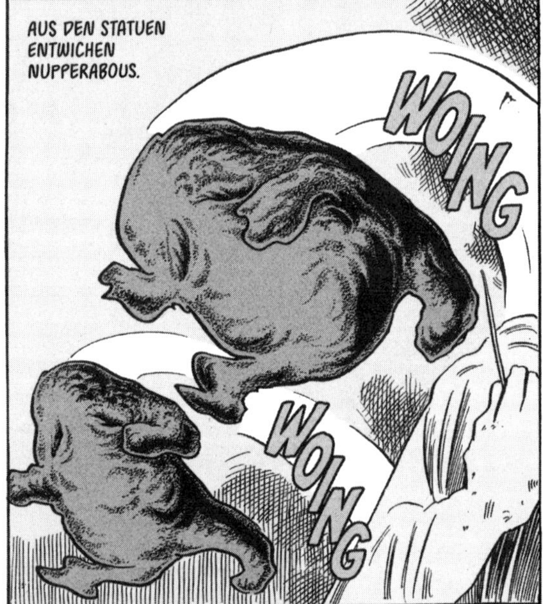

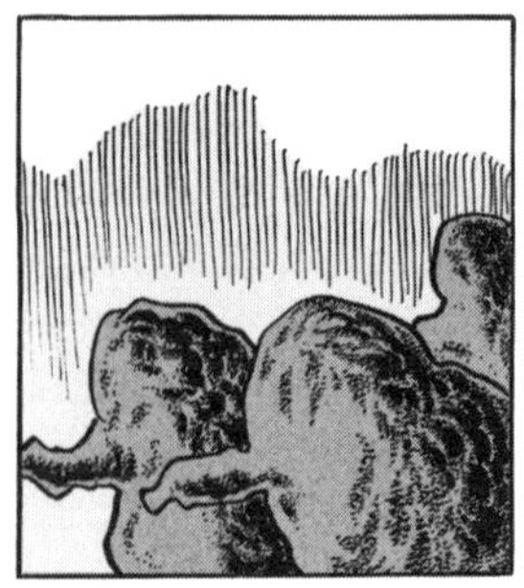

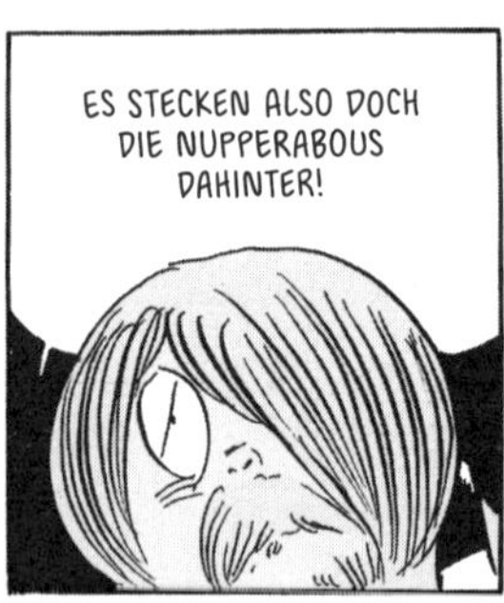

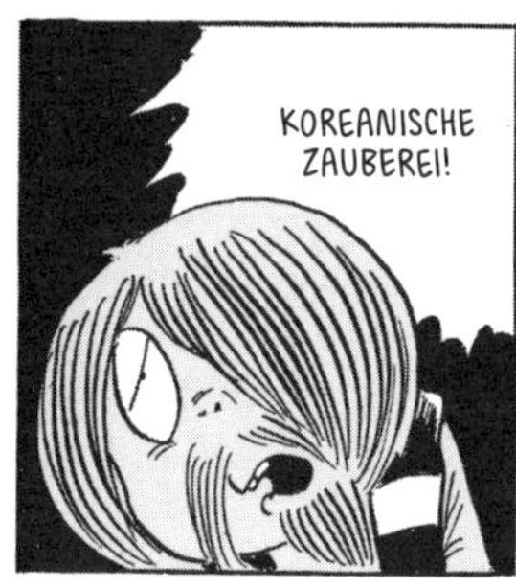

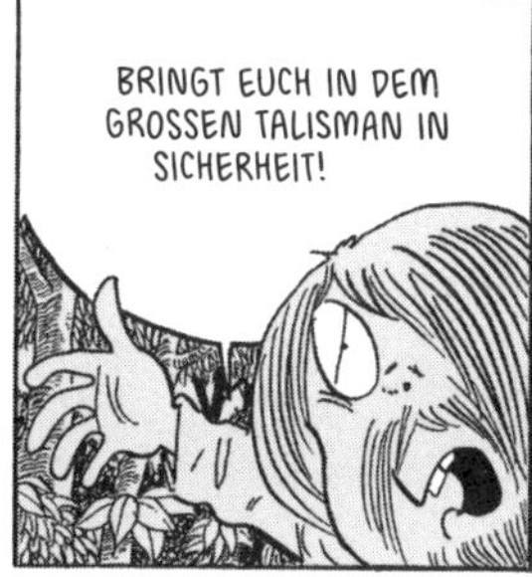

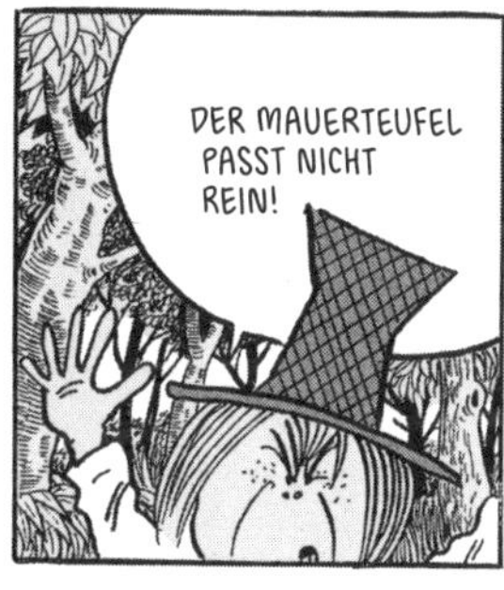

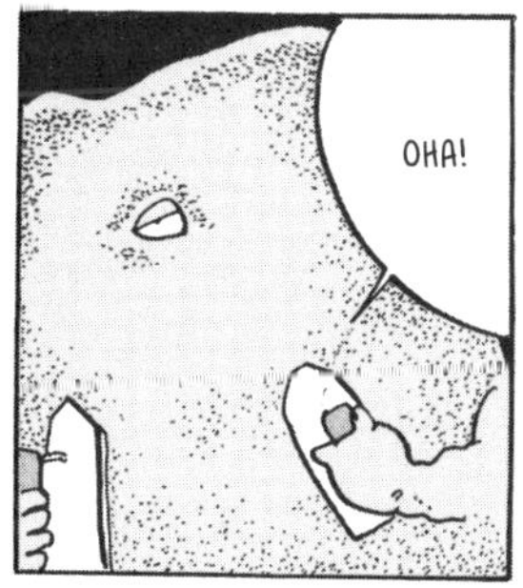

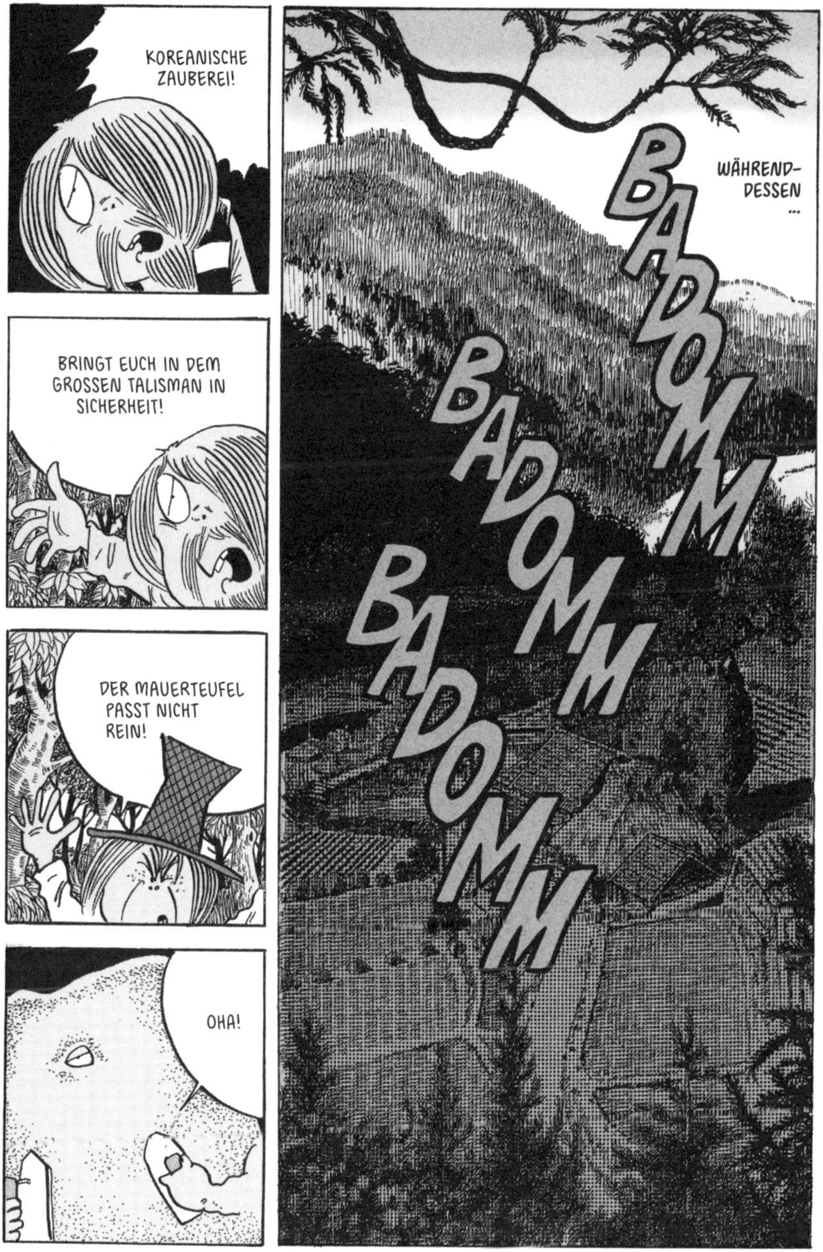

WÄHREND-DESSEN ...

BADOMM

BADOMM

BADOMM

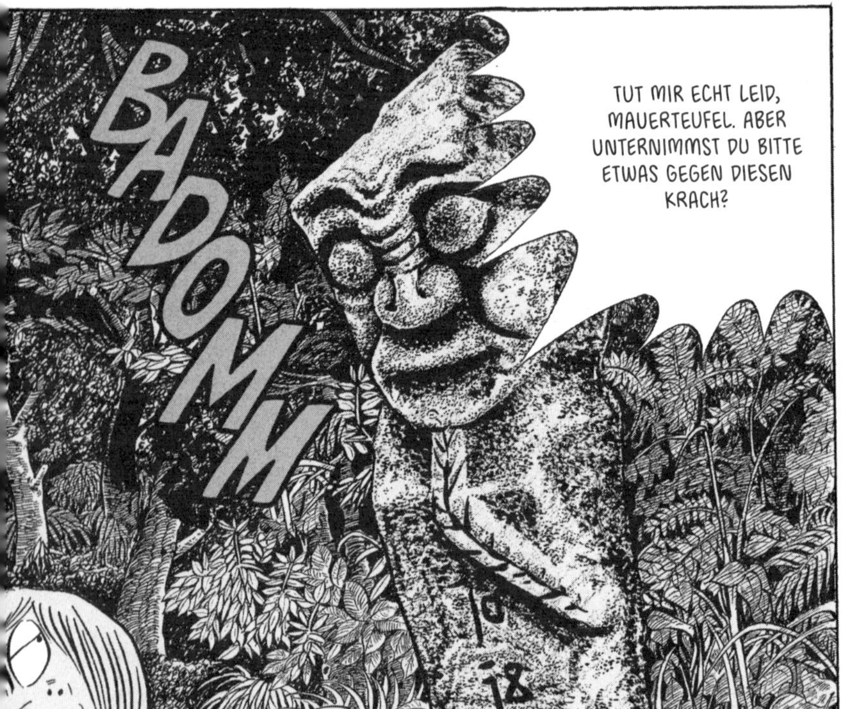

BADOMM
TUT MIR ECHT LEID, MAUERTEUFEL. ABER UNTERNIMMST DU BITTE ETWAS GEGEN DIESEN KRACH?

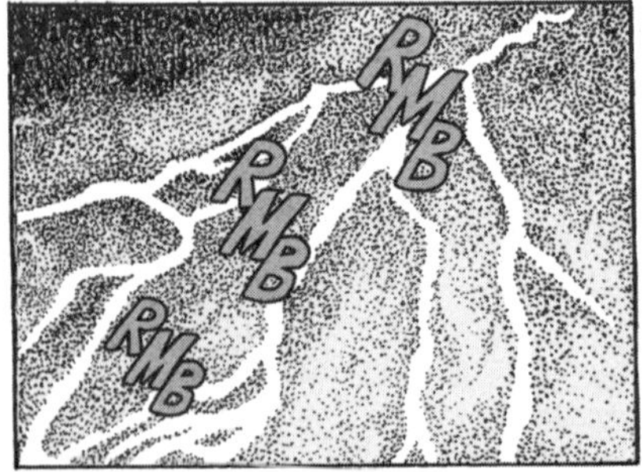
RMB
RMB
RMB

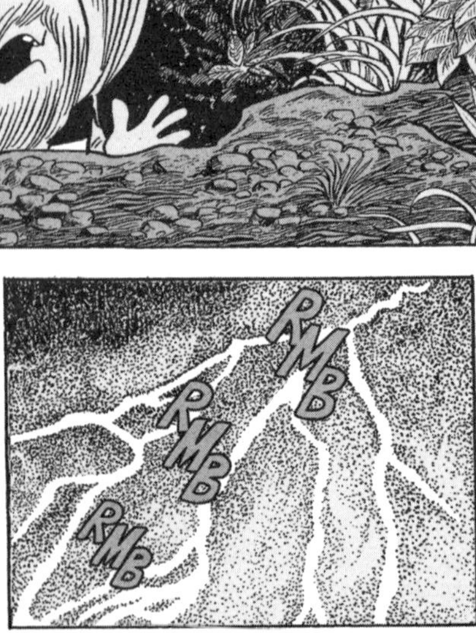

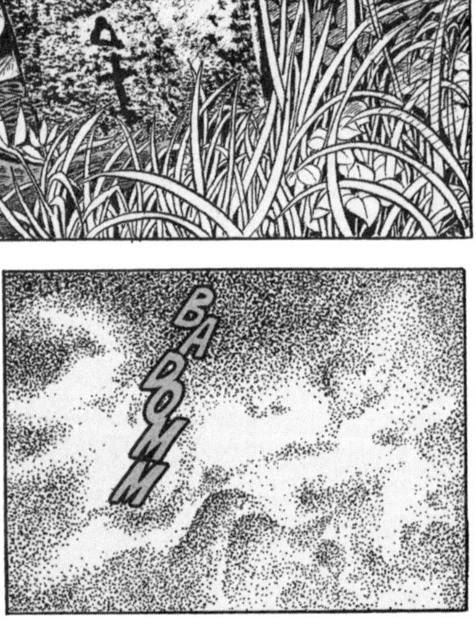

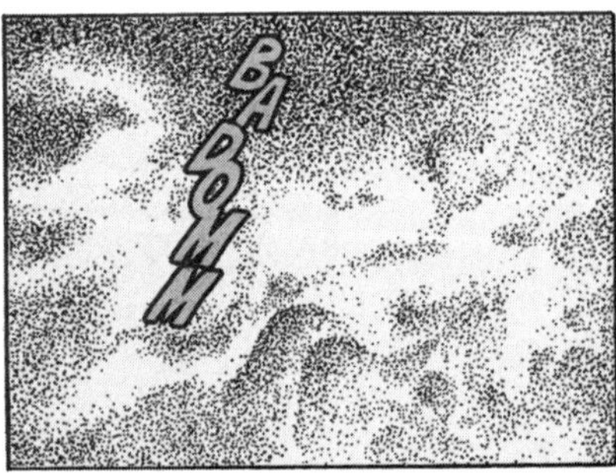
BADOMM

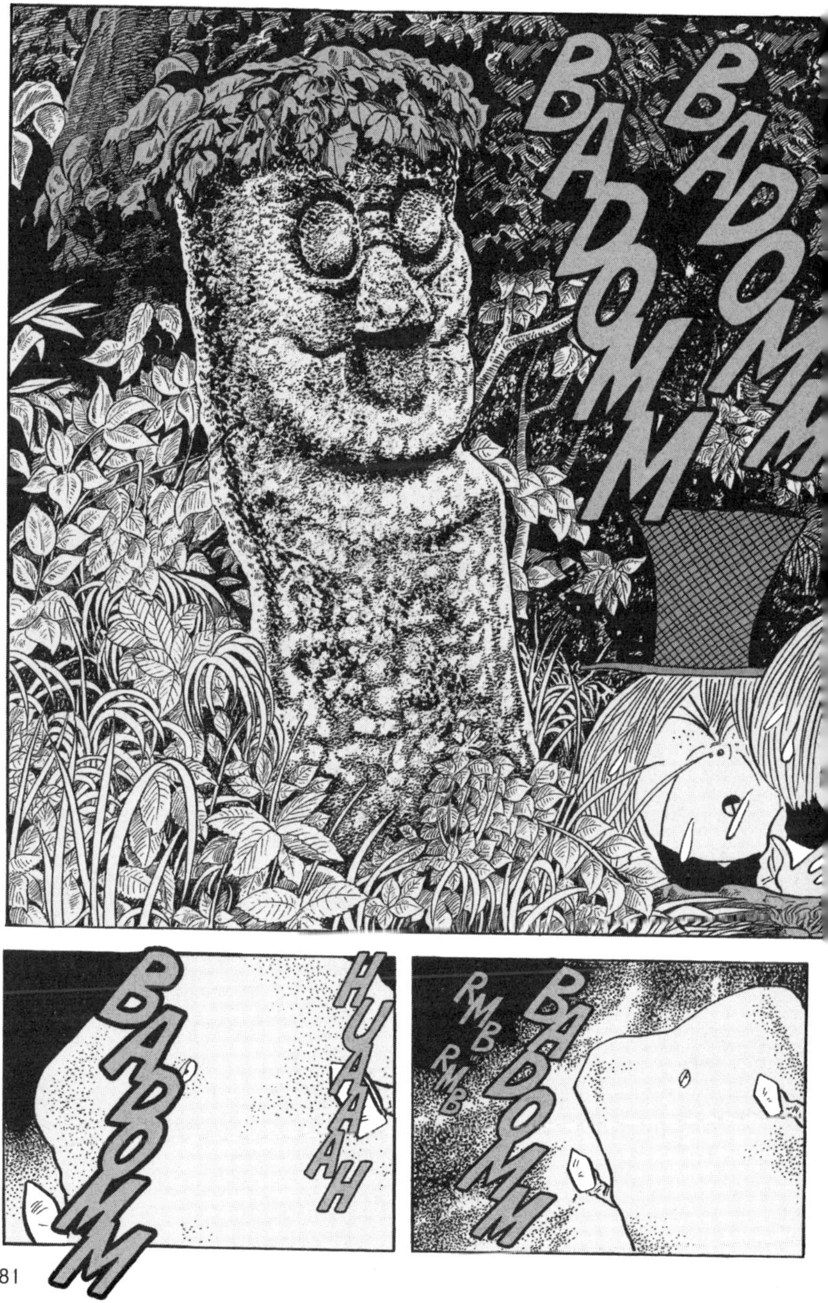

BADOMM
BADOMM

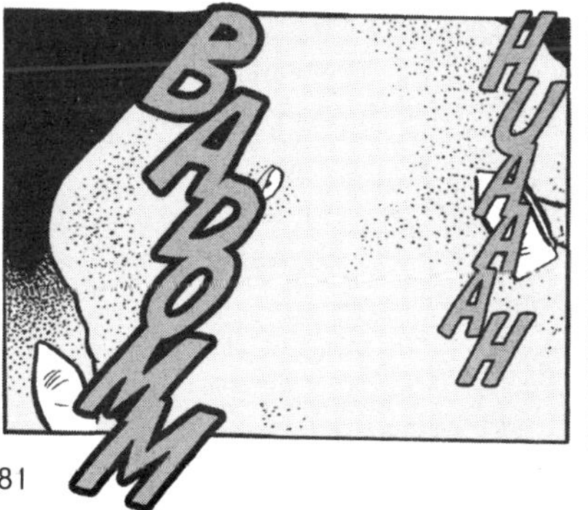

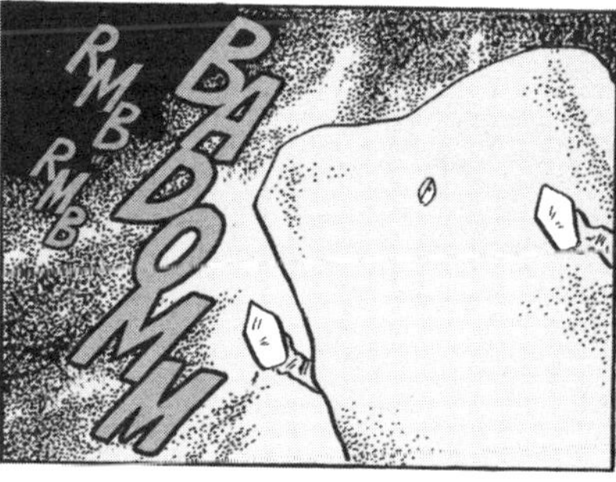

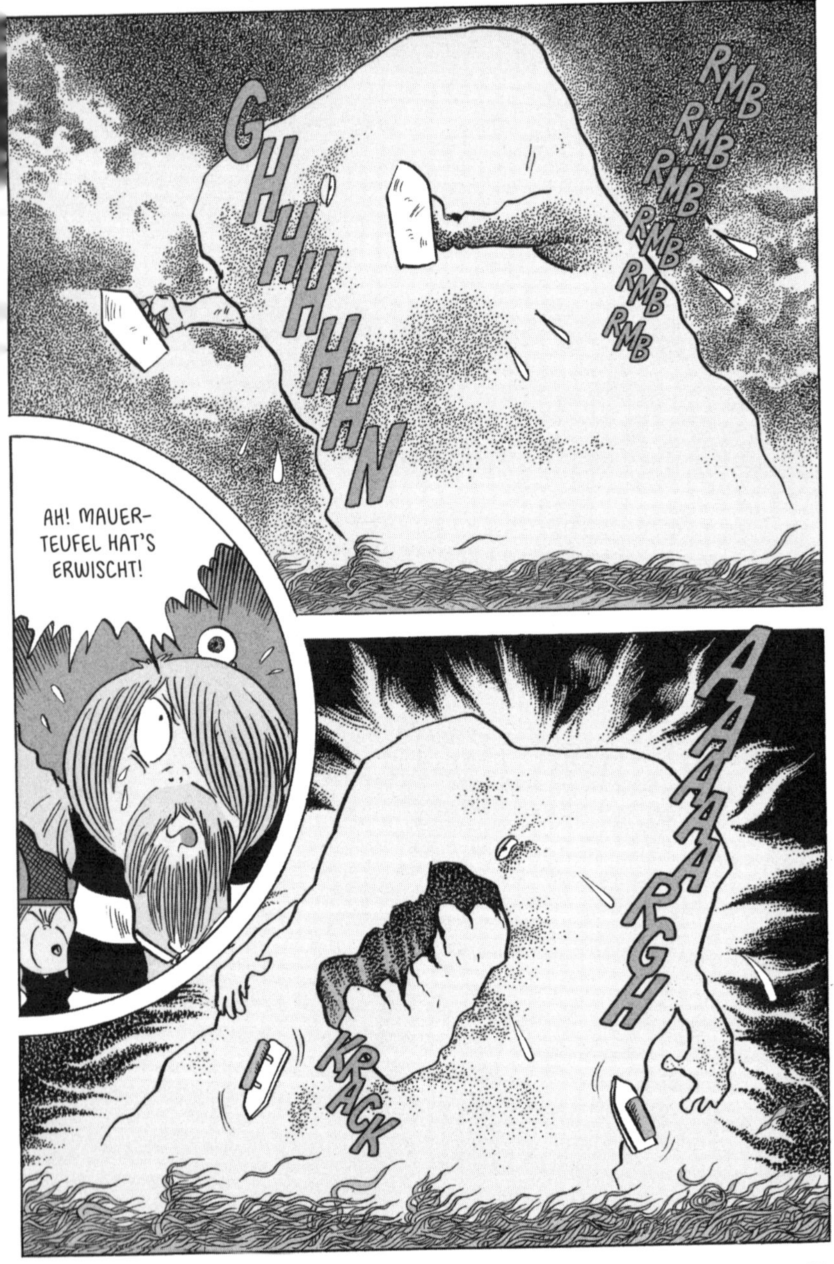

Koreanische Zauberei, Teil 2 – Ende

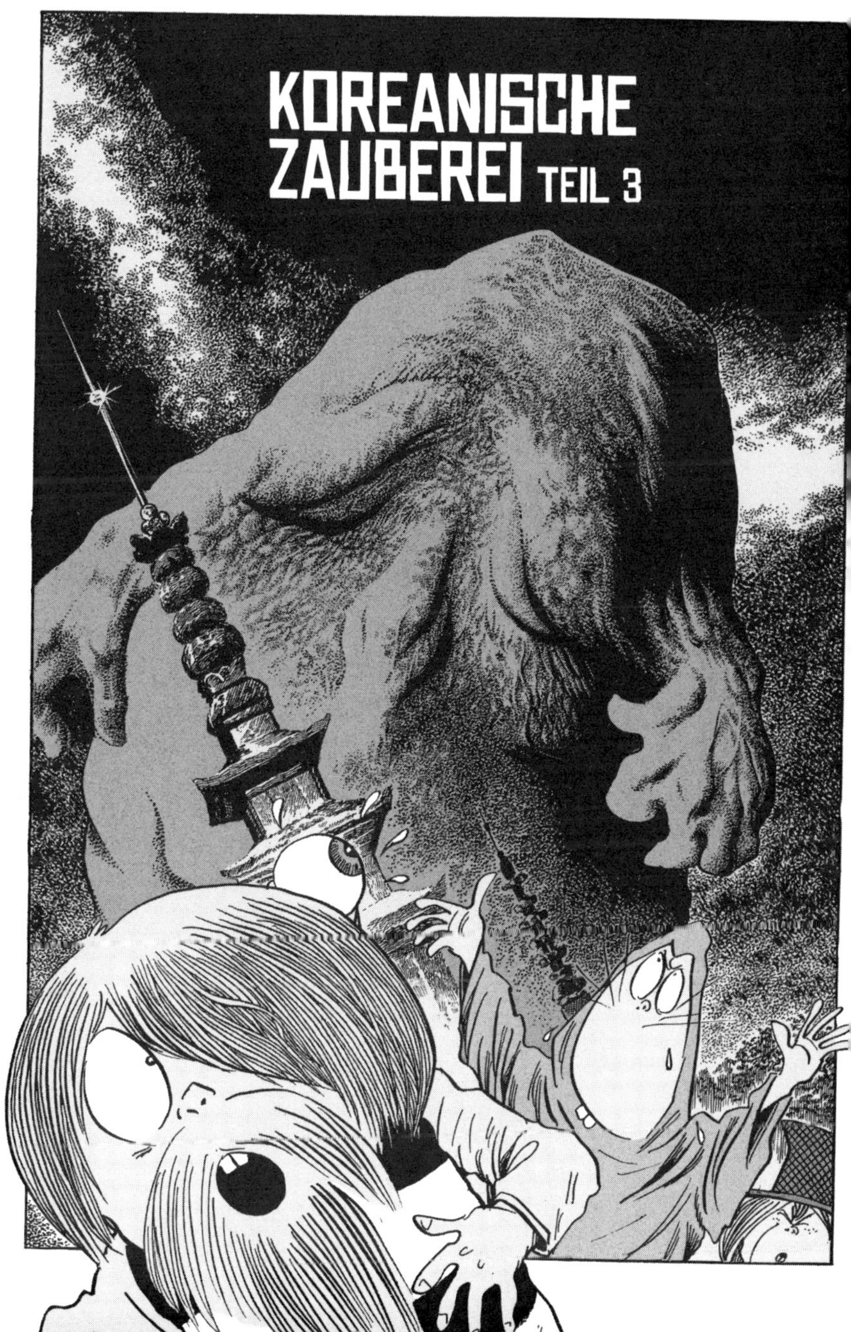
KOREANISCHE
ZAUBEREI TEIL 3

MAUERTEUFEL WAR DEM GESTALTLOSEN FEIND ENTGEGENGETRETEN UND WOLLTE IHN NIEDERWÄLZEN. DOCH NUN KLAFFTE EIN RIESIGES LOCH IN SEINEM BAUCH. KITARO BEGANN SOFORT, DEN RISS ZU FLICKEN.

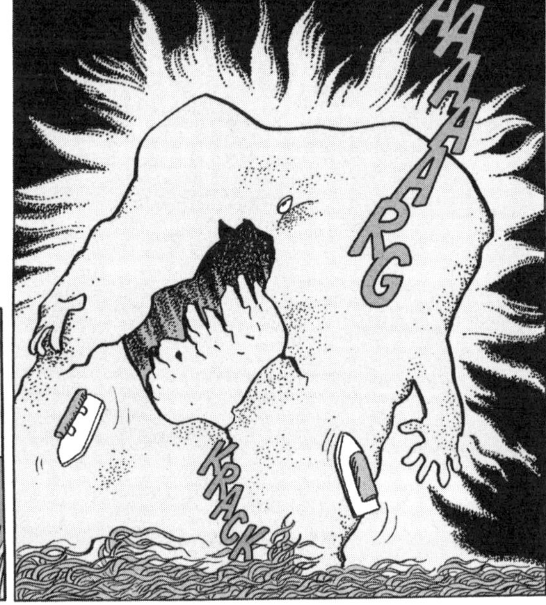

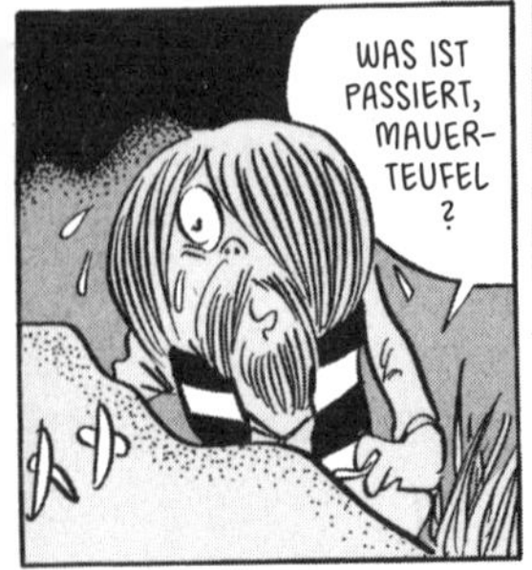

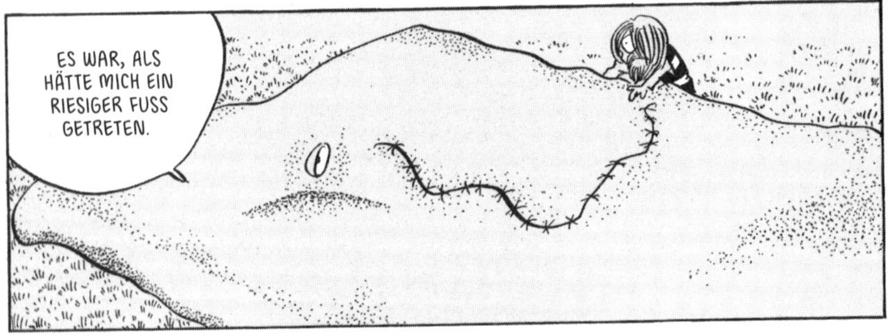

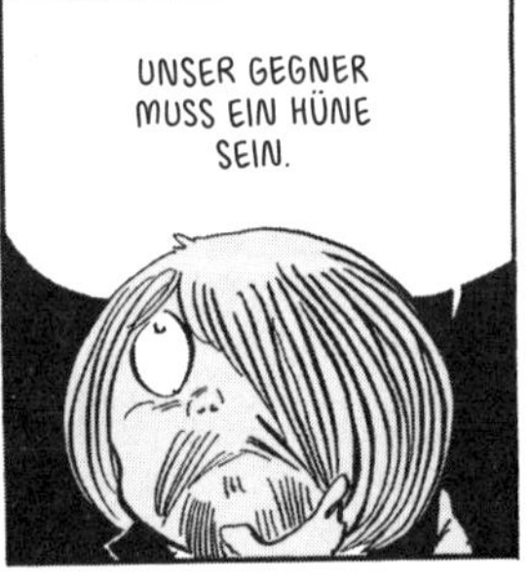

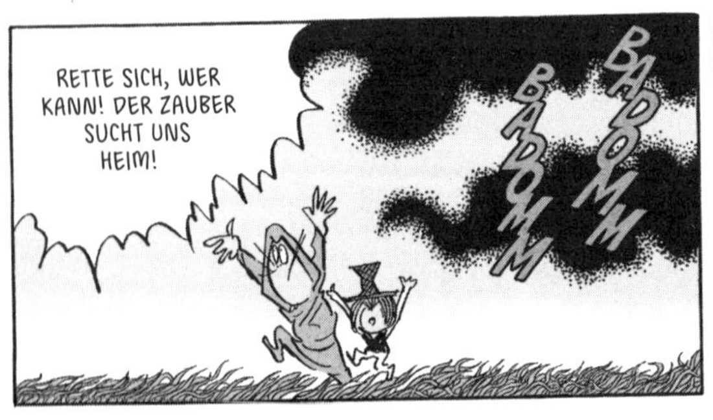

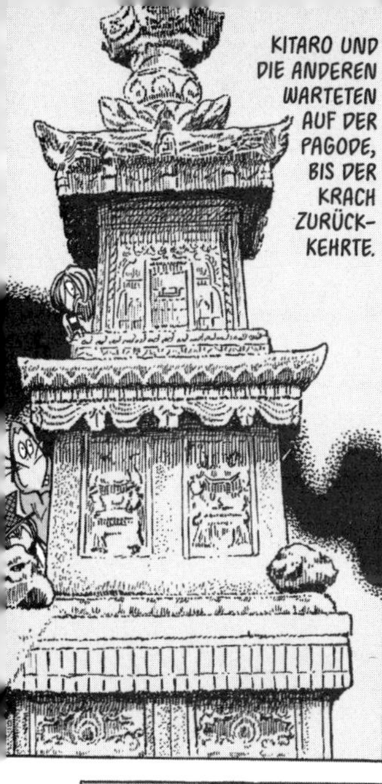
KITARO UND DIE ANDEREN WARTETEN AUF DER PAGODE, BIS DER KRACH ZURÜCK-KEHRTE.

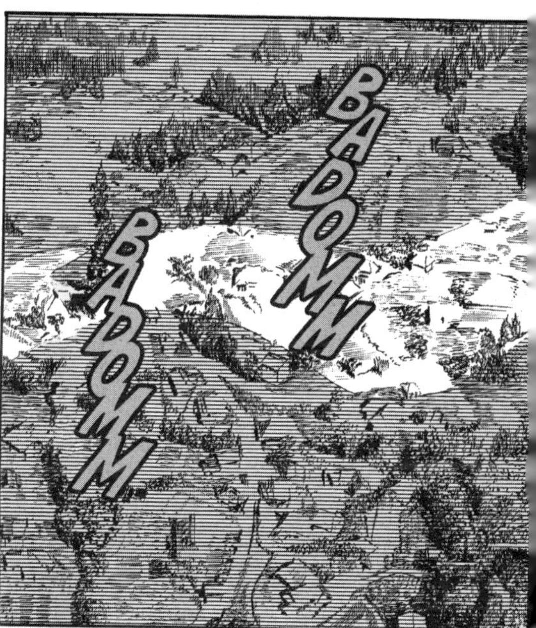
BADOMM
BADOMM

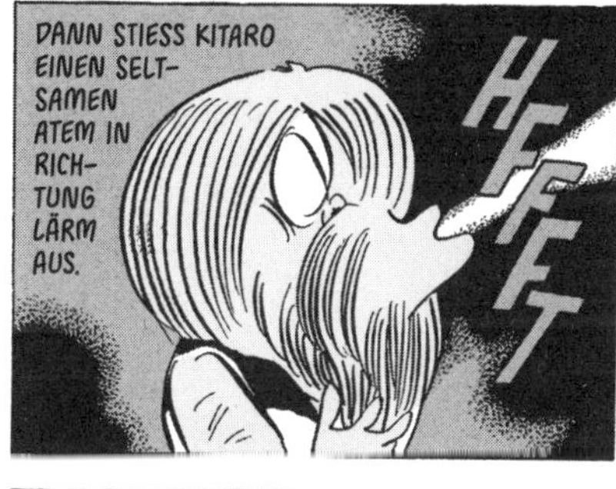
DANN STIESS KITARO EINEN SELT-SAMEN ATEM IN RICH-TUNG LÄRM AUS.
HFFFT

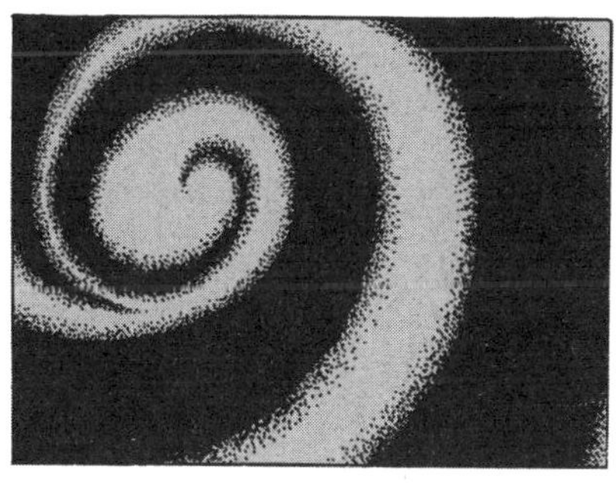

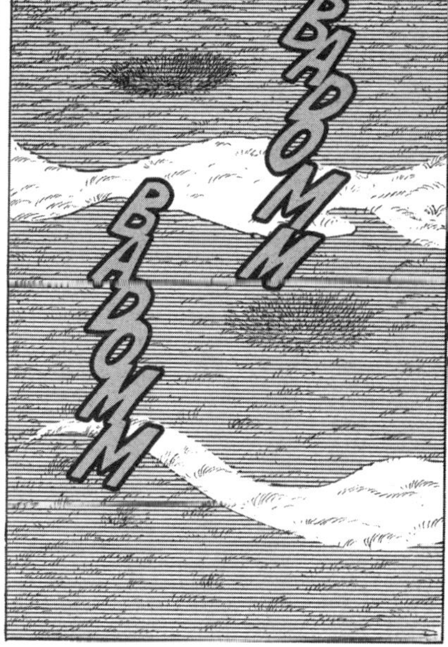
BADOMM
BADOMM

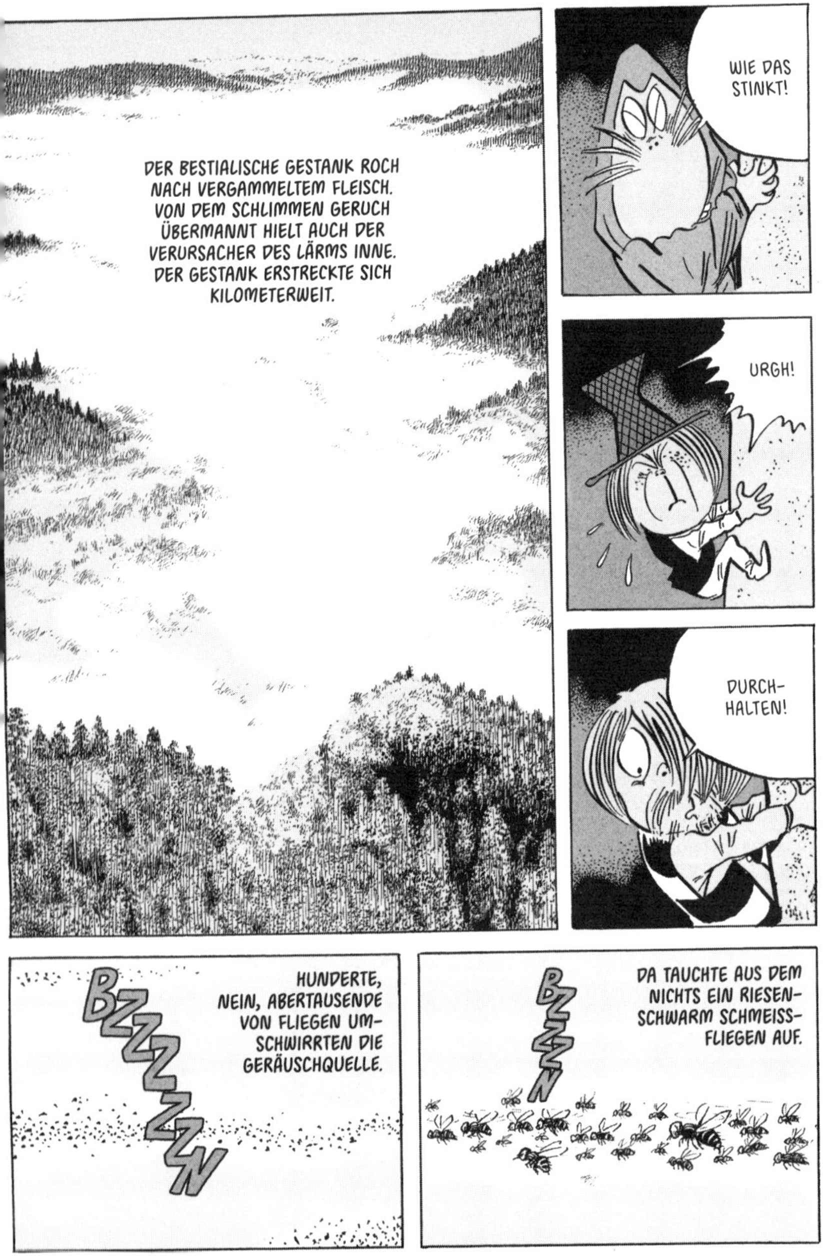

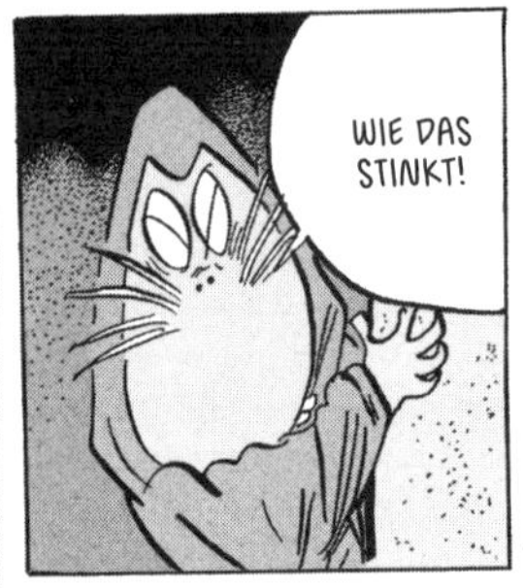

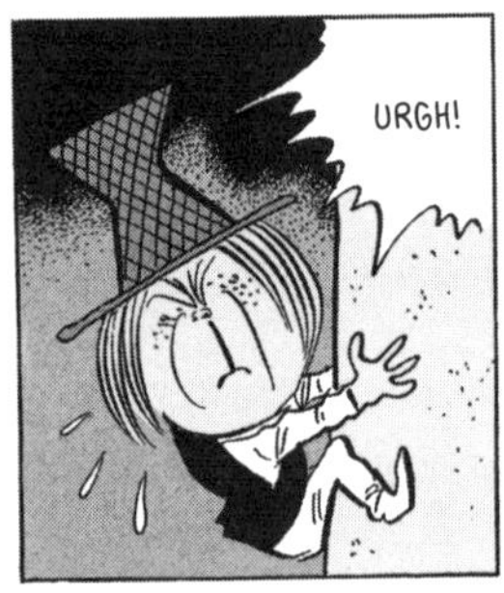

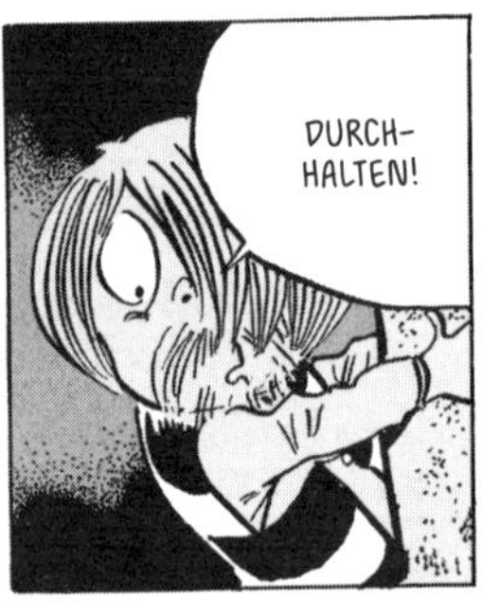

DER BESTIALISCHE GESTANK ROCH NACH VERGAMMELTEM FLEISCH. VON DEM SCHLIMMEN GERUCH ÜBERMANNT HIELT AUCH DER VERURSACHER DES LÄRMS INNE. DER GESTANK ERSTRECKTE SICH KILOMETERWEIT.

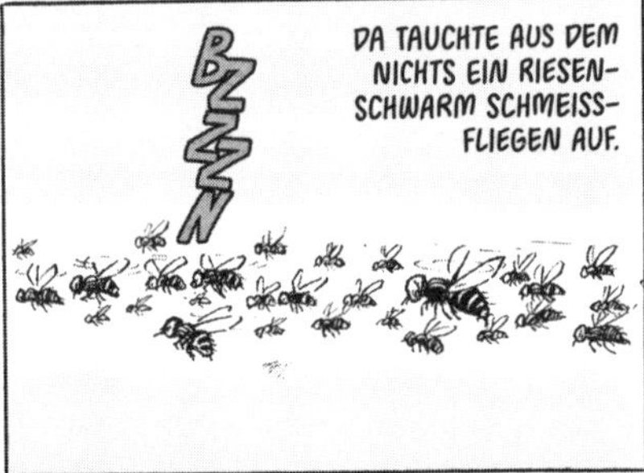

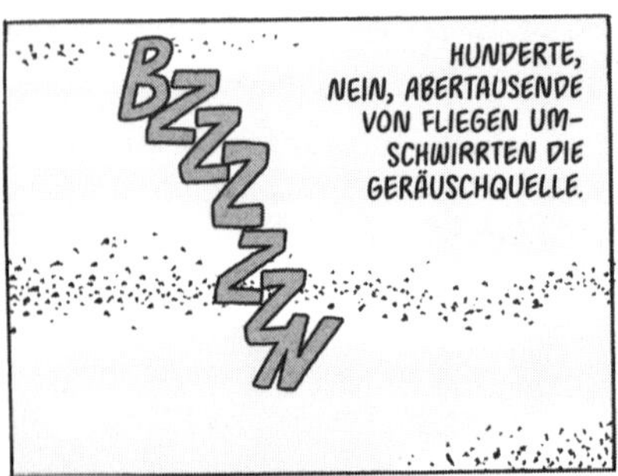

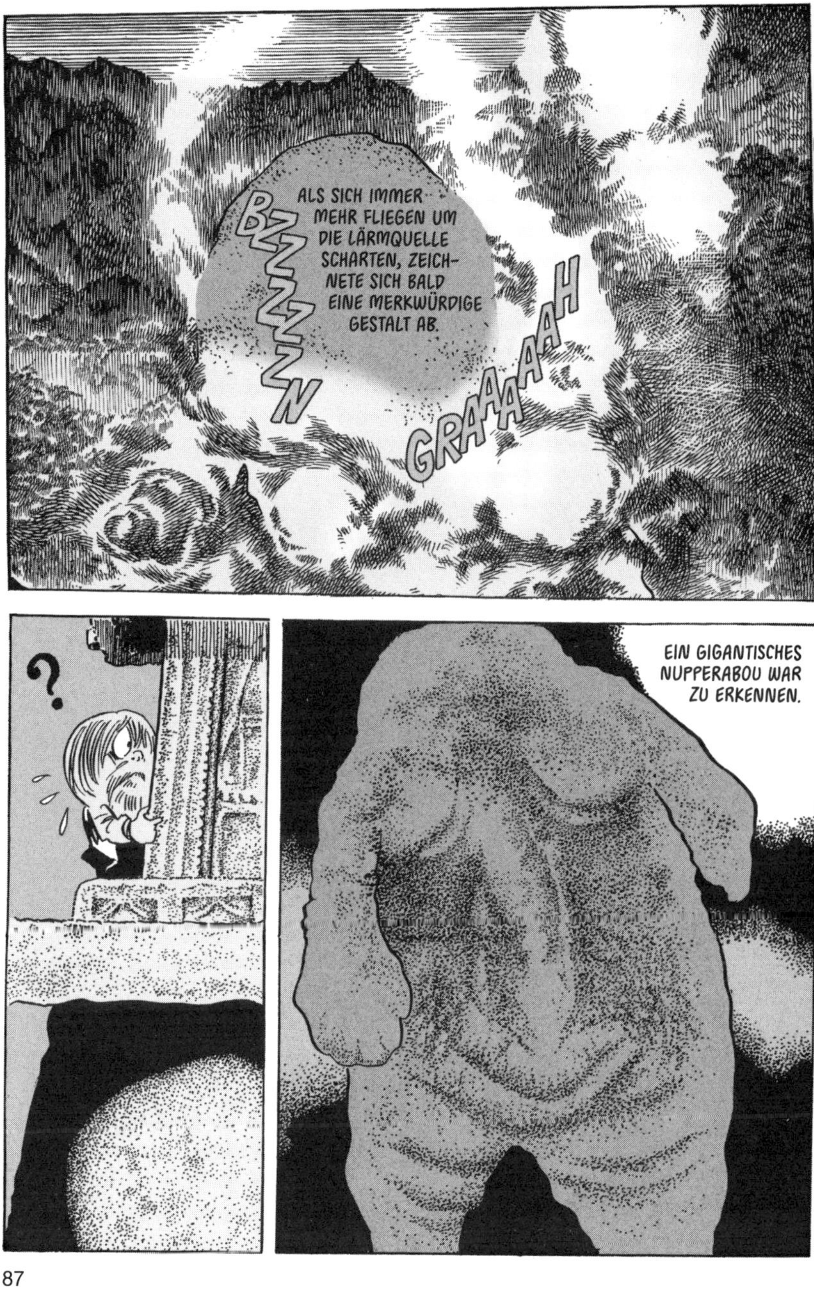

ALS SICH IMMER MEHR FLIEGEN UM DIE LÄRMQUELLE SCHARTEN, ZEICHNETE SICH BALD EINE MERKWÜRDIGE GESTALT AB.

BZZZZZN

GRAAAAAH

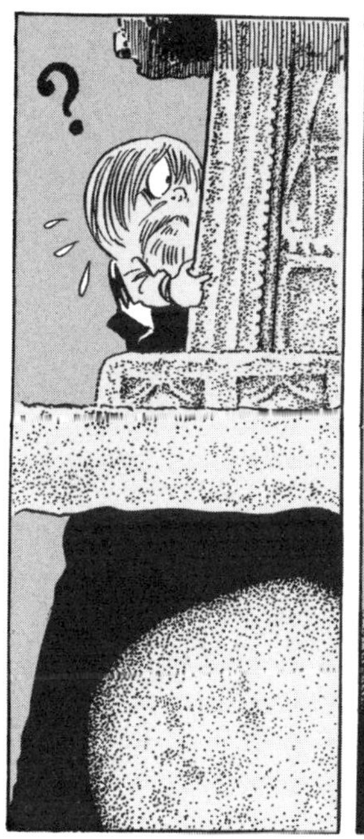

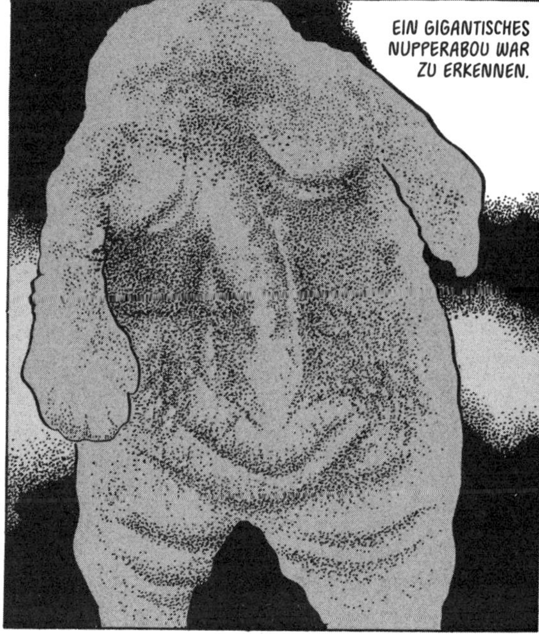

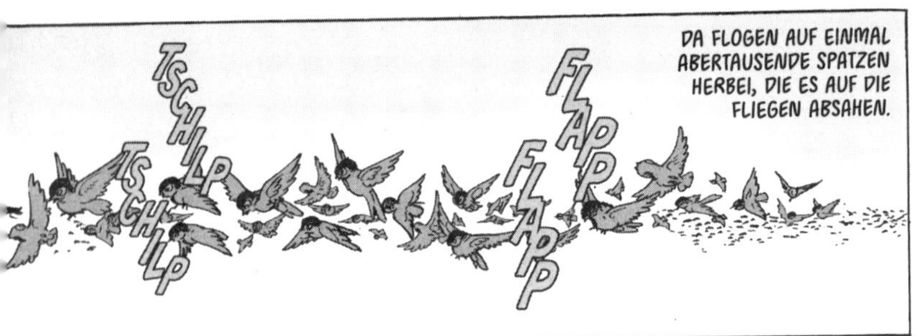

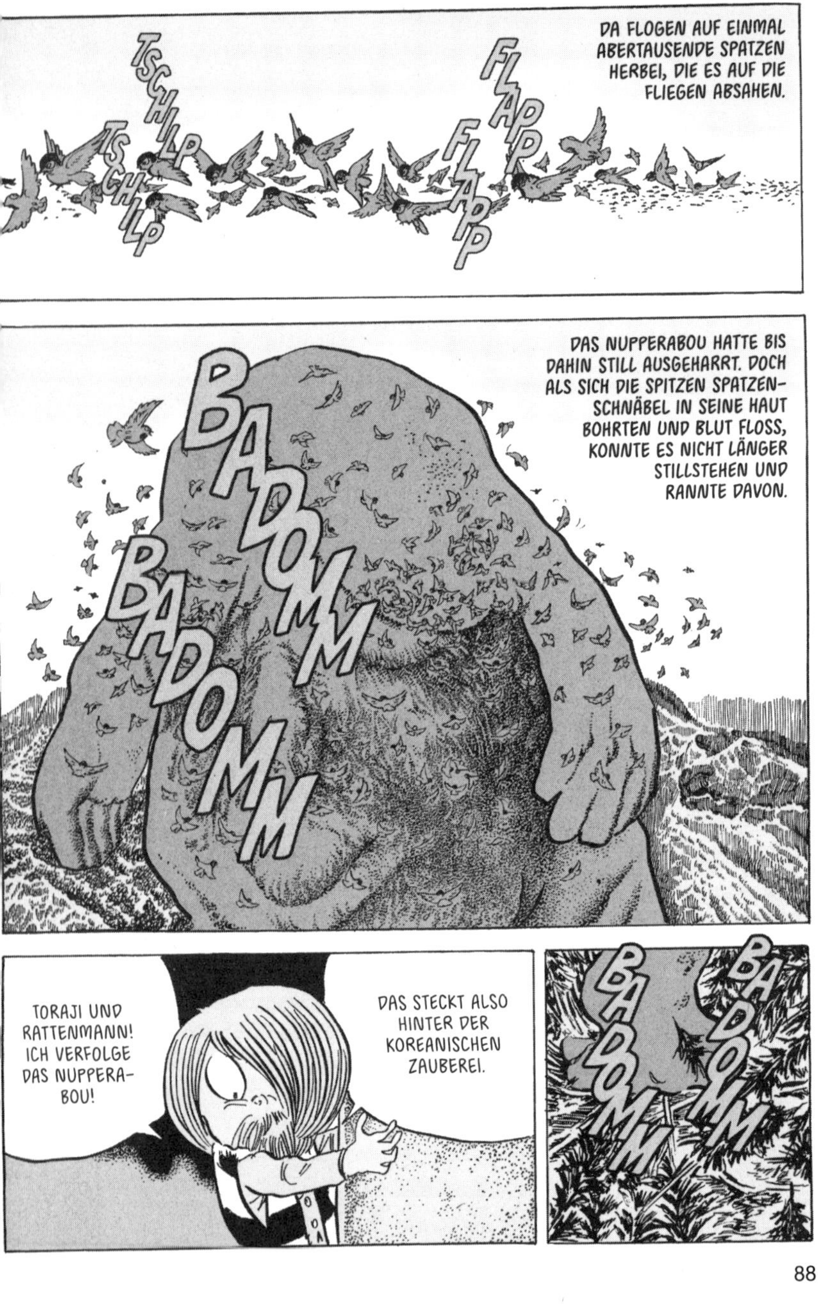

DAS NUPPERABOU HATTE BIS DAHIN STILL AUSGEHARRT. DOCH ALS SICH DIE SPITZEN SPATZEN-SCHNÄBEL IN SEINE HAUT BOHRTEN UND BLUT FLOSS, KONNTE ES NICHT LÄNGER STILLSTEHEN UND RANNTE DAVON.

BADOMM

BADOMM

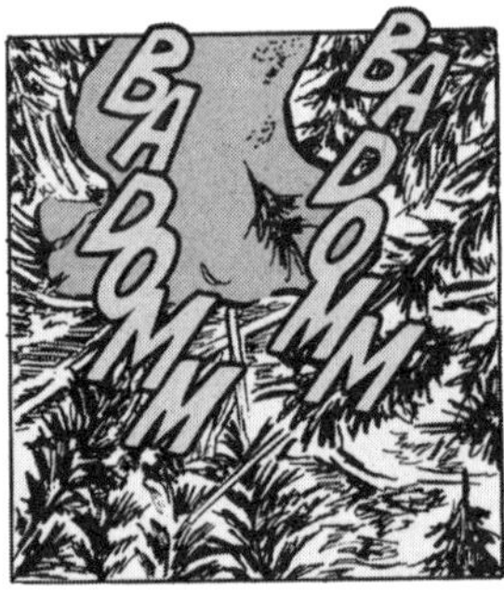

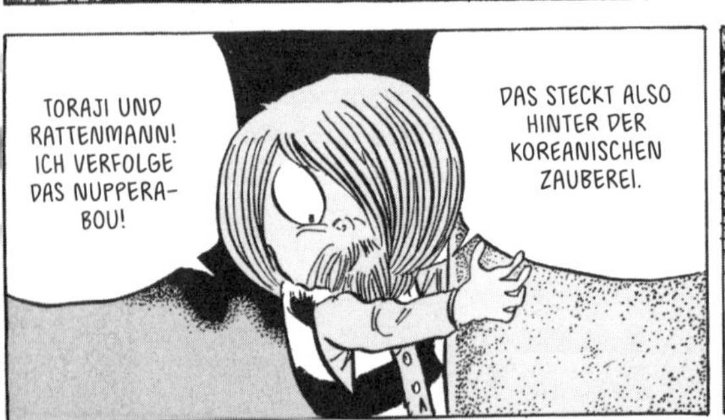

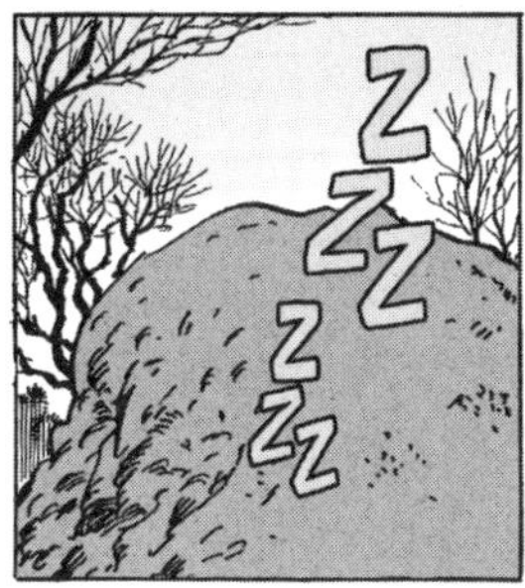
ZZZZZ

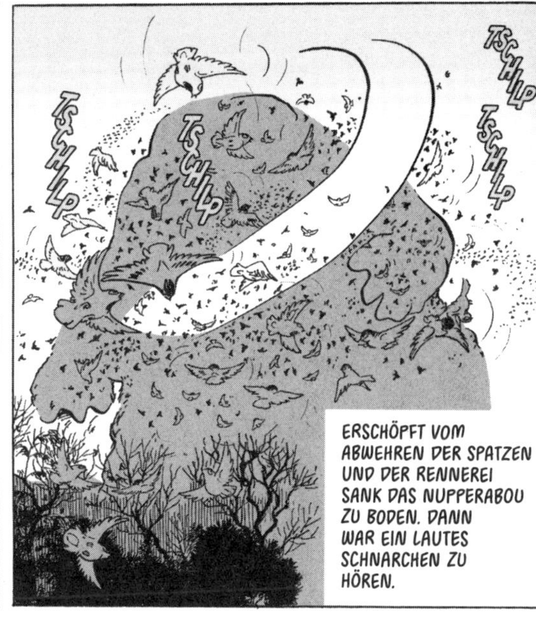
TSCHILP
TSCHILP
TSCHILP
TSCHILP
TSCHILP
ERSCHÖPFT VOM ABWEHREN DER SPATZEN UND DER RENNEREI SANK DAS NUPPERABOU ZU BODEN. DANN WAR EIN LAUTES SCHNARCHEN ZU HÖREN.

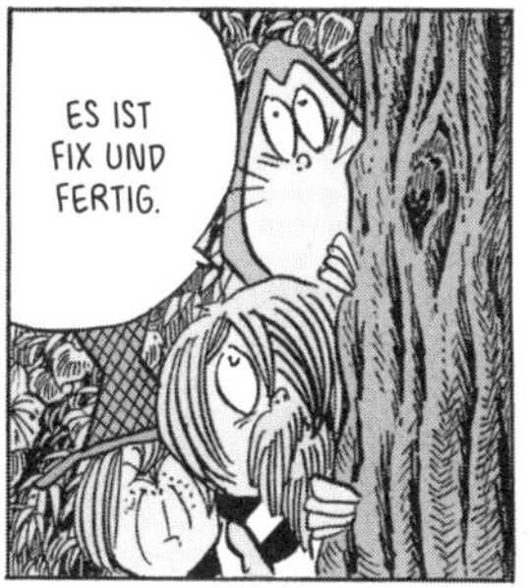
ES IST FIX UND FERTIG.

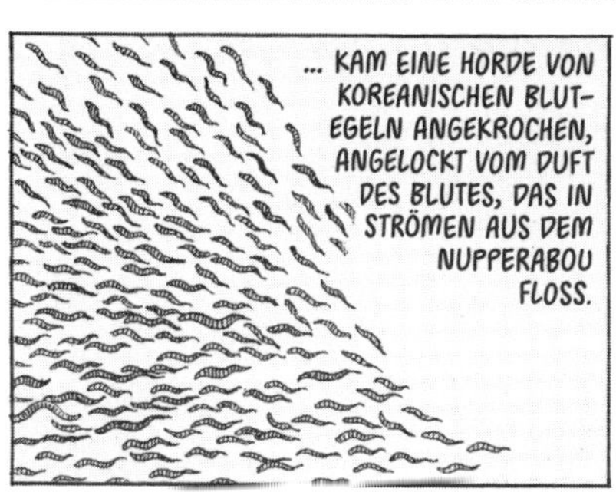
... KAM EINE HORDE VON KOREANISCHEN BLUTEGELN ANGEKROCHEN, ANGELOCKT VOM DUFT DES BLUTES, DAS IN STRÖMEN AUS DEM NUPPERABOU FLOSS.

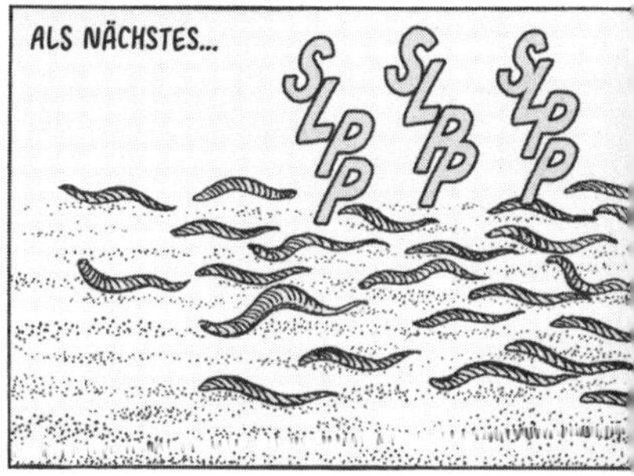
ALS NÄCHSTES...
SLPP
SLPP
SLPP

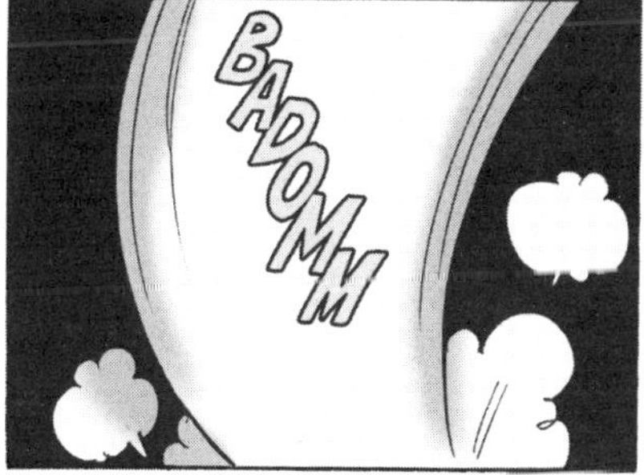
BADOMM

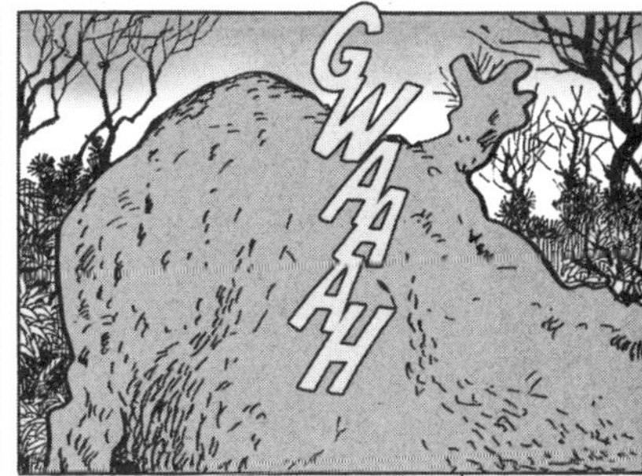
GWAAAH

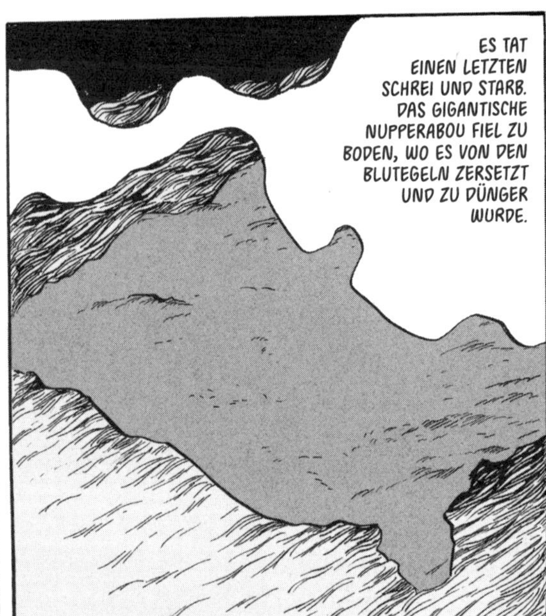
ES TAT EINEN LETZTEN SCHREI UND STARB. DAS GIGANTISCHE NUPPERABOU FIEL ZU BODEN, WO ES VON DEN BLUTEGELN ZERSETZT UND ZU DÜNGER WURDE.

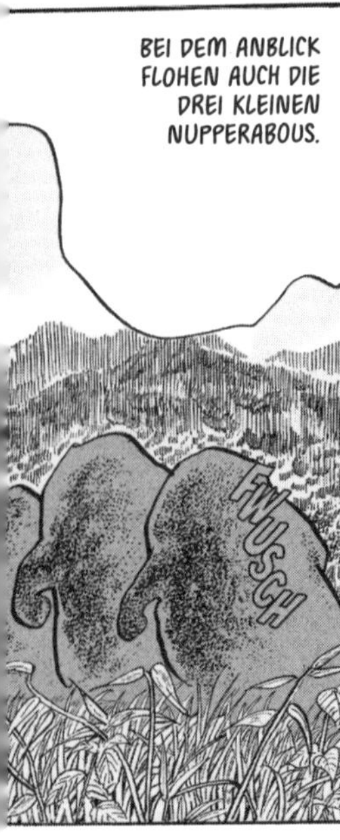
BEI DEM ANBLICK FLOHEN AUCH DIE DREI KLEINEN NUPPERABOUS.
FWUSCH

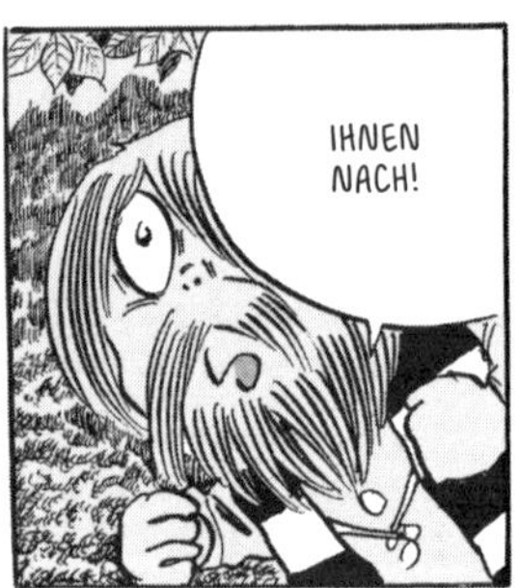
IHNEN NACH!

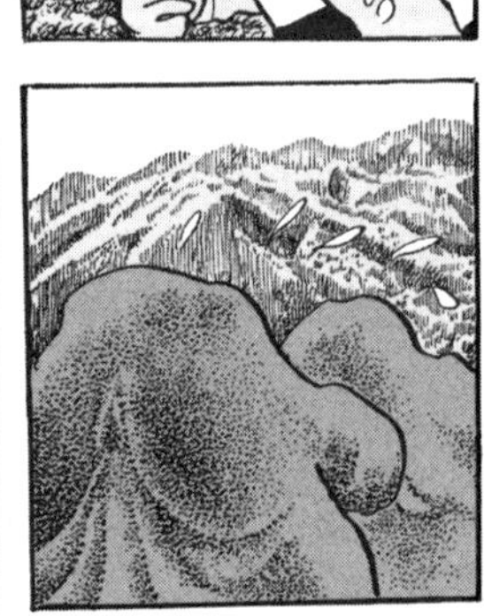

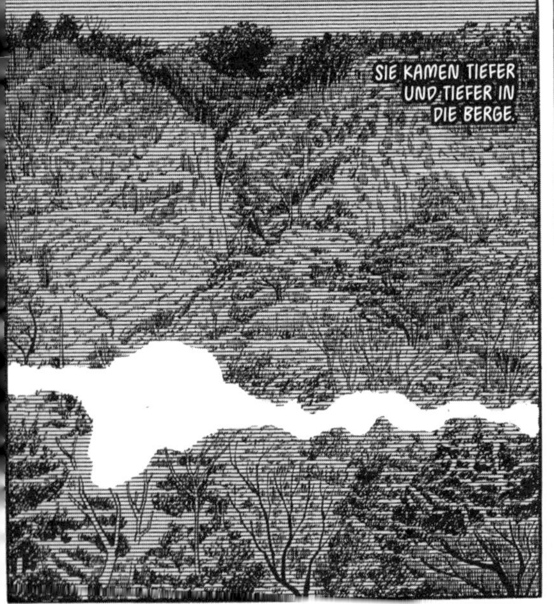
SIE KAMEN TIEFER UND TIEFER IN DIE BERGE.

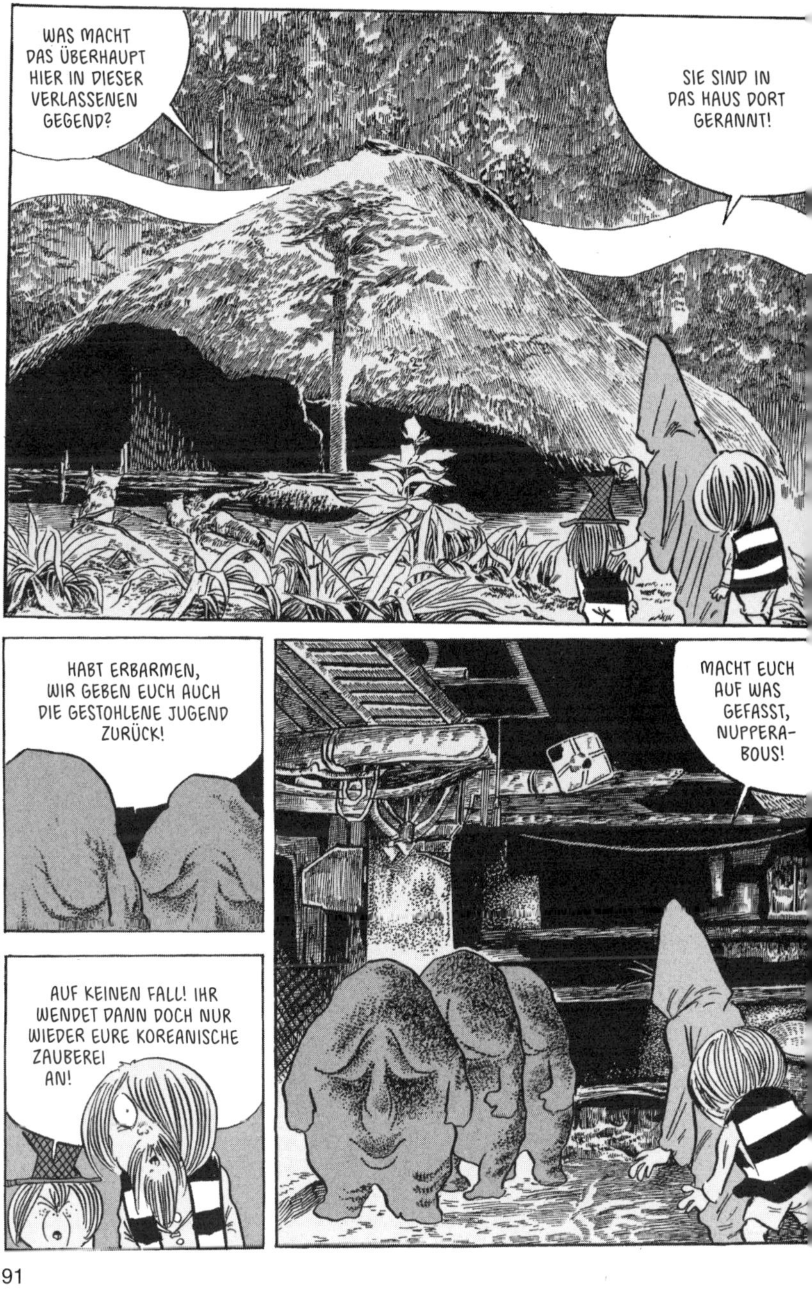

SIE SIND IN DAS HAUS DORT GERANNT!

WAS MACHT DAS ÜBERHAUPT HIER IN DIESER VERLASSENEN GEGEND?

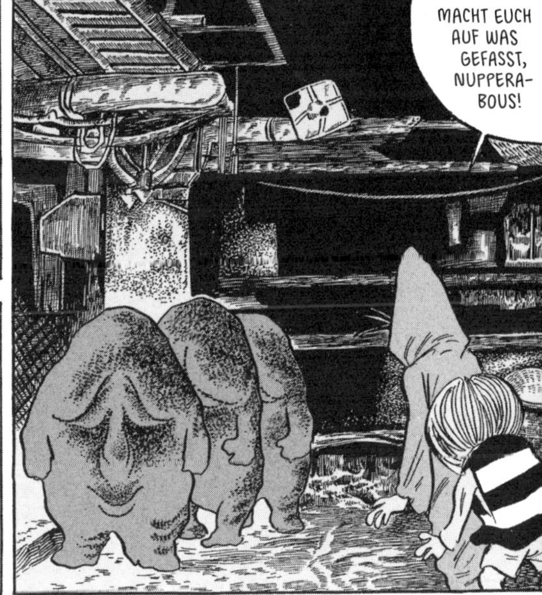

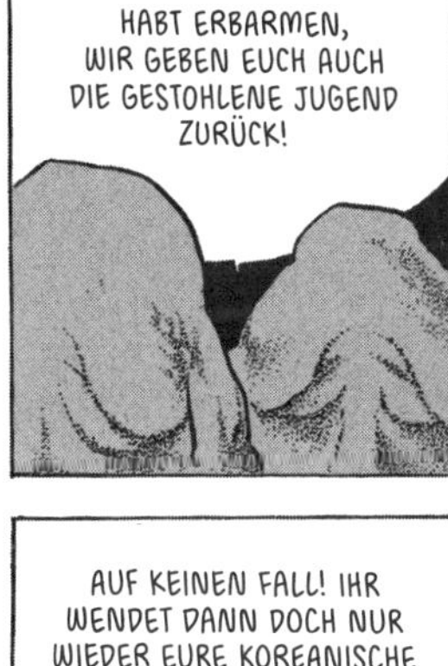

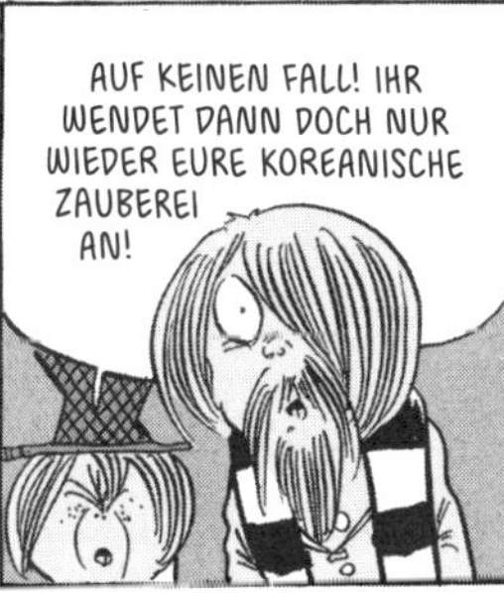

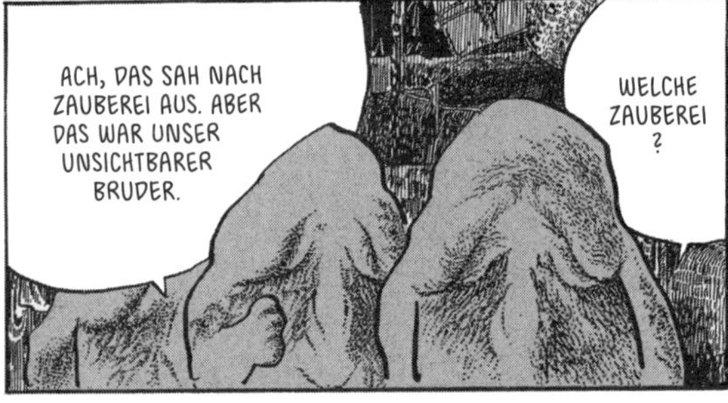

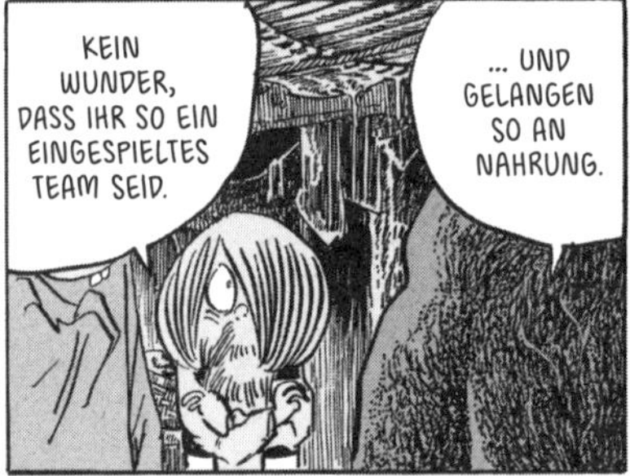

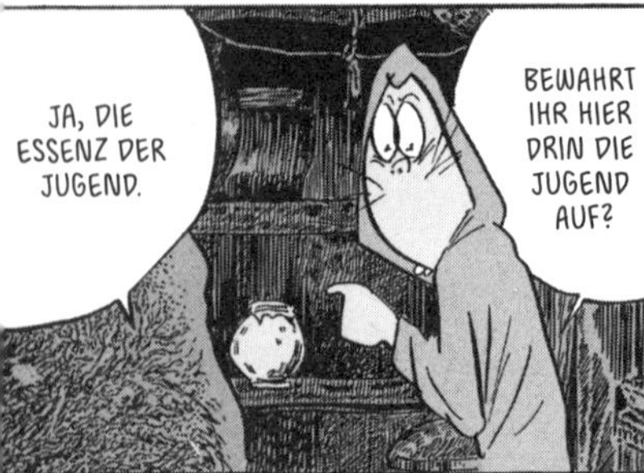

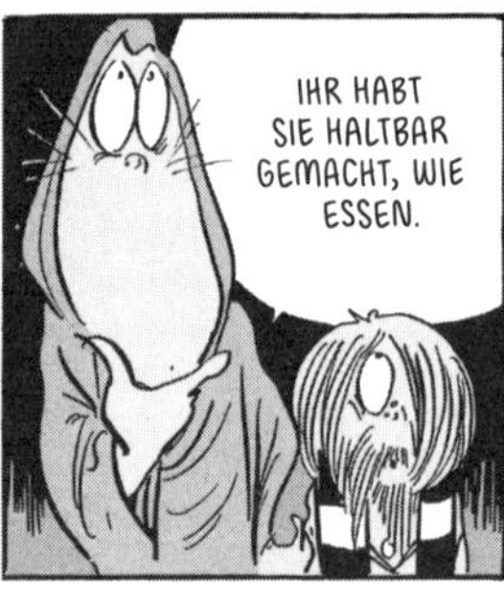

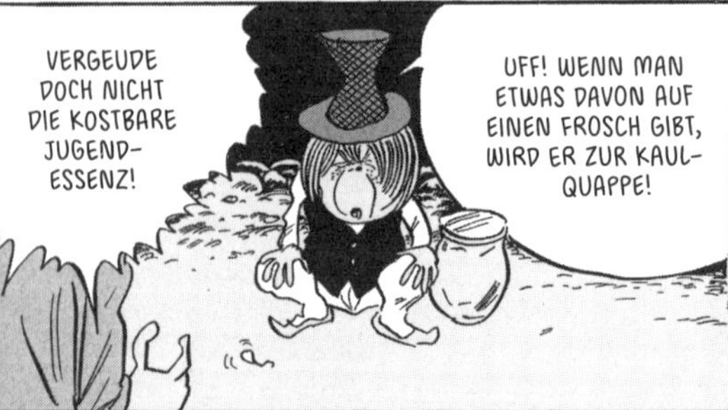

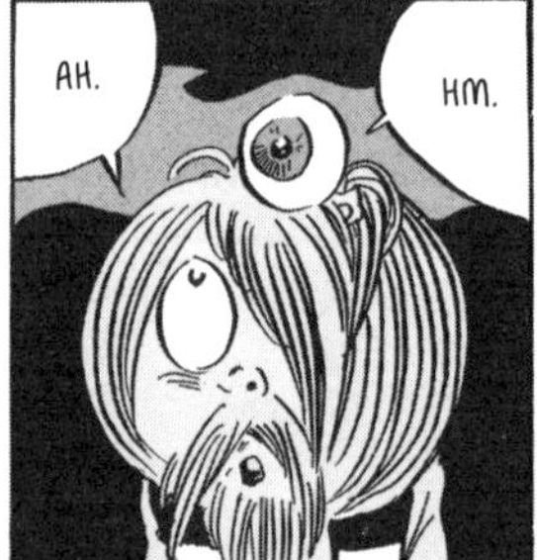

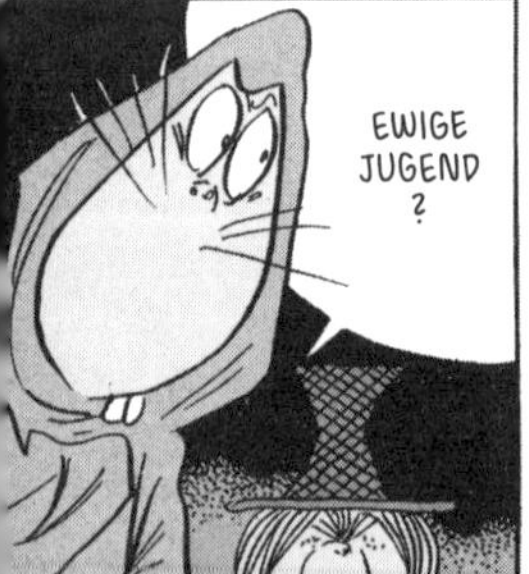

* GRÜNDER DES CHINESISCHEN KAISERREICHES UND DER CHINESISCHEN QUIN-DYNASTIE

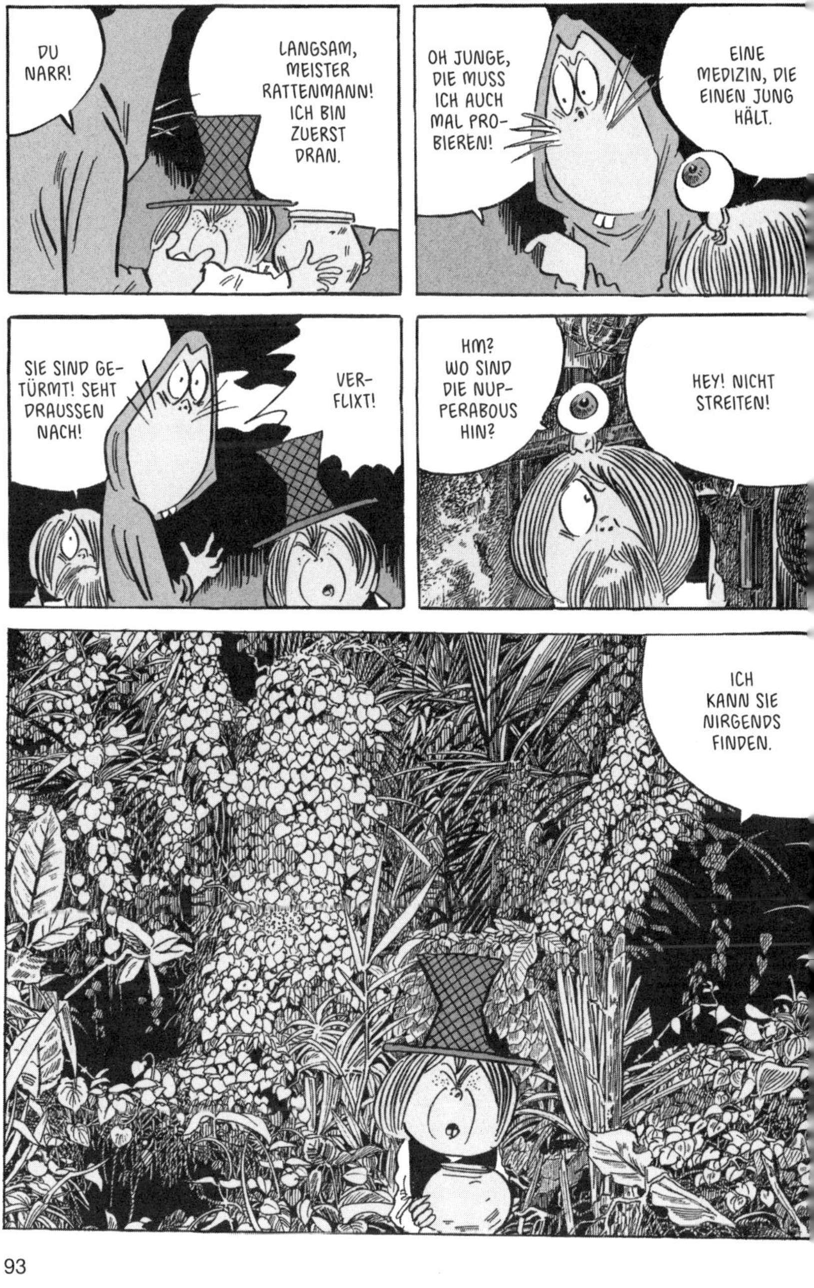

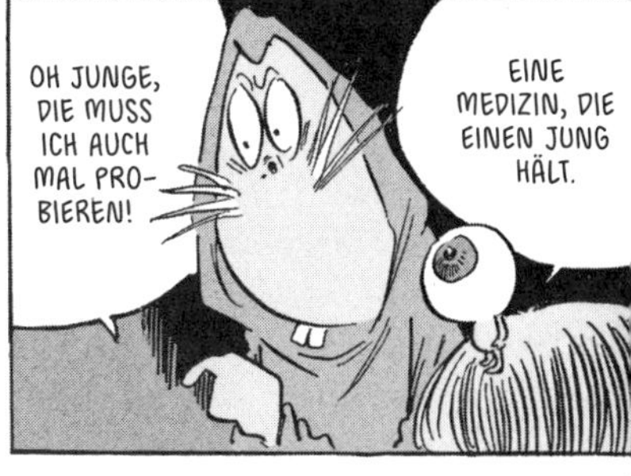

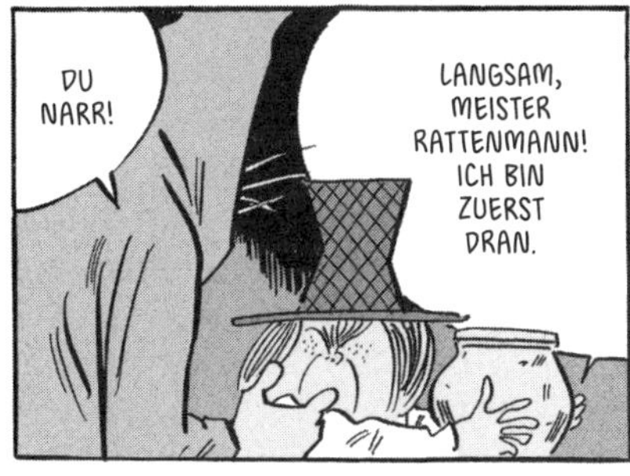

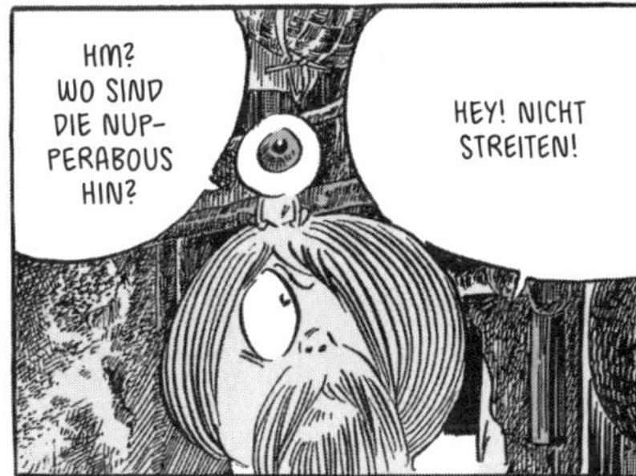

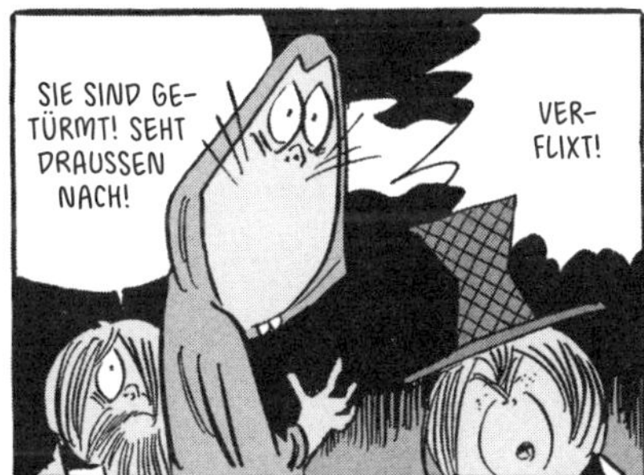

ICH KANN SIE NIRGENDS FINDEN.

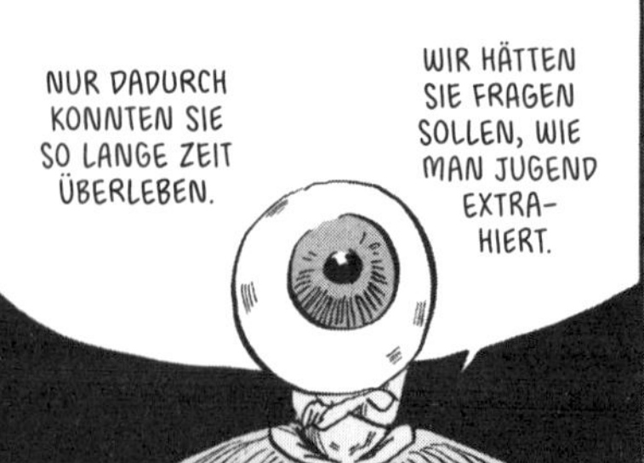

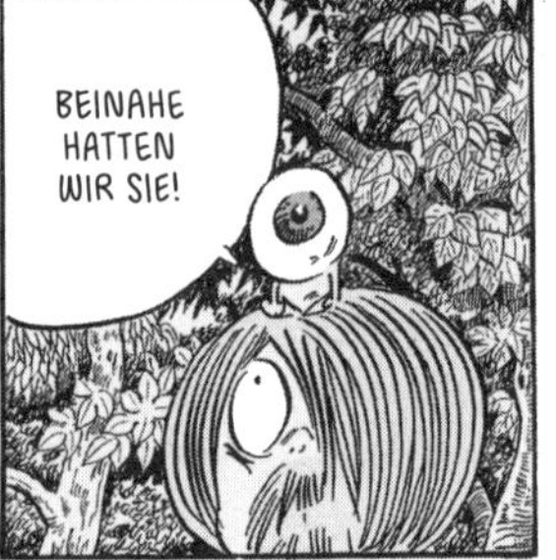

DIE SUCHE IN DEN BERGEN BLIEB ERGEBNISLOS.

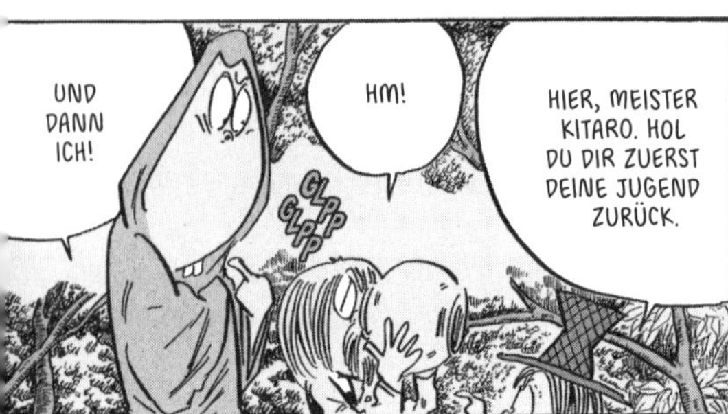

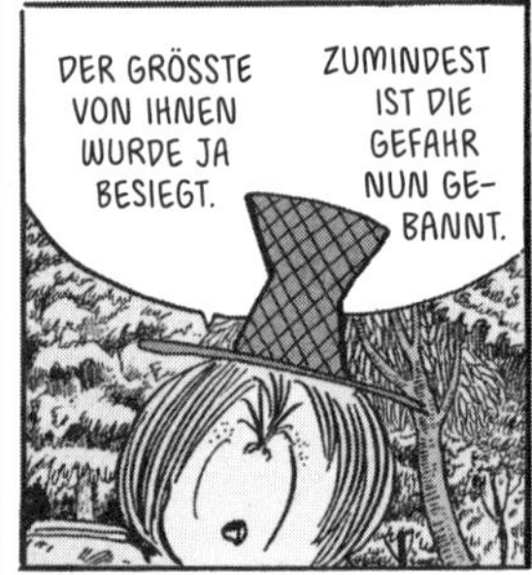

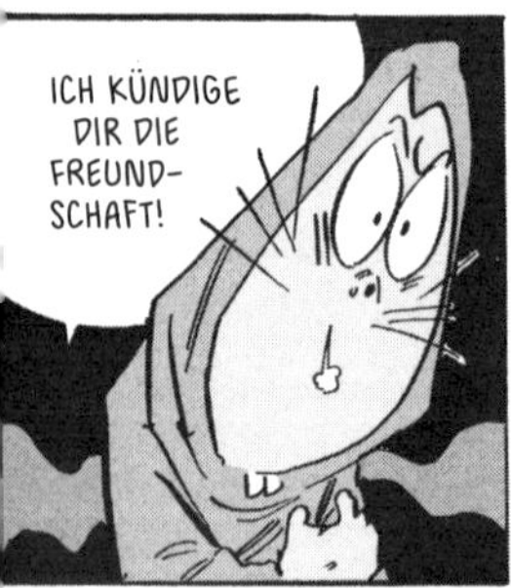

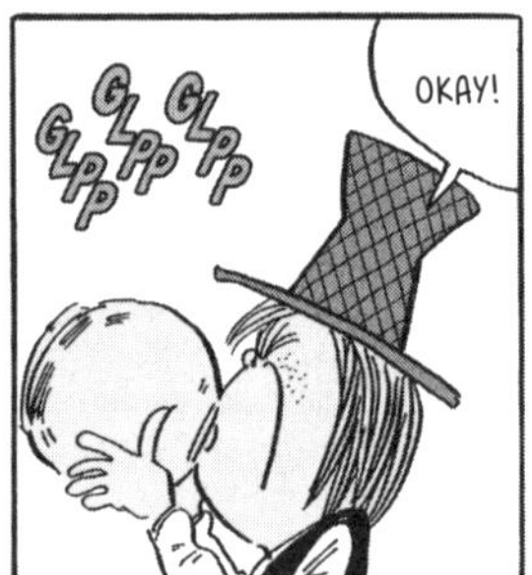

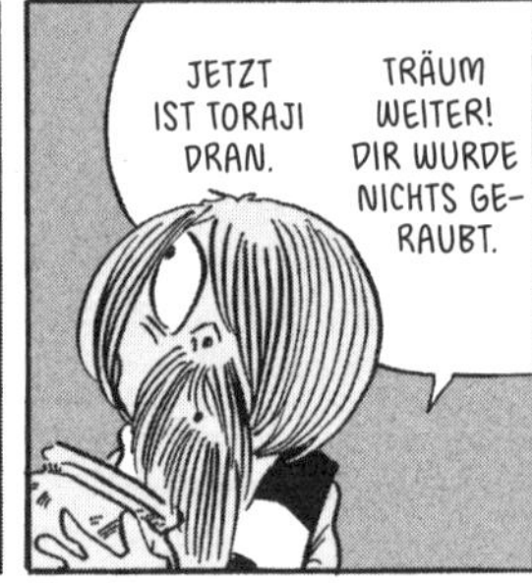

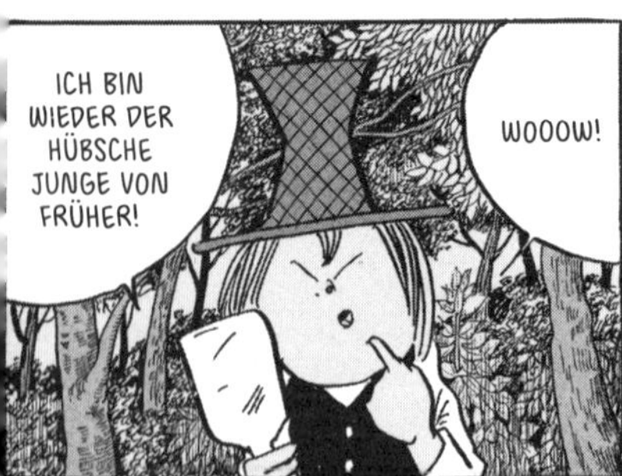

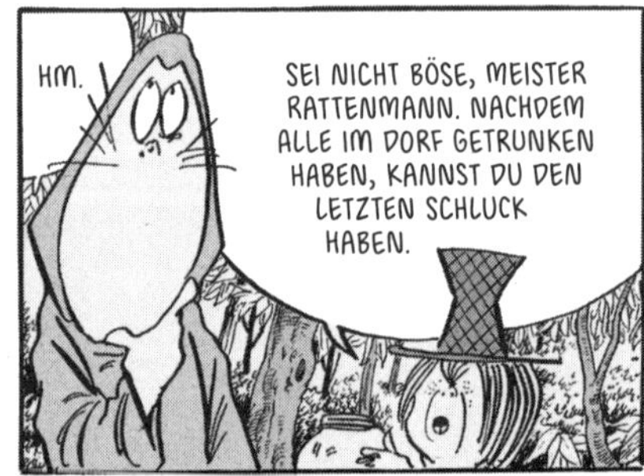

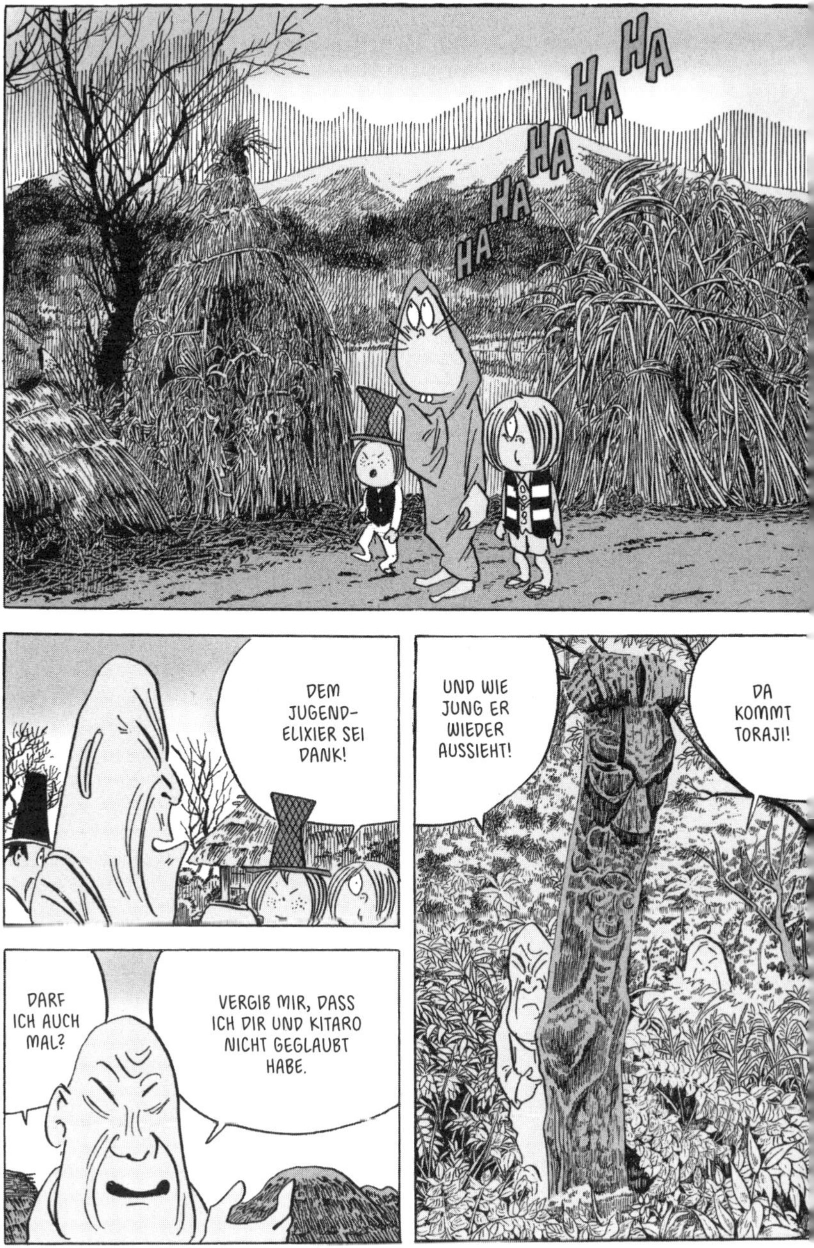

HA HA HA HA HA HA

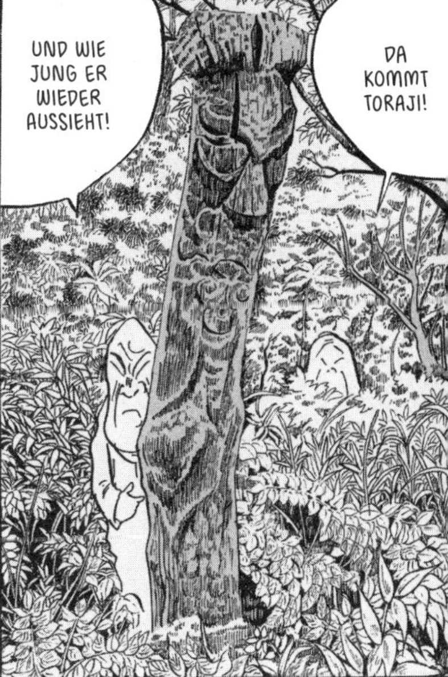

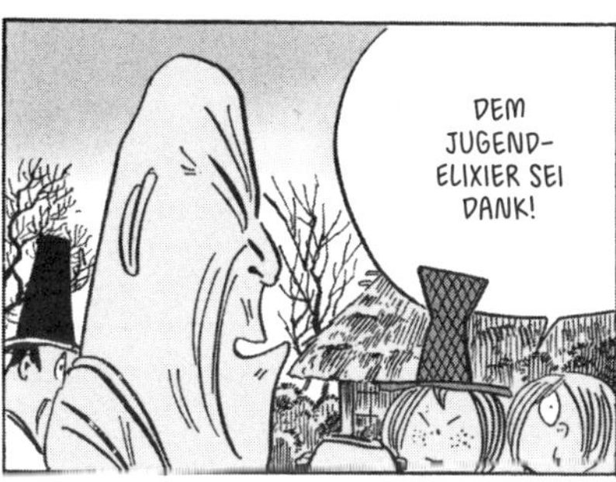

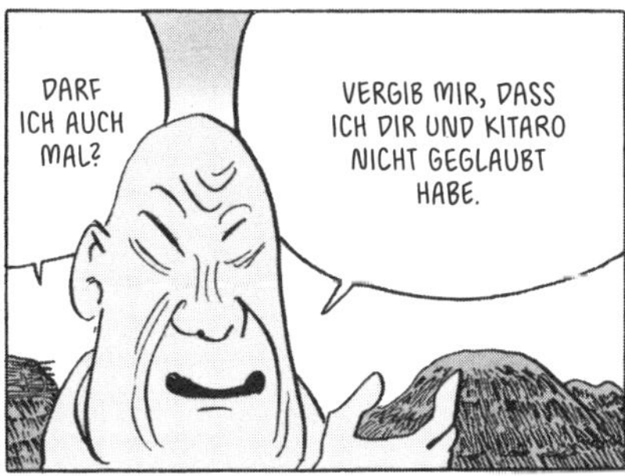

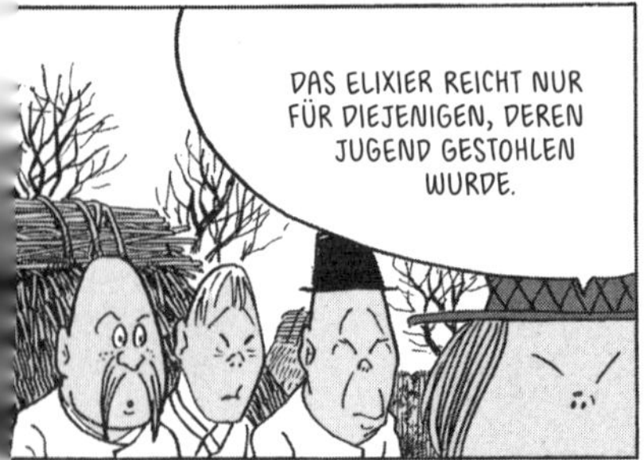
DAS ELIXIER REICHT NUR FÜR DIEJENIGEN, DEREN JUGEND GESTOHLEN WURDE.

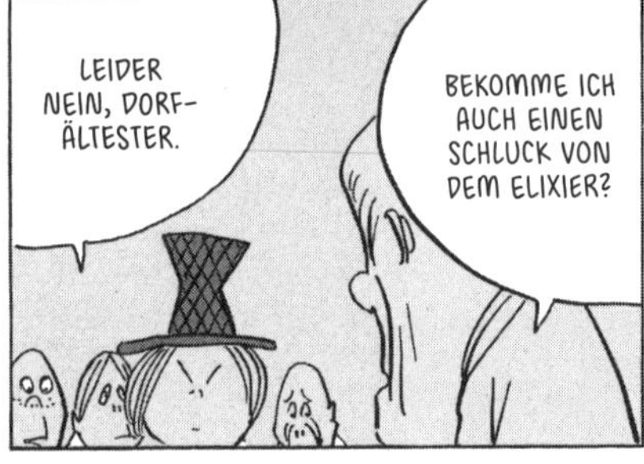
BEKOMME ICH AUCH EINEN SCHLUCK VON DEM ELIXIER?
LEIDER NEIN, DORF-ÄLTESTER.

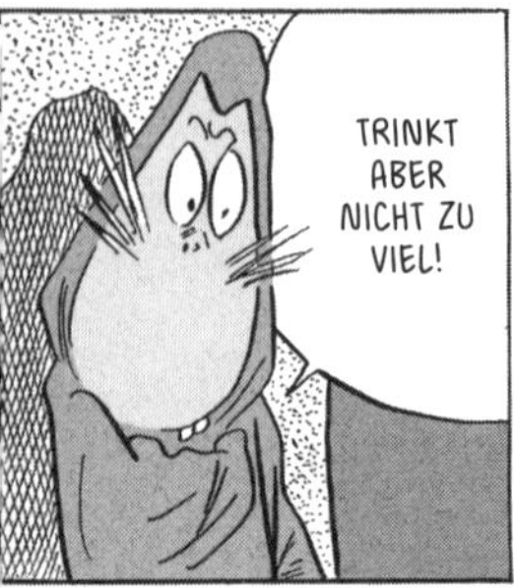
TRINKT ABER NICHT ZU VIEL!

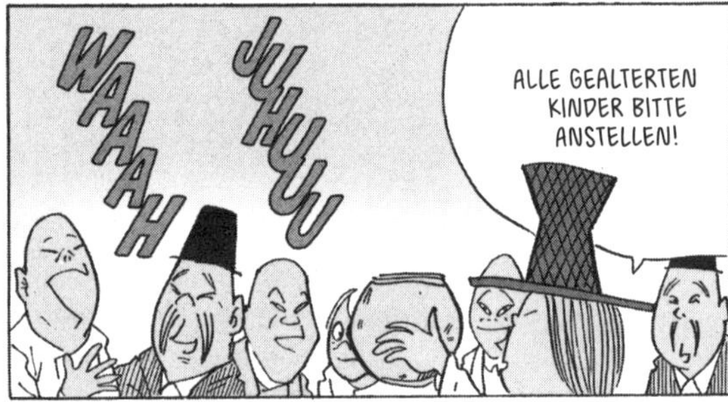
ALLE GEALTERTEN KINDER BITTE ANSTELLEN!
JUHUUU
WAAAAH

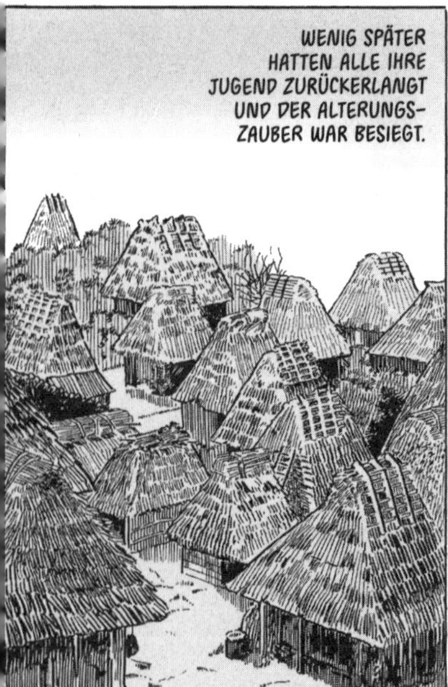
WENIG SPÄTER HATTEN ALLE IHRE JUGEND ZURÜCKERLANGT UND DER ALTERUNGS-ZAUBER WAR BESIEGT.

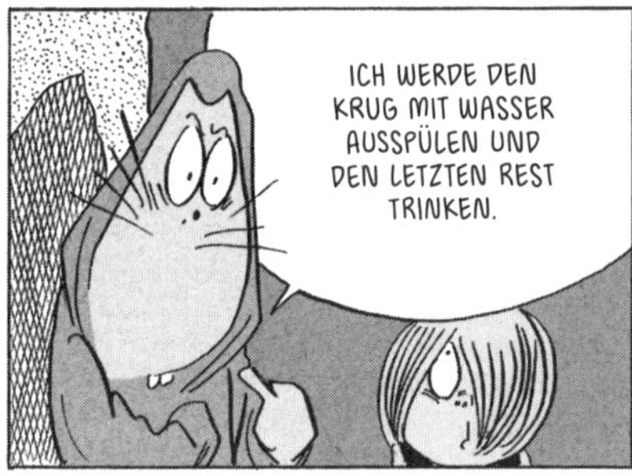
ICH WERDE DEN KRUG MIT WASSER AUSSPÜLEN UND DEN LETZTEN REST TRINKEN.

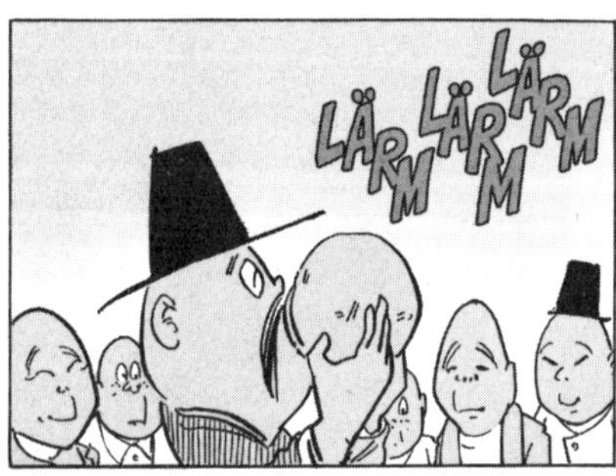
LÄRM LÄRM LÄRM

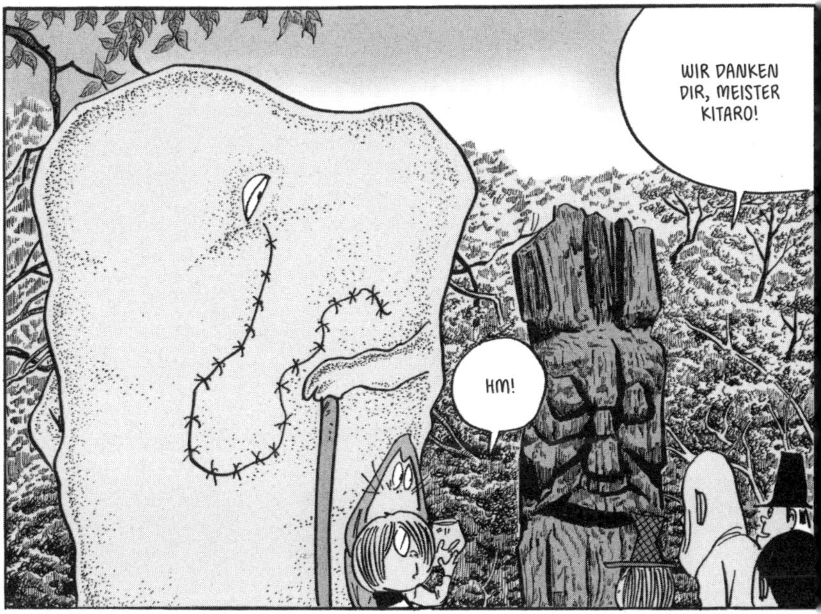

WIR DANKEN DIR, MEISTER KITARO!
HM!
UND SO KEHRTE IN DEM KOREANISCHEN DORF WIEDER FRIEDEN EIN. KITARO UND SEINE FREUNDE MACHTEN SICH AUF DEN HEIMWEG. 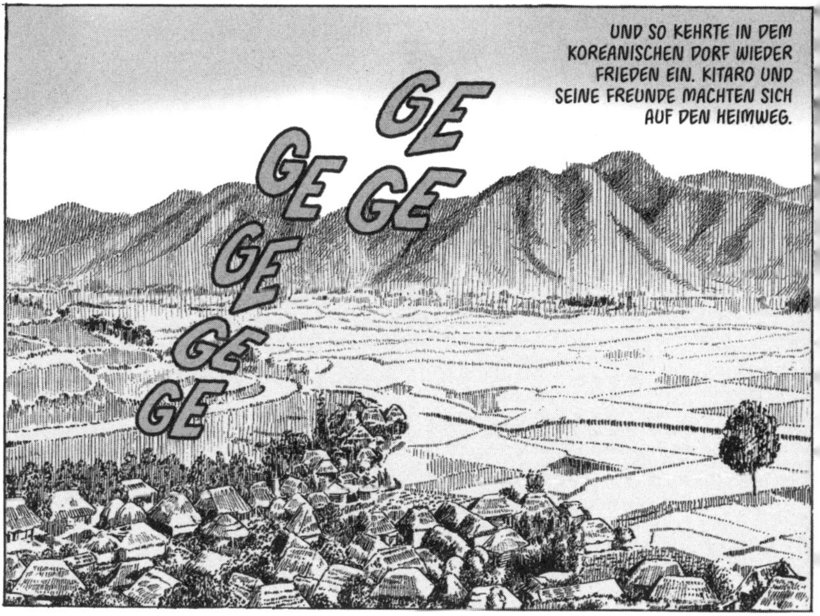
GE
GE GE
GE
GE
GE

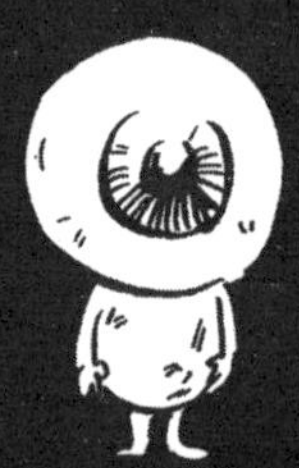

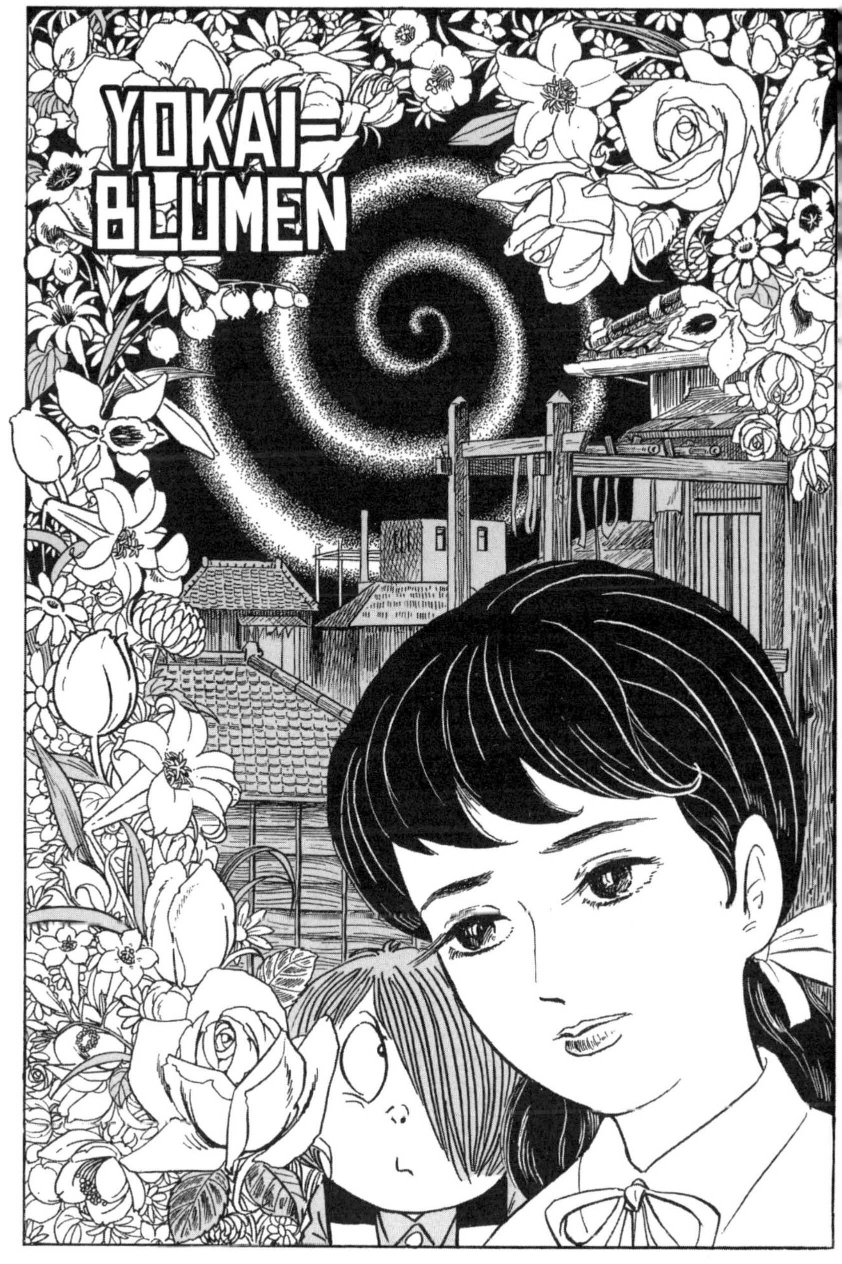
YOKAI-
BLUMEN

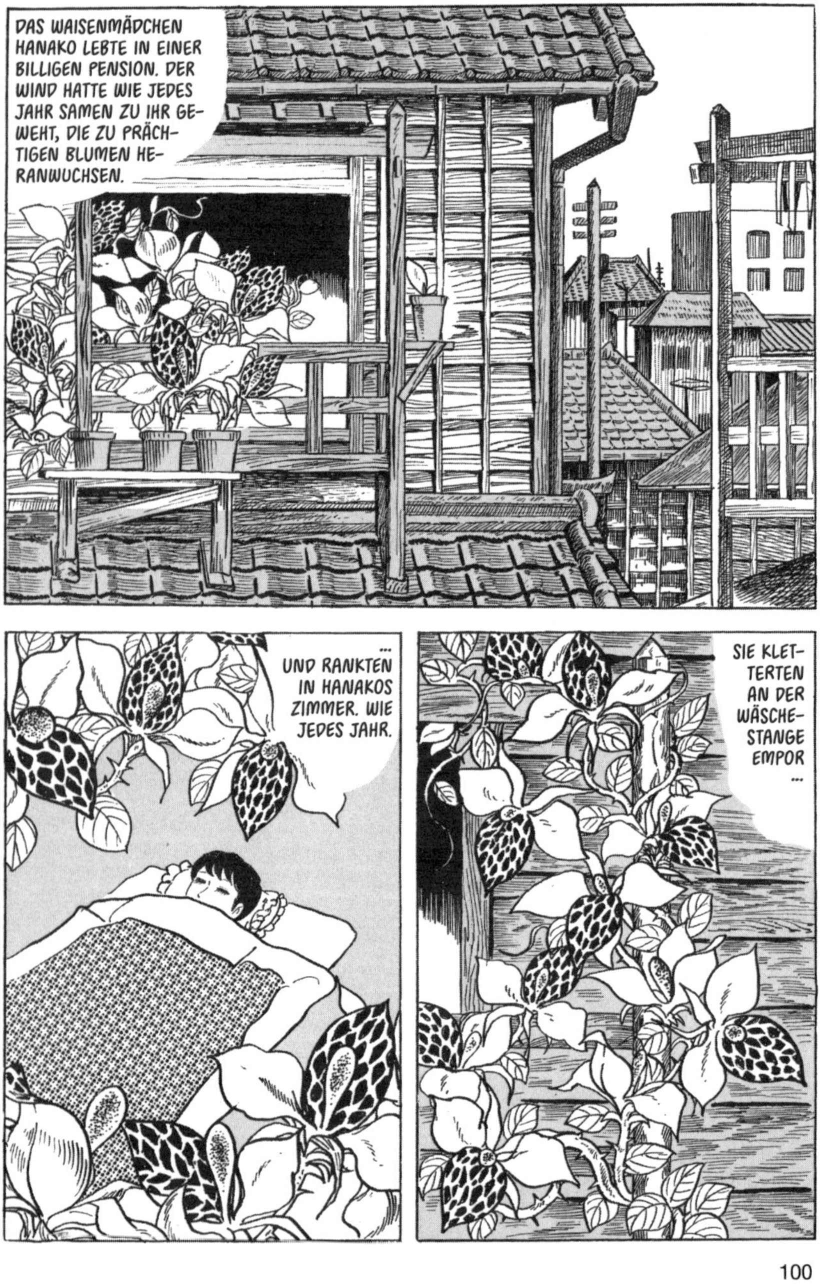

DAS WAISENMÄDCHEN HANAKO LEBTE IN EINER BILLIGEN PENSION. DER WIND HATTE WIE JEDES JAHR SAMEN ZU IHR GEWEHT, DIE ZU PRÄCHTIGEN BLUMEN HERANWUCHSEN.

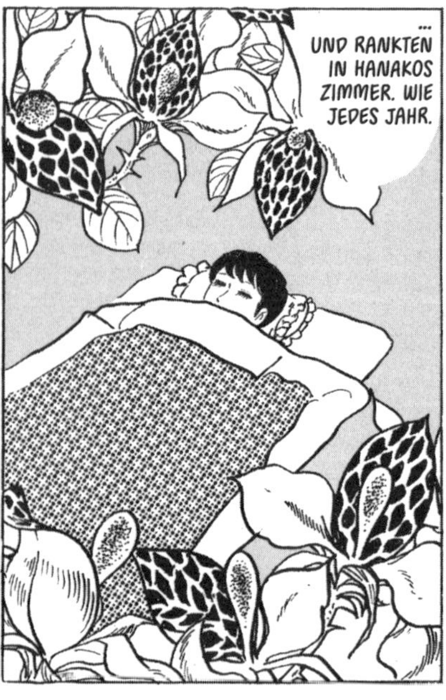

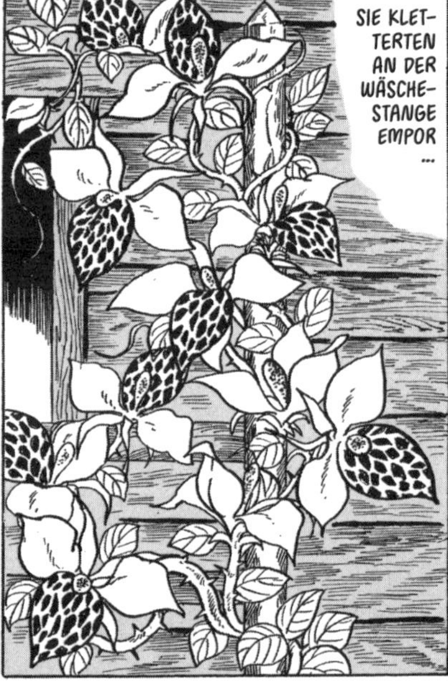

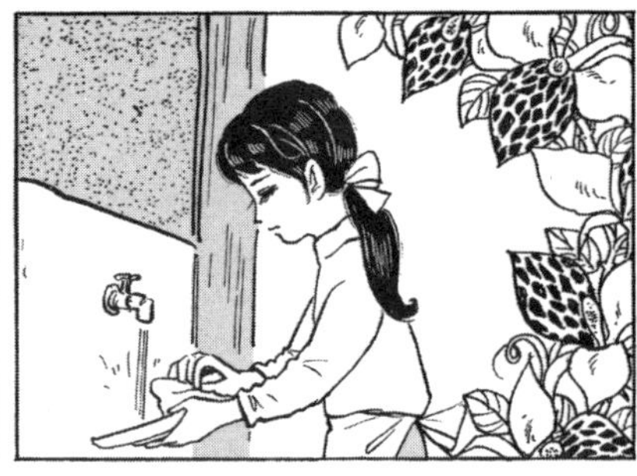

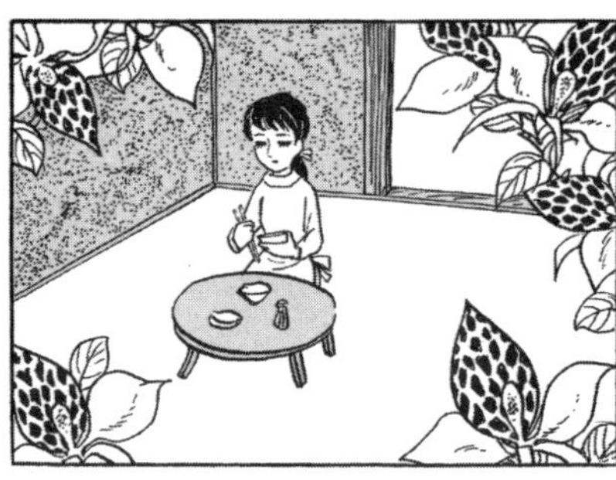

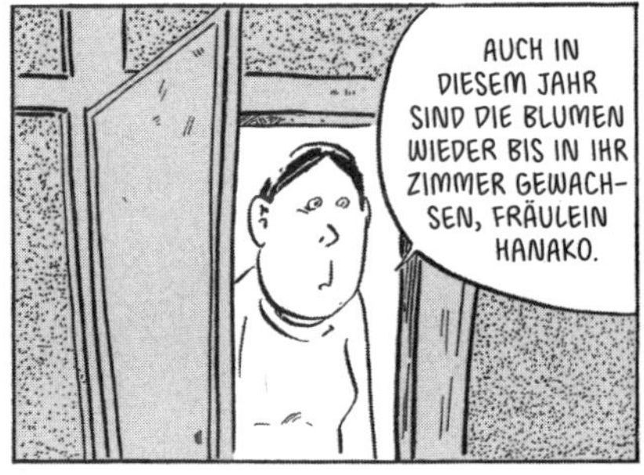

AUCH IN DIESEM JAHR SIND DIE BLUMEN WIEDER BIS IN IHR ZIMMER GEWACH-SEN, FRÄULEIN HANAKO.

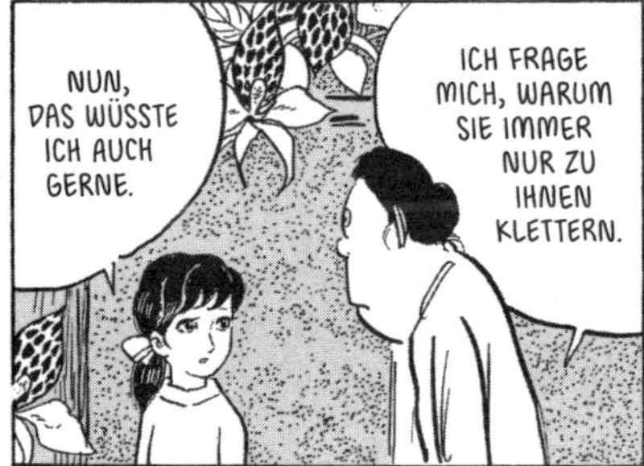

ICH FRAGE MICH, WARUM SIE IMMER NUR ZU IHNEN KLETTERN.
NUN, DAS WÜSSTE ICH AUCH GERNE.

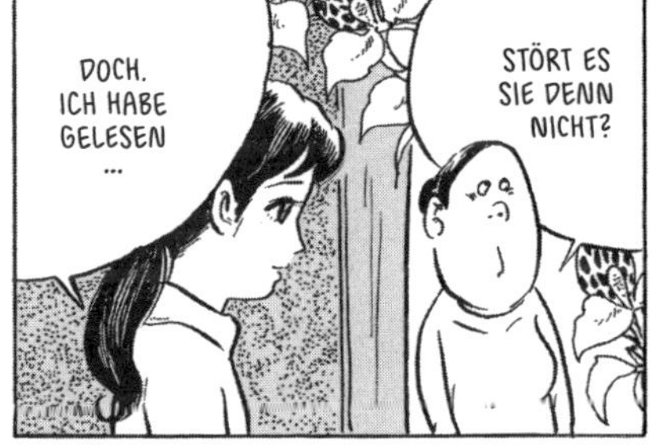

STÖRT ES SIE DENN NICHT?
DOCH. ICH HABE GELESEN ...

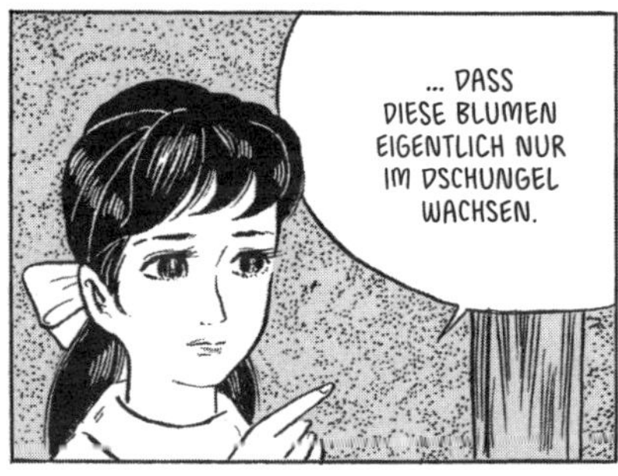

... DASS DIESE BLUMEN EIGENTLICH NUR IM DSCHUNGEL WACHSEN.

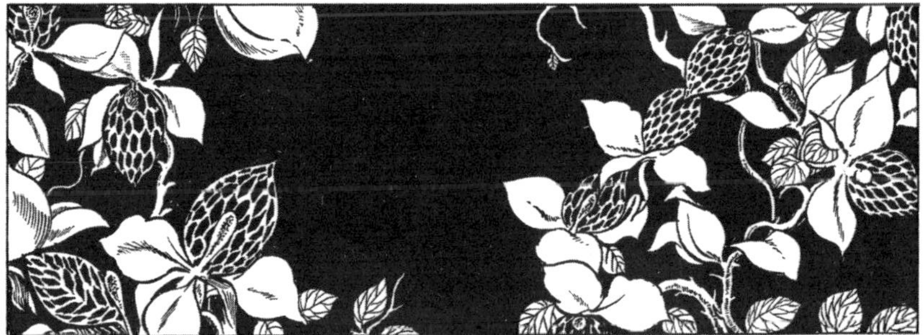

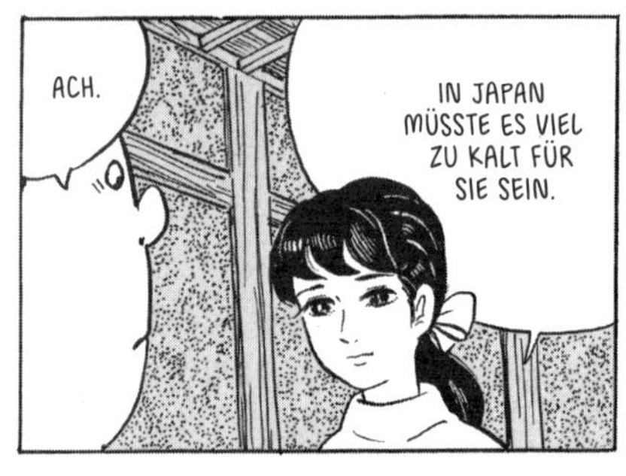
IN JAPAN MÜSSTE ES VIEL ZU KALT FÜR SIE SEIN.
ACH.

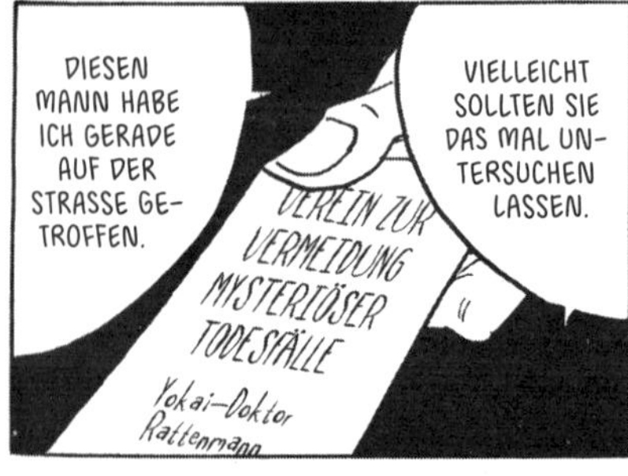
VIELLEICHT SOLLTEN SIE DAS MAL UNTERSUCHEN LASSEN.
DIESEN MANN HABE ICH GERADE AUF DER STRASSE GETROFFEN.
VEREIN ZUR VERMEIDUNG MYSTERIÖSER TODESFÄLLE
Yokai-Doktor Rattenmann

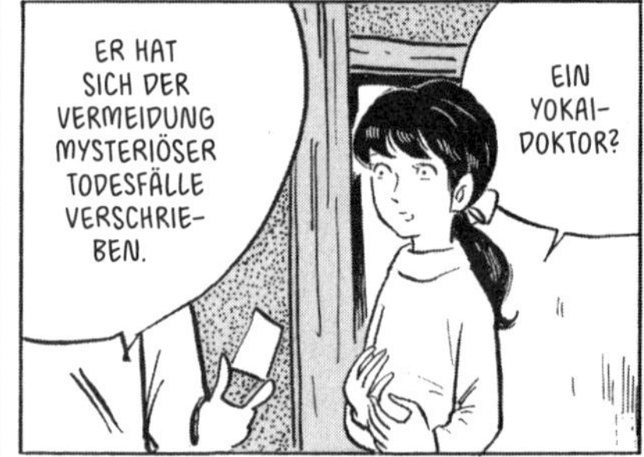
EIN YOKAI-DOKTOR?
ER HAT SICH DER VERMEIDUNG MYSTERIÖSER TODESFÄLLE VERSCHRIEBEN.

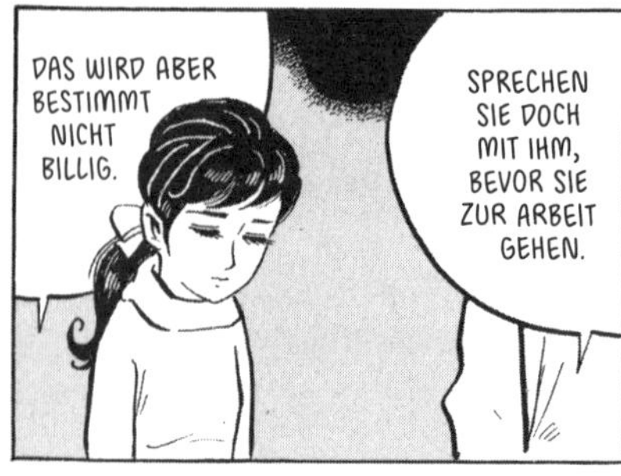
SPRECHEN SIE DOCH MIT IHM, BEVOR SIE ZUR ARBEIT GEHEN.
DAS WIRD ABER BESTIMMT NICHT BILLIG.

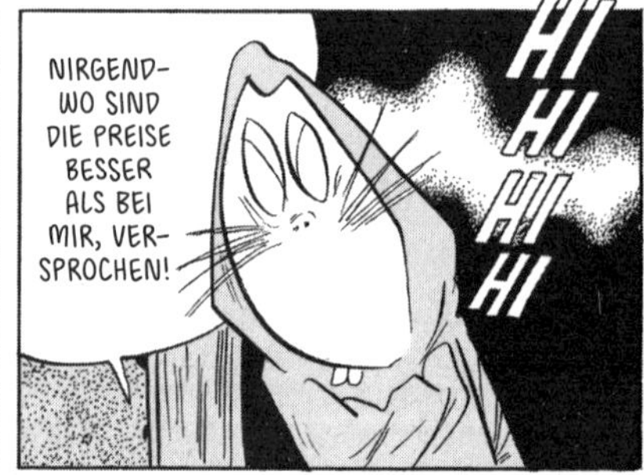
HIHIHIHI
NIRGENDWO SIND DIE PREISE BESSER ALS BEI MIR, VERSPROCHEN!

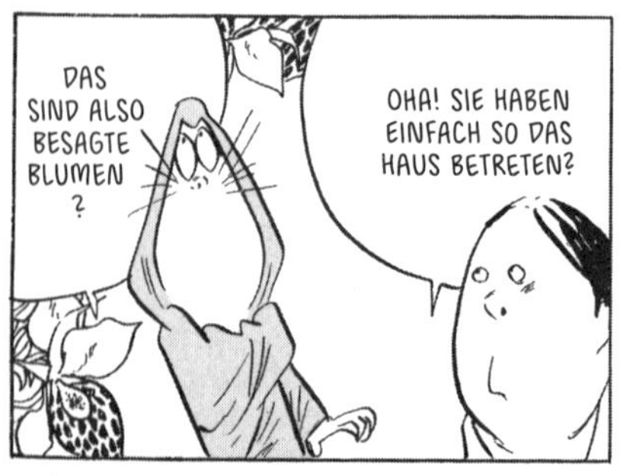
OHA! SIE HABEN EINFACH SO DAS HAUS BETRETEN?
DAS SIND ALSO BESAGTE BLUMEN?

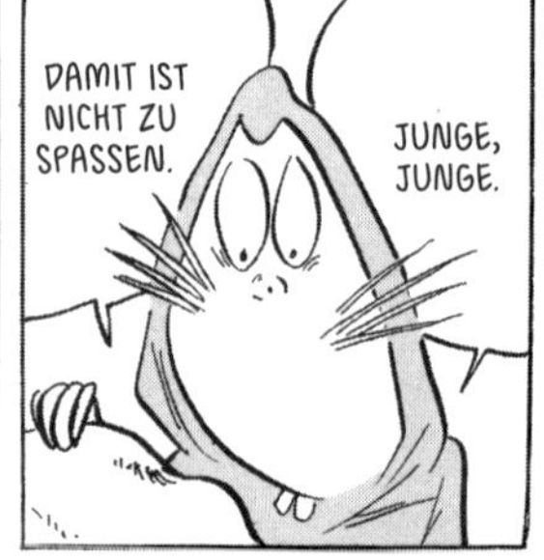
JUNGE, JUNGE.
DAMIT IST NICHT ZU SPASSEN.

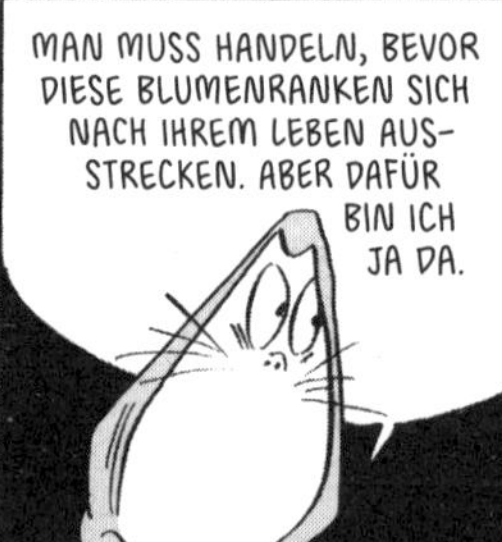
MAN MUSS HANDELN, BEVOR DIESE BLUMENRANKEN SICH NACH IHREM LEBEN AUSSTRECKEN. ABER DAFÜR BIN ICH JA DA.

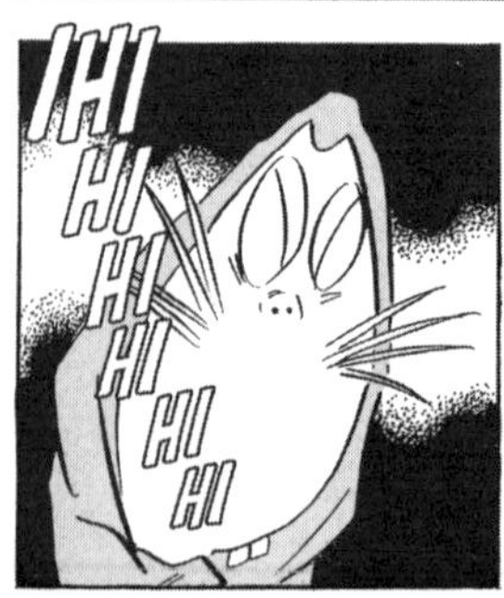
IHIHIHIHIHIHI

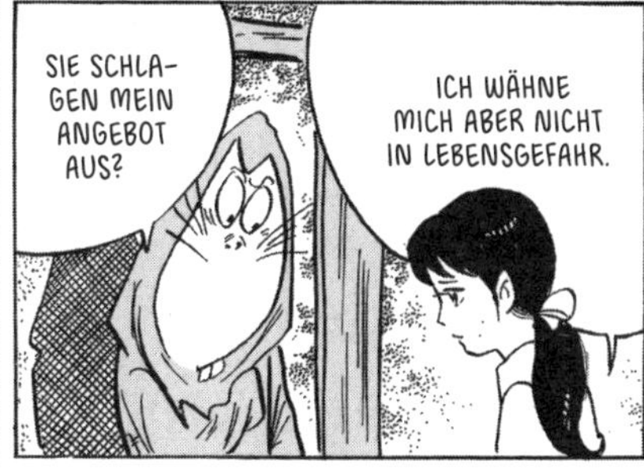

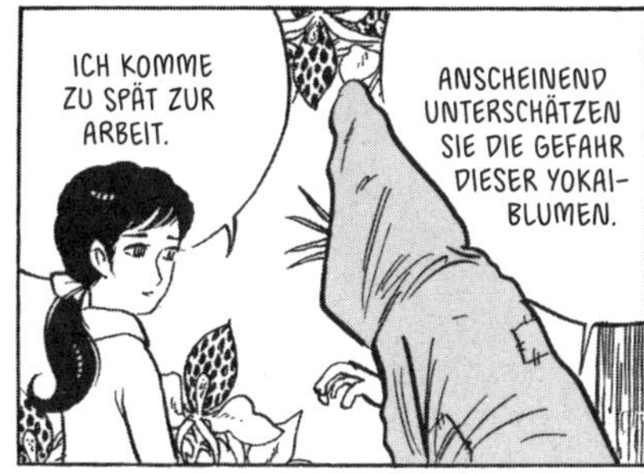

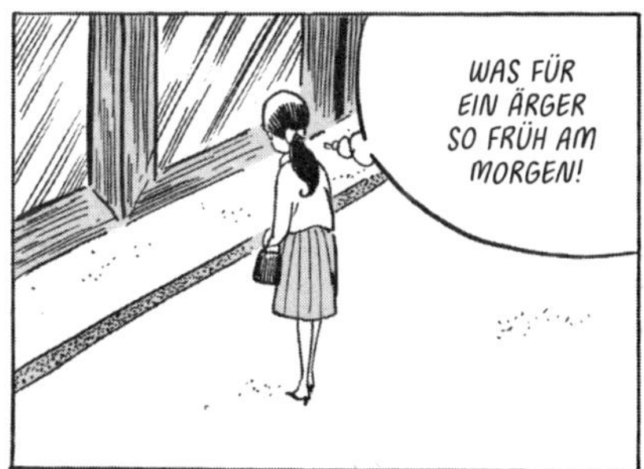

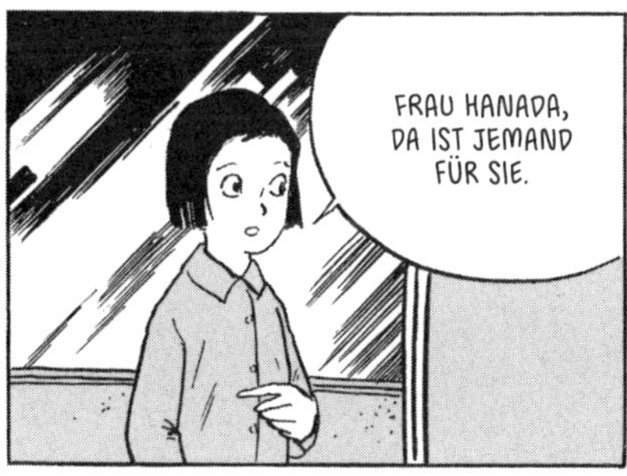

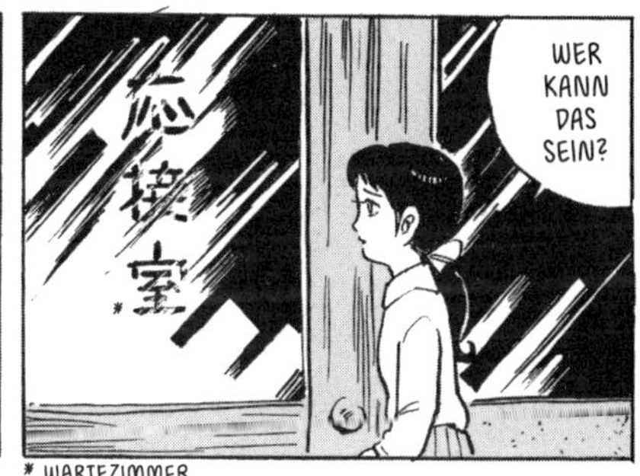

* WARTEZIMMER

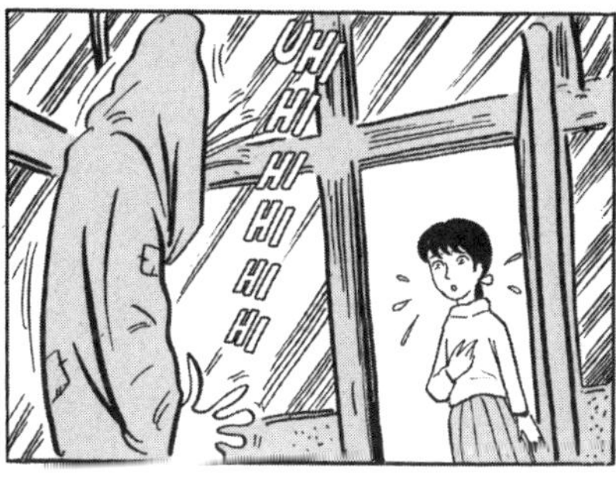

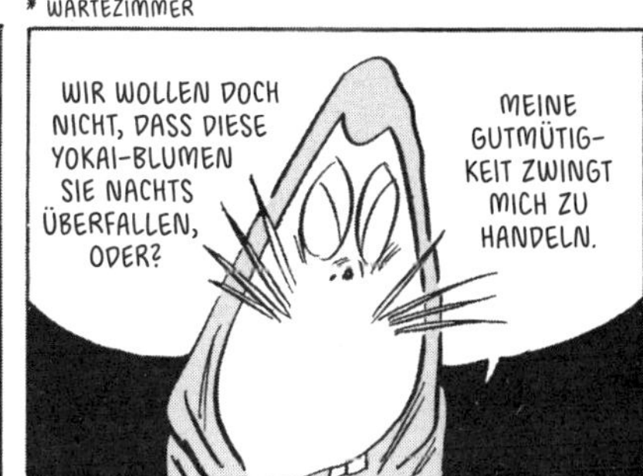

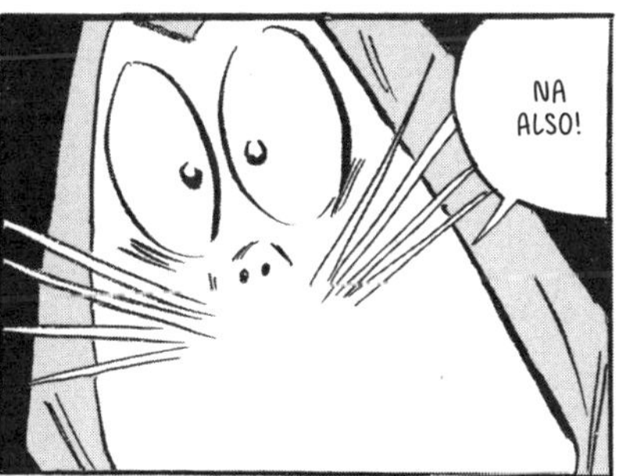

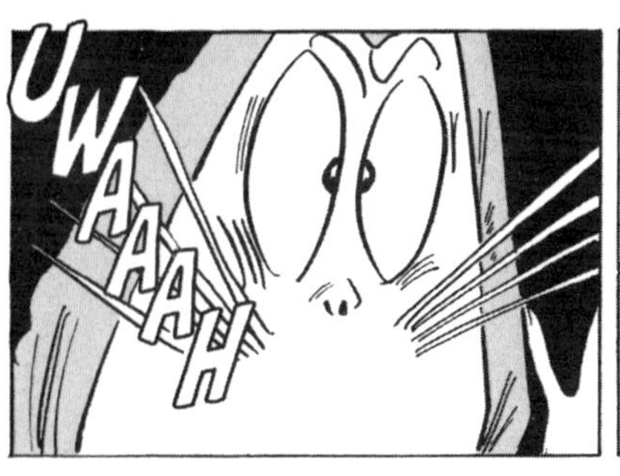
UWAAAAH

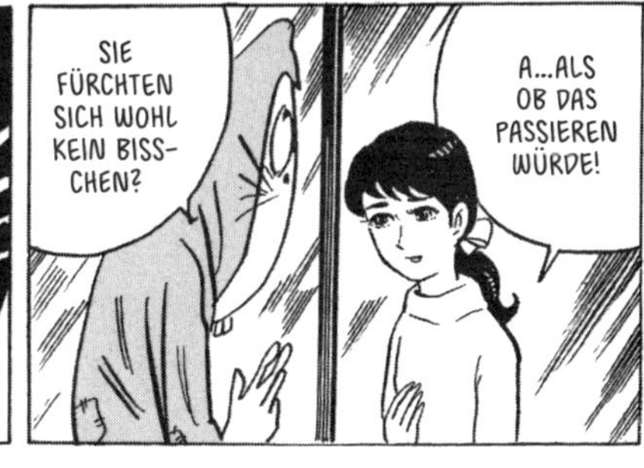
A...ALS OB DAS PASSIEREN WÜRDE!
SIE FÜRCHTEN SICH WOHL KEIN BISSCHEN?

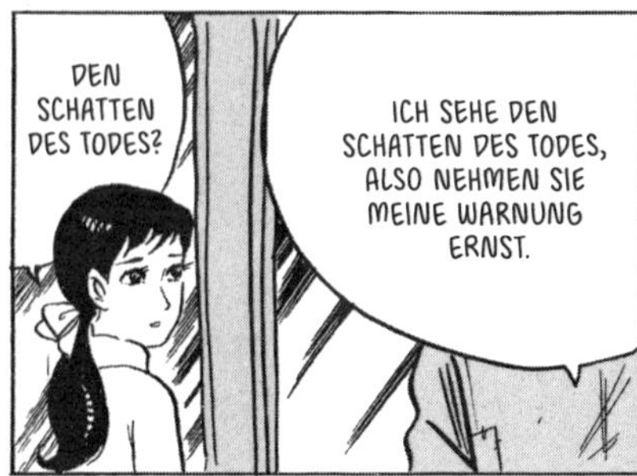
ICH SEHE DEN SCHATTEN DES TODES, ALSO NEHMEN SIE MEINE WARNUNG ERNST.
DEN SCHATTEN DES TODES?

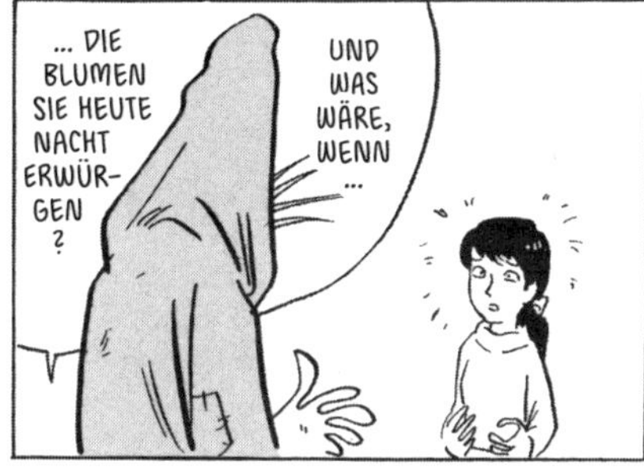
UND WAS WÄRE, WENN ...
... DIE BLUMEN SIE HEUTE NACHT ERWÜRGEN?

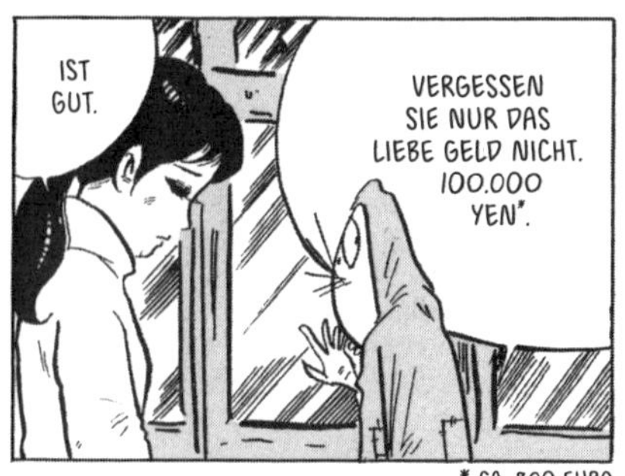
VERGESSEN SIE NUR DAS LIEBE GELD NICHT. 100.000 YEN*.
IST GUT.

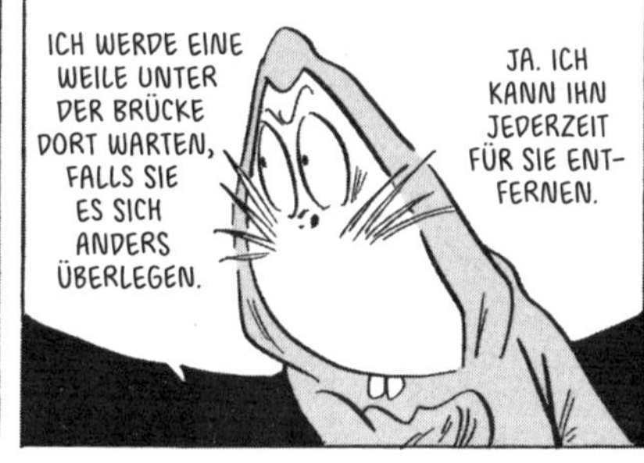
JA. ICH KANN IHN JEDERZEIT FÜR SIE ENTFERNEN.
ICH WERDE EINE WEILE UNTER DER BRÜCKE DORT WARTEN, FALLS SIE ES SICH ANDERS ÜBERLEGEN.

* CA. 800 EURO

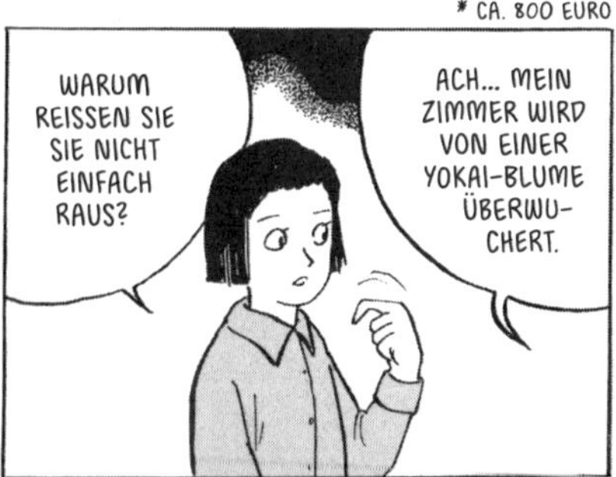
ACH... MEIN ZIMMER WIRD VON EINER YOKAI-BLUME ÜBERWUCHERT.
WARUM REISSEN SIE SIE NICHT EINFACH RAUS?

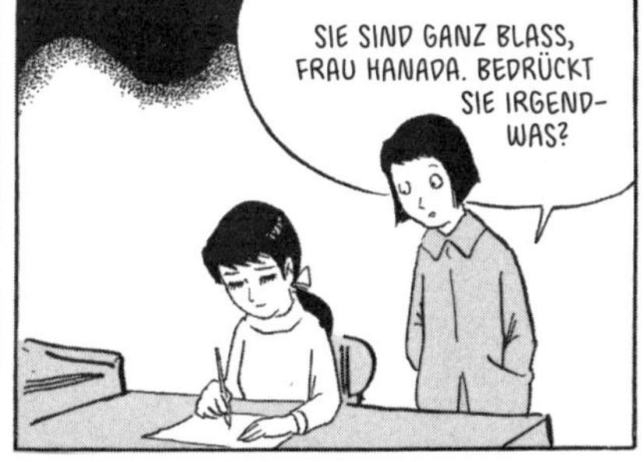
SIE SIND GANZ BLASS, FRAU HANADA. BEDRÜCKT SIE IRGENDWAS?

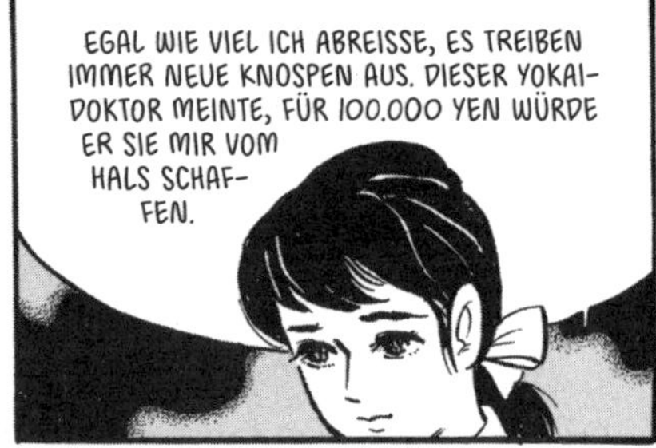

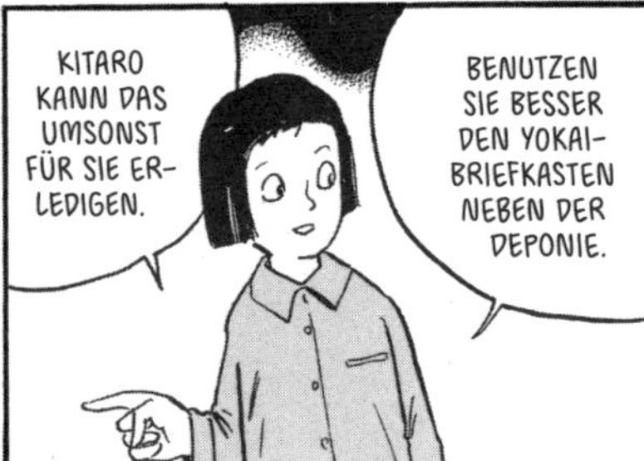

MIT EINEM MULMIGEN GEFÜHL WARF DIE ELTERNLOSE HANAKO IHREN BRIEF DORT EIN. WENIGE TAGE SPÄTER ERSCHIEN, GEFOLGT VOM KLAPPERN HÖLZERNER SANDALEN, KITARO NEBEN IHREM KISSEN.

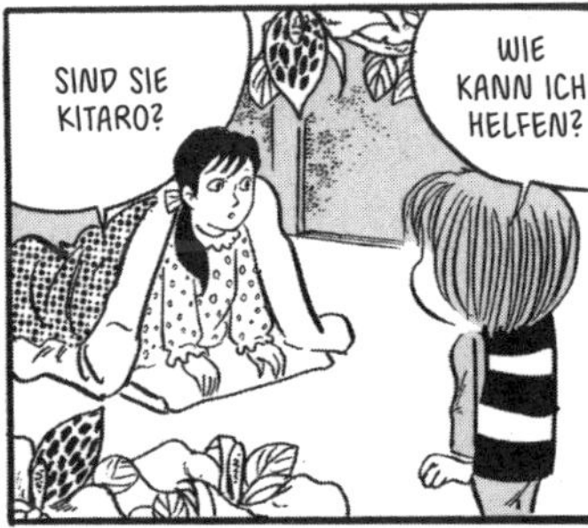

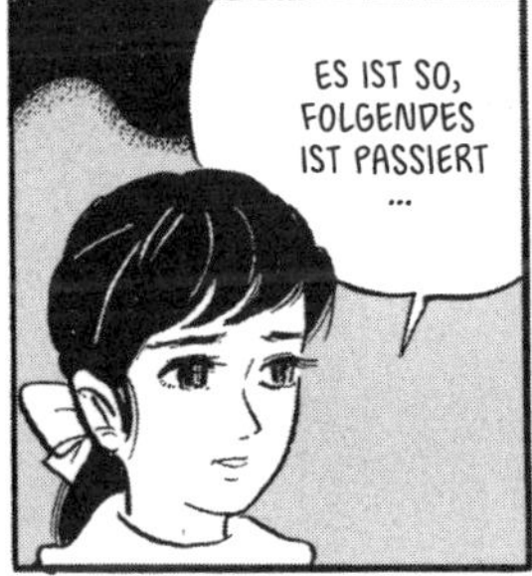

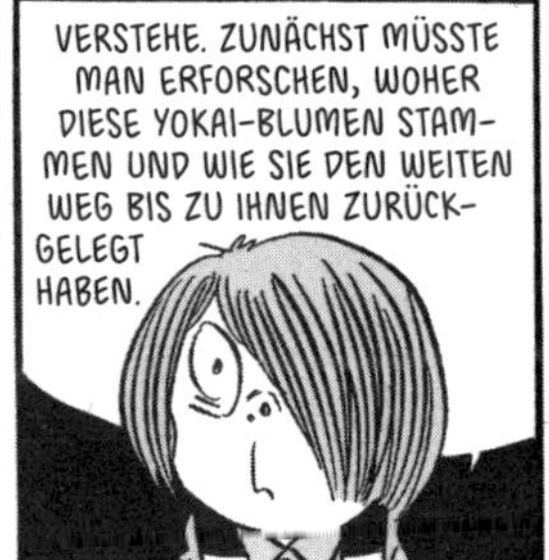

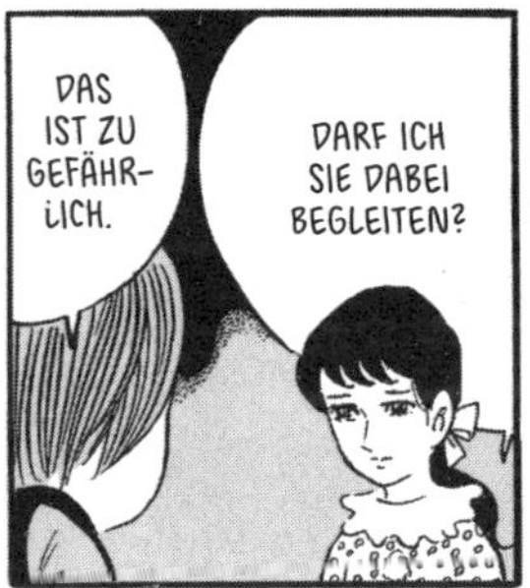

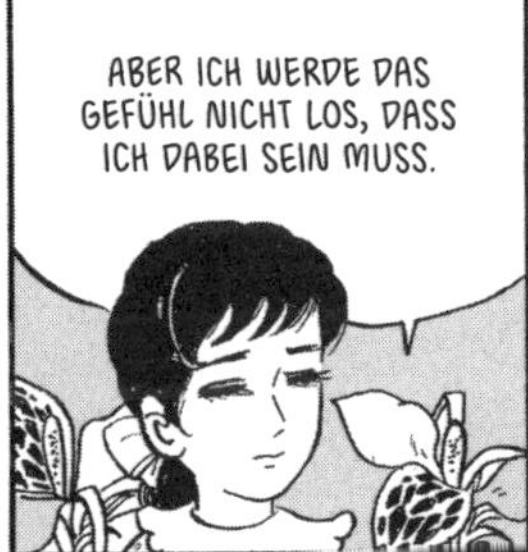

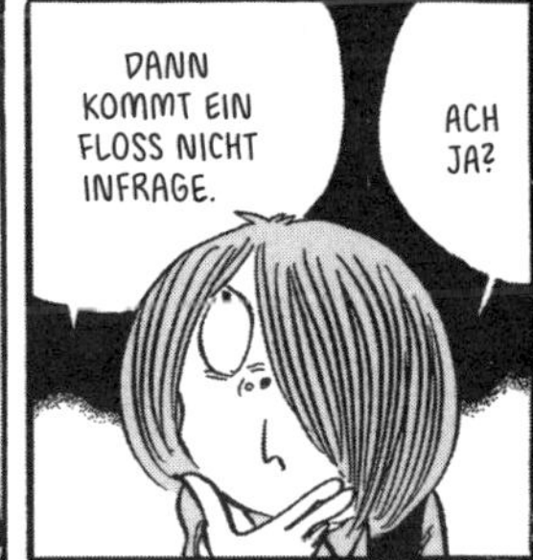

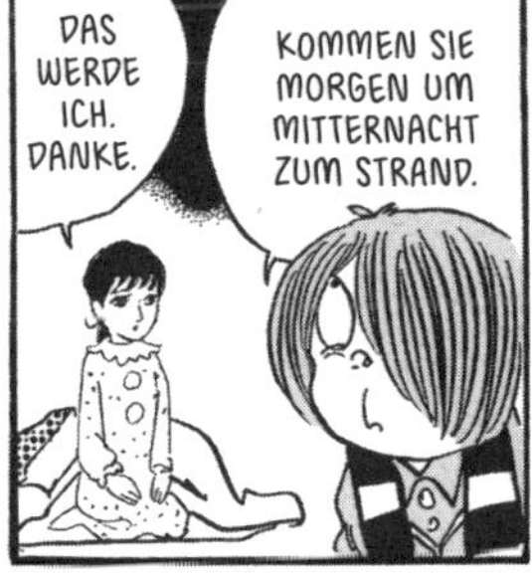

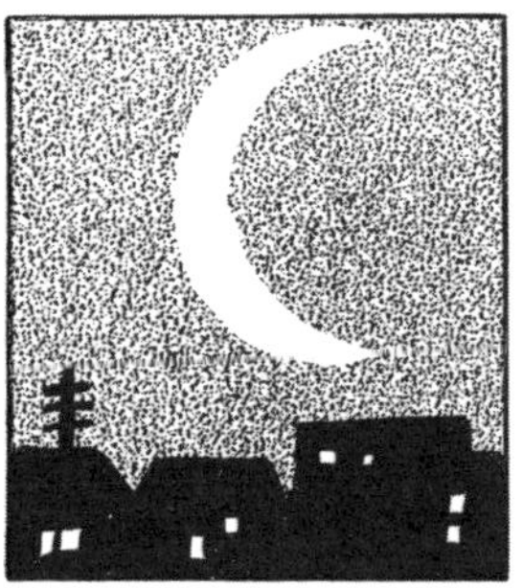

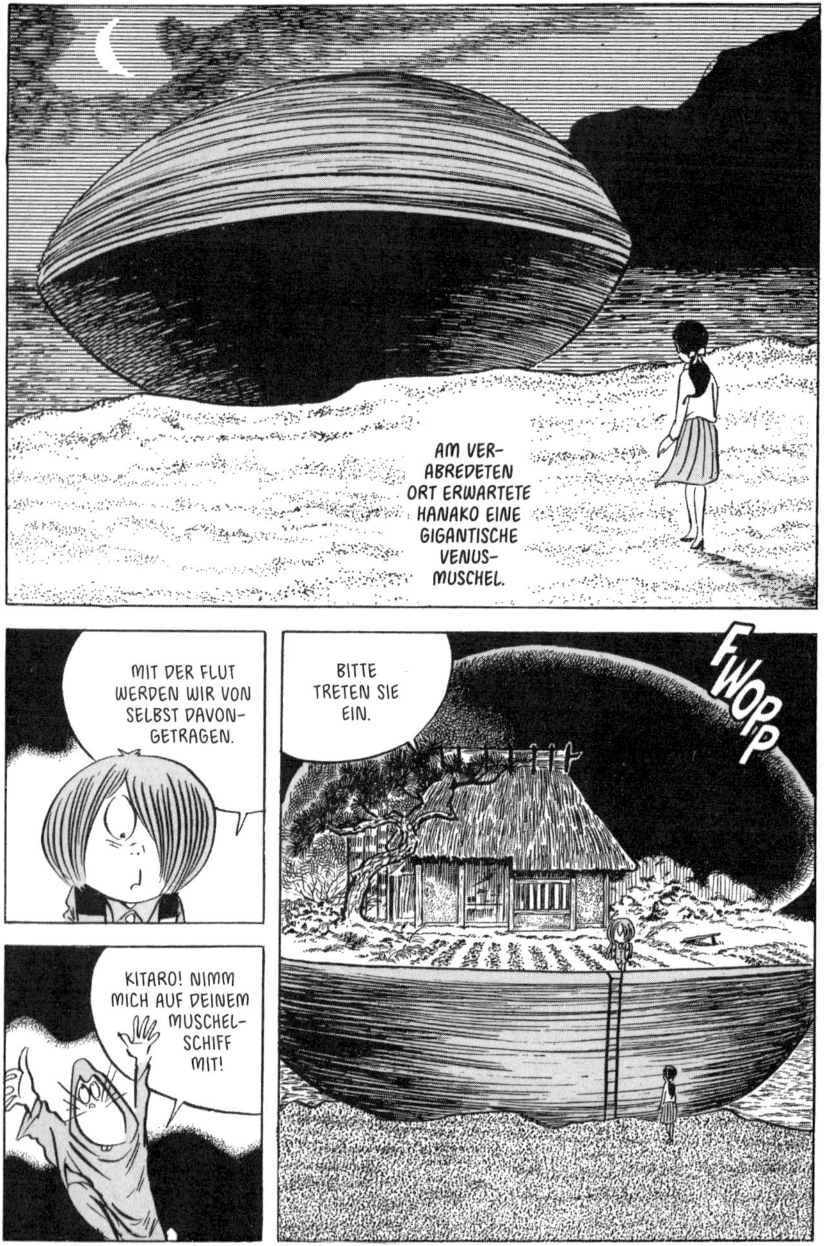

AM VER-
ABREDETEN
ORT ERWARTETE
HANAKO EINE
GIGANTISCHE
VENUS-
MUSCHEL.

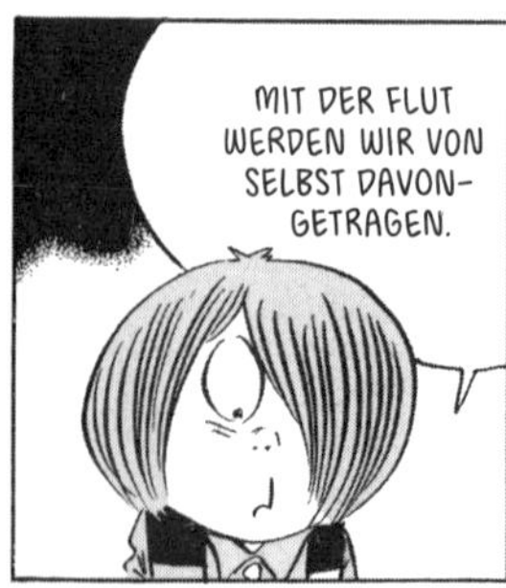

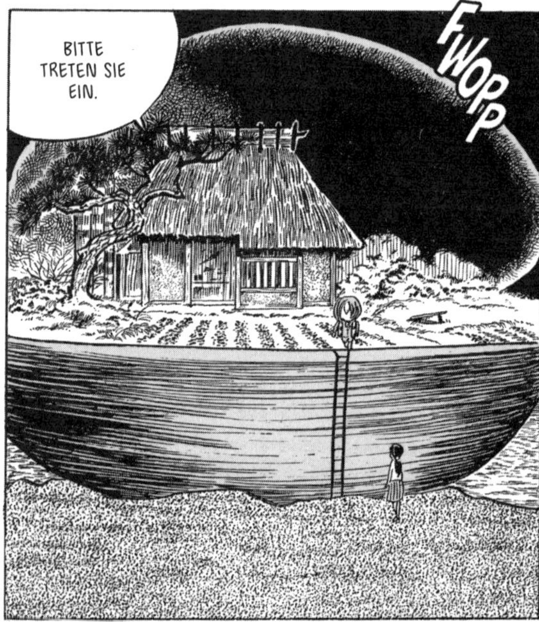

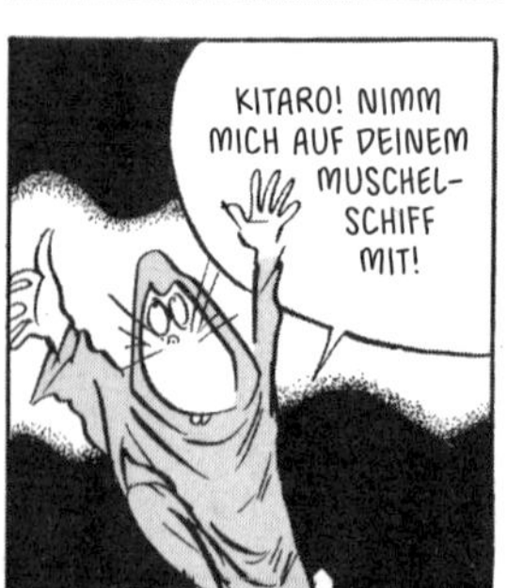

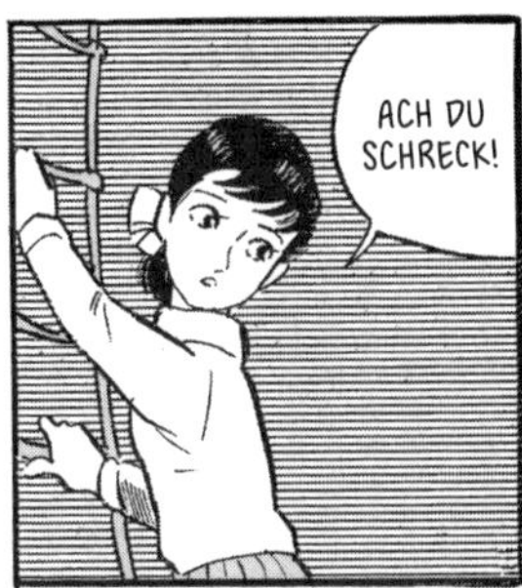
ACH DU SCHRECK!
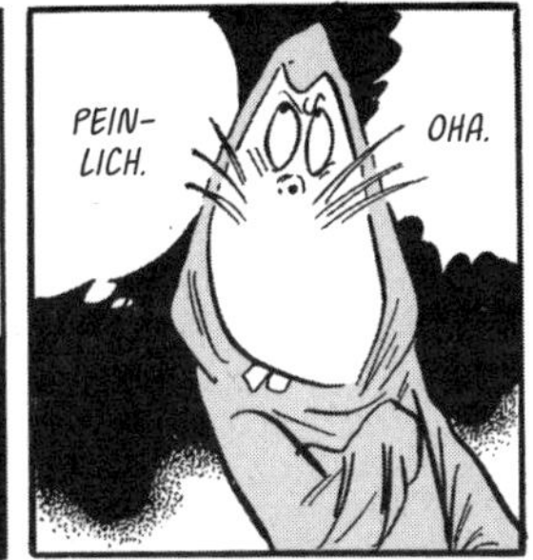
OHA.
PEINLICH.
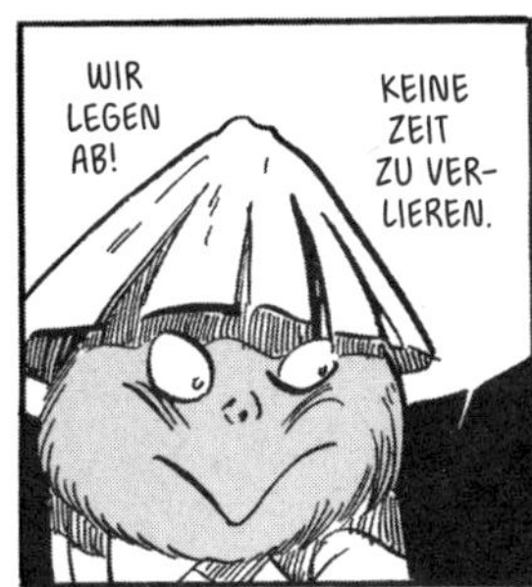
KEINE ZEIT ZU VERLIEREN.
WIR LEGEN AB!
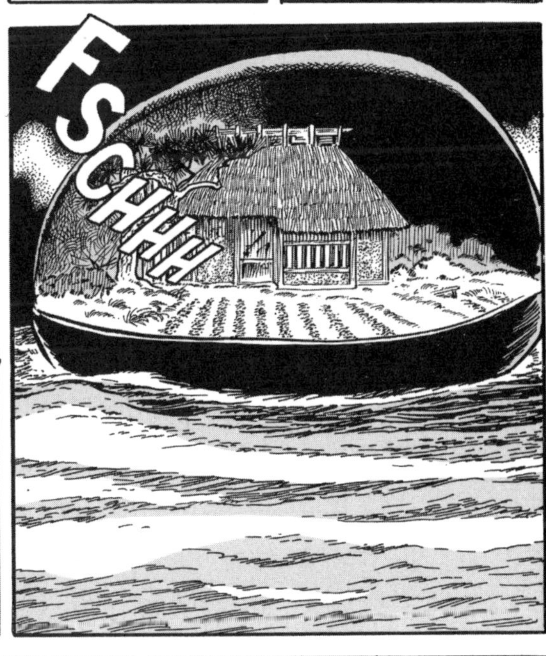
FSCHHH
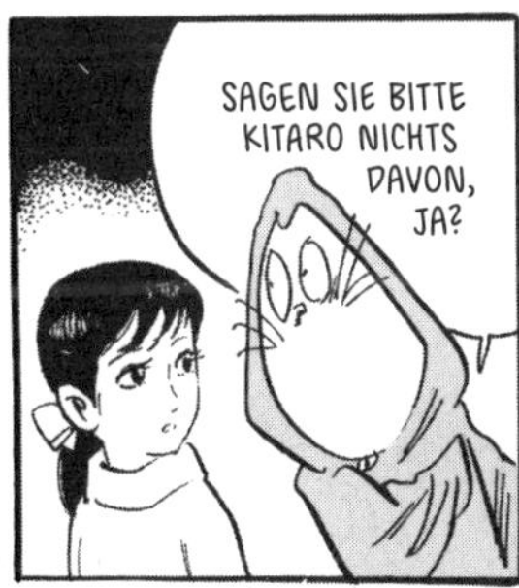
SAGEN SIE BITTE KITARO NICHTS DAVON, JA?
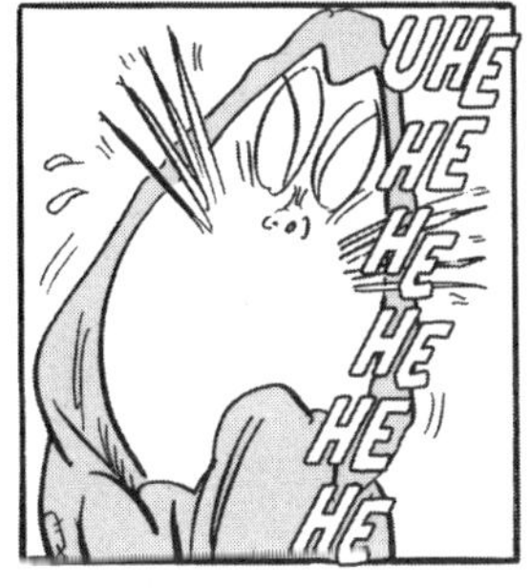
UHEHEHEHEHE
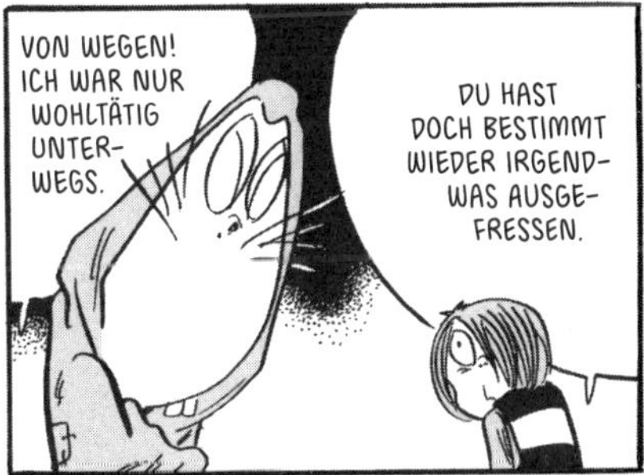
DU HAST DOCH BESTIMMT WIEDER IRGENDWAS AUSGEFRESSEN.
VON WEGEN! ICH WAR NUR WOHLTÄTIG UNTERWEGS.
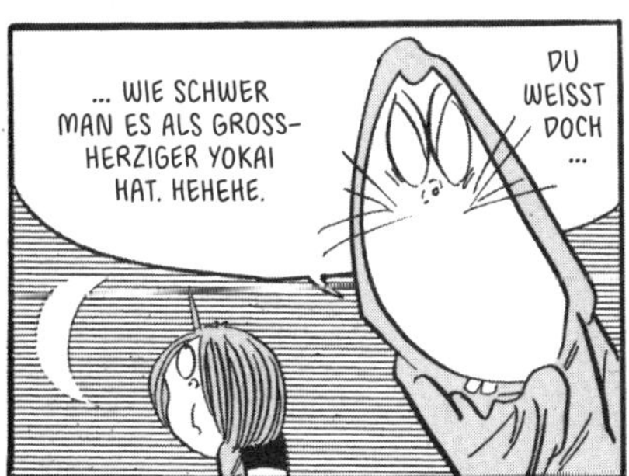
DU WEISST DOCH ...
... WIE SCHWER MAN ES ALS GROSSHERZIGER YOKAI HAT. HEHEHE.

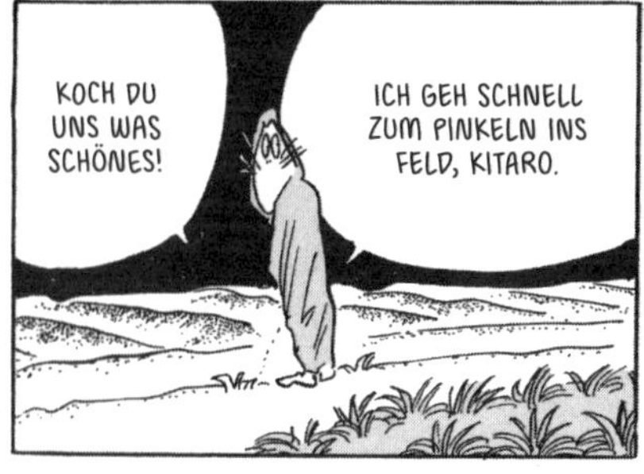
ICH GEH SCHNELL ZUM PINKELN INS FELD, KITARO.
KOCH DU UNS WAS SCHÖNES!

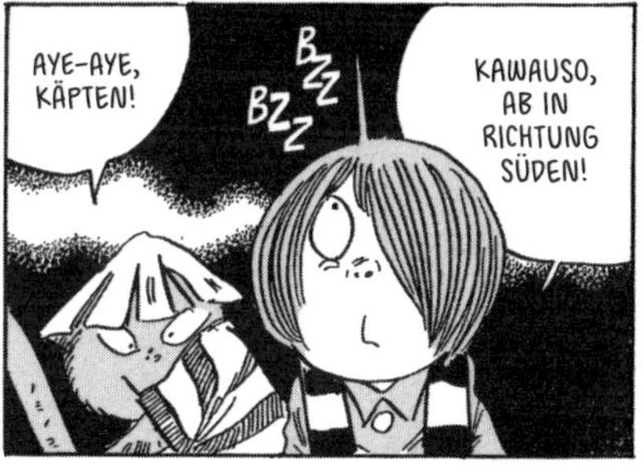
KAWAUSO, AB IN RICHTUNG SÜDEN!
BZZ BZZ
AYE-AYE, KÄPTEN!

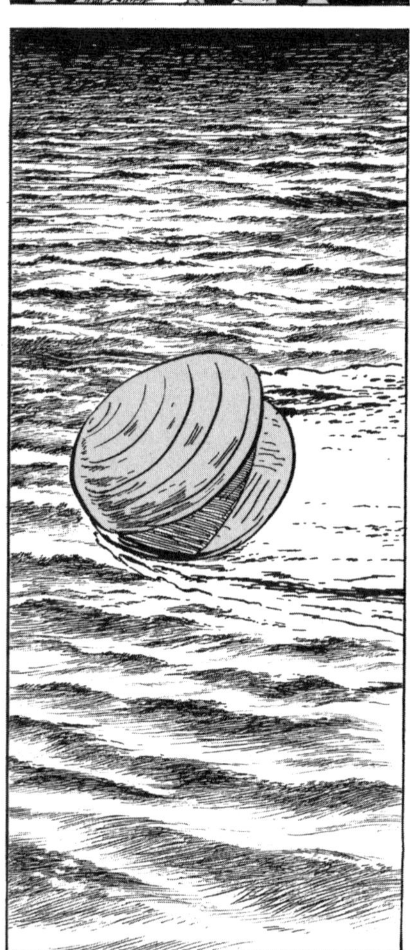

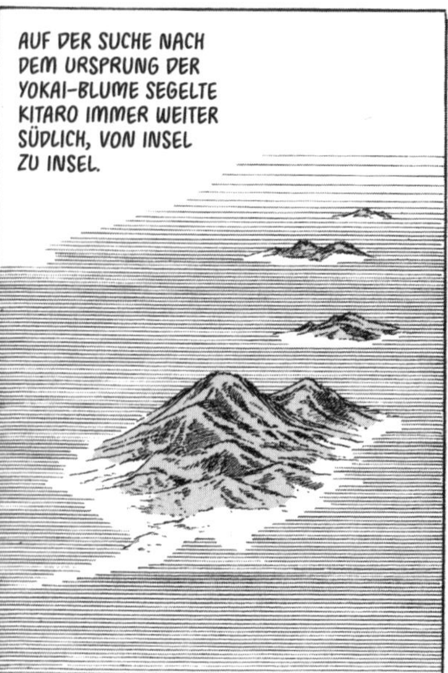
AUF DER SUCHE NACH DEM URSPRUNG DER YOKAI-BLUME SEGELTE KITARO IMMER WEITER SÜDLICH, VON INSEL ZU INSEL.

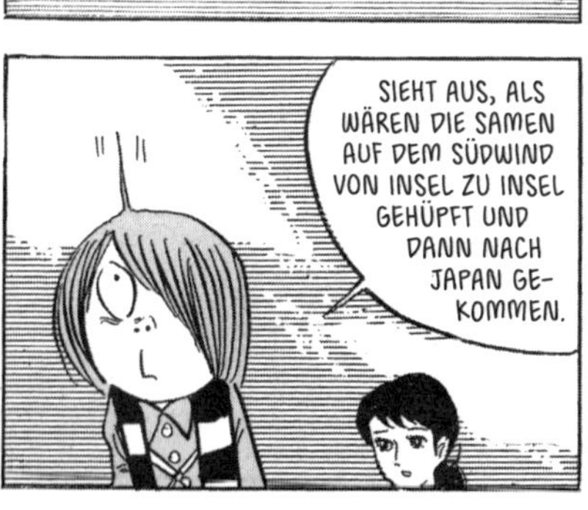
SIEHT AUS, ALS WÄREN DIE SAMEN AUF DEM SÜDWIND VON INSEL ZU INSEL GEHÜPFT UND DANN NACH JAPAN GEKOMMEN.

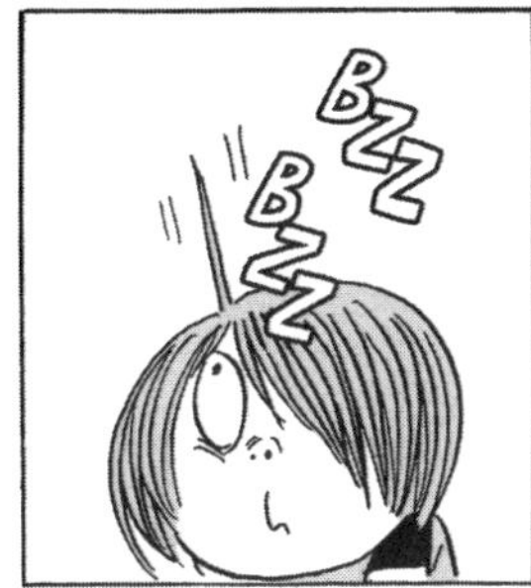

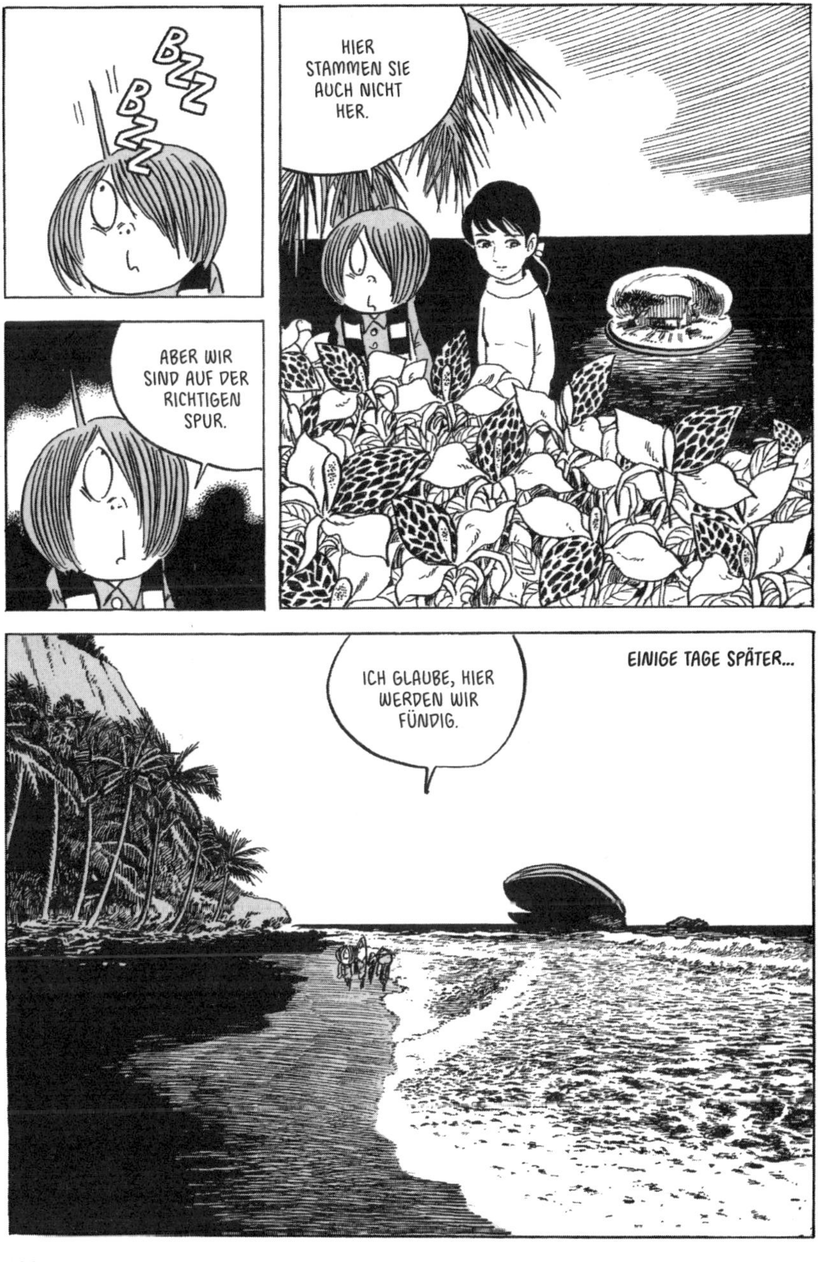

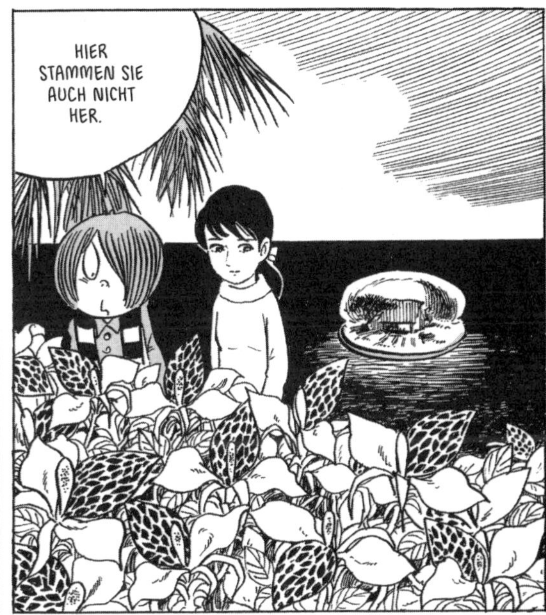

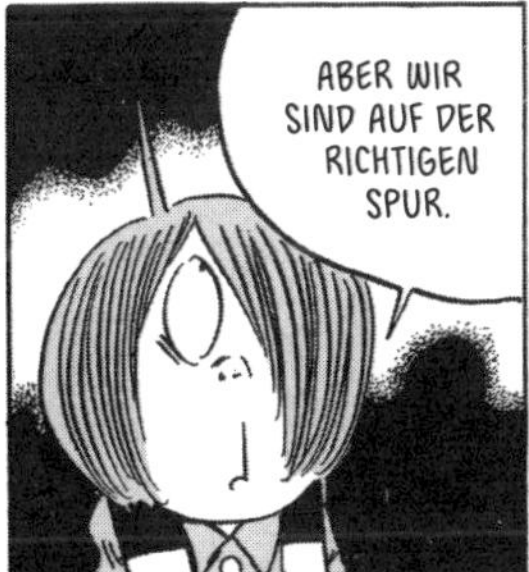

EINIGE TAGE SPÄTER...

ICH GLAUBE, HIER WERDEN WIR FÜNDIG.

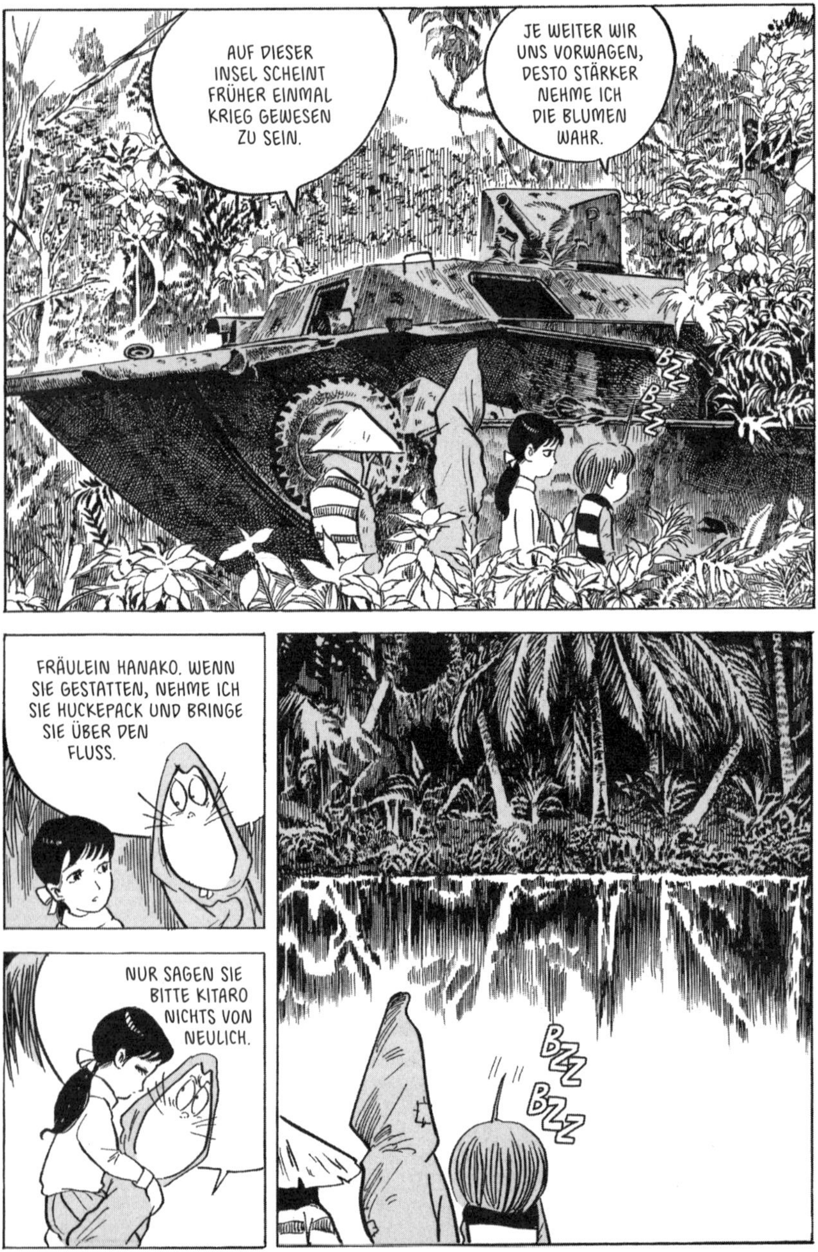

AUF DIESER INSEL SCHEINT FRÜHER EINMAL KRIEG GEWESEN ZU SEIN.

JE WEITER WIR UNS VORWAGEN, DESTO STÄRKER NEHME ICH DIE BLUMEN WAHR.

BZZ BZZ

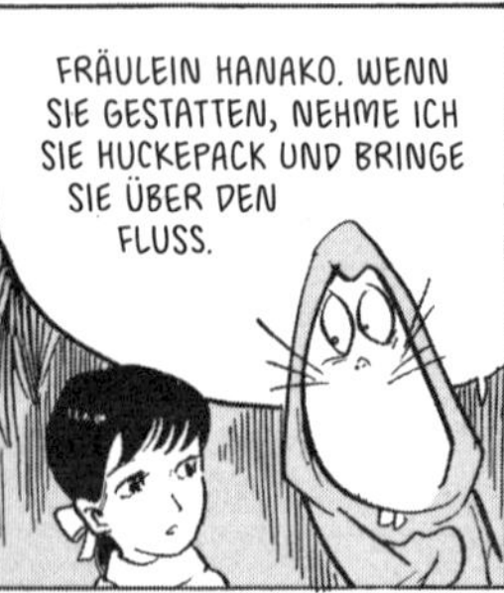

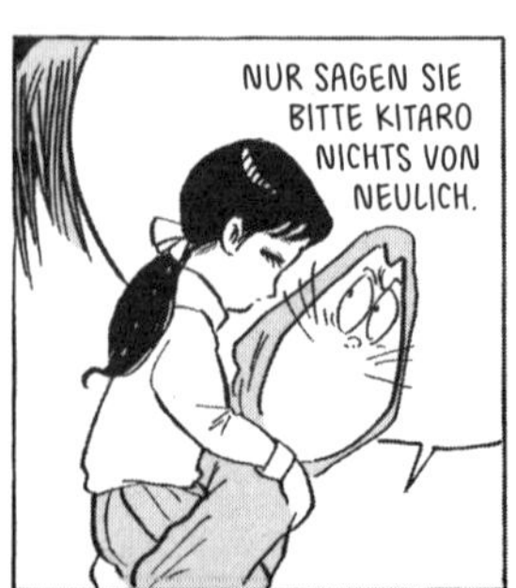

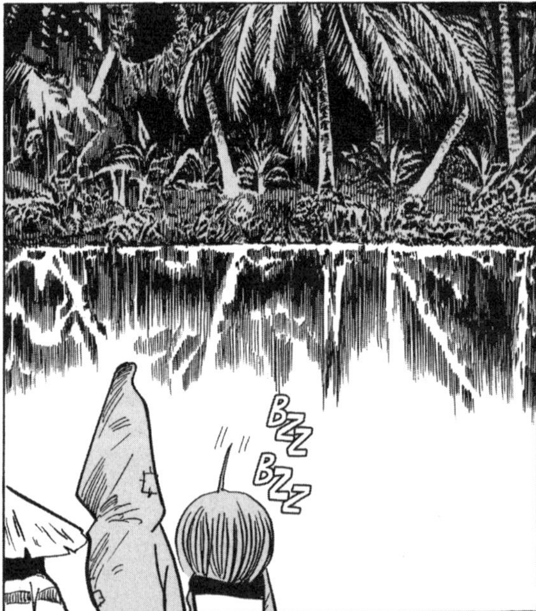

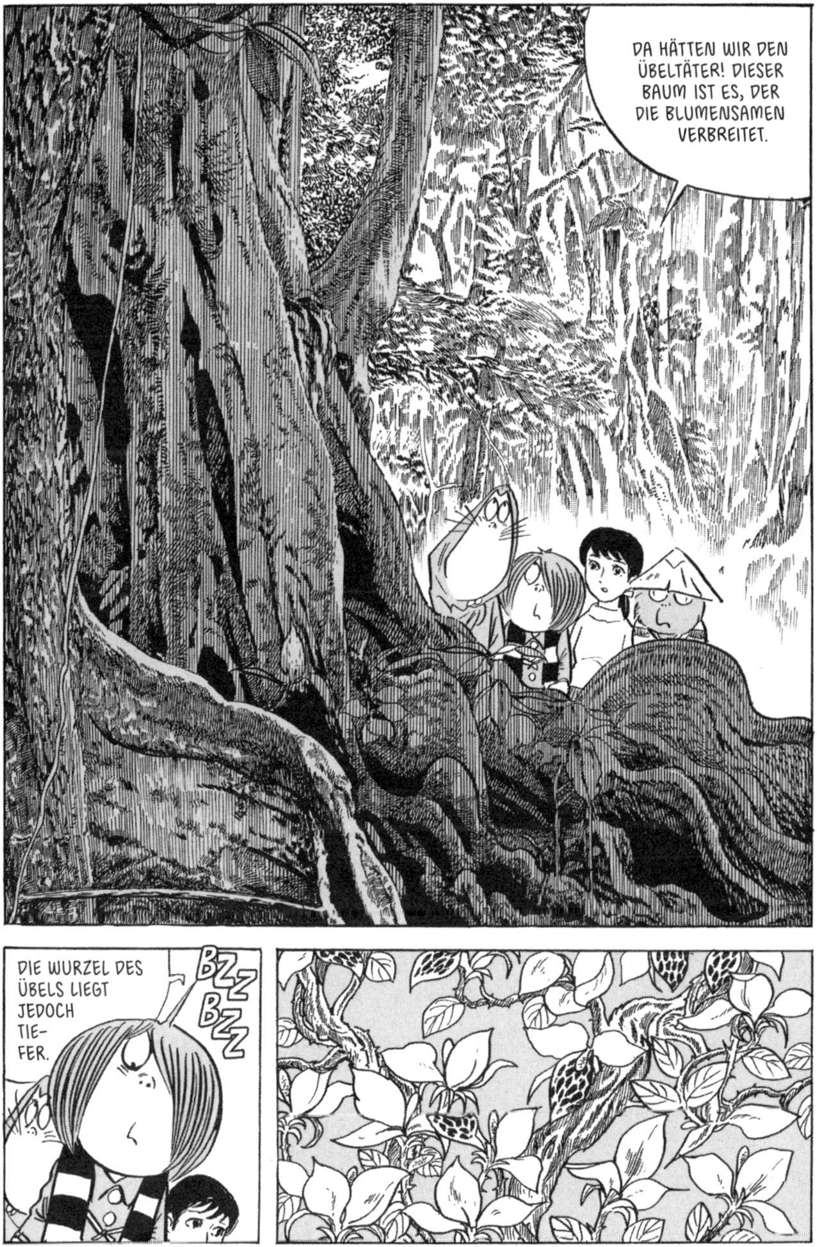

DA HÄTTEN WIR DEN ÜBELTÄTER! DIESER BAUM IST ES, DER DIE BLUMENSAMEN VERBREITET.

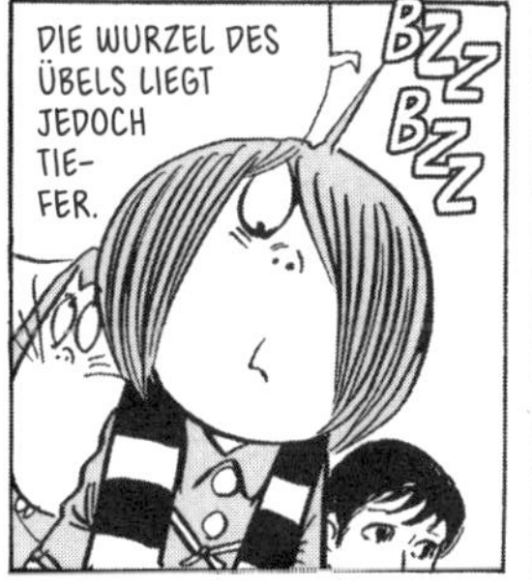

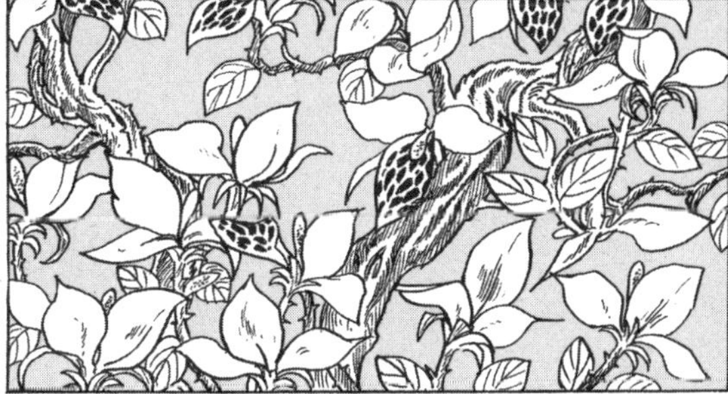

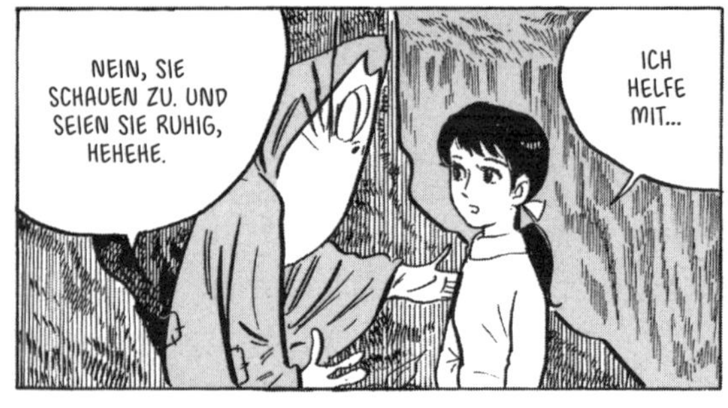
NEIN, SIE SCHAUEN ZU. UND SEIEN SIE RUHIG, HEHEHE.
ICH HELFE MIT...
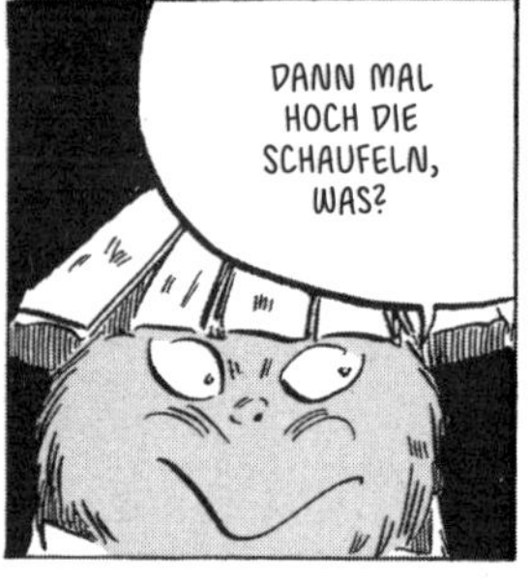
DANN MAL HOCH DIE SCHAUFELN, WAS?
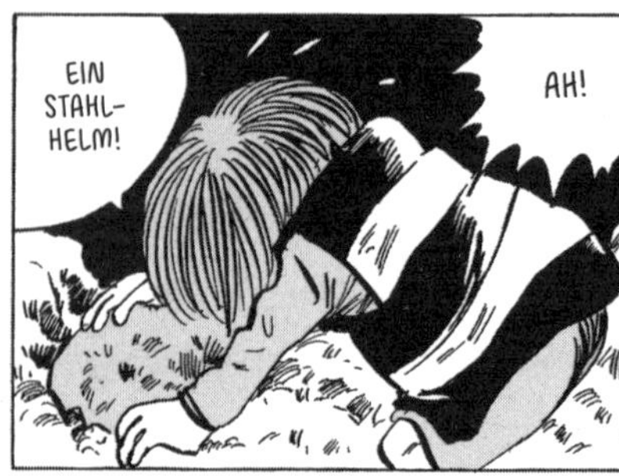
EIN STAHLHELM!
AH!
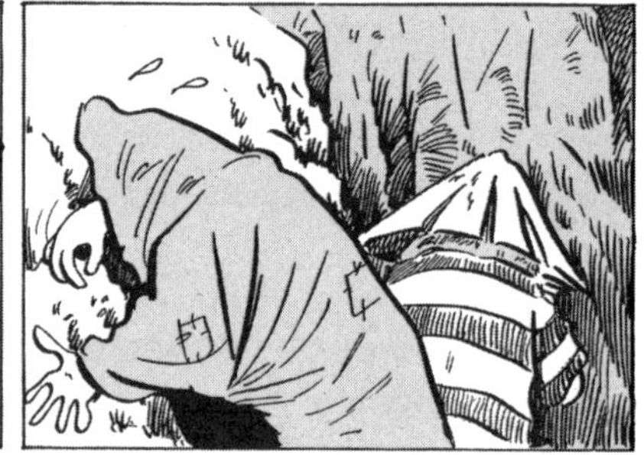
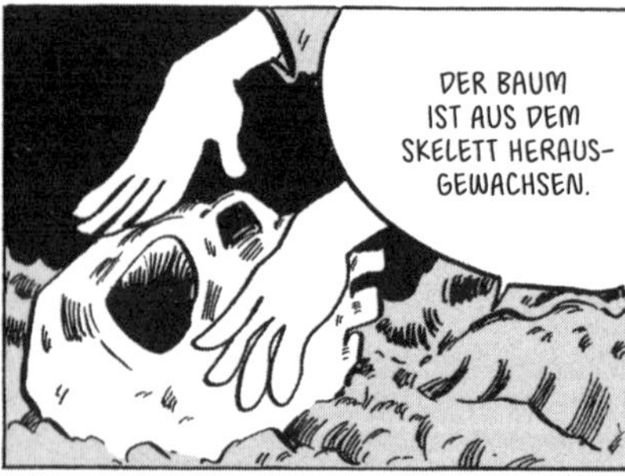
DER BAUM IST AUS DEM SKELETT HERAUSGEWACHSEN.
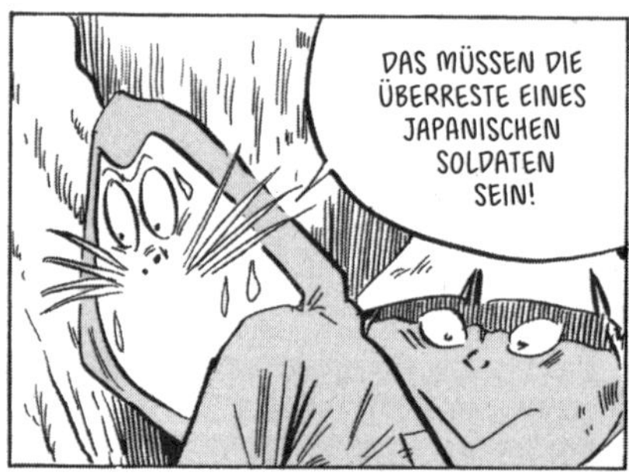
DAS MÜSSEN DIE ÜBERRESTE EINES JAPANISCHEN SOLDATEN SEIN!
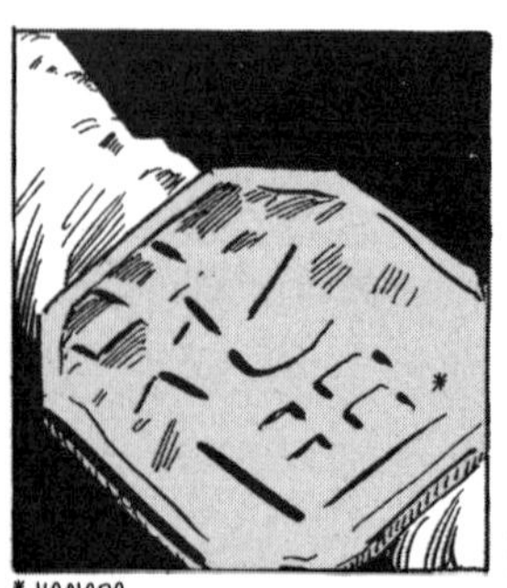
*
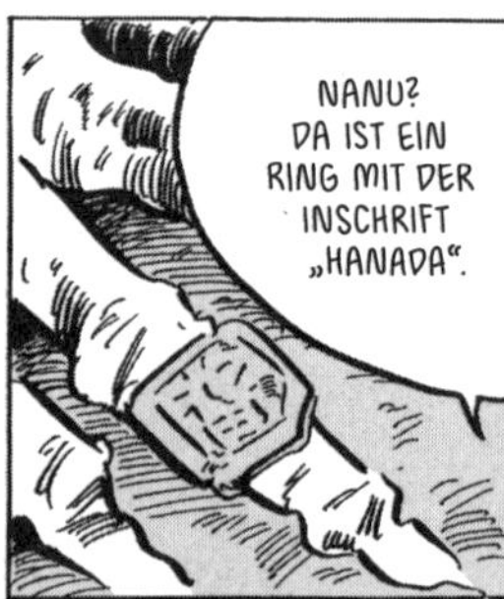
NANU? DA IST EIN RING MIT DER INSCHRIFT „HANADA“.
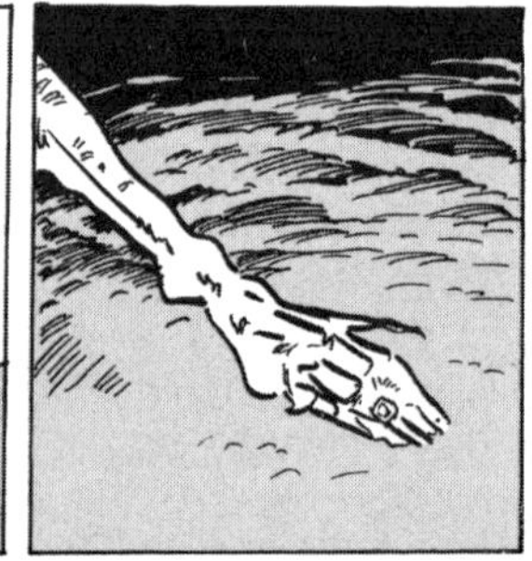

* HANADA

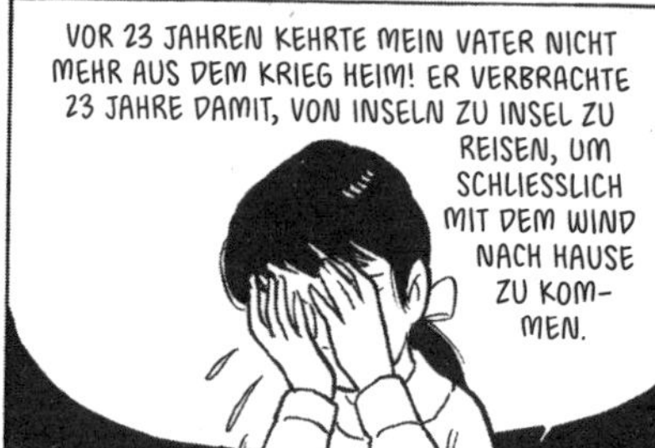

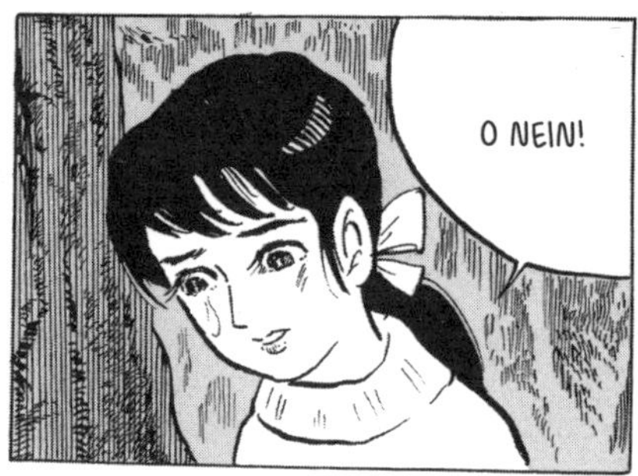

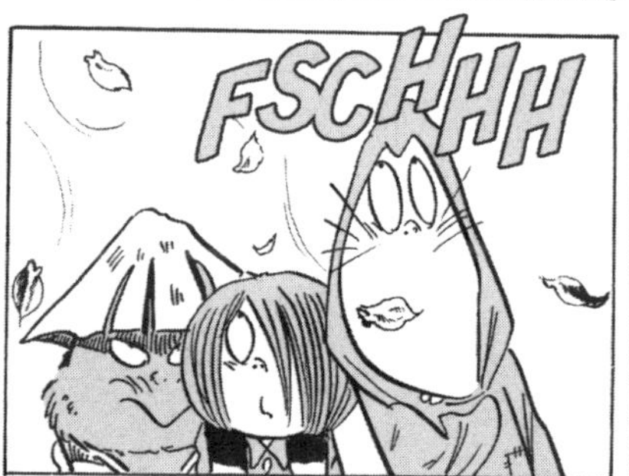

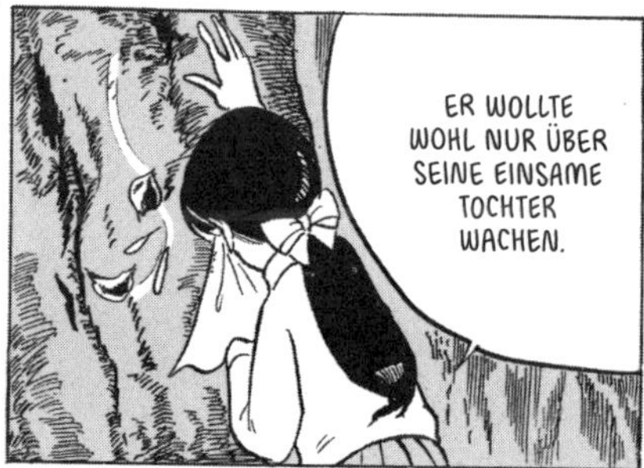

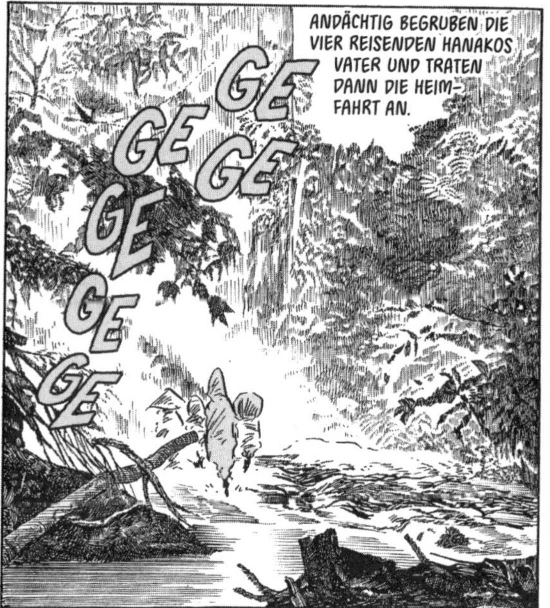

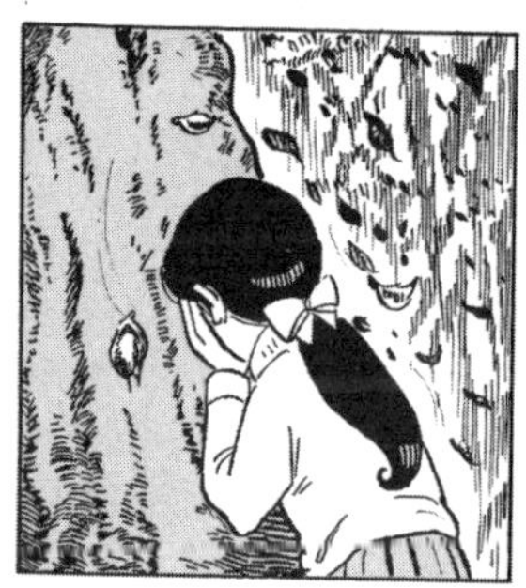

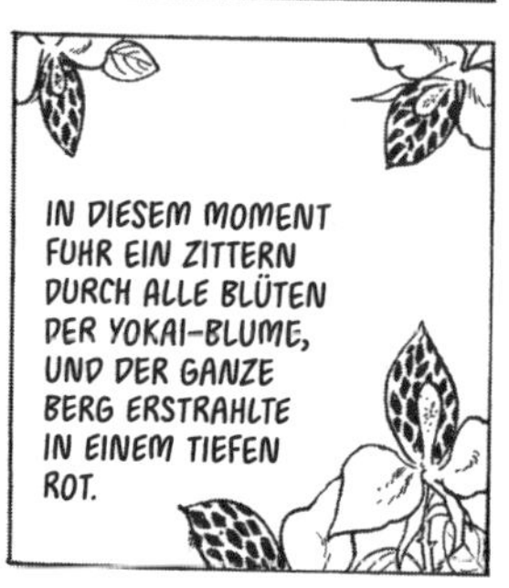

Yokai-Blumen – Ende

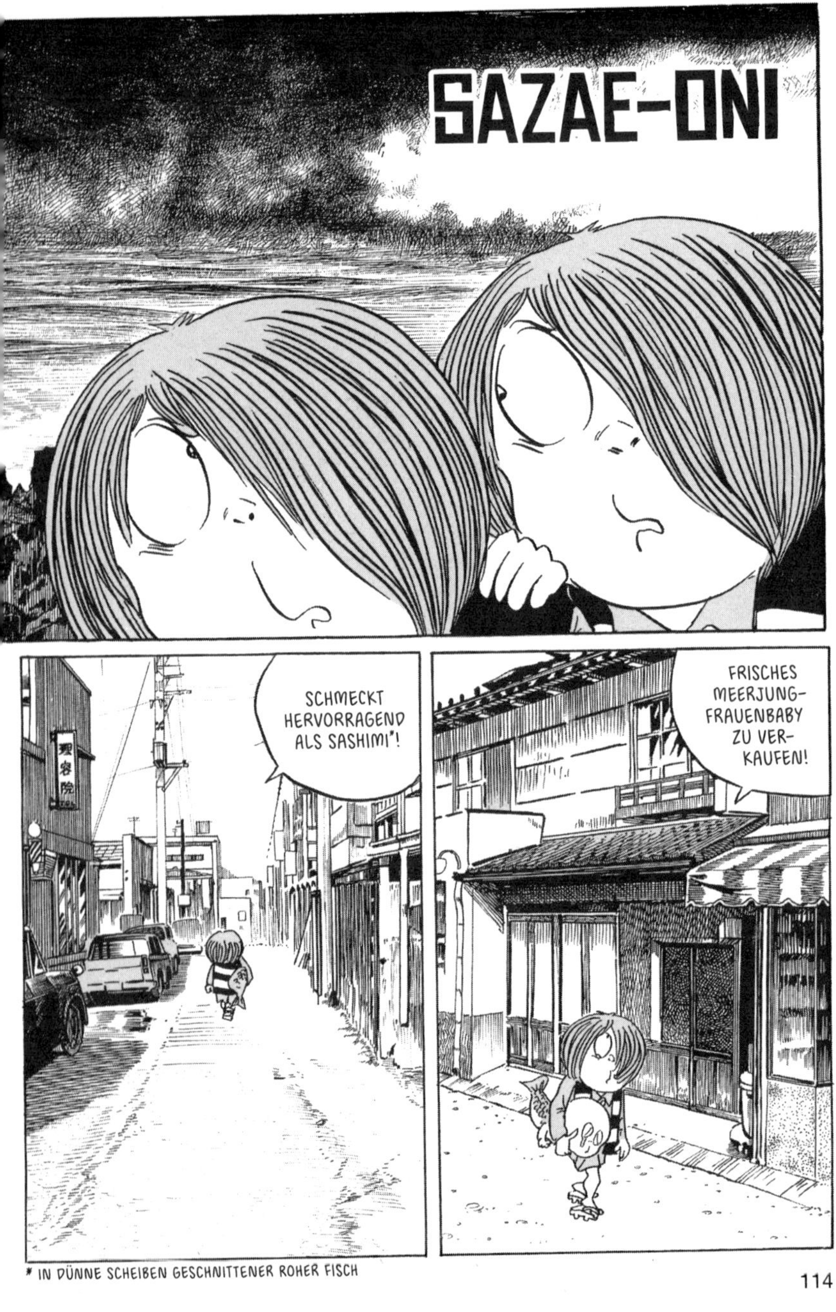

SAZAE-ONI

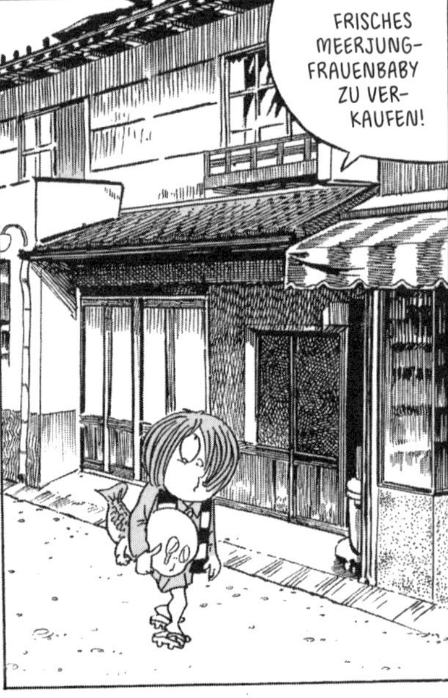

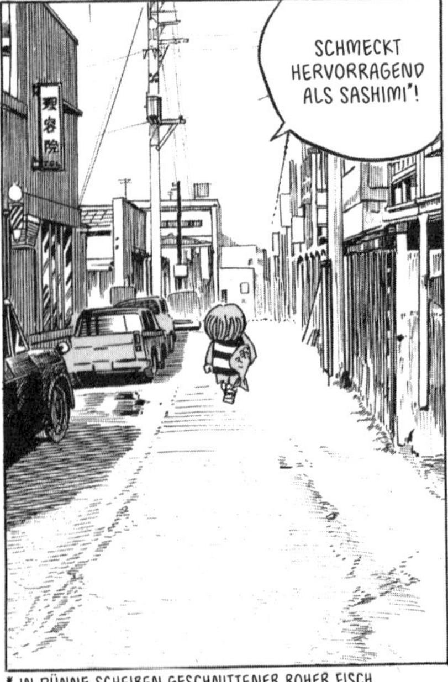

* IN DÜNNE SCHEIBEN GESCHNITTENER ROHER FISCH

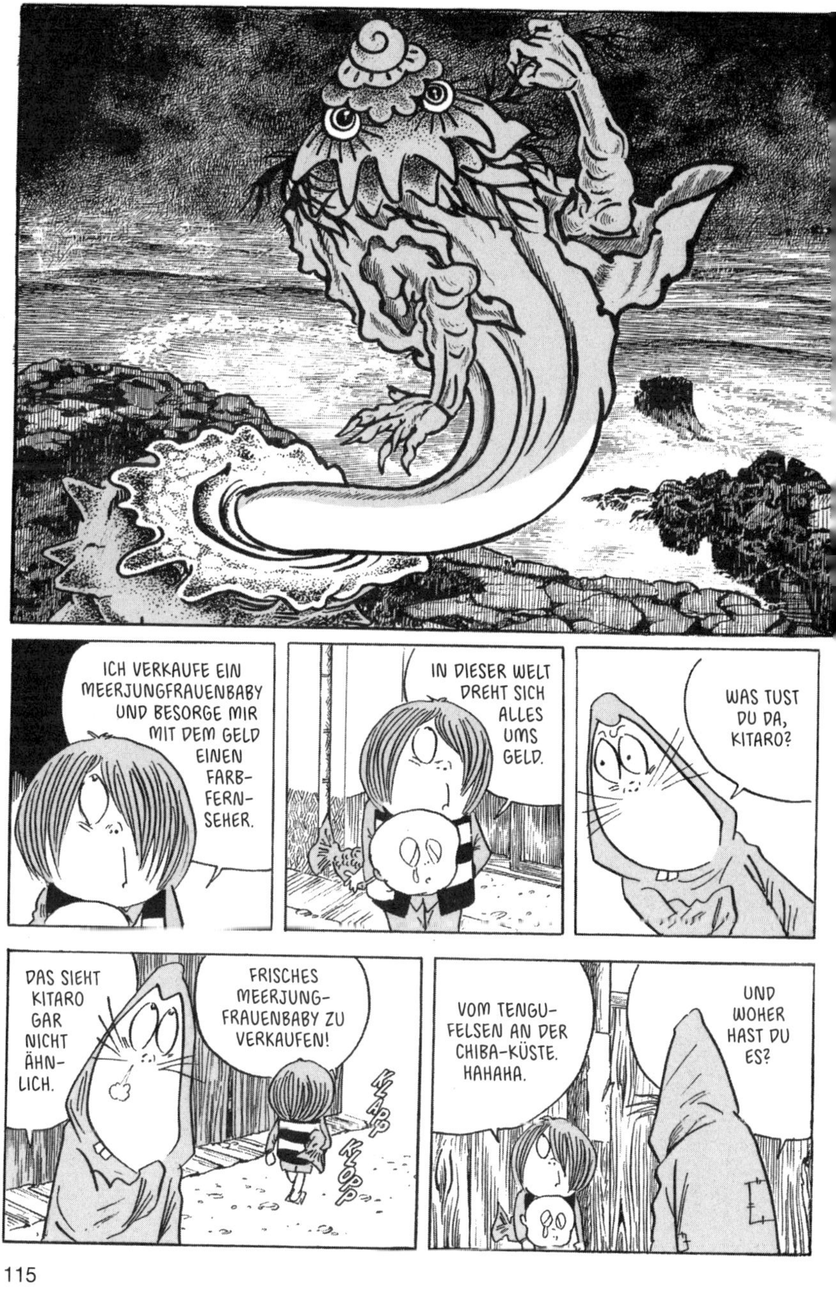

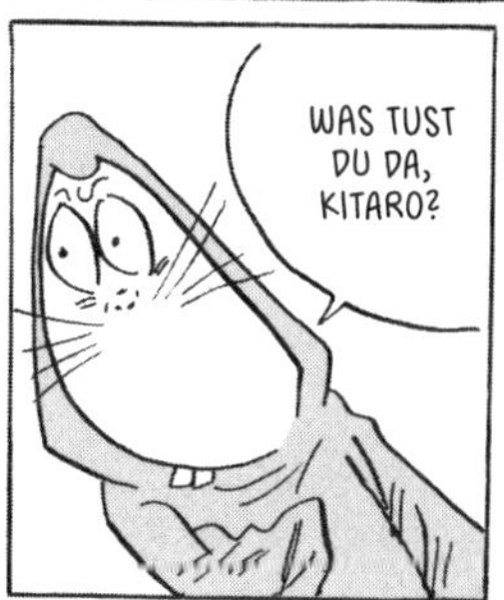
WAS TUST DU DA, KITARO?

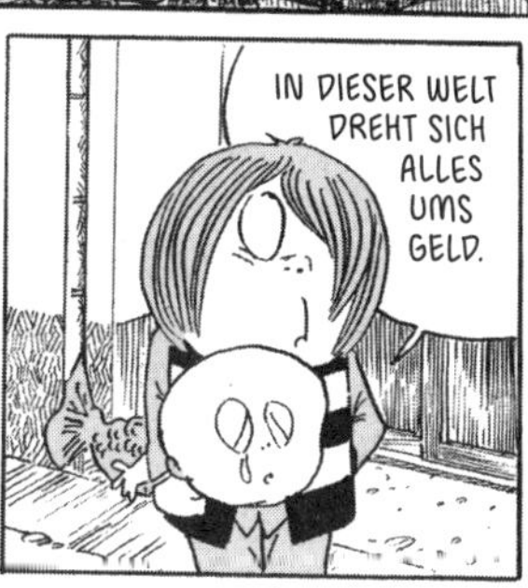
IN DIESER WELT DREHT SICH ALLES UMS GELD.

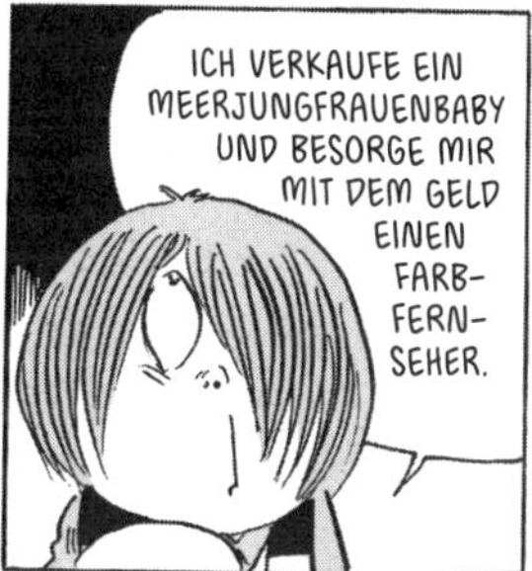
ICH VERKAUFE EIN MEERJUNGFRAUENBABY UND BESORGE MIR MIT DEM GELD EINEN FARB-FERN-SEHER.

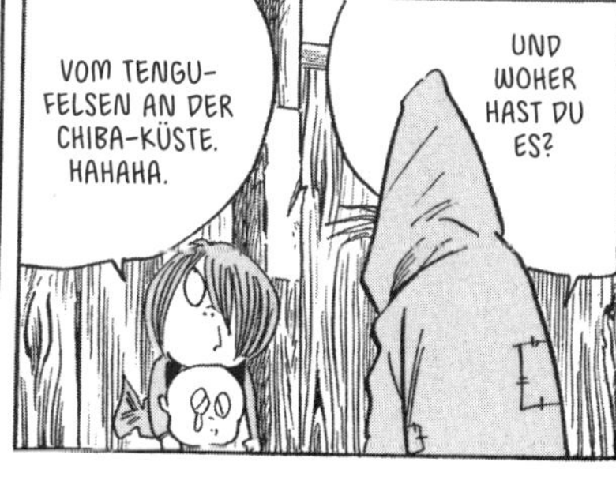
UND WOHER HAST DU ES?
VOM TENGU-FELSEN AN DER CHIBA-KÜSTE. HAHAHA.

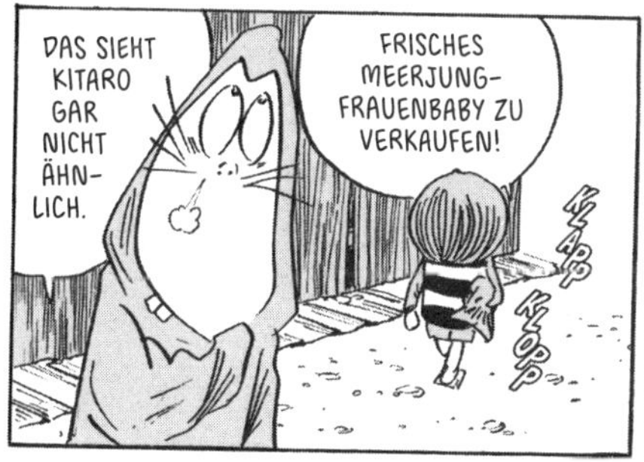
FRISCHES MEERJUNG-FRAUENBABY ZU VERKAUFEN!
KLAPP
KLOPP
DAS SIEHT KITARO GAR NICHT ÄHN-LICH.

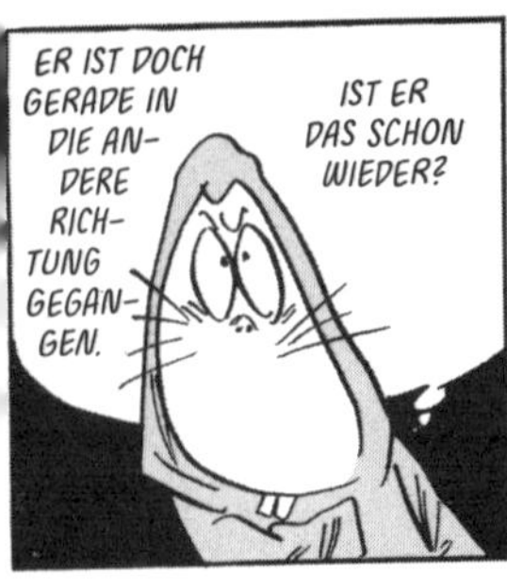
IST ER DAS SCHON WIEDER?
ER IST DOCH GERADE IN DIE ANDERE RICHTUNG GEGANGEN.

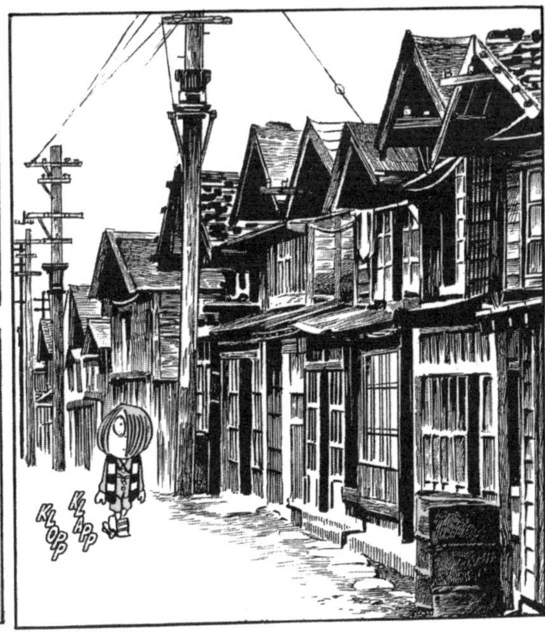
KLAPP
KLOPP

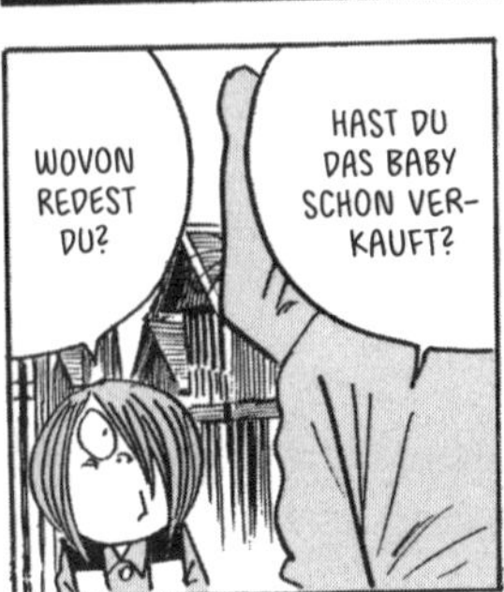
HAST DU DAS BABY SCHON VERKAUFT?
WOVON REDEST DU?

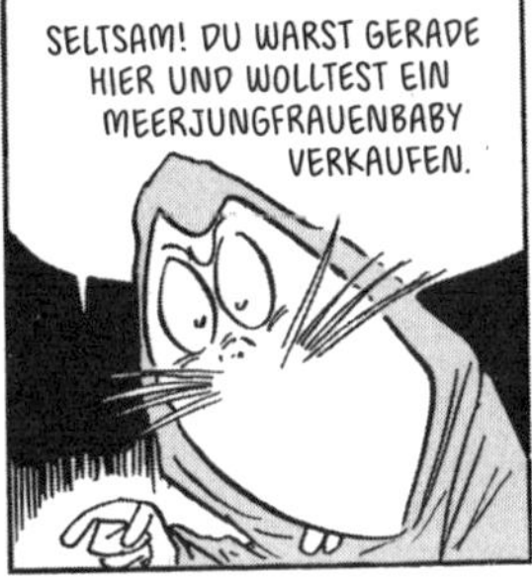
SELTSAM! DU WARST GERADE HIER UND WOLLTEST EIN MEERJUNGFRAUENBABY VERKAUFEN.

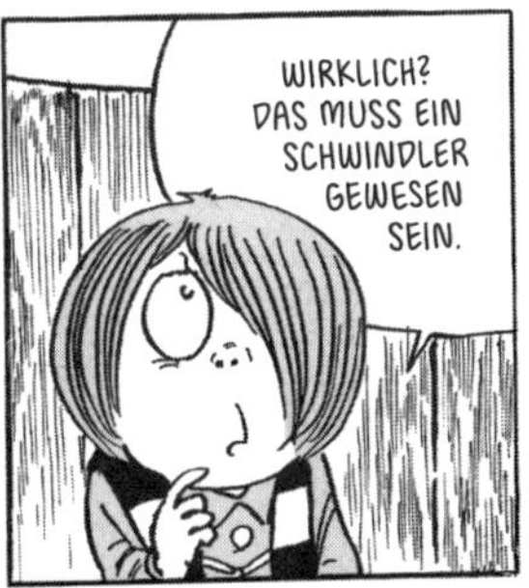
WIRKLICH? DAS MUSS EIN SCHWINDLER GEWESEN SEIN.

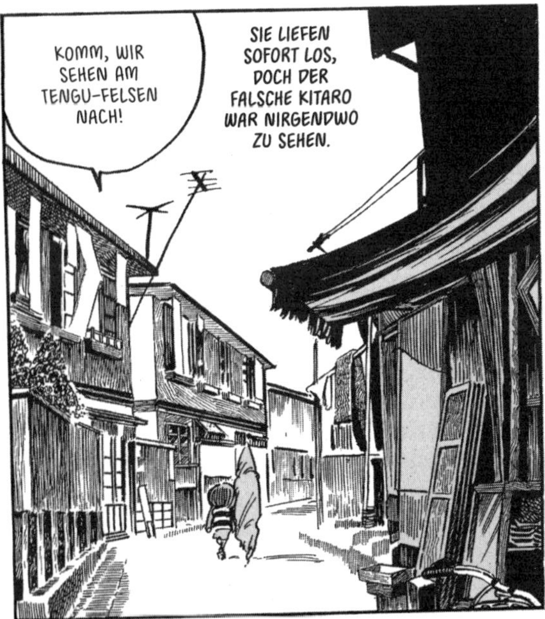
SIE LIEFEN SOFORT LOS, DOCH DER FALSCHE KITARO WAR NIRGENDWO ZU SEHEN.
KOMM, WIR SEHEN AM TENGU-FELSEN NACH!

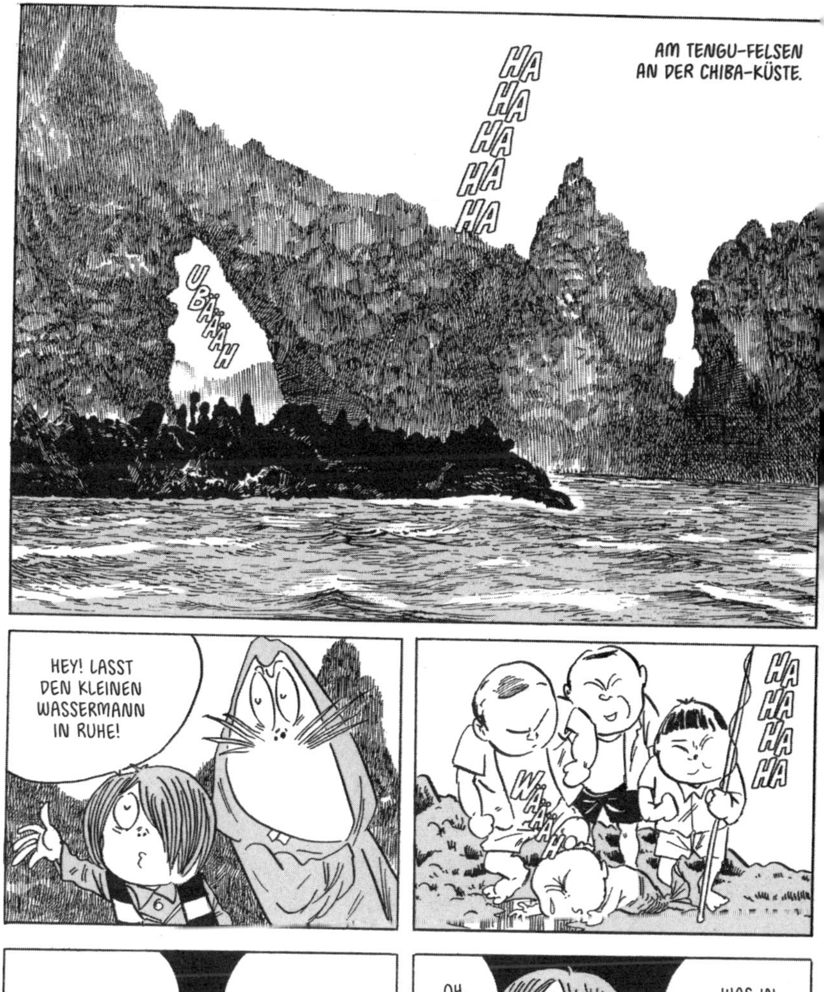

AM TENGU-FELSEN AN DER CHIBA-KÜSTE.

HA HA HA HA HA HA

UBÄÄÄH

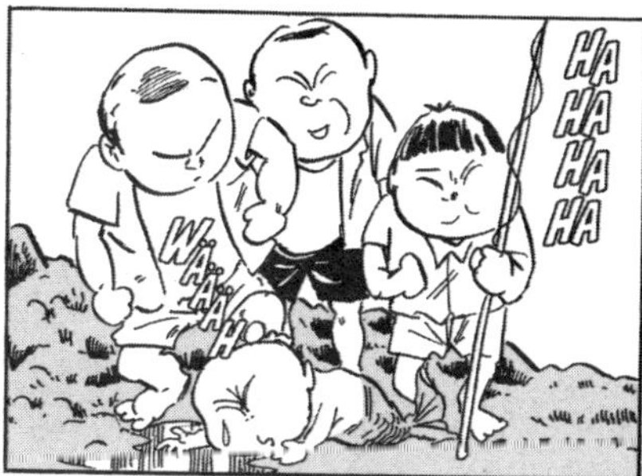

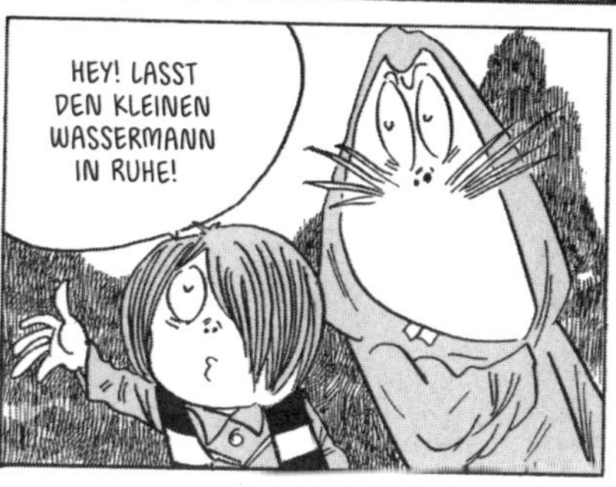

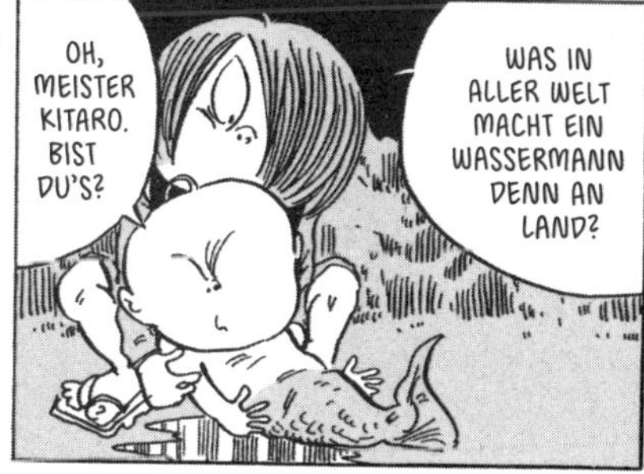

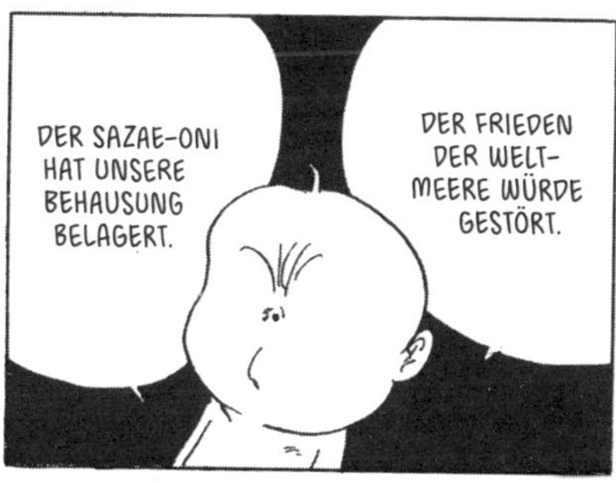

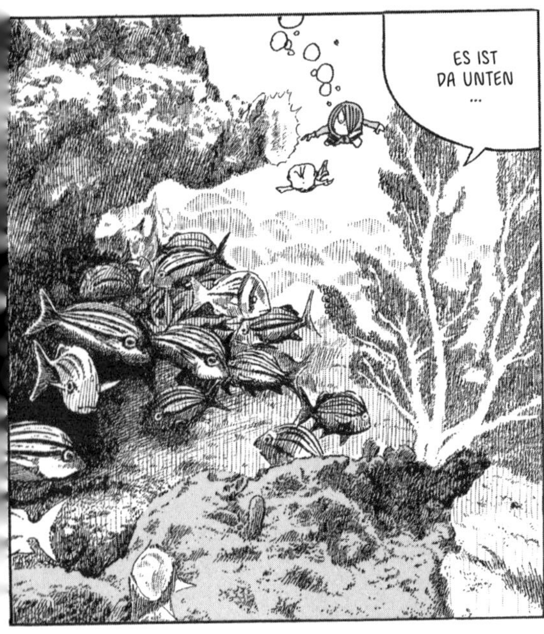
ES IST DA UNTEN ...

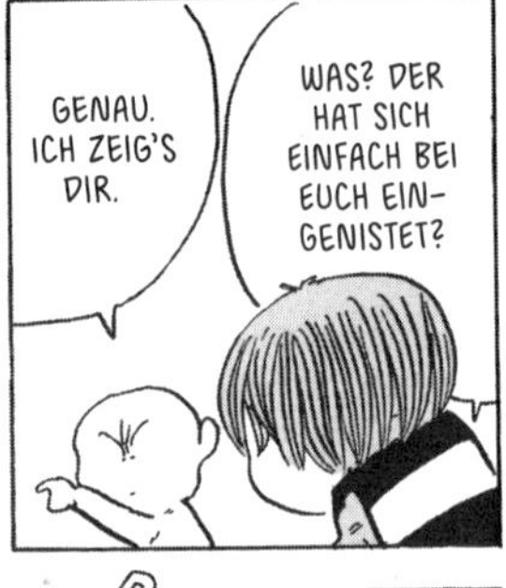
WAS? DER HAT SICH EINFACH BEI EUCH EIN-GENISTET?
GENAU. ICH ZEIG'S DIR.

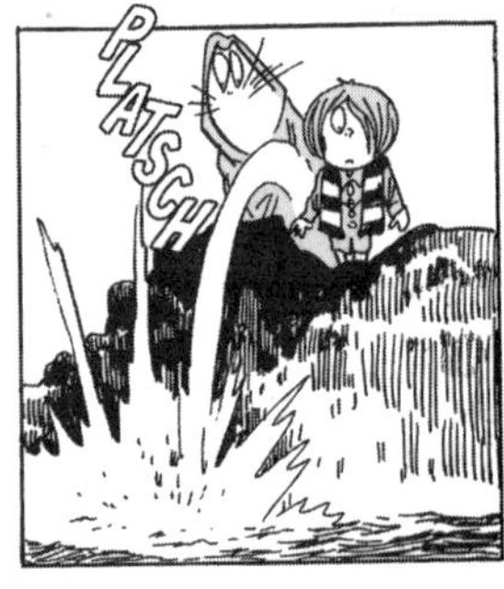
PLATSCH

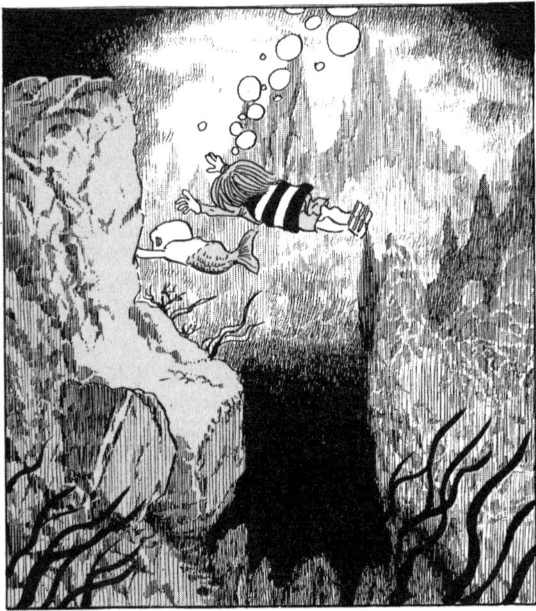

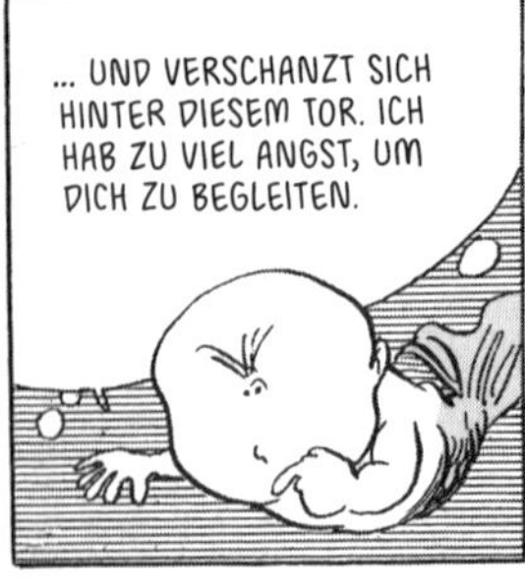
... UND VERSCHANZT SICH HINTER DIESEM TOR. ICH HAB ZU VIEL ANGST, UM DICH ZU BEGLEITEN.

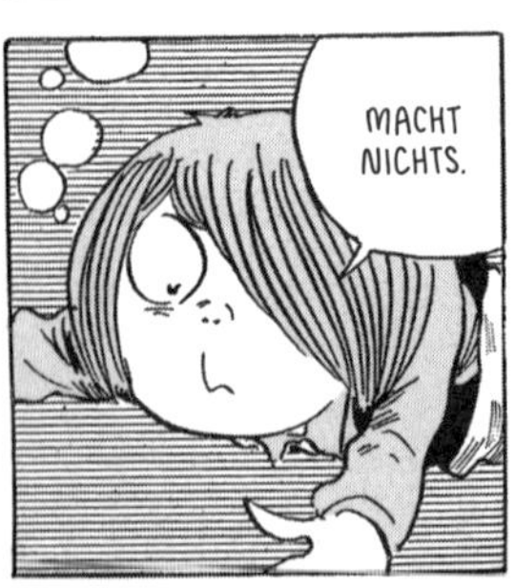
MACHT NICHTS.

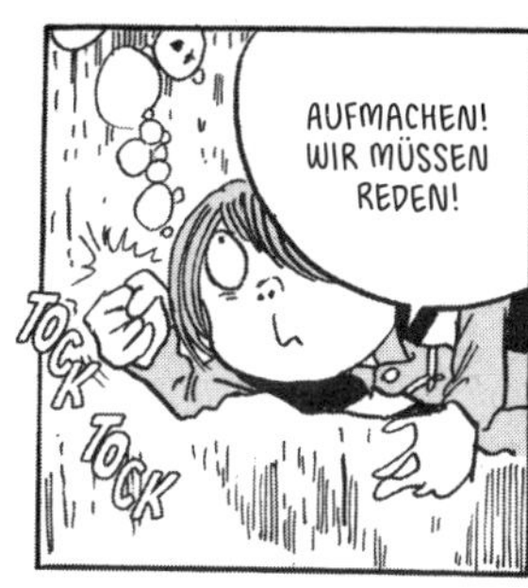
AUFMACHEN! WIR MÜSSEN REDEN!
TOCK
TOCK

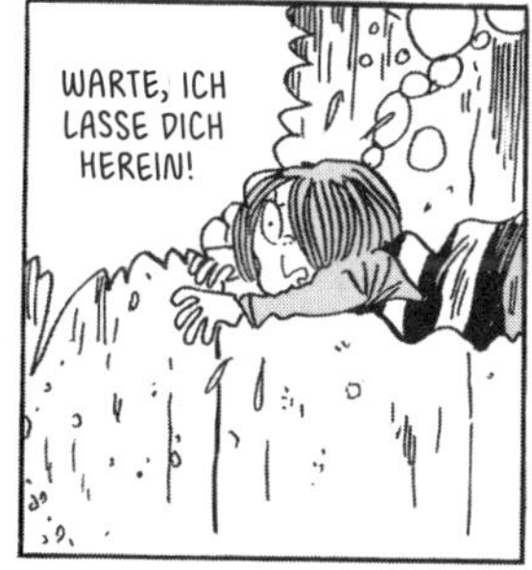
WARTE, ICH LASSE DICH HEREIN!

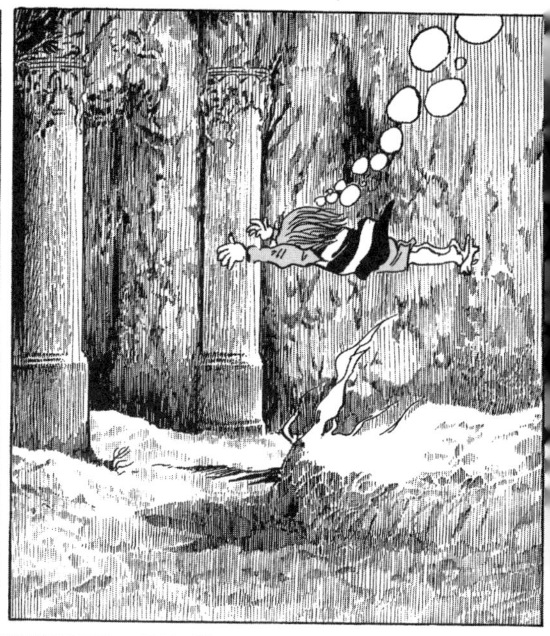

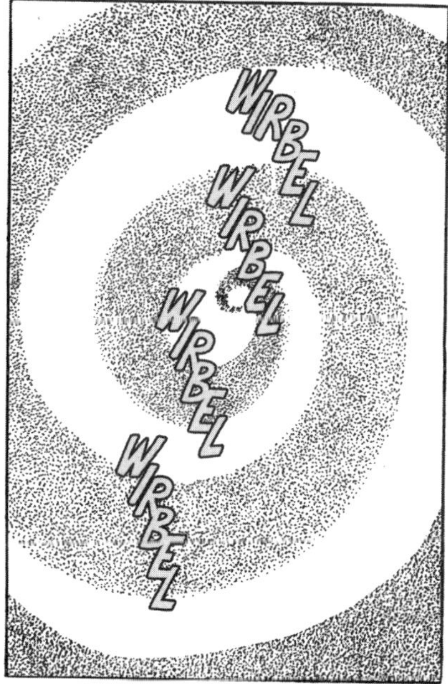
WIRBEL
WIRBEL
WIRBEL
WIRBEL

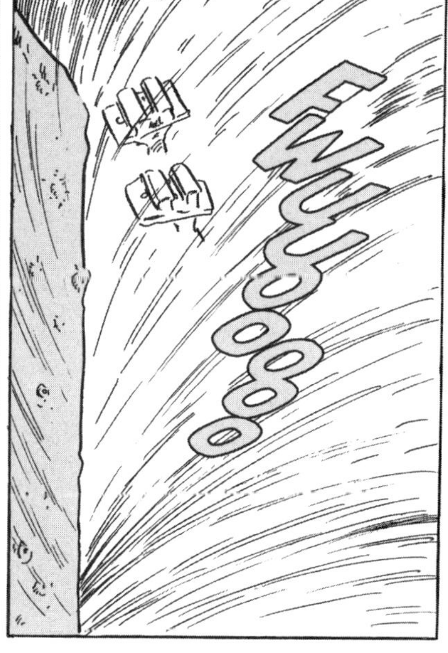
FWUUBOOOO

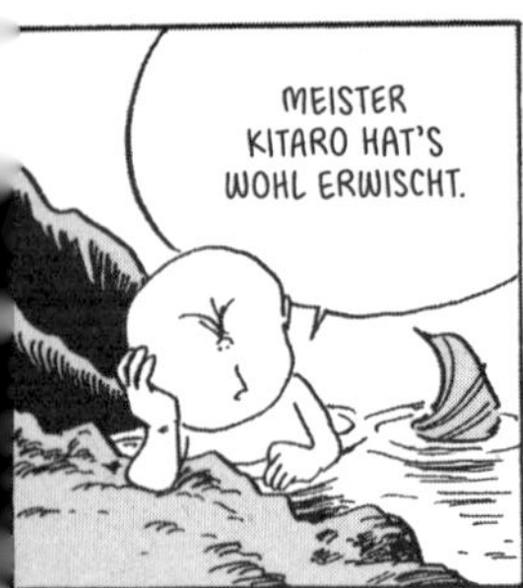
MEISTER KITARO HAT'S WOHL ERWISCHT.

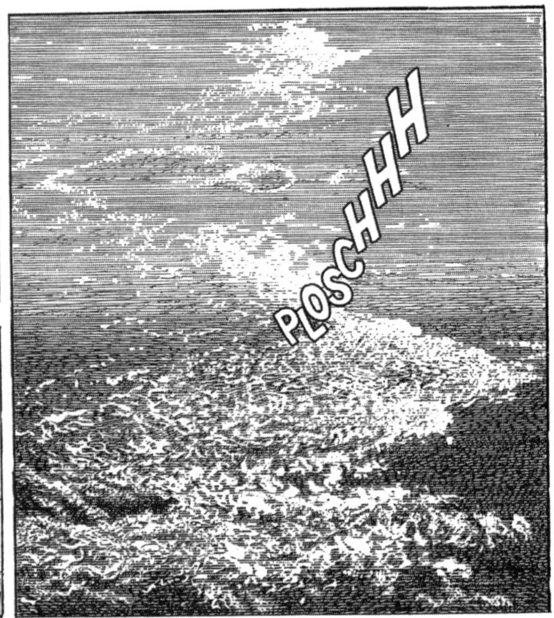
PLOSCHHH

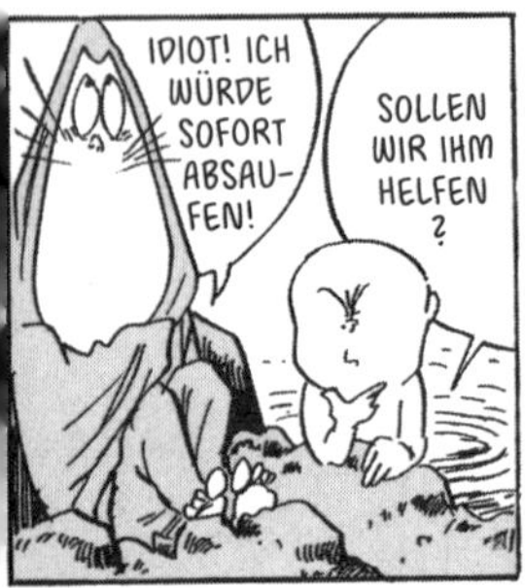
SOLLEN WIR IHM HELFEN?
IDIOT! ICH WÜRDE SOFORT ABSAUFEN!

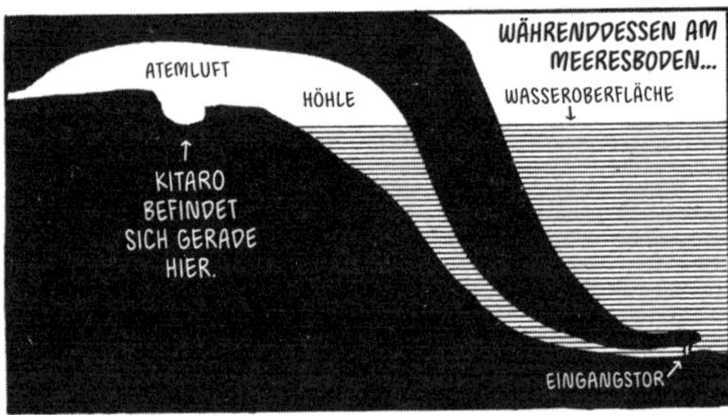
WÄHRENDDESSEN AM MEERESBODEN...
ATEMLUFT
HÖHLE
WASSEROBERFLÄCHE
KITARO BEFINDET SICH GERADE HIER.
EINGANGSTOR

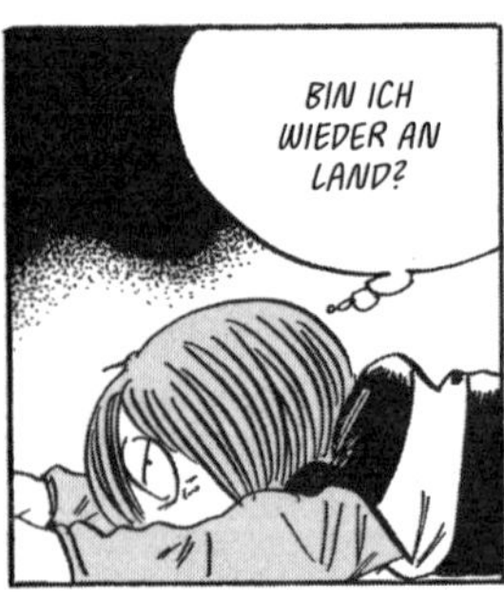
BIN ICH WIEDER AN LAND?

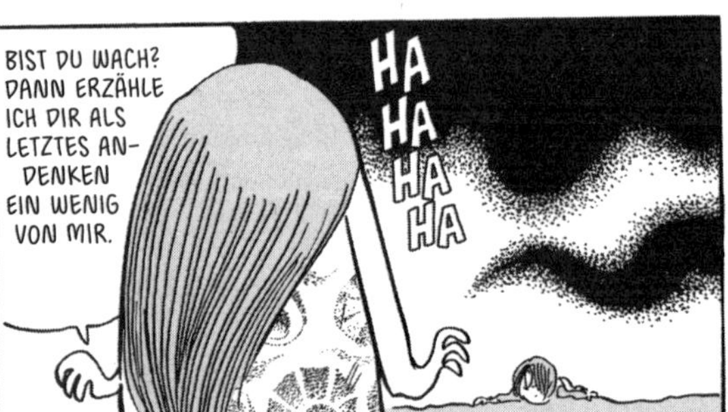
HA HA HA HA
BIST DU WACH? DANN ERZÄHLE ICH DIR ALS LETZTES ANDENKEN EIN WENIG VON MIR.

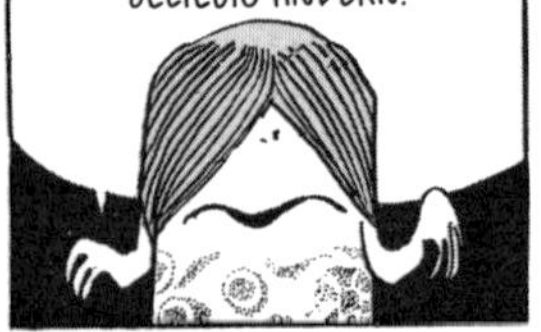
MAN NENNT MICH SAZAE-ONI. ICH ENTSTEHE, WENN TURBANSCHNECKEN ÄLTER ALS 300 JAHRE WERDEN. DANN KANN ICH MEINE GESTALT BELIEBIG ÄNDERN.

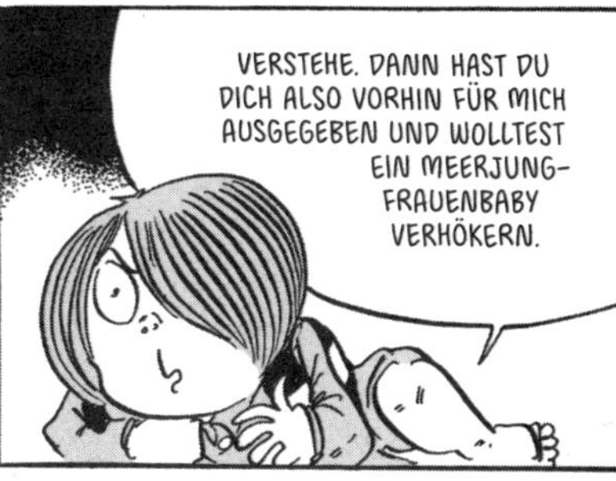
VERSTEHE. DANN HAST DU DICH ALSO VORHIN FÜR MICH AUSGEGEBEN UND WOLLTEST EIN MEERJUNG-FRAUENBABY VERHÖKERN.

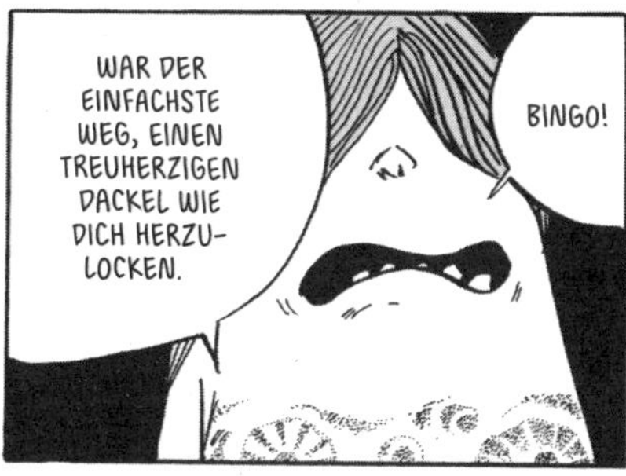
BINGO!
WAR DER EINFACHSTE WEG, EINEN TREUHERZIGEN DACKEL WIE DICH HERZU-LOCKEN.

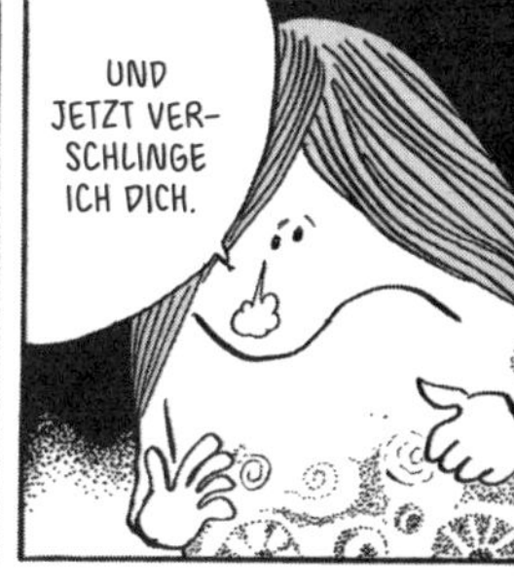
UND JETZT VER-SCHLINGE ICH DICH.

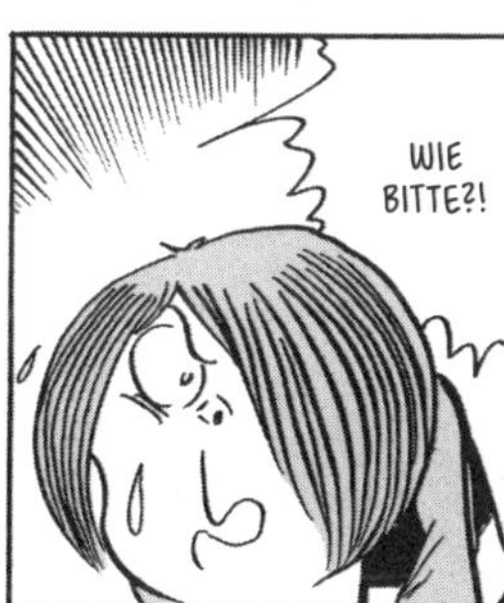
WIE BITTE?!

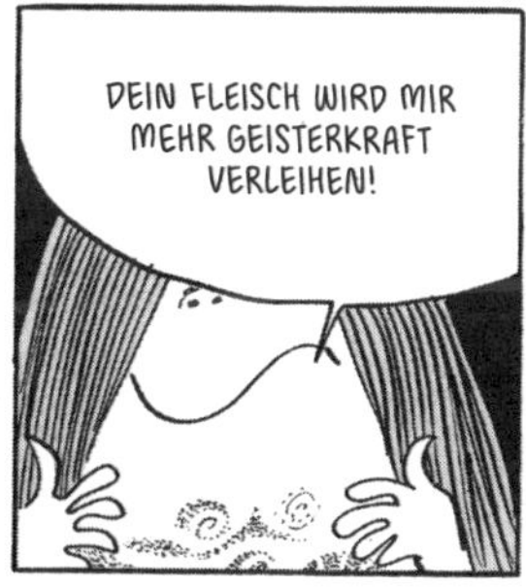
DEIN FLEISCH WIRD MIR MEHR GEISTERKRAFT VERLEIHEN!

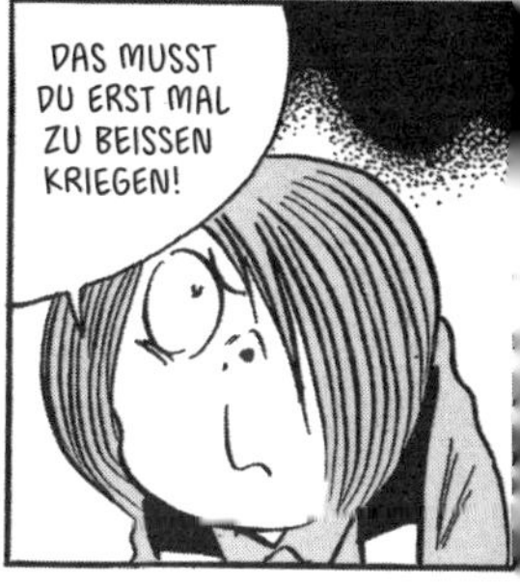
DAS MUSST DU ERST MAL ZU BEISSEN KRIEGEN!

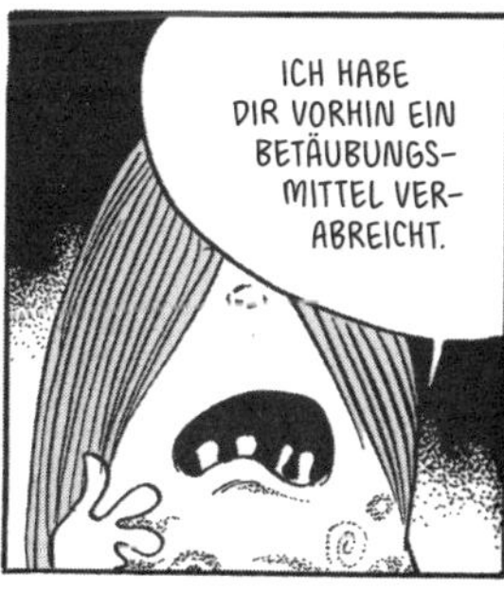
ICH HABE DIR VORHIN EIN BETÄUBUNGS-MITTEL VER-ABREICHT.

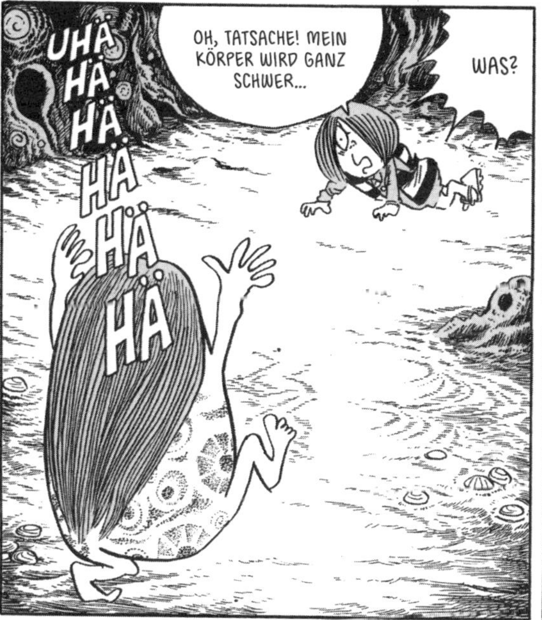
WAS?
OH, TATSACHE! MEIN KÖRPER WIRD GANZ SCHWER...
UHÄ HÄ HÄ HÄ HÄ HÄ

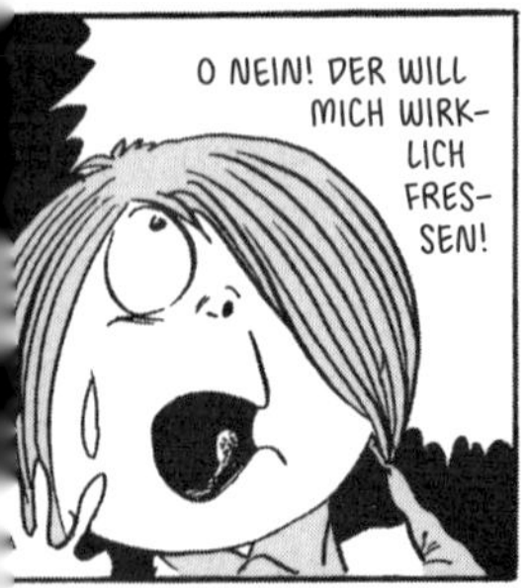

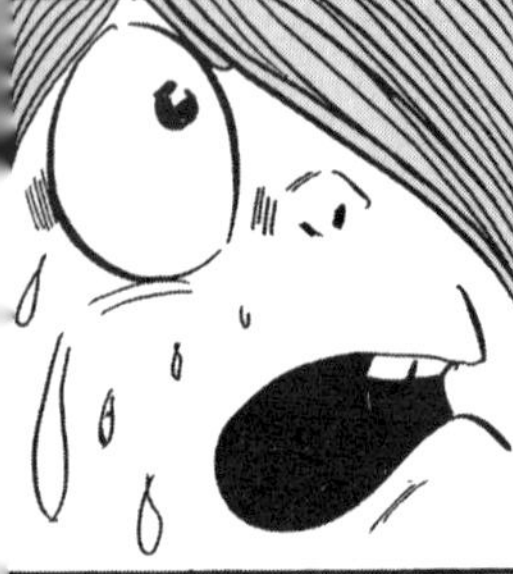

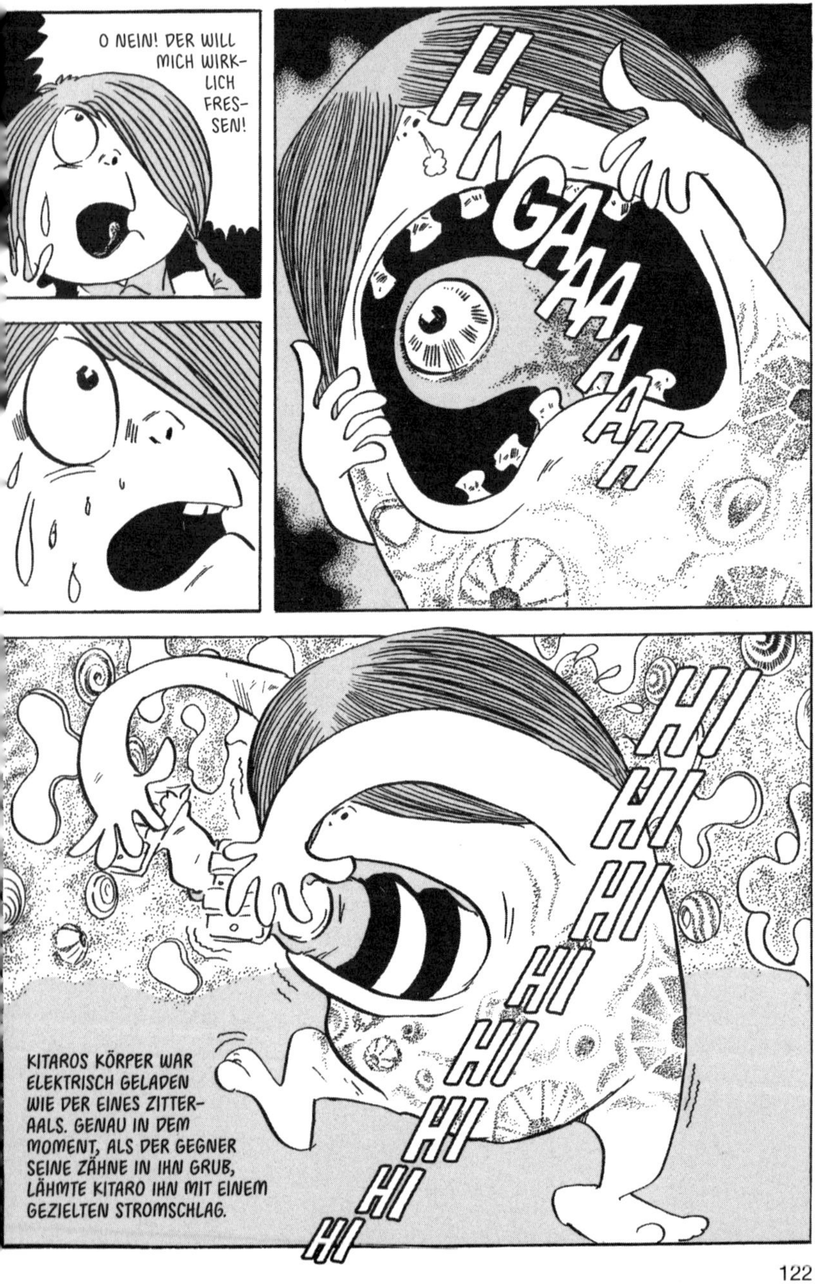

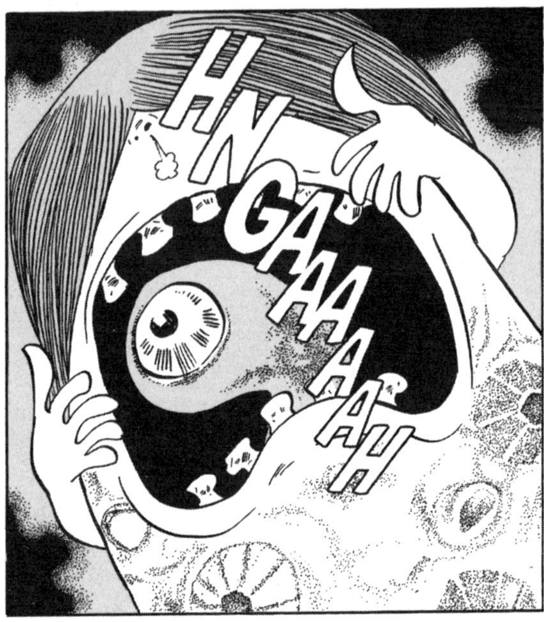

HI HI HI HI HI HI HI HI HI HI HI

KITAROS KÖRPER WAR ELEKTRISCH GELADEN WIE DER EINES ZITTER-AALS. GENAU IN DEM MOMENT, ALS DER GEGNER SEINE ZÄHNE IN IHN GRUB, LÄHMTE KITARO IHN MIT EINEM GEZIELTEN STROMSCHLAG.

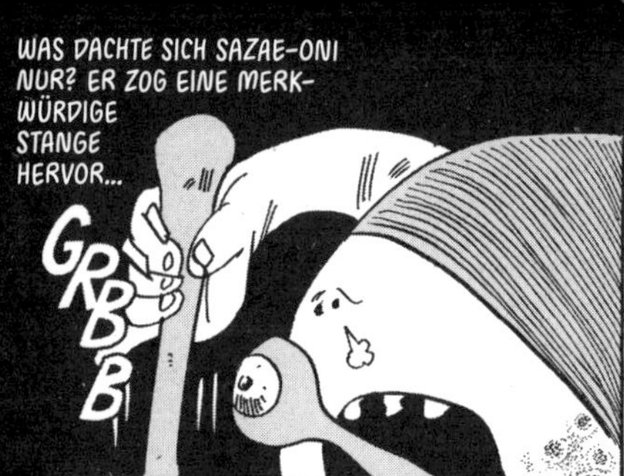
WAS DACHTE SICH SAZAE-ONI NUR? ER ZOG EINE MERKWÜRDIGE STANGE HERVOR...
GRBBB

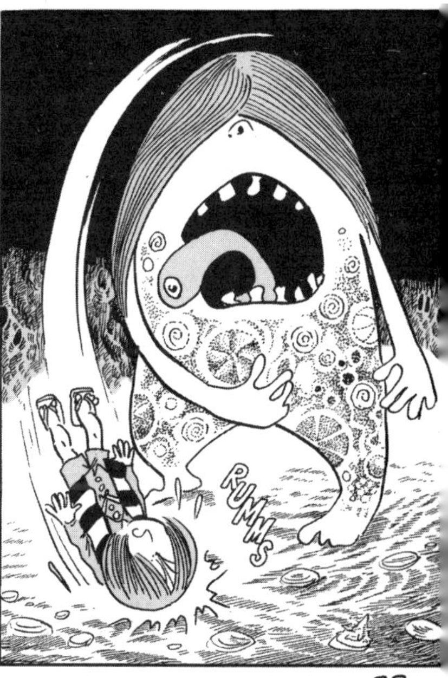
RUMMS

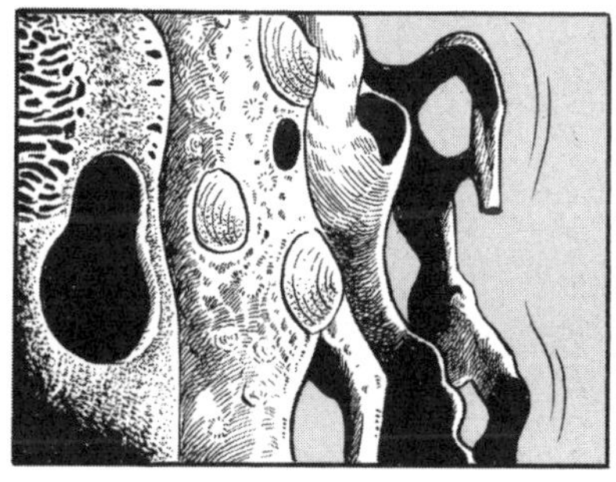

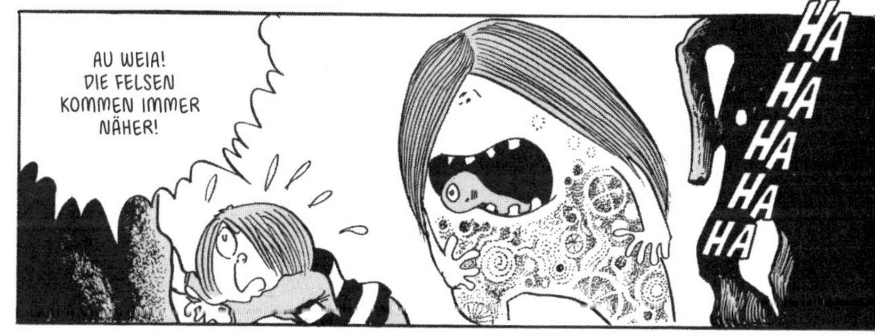
HA HA HA HA HA HA
AU WEIA! DIE FELSEN KOMMEN IMMER NÄHER!

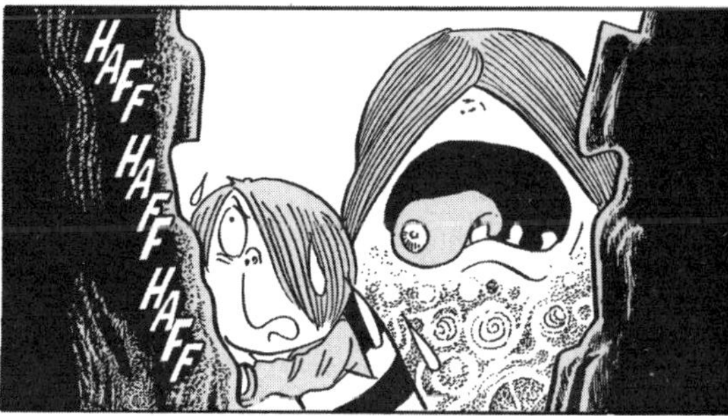
HAFF HAFF HAFF HAFF

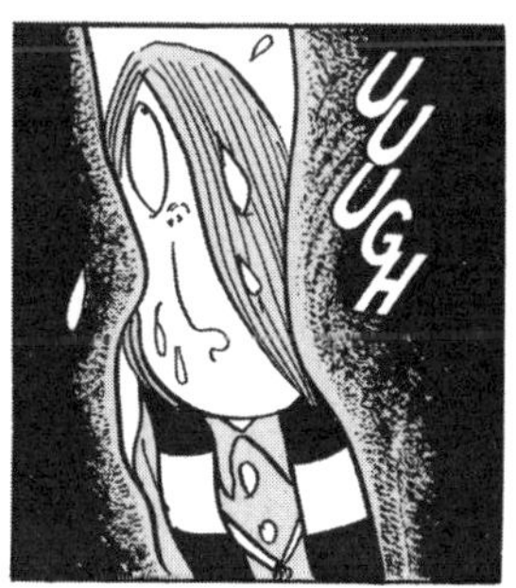
UUUGH

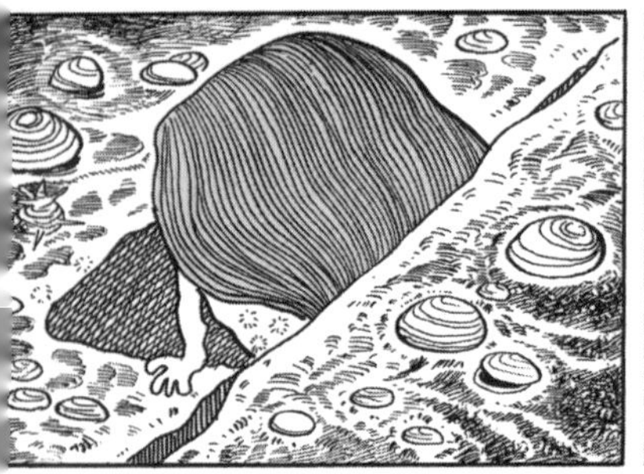

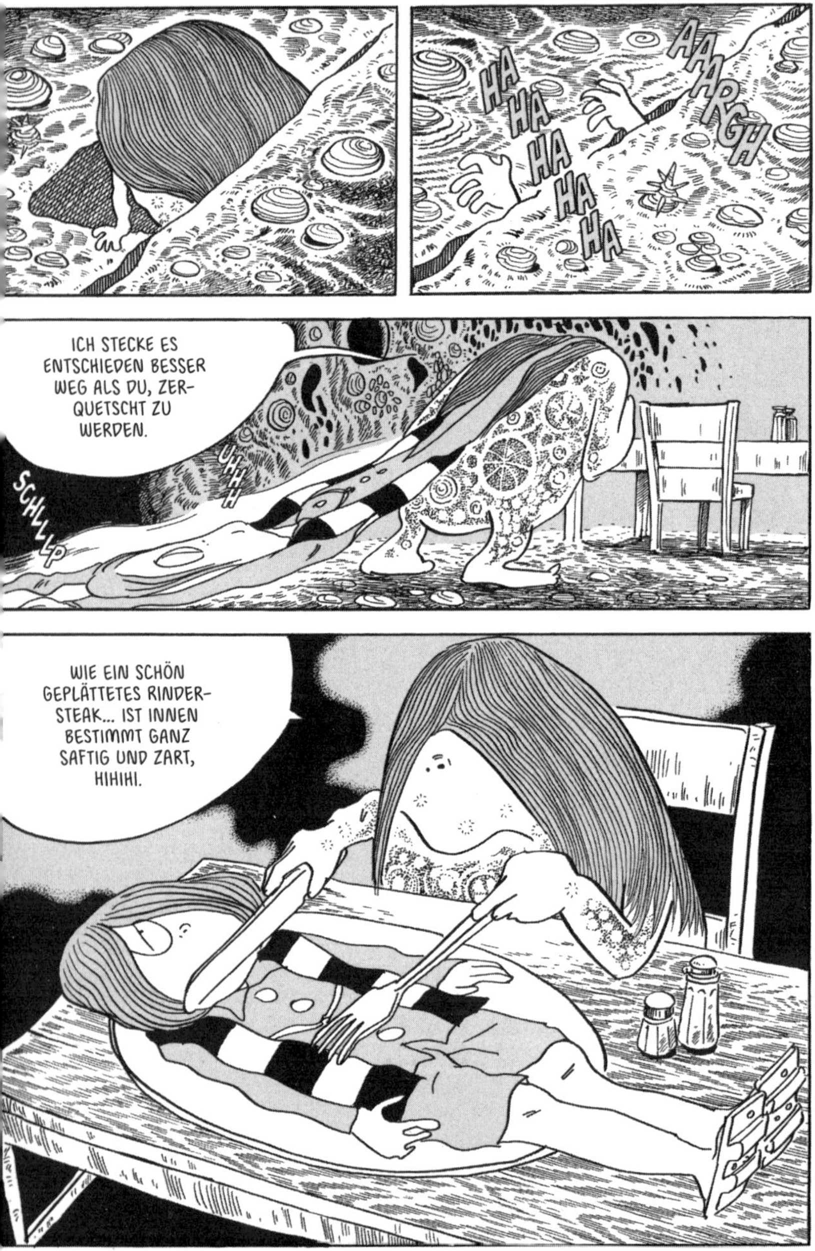

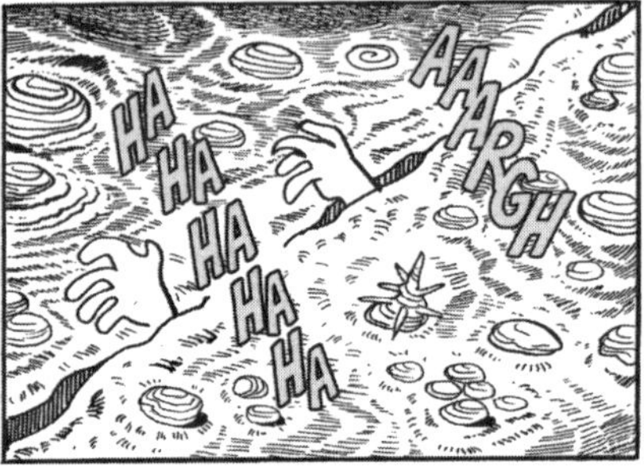

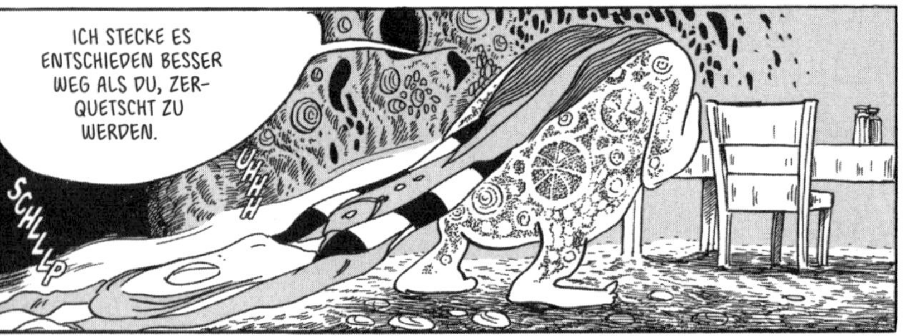

WIE EIN SCHÖN GEPLÄTTETES RINDER-STEAK... IST INNEN BESTIMMT GANZ SAFTIG UND ZART, HIHIHI.

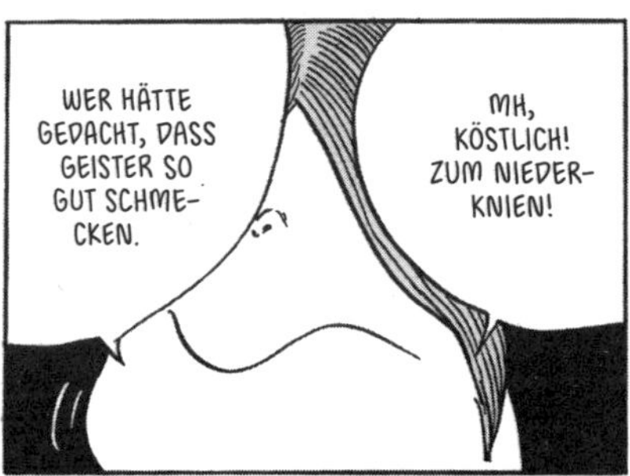
WER HÄTTE GEDACHT, DASS GEISTER SO GUT SCHMECKEN.
MH, KÖSTLICH! ZUM NIEDERKNIEN!

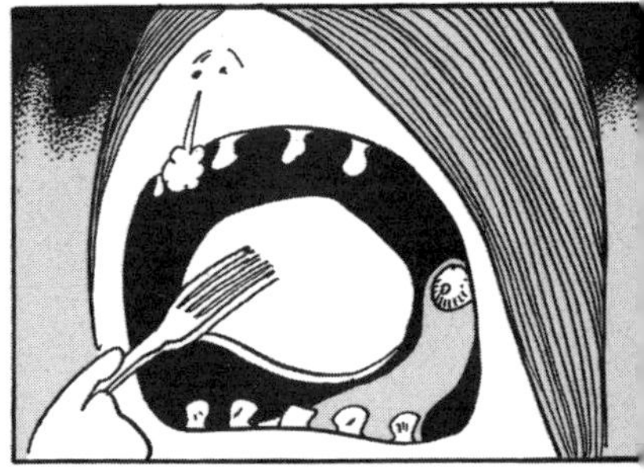

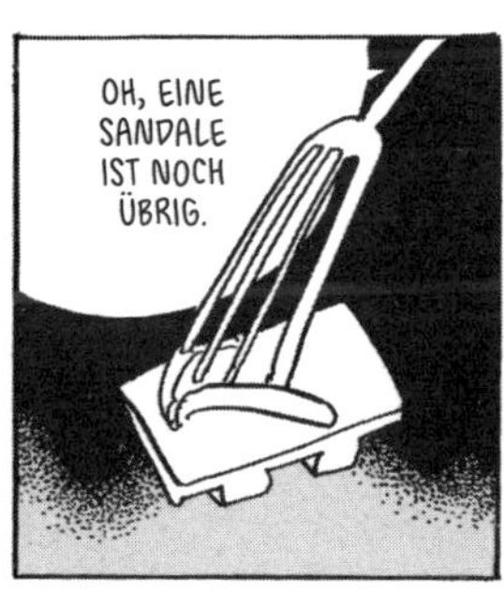
OH, EINE SANDALE IST NOCH ÜBRIG.

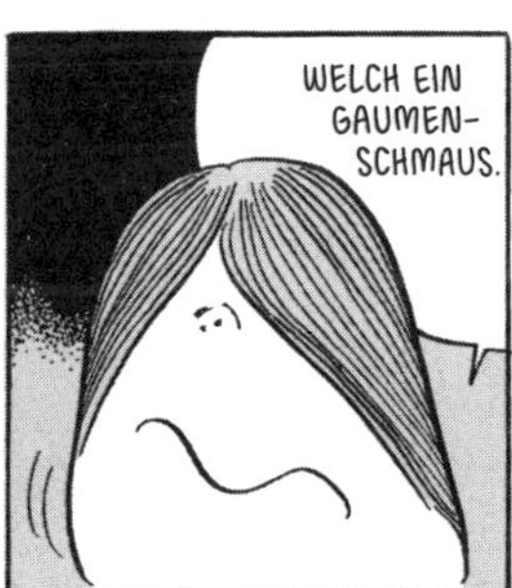
WELCH EIN GAUMENSCHMAUS.

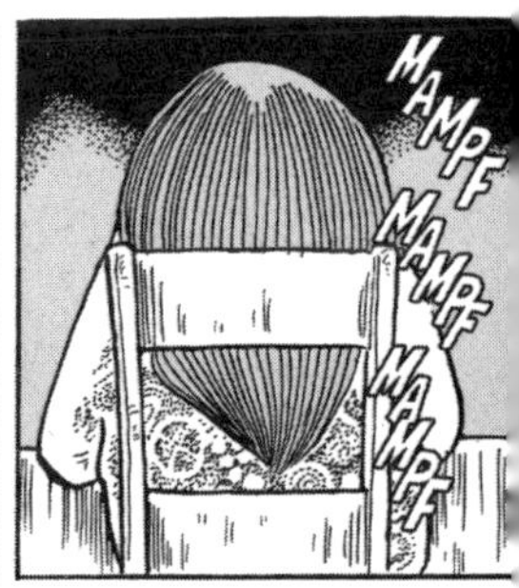
MAMPF
MAMPF
MAMPF

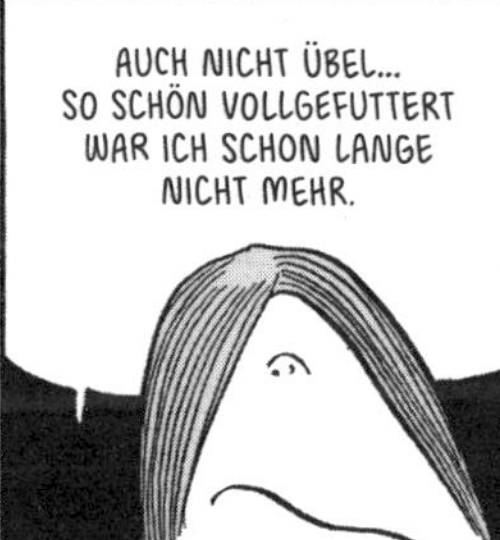
AUCH NICHT ÜBEL... SO SCHÖN VOLLGEFUTTERT WAR ICH SCHON LANGE NICHT MEHR.

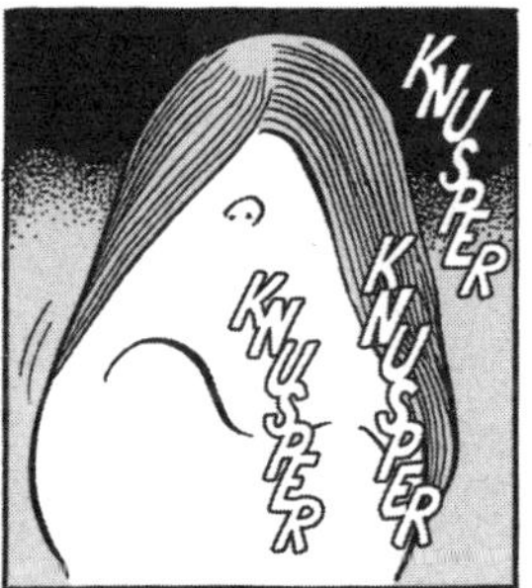
KNUSPER
KNUSPER
KNUSPER

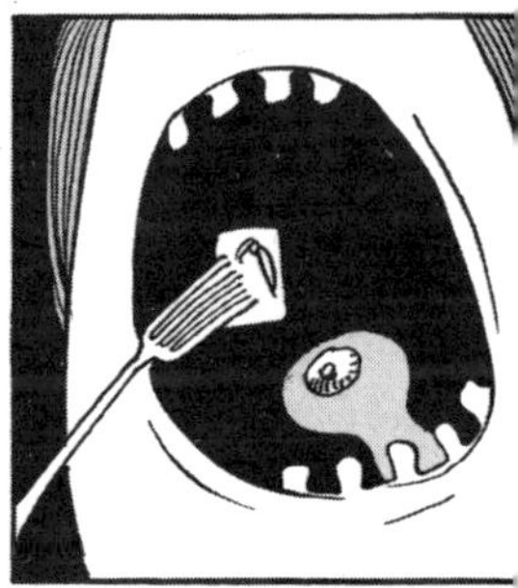

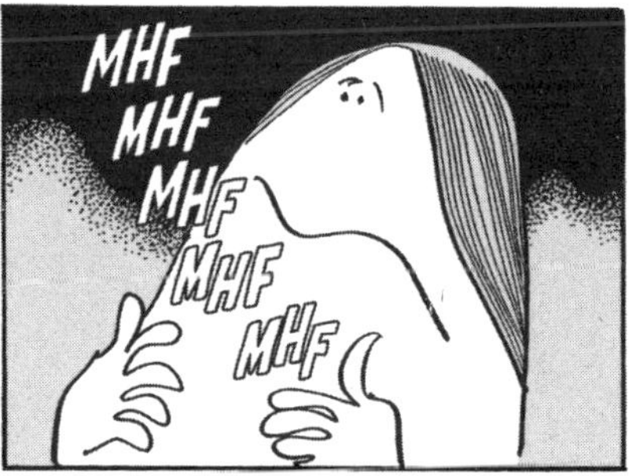
MHF
MHF
MHF
MHF
MHF

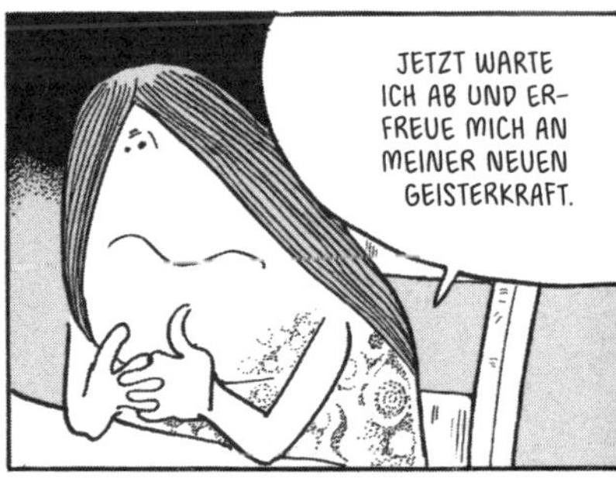
JETZT WARTE ICH AB UND ERFREUE MICH AN MEINER NEUEN GEISTERKRAFT.

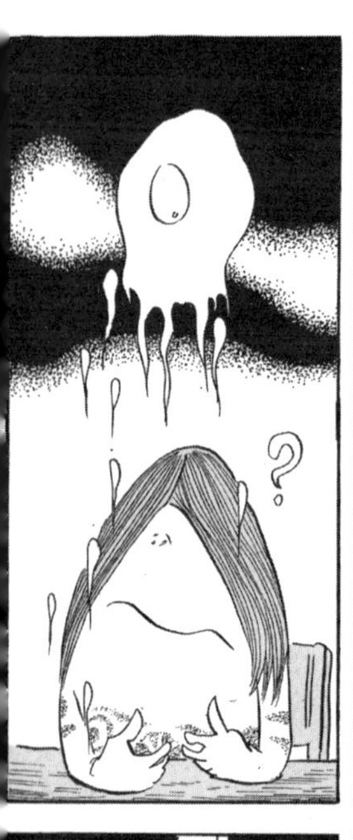
?

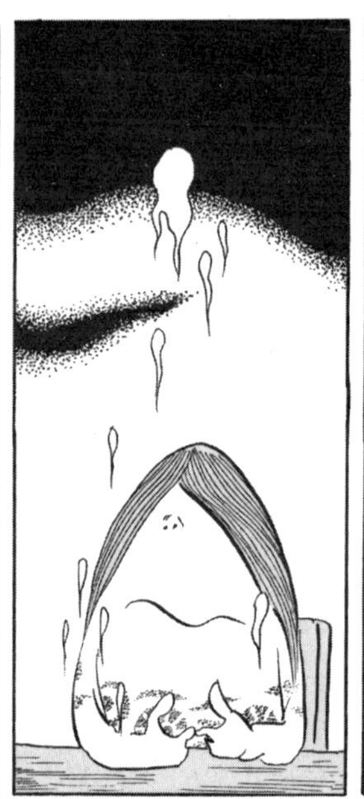

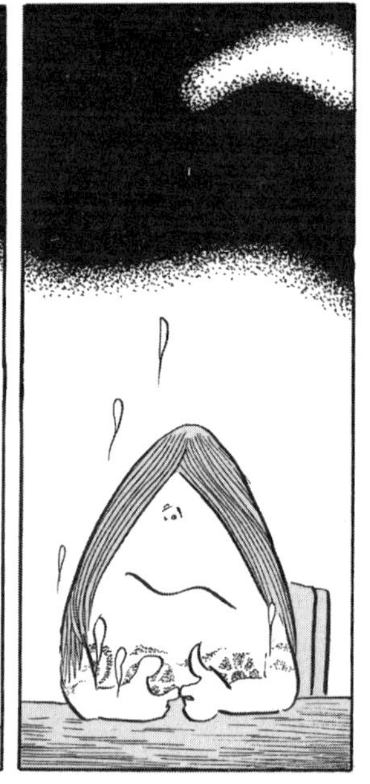

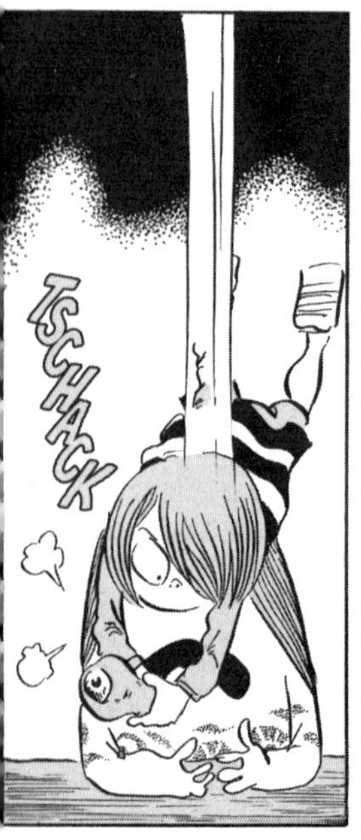
TSCHACK

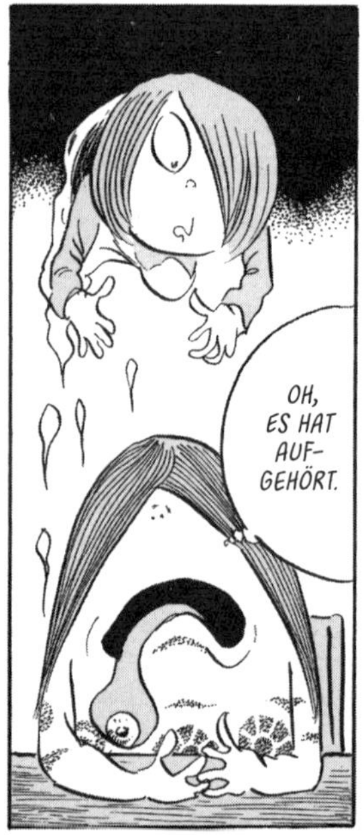
OH, ES HAT AUF-GEHÖRT.

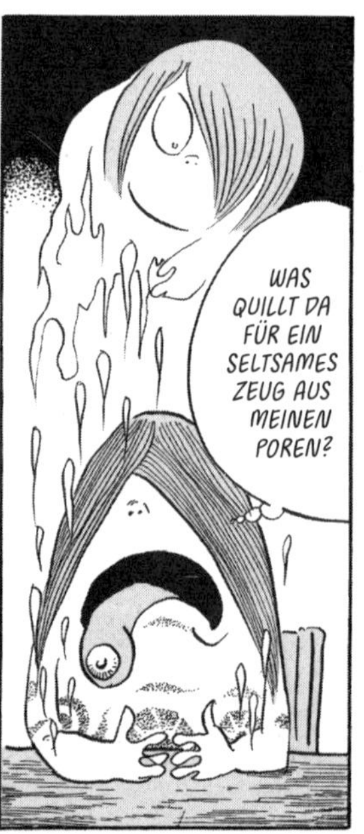
WAS QUILLT DA FÜR EIN SELTSAMES ZEUG AUS MEINEN POREN?

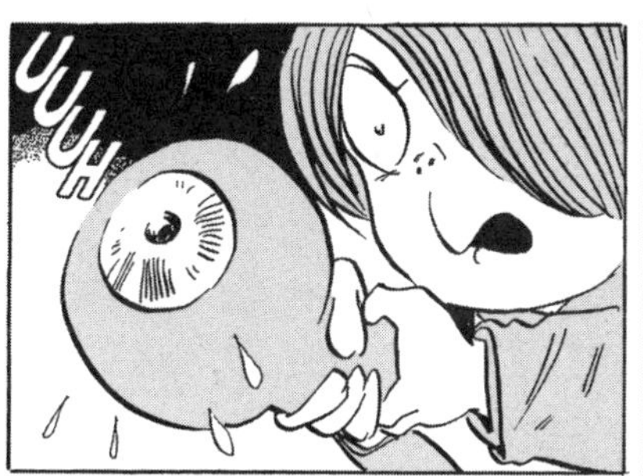
UUUH

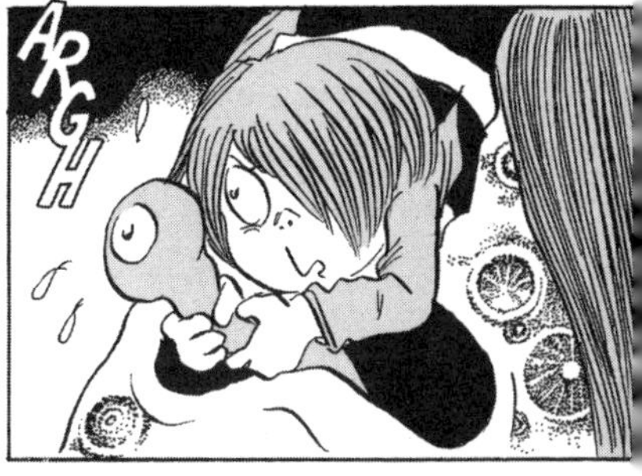
ARGH

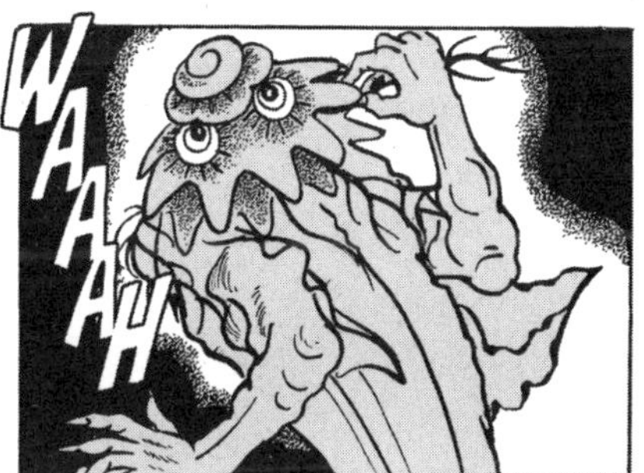
WAAAAH

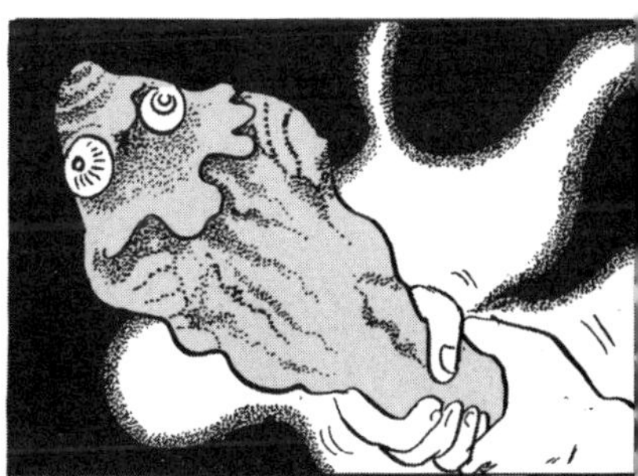

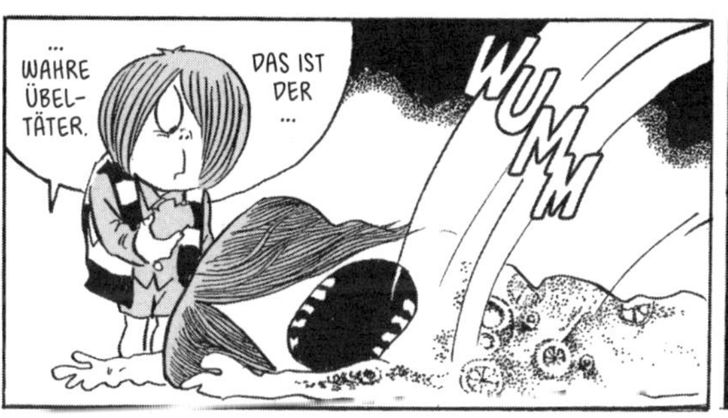
DAS IST DER …
… WAHRE ÜBEL-TÄTER.
WUMMM

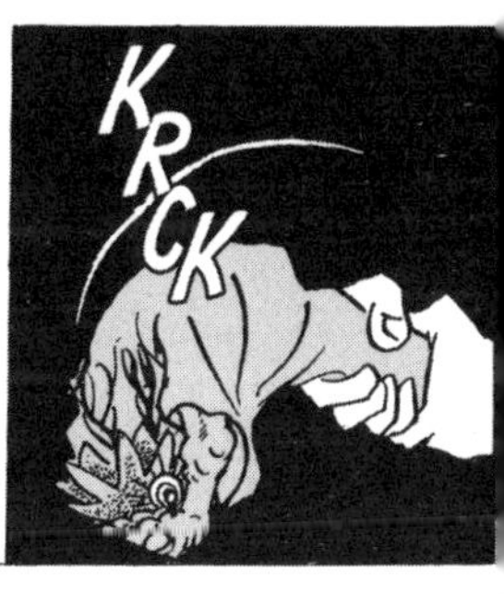
KRCK

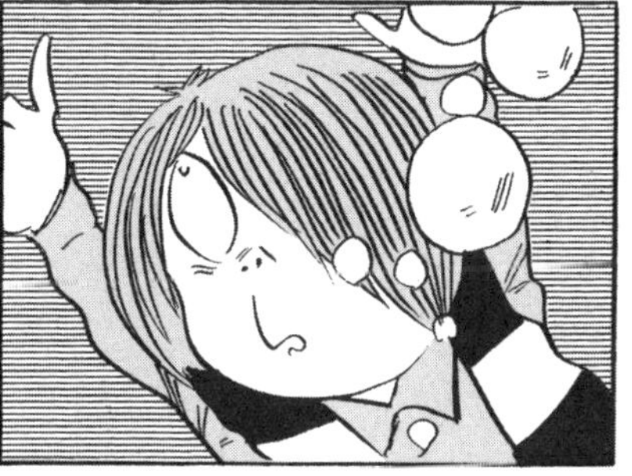

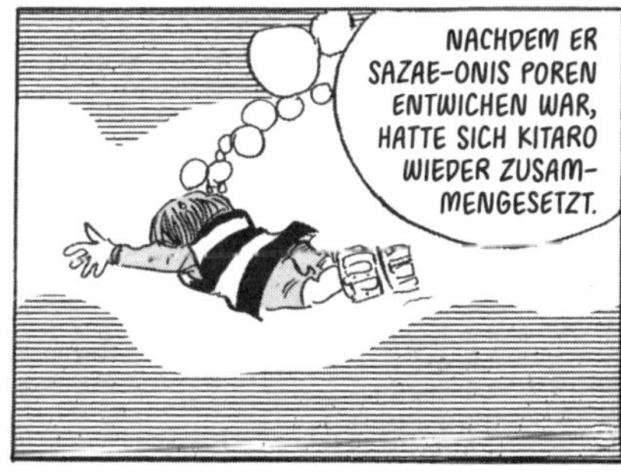
NACHDEM ER SAZAE-ONIS POREN ENTWICHEN WAR, HATTE SICH KITARO WIEDER ZUSAM-MENGESETZT.

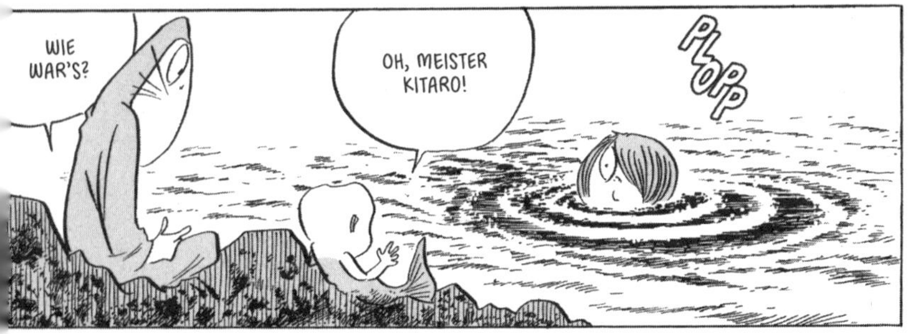

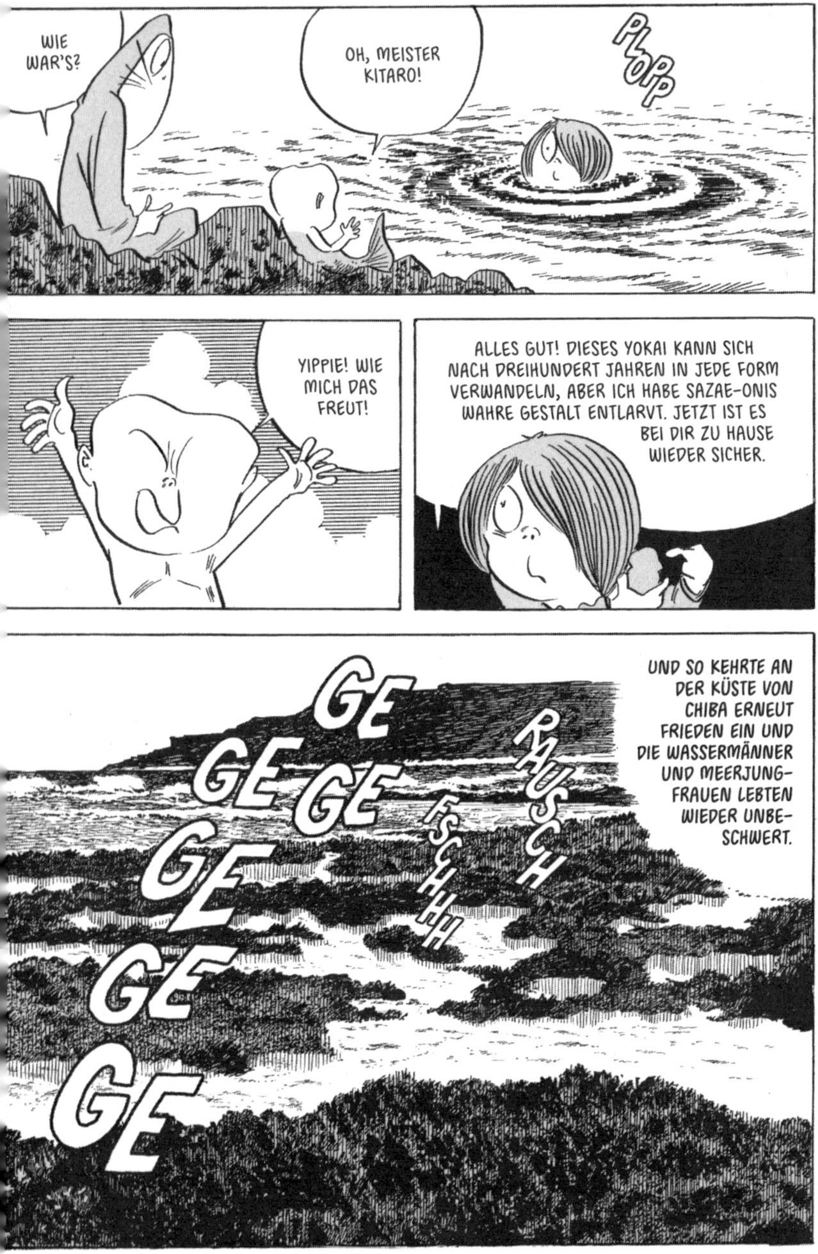

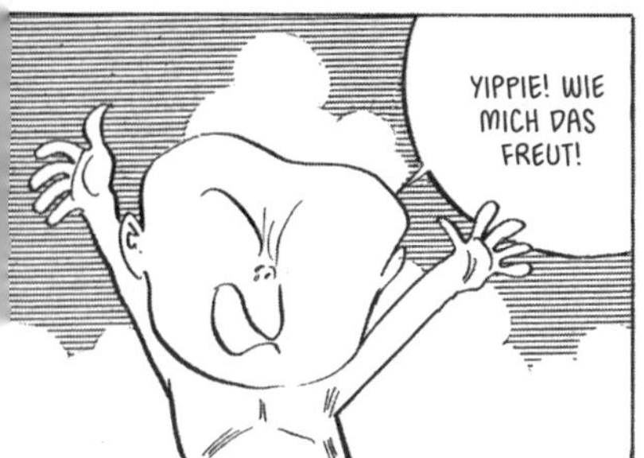

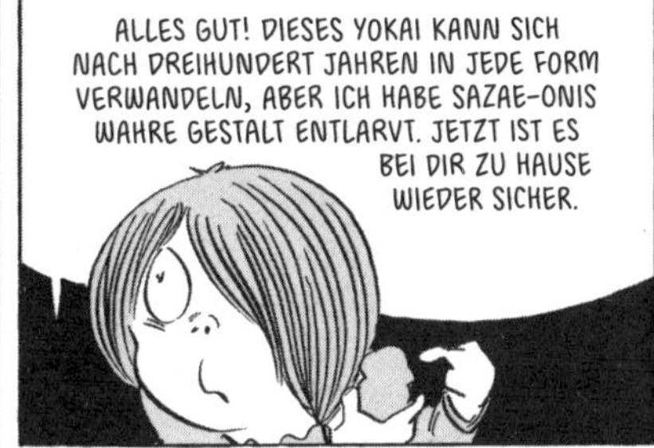

UND SO KEHRTE AN DER KÜSTE VON CHIBA ERNEUT FRIEDEN EIN UND DIE WASSERMÄNNER UND MEERJUNGFRAUEN LEBTEN WIEDER UNBESCHWERT.

GE GE GE GE GE GE GE GE

RAUSCH

FSCHHH

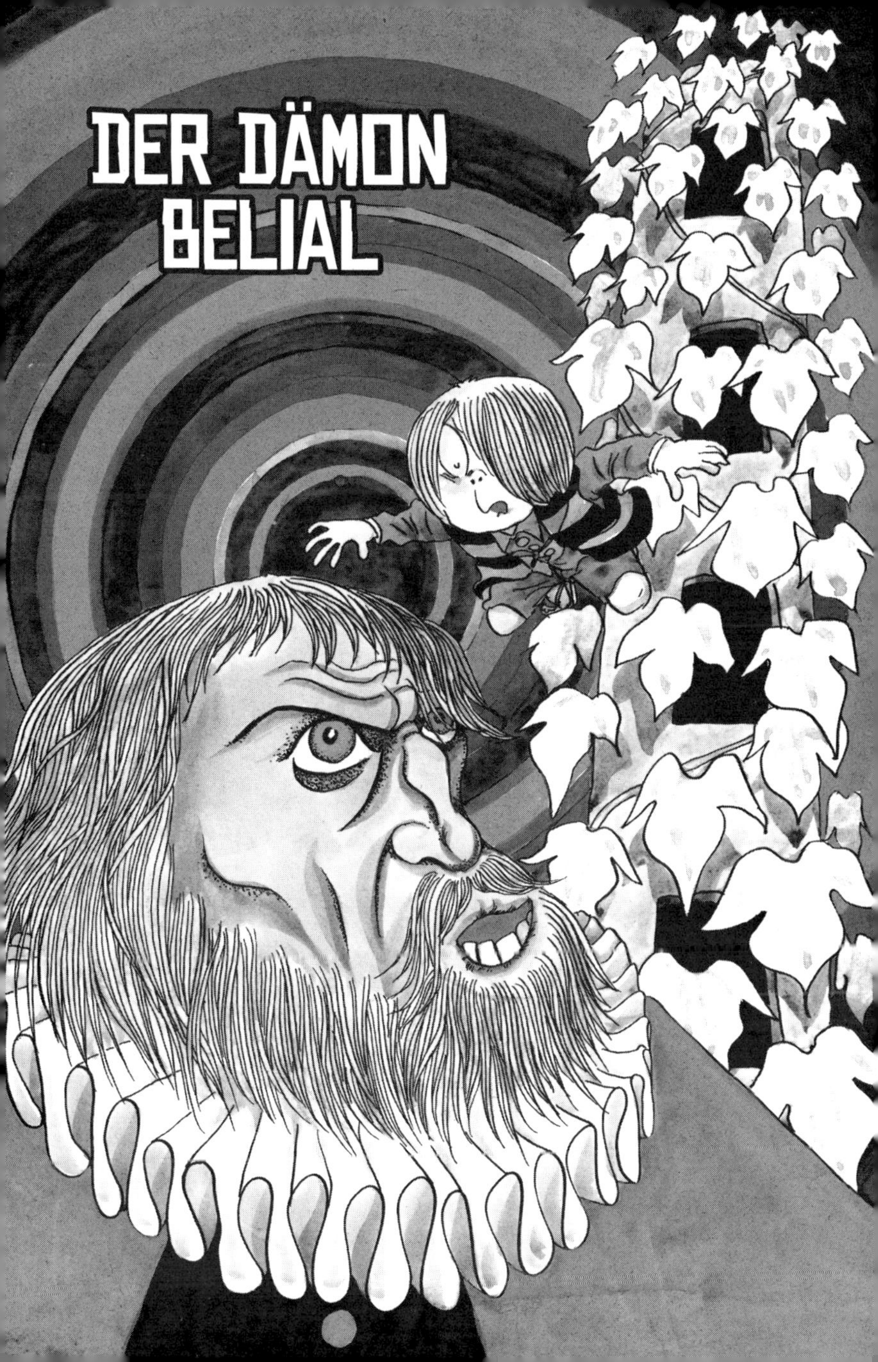
DER DÄMON
BELIAL

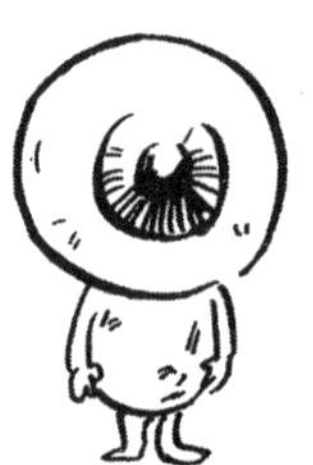

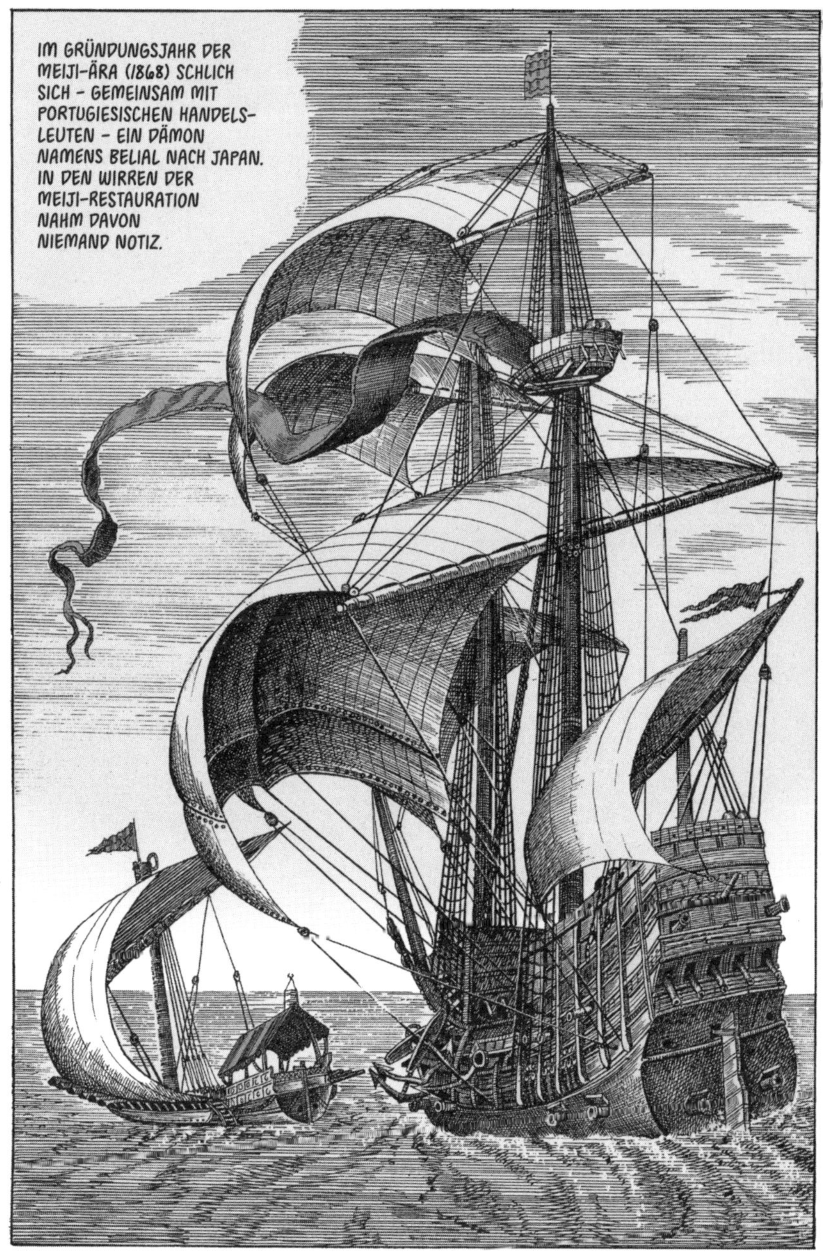
IM GRÜNDUNGSJAHR DER MEIJI-ÄRA (1868) SCHLICH SICH – GEMEINSAM MIT PORTUGIESISCHEN HANDELSLEUTEN – EIN DÄMON NAMENS BELIAL NACH JAPAN. IN DEN WIRREN DER MEIJI-RESTAURATION NAHM DAVON NIEMAND NOTIZ.

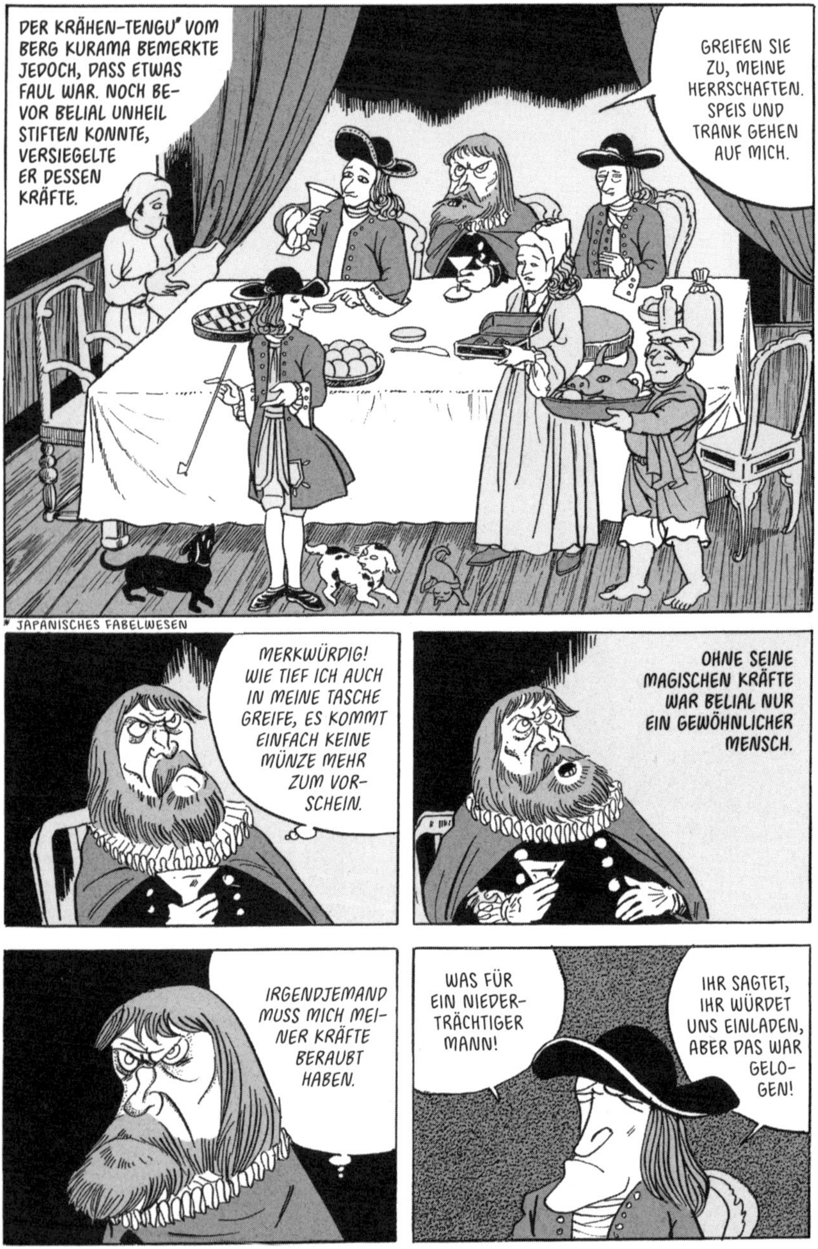

DER KRÄHEN-TENGU* VOM BERG KURAMA BEMERKTE JEDOCH, DASS ETWAS FAUL WAR. NOCH BEVOR BELIAL UNHEIL STIFTEN KONNTE, VERSIEGELTE ER DESSEN KRÄFTE.

GREIFEN SIE ZU, MEINE HERRSCHAFTEN. SPEIS UND TRANK GEHEN AUF MICH.

* JAPANISCHES FABELWESEN

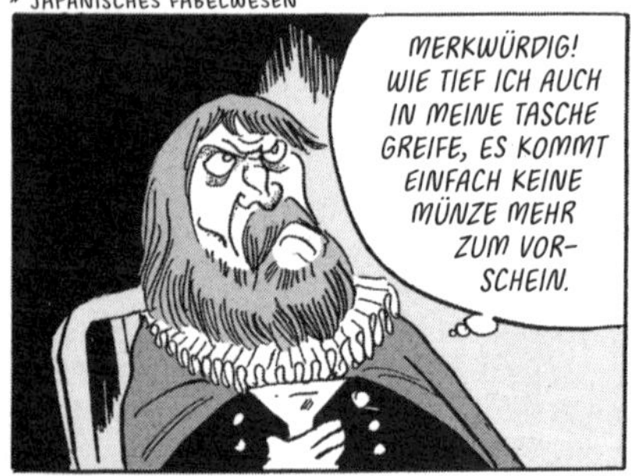

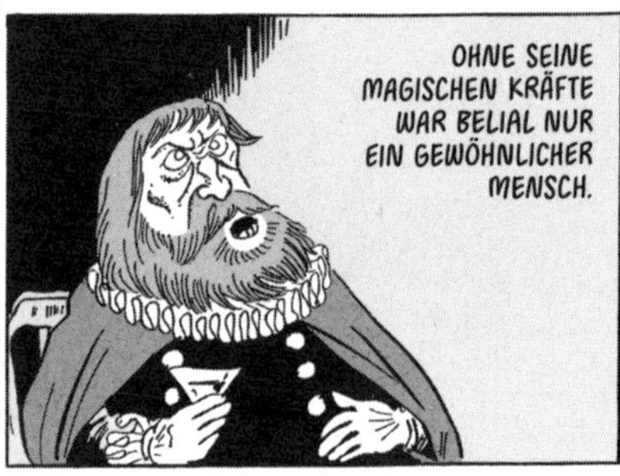

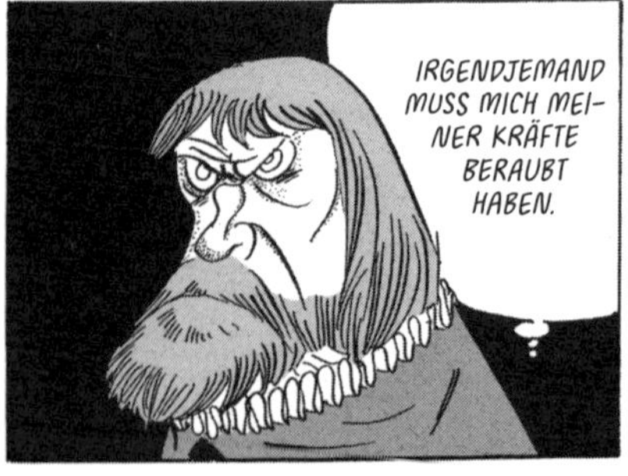

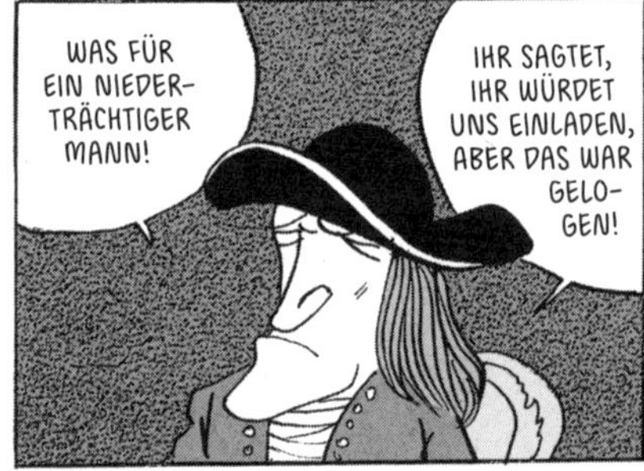

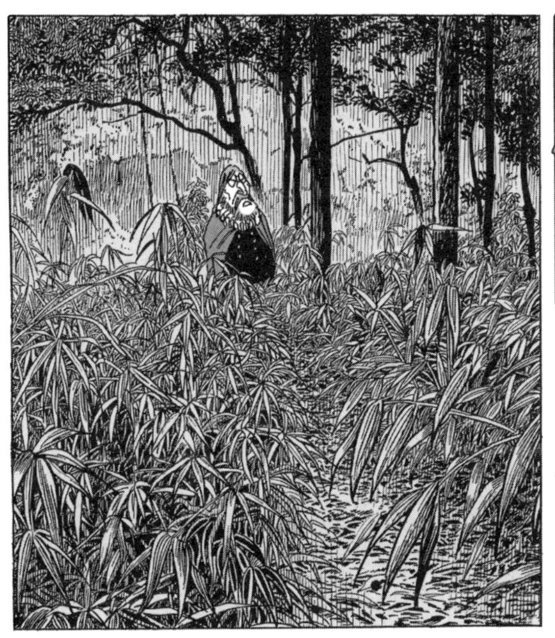

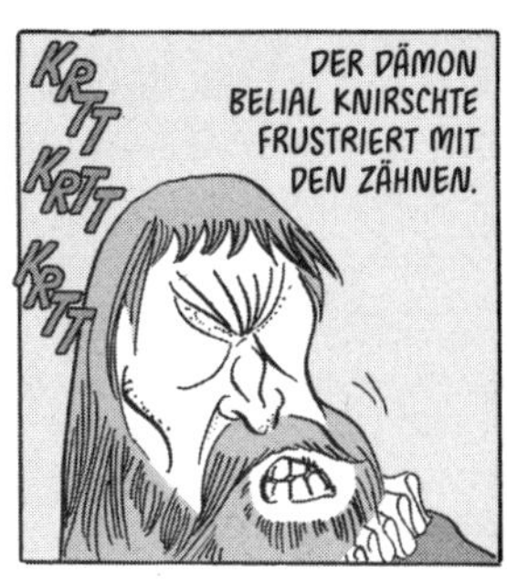

ER HATTE KEINEN SCHIMMER, WER IHM SEINE KRÄFTE GERAUBT HATTE. IN DER HOFFNUNG, DENJENIGEN AUFZUSPÜREN, ZOG ER SCHLIESSLICH ALS WANDER-ZAUBERER DURCH GANZ JAPAN. IHM BLIEB NICHTS ANDERES ÜBRIG.

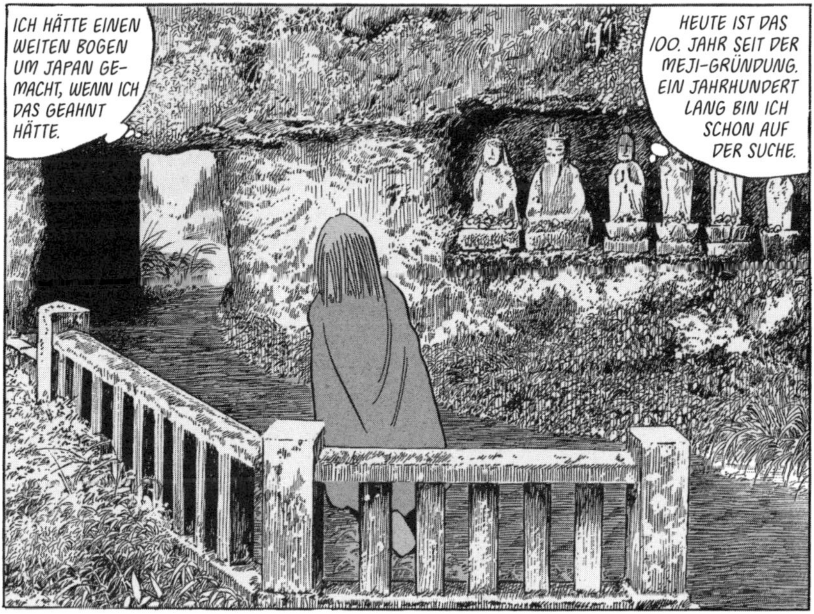

HEUTE IST DAS 100. JAHR SEIT DER MEJI-GRÜNDUNG. EIN JAHRHUNDERT LANG BIN ICH SCHON AUF DER SUCHE.

ICH HÄTTE EINEN WEITEN BOGEN UM JAPAN GE-MACHT, WENN ICH DAS GEAHNT HÄTTE.

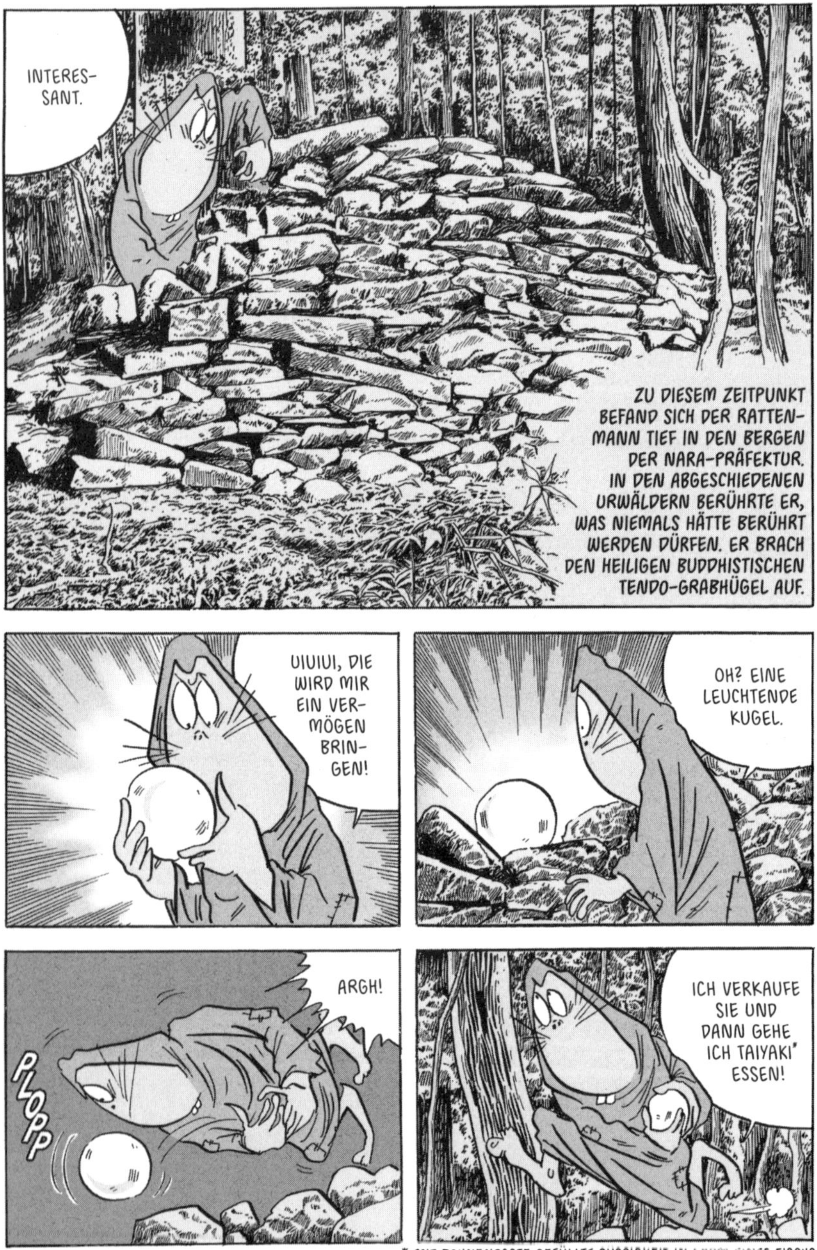

ZU DIESEM ZEITPUNKT BEFAND SICH DER RATTENMANN TIEF IN DEN BERGEN DER NARA-PRÄFEKTUR. IN DEN ABGESCHIEDENEN URWÄLDERN BERÜHRTE ER, WAS NIEMALS HÄTTE BERÜHRT WERDEN DÜRFEN. ER BRACH DEN HEILIGEN BUDDHISTISCHEN TENDO-GRABHÜGEL AUF.

INTERES-SANT.

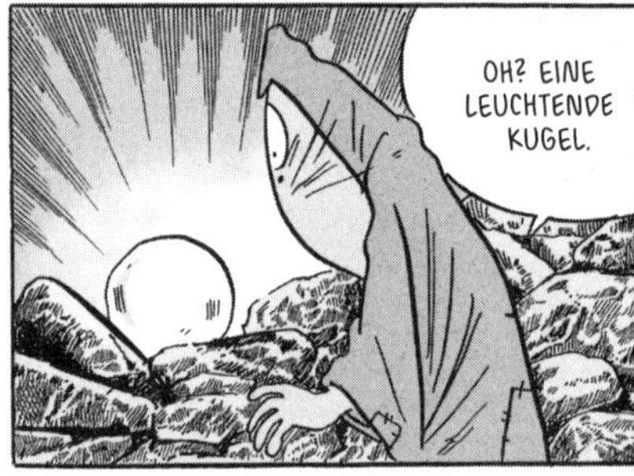

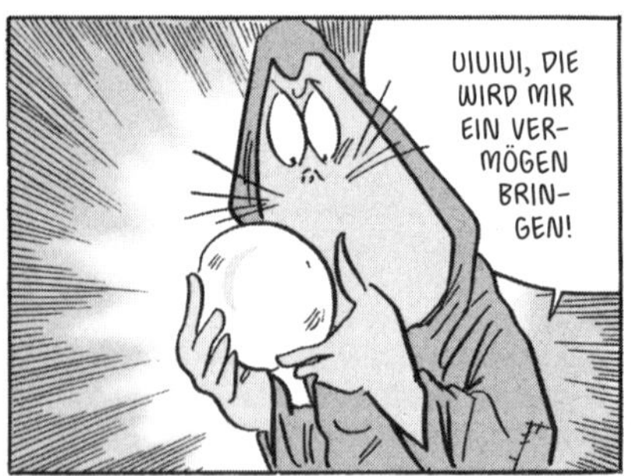

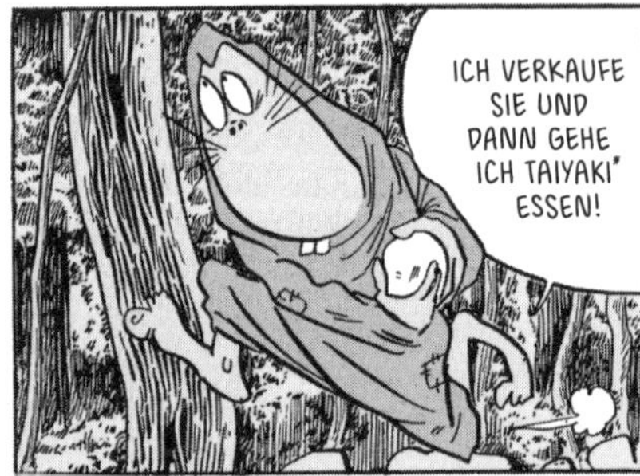

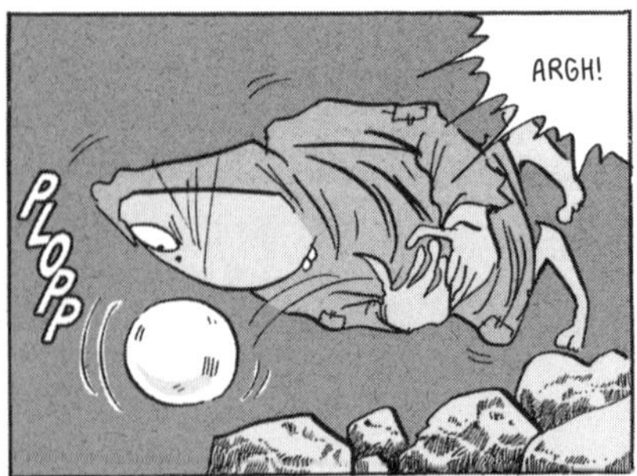

* MIT BOHNENPASTE GEFÜLLTE SÜSSIGKEIT IN FORM EINES FISCHS

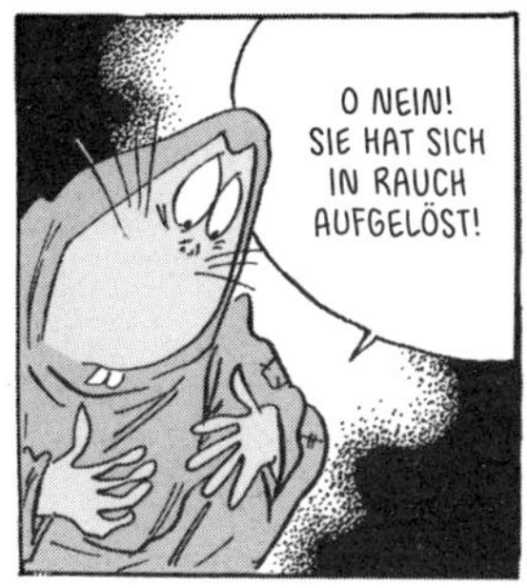

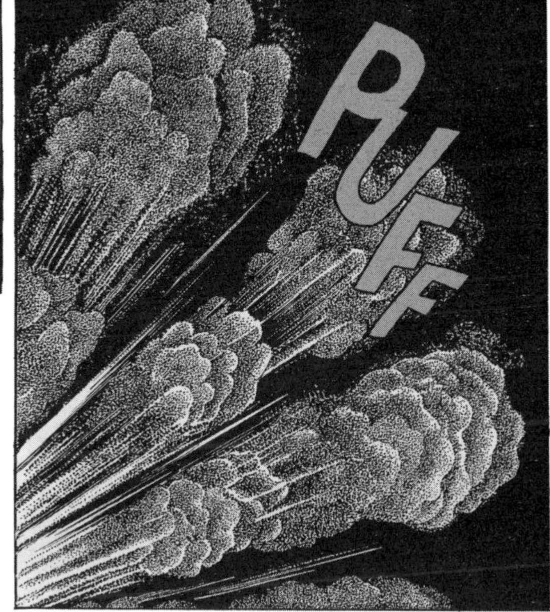

DER RATTENMANN HATTE DIE PURPURROTE YASAKARI-KUGEL ENTWENDET, IN DER BELIALS KRÄFTE VERSIEGELT WAREN. ALS ER SIE ZERSTÖRTE, ENTFESSELTE ER VERSEHENTLICH BELIALS DÄMONISCHE KRÄFTE.

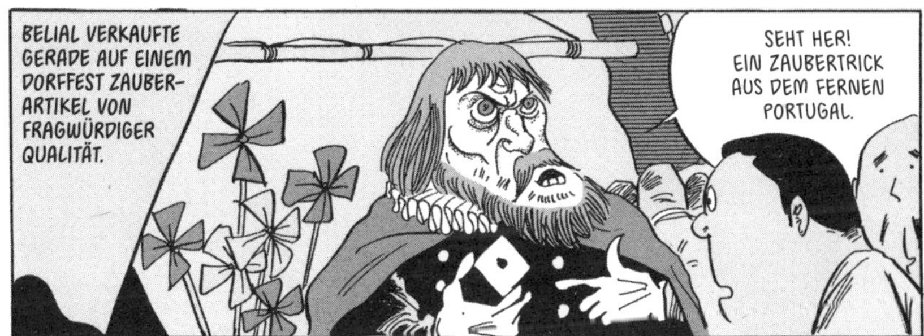

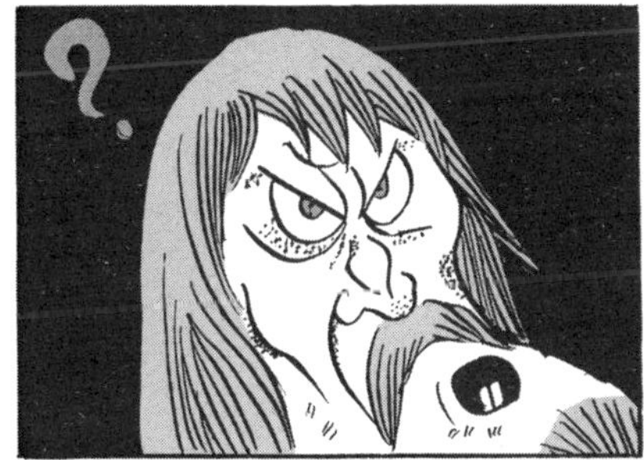

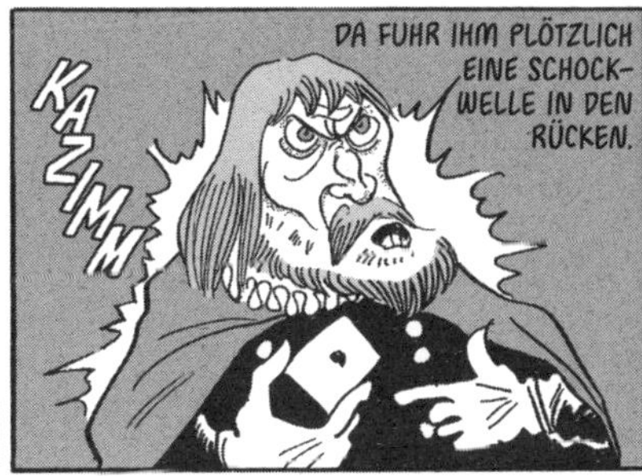

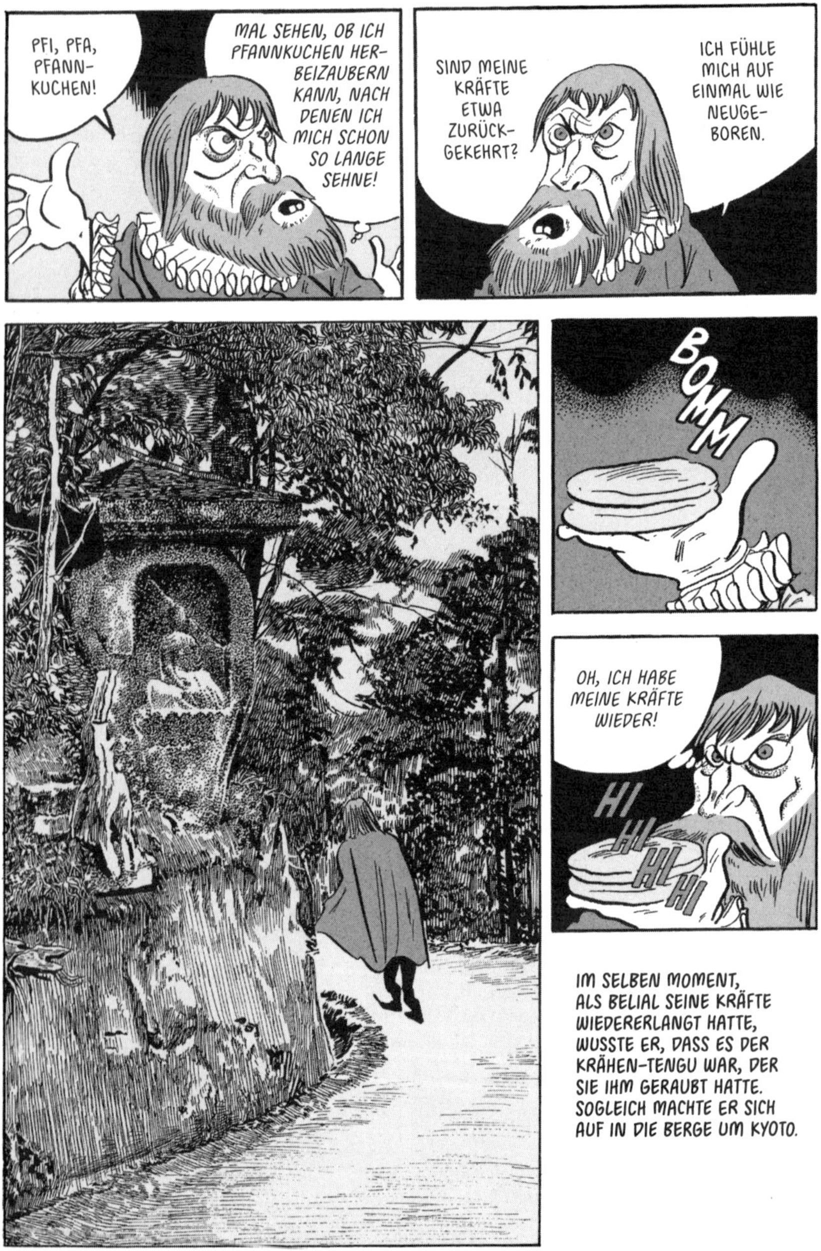

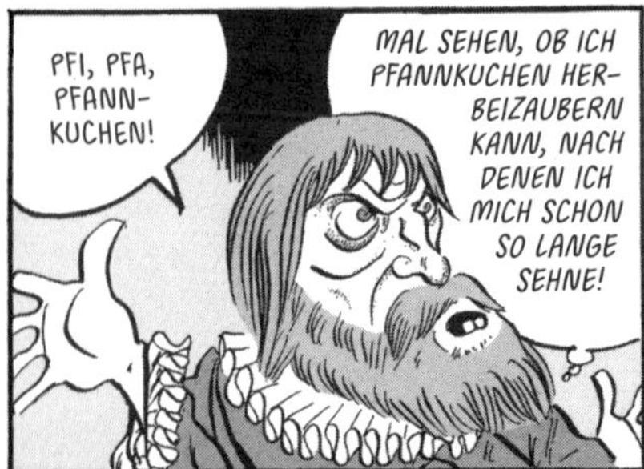

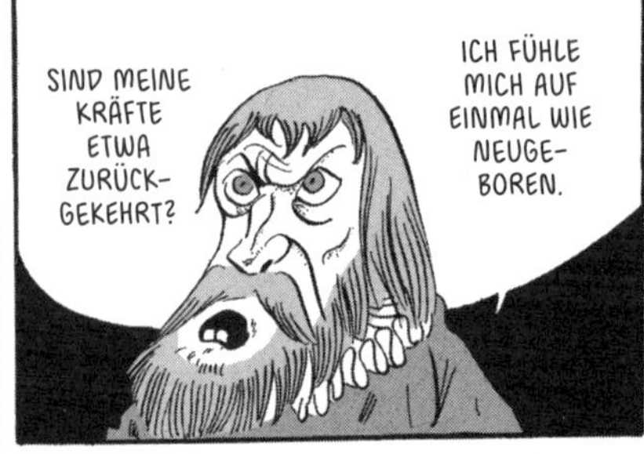

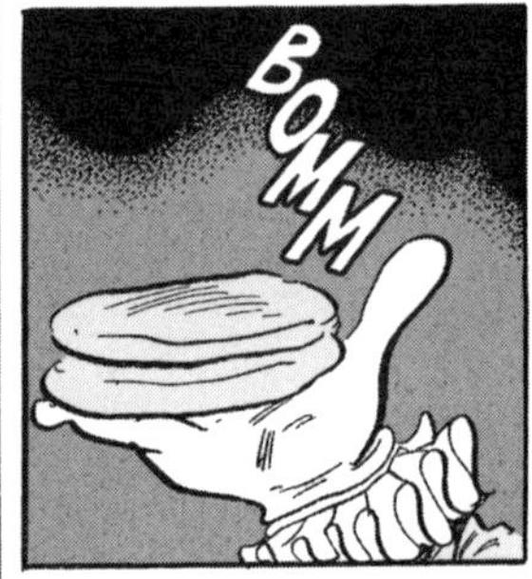

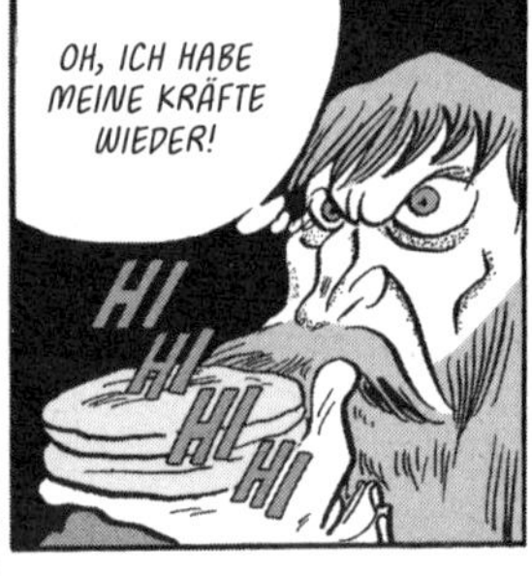

IM SELBEN MOMENT, ALS BELIAL SEINE KRÄFTE WIEDERERLANGT HATTE, WUSSTE ER, DASS ES DER KRÄHEN-TENGU WAR, DER SIE IHM GERAUBT HATTE. SOGLEICH MACHTE ER SICH AUF IN DIE BERGE UM KYOTO.

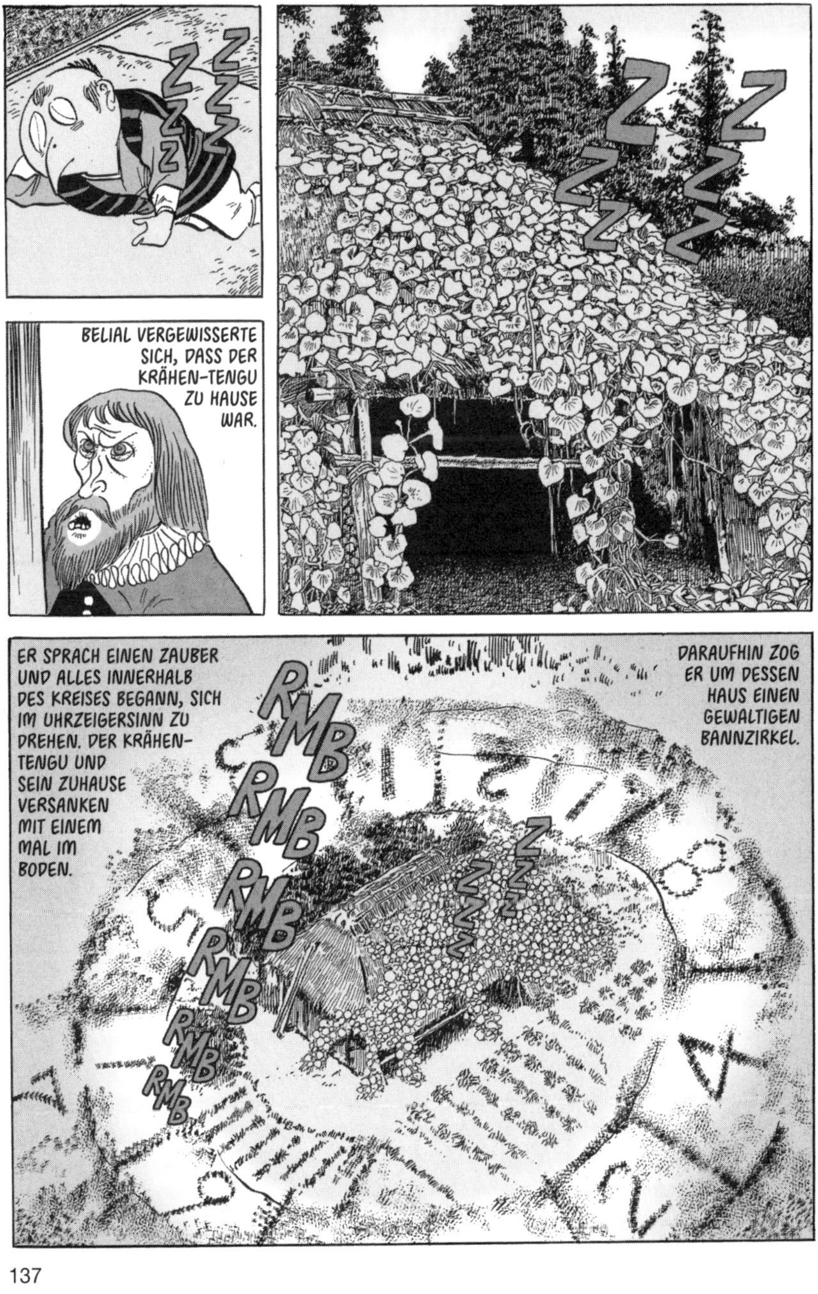

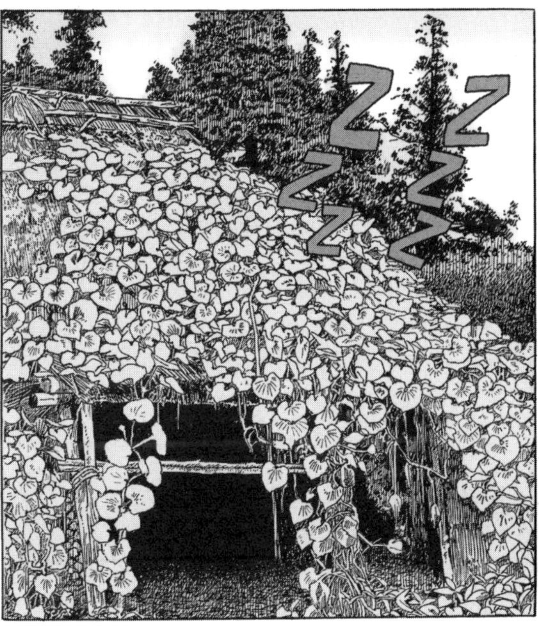

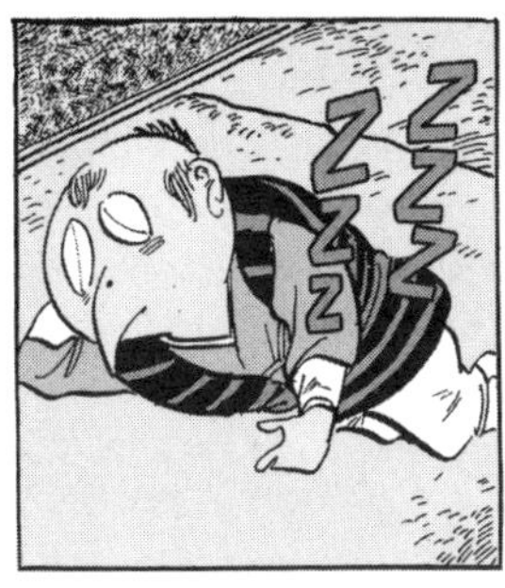

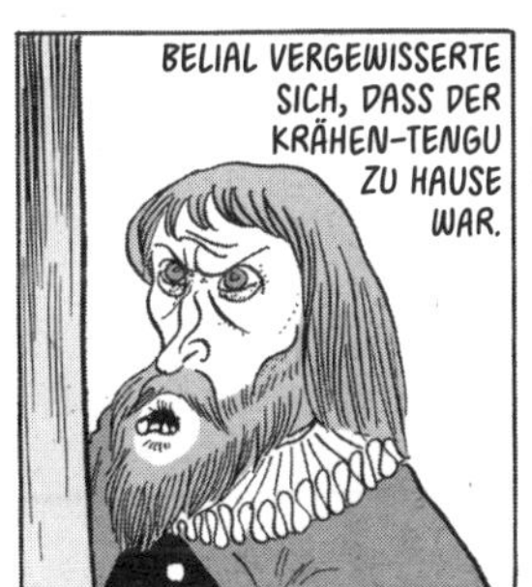

DARAUFHIN ZOG ER UM DESSEN HAUS EINEN GEWALTIGEN BANNZIRKEL.

ER SPRACH EINEN ZAUBER UND ALLES INNERHALB DES KREISES BEGANN, SICH IM UHRZEIGERSINN ZU DREHEN. DER KRÄHEN-TENGU UND SEIN ZUHAUSE VERSANKEN MIT EINEM MAL IM BODEN.

RMB RMB RMB RMB RMB RMB

ZZZ ZZZ

DER KRÄHEN-TENGU WURDE IM SCHLAF ÜBERRASCHT UND KONNTE SICH NICHT WEHREN. ER WACHTE FEST VERSIEGELT UNTER DER ERDE AUF. ALLERDINGS FAND ER EINE WINZIGE ÖFFNUNG, ÜBER DIE ER EIN PAAR FLIEGEN NACH DRAUSSEN ENTLIESS.

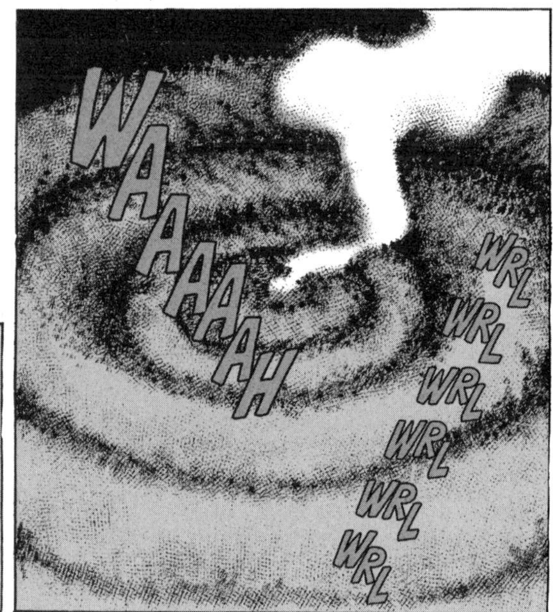

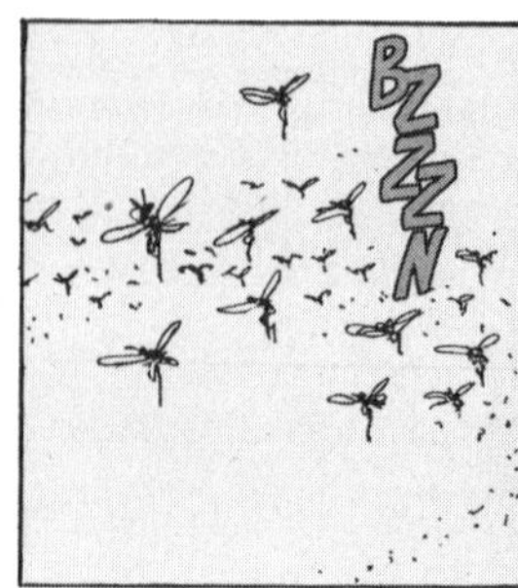

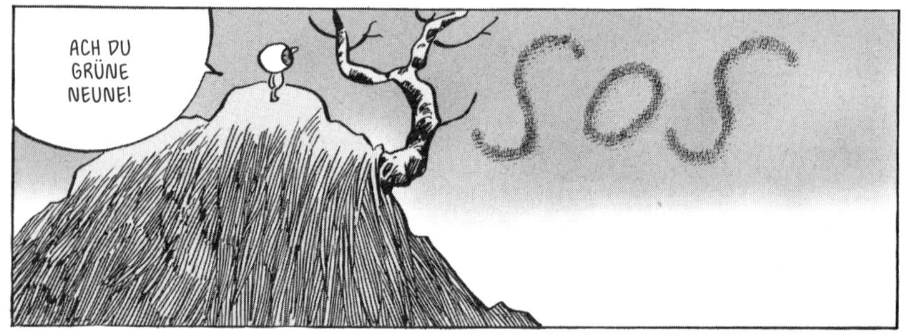

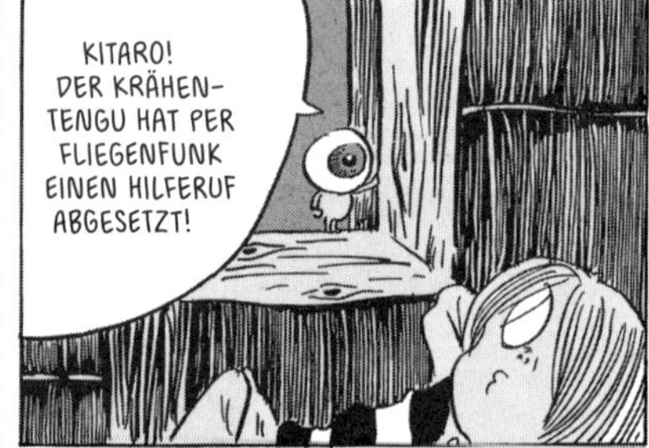

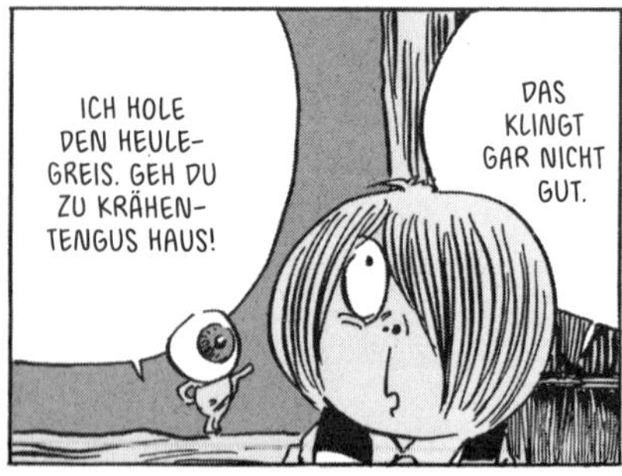

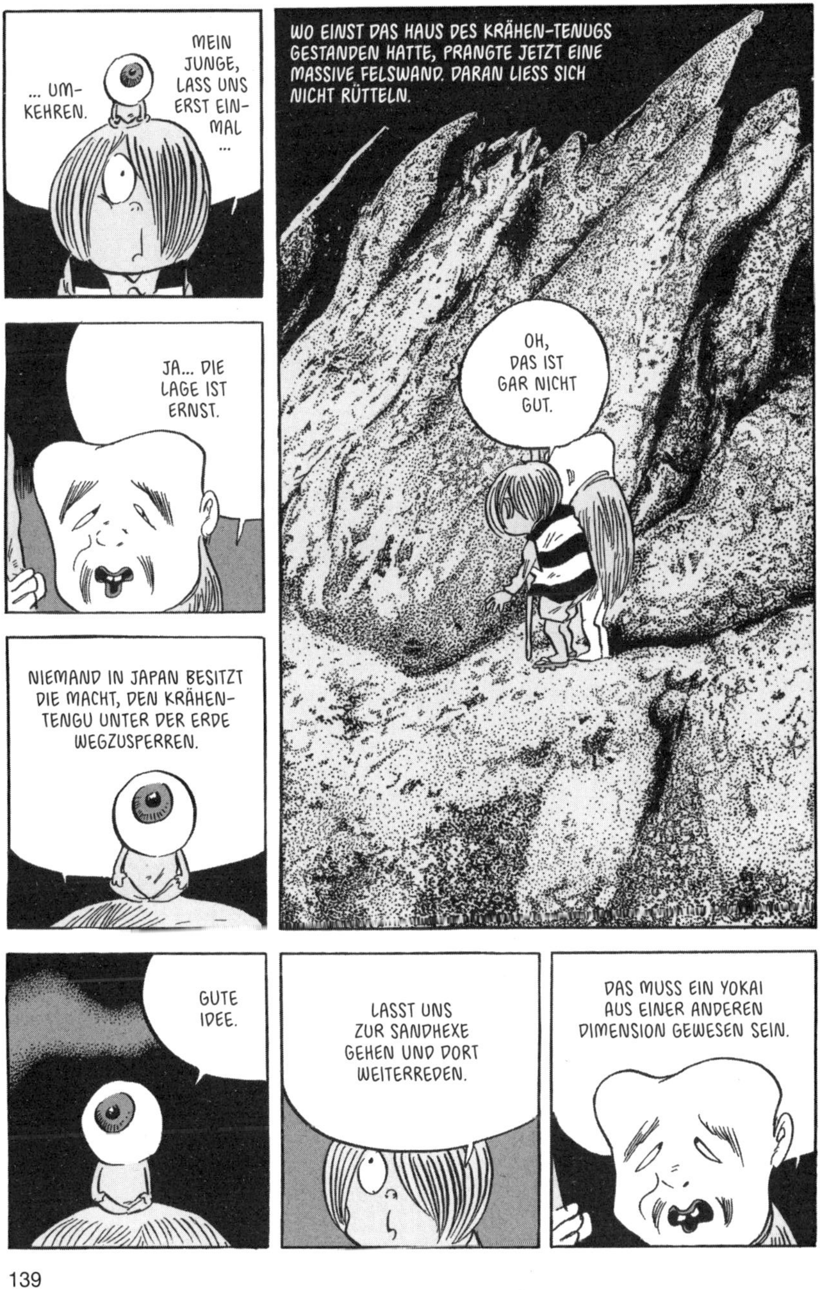

WO EINST DAS HAUS DES KRÄHEN-TENUGS GESTANDEN HATTE, PRANGTE JETZT EINE MASSIVE FELSWAND. DARAN LIESS SICH NICHT RÜTTELN.

OH, DAS IST GAR NICHT GUT.

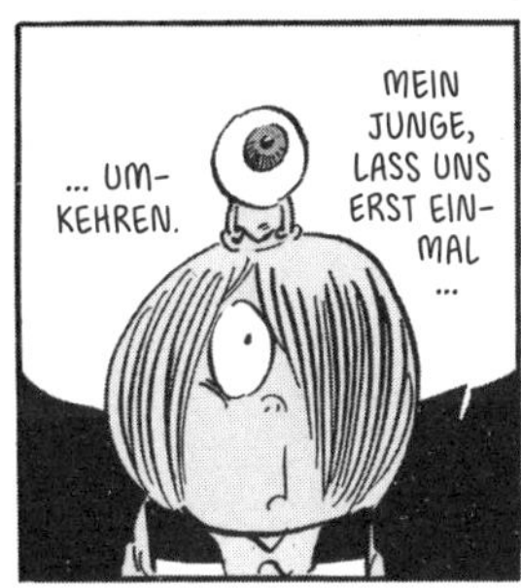

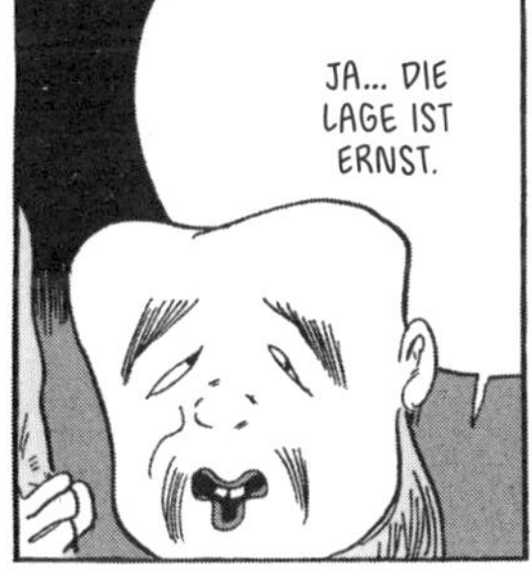

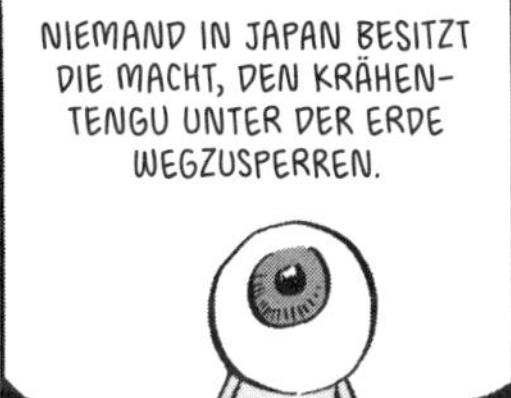

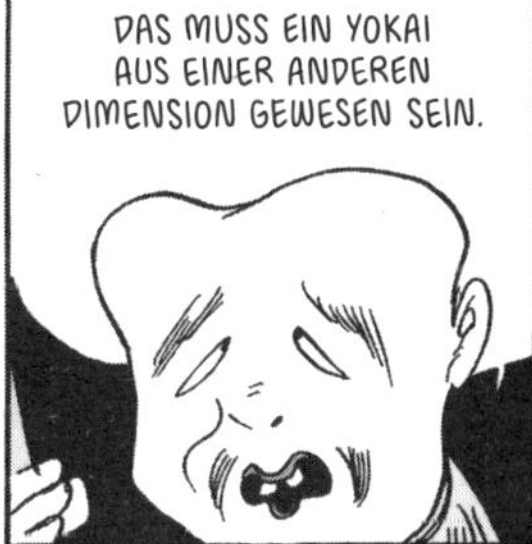

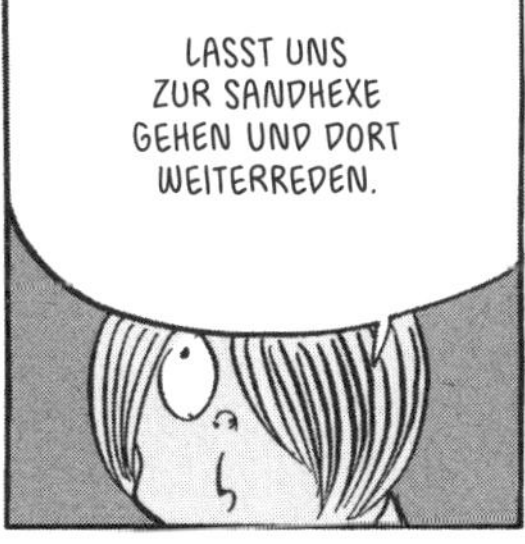

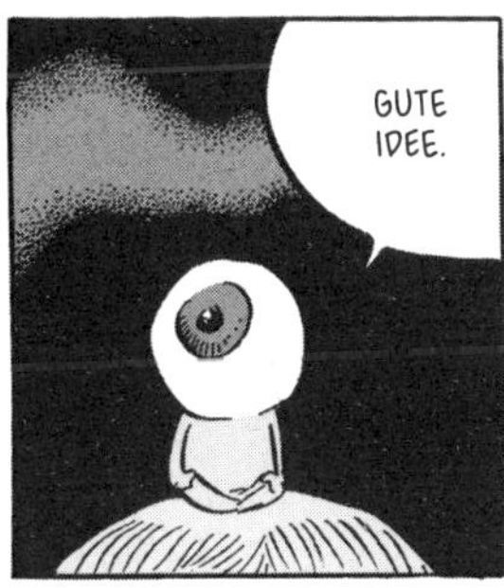

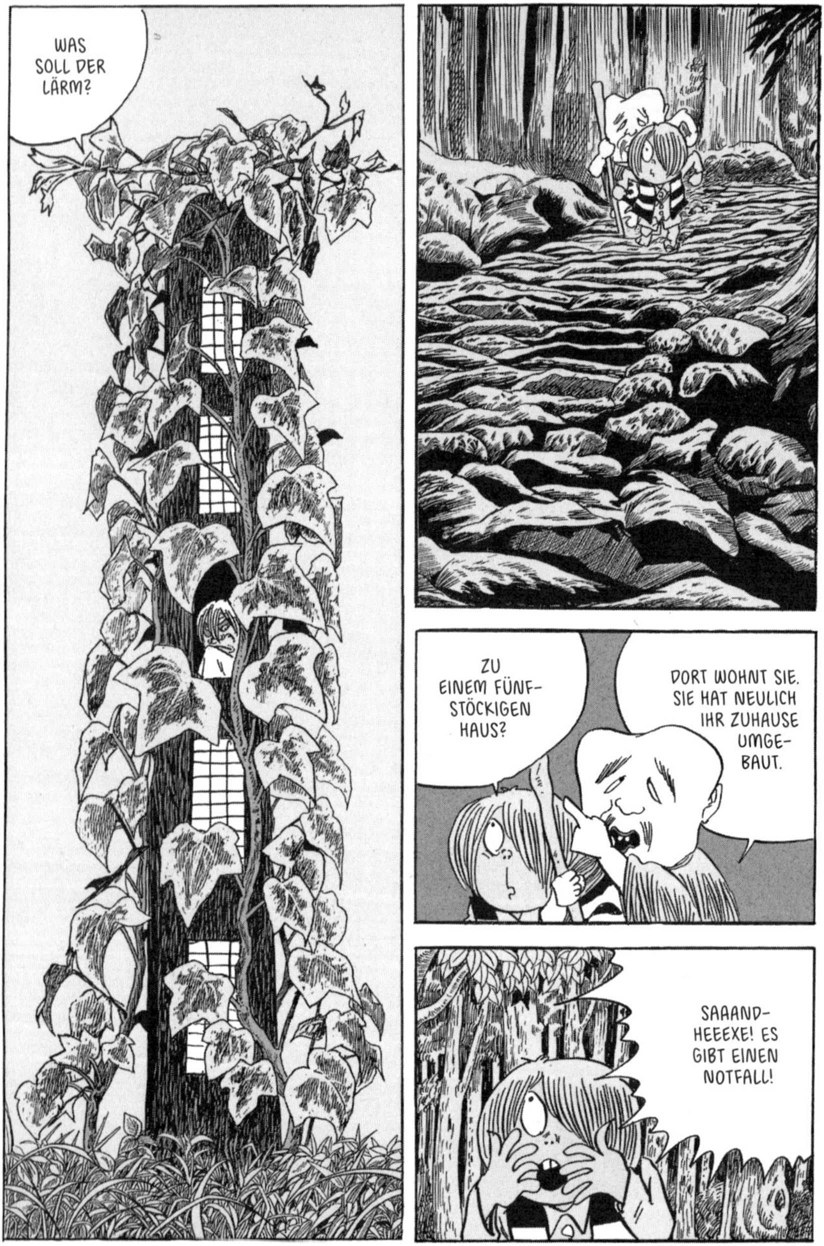

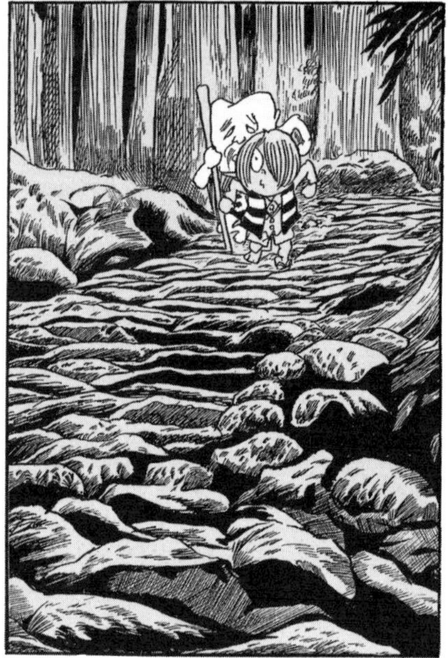

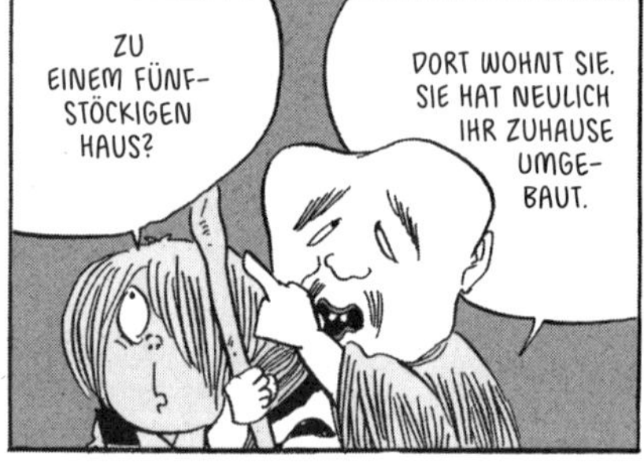

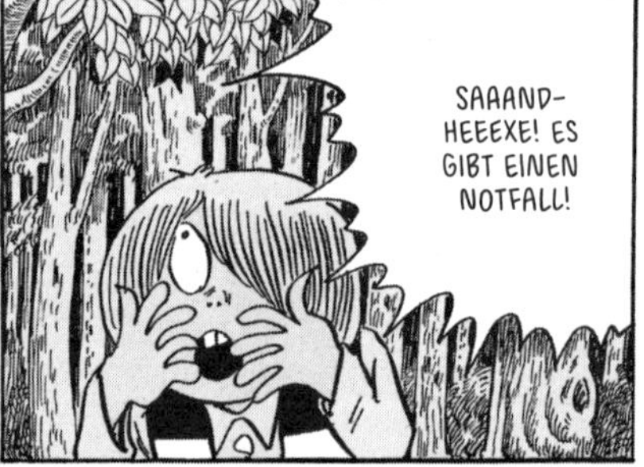

WAS SOLL DER LÄRM?

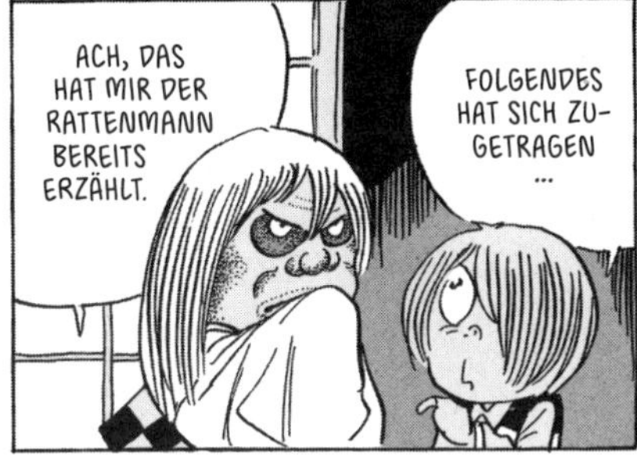
FOLGENDES HAT SICH ZUGETRAGEN ...
ACH, DAS HAT MIR DER RATTENMANN BEREITS ERZÄHLT.

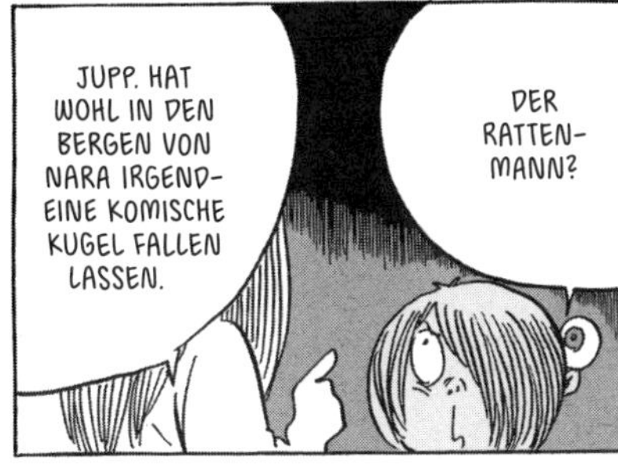
DER RATTENMANN?
JUPP. HAT WOHL IN DEN BERGEN VON NARA IRGENDEINE KOMISCHE KUGEL FALLEN LASSEN.

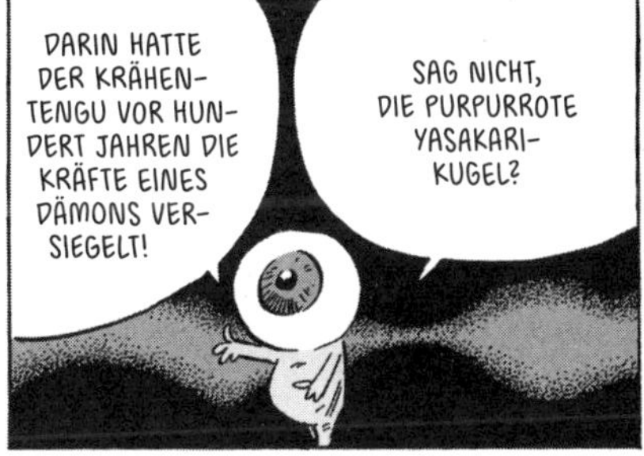
SAG NICHT, DIE PURPURROTE YASAKARI-KUGEL?
DARIN HATTE DER KRÄHENTENGU VOR HUNDERT JAHREN DIE KRÄFTE EINES DÄMONS VERSIEGELT!

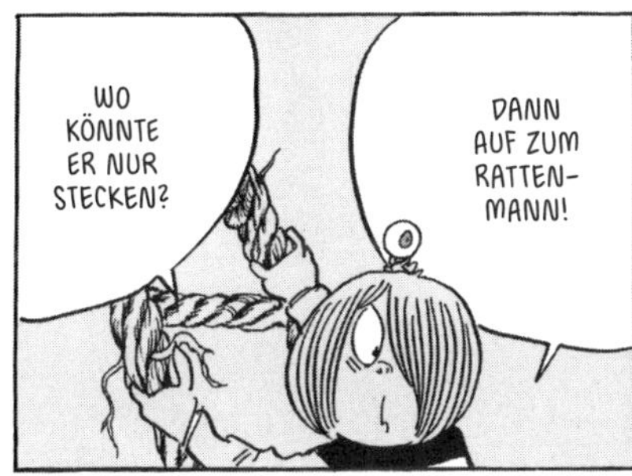
DANN AUF ZUM RATTENMANN!
WO KÖNNTE ER NUR STECKEN?

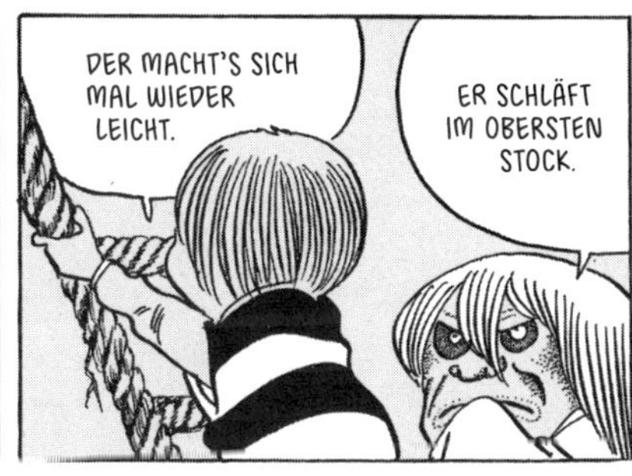
ER SCHLÄFT IM OBERSTEN STOCK.
DER MACHT'S SICH MAL WIEDER LEICHT.

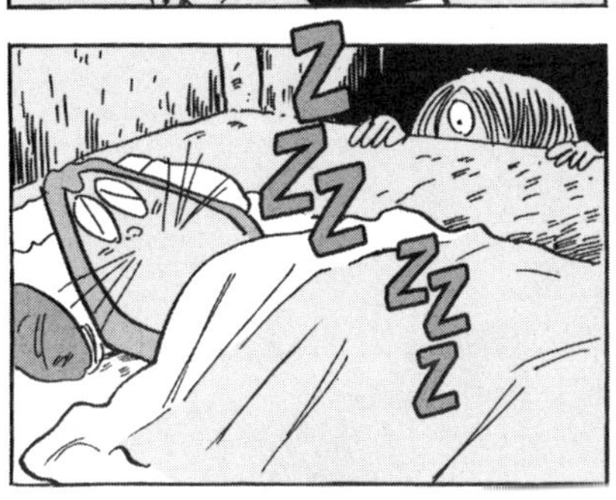
ZZZZZZ

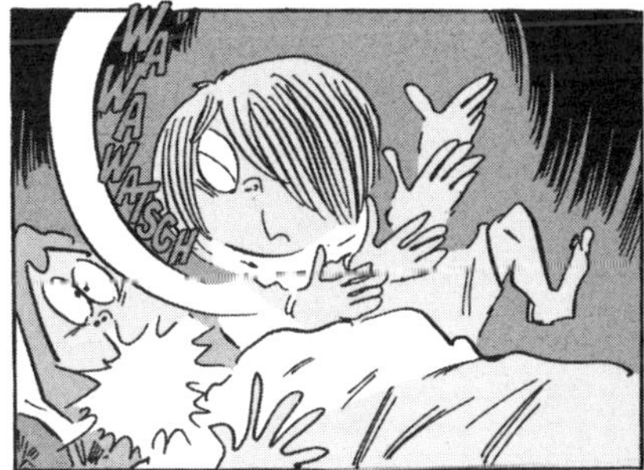
WAWAWAWASCH

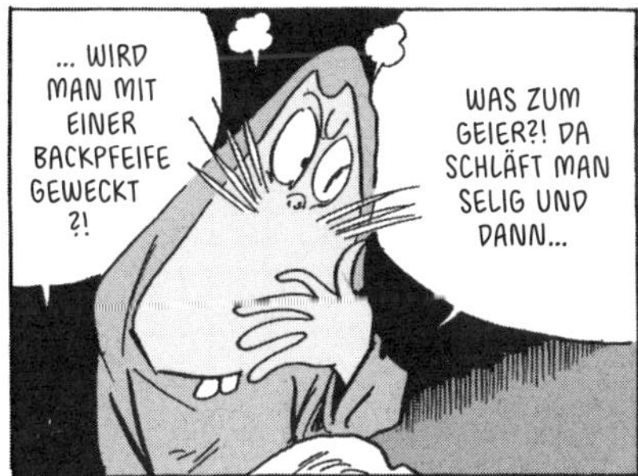
WAS ZUM GEIER?! DA SCHLÄFT MAN SELIG UND DANN...
... WIRD MAN MIT EINER BACKPFEIFE GEWECKT ?!

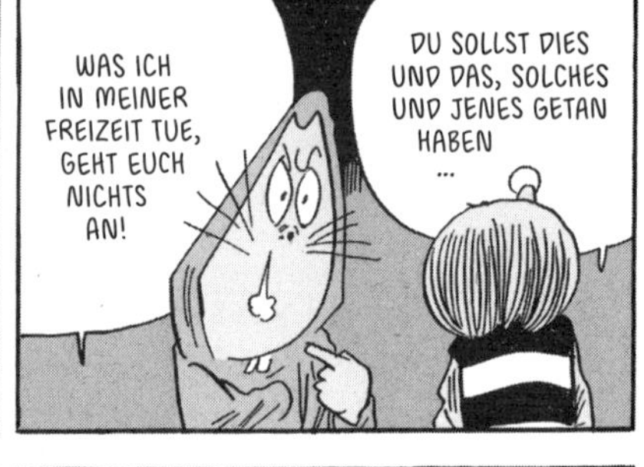
DU SOLLST DIES UND DAS, SOLCHES UND JENES GETAN HABEN ...
WAS ICH IN MEINER FREIZEIT TUE, GEHT EUCH NICHTS AN!

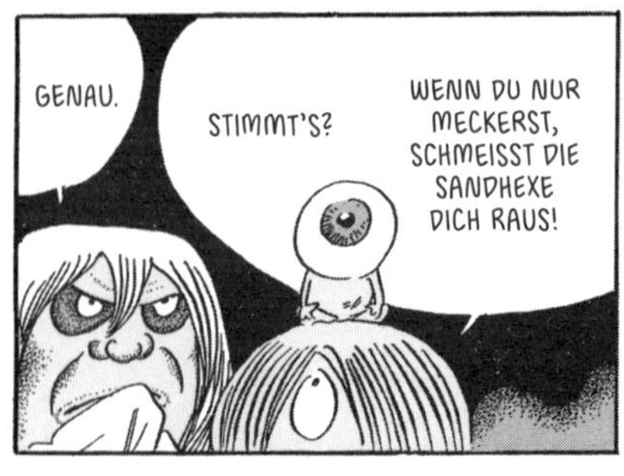
WENN DU NUR MECKERST, SCHMEISST DIE SANDHEXE DICH RAUS!
STIMMT'S?
GENAU.

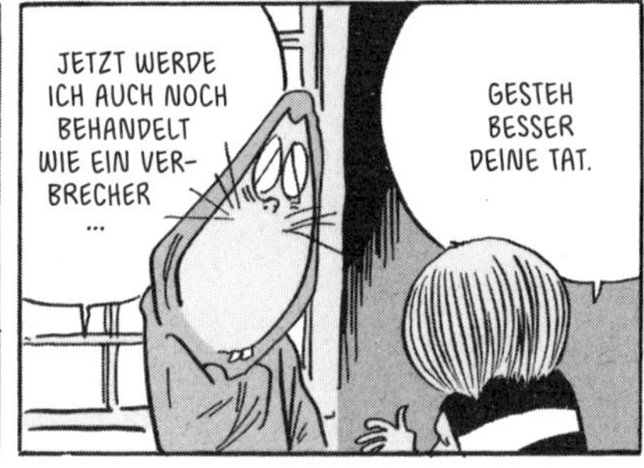
GESTEH BESSER DEINE TAT.
JETZT WERDE ICH AUCH NOCH BEHANDELT WIE EIN VERBRECHER ...

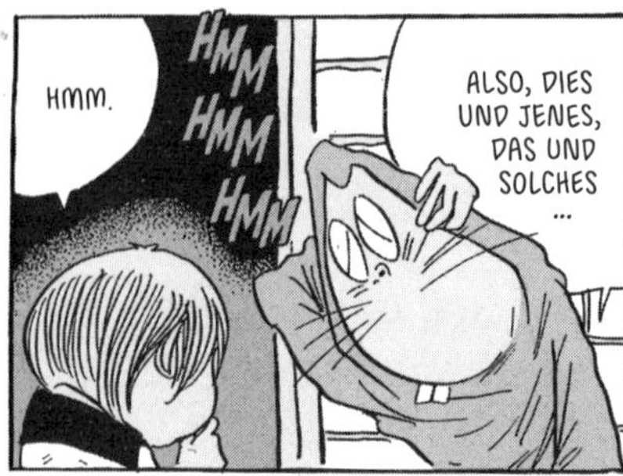
ALSO, DIES UND JENES, DAS UND SOLCHES ...
HMM HMM HMM
HMM.

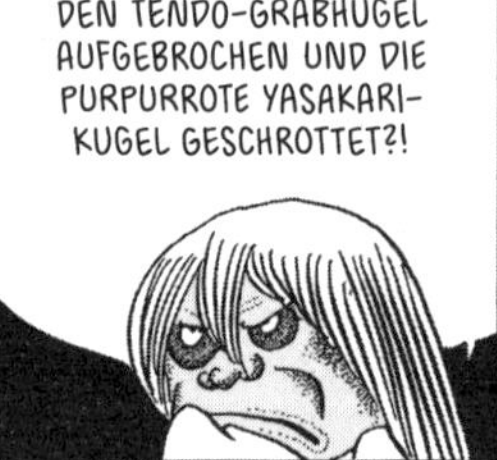
DU HAST ALSO WIRKLICH DEN TENDO-GRABHÜGEL AUFGEBROCHEN UND DIE PURPURROTE YASAKARI-KUGEL GESCHROTTET?!

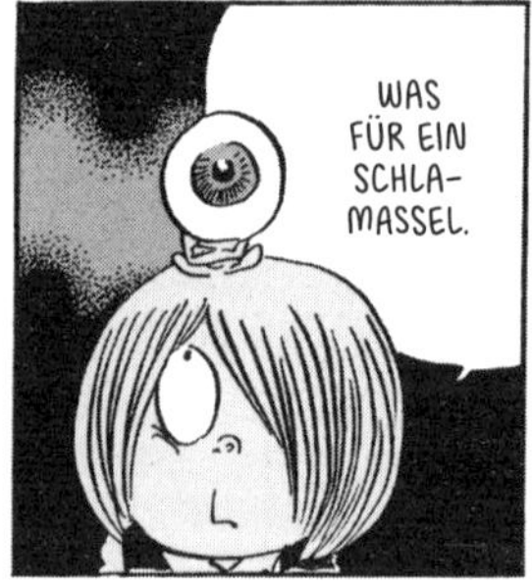
WAS FÜR EIN SCHLAMASSEL.

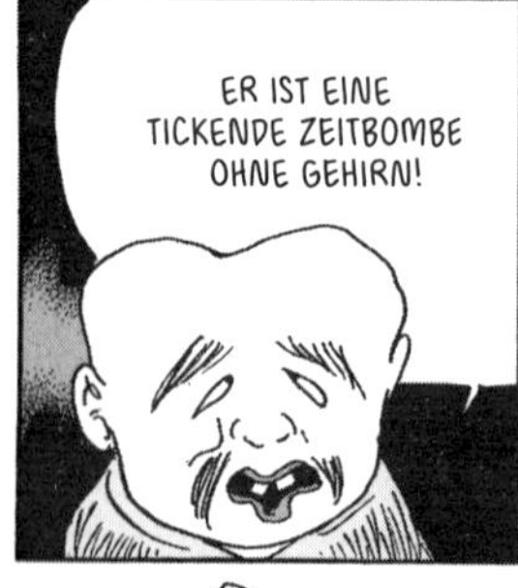
ER IST EINE TICKENDE ZEITBOMBE OHNE GEHIRN!

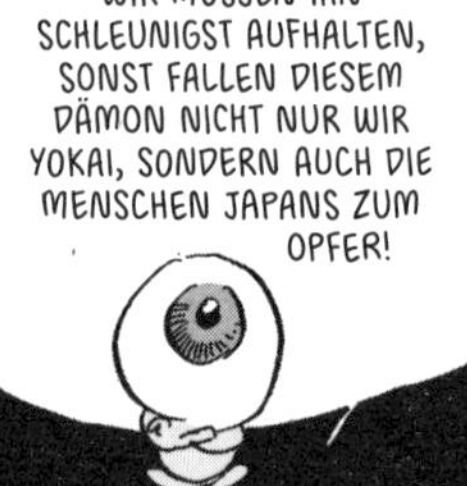
WIR MÜSSEN IHN SCHLEUNIGST AUFHALTEN, SONST FALLEN DIESEM DÄMON NICHT NUR WIR YOKAI, SONDERN AUCH DIE MENSCHEN JAPANS ZUM OPFER!

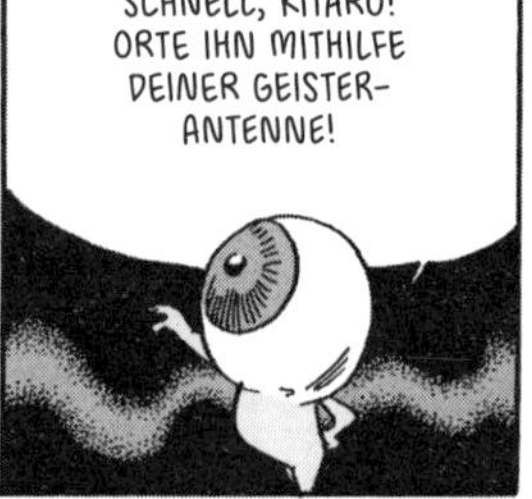
SCHNELL, KITARO! ORTE IHN MITHILFE DEINER GEISTERANTENNE!

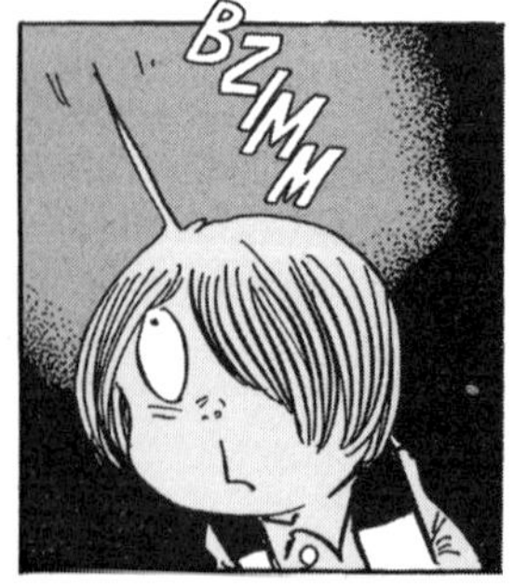
BZIMM

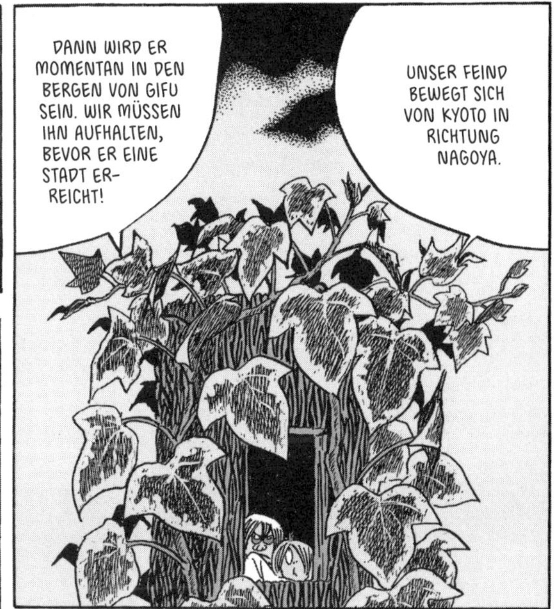
UNSER FEIND BEWEGT SICH VON KYOTO IN RICHTUNG NAGOYA.
DANN WIRD ER MOMENTAN IN DEN BERGEN VON GIFU SEIN. WIR MÜSSEN IHN AUFHALTEN, BEVOR ER EINE STADT ERREICHT!

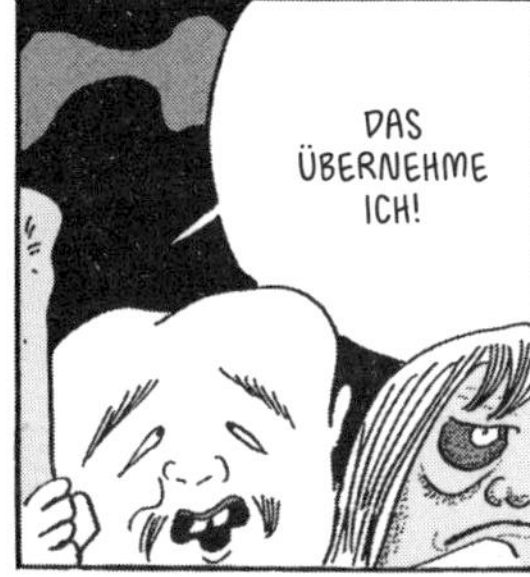
DAS ÜBERNEHME ICH!

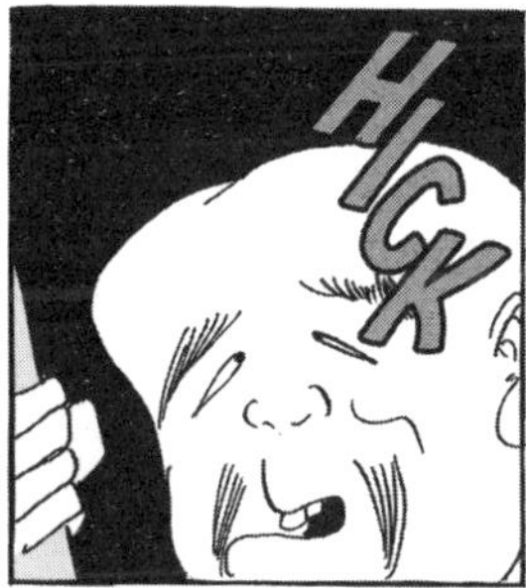
HICK

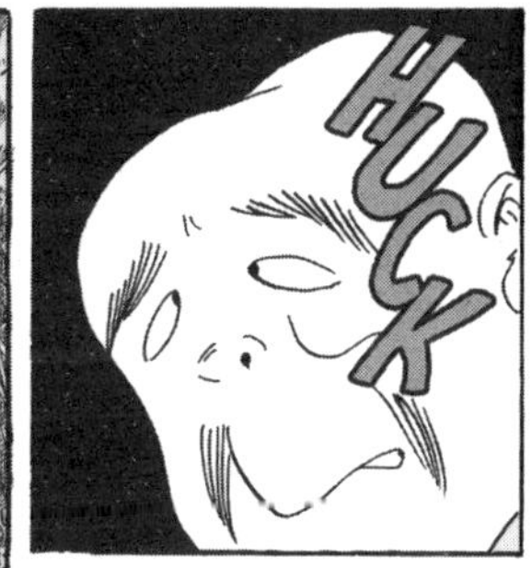
HUCK

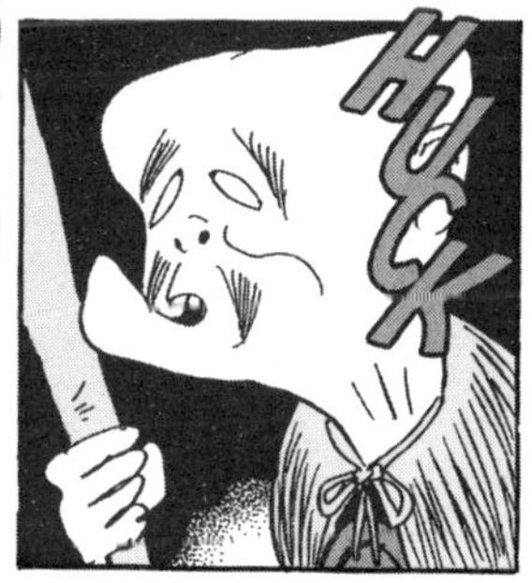
HUCK

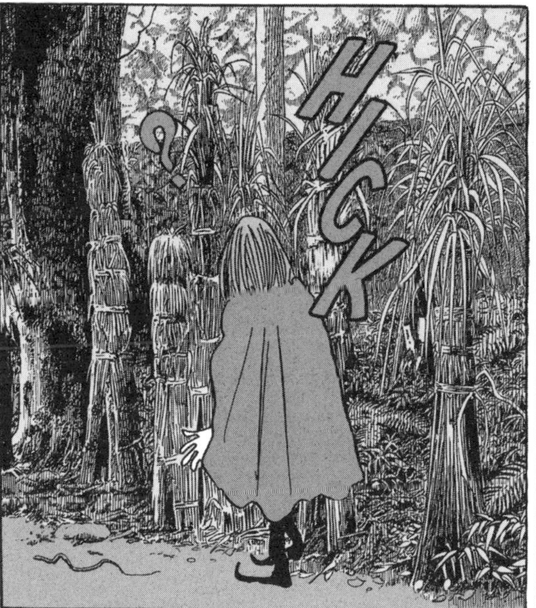
?
HICK

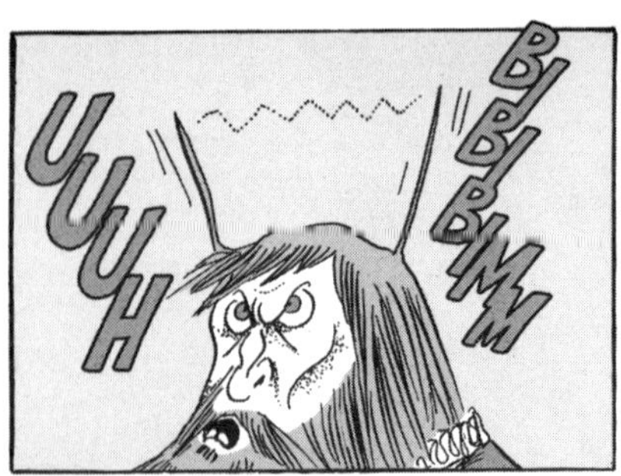
UUUH
BIBIBIMM

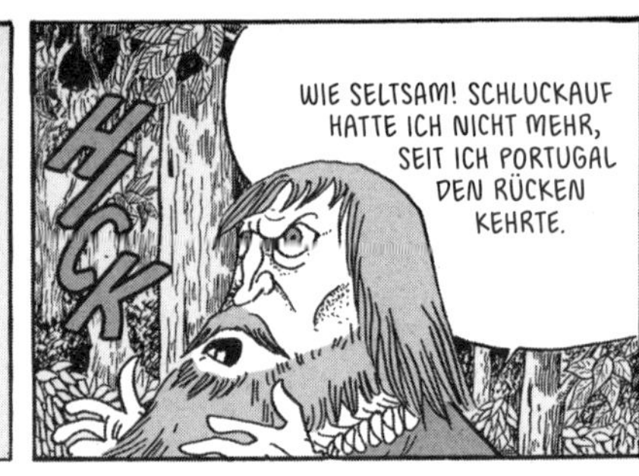
HICK
WIE SELTSAM! SCHLUCKAUF HATTE ICH NICHT MEHR, SEIT ICH PORTUGAL DEN RÜCKEN KEHRTE.

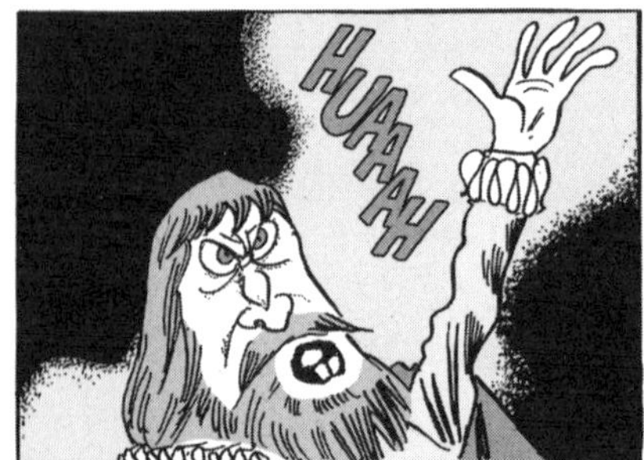
HUAAAH

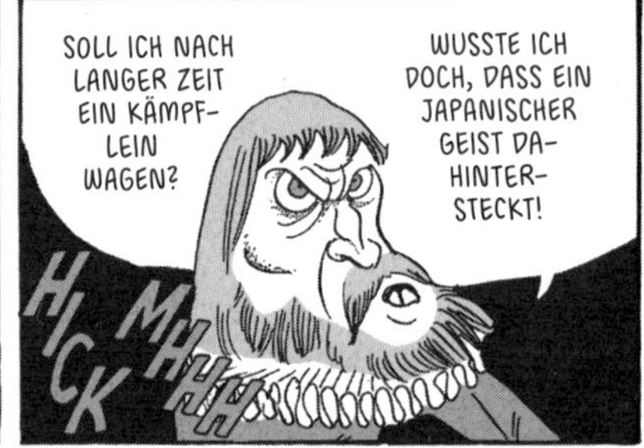
WUSSTE ICH DOCH, DASS EIN JAPANISCHER GEIST DA-HINTER-STECKT!
SOLL ICH NACH LANGER ZEIT EIN KÄMPF-LEIN WAGEN?
HICK
MHHH

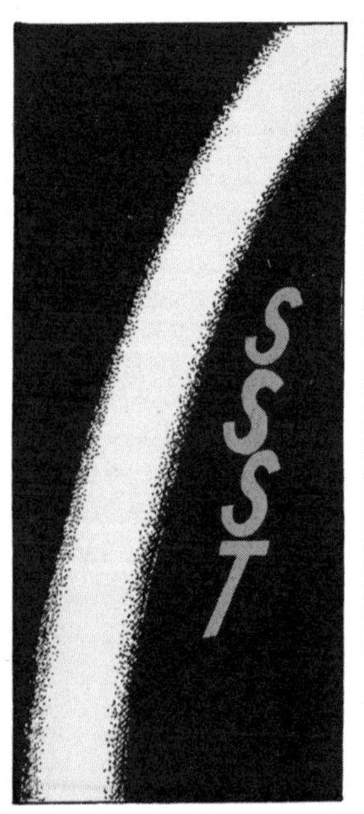
SSST

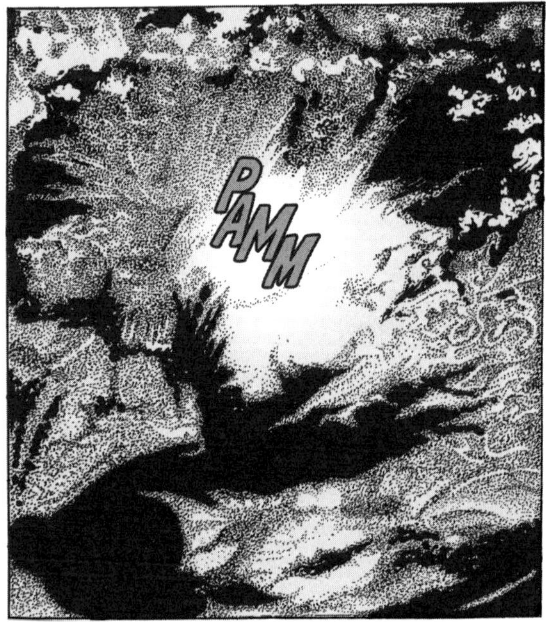
PAMM

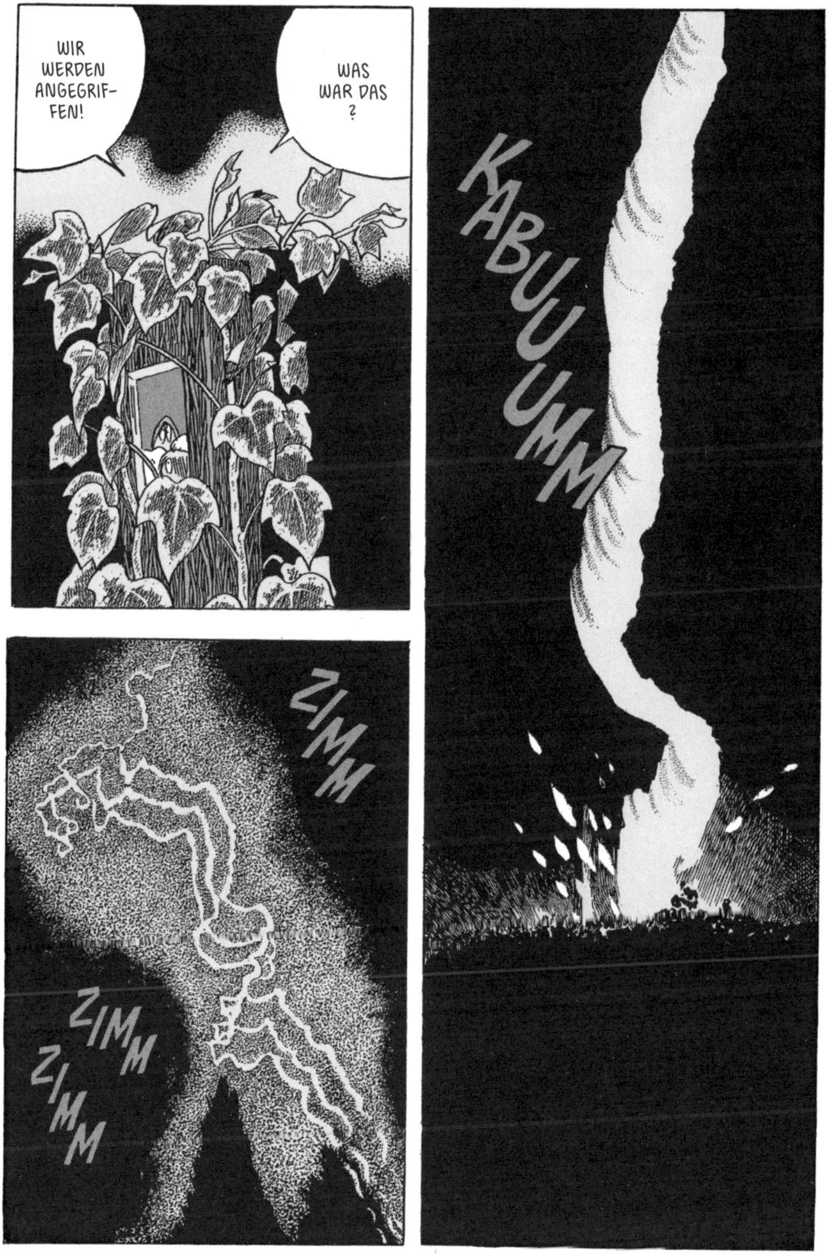

KABUUUMM

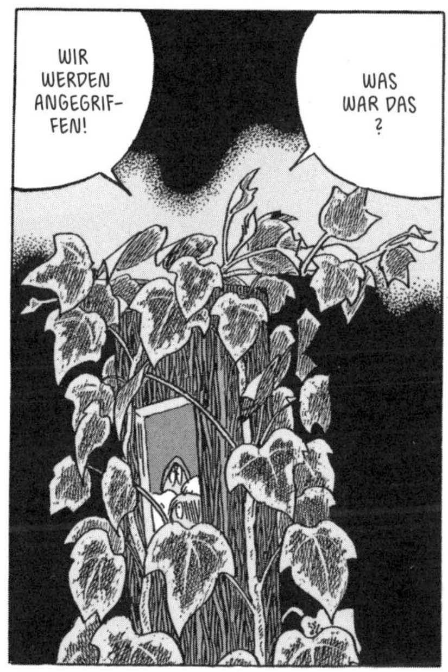
WAS WAR DAS ?
WIR WERDEN ANGEGRIF-FEN!

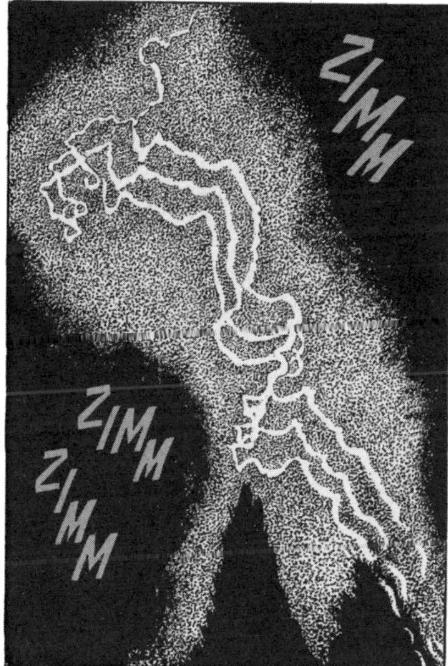
ZIMM
ZIMM
ZIMM

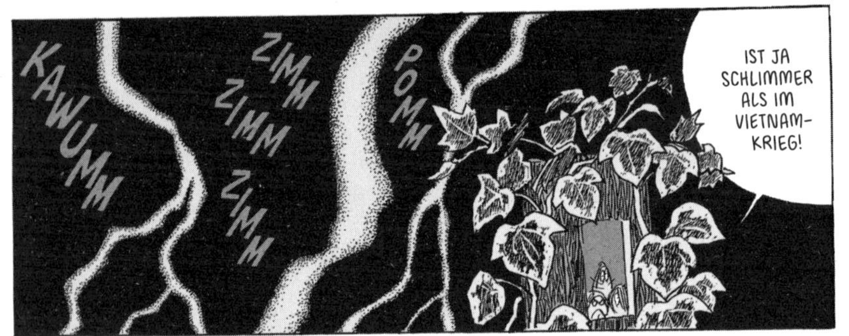

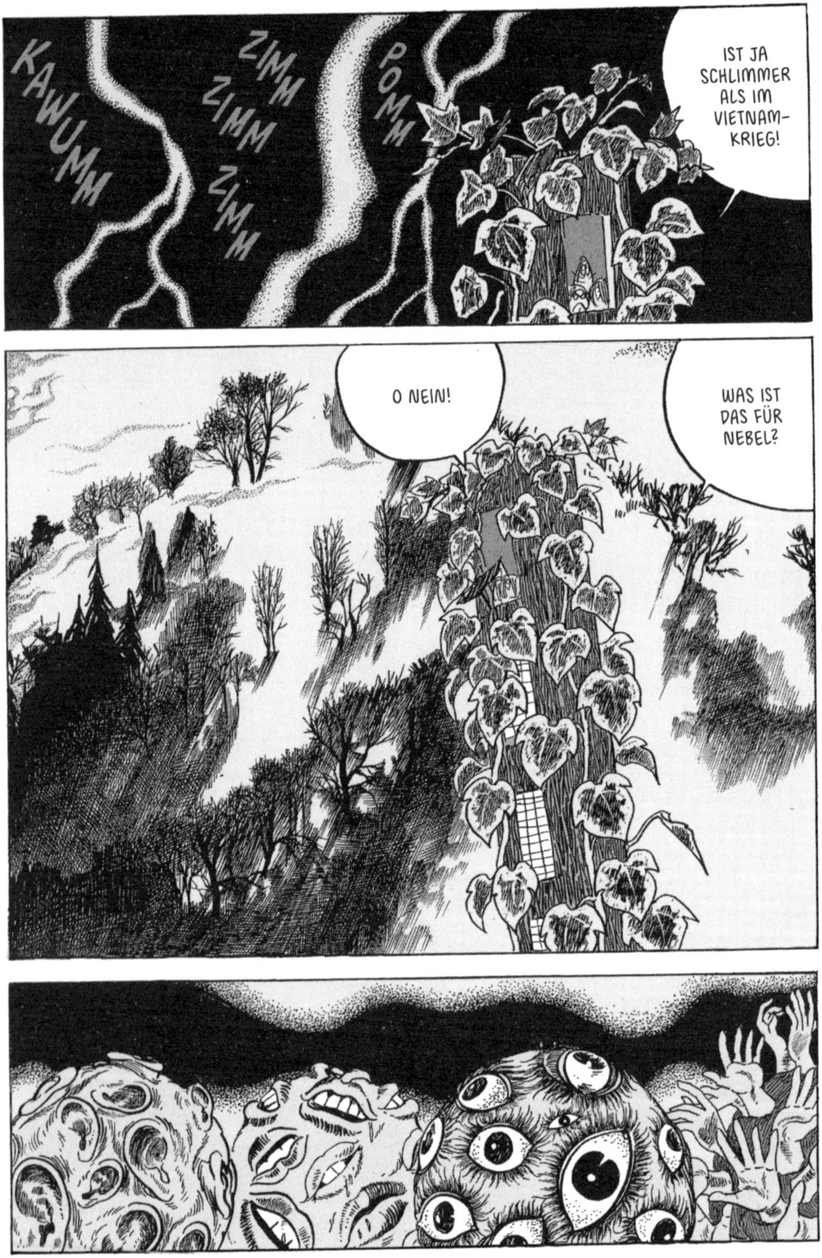

O NEIN!

WAS IST DAS FÜR NEBEL?

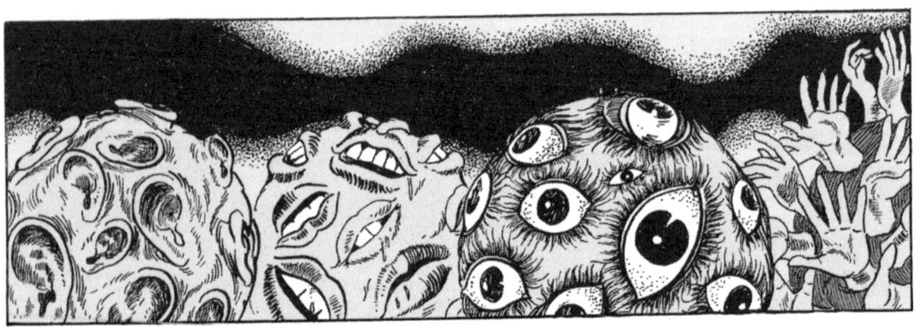

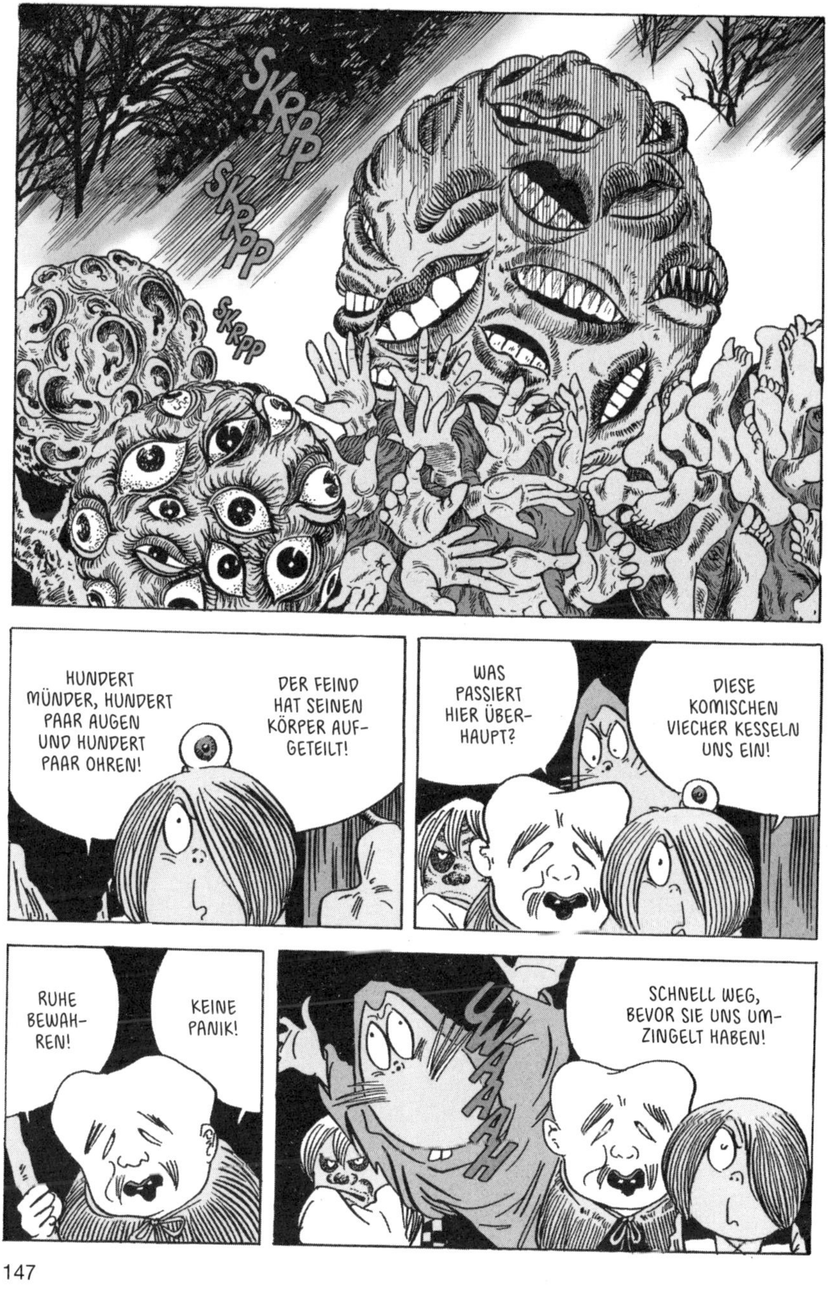

SKRPP
SKRPP
SKRPP

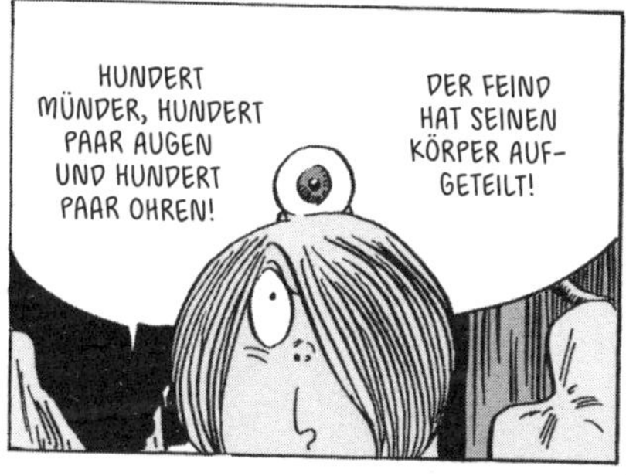
HUNDERT MÜNDER, HUNDERT PAAR AUGEN UND HUNDERT PAAR OHREN!
DER FEIND HAT SEINEN KÖRPER AUF-GETEILT!

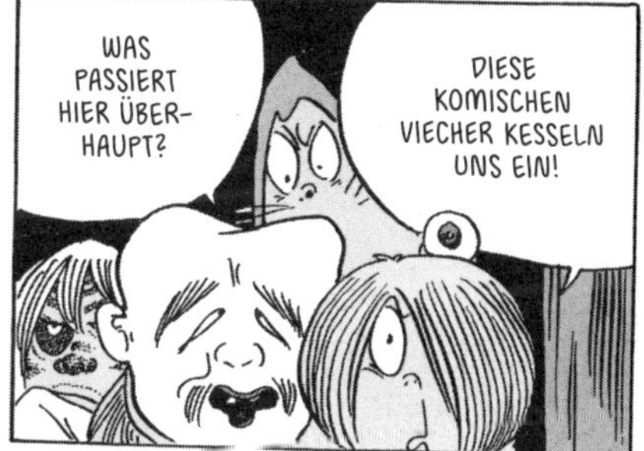
WAS PASSIERT HIER ÜBER-HAUPT?
DIESE KOMISCHEN VIECHER KESSELN UNS EIN!

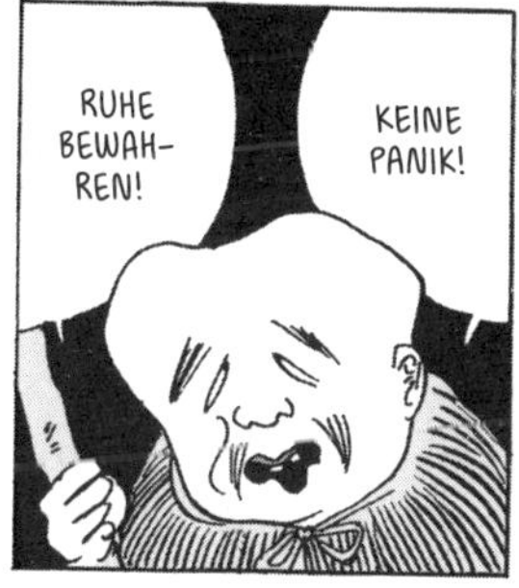
RUHE BEWAH-REN!
KEINE PANIK!

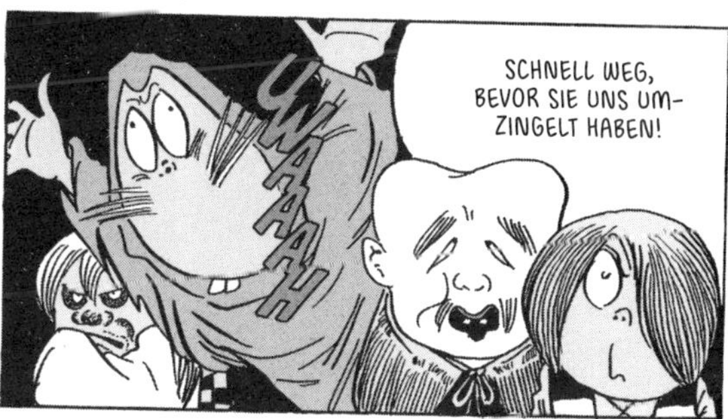
UWAAAAAH
SCHNELL WEG, BEVOR SIE UNS UM-ZINGELT HABEN!

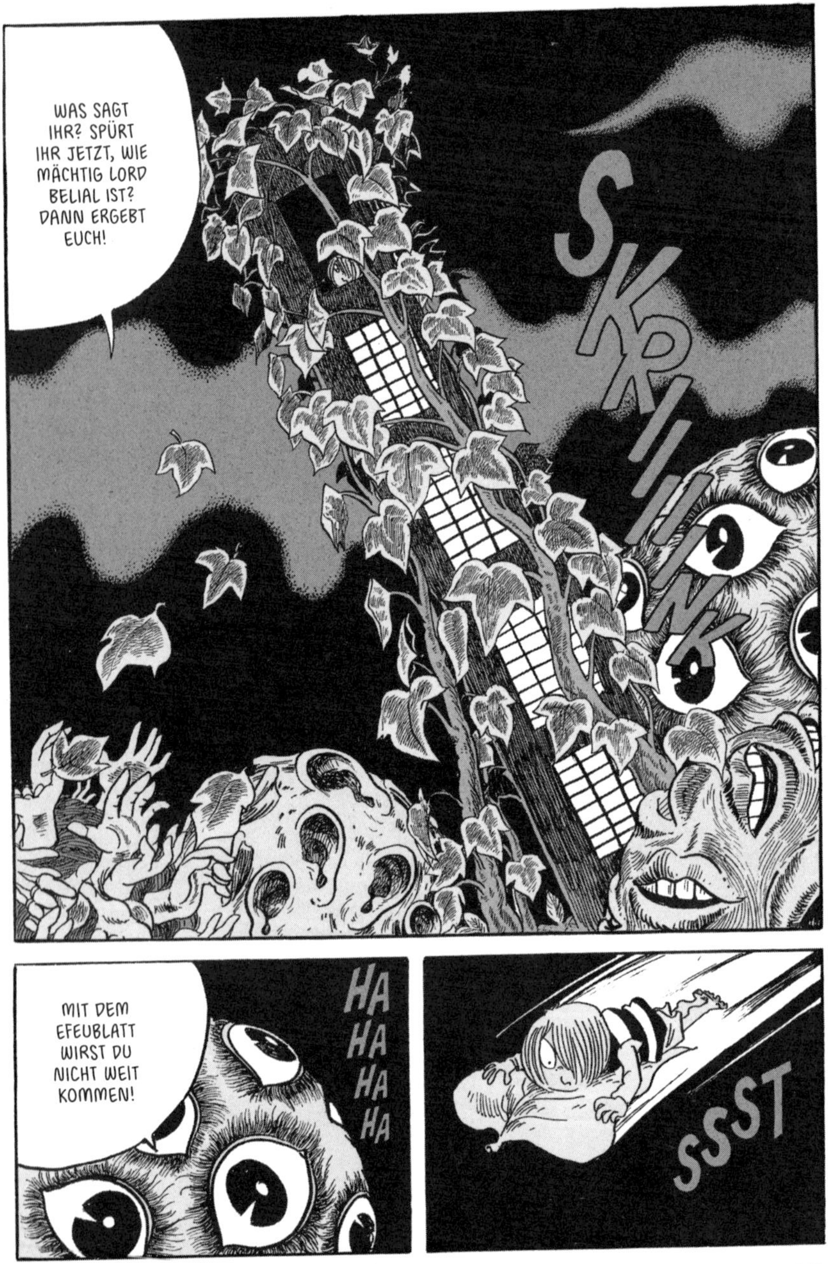

WAS SAGT IHR? SPÜRT IHR JETZT, WIE MÄCHTIG LORD BELIAL IST? DANN ERGEBT EUCH!
SKRIIIINK

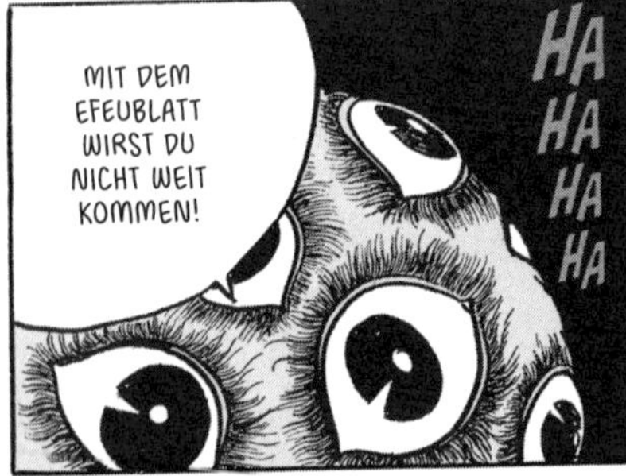
MIT DEM EFEUBLATT WIRST DU NICHT WEIT KOMMEN!
HA HA HA HA

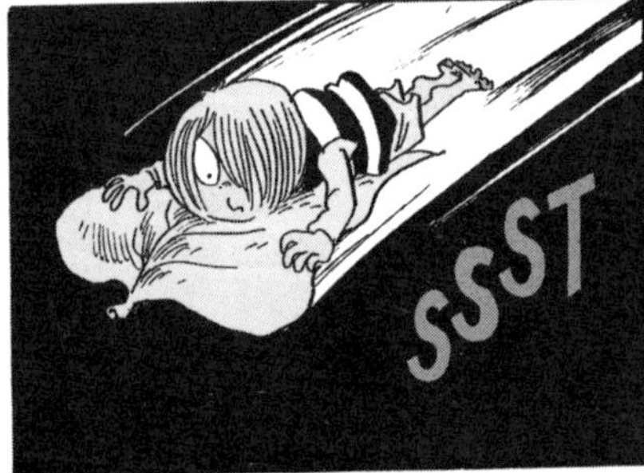
SSST

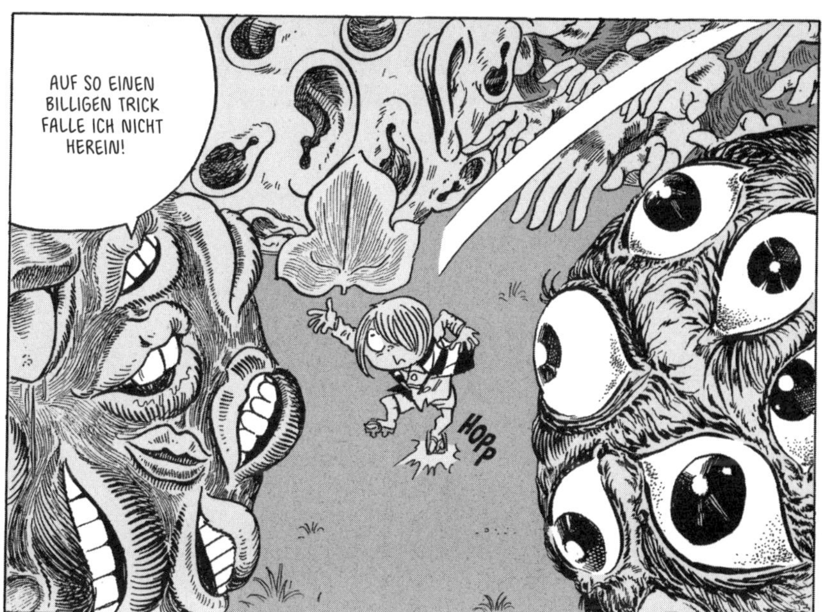
AUF SO EINEN BILLIGEN TRICK FALLE ICH NICHT HEREIN!
HOPP

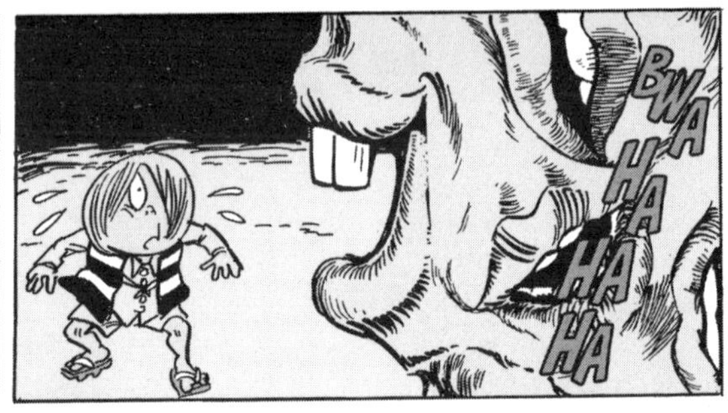
BWA HA HA HA HA

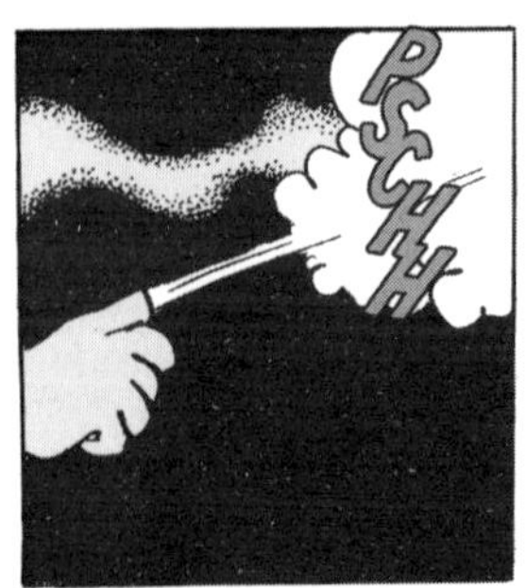
PSCHH

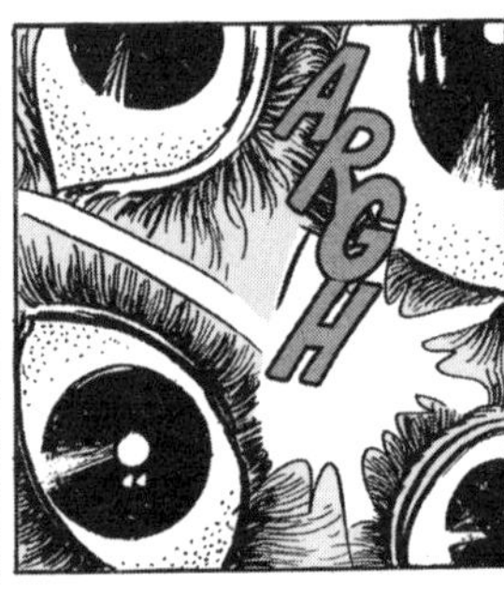
ARGH

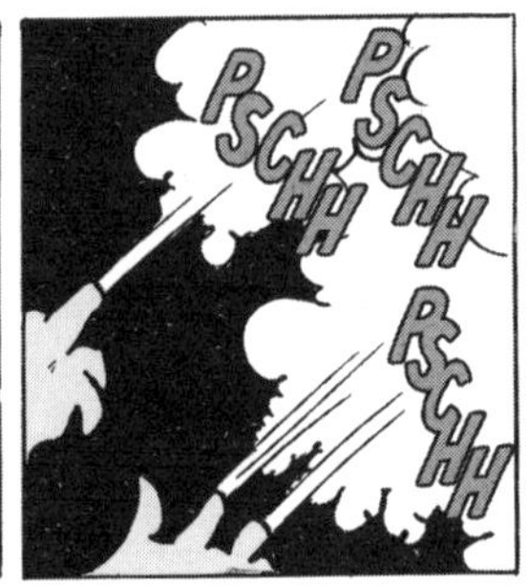
PSCHH
PSCHH
PSCHH

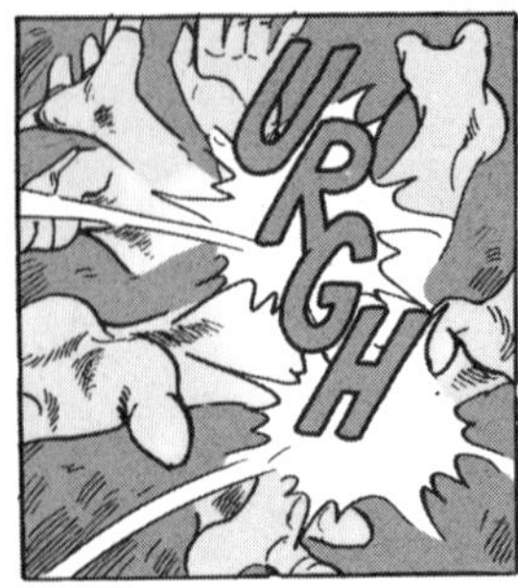
URGH

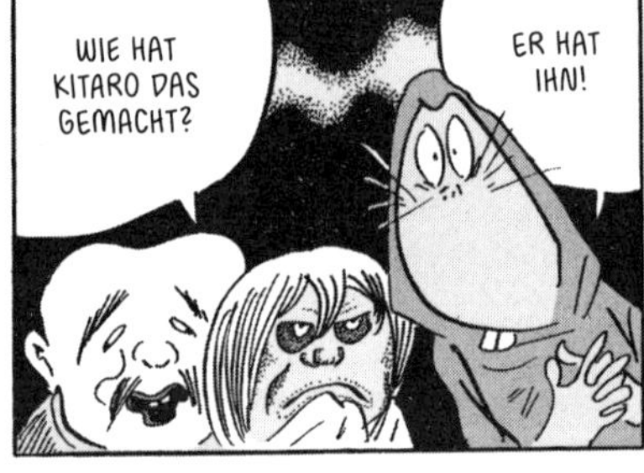
ER HAT IHN!
WIE HAT KITARO DAS GEMACHT?

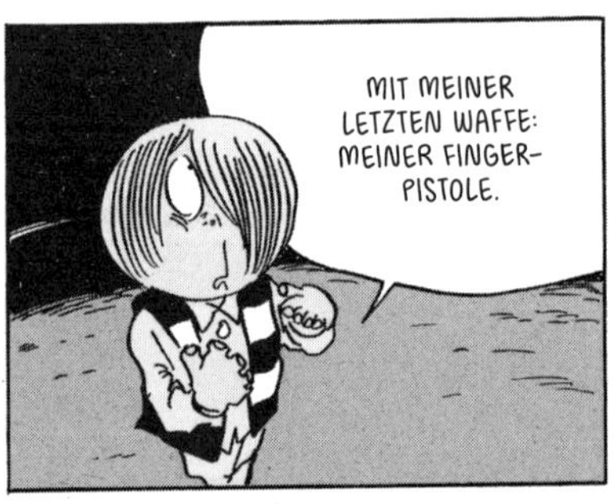
MIT MEINER LETZTEN WAFFE: MEINER FINGER-PISTOLE.

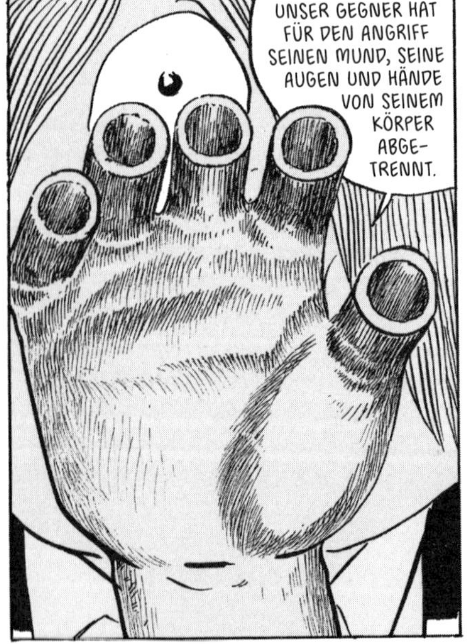
UNSER GEGNER HAT FÜR DEN ANGRIFF SEINEN MUND, SEINE AUGEN UND HÄNDE VON SEINEM KÖRPER ABGE-TRENNT.

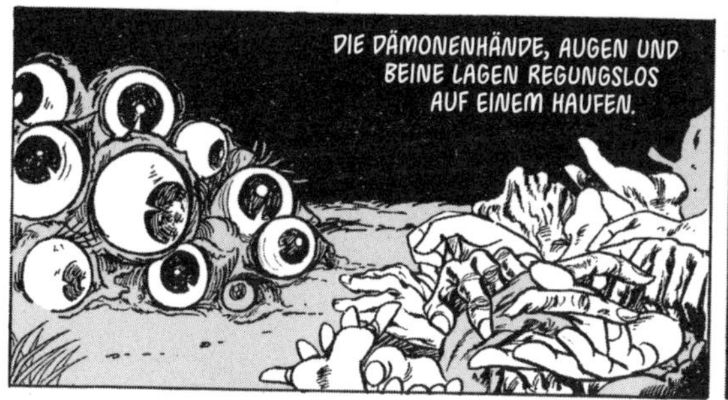
DIE DÄMONENHÄNDE, AUGEN UND BEINE LAGEN REGUNGSLOS AUF EINEM HAUFEN.

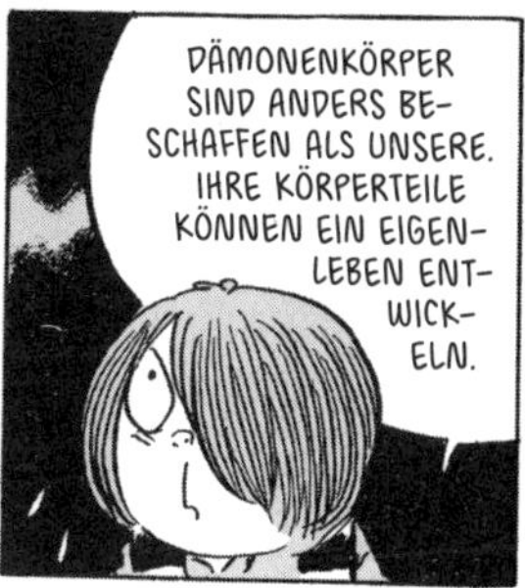
DÄMONENKÖRPER SIND ANDERS BESCHAFFEN ALS UNSERE. IHRE KÖRPERTEILE KÖNNEN EIN EIGENLEBEN ENTWICKELN.

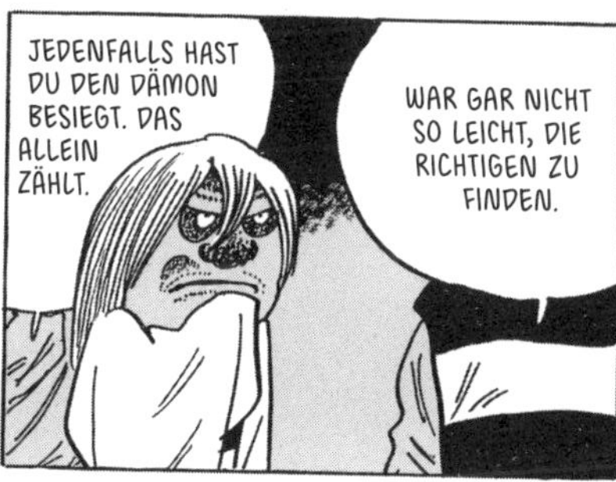
JEDENFALLS HAST DU DEN DÄMON BESIEGT. DAS ALLEIN ZÄHLT.
WAR GAR NICHT SO LEICHT, DIE RICHTIGEN ZU FINDEN.

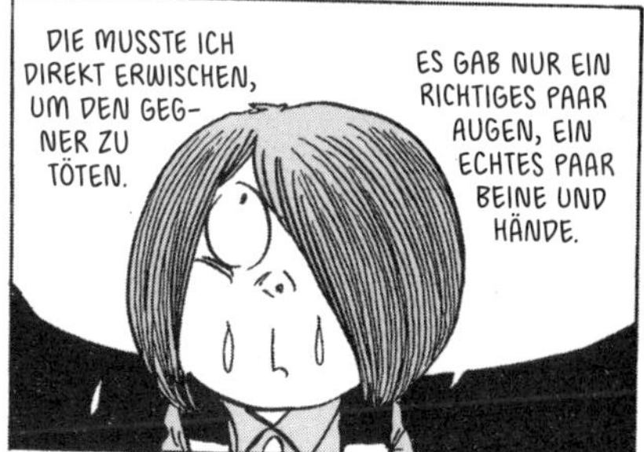
ES GAB NUR EIN RICHTIGES PAAR AUGEN, EIN ECHTES PAAR BEINE UND HÄNDE.
DIE MUSSTE ICH DIREKT ERWISCHEN, UM DEN GEGNER ZU TÖTEN.

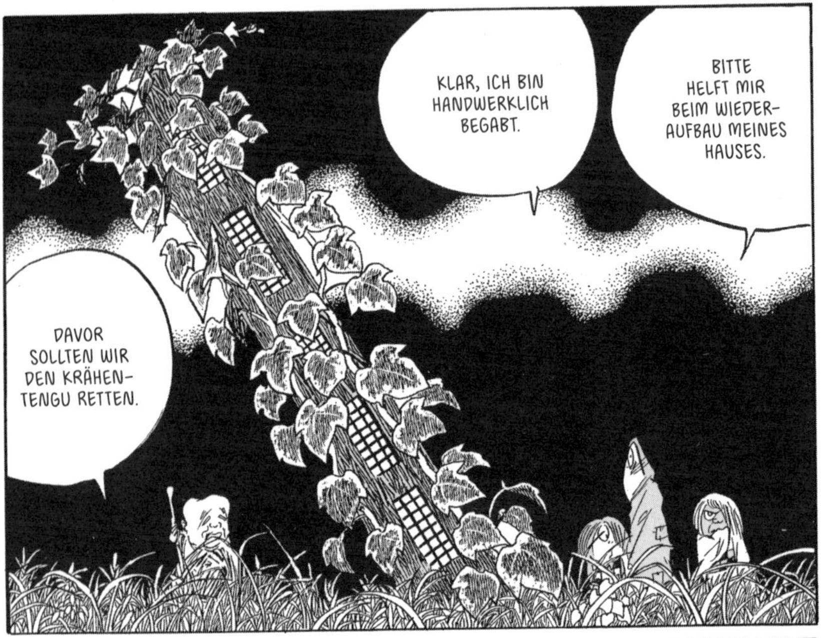

BITTE HELFT MIR BEIM WIEDER-AUFBAU MEINES HAUSES.

KLAR, ICH BIN HANDWERKLICH BEGABT.

DAVOR SOLLTEN WIR DEN KRÄHEN-TENGU RETTEN.

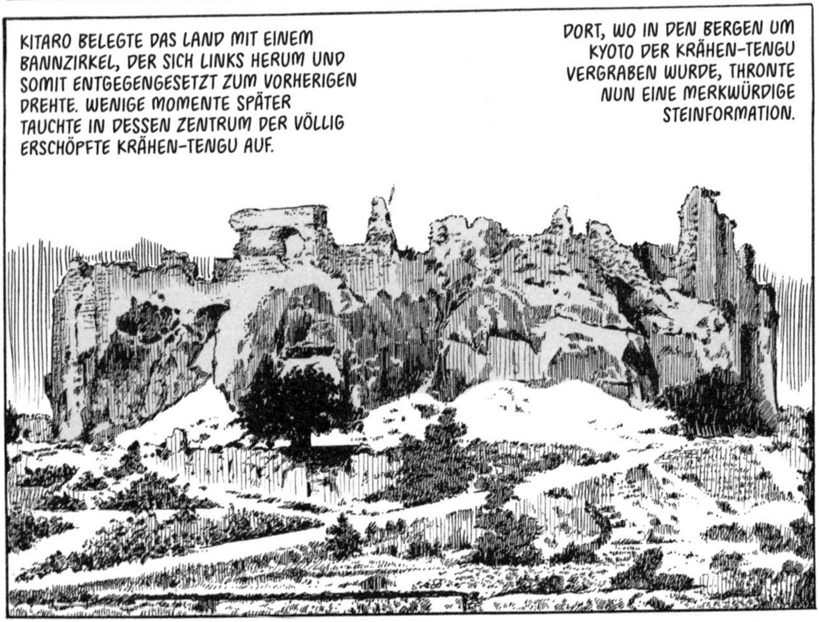

DORT, WO IN DEN BERGEN UM KYOTO DER KRÄHEN-TENGU VERGRABEN WURDE, THRONTE NUN EINE MERKWÜRDIGE STEINFORMATION.

KITARO BELEGTE DAS LAND MIT EINEM BANNZIRKEL, DER SICH LINKS HERUM UND SOMIT ENTGEGENGESETZT ZUM VORHERIGEN DREHTE. WENIGE MOMENTE SPÄTER TAUCHTE IN DESSEN ZENTRUM DER VÖLLIG ERSCHÖPFTE KRÄHEN-TENGU AUF.

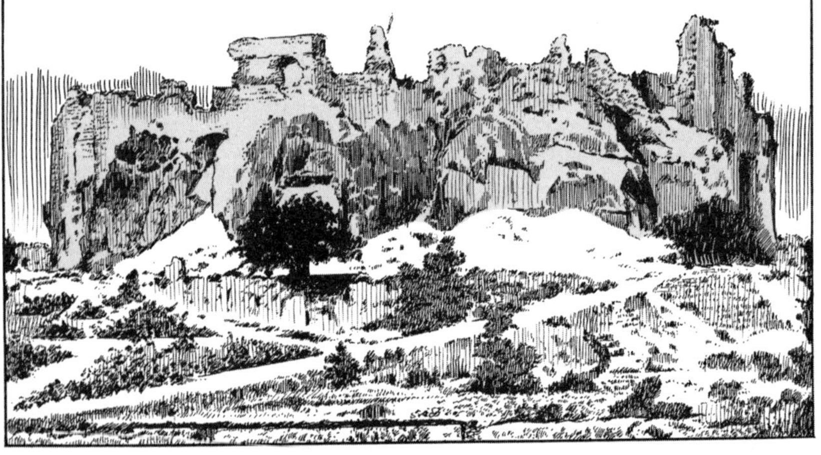

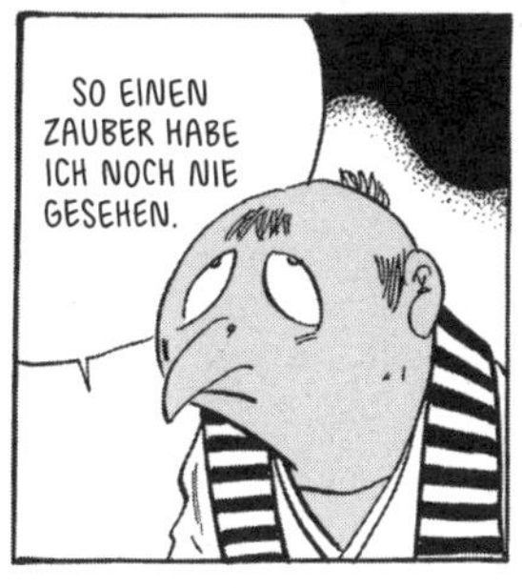

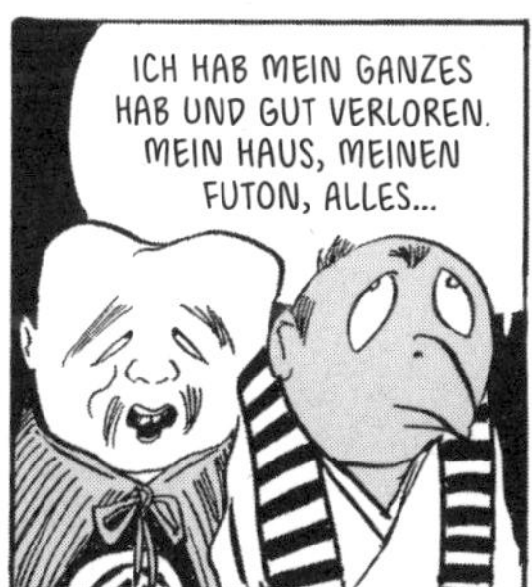

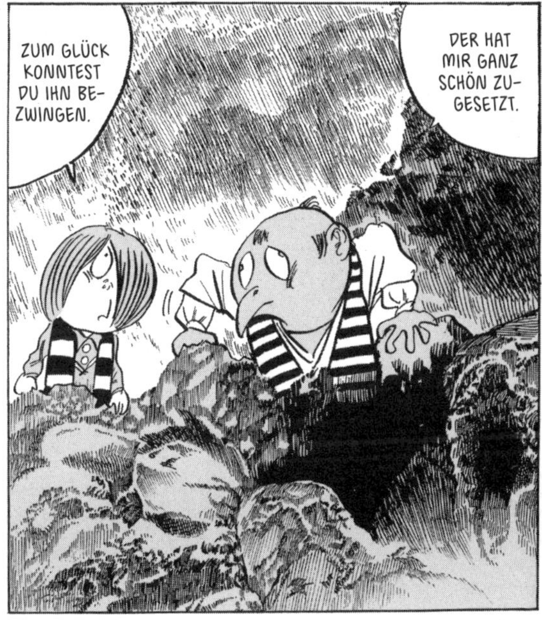

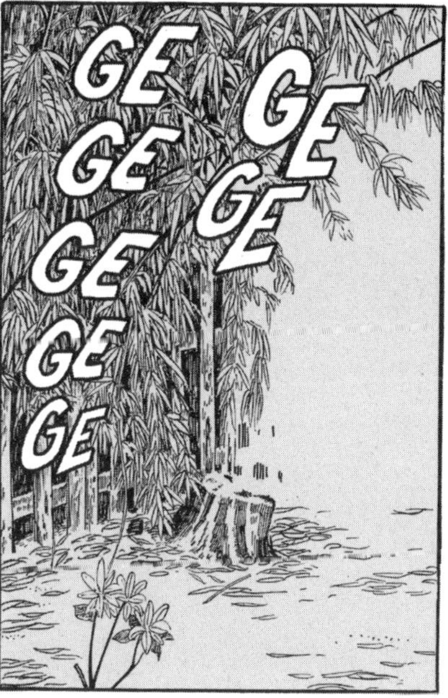

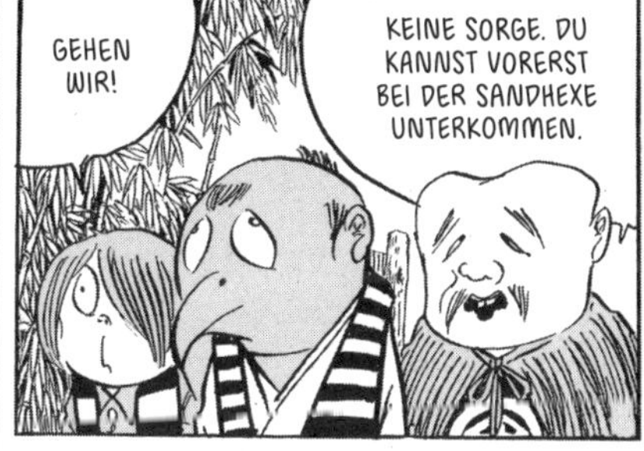

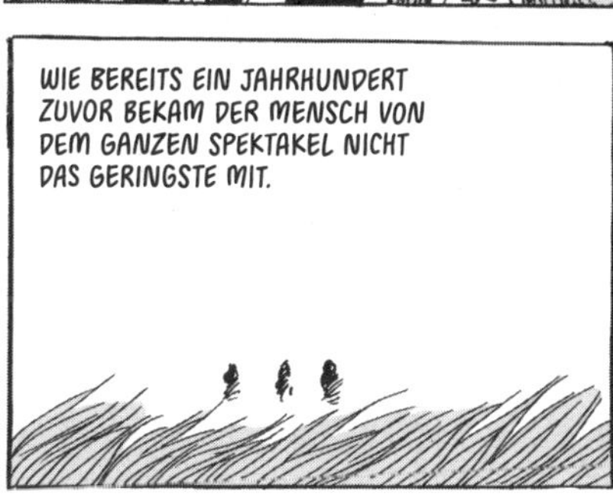

Der Dämon Belial – Ende

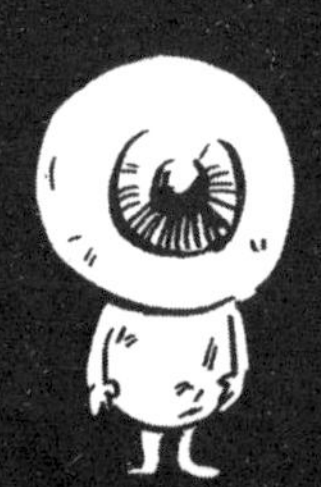

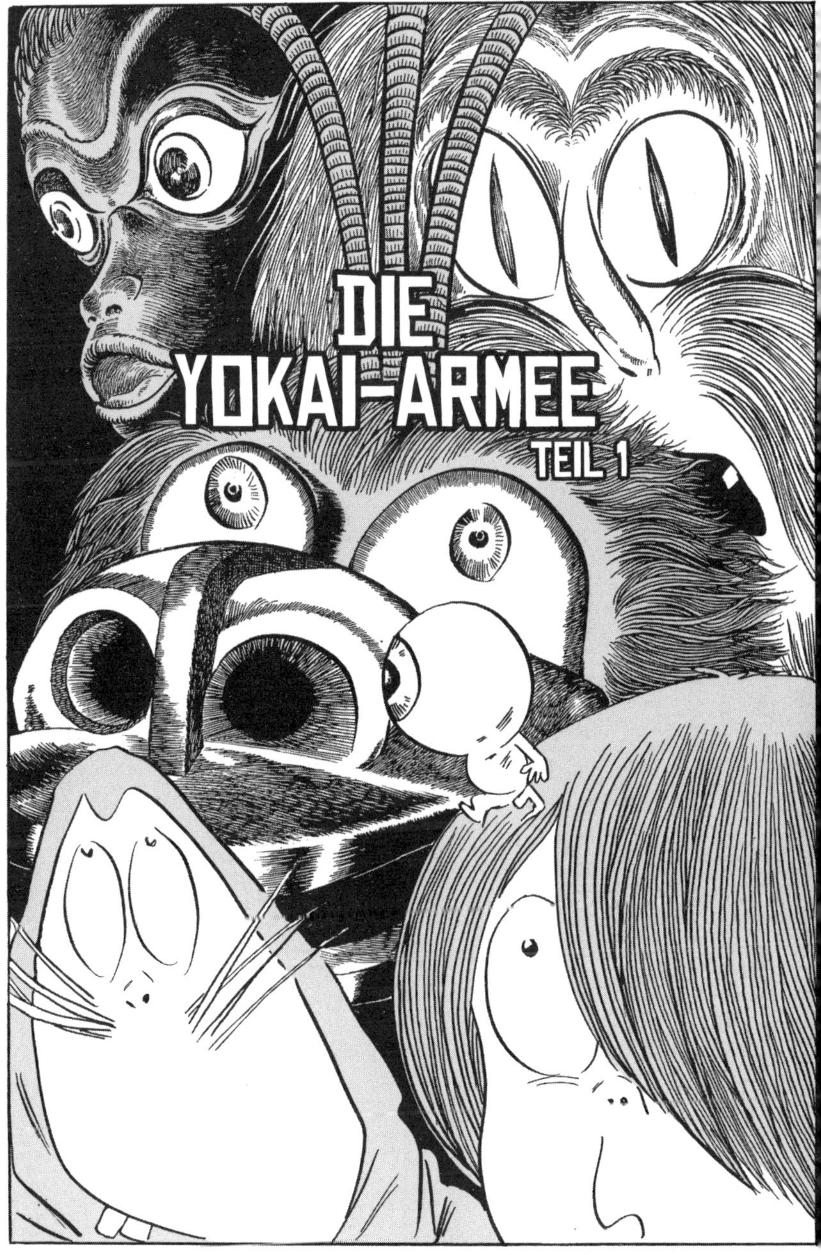
DIE
YOKAI-ARMEE
TEIL 1

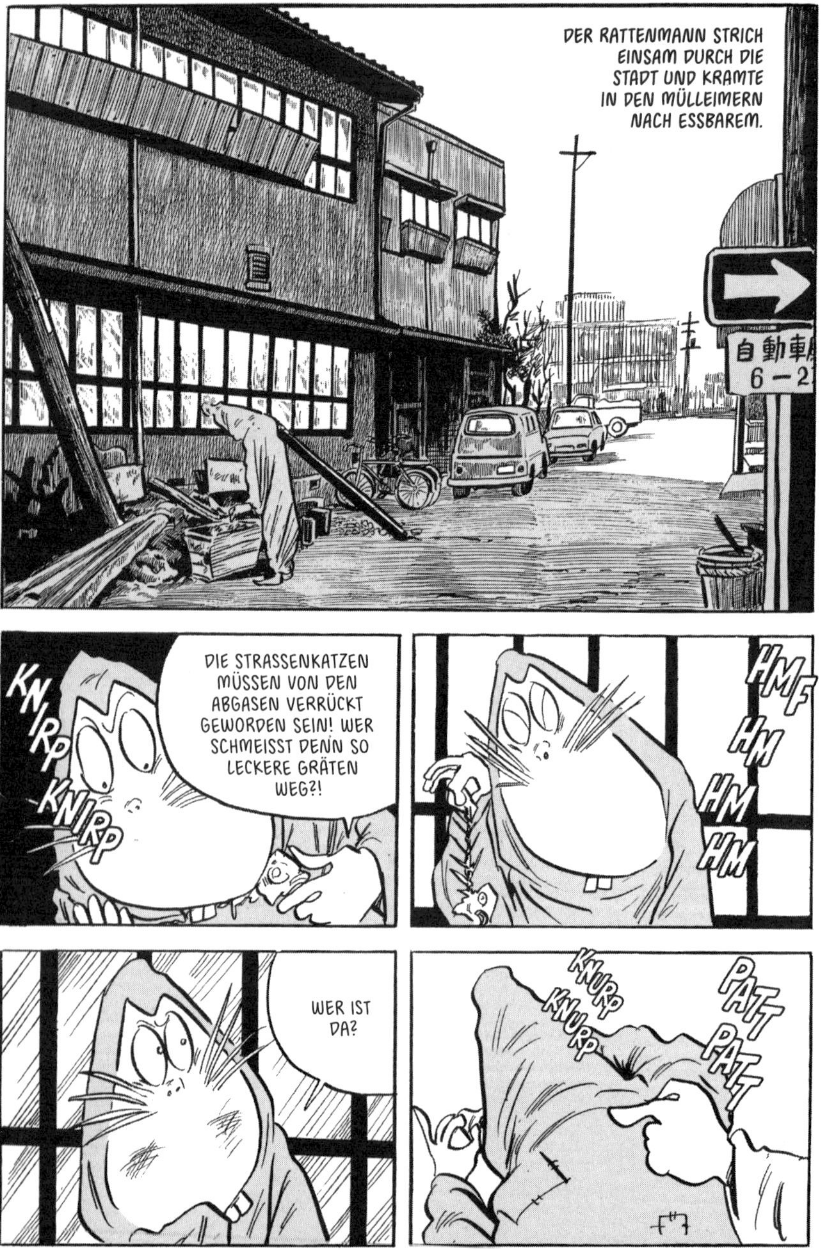

DER RATTENMANN STRICH EINSAM DURCH DIE STADT UND KRAMTE IN DEN MÜLLEIMERN NACH ESSBAREM.

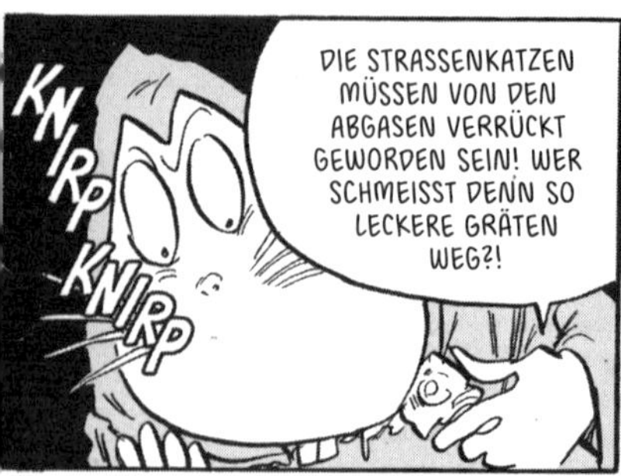

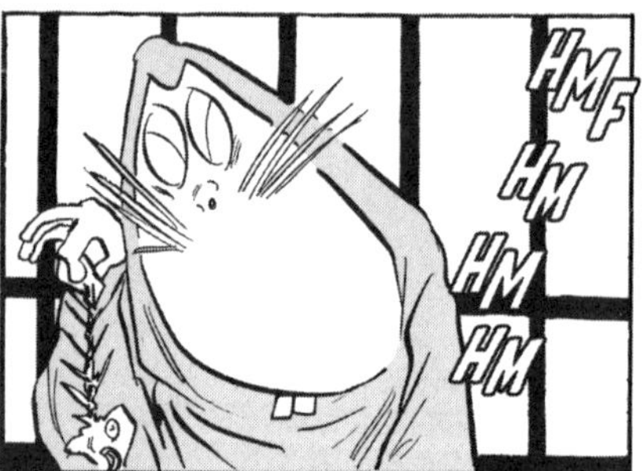

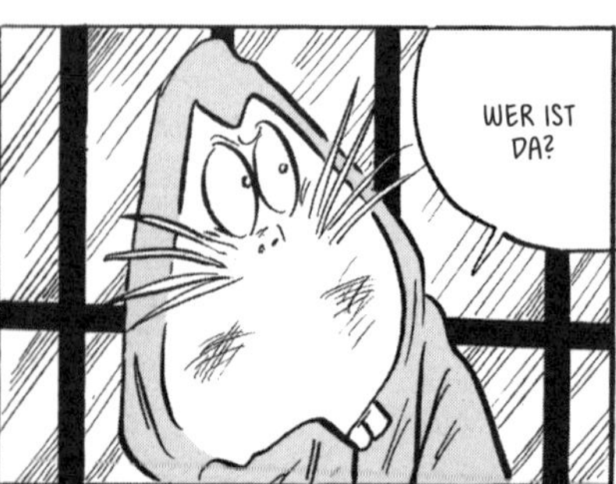

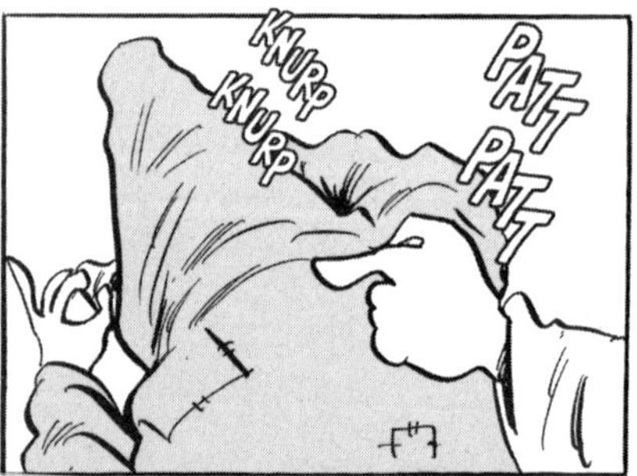

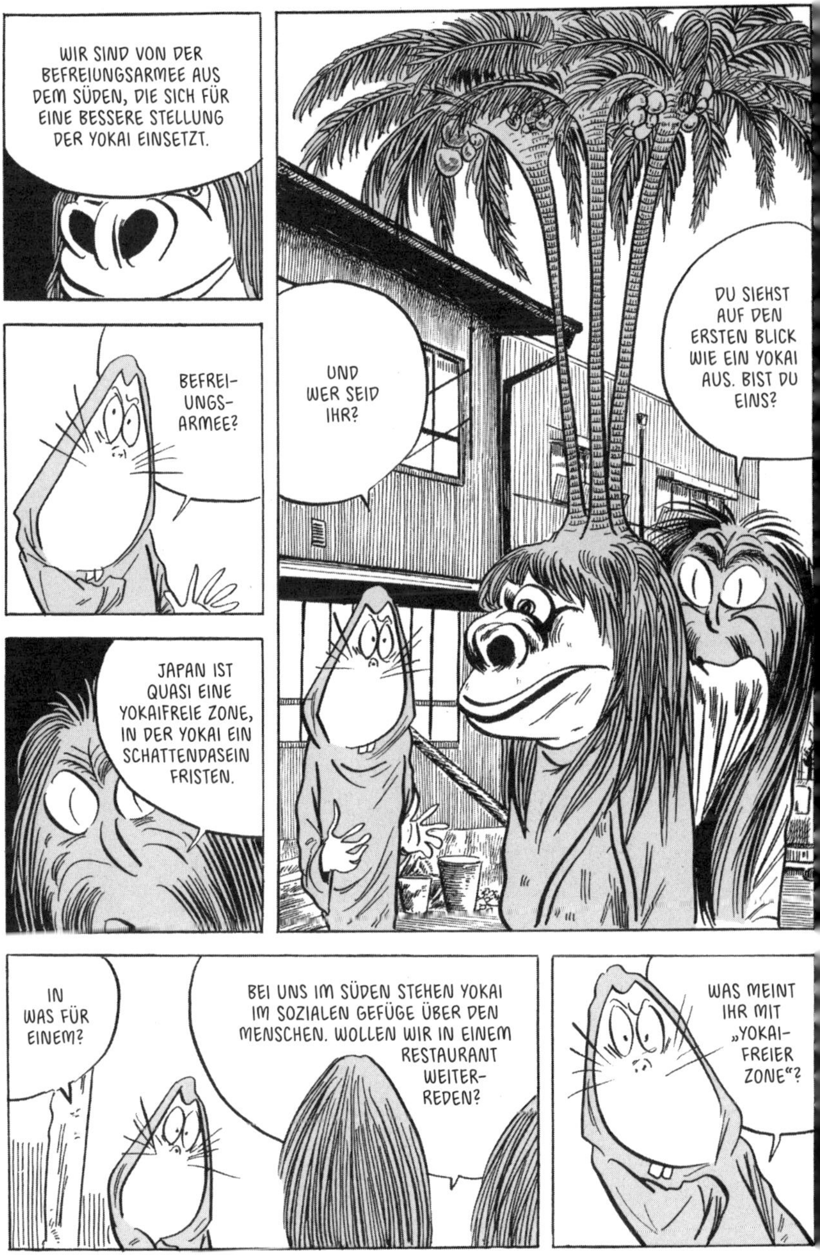

DU SIEHST AUF DEN ERSTEN BLICK WIE EIN YOKAI AUS. BIST DU EINS?

UND WER SEID IHR?

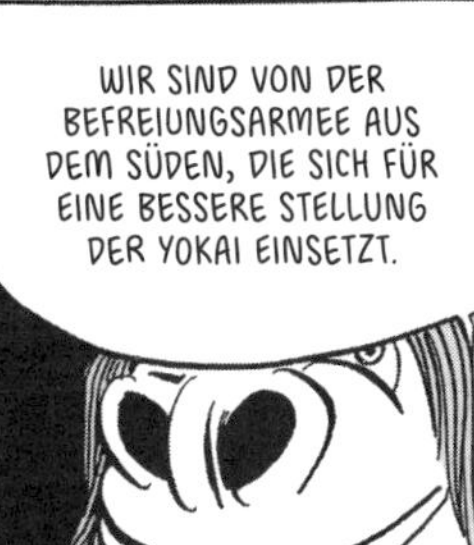

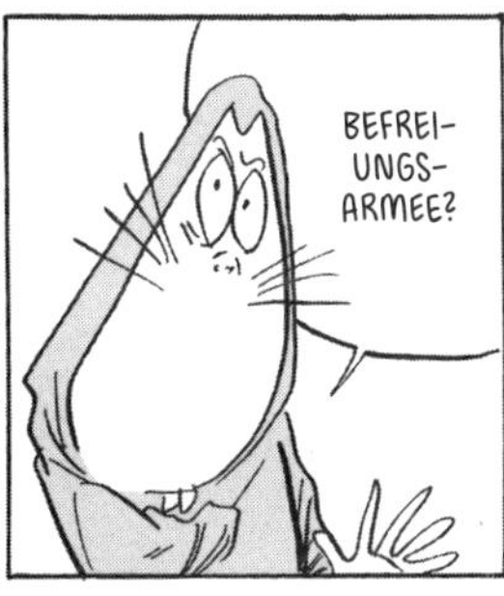

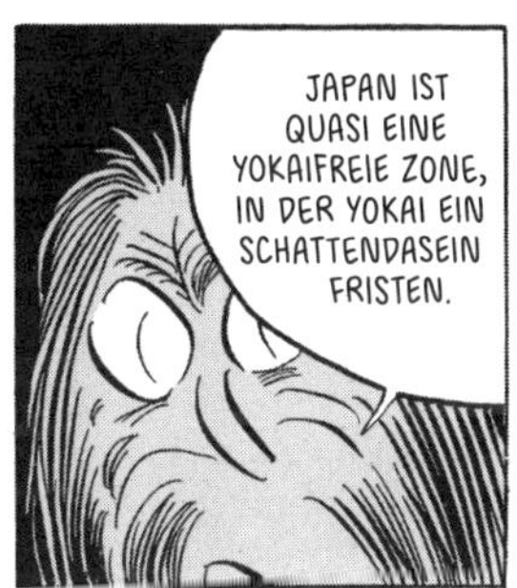

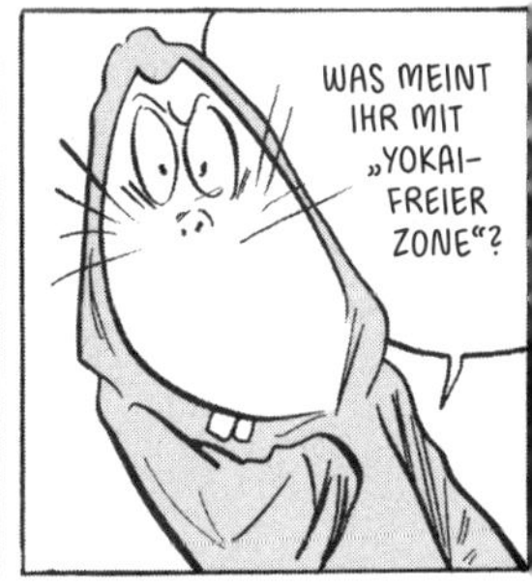

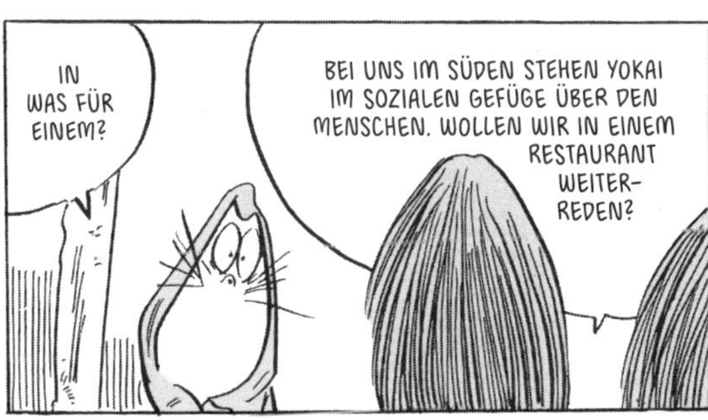

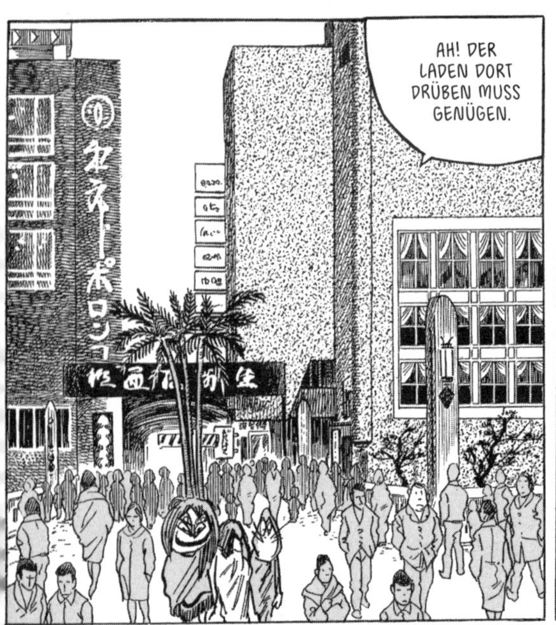
AH! DER LADEN DORT DRÜBEN MUSS GENÜGEN.

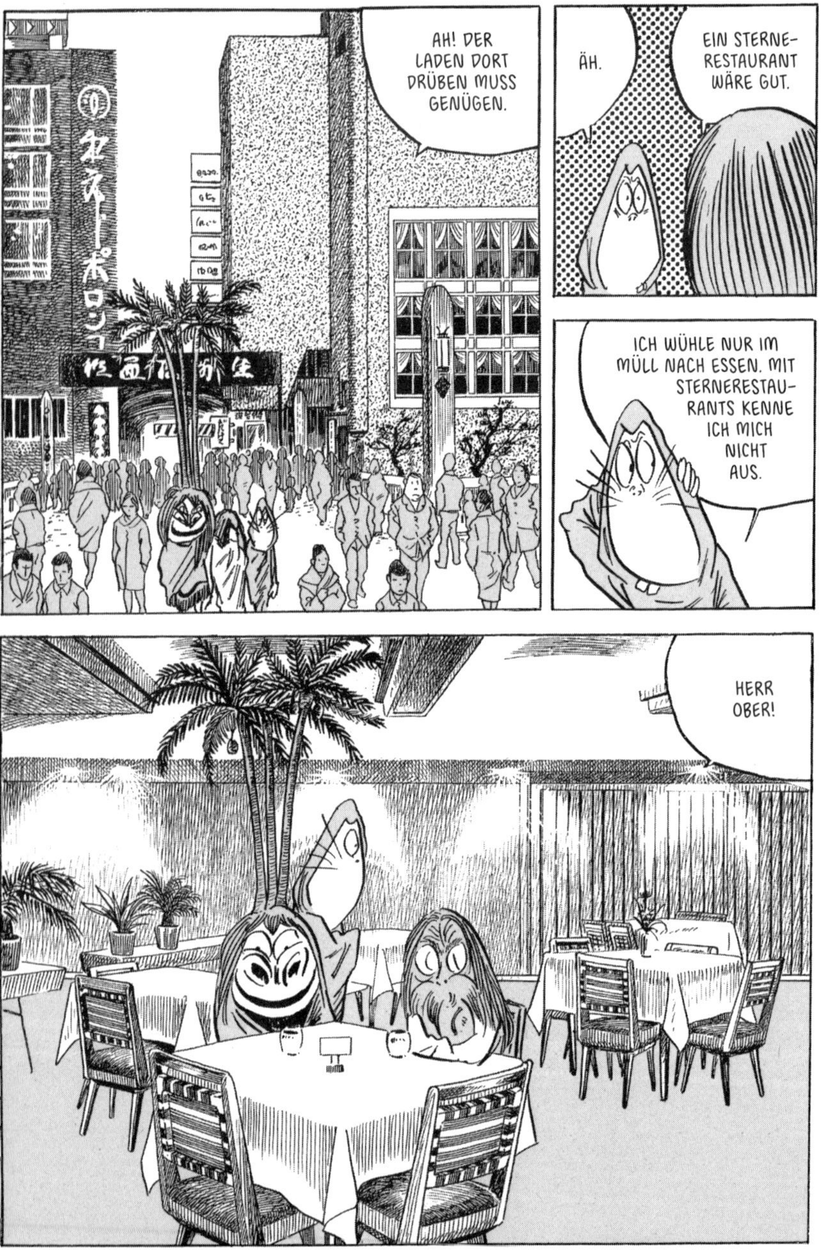

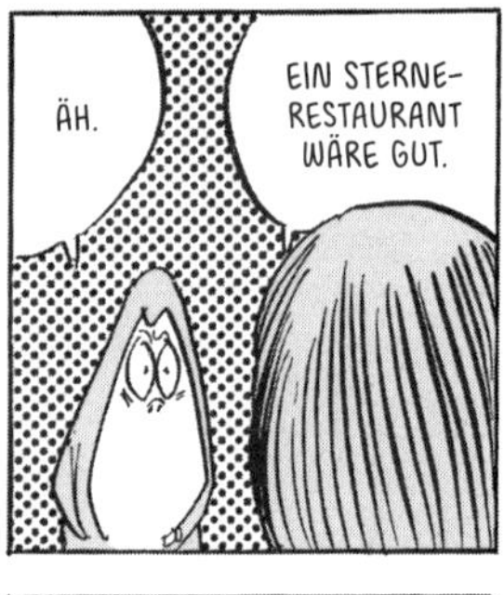
ÄH.
EIN STERNE-RESTAURANT WÄRE GUT.

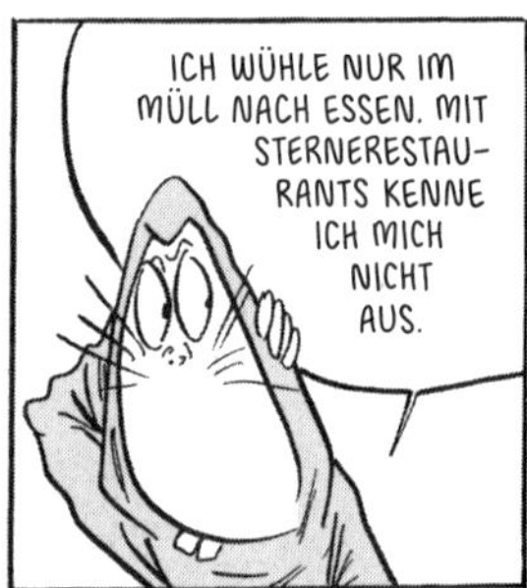
ICH WÜHLE NUR IM MÜLL NACH ESSEN. MIT STERNERESTAU-RANTS KENNE ICH MICH NICHT AUS.

HERR OBER!

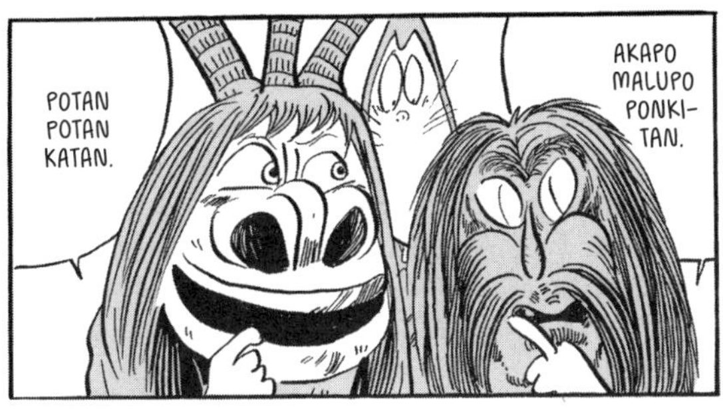
AKAPO MALUPO PONKI-TAN.
POTAN POTAN KATAN.
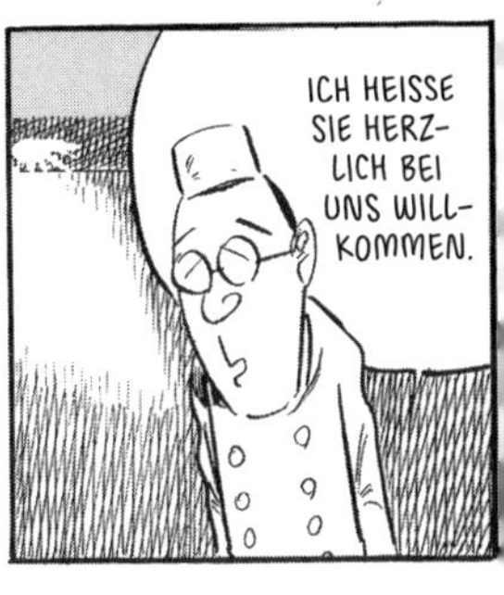
ICH HEISSE SIE HERZ-LICH BEI UNS WILL-KOMMEN.
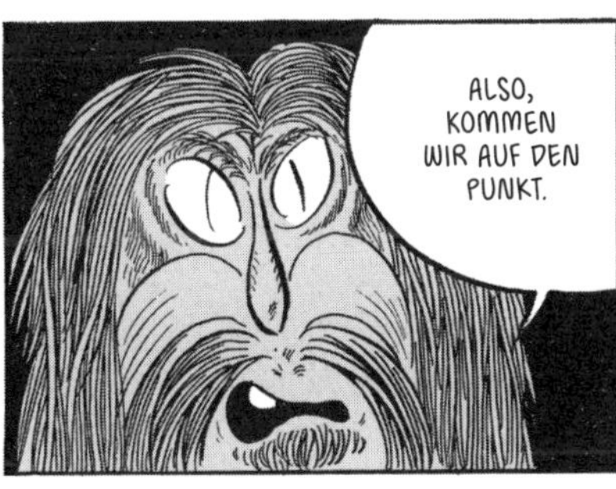
ALSO, KOMMEN WIR AUF DEN PUNKT.
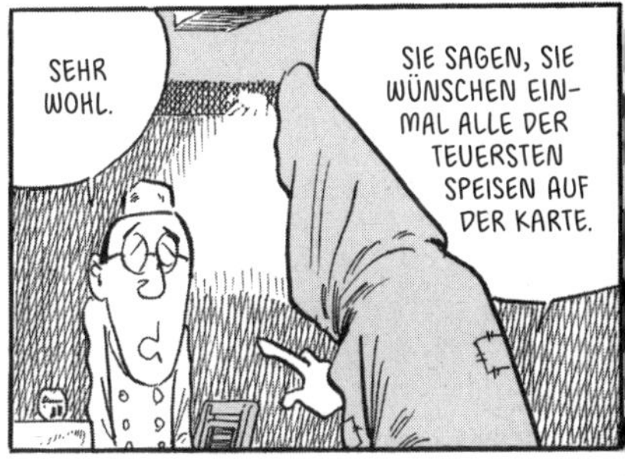
SIE SAGEN, SIE WÜNSCHEN EIN-MAL ALLE DER TEUERSTEN SPEISEN AUF DER KARTE.
SEHR WOHL.
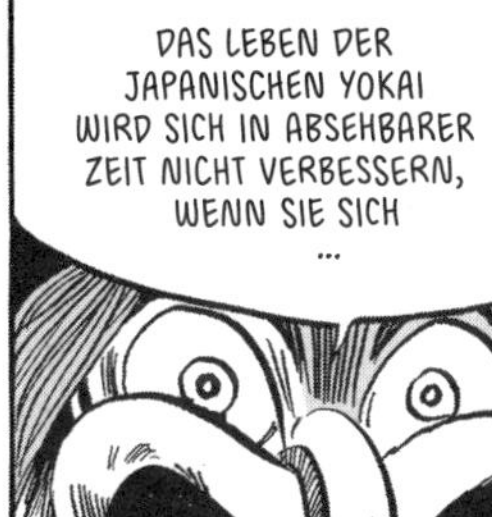
DAS LEBEN DER JAPANISCHEN YOKAI WIRD SICH IN ABSEHBARER ZEIT NICHT VERBESSERN, WENN SIE SICH ...
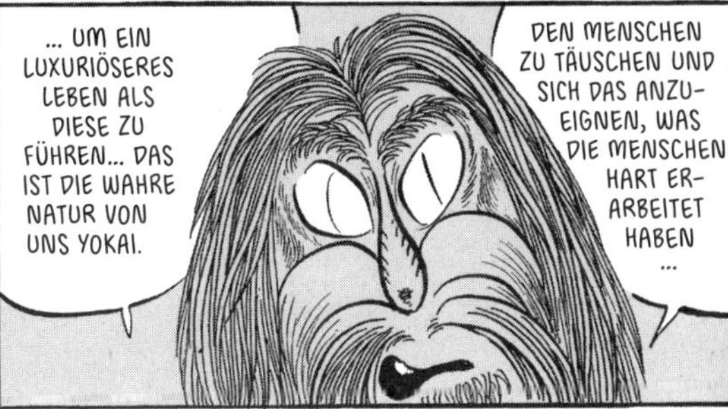
DEN MENSCHEN ZU TÄUSCHEN UND SICH DAS ANZU-EIGNEN, WAS DIE MENSCHEN HART ER-ARBEITET HABEN ...
... UM EIN LUXURIÖSERES LEBEN ALS DIESE ZU FÜHREN... DAS IST DIE WAHRE NATUR VON UNS YOKAI.
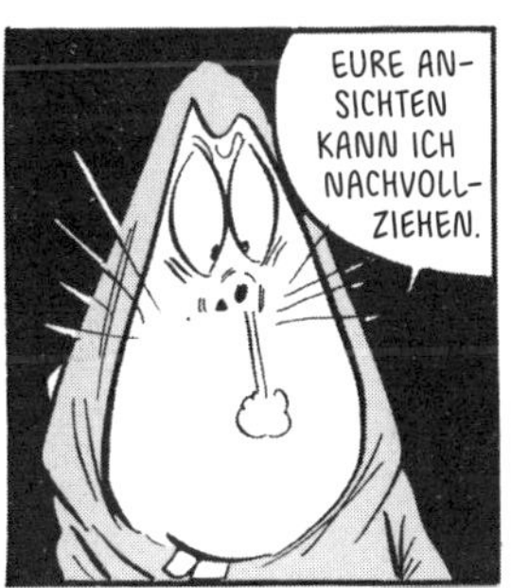
EURE AN-SICHTEN KANN ICH NACHVOLL-ZIEHEN.
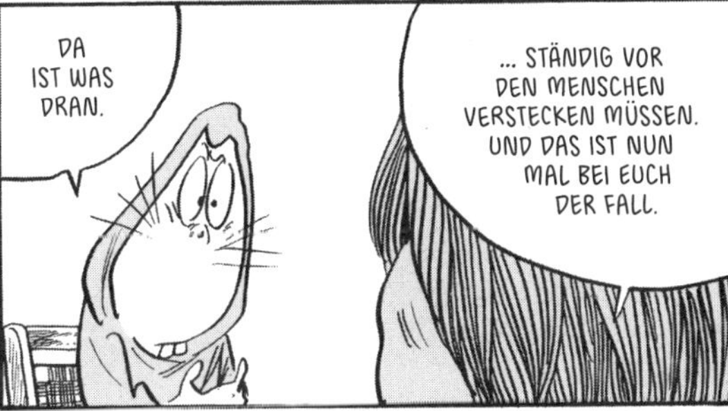
... STÄNDIG VOR DEN MENSCHEN VERSTECKEN MÜSSEN. UND DAS IST NUN MAL BEI EUCH DER FALL.
DA IST WAS DRAN.

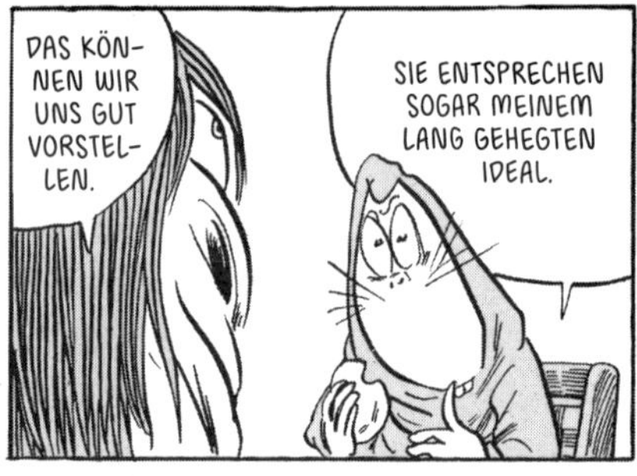
SIE ENTSPRECHEN SOGAR MEINEM LANG GEHEGTEN IDEAL.
DAS KÖNNEN WIR UNS GUT VORSTELLEN.

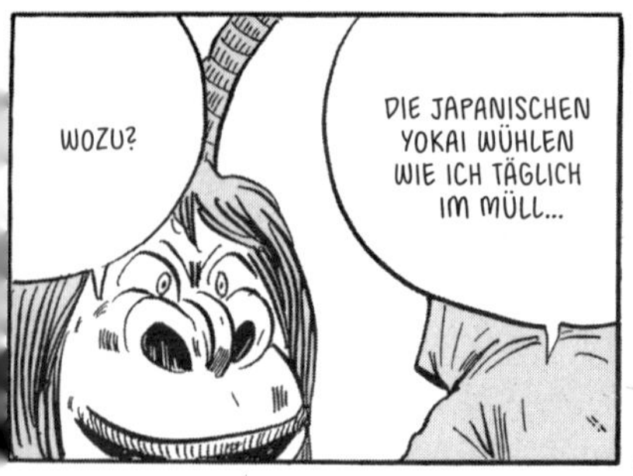
DIE JAPANISCHEN YOKAI WÜHLEN WIE ICH TÄGLICH IM MÜLL...
WOZU?

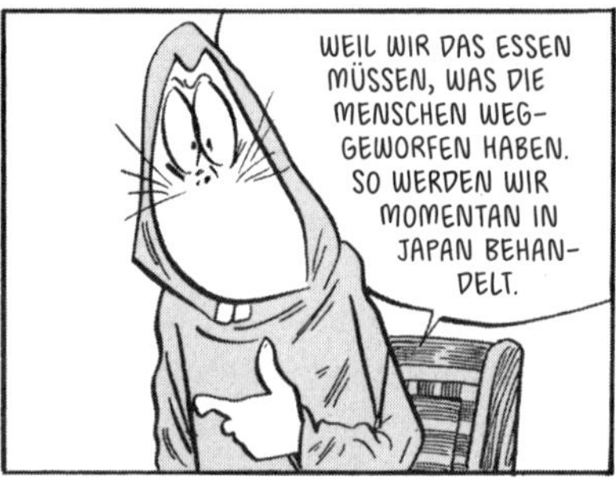
WEIL WIR DAS ESSEN MÜSSEN, WAS DIE MENSCHEN WEGGEWORFEN HABEN. SO WERDEN WIR MOMENTAN IN JAPAN BEHANDELT.

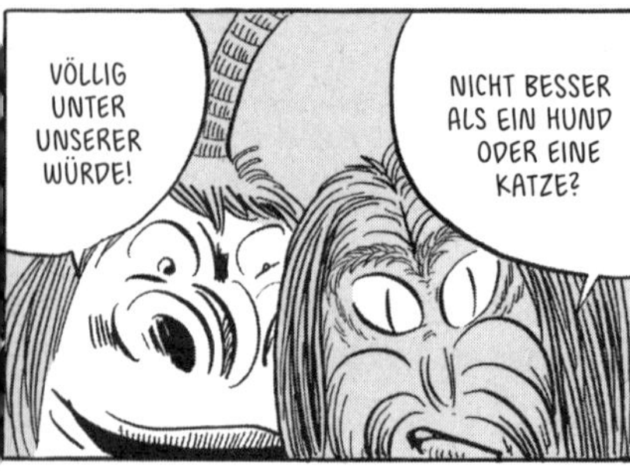
NICHT BESSER ALS EIN HUND ODER EINE KATZE?
VÖLLIG UNTER UNSERER WÜRDE!

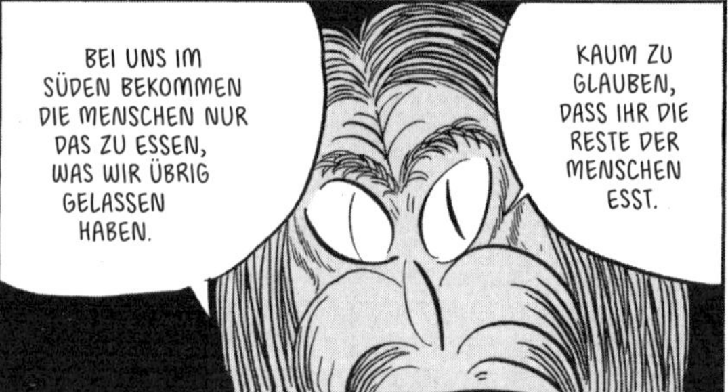
KAUM ZU GLAUBEN, DASS IHR DIE RESTE DER MENSCHEN ESST.
BEI UNS IM SÜDEN BEKOMMEN DIE MENSCHEN NUR DAS ZU ESSEN, WAS WIR ÜBRIG GELASSEN HABEN.

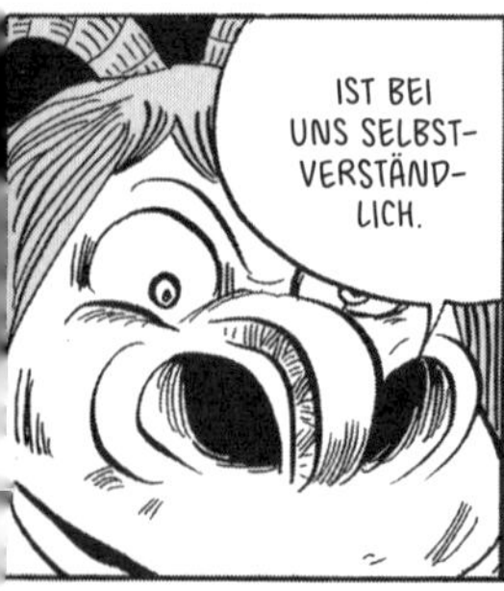
IST BEI UNS SELBSTVERSTÄNDLICH.

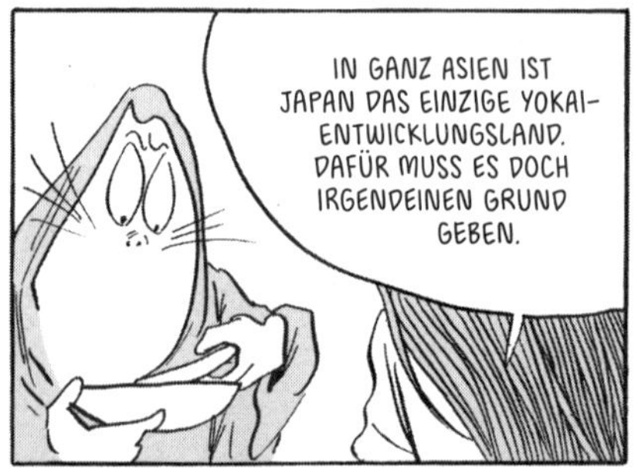
IN GANZ ASIEN IST JAPAN DAS EINZIGE YOKAI-ENTWICKLUNGSLAND. DAFÜR MUSS ES DOCH IRGENDEINEN GRUND GEBEN.

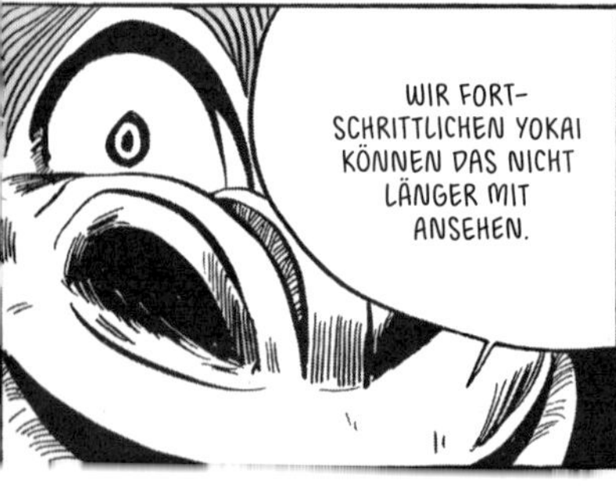
WIR FORTSCHRITTLICHEN YOKAI KÖNNEN DAS NICHT LÄNGER MIT ANSEHEN.

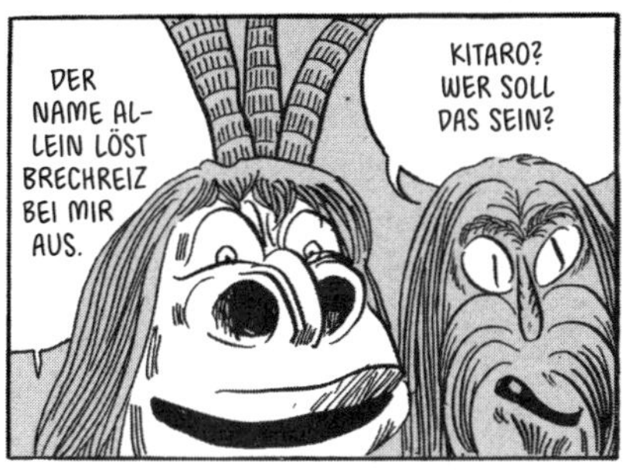
KITARO? WER SOLL DAS SEIN?
DER NAME ALLEIN LÖST BRECHREIZ BEI MIR AUS.

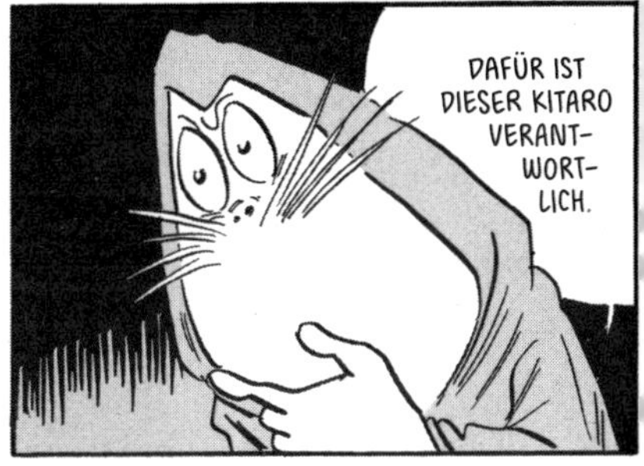
DAFÜR IST DIESER KITARO VERANTWORTLICH.

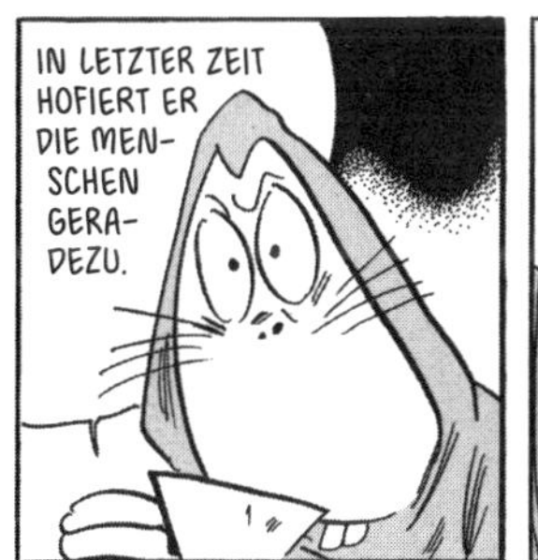
IN LETZTER ZEIT HOFIERT ER DIE MENSCHEN GERADEZU.

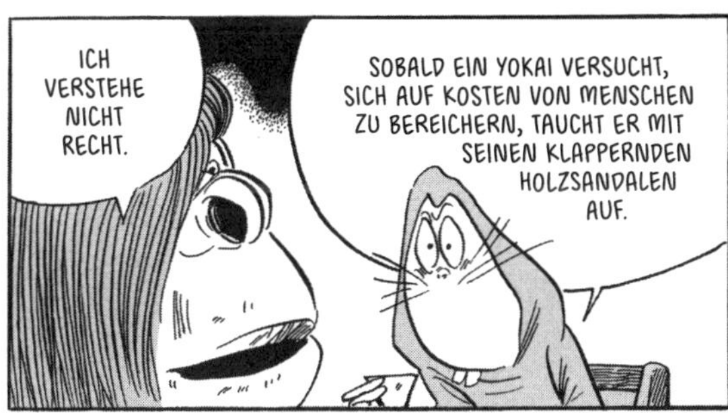
SOBALD EIN YOKAI VERSUCHT, SICH AUF KOSTEN VON MENSCHEN ZU BEREICHERN, TAUCHT ER MIT SEINEN KLAPPERNDEN HOLZSANDALEN AUF.
ICH VERSTEHE NICHT RECHT.

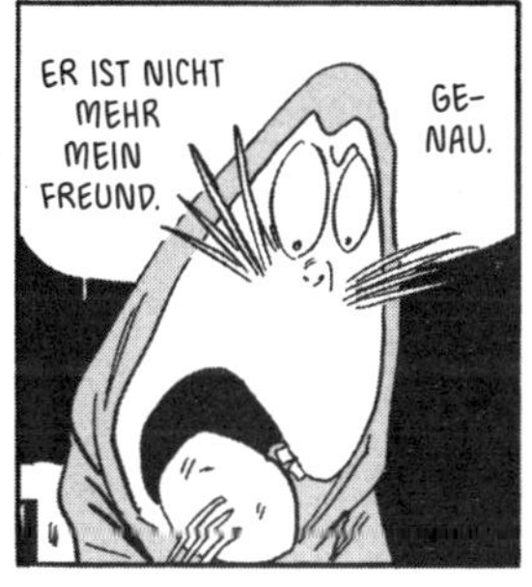
GENAU.
ER IST NICHT MEHR MEIN FREUND.

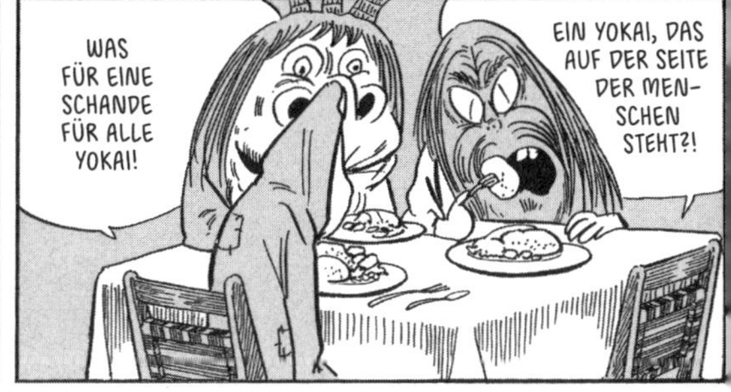
EIN YOKAI, DAS AUF DER SEITE DER MENSCHEN STEHT?!
WAS FÜR EINE SCHANDE FÜR ALLE YOKAI!

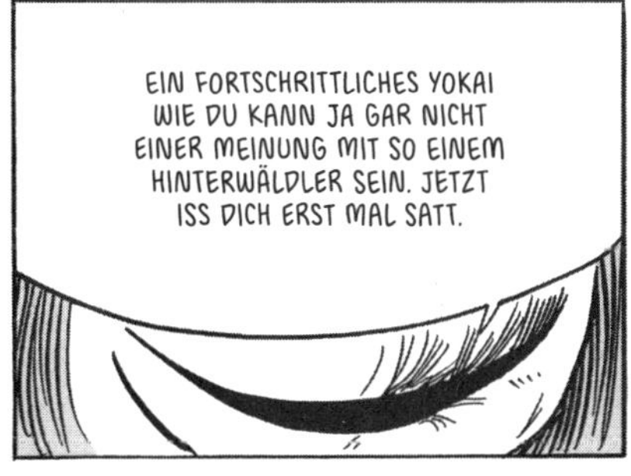
EIN FORTSCHRITTLICHES YOKAI WIE DU KANN JA GAR NICHT EINER MEINUNG MIT SO EINEM HINTERWÄLDLER SEIN. JETZT ISS DICH ERST MAL SATT.

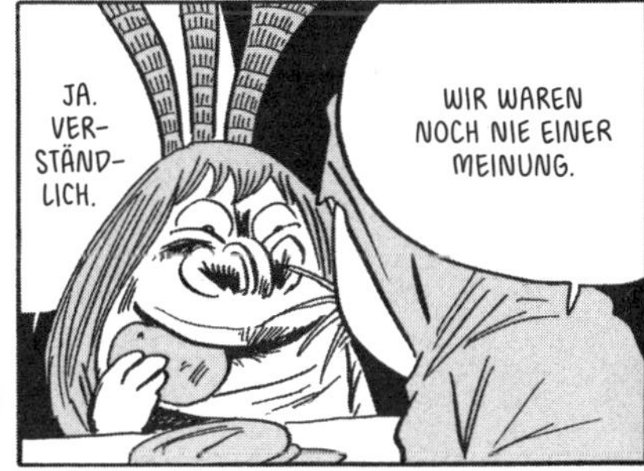
WIR WAREN NOCH NIE EINER MEINUNG.
JA. VERSTÄNDLICH.

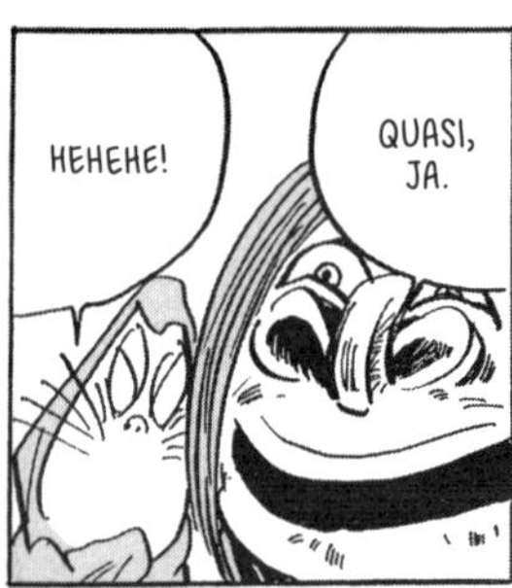
HEHEHE!
QUASI, JA.

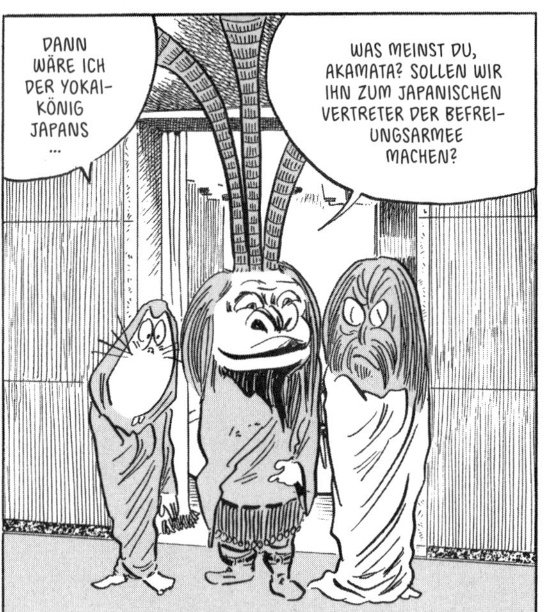
DANN WÄRE ICH DER YOKAI-KÖNIG JAPANS …
WAS MEINST DU, AKAMATA? SOLLEN WIR IHN ZUM JAPANISCHEN VERTRETER DER BEFREI-UNGSARMEE MACHEN?

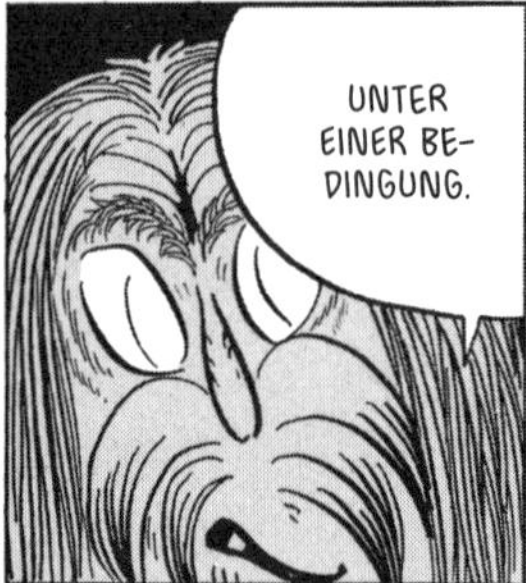
UNTER EINER BE-DINGUNG.

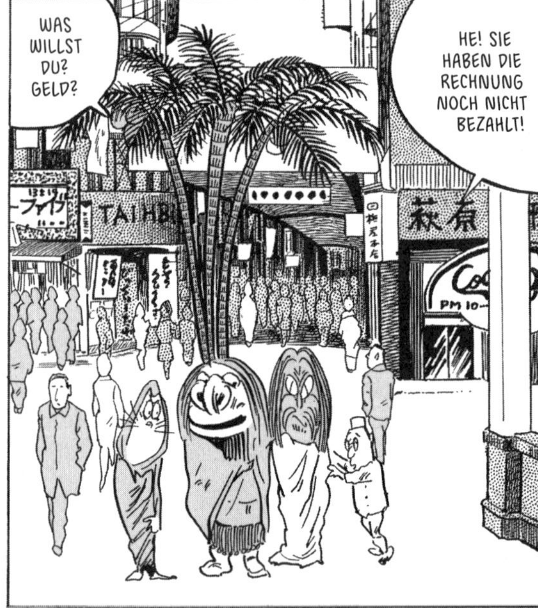
HE! SIE HABEN DIE RECHNUNG NOCH NICHT BEZAHLT!
WAS WILLST DU? GELD?
TAIHB
PM 10–

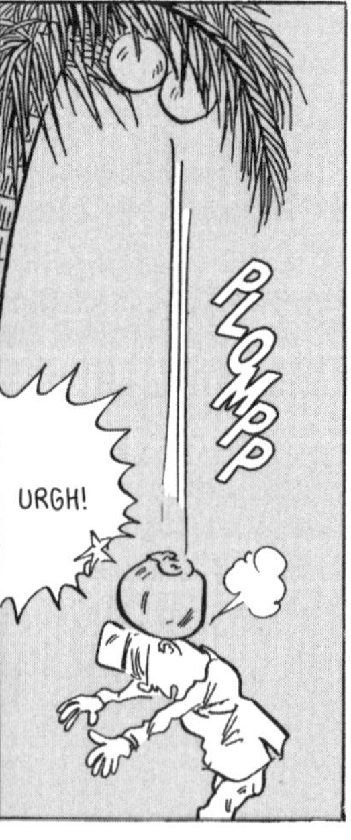
PLOMPP
URGH!

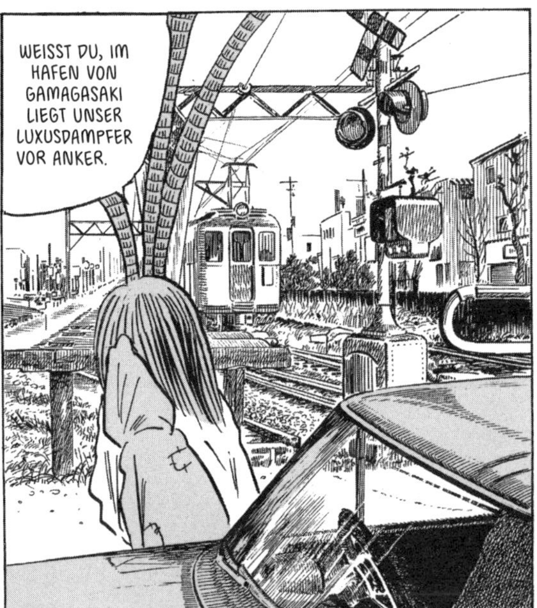

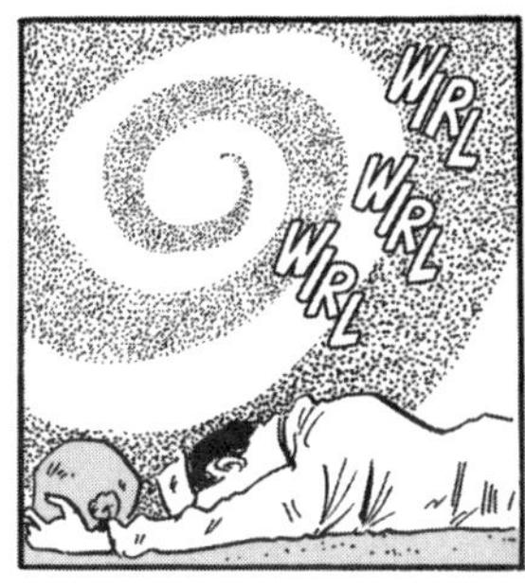

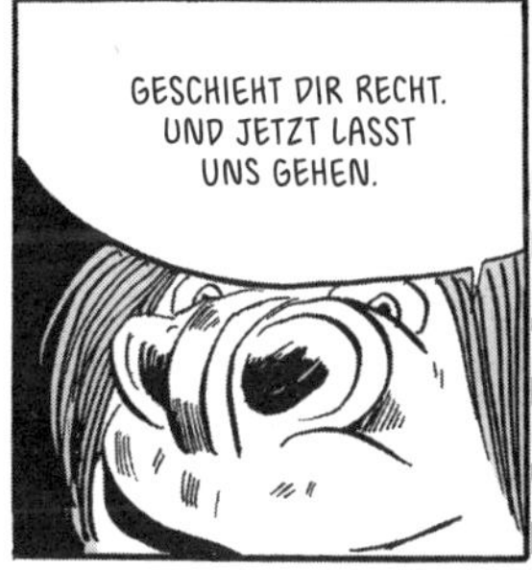

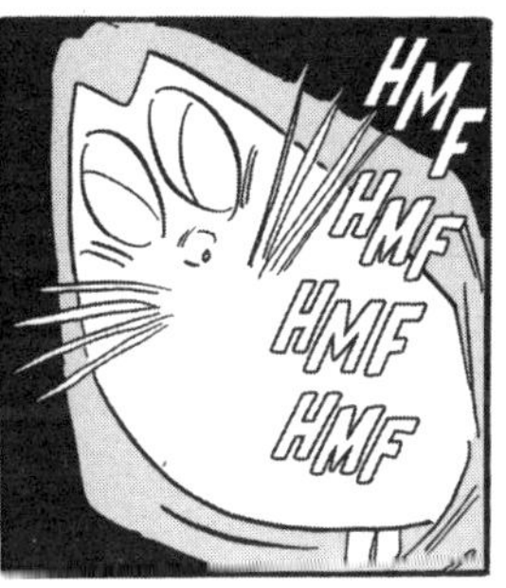

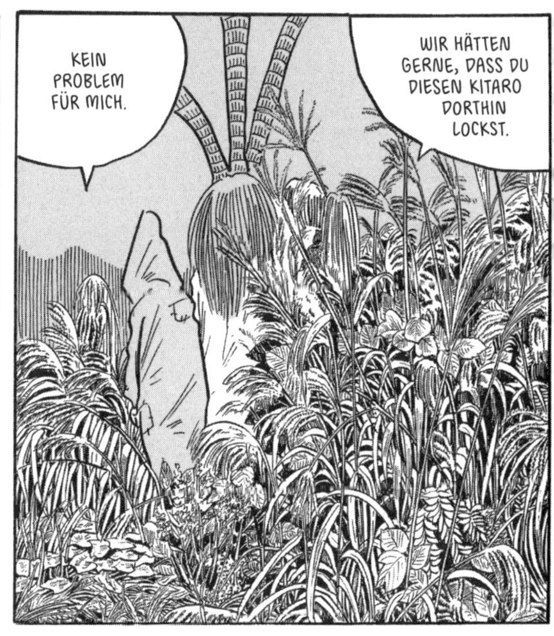

AM TAG DARAUF LIESS SICH KITARO VOM RATTENMANN ÜBERREDEN, NACH GAMAGASAKI ZU GEHEN. DORT FAND ER IM HAFEN EINEN PRÄCHTIGEN DAMPFER VOR.

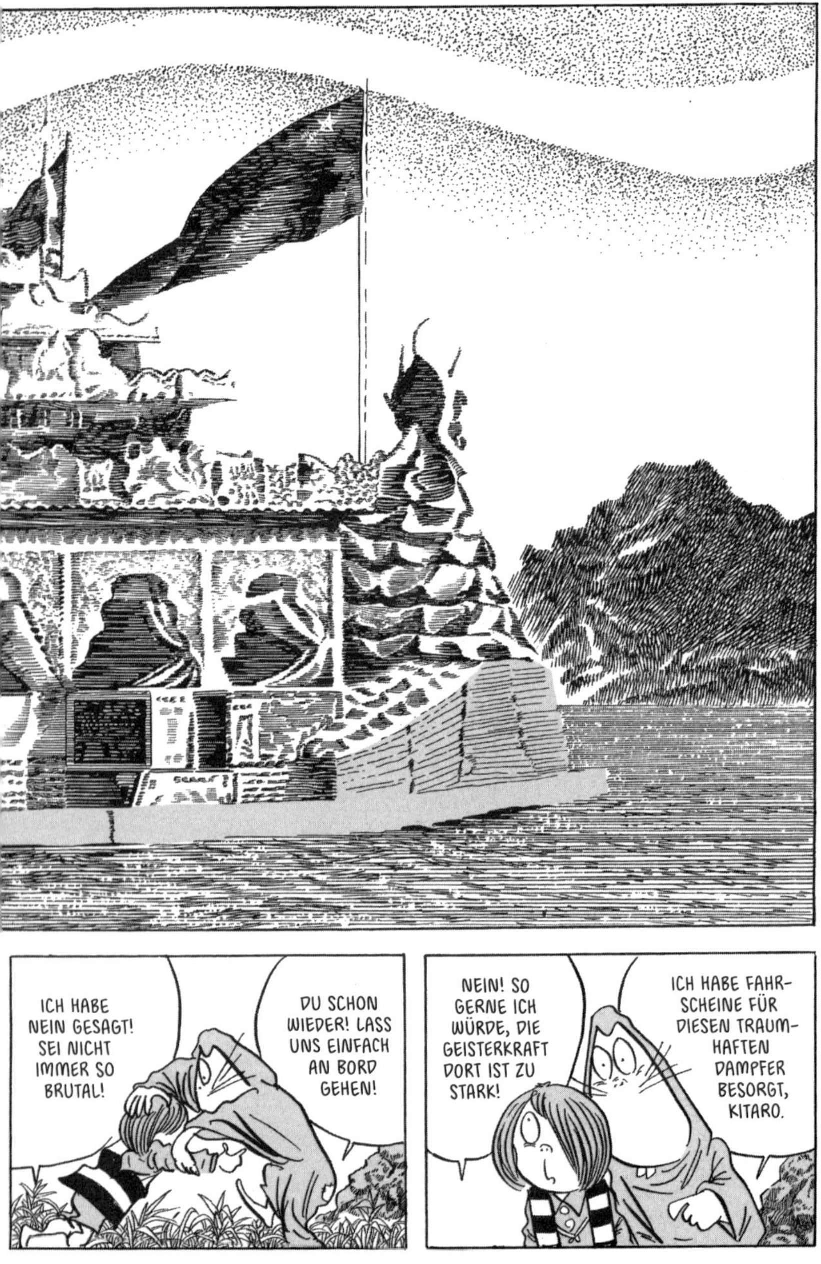

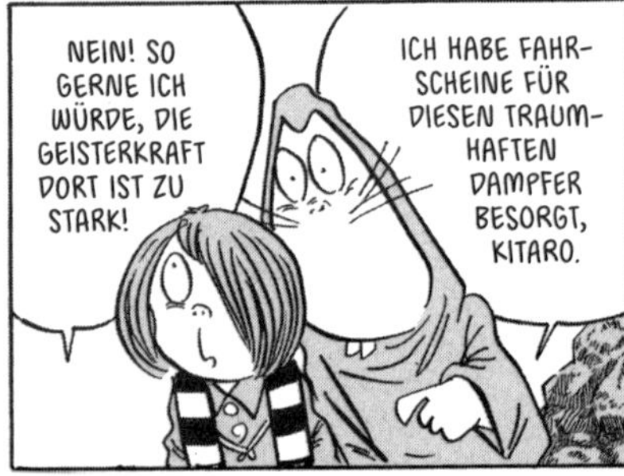
ICH HABE FAHRSCHEINE FÜR DIESEN TRAUMHAFTEN DAMPFER BESORGT, KITARO.
NEIN! SO GERNE ICH WÜRDE, DIE GEISTERKRAFT DORT IST ZU STARK!

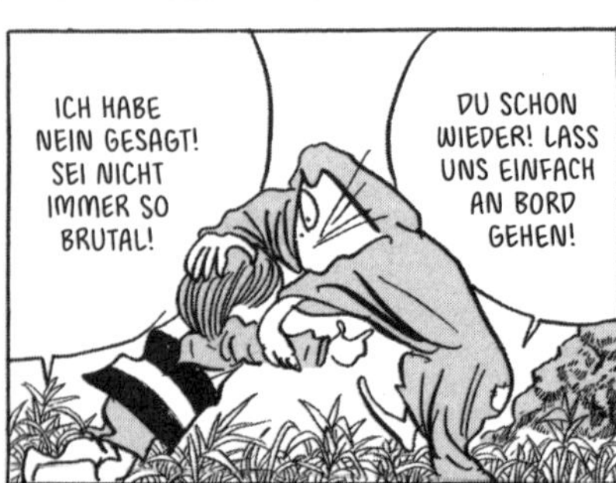
DU SCHON WIEDER! LASS UNS EINFACH AN BORD GEHEN!
ICH HABE NEIN GESAGT! SEI NICHT IMMER SO BRUTAL!

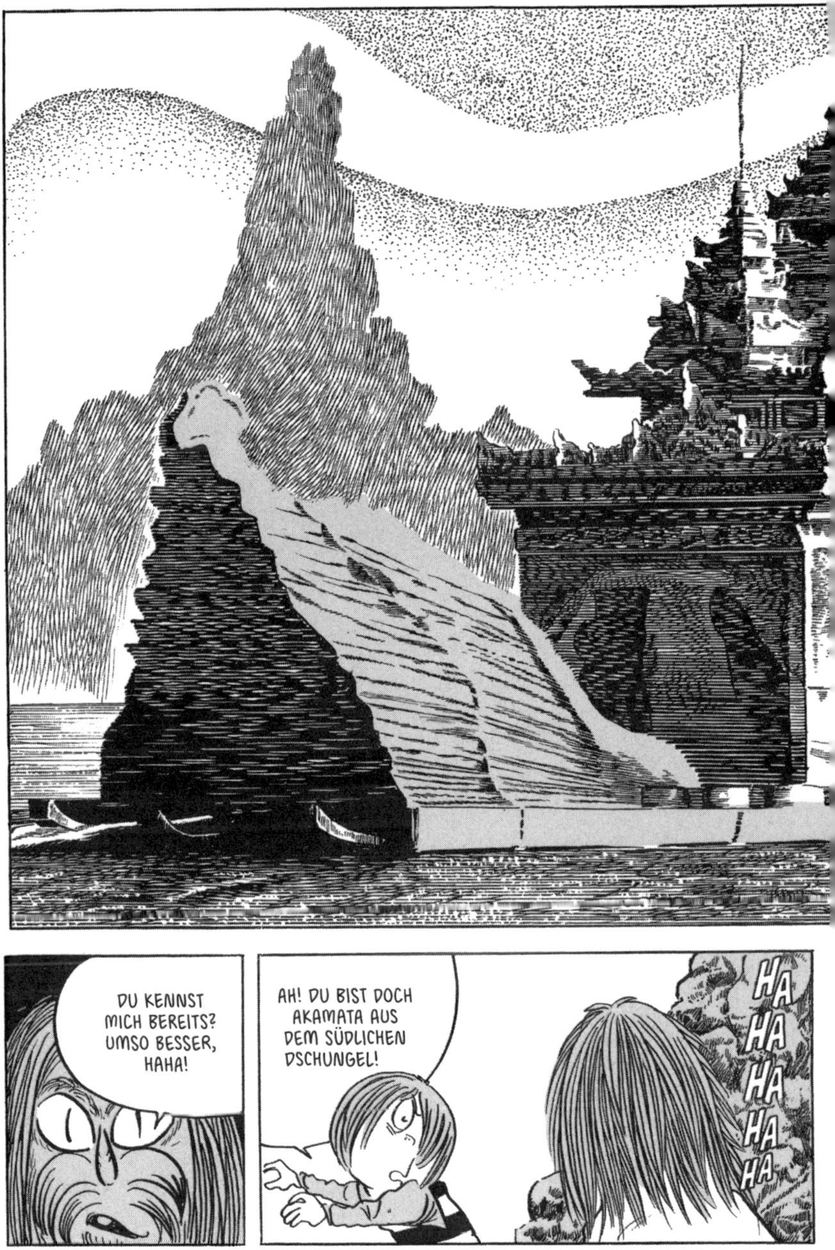

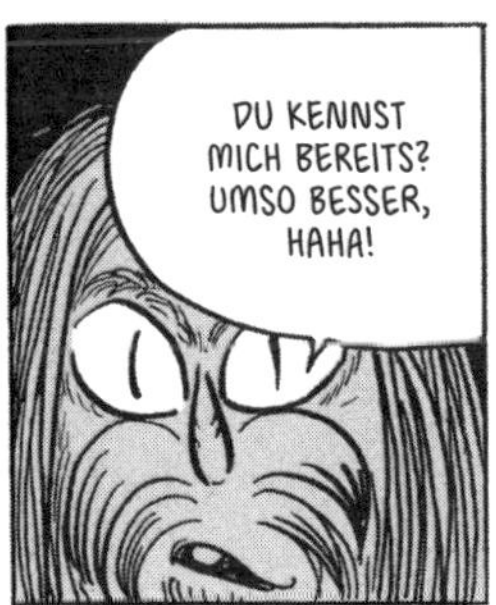
DU KENNST
MICH BEREITS?
UMSO BESSER,
HAHA!

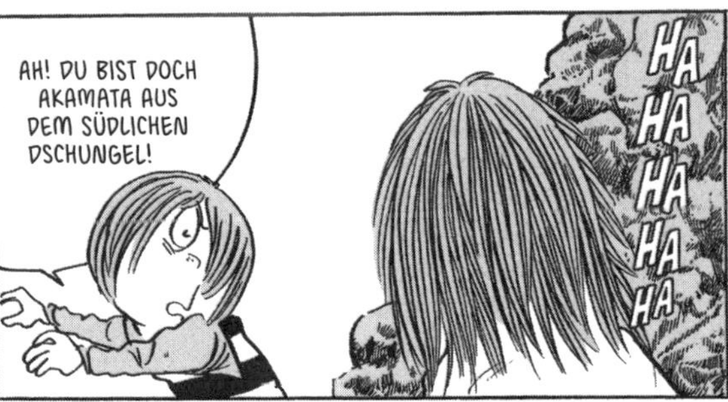
HA HA HA HA HA
AH! DU BIST DOCH
AKAMATA AUS
DEM SÜDLICHEN
DSCHUNGEL!

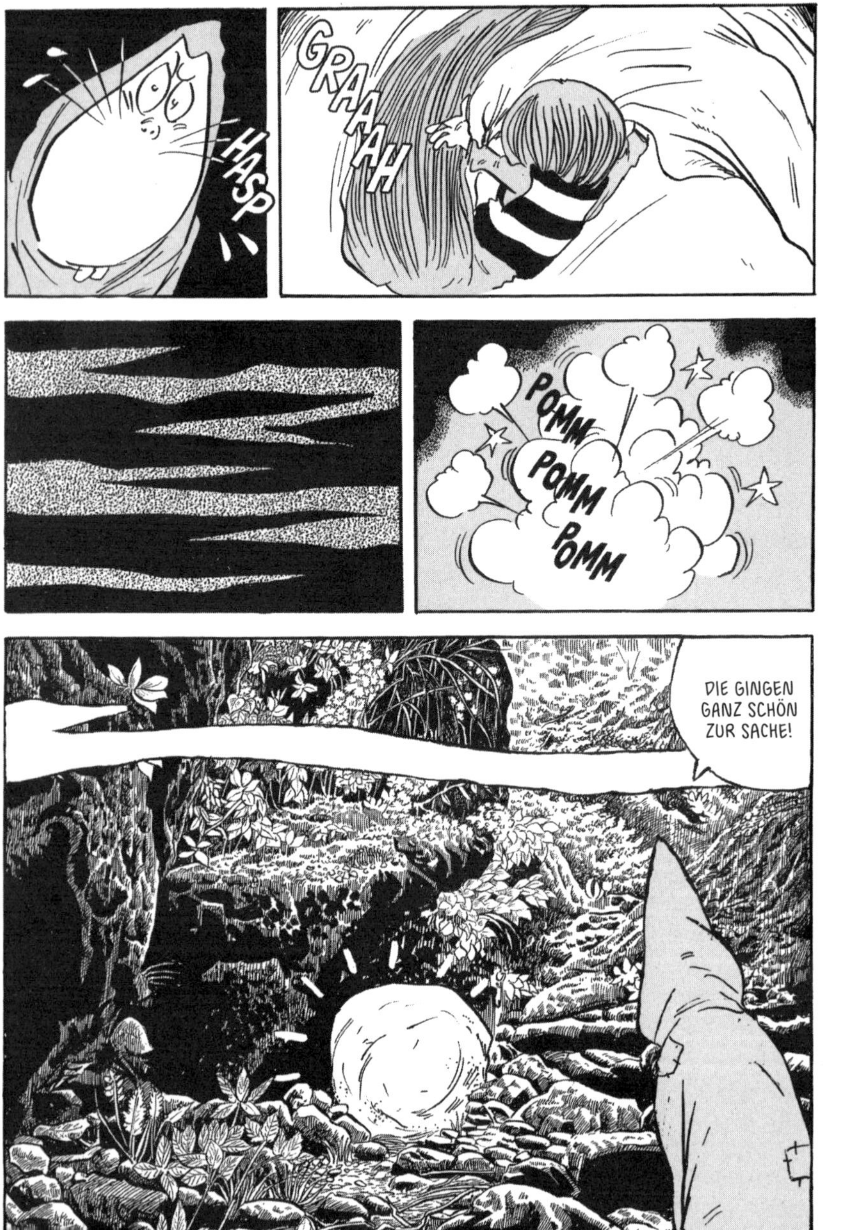

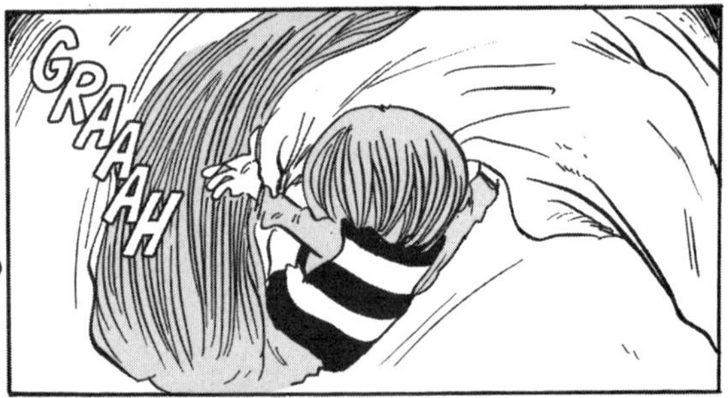

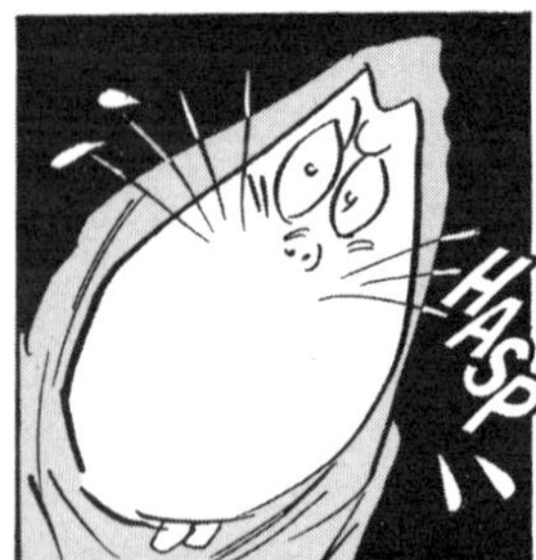

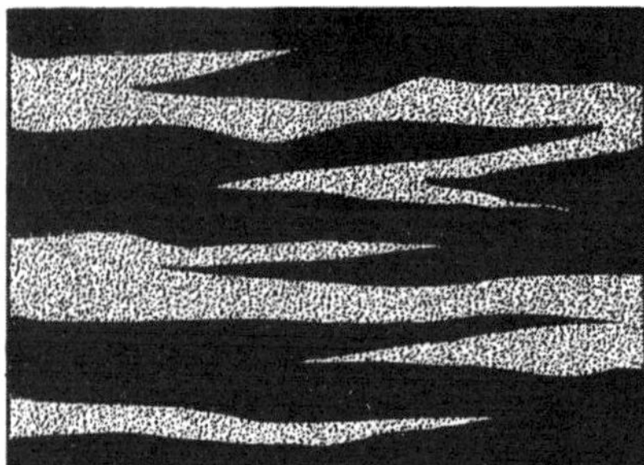

DIE GINGEN GANZ SCHÖN ZUR SACHE!

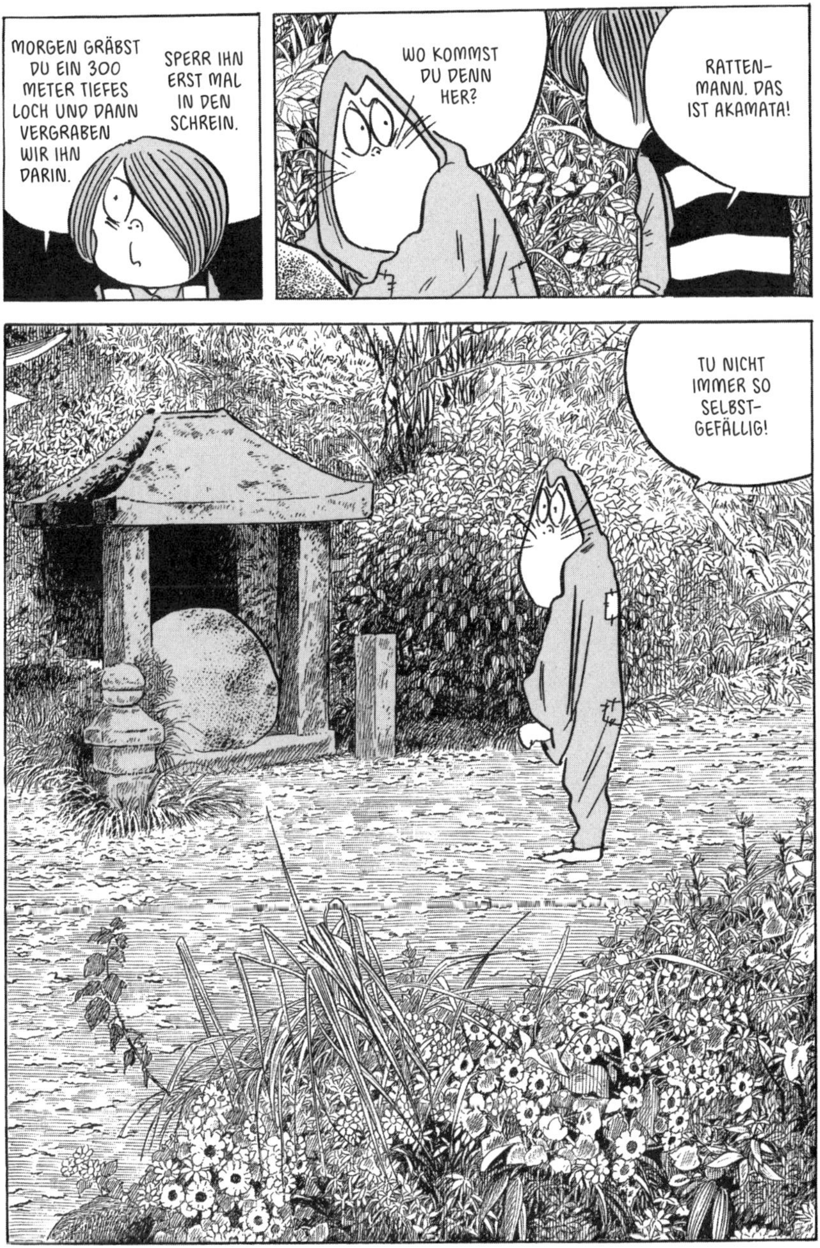

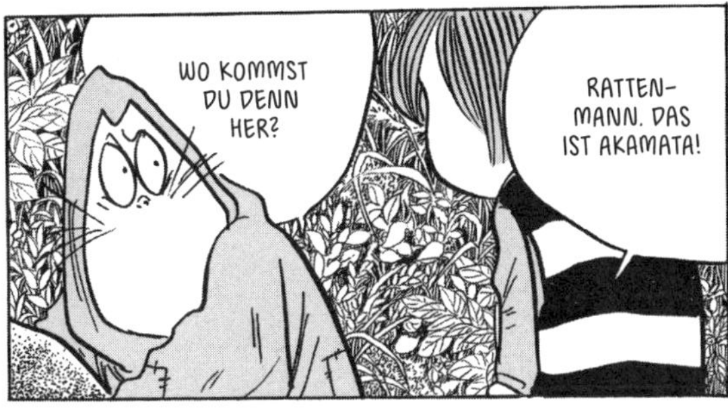

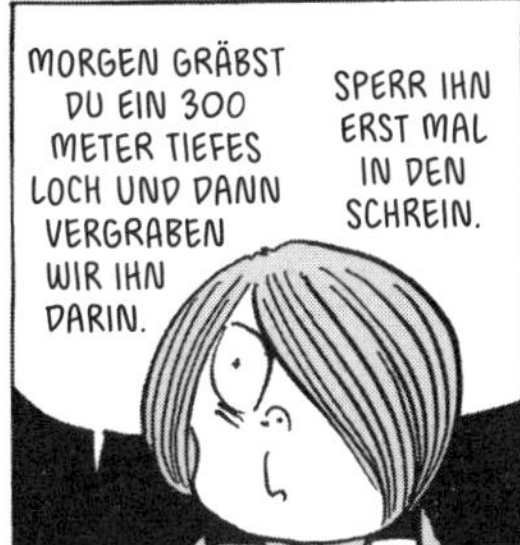

TU NICHT IMMER SO SELBST-GEFÄLLIG!

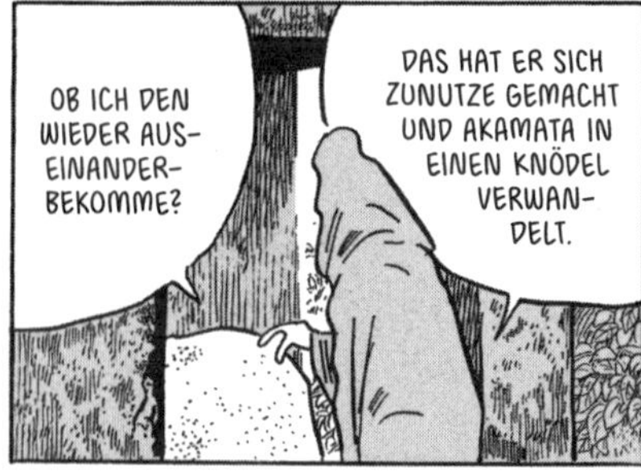
DAS HAT ER SICH ZUNUTZE GEMACHT UND AKAMATA IN EINEN KNÖDEL VERWANDELT.
OB ICH DEN WIEDER AUSEINANDERBEKOMME?

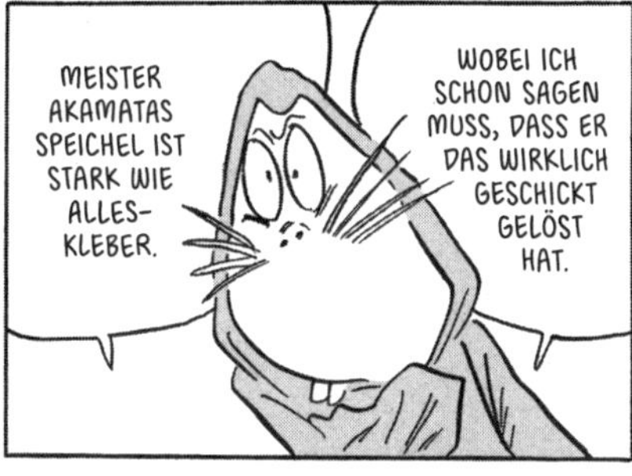
WOBEI ICH SCHON SAGEN MUSS, DASS ER DAS WIRKLICH GESCHICKT GELÖST HAT.
MEISTER AKAMATAS SPEICHEL IST STARK WIE ALLESKLEBER.

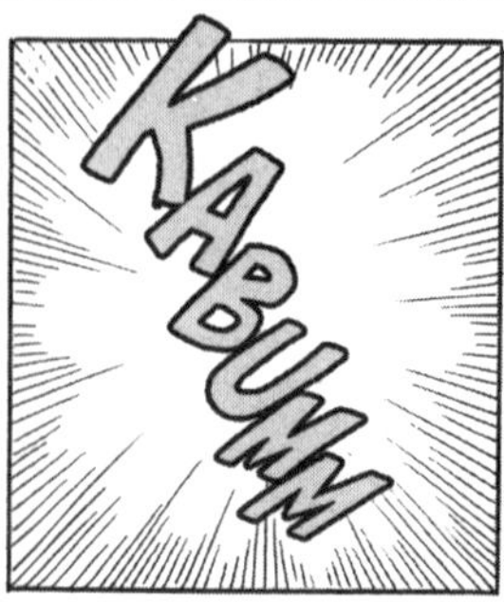
KABUMM

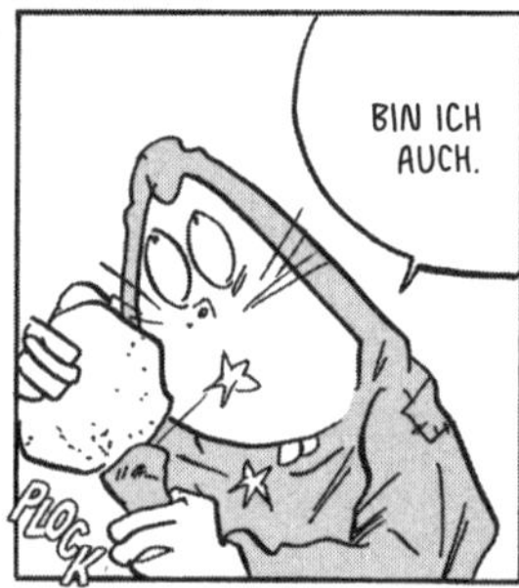
BIN ICH AUCH.
PLOCK

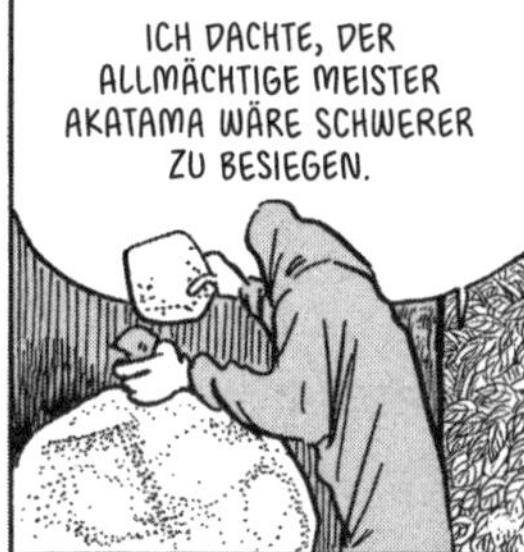
ICH DACHTE, DER ALLMÄCHTIGE MEISTER AKATAMA WÄRE SCHWERER ZU BESIEGEN.

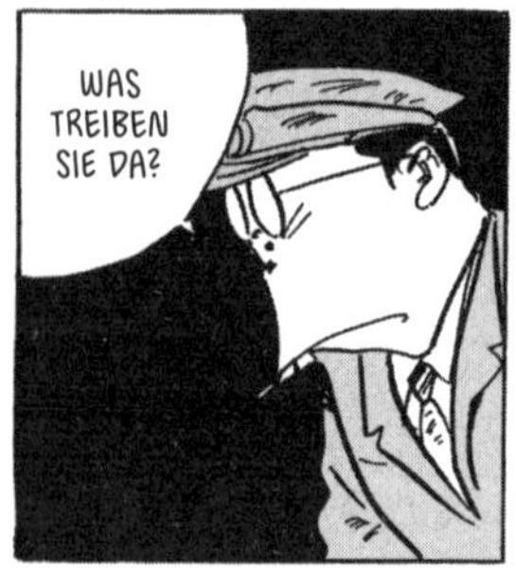
WAS TREIBEN SIE DA?

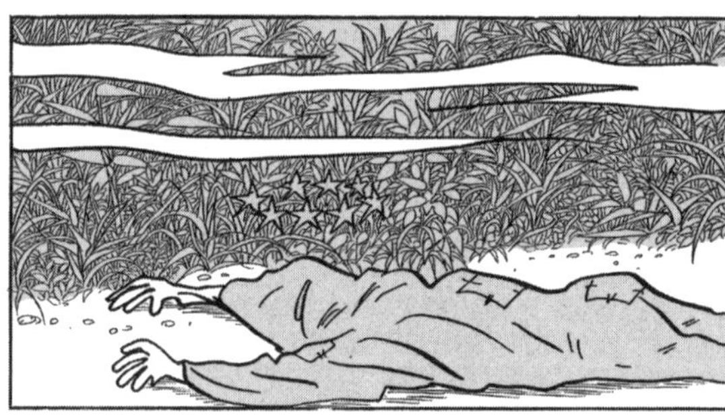

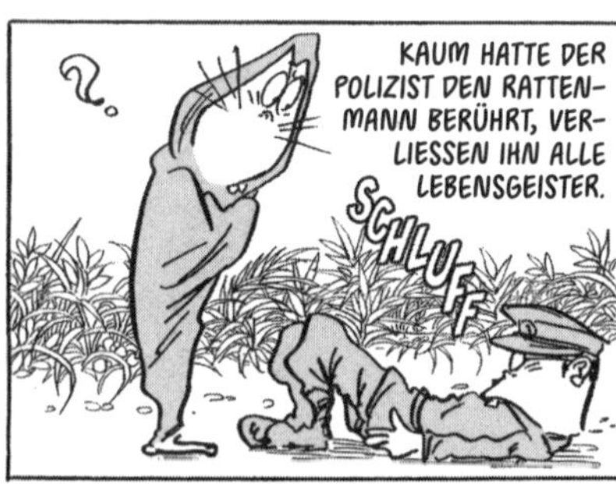
KAUM HATTE DER POLIZIST DEN RATTENMANN BERÜHRT, VERLIESSEN IHN ALLE LEBENSGEISTER.
SCHLUFF

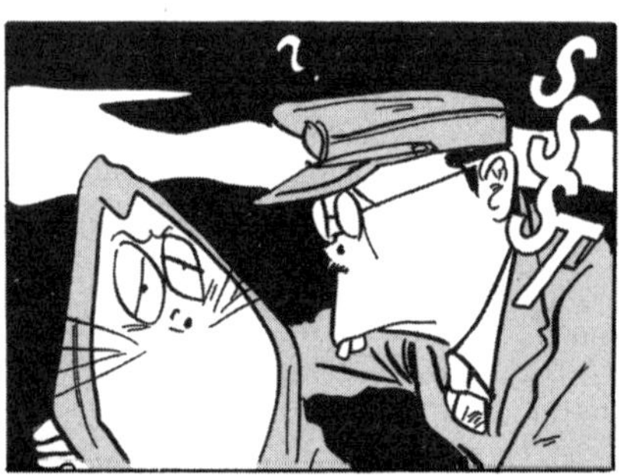

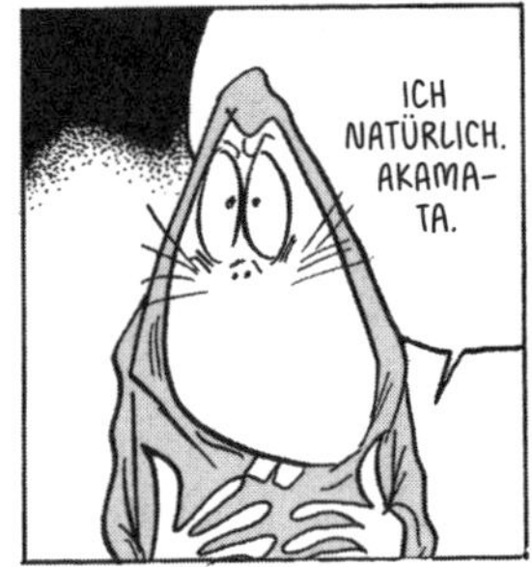

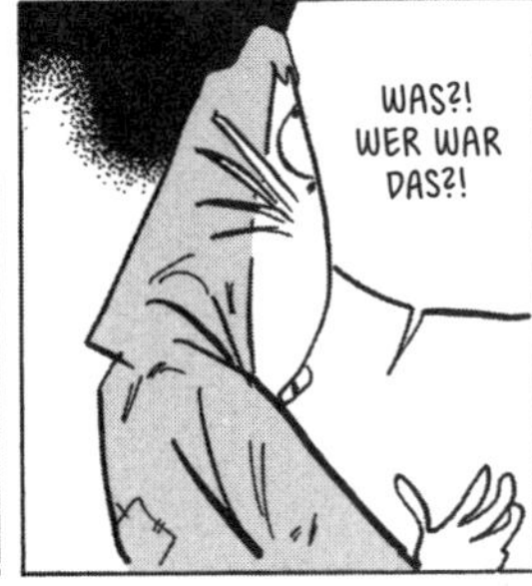

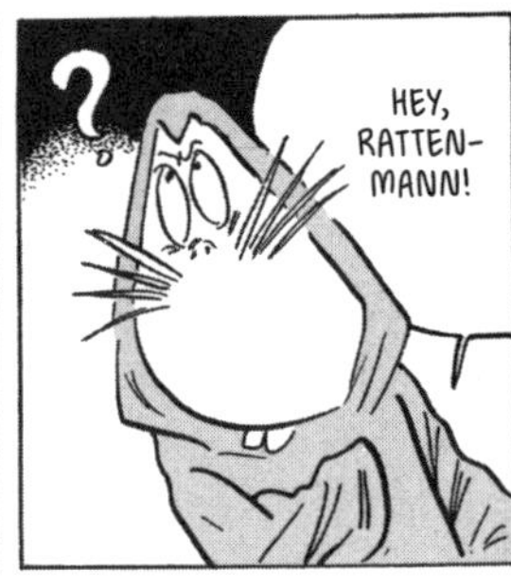

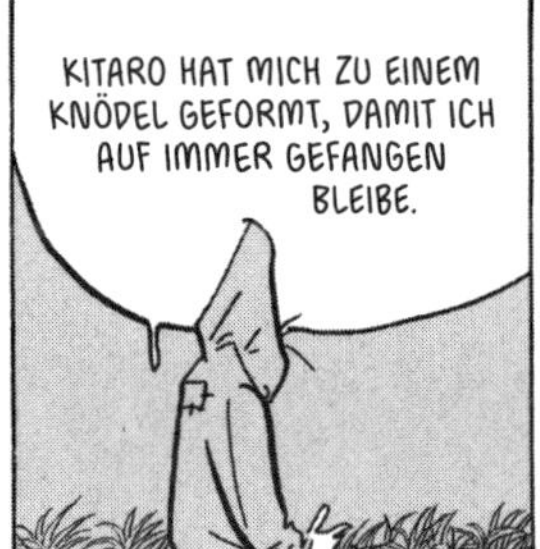

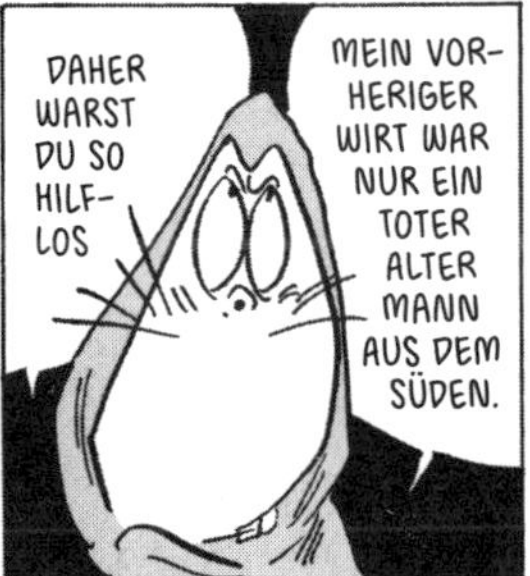

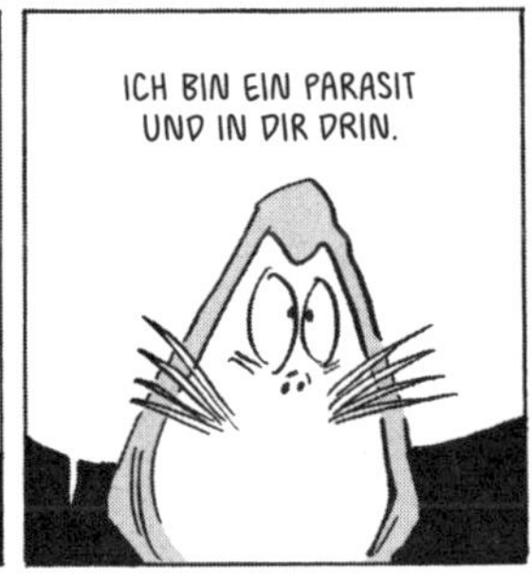

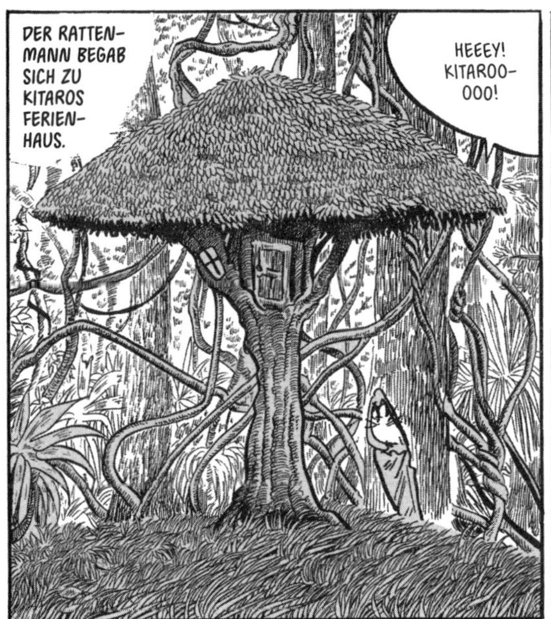

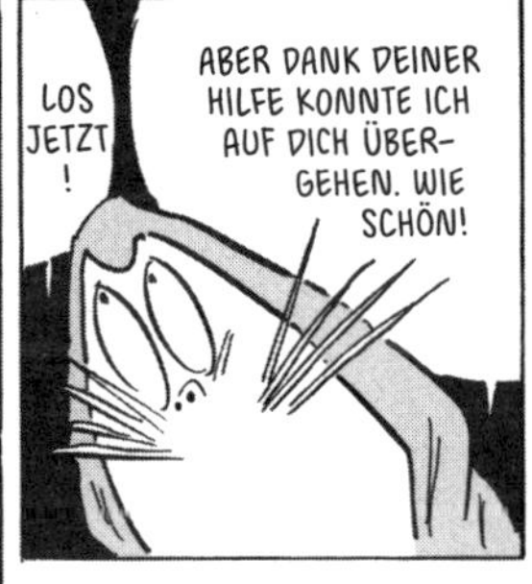

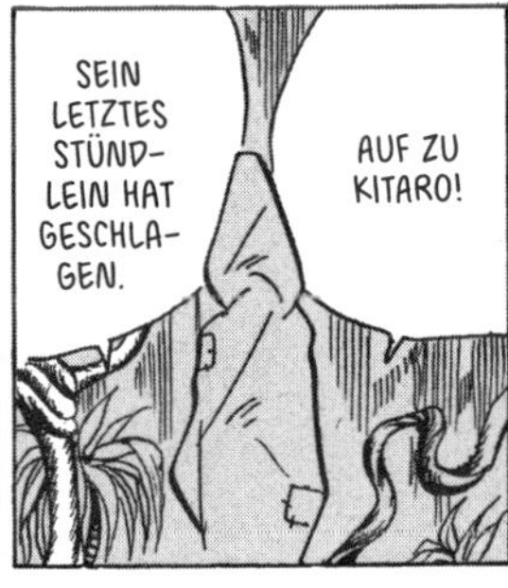

Die Yokai-Armee, Teil 1 – Ende

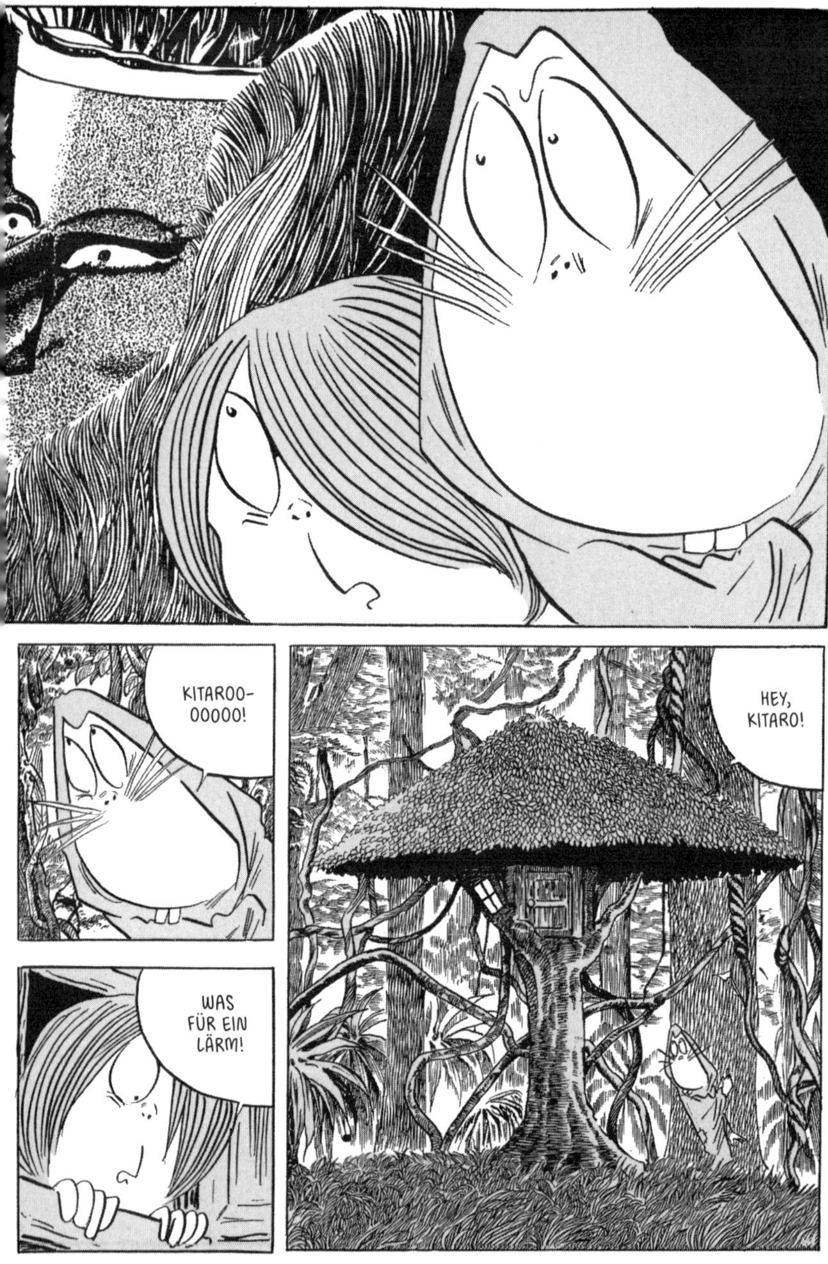

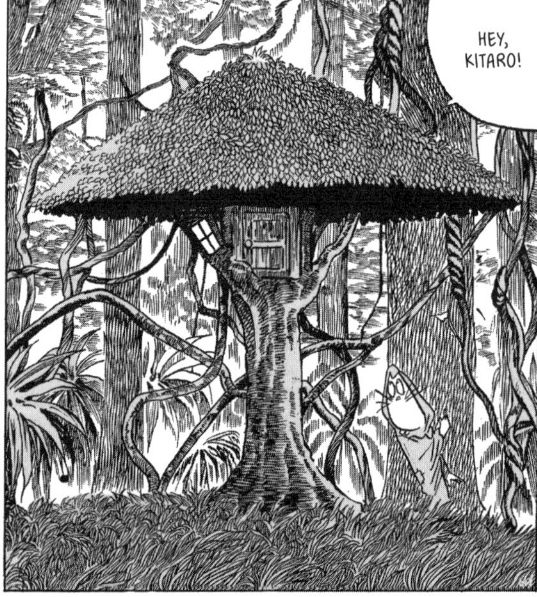
HEY,
KITARO!

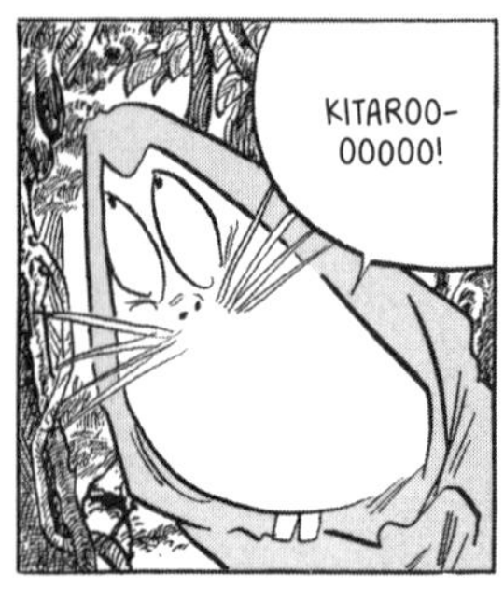
KITAROO-
OOOOO!

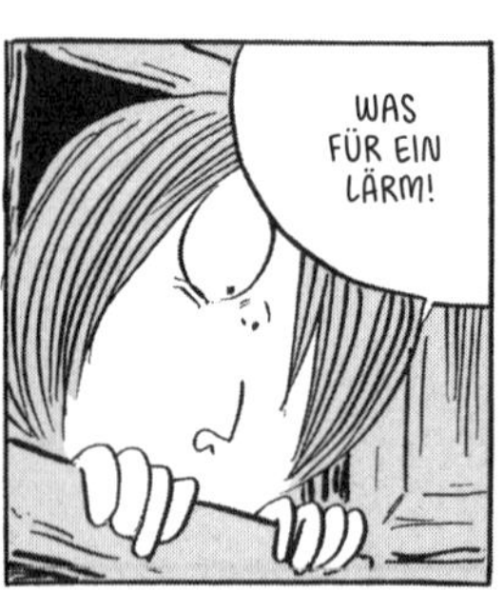
WAS
FÜR EIN
LÄRM!

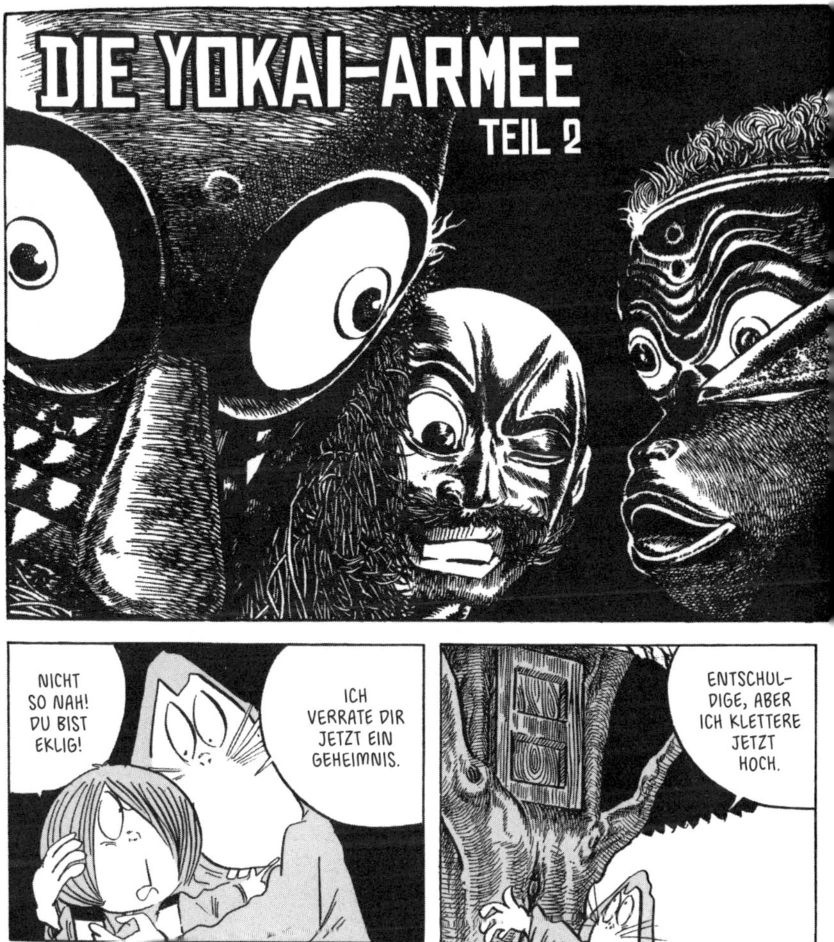

DIE YOKAI-ARMEE

TEIL 2

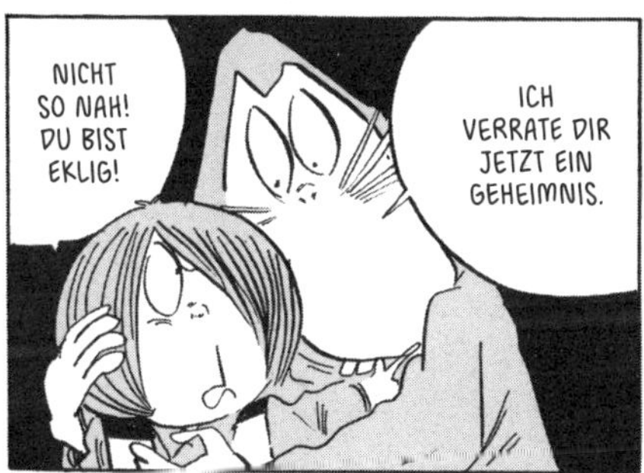

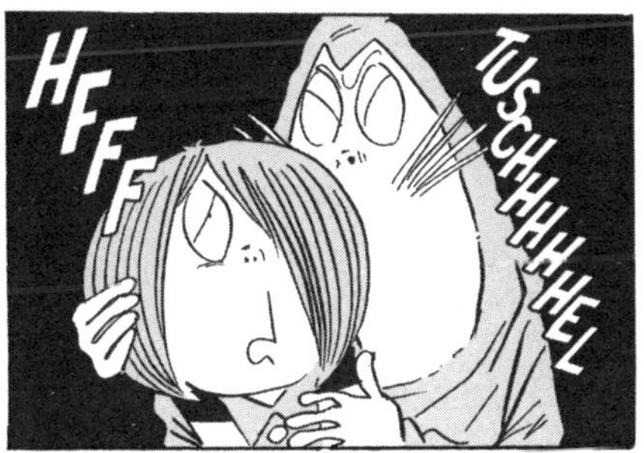

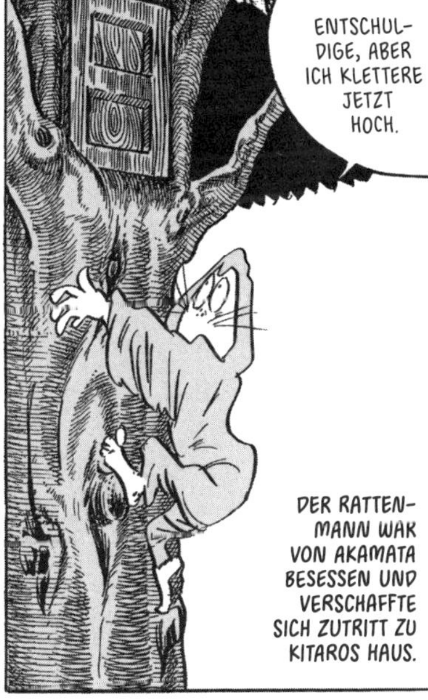

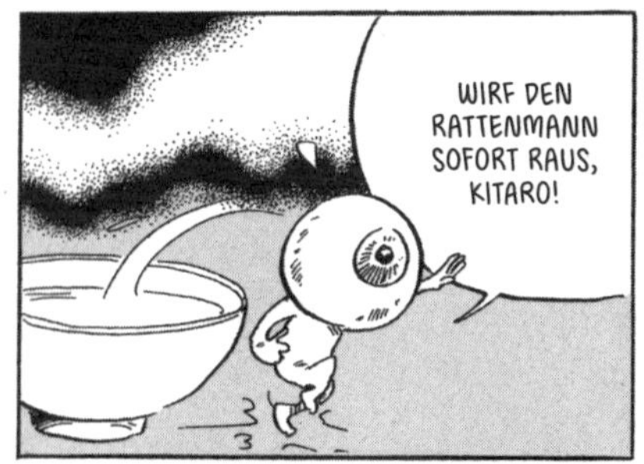

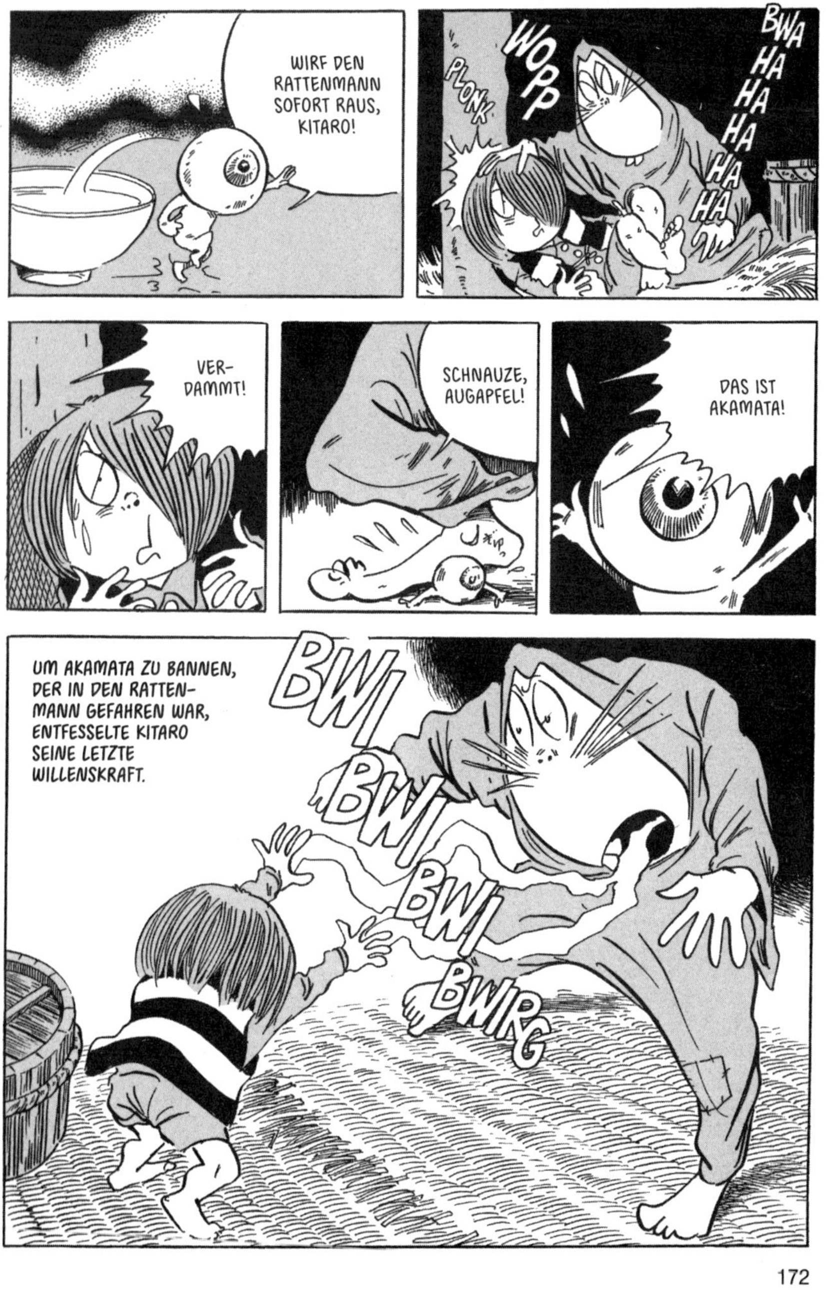

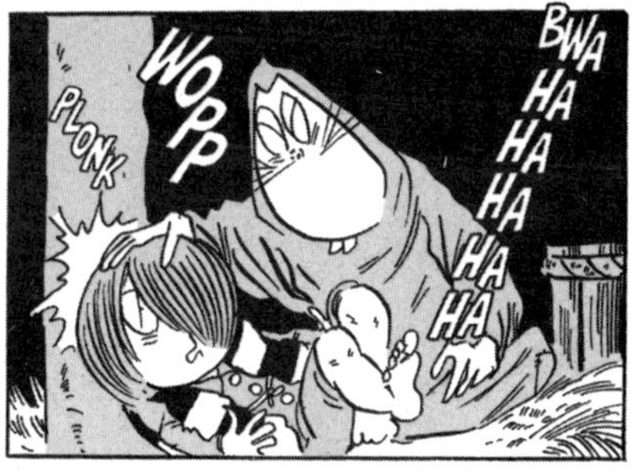

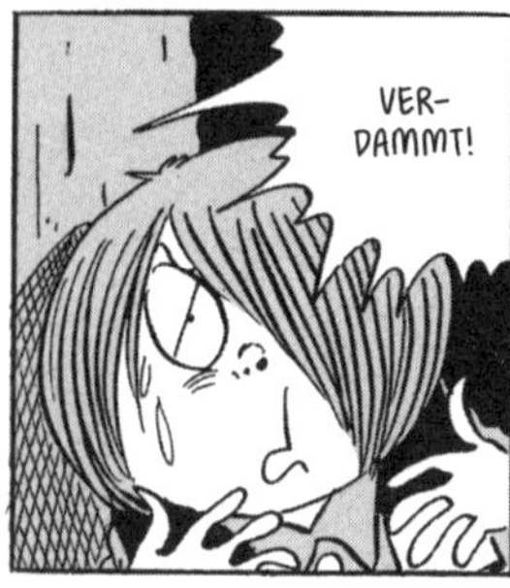

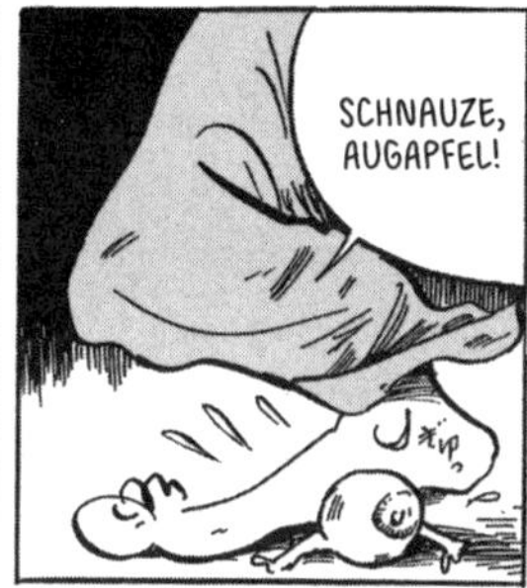

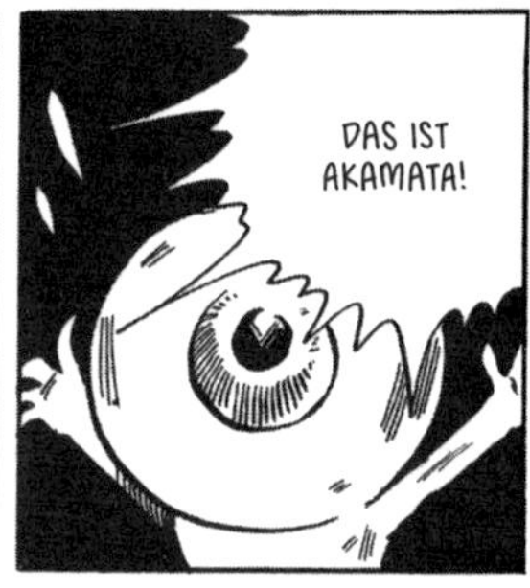

UM AKAMATA ZU BANNEN, DER IN DEN RATTENMANN GEFAHREN WAR, ENTFESSELTE KITARO SEINE LETZTE WILLENSKRAFT.

BWI
BWI
BWI
BWI
BWIRG

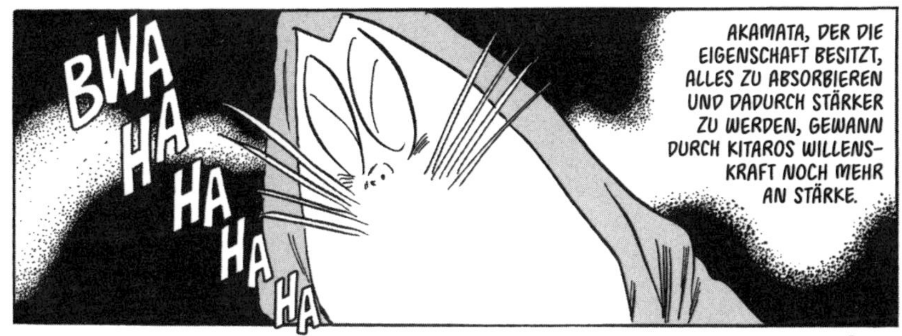
AKAMATA, DER DIE EIGENSCHAFT BESITZT, ALLES ZU ABSORBIEREN UND DADURCH STÄRKER ZU WERDEN, GEWANN DURCH KITAROS WILLENSKRAFT NOCH MEHR AN STÄRKE.
BWA HA HA HA HA HA
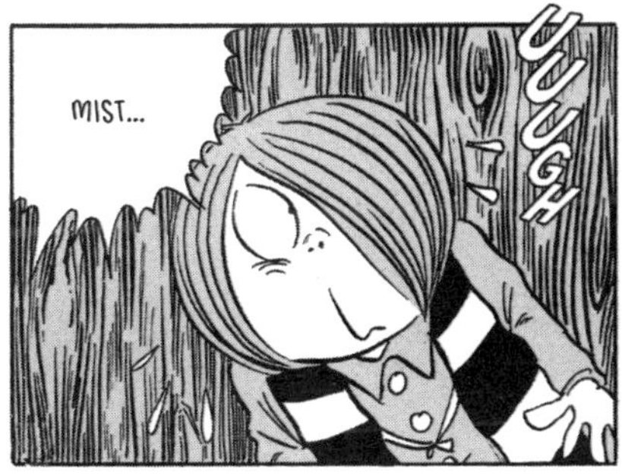
UUUGH
MIST...
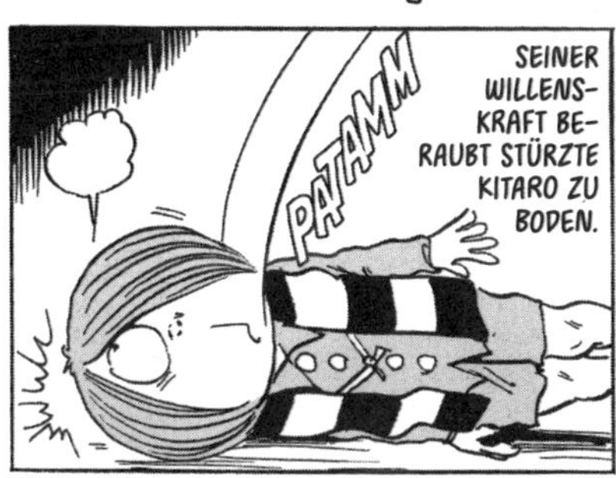
SEINER WILLENSKRAFT BERAUBT STÜRZTE KITARO ZU BODEN.
PATAMM
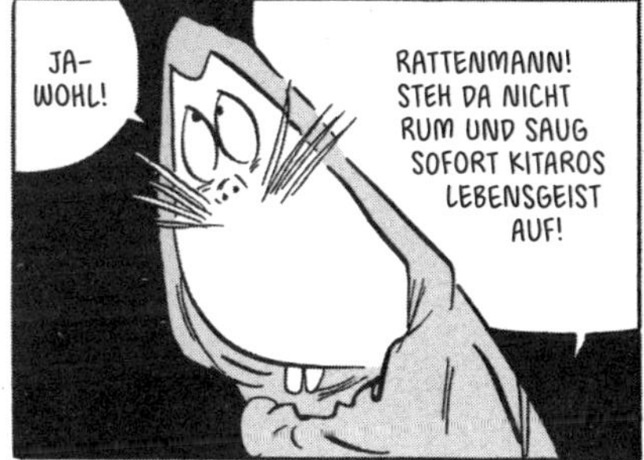
RATTENMANN! STEH DA NICHT RUM UND SAUG SOFORT KITAROS LEBENSGEIST AUF!
JAWOHL!
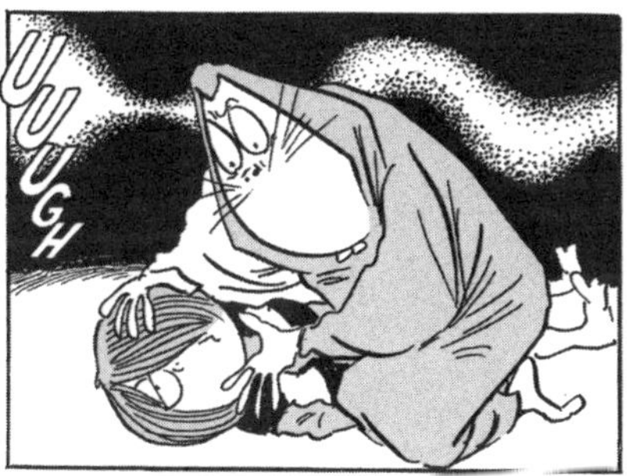
UUUGH
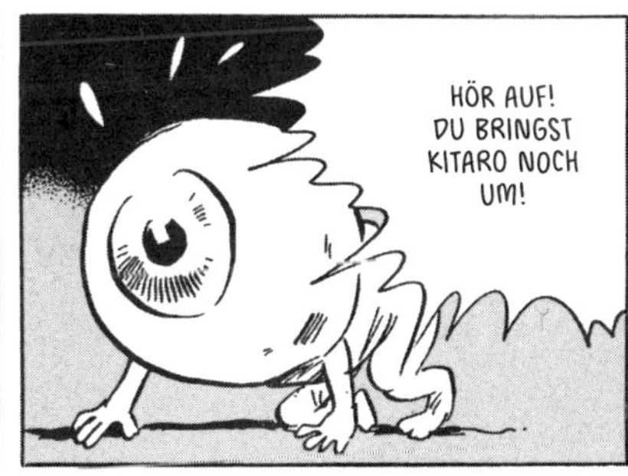
HÖR AUF! DU BRINGST KITARO NOCH UM!
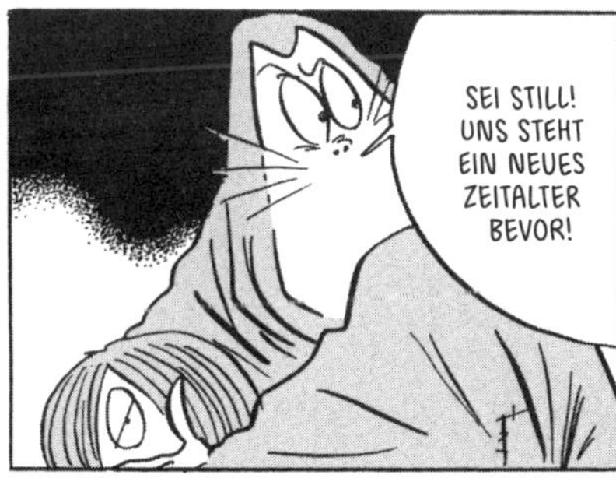
SEI STILL! UNS STEHT EIN NEUES ZEITALTER BEVOR!

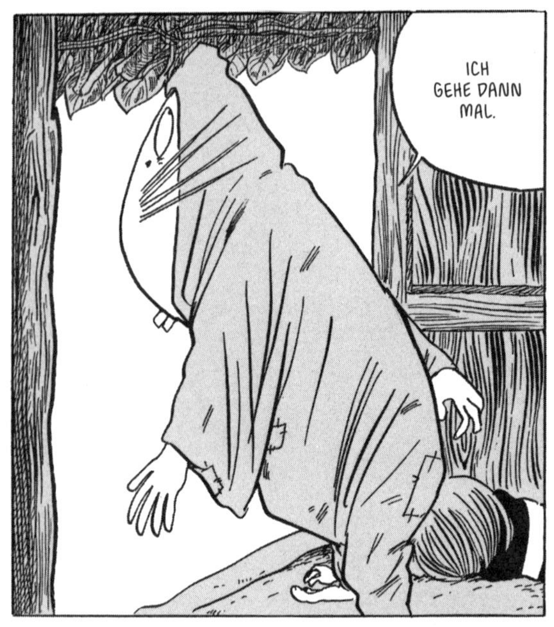
ICH GEHE DANN MAL.

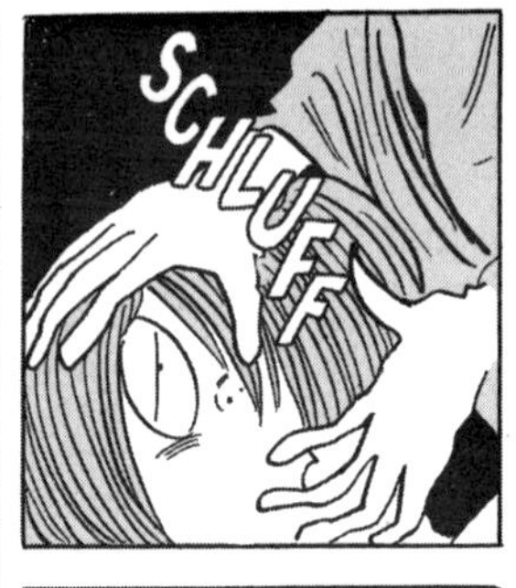
SCHLUFF

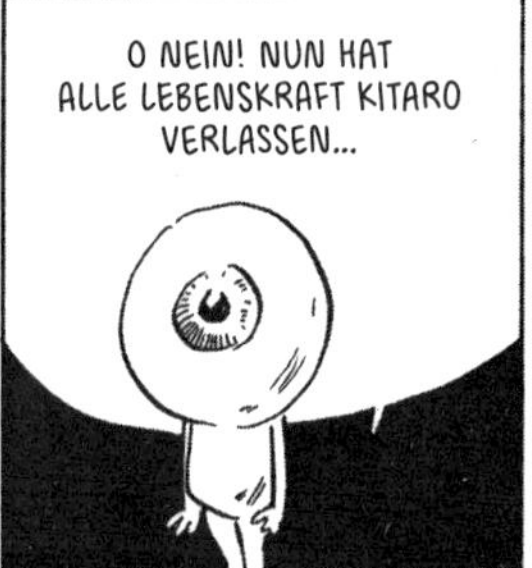
O NEIN! NUN HAT ALLE LEBENSKRAFT KITARO VERLASSEN...

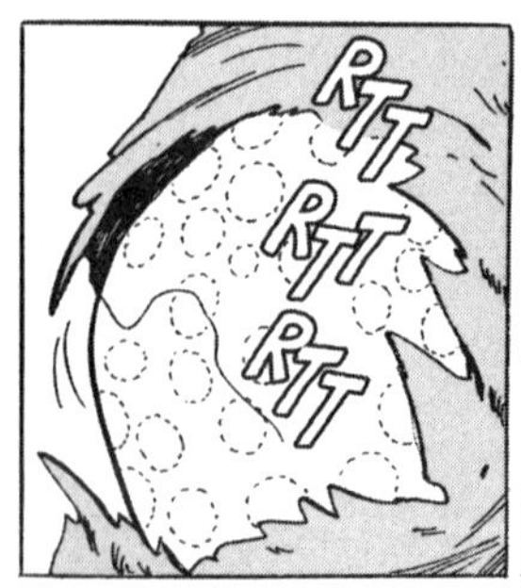
RTT
RTT
RTT

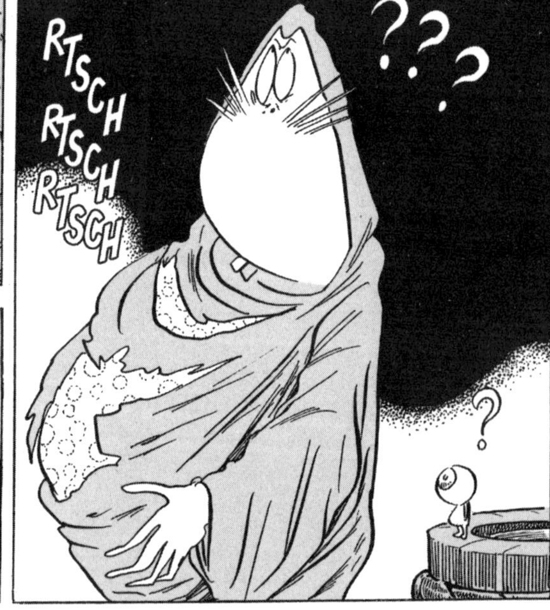
RTSCH
RTSCH
RTSCH
???
?

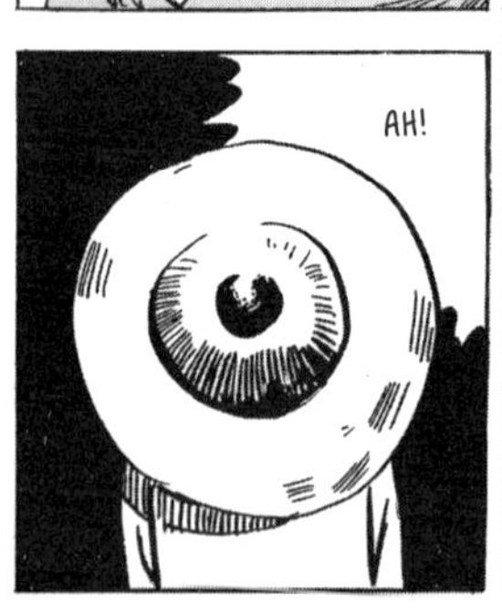
AH!

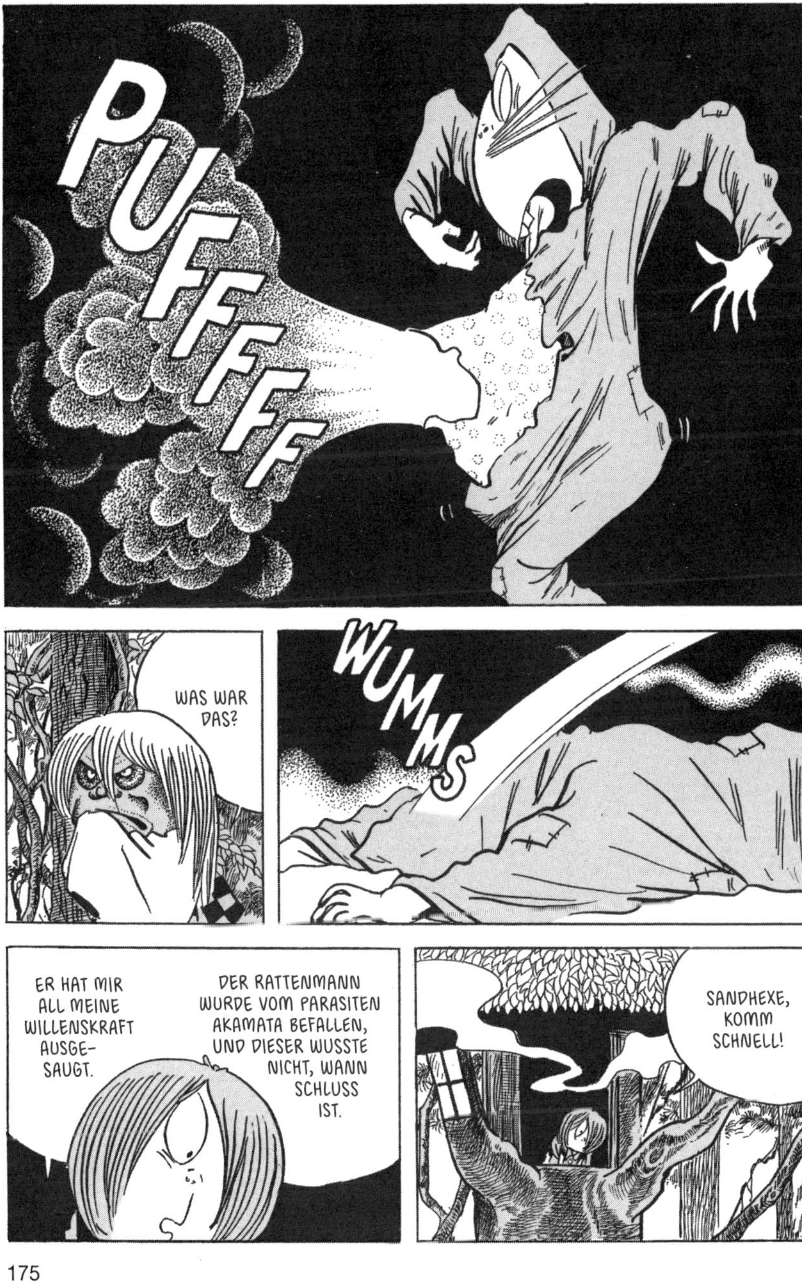

PUFFFFFF

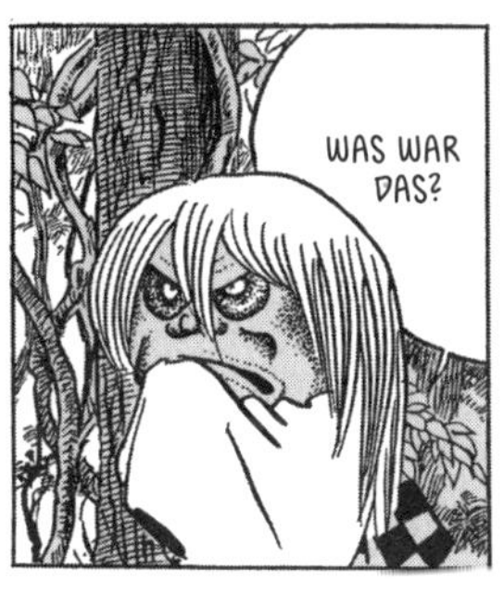
WAS WAR DAS?

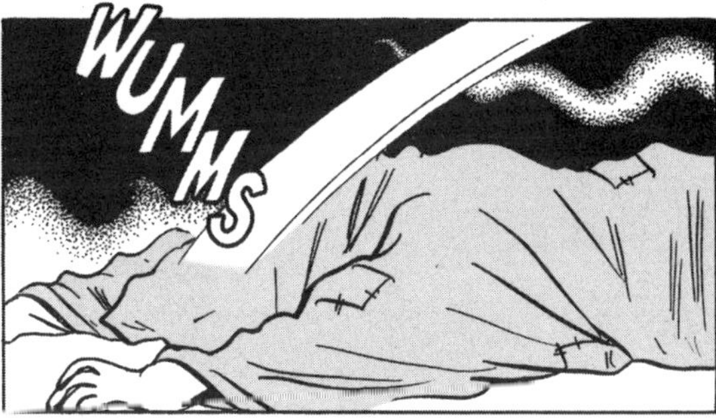
WUMMS

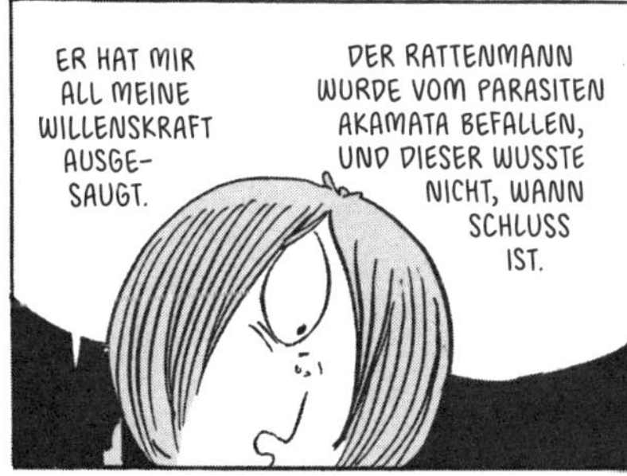
ER HAT MIR ALL MEINE WILLENSKRAFT AUSGE-SAUGT.
DER RATTENMANN WURDE VOM PARASITEN AKAMATA BEFALLEN, UND DIESER WUSSTE NICHT, WANN SCHLUSS IST.

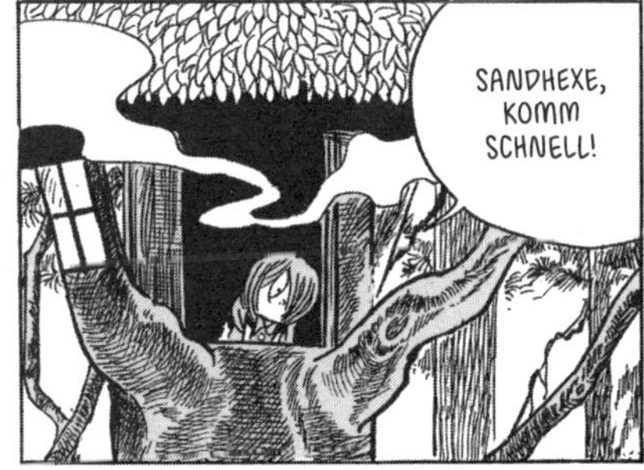
SANDHEXE, KOMM SCHNELL!

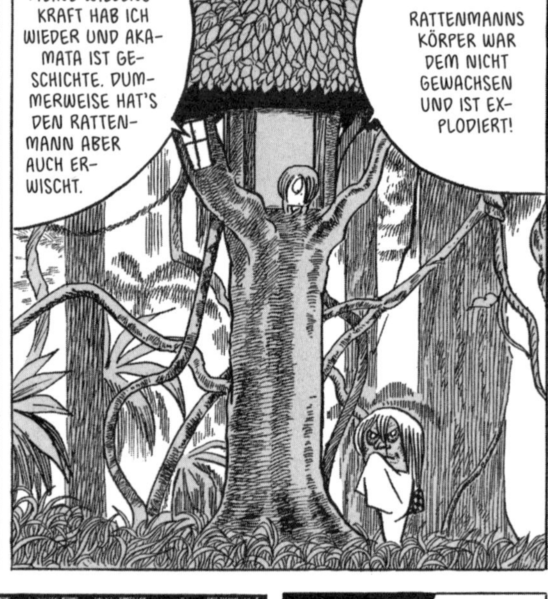

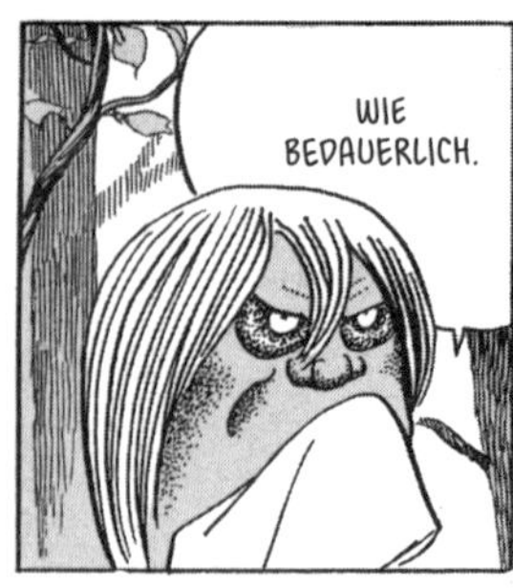

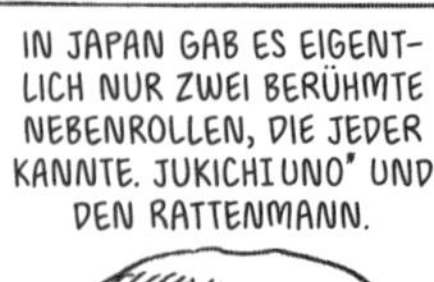

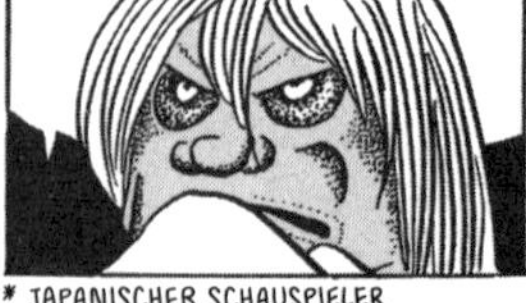

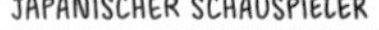
* JAPANISCHER SCHAUSPIELER

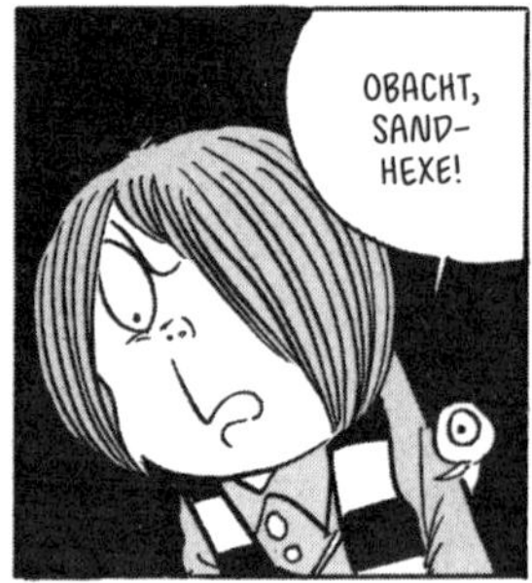

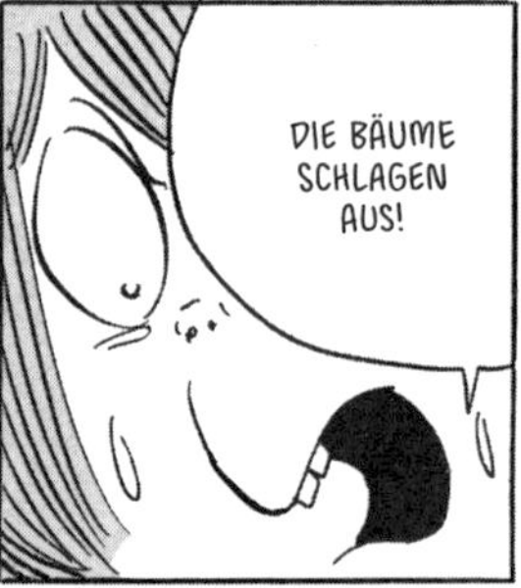

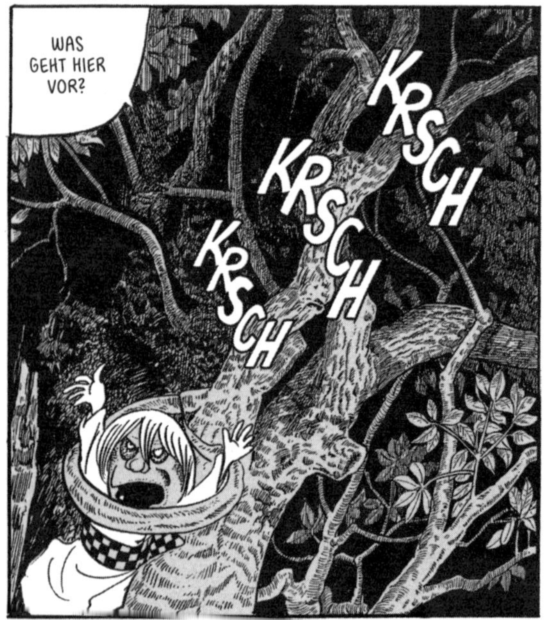

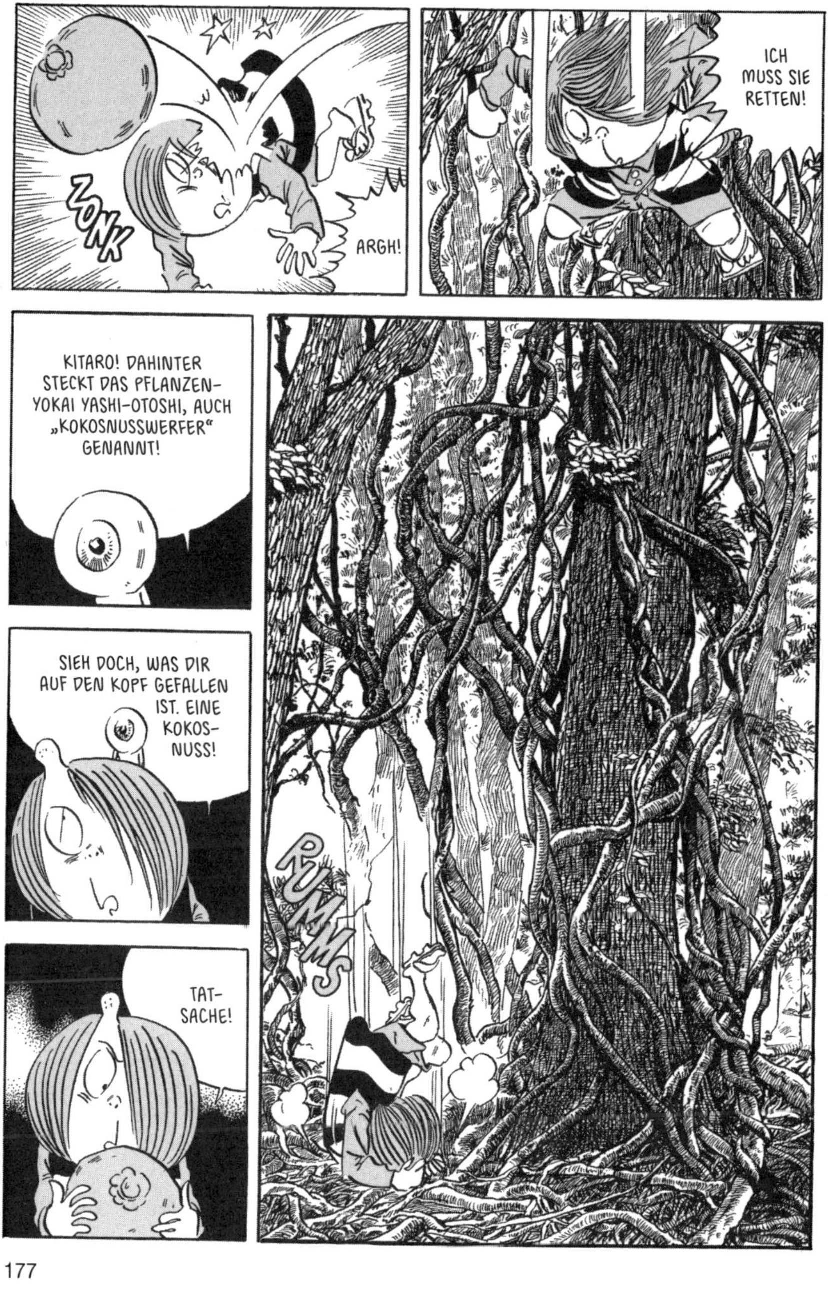

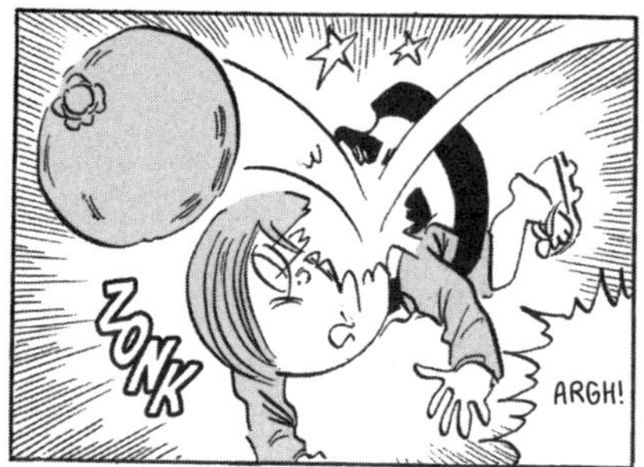
ZONK
ARGH!

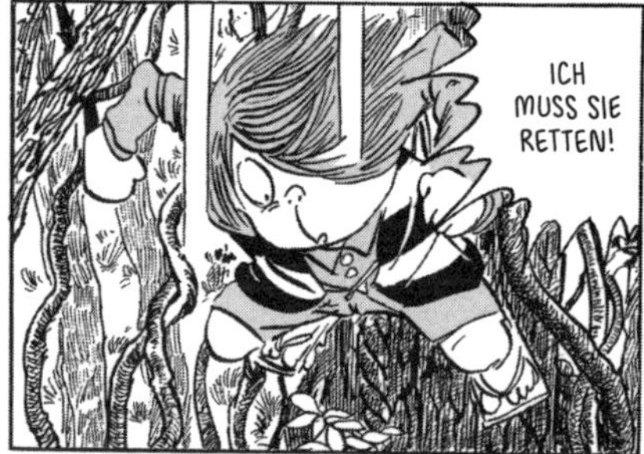
ICH MUSS SIE RETTEN!

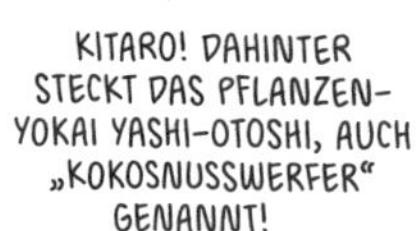
KITARO! DAHINTER STECKT DAS PFLANZEN-YOKAI YASHI-OTOSHI, AUCH „KOKOSNUSSWERFER“ GENANNT!

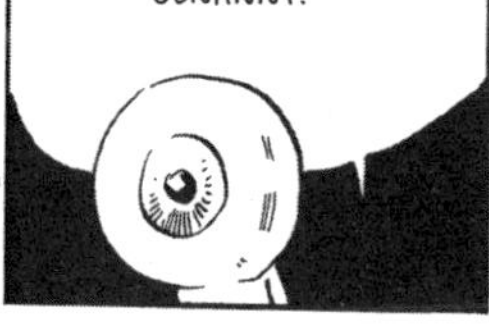

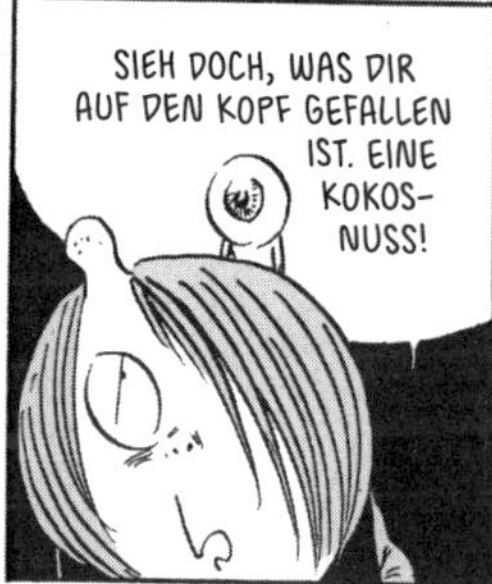
SIEH DOCH, WAS DIR AUF DEN KOPF GEFALLEN IST. EINE KOKOS-NUSS!

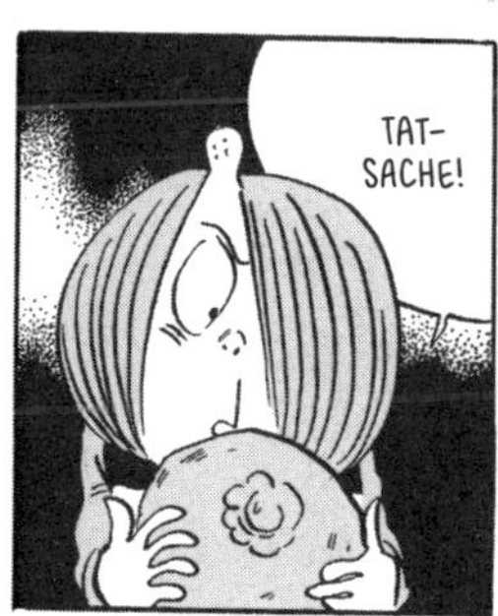
TAT-SACHE!

RUMMS

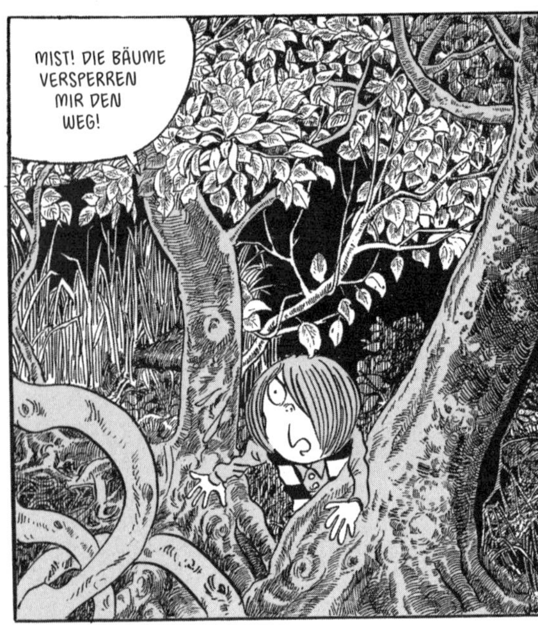
MIST! DIE BÄUME VERSPERREN MIR DEN WEG!

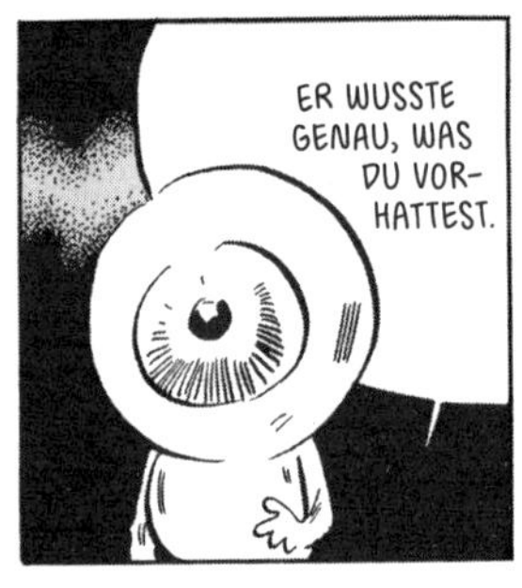
ER WUSSTE GENAU, WAS DU VOR-HATTEST.

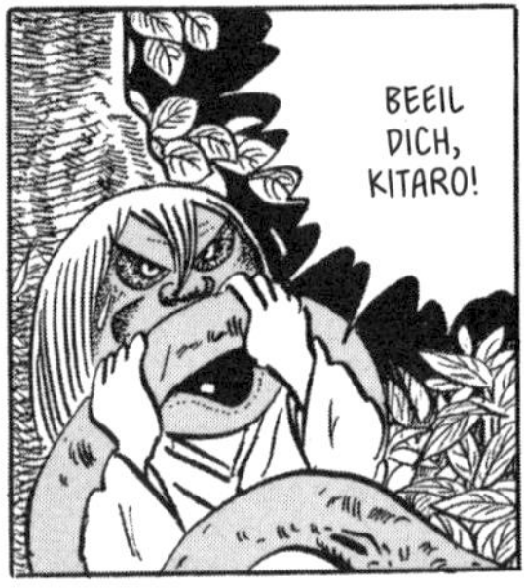
BEEIL DICH, KITARO!

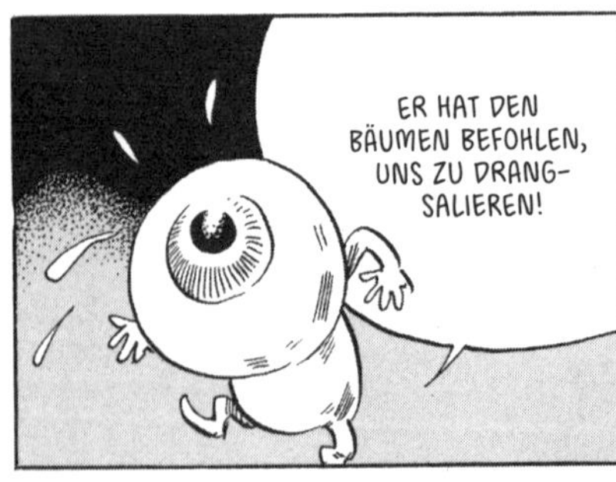
ER HAT DEN BÄUMEN BEFOHLEN, UNS ZU DRANG-SALIEREN!

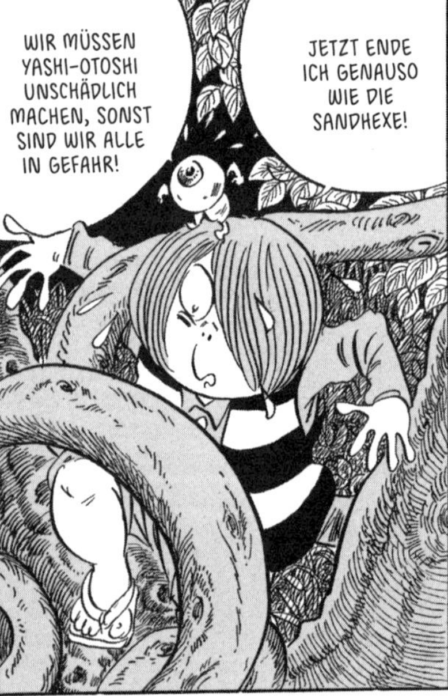
JETZT ENDE ICH GENAUSO WIE DIE SANDHEXE!
WIR MÜSSEN YASHI-OTOSHI UNSCHÄDLICH MACHEN, SONST SIND WIR ALLE IN GEFAHR!

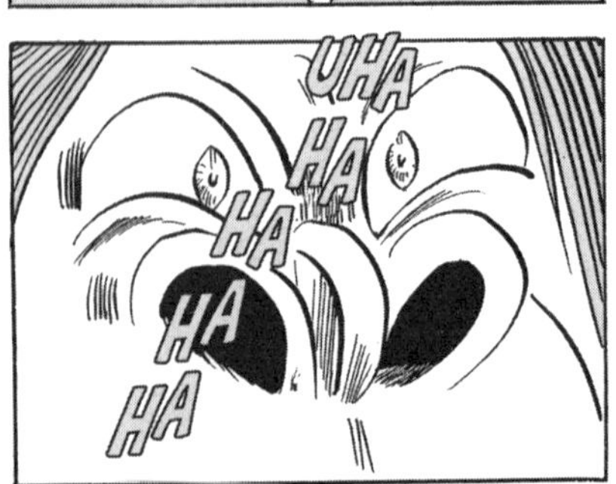
UHA HA HA HA HA

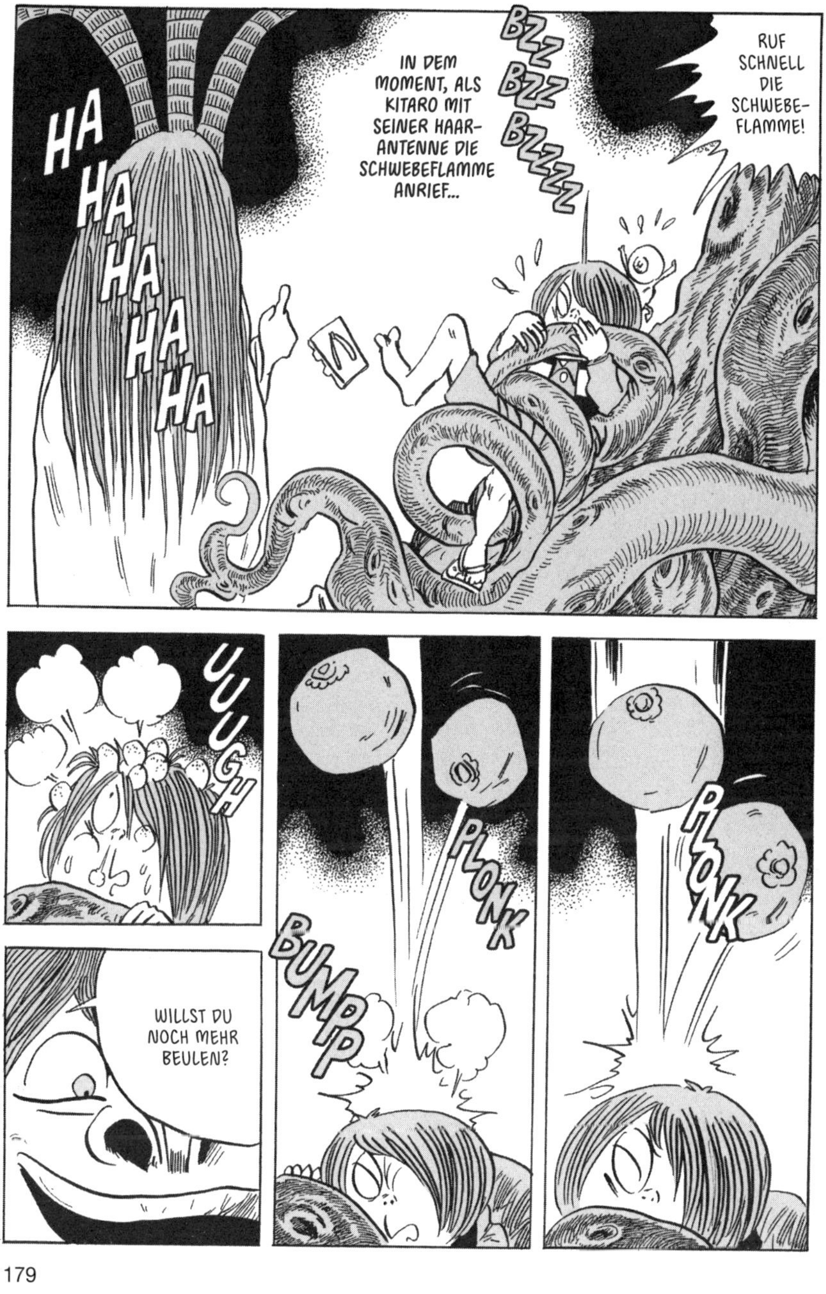

HA HA HA HA HA HA

IN DEM MOMENT, ALS KITARO MIT SEINER HAAR-ANTENNE DIE SCHWEBEFLAMME ANRIEF...

BZZ BZZ BZZZZ

RUF SCHNELL DIE SCHWEBE-FLAMME!

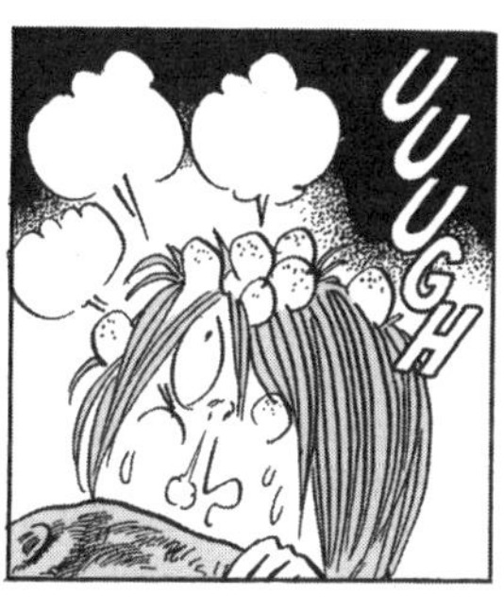

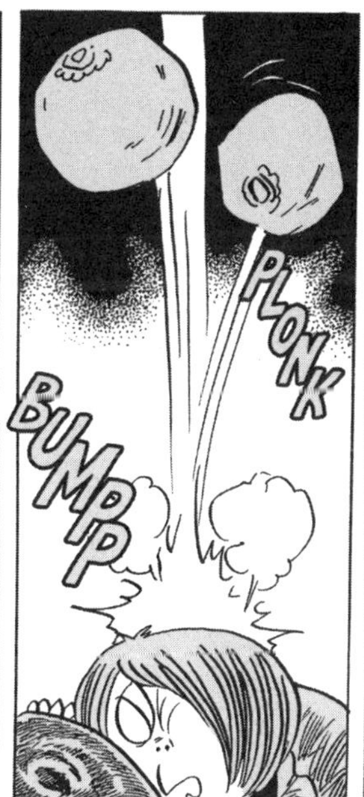

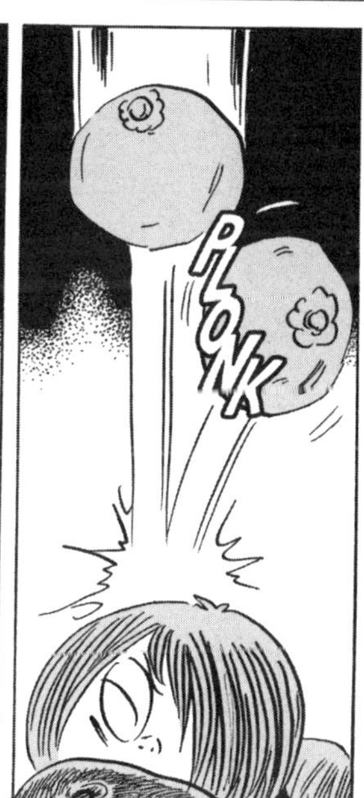

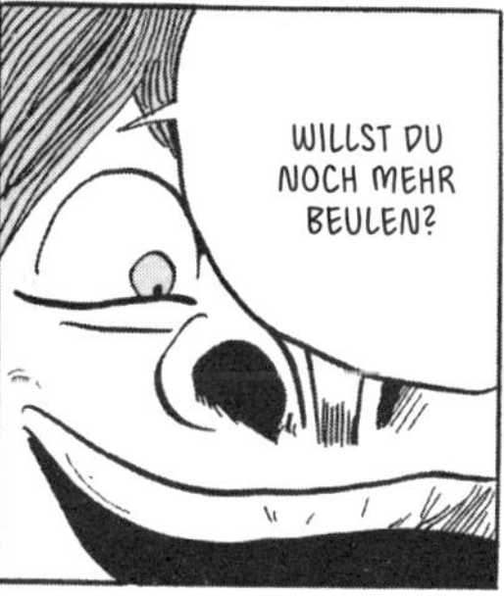

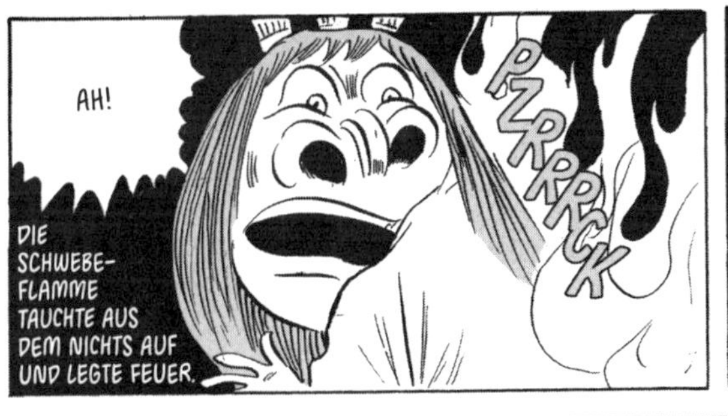
AH!
PZRRRCK
DIE SCHWEBE-FLAMME TAUCHTE AUS DEM NICHTS AUF UND LEGTE FEUER.

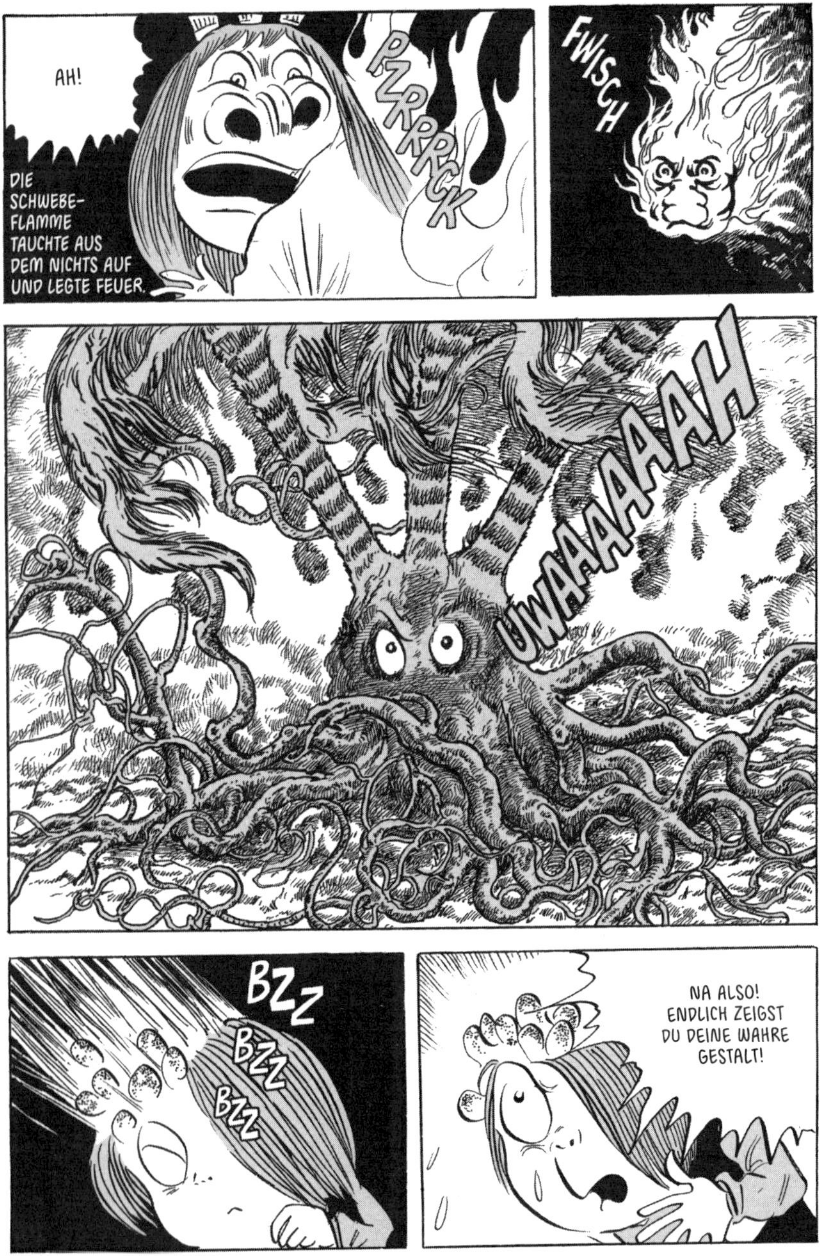

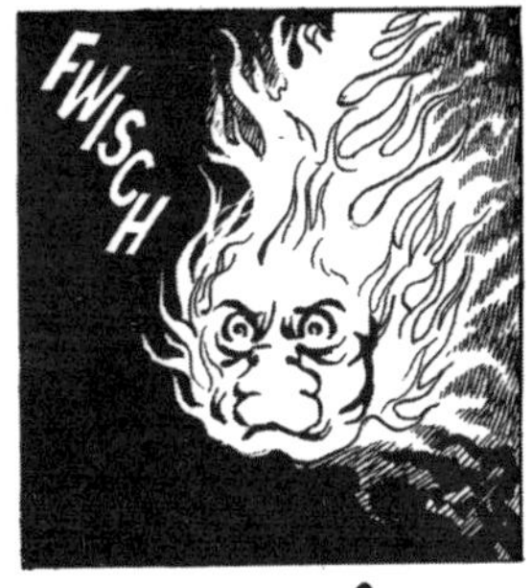
FWISCH

UWAAAAAAAH

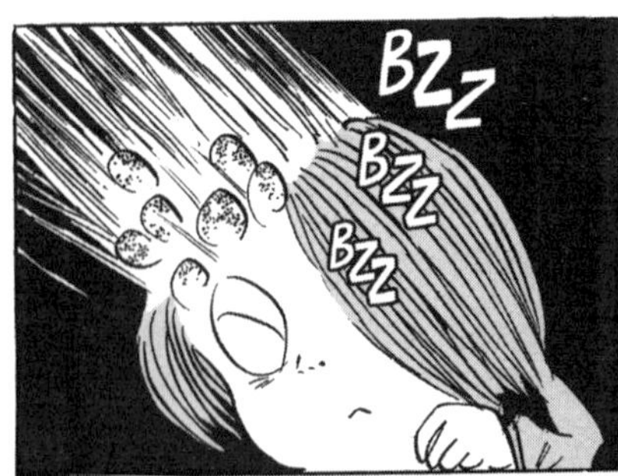
BZZ
BZZ
BZZ

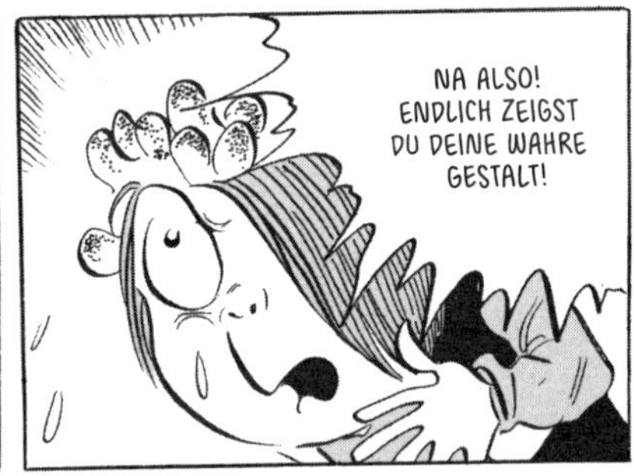
NA ALSO! ENDLICH ZEIGST DU DEINE WAHRE GESTALT!

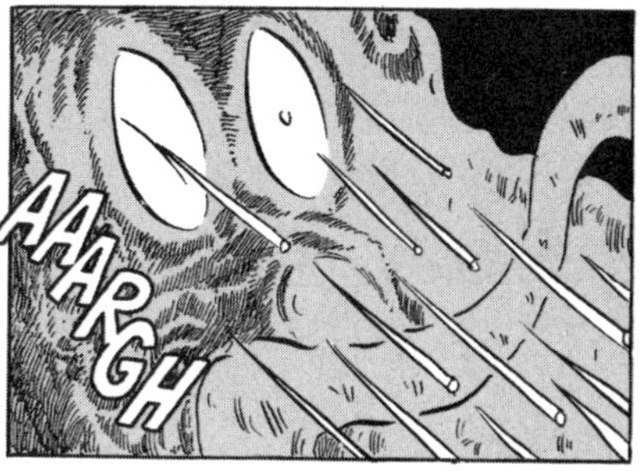
AAARGH

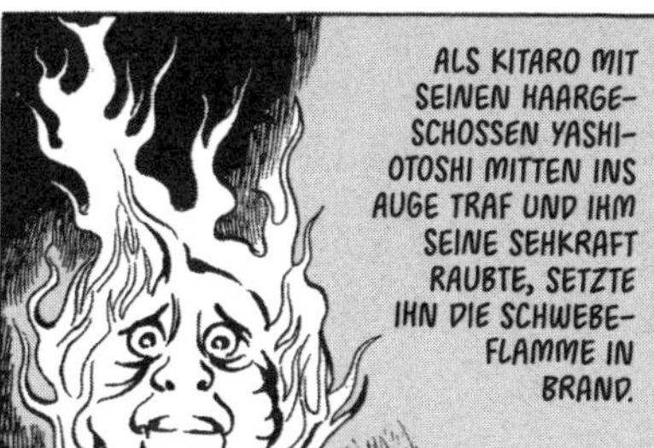
ALS KITARO MIT SEINEN HAARGE-SCHOSSEN YASHI-OTOSHI MITTEN INS AUGE TRAF UND IHM SEINE SEHKRAFT RAUBTE, SETZTE IHN DIE SCHWEBE-FLAMME IN BRAND.

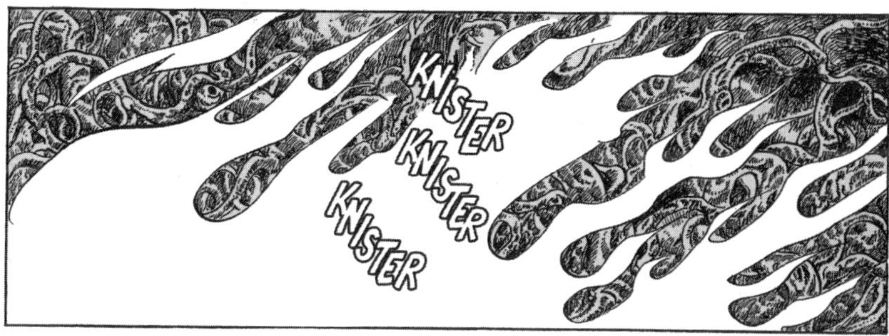
KNISTER
KNISTER
KNISTER

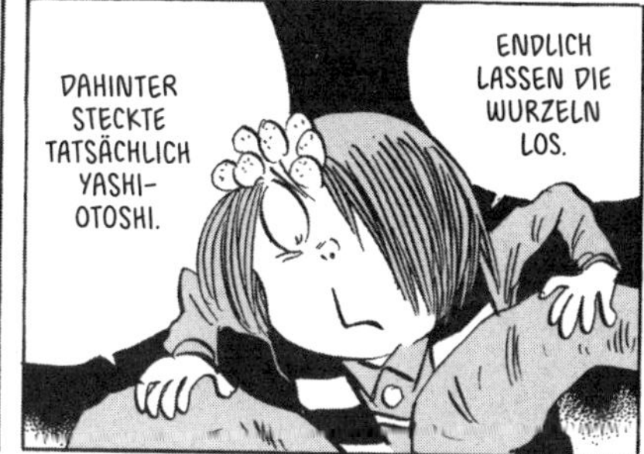
ENDLICH LASSEN DIE WURZELN LOS.
DAHINTER STECKTE TATSÄCHLICH YASHI-OTOSHI.

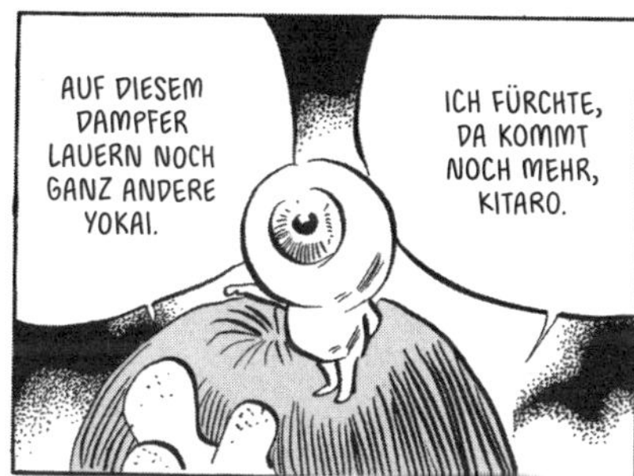
ICH FÜRCHTE, DA KOMMT NOCH MEHR, KITARO.
AUF DIESEM DAMPFER LAUERN NOCH GANZ ANDERE YOKAI.

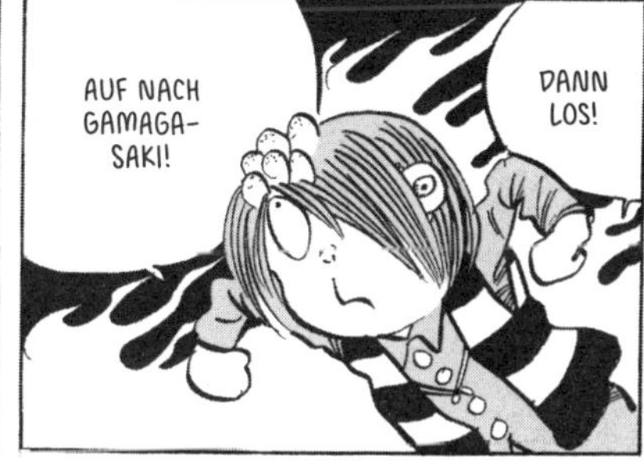
DANN LOS!
AUF NACH GAMAGA-SAKI!

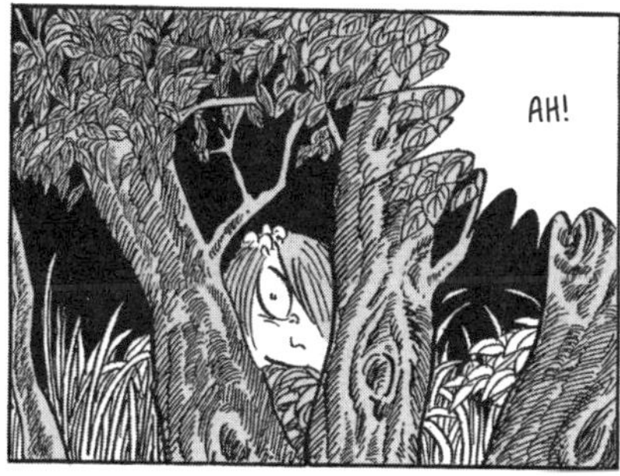
AH!

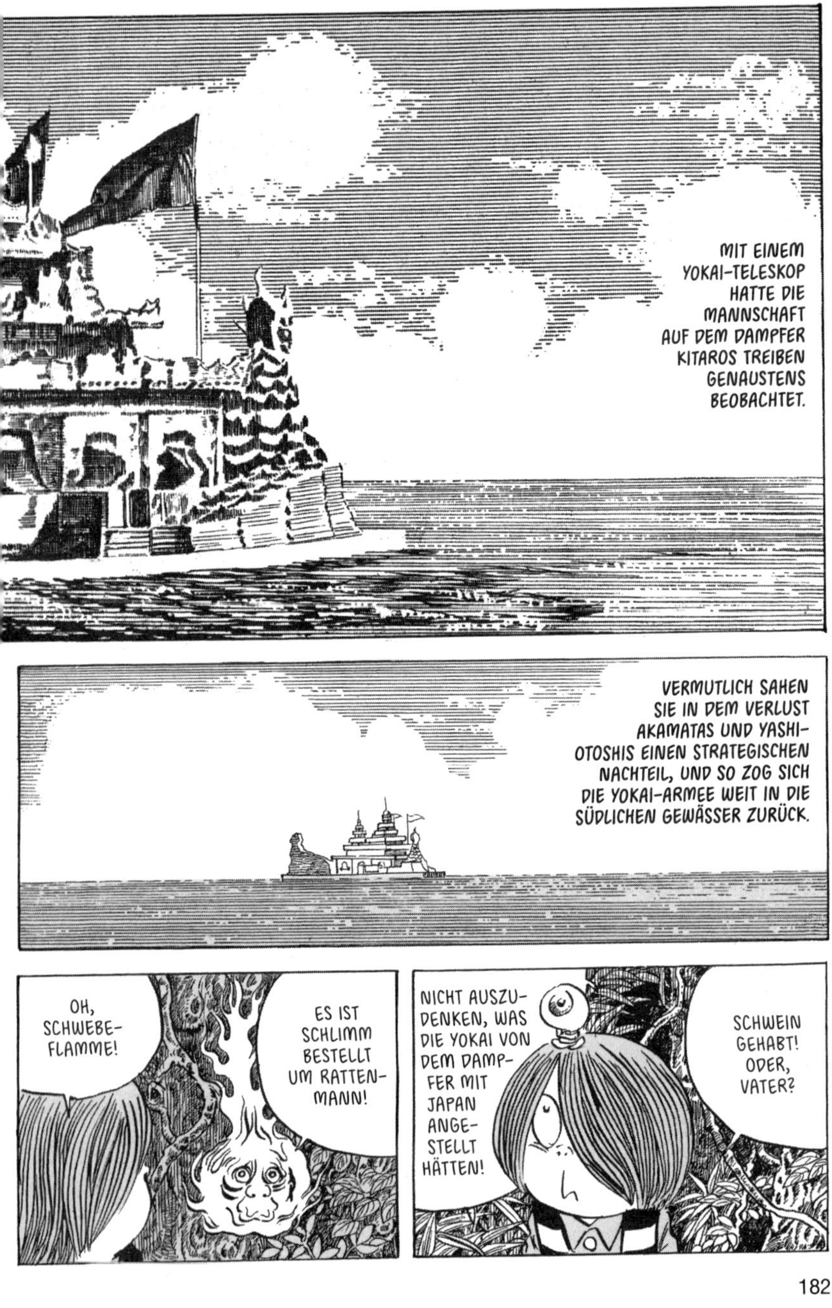

MIT EINEM
YOKAI-TELESKOP
HATTE DIE
MANNSCHAFT
AUF DEM DAMPFER
KITAROS TREIBEN
GENAUSTENS
BEOBACHTET.

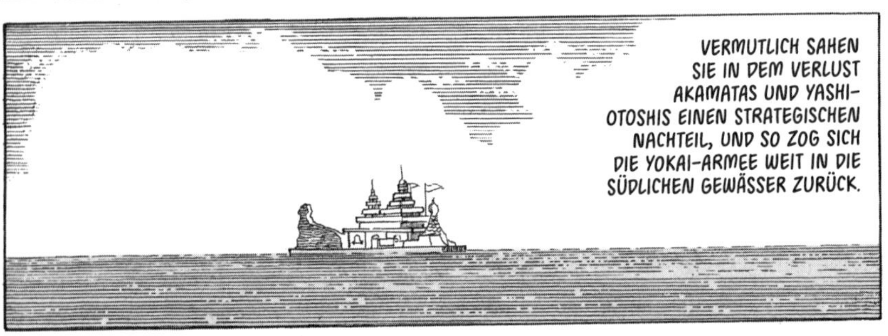

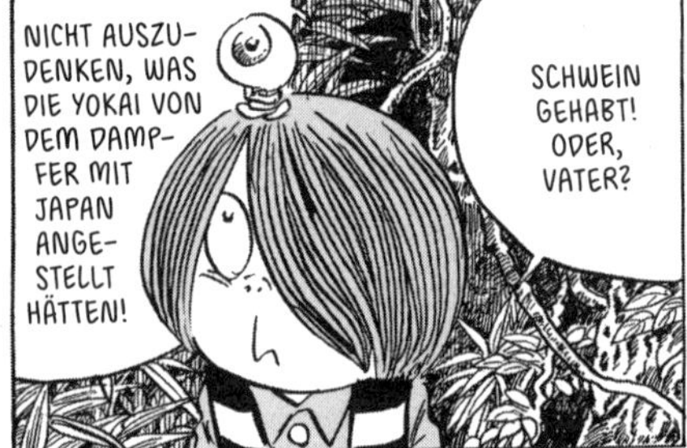

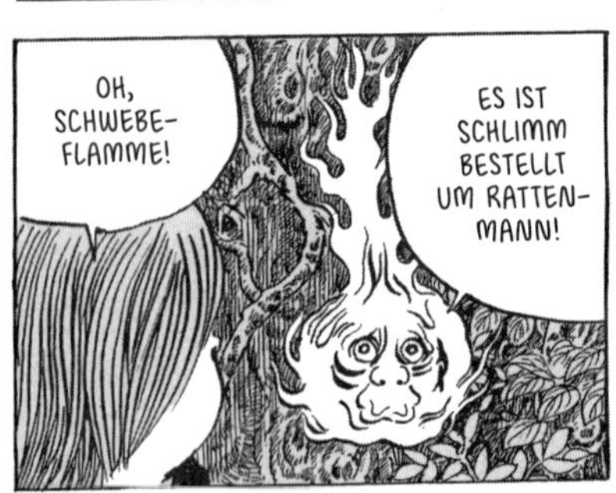

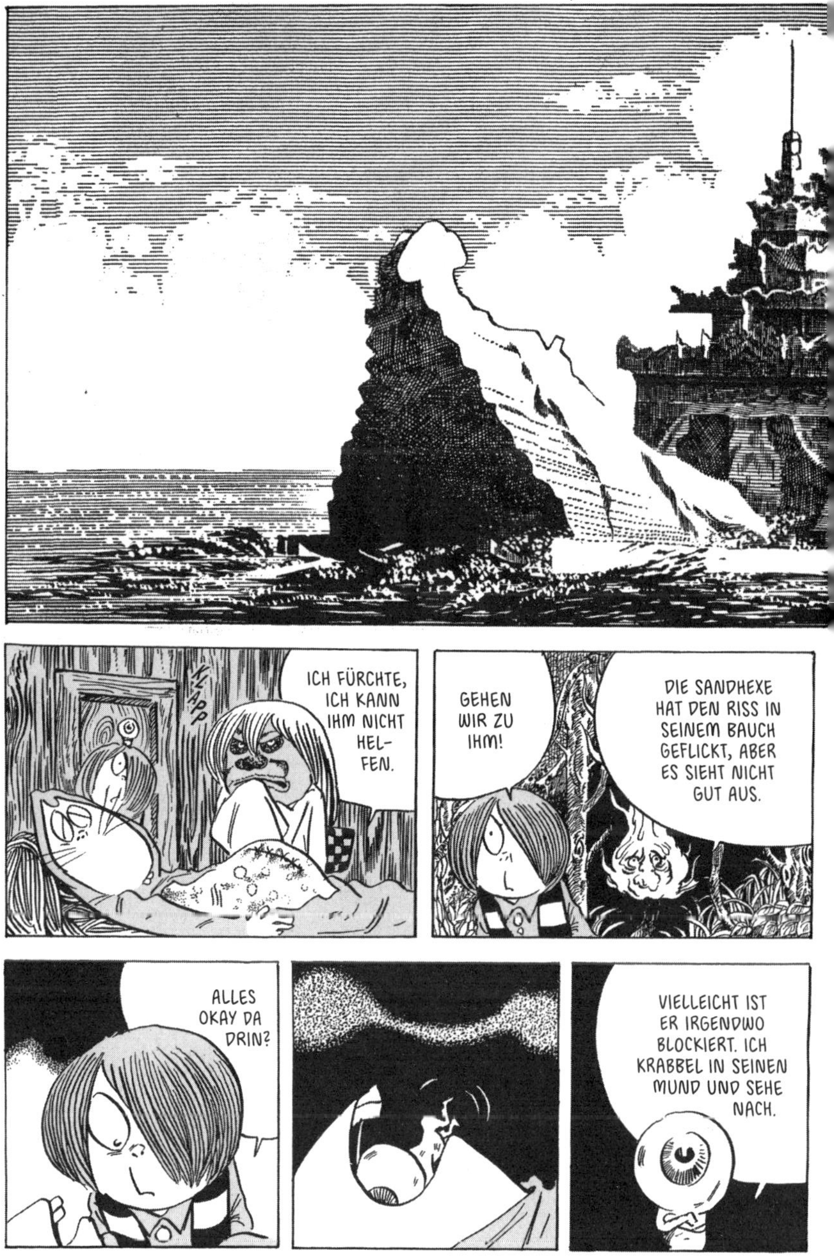

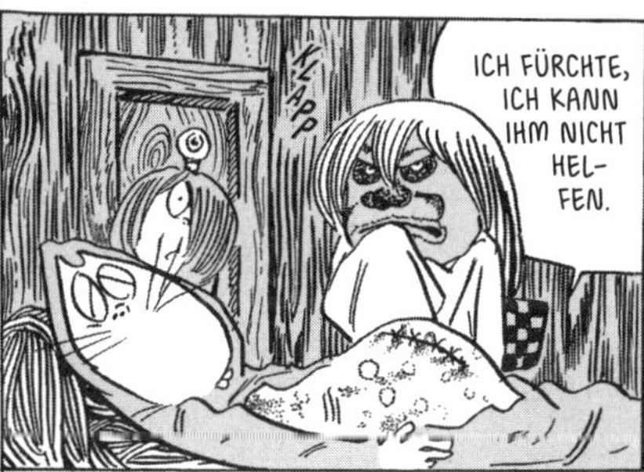
KLAPP
ICH FÜRCHTE, ICH KANN IHM NICHT HEL- FEN.

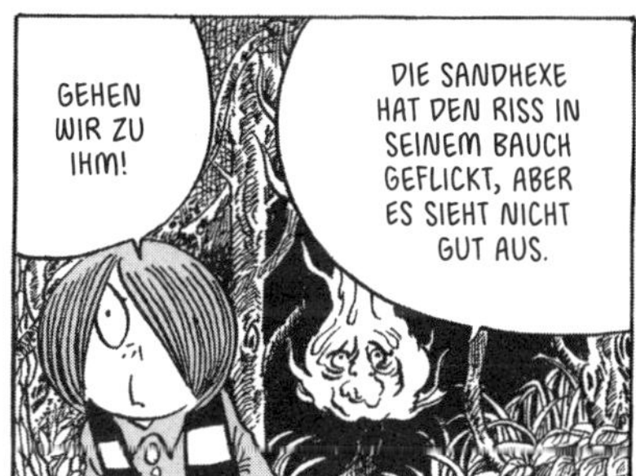
GEHEN WIR ZU IHM!
DIE SANDHEXE HAT DEN RISS IN SEINEM BAUCH GEFLICKT, ABER ES SIEHT NICHT GUT AUS.

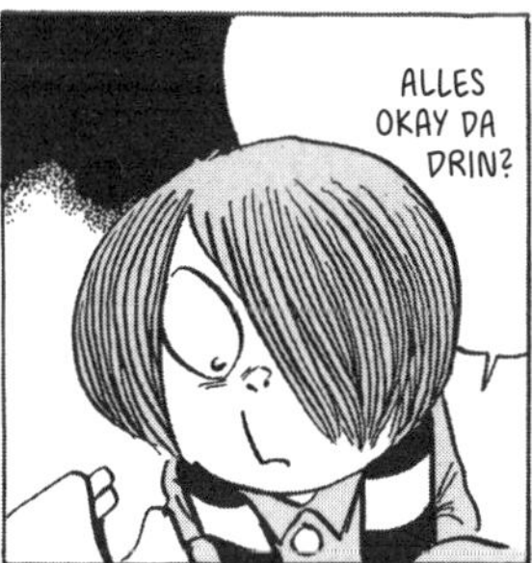
ALLES OKAY DA DRIN?

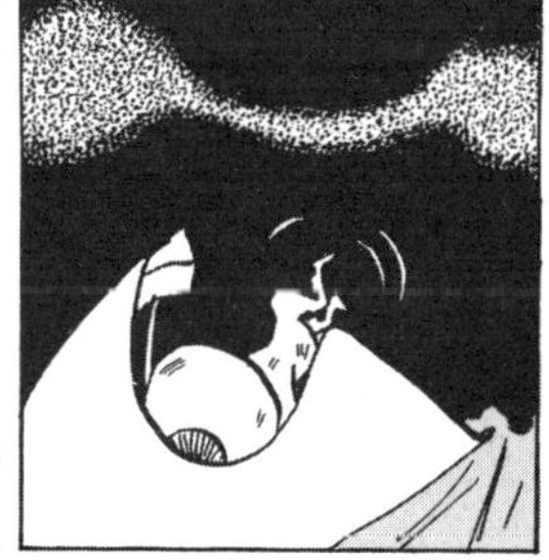

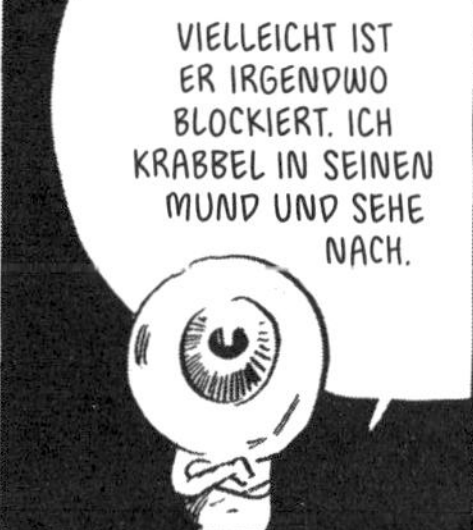
VIELLEICHT IST ER IRGENDWO BLOCKIERT. ICH KRABBEL IN SEINEN MUND UND SEHE NACH.

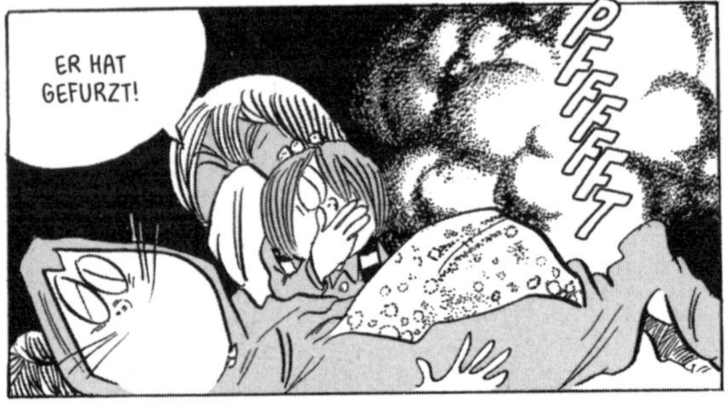

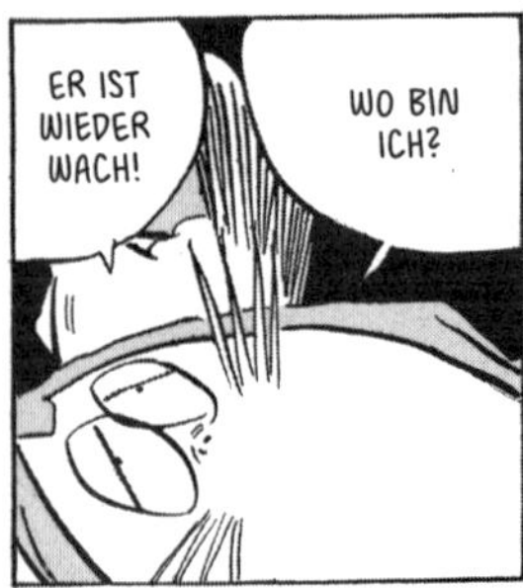

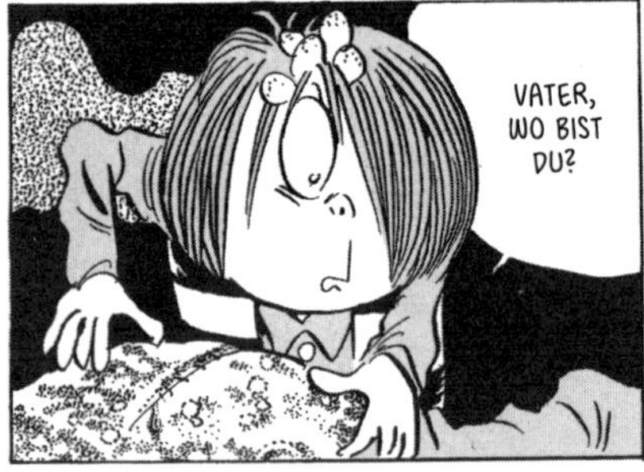

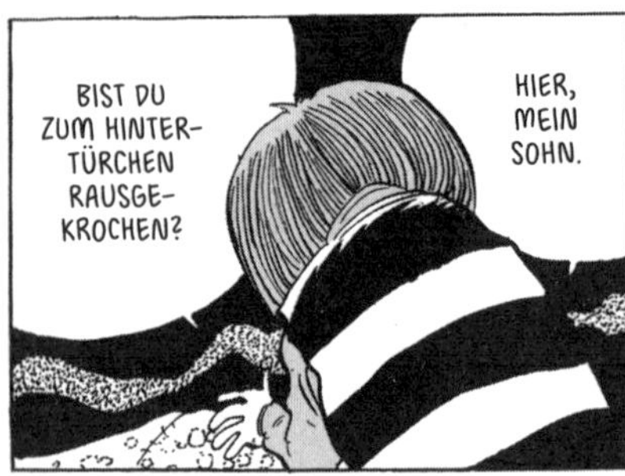

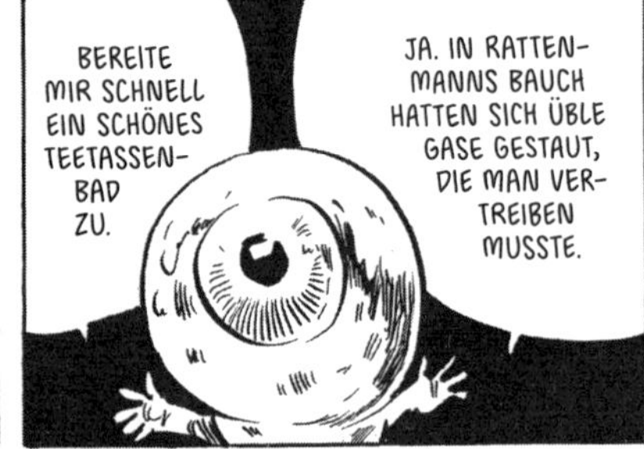

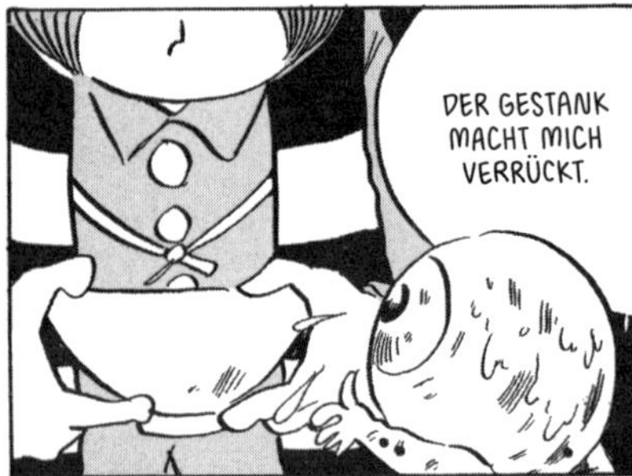

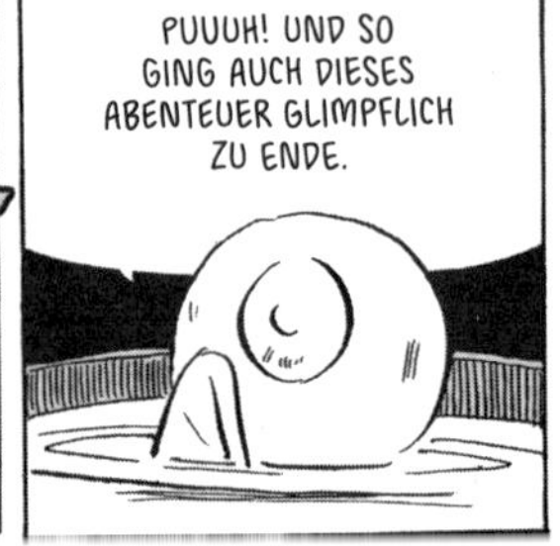

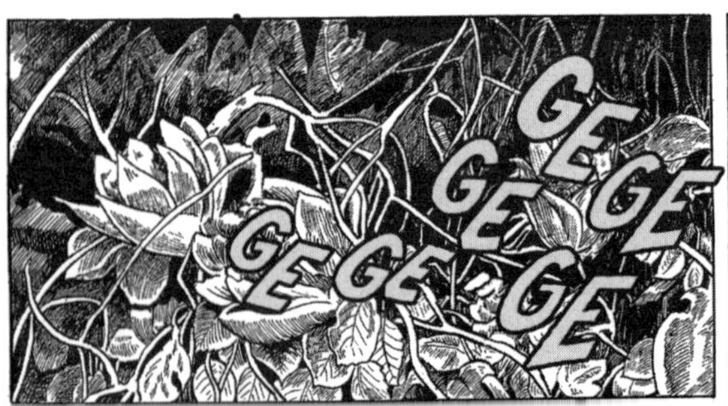

Die Yokai-Armee, Teil 2 – Ende

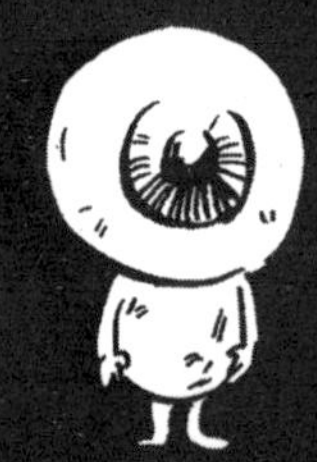

ERSTVERÖFFENTLICHUNG

Das Kreisel-Yokai
(Shukan Shonen Magazine, 24. März 1968)

Die Schlacht der Spiegel, Teil 1
(Shukan Shonen Magazine, 11. Februar 1968)

Die Schlacht der Spiegel, Teil 2
(Shukan Shonen Magazine, 18. Februar 1968)

Koreanische Zauberei, Teil 1
(Shukan Shonen Magazine, 25. Februar 1968)

Koreanische Zauberei, Teil 2
(Shukan Shonen Magazine, 3. März 1968)

Koreanische Zauberei, Teil 3
(Shukan Shonen Magazine, 10. März 1968)

Yokai-Blumen
(Shukan Shonen Magazine, 31. März 1968)

Sazae-Oni
(Shukan Shonen Magazine, 7. April 1968)

Der Dämon Belial
(Shukan Shonen Magazine, 14. April 1968)

Die Yokai-Armee, Teil 1
(Shukan Shonen Magazine, 21. April 1968)

Die Yokai-Armee, Teil 2
(Shukan Shonen Magazine, 28. April 1968)

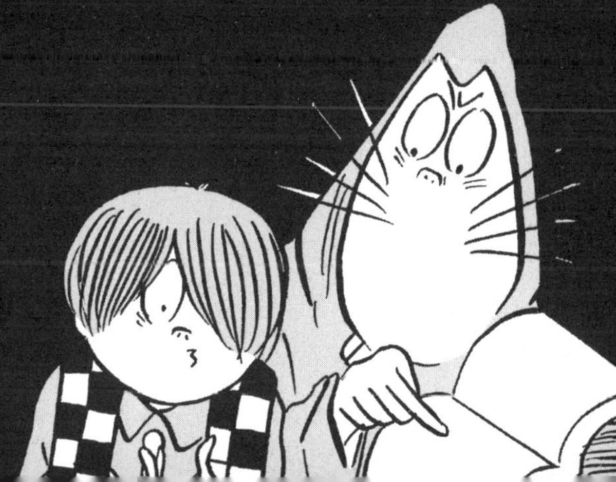

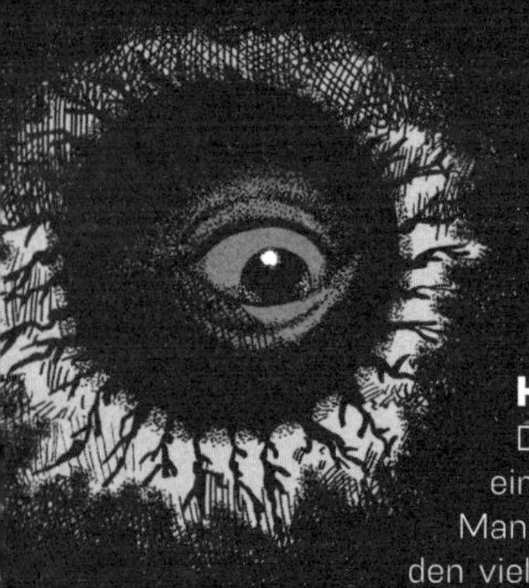

Yokai-Guide 4

von Lukas Jantzen
und Aranka Schindler

Hinterbart / Band 2

Dieser Yokai-Superschurke ist eine Eigenkreation des berühmten Mangaka und hat im Gegensatz zu den vielen anderen Yokai keine Vorlage in der japanischen Folklore. Als einer der Hauptwidersacher Kitaros führt er eine Monsterarmee typisch westlicher Gruselgestalten gegen Kitaro und seine Verbündeten ins Feld – darunter eine Hexe, einen Werwolf und Graf Dracula. Hinterbart ist ein riesiger schwarzer Schatten mit einem grausam starrenden Auge. Unzählige schwarze Tentakel ragen aus seinem Körper. Doch mehr Angst als vor seinen Tentakeln sollte man vor seinem hypnotisierenden Blick haben, der seine Opfer zu willenlosen Marionetten werden lässt.

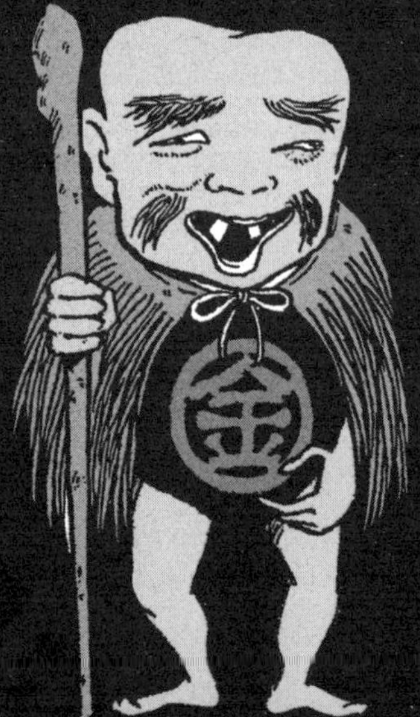

Heulegreis (konaki-jijii) / Band 2

Dieses Yokai zeichnet sich durch kleinkindliches Geschrei aus. Es umklammert seine Gegner und wird dann bleischwer. Erst nach ihrem Tod entlässt er sie aus seiner Umkrallung. Heulegreis ist ein Verbündeter Kitaros und wird oft zusammen mit der Sandhexe gesehen.

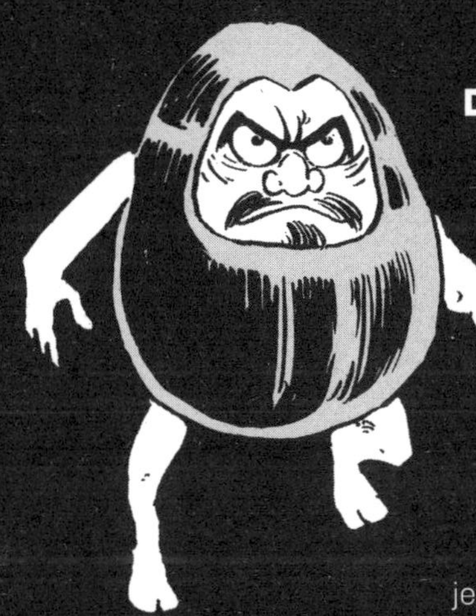

Daruma / Band 3
ist ein Yokai in Gestalt eines japanischen Glücksbringers. Die inneren Organe des Darumageistes, sogar sein Magen und auch sein Herz, existieren als eigenständige Lebewesen in Form von Minidarumas, die von kleinen Hautkapseln umgeben sind. Bei Gefahr lässt der Daruma die Minidarumas aus seinem Bauch und sie stürzen sich wie Piranhas auf seine Gegner. Wenn jedoch jener Minidaruma angegriffen wird, der sein Herz verkörpert, sterben auch alle anderen.

Nurarihyon / Band 5
Dieses hinterlistige Yokai gibt sich als Mensch aus. Der Legende nach betritt es fremde Häuser und trinkt dort Tee und raucht. In den Yokai-Geschichten Mizukis schleicht es sich auch in Krankenhäuser, um Neugeborene zu vertauschen, oder es verursacht Verkehrsunfälle. Manchmal lässt es an belebten Orten Bücher mit Dynamit detonieren. Es ist sehr reich und sehr geizig. Allerdings geht es morgens in die Pachinko-Halle, um dem Glücksspiel zu frönen.

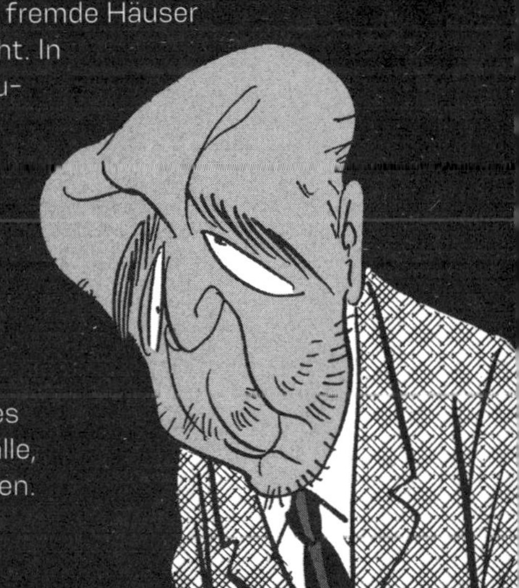

Aus dem Japanischen von Gandalf Bartholomäus
Redaktion: Aranka Schindler
Korrektur: Gustav Mechlenburg und Sabine Scholz
Gestaltung und Lettering: diceindustries
mit einem Font von Kevin Huizenga

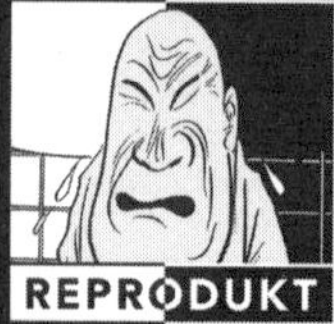

Gottschedstr. 4 / Aufgang 1
13357 Berlin

Published by arrangement with Presspop Inc.
Herausgeber: Dirk Rehm
ISBN 978-3-95640-331-6
Druck: Pozkal, Inowrocław, Polen

Erste Auflage: Juli 2022

www.reprodukt.com

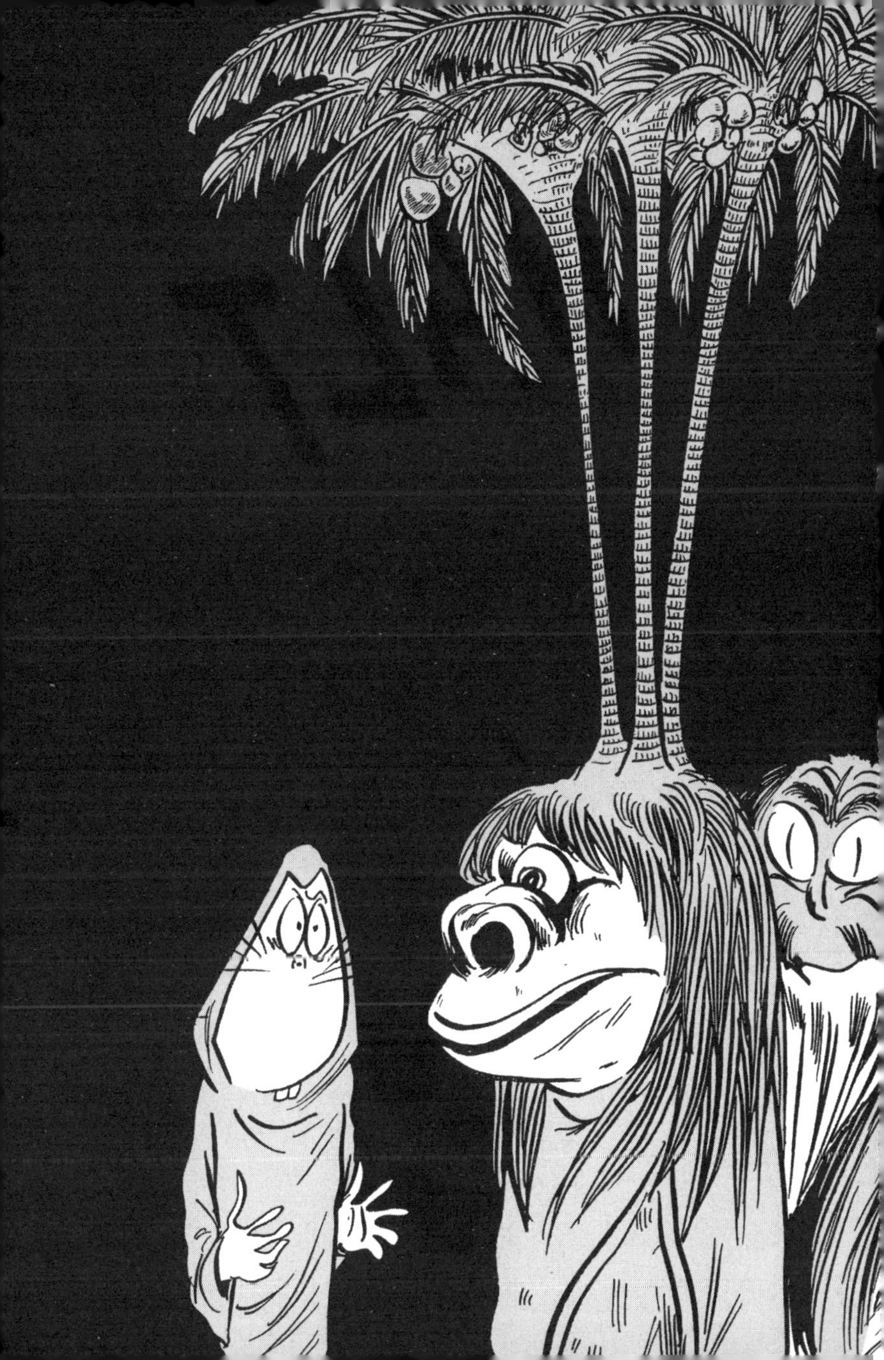

HALT

Kitaro ist ein Manga in japanischer Leserichtung. Da in Japan von hinten nach vorn und von rechts nach links gelesen wird, beginnt dieses Buch hinten und endet hier. Die Bilder und Sprechblasen werden von rechts oben nach links unten gelesen.

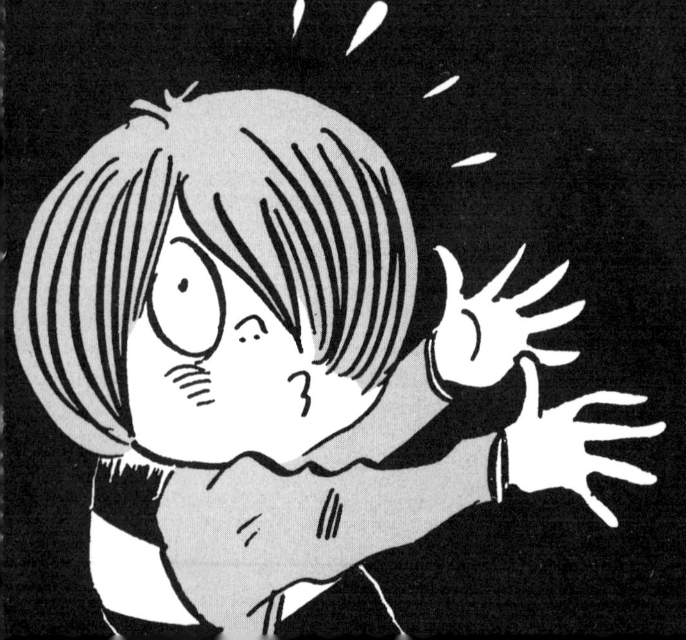